2014

YEARBOOK OF CHINA AGRICULTURAL PRODUCTS PROCESSING INDUSTRIES

中国农产品加工业年鉴

科学技术部农村科技司
中国农业机械化科学研究院
中国包装和食品机械有限公司
食品装备产业技术创新战略联盟
编

中国农业出版社
CHINA AGRICULTURE PRESS

内 容 简 介

本年鉴较系统地记述了我国有关农产品加工业发展的方针、政策、法律、法规和规划等贯彻执行情况；有关领导、专家对发展我国农产品加工业的论述；本领域内相关行业的发展综述；简介了相关行业经济运行情况及名、优、特、新产品；登载了农产品加工业的国内外统计资料；记载了相关的国家标准、行业标准、专利以及本行业的大事。本年鉴资料新颖、准确、科学、翔实，内容丰富，可供政府管理部门、协会、学会、中介组织、生产企业、科研教学单位的管理人员、策划人员、教育工作者和科技工作者参考。

《中国农产品加工业年鉴》编辑委员会

主　任： 马连芳

副主任： 王　喆　李树君　贺燕丽

编　委：（按姓氏笔画排序）

马　莺　马广鹏　马海乐　王　硕　王　强　王延才　王英元
方宪法　叶兴乾　权启爱　闫卫民　闫继红　汤天曙　汤晓文
王河涛　孙众沛　孙传范　赵长军　杨炳南　肖　放　何东平
沈　青　岳增君　张　富　陆解人　陈　卫　卢兵友　陈丽纯
陈昆松　金征宇　周　玮　周光宏　赵立山　赵有斌　胡　伟
胡小松　胡志江　胡京华　姜　倩　贾志忍　康玉国　梁仲康
梁培生　葛毅强　董　文　董延丰　蒋茂森　谭本刚　霍季春
戴炳业

编　辑　部

主　　任： 赵有斌

副 主 任： 韩清华

编　　辑： 王国扣　付　涛　李　皢　赵　丹

地　　址： 北京市德胜门外北沙滩1号82信箱

邮　　编： 100083

电　　话： 010－64882617

传　　真： 010－64862464

E－mail：cpfmchy@caams.org.cn

编辑出版说明

一、为紧跟我国农产品加工业发展的时代脉搏和大力宣传主旋律，在各级领导和行业专家的支持与帮助下，我们组织编辑出版的《中国农产品加工业年鉴（2014）》与广大读者见面了，其宗旨是为我国农产品加工业的发展起到桥梁和促进作用。

二、《中国农产品加工业年鉴》由科学技术部、农业部、国家发展和改革委员会、国家林业局、国家粮食局、中华全国供销合作总社、中国机械工业联合会、中国轻工业联合会的有关主管部门及农产品加工业相关协会、学会、科研院所、大专院校等，与中国农业机械化科学研究院、中国包装和食品机械有限公司、食品装备产业技术创新战略联盟联合编辑出版。

三、《中国农产品加工业年鉴（2014）》安排了7个部分的框架内容，每个栏目名称基本未变，其中的内容和数据均以2013年的基本情况为主；但根据资料的获取难易程度也有部分2013年前后的情况，并保持每卷年鉴的连续性，其中的政策法规及重要文件、大事记和标准均以2014年的基本情况为主。

四、《中国农产品加工业年鉴》记述了相关方针、政策、法律、法规和规划等贯彻执行情况；记述了有关领导、专家对发展我国农产品加工业的论述；记述了本领域相关行业的发展综述；介绍了农产品加工业经济运行情况及名、优、特、新产品；登载了农产品加工业国内外统计资料；记载了相关的国家标准、行业标准、专利以及本行业的大事。年鉴既述事，也记人，每年编辑、出版一卷。若干年后，不但可以见证我国每年的农产品加工业发展情况，而且将是系统、全面、可靠、翔实的史册和工具书。由于年鉴的权威性和正式的连续出版发行，将有益于国内外各界了解和研究我国农产品加工业现状与发展等情况，促进相互交流与合作；有益于各部门借鉴现实和历史经验，掌握全局，运筹帷幄，制定政策和发展规划，指导本行业健康发展；有益于社会各界沟通行业信息、产品信息，互相学习，取长补短，推动我国农产品加工业的发展和国民经济的腾飞。

五、本年鉴各部分所列数据，因来源渠道不同，不尽一致。全面的数据均以国家统计局提供的为准。本年鉴全国性统计数据均不包括香港、澳门两个特别行政区和中国台湾省。两区一省的相关数据，在年鉴的附录中列出。

六、为系统、准确、科学、翔实地反映我国农产品加工业现状，并力争办出本年鉴的特色，我们在编辑中继续突出了综述文章以当年国家重点抓的农产品加工业中的有关行业为主，全书内容以推动产业发展为主，国家标准、行业标准与专利以加工工艺、设备和相应的产品为主，统计数据以国家统计局经济行业分类为主，国外的统计数据以特点显著的部分发达国家和少数发展中国家为主等。

七、本年鉴的编辑、出版、发行等工作，得到了中央及各级有关部门、协会、学会、科研院所、高等院校、生产企业、社会团体的大力支持和帮助，谨此表示衷心的感谢。

目 录

第四部分　国内综合统计资料

第五部分 标准、专利

第六部分 大 事 记

第七部分 附 录

Contents

Part Ⅰ Special Subjects Exposition

Part Ⅱ Development Situation of Related Trades

Part Ⅲ Policies, Regulations and Important Documents

Part Ⅳ Domestic Comprehensive Statistics Materials

Part Ⅴ Standards and Patents

Part Ⅵ Chronicle of Events

Part Ⅶ Appendix

第一部分

专题论述

加强工作领导　提高监管能力 扎实做好农产品质量安全监管工作

农业部副部长　陈晓华

这次会议的主要任务是，贯彻落实中央农村工作会议、《国务院办公厅关于加强农产品质量安全监管工作的通知》和全国农业工作会议精神，总结2013年农产品质量安全监管工作，部署2014年任务。下面，我讲两点意见：

一、2013年农产品质量安全监管工作成效明显

2013年国务院机构改革对食品安全监管体制做出了新调整，农业部门监管任务更重了，工作责任更大了。面对新的形势、新的要求，各级农业部门迎难而上、勇于担当，坚决贯彻党中央、国务院的决策部署，紧紧围绕"两个千方百计、两个努力确保、两个持续提高"的工作目标，依法履行职责，全面加强监管，圆满地完成了各项任务，农产品质量安全保持了总体平稳、逐步趋好的发展态势。全年没有发生重大农产品质量安全事件，蔬菜、畜禽产品和水产品例行监测合格率分别为96.6%、99.7%和94.4%，同比分别提高0.6、0.1和3.9个百分点，监管体系建设进一步加强。一年来，上下齐心协力，狠抓落实，重点强化了5个方面的工作。

1. 狠抓责任落实，加强工作领导　国务院印发了《关于地方改革完善食品药品监督管理体制的指导意见》。国办印发了《关于加强农产品质量安全监管工作的通知》，从强化属地管理责任、落实监管任务、提高监管能力等6个方面提出硬性要求。农业部在年中召开各厅局"一把手"农产品质量安全监管工作会后，又及时召开全国视频会议，制定任务分工方案，印发全程监管的意见，明确将2014年作为农产品质量安全监管年，出台了8项监管措施，进一步细化落实国办通知各项要求；将农产品质量安全监管延伸绩效考核扩大到20个省，积极推动把农产品质量安全纳入县、乡政府绩效考核范围。各地政府按照国办部署，层层落实监管责任，强化条件保障，有力推动监管工作深入开展。广东等省及时转发国办通知，出台加强监管工作的措施；浙江等省把农产品质量安全、农业标准化等指标纳入地方政府考核内容，把考核结果作为地方领导班子和领导干部综合考核评价的重要依据；湖北省、市、县政府逐级签订工作责任状；陕西省厅与各市局签订目标责任书；江苏设立19项量化考核指标，按考核结果对各地、县进行奖励，促进了监管责任、措施和制度三落实；江西省在涉农项目资金安排上实行质量安全"一票否决"制度。

2. 深化专项整治，遏制突出问题　全国统一组织开展六大专项整治行动，全年共出动执法人员310万余人次，检查相关生产经营单位274万余家，查处问题5.1万余起，立案查处2.6万件，为农民挽回直接经济损失5.4亿元。在农药整治方面，组织开展了农药监管与法制建设年活动，推动800多个县实施高毒农药定点经营，200多个县全面禁止销售和使用高毒农药。在"瘦肉精"整治方面，建立跨省、跨部门协调配合机制，查处"瘦肉精"案件309起，向公安机关移送案件63起。在生鲜乳整治方面，将现有奶站和生鲜乳运输车全部纳入监管范围，100头以上规模化养殖比例达到37.2%，机械化挤奶率达到90%，比整治前的2008年分别提高17.7、39个百分点。在兽用抗菌药整治方面，严厉打击违法添加行为，加强兽药残留监控，初步遏制了抗生素滥用问题。在水产品整治方面，强化产地监测，推进检打联动，从源头上治理使用硝基呋喃和孔雀石绿的问题。在农资打假方面，开展春季、夏季百日、秋冬季行动和种子打假护权行动，严厉打击制售假劣农资坑农害农行为，向社会公布16起农资打假典型案例，有效震慑了违法犯罪分子。配合"两高"及时出台了《关于办理危害食品安全刑事案件适用法律若干问题的解释》，把生产销售使用禁用农兽药、收购贩卖病死猪、私设生猪屠宰场等行为纳入了刑罚范围。各地积极贯彻落实"两高"司法解释，切实加大对违法犯罪行为的打击力度。福建省农业厅与省高法等5部门建立了食品安全犯罪案件移送衔接工作机制。广东省建立"行政执法与刑事司法衔接信息共享平台"，实现了案件网上

移送、网上受理、网上监督。

3. *强化风险防范，消除问题隐患* 深化检验监测，把部级例行监测覆盖范围扩大到153个大中城市、103个品种、87种参数，深入开展4个药物残留监控计划，每季度进行会商分析，及时发现问题和隐患，有针对性地发出预警提示，督促地方、行业整改提高。农业部增补23个风险评估实验室，认定145个风险评估实验站，组织开展10大类农产品风险评估，共抽取样品4.8万个，排查风险因子600多个。各省份也全面强化风险排查、监测和评估，提升风险预警能力。江苏、浙江等省加强工作统筹，统一制订监测计划，统一开展监测工作。江西省加大经费投入，全年抽检样品2.6万批次。福建省对定点屠宰场实行“县级天天抽检，市级月月抽检，省级季度抽检”的工作制度。强化舆情监测，监测舆情信息900条，编发舆情快报230期、周报50期，确保掌握舆情、及时应对。强化突发问题应急处置，农业部修订了《农产品质量安全突发事件应急预案》，福建、甘肃、湖南、海南、山东、河南等十多个省相应制定或修订了应急预案，建立了分级负责、上下联动、区域互动的应急机制，及时高效地处置了20多起突发问题，落实有关整改措施，并将负面影响降至最低程度。

4. *推进农业标准化，提高源头保障水平* 2013年新发布农业标准327项，制订农药最大残留限量标准1 357个，目前农兽药残留标准已达到4 201个，基本涵盖我国主要农产品。清理废止了132项无公害食品农业行业标准，发布了55类无公害农产品检测目录。创建全国农业标准化示范县48个，支持建设“三园两场”5 500个，认证“三品一标”2.1万个。“三品一标”总数达到10.3万个，认定产地和认证产品分别占到耕地面积和食用农产品总量的36%。各地都将农业标准化作为农业提质增效、保安全的重要措施予以推进。浙江省启动了农业标准化促进工程，建立了“一个标准、一张模式图、一本手册、一张光盘、一个示范园”的“五个一”推广模式，让农民真正做到宜学、宜懂、宜用。湖南省按照“一个产业、一套标准、一套监管服务体系、一批示范园区、一批新型经营主体、一批农产品品牌”的总体要求，整合农业各要素资源，整体推进农业标准化建设，农业生产经营模式发生了很大改变。

5. *用好各方资源，提高监管能力* 许多地方抓住这次机构改革和食品安全管理体制调整的时机，推动监管体系队伍和能力建设。陕西正在为省监管局增加10个编制，增加干部职数。安徽组织开展了监管体系建设与管理规范年活动。江苏南京农林综合行政执法总队核定编制48名，强化农产品质量安全执法工作。加快实施质检体系建设二期规划，争取中央资金12亿元，支持建设部、省、市、县四级质检机构388个。云南等省加强项目前置审批；江苏、山东、广东、重庆、四川、陕西等省加强项目实施和运行管理，不断提高县级质检站建设管理水平。广西农业厅年度监管经费增加到9 300多万元，另争取到基建资金3 540万元，为全区1 150个乡镇站配备了检测设备，有的增加了检测交通工具。2013年还组织开展了第二届全国农产品检测技能竞赛活动，有44名选手获“省级五一劳动奖章”，70名选手获省级技术能手称号。另有3名选手将获“全国五一劳动奖章”，3名选手将获“全国技术能手”称号。举办基层监管及检测人员培训班9期，培训1 140余人次，不断提升队伍业务素质和工作能力。江西实行帮扶制度，选调66名市县技术人员到省检测中心进行3个月的强化培训；开展食品安全宣传周、农产品质量安全风险评估实验室开放日等活动，编印《农产品质量安全50问》，印发宣传资料6 000多万份，组织专家解读热点敏感问题，普及农产品质量安全知识；举办农产品质量安全巡回宣传1 000多场，讲座500多场。吉林省印制了国家禁限用农药、识别假劣农药简明挂图5万份，在各经营门店显著位置张贴。浙江省开展了“科普宣传直通车”活动，提高公众参与意识。

二、扎实做好2014年农产品质量安全监管工作

当前，农产品质量安全形势仍不乐观，面临的任务更加艰巨繁重，大家一定要充分认识做好这项工作的重要性、紧迫性。

1. *要把这项工作摆在更加突出的位置* 党的十八大以来，新一届中央领导集体高度重视反复强调农产品质量安全工作，习近平总书记在中央农村工作会议上把它单独作为一个大方面来讲，强调能不能在这个问题上给老百姓一个满意的交代是对我们执政能力的重大考验，提出了“产出来”“管出来”等重要论断及“四个最严”的要求。李克强总理在政府工作报告中又对这项工作做出明确部署，提出明确要求。可以讲，中央把这件事提得很高、看得很重，符合时代进步的要求，回应了社会的关切和期盼。我们一定要深刻领会中央领导同志的重要讲话精神，自觉把思想和行动统一到中央的决策部署上来，切实增强政治意识、责任意识，乘势而为，勇于担当。部党组决定在工作布局上把农产品质量安全摆在更加重要位置，更加积极、主动、高效地开展工作。一个地方农业工作

抓得好不好，农产品质量安全是重要的检验标准。

2. *要用改革创新的办法破解难题*　2014年是全面深化改革第一年。解决农产品质量安全问题，需要向改革要动力、向改革要红利，要充分发挥市场在资源配置中的决定性作用和更好地发挥政府作用。一方面要利用市场机制，形成一种倒逼机制，不断转变农业发展方式，特别是要结合深化农村改革，抓住培育新型农业经营主体与构建新型农业经营体系的机遇，推动落实生产经营主体责任，从源头上保障好质量安全，解决好“产出来”的问题；另一方面要适应强化事中事后监管的新要求，把该由我们管的事切实管住管好，减少和改进审批，完善工作机制，打通监管链条，确保环环有监管，全程无漏洞，特别是抓住基层食品安全监管体制改革机遇，同步强化基层农产品质量安全监管机构建设，改变人员、能力、手段不适应的状况，解决好“管出来”的问题。

3. *要努力形成社会共治的局面*　农产品和食品安全是创新社会治理体制、健全公共安全体系的重要内容。光靠政府不行，光靠一个部门更不行，必须依靠好社会各方面的力量，发挥好各方面的作用。我们要有更加开放的意识，加大宣传引导力度，发动群众广泛参与，加强社会监督和消费维权，强化诚信体系和信用文化建设，推动监管部门与其他部门、机构间建立协同联动治理机制，推动农产品质量安全监管向多方主体参与、多种要素发挥作用的综合治理转变，形成社会共治工作格局。

2014年，要实现农业农村经济发展“稳中求进”的目标，不容在农产品质量安全上有任何闪失。2014年总体工作思路是，以开展农产品质量安全监管年活动为统领，坚持严格执法监管和推进标准化生产两手抓、“产出来”和“管出来”两手硬，用最严谨的标准、最严格的监管、最严厉的处罚、最严肃的问责，努力确保不发生重大农产品质量安全事件，切实维护人民群众“舌尖上的安全”。重点抓好7个方面工作：

第一，深入开展突出问题的治理　在巩固已有成果基础上，开展好7个专项治理行动：种植业要开展好农药及农药使用整治，严厉打击非法添加隐性成分和使用禁限用农药行为；畜牧业要开展好“瘦肉精”、生鲜乳、抗菌药、畜禽屠宰4项整治，严厉打击销售和使用“瘦肉精”、添加禁用兽药或人用药、私屠滥宰、收购和屠宰病死畜禽、畜禽注水或注入沙丁胺醇等违法行为，落实好奶源监管六项措施，加强品种引进、饲料供应、养殖指导、奶站监管；渔业要开展好禁用药物整治，突出鳜鱼、大菱鲆几种养殖鱼，严厉打击非法使用孔雀石绿、硝基呋喃类药物的行为；农资打假要以种子、农药、肥料、饲料、兽药为重点，严厉打击坑农害农行为，同时开展放心农资下乡进村活动，畅通农资经营主渠道。要强化农产品质量安全执法，抓“牛鼻子”，啃“硬骨头”，坚持露头就打，始终保持高压态势，严打非法添加、制假售假等行为，斩断非法利益链，让一切“潜规则”失效。强化监督抽查，实施“检打联动”，对抽检不合格的农产品，依托农业综合执法机构及时依法查处，做到抽检一个产品、规范一个企业、带动一个行业。加强行政执法与刑事司法的衔接，严格落实“两高”司法解释，集中查办一批大案要案，端掉一批“黑窝点”，严惩一批违法犯罪分子，公布一批典型案例，充分发挥司法震慑作用。

第二，全面推动质量追溯体系建设　从国内外的实践看，农产品质量追溯是一种有效管用的监管模式，它能及时发现问题、查明责任，防止不合格产品混入。近年来，各地区、各行业、各部门积极试点，取得了一些好的效果。但是这些试点相对分散，要求各式各样，追溯内容还不丰富，追溯信息不能共享，难以发挥出应有的作用。2014年这项工作必须破题，当务之急要搭建全国统一的追溯信息平台，制定配套的管理规范。各地要在已有的基础上，继续推进本地区追溯信息平台的建设，做好与国家级平台的衔接、与全国统一制度规范的融合。要选择部分大中城市和“菜篮子”产品主产县开展试点，积极推动龙头企业、农民专业合作社实施追溯管理，率先将生猪和“三品一标”农产品纳入追溯范围。在此基础上，由点及面、逐步放大，经过3～5年的努力，使全国规模以上主体基本实施质量追溯管理。要依法加强农产品包装管理，督促农产品生产经营者对包装销售的产品进行明确标注，推广先进标识技术，提高产品标识率。要探索建立农产品产地合格证制度，大力推进农产品产地准出和市场准入管理，坚决把住一个出口和一个入口，解决好合格入市问题，促进产销衔接。

第三，全面强化风险防范和应急处置　继续做好大宗农产品质量安全风险评估，将“菜篮子”和大宗粮油产品全部纳入评估范围，切实摸清危害因子种类、范围和危害程度。完善主产区风险评估实验站布局，加强条件保障。加强监测工作统筹，细化检测任务分工，扩大例行监测和药物残留监控计划的品种和范围，强化会商分析和结果应用，集中排查共性问题隐患和“潜规则”，严密防范系统性风险。进一步细化和完善应急预案，加快应急体系建设，落实职责任务，加强应急培训与演练，提高应急处置能力。加大舆情监测力度，更加重视微博、微信等新媒体传播途径，及时化解和妥善处置各类农产品质量安全舆情事件，严防负面信息炒作和放大。加快提升应急能力和

水平，发生突发事件的要第一时间掌握情况，第一时间采取措施，依法、科学、有效进行处置，最大限度地将负面影响降到最低程度，最大限度保护消费安全和农业产业安全。要发挥好专家队伍的作用，加强农产品质量安全科技攻关，强化正面宣传，及时回应社会关切，普及安全生产知识，营造良好社会氛围。

第四，大力推进农业标准化　要按照“产出来”的要求，抓好农业标准化工作。加快标准制修订步伐，抓紧转化一批国际食品法典标准，用3～5年的时间基本构建既符合我国国情和农业产业实际、又与国际接轨的标准体系，使生产有标可依、产品有标可检、执法有标可判。2014年要以农兽药残留标准为重点，新制定农业标准500项。各地要抓紧配套制定农产品质量安全控制规范和技术规程，及时将相关标准转化成符合生产实际的简明操作手册和明白纸。要强化标准的实施与示范，扩大“三园两场”建设规模，发挥辐射带动效果。加强农业标准化示范县创建，推动整乡镇、整县域标准化生产。推进生产经营主体转变，加大对家庭农场、龙头企业、农民专业合作社扶持力度，加强生产监管和技术指导，督促落实标准化生产要求。广泛开展环保知识和法规宣传教育，普及标准化清洁生产技术，引导农民科学施肥、合理用药，将安全控制措施转化为广大农民的自觉行动，确保“第一车间”源头安全。要探索建立标准化生产补贴机制，推动把实施农业标准化作为各类农业项目验收考核的重要指标。推动建立健全农产品优质优价机制，充分发挥市场杠杆作用，拉动农业标准化发展。

第五，切实加强“三品一标”建设和管理　“三品一标”是这些年农业部门打造的一个安全优质农产品公共品牌，要把握各自的定位和方向，稳步推进并不断发展壮大。要牢牢把握新时期对“三品一标”认证工作的新要求，充分发挥“三品一标”在过程控制、减量化生产和生态环境保护方面的示范引领作用，带动生产经营者规范农业生产过程，严格控肥、控药、控添加剂，做到认定一个产地，带动一片标准化生产，认证一个产品，保障一方产品安全。要严格“三品一标”认证标准，提高准入门槛，规范审查评审，切实做到“稍有不合、坚决不批”，坚决杜绝在认证审批上出现任何瑕疵或硬伤。强化证后监管，加大抽检力度，严厉查处不合格产品、不规范用标产品以及假冒产品，严格退出机制，做到“发现问题，坚决出局”，切实维护好品牌的公信力。要发挥“三品一标”产品包装标识率高、组织化程度高的优势，大力推动“三品一标”获证企业实施质量追溯管理，率先实现“带标上市、过程可控、质量可溯”。“三品一标”工作机构是农产品质量安全监管一支重要依靠力量，各级监管部门要注重发挥好这支队伍的技术优势和支撑作用，给予更多的支持和帮助。“三品一标”工作机构也要主动而为，主动入位，勇于承担更多的农产品质量安全监管职能和任务。

第六，强化制度机制建设　要贯彻落实国办通知和农业部加强全程监管的意见，按照农产品生产经营链条，找准薄弱环节和工作着力点，把相关管理制度立起来，构建起农产品质量安全监管长效机制。要强化主体责任，督促生产经营户执行休药期、生产档案记录等制度，督促农产品收购、储存、运输主体建立健全进货查验、质量追溯和召回等制度。要强化全过程管理，抓紧健全农业投入品监管、生产控制、监测抽查、质量合格证明和追溯管理、案件查处移送等制度，做到生产有规范、监管有标准、惩处有依据。要针对收储运环节监管，摸清监管环节和底数，拿出具体办法，明确职责分工，建立运行机制。要畅通投诉举报渠道，设立投诉举报电话，全面推行有奖举报制度，鼓励各方面参与维护农产品质量安全，扩大社会监督。推进诚信体系建设，建立违法违规“黑名单”制度，对不法生产经营者，依法公开其违法信息，努力营造良好的信用环境。要强化责任追究，对失职渎职、徇私枉法等问题，要严肃追究相关人员责任。

第七，加快基层监管体系建设　县乡基层是直接面对生产经营者的主战场，尽管近年农产品质量安全监管体系建设步伐不断加快，但监管能力弱的问题还很突出，与工作任务相比还有很大差距。要按照国办通知要求，加快完善农产品质量安全监管体系，地县两级尚未建立专门监管机构的，要在2014年年底前全部建立。要发挥好地县农业综合执法、动物卫生监督、渔政管理及“三品一标”队伍作用，落实工作责任，承担起农产品质量安全执法监管任务。要强化地县质检体系建设项目的实施与管理，配套必要的工作经费，加强资质认定和人员培训，确保投资一个、建成一个、用好一个。乡镇监管机构以及承担相应职责的农业、畜牧、水产技术推广机构要进一步充实人员，加强能力建设，开展好农民培训、质量安全技术推广、督导巡查、监管措施落实等工作。2014年基层农产品监管体系建设已纳入国办督查的重点内容，大家务必高度重视，克服等靠思想，主动加强与编制、发改、财政等部门沟通，切实强化农产品质量安全监管能力。

（本文为作者于2014年3月25日在“全国农产品质量安全监管工作会议”上的讲话，略有删改）

落实畜禽屠宰监管职责 加强畜禽屠宰行业监督管理

农业部副部长 于康震

这次会议的主要任务是：认真学习贯彻中央经济工作会议精神及国务院机构改革和职能转变部署，研究落实畜禽屠宰监管职责调整，加强畜禽屠宰行业管理，保障畜禽产品安全。下面，我讲三点意见：

一、客观分析，准确把握保障畜禽产品安全面临的形势和任务

我国畜禽产品生产量大、消费量大，畜禽产品安全保障工作任务艰巨、形势严峻，需要科学分析、理性面对。

（一）准确把握畜禽产品安全监管工作面临的严峻形势

畜禽产品生产链条长、涉及环节多、安全隐患大、制约因素复杂，任何一个环节出现问题都会对质量安全产生影响。近年来，畜禽产品安全事件时有发生，造成了很大影响，一方面打击了消费者对畜禽产品的消费信心，造成畜禽产品市场低迷，影响养殖业健康发展；另一方面由于个别地方处置不当，政府形象、行业形象不同程度受到损害。农牧部门作为肩负畜禽产品安全监管工作的重要部门之一，在任务重、压力大的情况下，有义务、有责任努力工作，采取有效措施，保障畜禽产品安全。从工作层面看，农牧部门任务繁重，安全监管包括动物疫病防控、动物检疫监管、病死动物无害化处理监管，兽药、饲料、饲料添加剂监管以及生鲜乳质量监管等多个方面。此次国务院对相关部门职责调整后，畜禽屠宰监管也将成为农牧部门履职尽责的重要组成部分。可以说环节多、范围广、涉及面大。从分工环节看，原有的农业、商务、卫生、工商、质检、食品药品等部门共同负责的分段管理的食品安全监管体制已调整为农业、食药两个部门为主的新体制。农业部门主要负责食用农产品从种植养殖环节到进入批发、零售市场或生产加工企业前的质量安全监督管理，监管链条更长、任务更重。从监管体系看，现有工作基础和能力、队伍素质和水平与面临的监管任务和要求还存在很大差距，基层普遍存在缺人员、少手段、无经费等现象，困难更多、压力更大。

（二）认真梳理畜禽产品安全监管工作主要任务

畜禽产品安全监管形势严峻，畜禽屠宰管理工作交接过程中还可能出现一些新情况、新问题。当前畜禽产品安全监管工作必须明确几项主要任务：一是加强部门沟通协调，尽快完成畜禽屠宰监管职责划转，理清思路、明确重点，推进畜禽屠宰行业管理工作。二是加强饲料、兽药等投入品监管，从生产、流通、使用等环节加强生产链条监管，确保生产安全、使用安全。三是围绕“两节”期间畜禽产品需求量大的特点，加强监管，严格执法，严厉打击违法行为，推进病死动物无害化处理长效机制建立，保障畜禽产品安全。

（三）充分认识做好畜禽产品安全监管工作的重要意义

畜禽产品安全作为食品安全的重要组成部分，受到社会各界广泛关注。党中央、国务院先后出台了一系列利好政策和调控措施。近期，国办又印发了《关于加强农产品质量安全监管工作的通知》（简称《通知》），明确要求强化属地管理责任、落实监管任务、提升监管能力等要求。2013 年 12 月 18 日，农业部专门召开全国视频会议，就贯彻落实《通知》要求做出部署安排。应该看到，在一系列强有力的政策支持和广大畜牧兽医人员的共同努力下，我国畜禽产品安全水平持续提高，畜禽产品质量安全监测合格率逐年上升。但是，也应该看到，人民群众对畜禽产品安全的要求也在不断提升，对畜禽产品质量安全事件的零容忍，对我们提出了更高的工作要求，农牧部门担子很重、责任很大。各地务必站在战略与全局高度，充分认识做好畜禽产品安全监管工作的重要性和紧迫性，切实增强责任感、使命感和紧迫感，以对党和人民群众高度负责的精神，坚定信心，攻坚克难，继续发扬甘于吃苦、勇于担当、善于战斗的优良作风，以改革的精神、创新的办法、强有力的措施做好畜禽产品安全监管工作。

二、高度重视，认真做好畜禽屠宰监管工作

2013 年 3 月，《国务院机构改革和职能转变方案》明确将商务部生猪定点屠宰监管职责划入农业部后，农业部及各地农牧部门高度重视，积极协调，做了大量工作。但是，由于各地职责交接进展不一，从尽快理顺职责，保障畜禽产品安全的角度看，仍需要加快工作进度。

（一）畜禽屠宰监管职责交接工作取得积极进展

在国家层面，职责交接已经启动，有关工作正在进行中。11 月 20 日，中央编办印发《关于农业部有关职责和机构编制调整的通知》，明确了农业部在畜禽屠宰监管工作中的主要职责。同时，将商务部机关 4 名行政编制划给农业部，在农业部兽医局加挂畜禽屠宰管理办公室牌子。为加强畜禽屠宰监管技术支撑力量，在中国动物疫病预防控制中心加挂农业部屠宰技术中心牌子。12 月 10 日，我带队赴商务部与房爱卿副部长进行工作交接，明确了原则和交接事项，工作交接顺利开展。在地方层面，河北、吉林、湖北、辽宁、重庆等地省级层面已完成职责划转，但市县层面还在研究协调中。其中，河北、吉林两省畜禽屠宰管理办公室由商务部门整体划转到农牧部门，湖北、辽宁两省在农牧部门成立单独处室，负责畜禽屠宰行业管理工作。

（二）尽快健全完善畜禽屠宰监管体系

畜禽屠宰监管工作，涉及行业准入、畜禽产品安全监管以及打击违法行为等多个方面，工作量大、任务繁重。要按照有关法规规定，切实落实畜禽屠宰属地管理责任。在此基础上，各地农牧部门要按照国办《通知》要求，积极争取当地党委和政府支持，把调整畜禽屠宰管理职责作为当前首要的工作任务，摆上重要议事日程。要按照有关文件要求，结合本地区实际，坚持职责、机构、人员编制相统一的原则，协调完成本地区畜禽屠宰监管职责调整，组建和明确履行屠宰行业管理职责的工作机构，尽快形成职责明确、运转有序的畜禽屠宰管理工作体系。

（三）确保职责交接的无缝连接

从全国范围看，多数地方职责划转工作尚未完成，工作交接过程中最容易出现思想麻痹、工作松懈，最容易出现畜禽产品安全监管盲点或漏洞，带来畜禽产品安全隐患，畜禽屠宰管理工作极有可能出现脱节或不到位现象，影响整个行业发展。各地要建立相关部门参加的畜禽屠宰管理工作机制，建立日常工作协作机制和解决重大问题的联动机制。屠宰管理工作尚未交接的地区，农牧部门要尽快成立畜禽屠宰监管工作筹备组，单位主要领导要亲自担任组长。要深入调研、掌握情况，尽快制订方案，有计划、有步骤、分阶段地推进交接。

（四）切实做好畜禽屠宰监管工作

农牧部门接手屠宰监管工作后，涉及的屠宰监管职责由原有的生猪扩大到猪牛羊禽等主要畜禽，工作难度加大，责任加重，各地务必围绕重点，健全制度，完善措施，确保进入正规屠宰场宰杀的畜禽符合国家规定要求，确保经正规屠宰场宰杀的畜禽产品安全。要立即组织开展一次拉网式大检查，对于屠宰企业内部管理混乱，制度不健全，台账记录等不符合要求的，要限期整改；对于厂区设置、环保要求、动物防疫条件、设施设备以及人员资质等不符合要求的，要停业整顿，整改后仍无法达到要求的，一律吊销“生猪定点屠宰证”等证件；对于不符合法律法规要求，私自设立的屠宰场点，要坚决取缔，毫不手软，必要时移交公安机关依法处理。要坚持开展定期巡查，重点检查屠宰企业宰前查验入场动物检疫合格证明、记录来源以及开展“瘦肉精”自检情况，宰杀时规范屠宰行为，开展肉品品质检验情况以及宰后规范肉品品质检验证章使用，对病害畜禽产品进行无害化处理以及规范记录等情况。要不折不扣做好屠宰检疫，动物卫生监督机构的官方兽医要严格按照相关屠宰检疫规程实施宰前检查、同步检疫和宰后出证工作，严禁未取得检疫合格证明或检疫不合格畜禽产品出场。要严厉打击违法行为，采取有效措施，重点防范在城郊结合部、城中村、偏远地区出现私屠滥宰现象。要加大对私屠滥宰、注水或注入其他物质等违法行为的打击力度，要会同有关部门开展联合执法行动，震慑不法分子，保障畜禽产品安全。

三、统筹推进，扎实做好动物疫病防控、动物卫生监督执法和病死动物无害化处理工作

2014 年，“两个努力确保”仍然是农业部门的中心任务之一，为实现这一目标，动物疫病防控工作要稳扎稳打，动物卫生监督执法工作要保驾护航，病死动物无害化处理工作要重点突破。

（一）关于动物疫病防控工作，要努力确保不发生区域性重大动物疫情

1. 要切实抓好重大动物疫病防控工作　对 H7N9 禽流感，要强化疫情监测预警，一旦检出阳性样品要按规定严格开展应急处置。最近广东、浙江等地相继出现人感染 H7N9 禽流感病例，各地农牧部

门要积极配合有关部门做好防控工作，要坚决遏制H7N9禽流感在禽间的传播蔓延；对A型口蹄疫，要切实落实各项防控措施，果断处置新发疫情，防止扩散蔓延。统筹做好重大外来病、主要人畜共患病和常见多发疫病防控工作。

2. *要切实落实各项防控措施* 各地要继续落实免疫、疫情监测、检疫监管、消毒等综合防控措施，加大工作力度，强化督促检查，及时发现和消除疫情隐患，构筑有效防疫屏障。

3. *要切实抓好应急准备工作* 各地要及时制定节日期间重大动物疫病防控应急预案，完善应急机制，充实应急物资储备，加强应急值守，做好各项应急准备工作。一旦出现突发疫情，要坚决果断处置，防止发生扩散蔓延。

（二）关于动物卫生监督执法工作，重点是加大执法力度，不留死角

1. *严格实施检疫工作* 各地要严格按照农业部产地检疫规程开展检疫工作，决不允许病死畜禽及不符合检疫规程的畜禽出场。对进入屠宰场的畜禽要严格监督屠宰企业做好入场检查，完善索证备案登记等制度，严格按照屠宰检疫规程实施宰前检查、同步检疫。

2. *加强各环节监管工作* 在养殖环节，要加强日常监管，对养殖情况出现异常变化要及时查明原因，严格处置；在屠宰环节，要监督屠宰场做好“瘦肉精”自检等工作；在流通环节，要加强动物卫生监督检查站应急值守，严格查证验物，降低活畜禽长途调运疫病传播风险。

3. *加快提升执法能力* 以深入推进动物卫生监督执法行风规范行动为契机，以贯彻执行农业部畜牧兽医行政执法“六条禁令”为重点，查找不足、剖析原因、全面整改。当前，行风规范行动已进入组织实施的攻坚阶段，问题查得实不实、矛盾找得准不准、措施采取得是否有力，对于规范行动能否取得预期效果十分关键，各地务必通过此次行动的开展，全面提升执法能力，打造一支政治硬、作风正、业务精、纪律严的动物卫生监督执法队伍。

（三）关于病死动物无害化处理工作，重点是抓试点、建机制

病死动物无害化处理是件大事，是件难事，也是件长期的事。病死动物处置不当，会产生一系列问题，甚至造成严重的社会影响。2013年年初“上海黄浦江漂浮死猪事件”，引发社会各界广泛关注，国务院领导同志高度重视，要求坚决采取措施，做好相关工作。2014年1月1日实施的《畜禽规模养殖污染防治条例》，明确要求规模养殖场对病死动物进行集中无害化处理。各地要从发展现代农业、保障食品安全、建设生态文明、提高政府公信力的角度和高度认识这项工作的重要性、紧迫性，下大力气解决病死动物无害化处理问题。

1. *要切实抓好病死猪无害化处理长效机制试点工作* 农业部在大中城市、养殖密集区、无规定动物疫病区以及重点水域周边选择了19个省份的212个县开展试点，并于2013年9月底印发试点方案，召开启动会。目前，各地工作已相继展开，山东、浙江等地陆续建设一批病死动物无害化处理厂，江苏、重庆拟选择政府全部或部分出资建设无害化处理厂，交由社会力量运行维护。其他非试点地区也在积极谋划、调研论证，推进落实病死动物无害化处理措施。各试点省份要加快工作进度，选择适合本地区养殖模式的无害化处理模式，争取有关部门支持，落实基础设施建设和工作运转经费，推进试点工作顺利开展，并及时总结经验，适时推广。

2. *要全面推进病死动物无害化处理长效机制建立* 要按照“政府监管、地方负责，统筹规划、市场运作，财政补助、保险联动”的原则，积极研究建立病死动物无害化处理长效机制。重点是以下几个方面：

第一，严格要求大中型养殖、屠宰场对本场病死动物及相关动物产品进行无害化处理，其他环节的病死动物及相关动物产品由县级人民政府组织进行无害化处理。

第二，建立完善的处理体系。要采取民办公助、以奖代补、先建后补等方式建设无害化处理厂，鼓励和支持社会投资建厂，鼓励科学规划，打破行政区域限制，建设覆盖范围广的大型无害化处理厂，鼓励有条件的地方完善现有生活垃圾焚烧厂、医疗垃圾处理厂防疫设施，利用其进行病死动物无害化处理。

第三，建立完善的收集网络。依托养殖加工龙头企业、规模屠宰场、乡镇畜牧兽医站等建立病死动物收集点，统一收集病死动物。

第四，推进畜禽养殖保险工作。建立畜禽养殖保险与集中无害化处理有效衔接的机制，将实施无害化处理作为病死动物出险理赔的前提条件。要在落实现有养殖业保险保费补贴政策的基础上，逐步扩大保费补贴覆盖区域，逐步实现养殖业全覆盖。

第五，建立病死动物无害化处理政策激励机制。严格落实国家对生猪规模养殖场、生猪定点屠宰场病死猪及相关产品无害化处理的补助政策，建立完善病死畜禽损失补助、无害化处理补助以及上交补偿等激励机制，完善社会监督，从源头防止买卖和乱扔病死动物。

第六，推进标准化规模养殖。加快推进畜牧业生产方式转变，改善养殖条件，提高养殖水平，规范养殖行为，降低动物死亡率。

需要强调的是，当前已进入畜禽死亡高发季节，各地要严防死守，努力确保不发生群体性乱抛病死动物现象，对零星抛扔的病死动物要做到及时有效处理。

四、要做好畜禽产品安全保障工作，必须积极营造良好的工作氛围

（一）加强部门协作配合

各地农牧部门要会同相关部门建立健全畜禽产品安全举报和稽查制度，公布举报电话，严格核查每一起举报线索，对发现的问题产品，要严格按照规定，果断处置，消除隐患。要加强与公安、食品药品等部门的合作，积极开展联合执法与专项整治，对违法行为保持严惩重处的高压态势，严厉打击私屠滥宰、注水或注入其他物质、制售病害肉等违法行为，开创部门联动、齐抓共管的良好局面。

（二）强化宣传培训

各地要充分利用广播、电视、报刊、网络等媒体，扩大宣传渠道，创新宣传方式，向全社会宣传普及畜禽产品科学消费常识和质量安全知识，正确引导社会舆论。要制订培训计划，突出抓好执法人员以及与畜禽产品安全相关的从业人员法律法规、技术标准等的教育培训，不断增强其安全意识、守法意识，提升其管理能力和素质，为畜禽产品安全监管工作有序有效开展创造良好的社会环境。

（本文为作者于 2013 年 12 月 20 日在“全国畜禽屠宰行业管理视频会议”上的讲话，略有删改）

转变思路 抓住重点 推进农产品加工业持续健康发展

农业部党组成员 杨绍品

这次会议是在中编办正式批复农业部农产品加工局职能和机构调整方案后，召开的第一次全国农产品加工业工作会议。会议的主要任务是：贯彻落实党的十八届三中全会精神和中央农村工作会议、全国农业工作会议精神，通报机构调整情况，分析行业发展形势，总结交流经验，研究部署 2014 年农产品加工业重点工作。这里，我就三项工作讲点意见。

一、加强机构队伍建设，切实履行促进农产品加工业发展的职责任务

2013 年 11 月份，在新一届政府机构改革中，中央编办批复了农业部职能和机构调整方案，将农业部乡镇企业局（农产品加工局）更名为农业部农产品加工局（乡镇企业局），这是继 2005 年批复农业部乡镇企业局加挂农产品加工局牌子、2008 年国务院机构改革中进一步确认之后的又一次重大调整。我们要深刻认识到此次调整的重大意义，它绝不是在文字上由括号内调到括号外，再由括号外调到括号内的问题，而是充分表明了中央对发展农产品加工业的高度重视，是对全国农产品加工系统的殷切希望。对于这次调整，我谈三点认识：

第一，切实提高对新形势下农产品加工业地位作用的认识 当前，我国农业正处在传统农业向现代农业转型的关键时期，面临着改造传统农业、发展现代农业的艰巨任务。国内外的实践证明，农产品加工业是现代农业的重要组成部分和重要的标志，是现代农业建设的关键环节。无论是种植业还是养殖业，也无论是哪一个农产品，如果没有加工环节的引领和带动，要想大发展、可持续发展都是不可能的。农产品加工业已成为社会必需的、涉及千家万户的大产业，是涉及国计民生的大产业，是永不落幕的朝阳产业。加快发展农产品加工业至少有以下几个重要作用：一是促进农民就业增收。农产品加工业是劳动密集型产业，是农村劳动力转移就业的重要蓄水池。目前，全国雇工 8 人以上的农产品加工企业从业人员达到 2 298万人，其中吸纳农村劳动力占 70%以上，劳动报酬支出超过 4 500 亿元，农民纯收入的 8.9%来自农产品加工业。二是促进农业增效。发展农产品初加工，可以大幅度实现减损增效。推进精深加工，能够在多层次、多环节实现转化增值。一些农产品主产区的实践证明，这些年农产品卖难问题之所以大大减

少，其中一个重要的原因是农产品加工业发展起来了。三是促进农业可持续发展。我国农产品副产物数量巨大，稻壳、米糠、麦麸、蔗渣、禽畜骨血等大部分副产物没有得到有效的利用，资源浪费严重，甚至成为农村环境污染的源头。通过发展农产品深加工，对各类副产物"吃干榨尽"，促进了农业资源的高效利用。四是满足城乡居民日益增长的消费需求。当前我国已进入工业化、城镇化快速发展期，越来越多的农村人口进入城镇，对农产品及其加工制品的需求呈刚性增长态势。而且随着居民收入水平不断提高，消费格局也由温饱型向风味型、营养型、便捷型甚至功能型的方向转变，消费结构变化快，需求拉动强劲，食品安全备受关注，迫切要求农产品加工业扩大规模，提高能力，优化结构，满足城乡居民日益增长的多样化、多层次消费需要。五是提升农业国际竞争力。农产品的国际竞争，在很大程度上表现为农产品加工业的竞争。加快农产品加工业发展，不断提高农产品加工层次、科技含量、质量安全等级、品牌优势和增值水平，是增强我国农业整体国际竞争力的重要途径。总之，就我国农业发展到今天的情况来看，要再上层次、再上水平，要真正实现农业的现代化，没有加工业的提档升级，没有加工业的大发展、快发展是不可能的。正因为如此，才需要进一步明确农产品加工业管理机构，进而加强有关职能。

第二，转变思路，找准定位，全力促进农产品加工业的发展　这次机构更名，是职能和工作重点的一次重大调整，是与时俱进的重要举措，是适应新时期农业农村经济发展的客观要求。30 多年前，伴随着农村改革而兴起的乡镇企业，立足农业、农村资源，从小粮油加工等农副产品加工开始，逐步在市场经济大潮中，拾遗补缺，发展壮大，走出了农业、农村的局限，走向了城市、走向了世界，实现了产品、产业和市场的多元化、国际化。乡镇企业的"异军突起"，不但为增加农民收入、繁荣农村经济、促进城乡发展做出了巨大贡献，而且对打破城乡二元结构、实现城乡一体化发展，推动我国改革开放进程发挥了历史性的作用，为建立社会主义市场经济体制、开辟工业化新局面、推进城镇化，以及通过"以工补农建农带农"推进农业现代化，都做出了历史性贡献。在这个进程中，各级乡镇企业主管部门发挥了重要作用，做出了巨大贡献。

1984 年 3 月 1 日，中共中央、国务院转发了农牧渔业部《关于开创社队企业新局面的报告》（中发［1984］4 号文件），首次提出将社队企业名称改为乡镇企业。这个文件的印发，对促进乡镇企业的发展发挥了极为重要的作用。后来在 1997 年又出台了《乡镇企业法》，国务院召开了全国乡镇企业工作会议，中共中央、国务院转发了农业部《关于我国乡镇企业情况和今后改革与发展意见的报告》等。2014 年正好是 4 号文件发布实施 30 周年。30 年来，乡镇企业发生了翻天覆地的变化，无论是产业布局、产业结构、产权结构、管理体制、经营机制和科技水平等，与 30 年前相比都不可同日而语了。4 号文件把乡镇企业概括为"四个轮子"，即乡办企业、村办企业、联户办企业和个体私营企业。"四个轮子"有 4 个鲜明的特点：一是办企业人的身份是农民；二是所有制形式主要是集体所有；三是布局主要是企业所在的农村地区；四是产业主要是非农的、但又不是离农很远的产业，如农产品加工业和为农业生产提供生产资料的产业等。30 年后的今天，乡镇企业已远远不是 4 号文件的概念和特点了，它不是一个身份的概念，不是一个区域的概念，不是一个所有制的概念，不是一个产业概念，也不是一个行业的概念，内涵和外延都发生了深刻的变化。但是它与"三农"天然的血缘地缘关系仍然存在，作为农民就地创办二、三产业的本质特征仍然存在，所以仍然需要我们继续加强指导、扶持和服务。但以往的经验表明，工作对象越泛化、越大，看起来好像管的事挺多，但实际上越虚化，越不聚焦，越摆不上位置，越不知道该干什么，该怎么干。所以，我们要以这次机构更名为契机，尽快转变思路，找准定位，聚焦重点工作，全力推进农产品加工业持续、快速、健康地发展。

第三，切实加强农产品加工业管理机构和管理职能的建设　各级农业部门要以这次机构调整为契机，切实理顺和加强农产品加工业管理机构和管理职能的建设，切实做到扛起旗、站好位。农业部正在研究农产品加工局职能建设、内设机构、人员配备等问题，以进一步把工作重心转移到促进农产品加工业发展上来，切实担当起农产品加工业规划、指导、管理、监督、协调、服务等职能，充分发挥对系统的引领作用。各地也要结合实际，从事业发展的需要出发，加强机构和职能建设，建议该挂牌子的要挂牌，该换名字的要换名，该整合职能的要整合。各地要尽早把本地区的机构建设到位，职能调整到位，人员安排到位，工作落实到位。

二、认清形势，抓住重点，推进农产品加工业持续健康发展

近年来，随着我国农产品总量持续增加、品种不断丰富和消费需求逐步升级，农产品加工业进入了快速发展的新阶段，主要表现为"四个很快"。一是发

展速度很快。2013 年，预计全年规模以上农产品加工业将实现主营业务收入 17 万亿元，利润超过 1.2 万亿元，同比分别增长 14%和 16%；固定资产投资达到 3.4 万亿元，同比增长 23%，增速高于同期制造业的增长。二是产业集聚很快。农产品加工业加速向优势农产品主产区和大城市郊区集聚。2013 年，山东、河南、四川等 10 个畜禽养殖大省，肉类加工企业主营业务收入占到全国总量的 80%，初步形成了一批加工产业聚集区，涌现出一批名牌产品和驰名商标。三是生产集中度提高很快。2013 年，农产品加工规模以上企业达 7 万多个，大中型加工企业主营收入占到全行业的 50%以上。年收入超过百亿元的农产品加工企业超过 20 个。四是技术创新能力提升很快。科企对接、产学研结合加快了技术创新的步伐，攻克了一批核心技术难题，形成了一批具有自主知识产权的新技术、新装备，制定和修订了一批标准和技术规程，产业的自主创新能力和核心竞争力得到全面提升。谷物、肉类、乳制品和植物油等加工行业的部分高端成套设备正在逐步由进口为主向自主研发和生产转变。

总的看，我国农产品加工业从小到大，已发展成为产业关联度高、行业覆盖面广、带动作用强的基础性、支柱性产业，成为延长农业产业链、就业链和效益链，拉动农业农村经济和县域经济发展新的增长极。随着城乡居民收入水平的提高和消费结构的不断变化，我国农产品加工业在今后相当长的时间内将继续保持快速发展的势头。但也要清醒看到，仍然存在不少突出困难和问题。一是初加工能力严重不足。据有关方面调查，由于初加工设施简陋、方法原始，粮食、马铃薯、水果和蔬菜的产后损失率分别高达 7%～11%、15%～20%、15%～20%和 20%～25%。二是技术装备水平落后。突出表现在农产品加工装备制造业落后，大量精深加工技术装备和环保设备依赖进口。大部分农产品加工企业没有建立研发机构，而且受工资待遇、生活条件、人文环境等因素影响，企业很难吸引和留住高素质的专业技术人才。三是税赋重，利润低。从调研情况看，农产品加工企业平均税负约占销售收入的 8%～10%，而利润仅为销售收入的 3%～5%。多数企业负重运行，发展后劲不足。四是融资难，费用高。据调查，规模以上农产品加工企业年均需要周转资金 5 000 万元以上，按照利率在国家基准利率 6%的基础上再上浮 30%计算，加上贷款抵押物评估费等，年利息等支出约 400 万元。五是生产成本持续快速上升。据统计，2012 年与 2005 年相比，粮食、生猪、蔬菜、水果等原料价格上涨了 47%～168%，能源、动力价格上涨了 45%，劳动力成本涨了 1 倍多，而同期大部分农产品加工制品价格涨幅仅为 20%～60%。成本的急剧上升导致企业利润微薄，无力进行技术改造，个别企业甚至采取偷工减料或降低产品质量的方法维持运行。六是公共服务和行业指导不到位。我国农产品加工业既缺乏针对性的扶持、引导和规范政策，也存在行业规划缺乏、宏观调控手段不足、标准体系不完善、管理机构不健全等问题。

今后一个时期，加快推进农产品加工业持续健康发展的总体思路是：坚持以保障主要农产品有效供给和增加农民收入为目标，更加注重质量效益和可持续发展，转变发展方式，创新体制机制，依靠科技进步，努力促进农产品加工业由规模数量扩张向质量提升和结构优化方向转变，由资源简单消耗向技术升级和品牌战略方向转变，由分散无序发展向产业化和集聚区方向转变，全面提升我国农产品加工业发展水平。

今后一个时期，要着力做好以下几项重点工作：一是抓好规划和建设布局。要对“十二五”规划进行中期评估，为研究和制定“十三五”规划做准备；要结合优势农产品区域布局规划，合理、科学、有序地对主要农产品加工业进行布局。二是抓好产业重点环节。产地初加工是农产品加工业的基础环节、重点环节，它的作用极大，可以增加供给、均衡上市，提高质量、稳定价格，保证加工、促进增收。我们要积极实施农产品产地初加工补助项目，加强与有关部门沟通协调，积极争取各级财政增加资金规模，扩大实施区域，使这项好政策惠及更多农民。要统筹推进综合利用协调发展，研发推广一批综合利用和环保节能技术，对各种加工副产品和农林剩余物、废弃物“吃干榨尽”，实现资源化、高值化循环利用。要大力发展精深加工，研发推广一批国内国际领先的农产品精深加工技术装备，不断推动农产品加工向纵深发展，实现农产品的多重转化增值。三是抓好技术研发推广。加快农产品加工业研发体系的建设，提升科企对接水平，扩大技术集成和中试基地项目建设规模，争取公益性行业科研专项支持，加紧解决一批制约行业发展的技术瓶颈问题，培育一批领军的研发人才和创新团队。积极推进农产品加工技术成果转化和推广应用，不断提升农产品加工企业发展水平，主动淘汰小、散、乱等落后产能。四是抓好服务平台建设。加强农产品加工业监测分析与预警，要建立健全对主要农产品加工情况的定期分析、动态报告和及时预警制度，强化对热点问题和突发事件的跟踪分析研判，着力打造权威的农产品加工行业信息公共服务平台。深入推进农产品加工区域经济合作，继续办好中国农产品加工业投资贸易洽谈会，不断提升会议的专业化、市场化、国际化水平。五是抓好政策的支持。要看到，一方面农产品加工业是涉农产业，涉农产业应该得到国家政策的支持，包括财政、项目、税收、利率、保险、土地等，但另一方面，农产品加工业又是一个市场化程度很高的产业，市场对农产品加工业的资源配置起决定性的作用。我们要根据这一特点，积极寻找切入点和突破口，争取国家政策的支持。六是抓好银企对接合作。国内外的实践已证明，任何一个产业要实现现代化，没有金融资本的介入都是不行的。目前，农业部与国家开发银行已启动实施第一批农产品加工重点项目。这是扶持农产品加工企业做大做强的重要举措。各地要高度重视，认真组织推荐项目，强化政策配套，加强与金融部门沟通协作，争取项目落地和顺利实施。同时，农业部也在研究与中国民生银行、农业发展银行等其他金融机构的合作，拓宽融资渠道，争取金融资本的支持，促进农产品加工业又好又快发展。各地农产品加工业主管部门都要加强与金融机构的合作，合力推进农产品加工业发展。

三、提高认识，强化措施，推进休闲农业持续健康发展

休闲农业是一个大产业，是一个大有前途、大有作为的朝阳产业，是一个新的增长点、增长极，蕴藏着巨大的发展潜力。农业部农产品加工局的一个重要职责就是指导休闲农业的健康发展，必须把此项工作当作一件大事、要事来抓。要充分认识发展休闲农业的重大意义：一是提高农业综合效益。发展休闲农业使农业的功能从食品保障向就业增收、生态涵养、观光休闲、文化传承等多方面拓展，带动了农产品加工、交通运输、建筑和文化等产业的发展，推动了一、二、三产的联动，更为多元的经营方式，为传统农业注入了活力与激情，推进了生态、文化和农业资源的有机结合，提高了农业综合效益。二是促进农民就业增收。这是休闲农业最重要的作用。它使农民不出村、不离家，就能就业、就能挣到钱，极大地增加了农业的就业容量和单位面积产出。三是推进新农村建设。发展休闲农业，带动了农村水、电、路等基础设施的改善，促进了村容村貌的整治，使农家庭院变成了“农家乐”，使农业产区变成了田园景区。四是提高城乡居民的生活水平。休闲农业低价、短途、短时和以休闲为主的特点，顺应了大众化消费需求。住农家院、吃农家饭、干农家活，缅怀田园生活、品味农业情调、感知农业科技等已成为众多市民周末生活的一部分。五是带动城乡资源双向流动。发展休闲农业，推动了人才、技术、资金等要素向农村集聚，促进了城乡要素的双向流动，使得城乡互为资源、互为市场、互为环境，资源配置更加均衡，经济文化相互融合，为推进城乡要素平等交换提供了平台。

据不完全统计，目前全国农家乐数量已超过150万个，休闲农业聚集村超过9万个，年接待游客9亿多人次，营业收入2 700多亿元，带动了2 900万农民受益。目前，发展休闲农业还面临一些困难和问题。从产业内部看，主要存在布局不合理、管理水平不高、人员素质较低、基础设施较差、投资结构不合理等问题；从外部环境看，主要存在思想认识不统一、规划引导不到位、行业管理不规范、政策扶持滞后等问题。这些问题都是发展中的问题。休闲农业本身的特点就是小、散、杂，这就是它的不足、劣势，但又是它的长处、优势。这一方面说明它的实力和能力还不是很强，另一方面也说明它灵活机动，生命力旺盛。正是基于它的特点，下一步指导休闲农业发展的基本思路应该是：以引导和服务为主，在引导和服务中加以管理和规范，从而促进其健康发展。近期，要着力做好以下几项工作：一是优化区域布局。要加强调查研究，依据区位优势、资源禀赋、历史文化和市场需求，深入分析区域资源特色和发展潜力，合理确定优先发展区域。重点在城市周边、名胜景区周边、依山傍水逐草自然生态区、少数民族地区和传统特色农区发展休闲农业。二是加强规范管理。要始终坚持“提升农业、富裕农民、建设农村”的原则，更好地突出农民的主体地位，更多地扶持农民能够直接受益的经营项目。不断完善休闲农业的标准体系，根据不同类别，分层次制定相关标准。强化典型带动和示范引导，逐步推进管理规范化和服务标准化。鼓励利用荒山、荒坡、荒滩、废弃矿山等发展休闲农业，坚决杜绝侵害农民利益、违法占用耕地、破坏生态环境等行为。三是拓展功能内涵。积极开展农耕文化、民俗风情的挖掘展示和保护研究，深挖文化内涵，普及科学知识。按照“在发掘中保护、在利用中传承”的思路，建立农业文化遗产动态保护机制，推动中国乡土民俗文化产业的繁荣和发展。加快推进创意产业发展，提升文化软实力和持续竞争力。四是完善服务体系。利用好全国休闲农业服务信息“进城入户”工程这一平台，充实平台内容，加强信息发布，实行共建共享，建成全国最权威、最便捷的休闲农业服务信息系统。加强信息统计工作，掌握发展动态，为科学决策提供依据。鼓励各类机构分层次分类别开展休闲农业相关培训。五是培育产业品牌。继续开展全国休闲农业与乡村旅游示范县、示范点创建，带动全国休闲农业持续健康发展。开展以中国最有魅力休闲乡村

推荐、休闲农业创意精品推荐为核心的品牌培育工程。依托各类媒体以及会展、节庆等活动，加强宣传推介，营造社会氛围；及时挖掘、总结、推广各地的好经验、好做法，引导全国休闲农业持续健康发展。

（本文为作者于2014年1月9日在“全国农产品加工业工作会议”上的讲话，略有删改）

准确把握形势　扎实推进粮食流通工作

国家粮食局局长　任正晓

这次全国粮食流通工作会议是经国务院批准召开的一次重要会议。会议的主要任务是：深入贯彻党的十八大和十八届二中、三中全会精神，认真落实中央经济工作会议、中央城镇化工作会议和中央农村工作会议关于粮食工作的决策部署，传达贯彻国务院领导同志最近关于粮食流通工作的重要批示精神，总结交流2013年粮食流通工作，分析把握面临的新形势，研究部署2014年工作任务。下面，我讲三点意见：

一、2013年粮食流通工作取得新的成绩

2013年是粮食流通工作稳中有进、稳中有为的一年。一年来，全国粮食系统广大干部职工认真贯彻落实党的十八大关于确保国家粮食安全的战略部署，深入学习贯彻习近平总书记关于“把饭碗牢牢端在自己手上”“把保障粮食供应能力牢靠地建立在自己身上”的重要指示和李克强总理1月15日到国家粮食局视察指导粮食工作发表的重要讲话，进一步坚定了端牢中国人自己的饭碗、守住管好天下粮仓的信心和决心，粮食流通工作思路更加清晰、重点更加突出、措施更加有力，各项工作扎实推进，取得新的成绩。

1. 抓收购、保供给、稳粮价取得实效，为保护种粮农民利益、稳定物价总水平做出积极贡献　全年各类粮食企业共收购粮食3.44亿t，同比增加0.26亿t，其中最低收购价和临时收储粮食0.82亿t，同比增加0.51亿t，通过提价托市、优质优价、帮助农户整粮减损等措施促进种粮农民增收430亿元以上。2013年年末粮食库存总量继续保持历史较高水平，库存消费比继续处于安全合理的水平，国家库存粮食质量总体良好，宜存率达95%以上。市场粮源充裕、供应正常，全年投放政策性粮食0.35亿t，组织跨省移库0.14亿t，产销对接0.19亿t，军粮供应保障水平继续提高，地震灾区粮食供应得到有效保障。粮食市场价格除小麦比2012年有所上涨外，其他品种粮价保持基本稳定。

2. 完善和落实粮食安全省长负责制的工作取得进展，各地维护粮食安全的意识和责任增强　国家有关部门研究代拟的《国务院关于进一步完善和落实粮食安全省长负责制的意见》已上报国务院。各地粮食部门加大对完善和落实粮食安全行政首长负责制的推进力度，因地制宜地制订责任考核办法、完善具体措施；山西、浙江、广东、云南、贵州等省政府相继出台了粮食行政首长负责制的措施意见，黑龙江、辽宁、山东、江苏、安徽、江西、广西等省级政府还制定了促进国有粮食企业改革和粮食产业发展的政策措施；一些省份将粮食安全责任的落实情况列入党政部门年度目标责任考核范围。

3. “粮安工程”启动实施，粮食流通能力建设得到明显加强　国家粮食局编制上报了《全国“粮安工程”建设规划》，各省级粮食局都高质量地完成了规划编制工作。江苏、河南、湖北、广西、重庆、西藏、陕西、宁夏、新疆等省级政府出台了推进“粮安工程”建设的意见。2013年国家发展改革委安排投资近35亿元，用于粮油仓储、物流、质检、农户科学储粮项目建设和加工业技术改造升级；财政部在财力趋紧的情况下重点安排粮食统计信息体系、放心粮油工程、军粮供应网点、粮食科研专项等“粮安工程”建设资金，特别是将“危仓老库”维修改造资金由4亿元增加到10亿元，带动地方财政投入40多亿元。粮食储运监管物联网应用示范项目列入国家重点支持的10个物联网专项计划。全国粮食应急供应网络布点工作初步完成，应急网点由上年的14 987个增加到42 656个。试点开通了白城—蚌埠、松原—岳阳2条散粮铁路运输线路，集装箱散粮运输试点进展顺利。主食产业化快速推进，“放心粮油”工程取得新进展。各级粮食部门把节粮减损摆上粮食工作的重要日程，深入开展粮食行业带头爱粮节粮反对浪费的活动，积极推广应用新技术、新工艺，减少粮食产后损失损耗。农户科学储粮专项2013年新增171万

户，累计达677万户，每年可减少粮食损失7.5亿kg。国家粮食局分别与总后勤部、全国妇联、教育部、共青团中央联合开展爱粮节粮进军营、进家庭、进学校活动，举办"世界粮食日暨全国爱粮节粮宣传周""粮食科技活动周"等活动，加大爱粮节粮宣传，全社会爱粮节粮意识得到提高。

4. 粮食经济增长的质量和效益稳步提高，为全面深化改革、加快行业发展打下良好基础　各地继续推进县级国有粮食企业兼并重组，"一县一企、一企多点"的产权制度改革进程加快，"粮食银行""主食厨房"等经营模式得到推广，企业布局和结构进一步优化，可持续发展能力增强。2013年全国国有粮食企业实现统算盈利82.3亿元，27个省份实现统算盈利。全社会粮油加工业总产值实现2.6万亿元，同比增长13%。湖北、四川、新疆等省、自治区建立粮食产业化发展基金扶持龙头企业，河南、山东、陕西、天津、安徽等省、直辖市将"主食厨房"列为省级政府的民生工程，黑龙江、吉林、内蒙古、湖南、江西等省、自治区多措并举促进粮食销售，河北、辽宁、福建、海南、甘肃、青海等省扎实推进军粮集约化保障，北京、上海鼓励和支持粮食企业到主产区建立粮源基地，湖南、贵州等省大力发展特色粮油产业，都取得好的成效。

5. 科技兴粮和人才兴粮稳步推进，为粮食流通事业科学发展提供智力支撑　粮食公益性行业科研专项首次启动，中央财政首批安排专项资金2.16亿元，2013年已下拨9 218万元。粮食科研院所围绕产业发展需求开展创新研究和技术服务，特别是国家粮食局科研院在真菌毒素生物降解技术研发方面取得突破，为污染粮食的安全利用开辟了新途径。低温和气调储粮仓容增加到0.69亿t，绿色储粮水平进一步提高。大力推进粮食行业"百千万"创新人才工程，继续举办行业高层次技术人才研修班和组织职业技能竞赛，启动实施了粮食院校与百强企业联手培养人才行动计划。

6. 党的群众路线教育实践活动取得明显成效，有力促进了行风政风的转变和服务群众能力的提高　根据中央统一部署，省级以上粮食部门深入开展党的群众路线教育实践活动，聚焦"四风"，边查边改，立说立行，为民务实清廉作风得到弘扬，行风政风进一步好转。紧紧围绕群众反映强烈的突出问题，加强监督检查、行政执法和库存检查，认真解决"卖粮难"问题，严肃查处"打白条""转圈粮""顶包油"等行为，切实维护农民利益和市场秩序。认真汲取中储粮林甸火灾事故的教训，开展粮食行业安全生产"百日行动"，全行业安全事故比2012年下降36%。及时核查处置重金属、真菌毒素超标粮食，严防流入口粮市场，没有发生大的粮食质量安全事故，有效维护了人民群众"舌尖上的安全"。

过去的一年，党风廉政建设和反腐败工作进一步加强，"一把手"负总责、"一岗双责"责任制和廉政风险防控机制进一步落实，党风廉政建设的工作重心向基层企业单位延伸，促进了基层粮食干部职工廉洁从业。机关党的建设、干部队伍建设、粮食文化建设和老干部工作等方面都取得了新成绩，为推动粮食流通工作顺利开展提供了有力保障。

二、准确把握粮食流通工作面临的新形势，把思想和行动统一到中央关于全面深化改革、保障粮食安全的决策部署上来

党的十八届三中全会作出了全面深化改革的决定，为深化粮食流通领域改革指明了方向。中央经济工作会议、中央农村工作会议把确保国家粮食安全作为2014年经济工作的首要任务，确立了"以我为主、立足国内、确保产能、适度进口、科技支撑"的国家粮食安全战略。确保国家粮食安全，粮食流通是必不可少的重要环节，责任重大。我们必须把思想和行动统一到中央关于全面深化改革和保障粮食安全的决策部署上来，切实增强"首要意识"和"守责意识"，更好地肩负起保障国家粮食安全的部门职责和行业使命。

第一，全面深化改革、保障粮食安全，必须深刻领会、认真贯彻中央关于粮食安全的战略思想和粮食工作决策部署　习近平总书记反复强调，解决好吃饭问题始终是治国理政的头等大事，提出了"悠悠万事、吃饭为大""保障国家粮食安全是一个永恒课题，任何时候这根弦都不能松""中国人的饭碗任何时候都要牢牢端在自己手上""我们的饭碗应该主要装中国粮"等一系列重要战略思想，作出了"耕地红线要严防死守""调动和保护好'两个积极性'""搞好粮食储备调节""中央和地方要共同负责""善于用好两个市场、两种资源""高度重视节约粮食"等一系列重大战略部署。中央关于保障国家粮食安全的一系列新思想、新论断、新战略、新决策，是全面深化粮食改革、做好粮食流通工作的行动指南和基本遵循，我们一定要深入学习、深刻领会、入心入脑、融会贯通，紧密结合粮食流通工作的实际，坚定不移地贯彻好、落实好。

第二，全面深化改革、保障粮食安全，必须准确把握国内国际粮食供求形势和发展趋势　当前，世情

国情粮情正在发生深刻变化，粮食工作机遇与挑战并存。2013年全球谷物和主要植物油料产量均创历史纪录，粮食供求总体上比较宽松，但也面临很多不稳定不确定的因素。在外部环境发生变化的同时，国内粮食市场也出现了一些趋势性变化：一是粮食生产能力持续增强，但粮食供求将长期处于紧平衡。粮食生产实现“十连增”，2013年粮食产量突破6 000亿kg，粮食产能的稳步提升为保障粮食安全提供了坚实的物质基础。但是，这些年我国耕地、淡水等资源要素已经绷得很紧，而且粮食产量的增加赶不上需求的快速增长和结构的不断变化，随着人口增加、人民生活水平提高，特别是城镇化加快推进，吃商品粮的人口将越来越多，粮食需求将继续刚性增长，紧平衡将是我国粮食安全的长期态势。二是粮食适度进口将呈常态，但解决吃饭问题还得靠我们自己。据海关统计，2013年我国谷物进口接近150亿kg，大豆进口突破600亿kg。全球每年谷物贸易量大约3 000亿kg，仅相当于我国谷物年消费量的一半左右，而全球还有8亿多人口处于饥饿状态，如果我国大量进口谷物将带来严重的经济风险和政治风险。事实上，作为一个拥有13亿多人口的负责任大国，依赖进口保吃饭，既不现实也不可能，饭碗还得牢牢地端在我们自己的手上。三是国内粮价逐年提高，但价格提升的空间越来越小、进口带来的压力越来越大。近年来国家持续提高粮食最低收购价，有效保护了农民种粮利益，促进了粮食生产，但国内外粮食价差不断拉大，进口压力不断增加。近期粮食主产国普遍上调增产预期，全球期末库存有所增加，粮食价格呈下行趋势，2013年8月以来主要粮食品种到岸价格均低于国内粮价，年末配额内小麦、大米、玉米进口完税价格每吨比国内低300～500元。这些虽然有利于我们积极利用国际市场调剂国内余缺，但也将给国内粮食生产和市场稳定带来不可低估的冲击和影响。

第三，全面深化改革、保障粮食安全，必须正视粮食流通工作存在的突出矛盾和问题 现行粮食流通体制和购销体系尚未经受严重自然灾害、粮食连续减产特别是国内粮食市场大幅波动的考验，粮食流通中还存在一些比较突出的矛盾和问题。一是政府掌控的粮源偏多，不利于发挥市场配置粮食资源的决定性作用。目前，中央和地方政府掌控的粮食库存高于企业自主经营的商品库存；主产区粮食库存占全国总库存的3/4，且多数是政策性粮食，这不利于市场粮食自由流通。同时，农户存粮普遍减少，一些基层粮食企业也出现不敢存粮、不愿存粮的现象。二是国有粮食企业改革不彻底。这些年来，虽然国有粮食企业产权制度改革一直在推进，但一些基层企业仍然依恋吃“政策饭”，没有完全摆脱“收原粮卖原粮”的传统经营模式，加上历史包袱尚未完全解除，难以面向市场搞活经营、发展自己。三是粮食质量安全存在一定隐患。一些地方粮食重金属、农药残留、真菌毒素超标，给收购现场检验、分类储存、无害化处置提出了新的要求，保障粮食质量安全面临较大压力。四是粮油加工产业结构不合理。加工企业“小、散、弱”，规模化、集约化水平低，市场竞争力不强，稻谷、小麦、食用油加工产能利用率不高。五是粮食产后损失浪费依然严重。由于烘干能力不足、农户储粮条件差、企业“危仓老库”多、散粮运输比例低、过度加工和粗放加工等原因，粮食在收打、储存、装卸、运输、加工过程中损失损耗还很严重，餐饮环节浪费十分惊人，全社会爱粮节粮意识有待进一步增强。

第四，全面深化改革、保障粮食安全，必须处理好四个方面的关系 一是要处理好政府和市场的关系。既要尊重市场的一般规律和农民的市场主体地位，完善粮食价格形成机制，使市场在粮食资源配置中起决定性作用，又要考虑粮食作为特殊商品的公益属性和目前种粮农民在市场中尚处弱势地位，需要更好地发挥政府在粮食生产、流通中的管理和调控作用，有效弥补市场失灵。关键是要合理确定政府干预粮食市场的边界，切实转变政府职能，着力解决政府对市场价格和市场主体经营活动干预过多、监管不到位的问题。重点是要完善粮食市场体系，加强粮食市场监管，营造公平竞争的市场环境，确保粮食市场放而不乱、活而有序。二是要处理好中央和地方的关系。核心是要科学划分中央和地方政府的粮食事权。保障国家粮食安全，中央和地方要共同负责，中央承担首要责任，各级地方政府都要树立大局意识，自觉承担维护国家粮食安全的责任。关键是要切实落实好粮食安全省长负责制，上下联动，共同加强粮食生产能力、储备能力和流通能力建设。三是要处理好国有企业和其他市场主体的关系。国有粮食企业和其他成分粮食企业都是搞活粮食流通的经营主体，都是保障国家粮食安全的重要力量。要毫不动摇地支持、督促国有粮食企业在粮食流通中发挥主导和示范作用，毫不动摇地支持、引导其他市场主体加快发展。要打破企业所有制成分和行政隶属关系的限制，积极发展混合所有制经济，探索在政策性粮食业务中引入多元主体竞争机制，不断激发各类粮食企业的经营活力，共同搞活粮食流通，繁荣粮食市场。四是要处理好国内市场和国际市场的关系。要按照“以我为主、立足国内、适度进口”的国家粮食安全战略要求，善于用好国内国际两个市场、两种资源，在立足国内确保谷物基本自给、口粮绝对安全的前提下，适当进口国内短

缺粮食品种，科学合理调节粮食供求，同时要把握好粮食进口的规模和节奏，防范和化解国际市场可能带来的风险和冲击。

综观国内国际大势，粮食流通工作正处于大有作为的机遇期和深化改革的攻坚期，我们要全面把握机遇，沉着应对挑战，以改革创新凝聚体制机制的整体合力、激发行业发展的内生动力，推动粮食流通事业科学发展，确保国家粮食安全。

三、认真贯彻国家粮食安全战略，全面深化粮食流通领域改革，扎实推进2014年粮食流通工作

2014年是改革年，是贯彻实施中央确立的国家粮食安全战略的第一年。全国粮食系统要深入贯彻落实党的十八大和十八届二中、三中全会精神，按照中央经济工作会议、中央农村工作会议的决策部署，立足经济社会发展和“三农”工作大局，以全面深化改革总揽粮食流通工作全局，认真贯彻国家粮食安全战略，进一步做好“广积粮、积好粮、好积粮”三篇文章，稳中求进、改革创新，守住底线、加快发展，切实保障国家粮食安全。2014年粮食流通工作的重点是：认真贯彻“一大战略”，着力深化“五项改革”，继续实施“两项工程”。

（一）认真贯彻国家粮食安全战略，切实履行好粮食部门抓收购、保供给、稳粮价的行业职责

中央确立的国家粮食安全战略，是我们做好当前和今后时期粮食流通工作的指导思想和行动纲领，必须贯彻到各级粮食部门和广大粮食干部职工，必须落实到抓收购、保供给、稳粮价的各环节，必须贯穿到粮食流通工作的全过程。抓收购、保供给、稳粮价是粮食部门的基本职责，是贯彻国家粮食安全战略的行业使命，各级粮食部门必须采取更加有力的措施抓好落实、抓出成效。

抓收购，就是要做到对农民的余粮应收尽收，兜住“种粮卖得出”的底线，保护农民利益和种粮积极性。要认真组织粮食收购，督促粮食企业严格执行国家粮食收购政策和“五要五不准”收购守则，确保不出现农民“卖粮难”，促进种粮农民增产增收。要积极创新收储方式，鼓励和支持符合条件的多元市场主体参与粮食政策性收储。要积极配合有关部门研究探索粮食目标价格改革，做好目标价格补贴试点工作。保供给，就是要组织配置好粮食资源，保证正常供应，守住“吃粮买得到”的底线，确保谷物基本自给、口粮绝对安全。要搞好粮食储备吞吐和进出口调节，加强储备粮轮换指导，强化粮食库存监管，抓好国家粮食交易平台建设，做好政策性粮油销售工作，促进粮食产销合作，完善粮食应急供应体系，提高应急管理能力，确保市场供应，推动军民融合发展，确保军粮供应安全可靠。要更加重视粮食质量安全，加强粮油质量监测监管，防止不符合食品安全标准的粮食流入口粮市场。稳粮价，就是要在掌握粮源、保证供应的前提下，善于运用两个市场、两种资源调节国内粮食供求，加强粮食价格监测和市场调控，搞好信息引导，稳定市场预期，确保市场粮价稳定在合理的区间。

（二）深化粮食流通管理体制改革，推动粮食安全省长负责制的全面落实

粮食安全省长负责制是保障国家粮食安全的一项基本制度，也是粮食流通管理体制改革的一项重要内容。推动这项体制的改革，就是要进一步明确中央和地方的粮食安全责任与分工，在中央承担首要责任的同时，全面落实省级人民政府在粮食生产、流通、稳定区域市场和粮食质量安全方面的责任，真正建立起在国家宏观调控下省级人民政府对粮食安全全面负责的体制。

国务院关于完善和落实粮食安全省长负责制的文件正式下发后，国家有关部门将研究制定相关配套政策措施，拟定粮食安全责任考核办法，加强对各省级人民政府落实粮食安全责任情况的督查和考核。各地粮食部门要充分发挥行业职能作用，积极推进粮食安全省长负责制的全面落实。要按照国家粮食局的统一部署，及时抓好文件的学习宣传贯彻，落实好由粮食部门牵头负责的有关事项，确保粮食安全行政首长负责制在本地区得到层层落实。这次会议上推介了一些地方完善和落实粮食安全省长负责制的经验和做法，各地要相互交流借鉴。

（三）深化粮食储备管理机制改革，提升服务宏观调控和保障粮食安全的能力

要科学界定中央和地方两级储备的功能定位、调控责任。地方储备粮主要是用来保应急、控粮价、稳市场，是区域内应急保供的第一道防线；中央储备粮主要用于应大灾、守底线、稳预期，是保障国家粮食安全的“撒手锏”。要按照“规模适度、结构合理、责权清晰、监管到位、保障有力”的原则，深化储备粮管理机制改革，更好地服从和服务于政府宏观调控。

中央储备粮要完善管理体制，优化区域布局，强化外部监管，加强内部管理，堵塞漏洞，防范风险，确保管住管好。地方储备粮要适度扩大规模，产区和销区都要保持必要的储备规模，销区要适当多储。要调整优化地方储备的区域布局和品种结构，大中城

市、敏感地区和灾害频发地区要适当多储当地需求量大的品种，特别是要储足必要的成品粮。要切实加强储备粮监管体系建设，严肃查处违法违纪案件。要鼓励和支持企业存粮，发挥好周转储备的市场调节作用，督促企业严格执行最低库存制度，依法承担社会责任。要倡导和支持农户存粮，引导农户存粮备荒互济、择价出售增收。

（四）深化国有粮食企业改革，构建国有企业和其他市场主体共同发展的新格局

要深化国有粮食企业产权制度改革，完善现代企业制度，创新企业经营方式。要因地制宜地推进以“一县一企、一企多点”为主要模式的基层国有粮食企业改革，引导企业着力转换经营机制，搞活生产经营，彻底改变坐站收粮、坐库守粮“吃政策饭”的经营方式，主动融入新型农业经营体系，加强与粮食专业合作社、种粮大户、家庭农场、粮食经纪人的合作，发展规模化生产、产业化经营。要积极发展混合所有制粮食经济，鼓励和推动国有资本、集体资本、非公有资本等交叉持股、相互融合，稳步推进股权多元化。要积极稳妥地推行“粮食银行”，扩大农民储粮用粮售粮的自主选择权，帮助农民增加收入。要支持有条件的企业以资产为纽带，组建跨区域、跨所有制的粮食企业集团。要引导和鼓励国内粮食企业“走出去”，开展粮食仓储、物流、加工、贸易等方面的国际合作，扶持培育具有国际竞争力的大粮商。

（五）深化粮食行政管理机制改革，切实转变粮食行政管理职能

要改变过去重国有粮食企业、轻其他市场主体，重企业经营管理、轻维护市场公平，重行政手段、轻依法管粮的行政管理模式，加强对全社会粮食流通的监管和服务。要切实做到政企分开，转变行政管理职能，创新管理方式，全面推进依法行政和依法管粮，使粮食行政管理部门真正成为公共服务的提供者、市场主体的监管者、公平竞争的维护者、市场秩序的执法者。

各级粮食行政管理部门要更好地发挥行政管理和公共服务作用，该管的一定要管住，不该管的要坚决放手，不直接干预企业的正常经营活动。省级以上粮食行政管理部门要加强规划、政策、标准的制定和实施，着重在市场调控、储备管理、行业建设、市场监管、依法行政等方面发挥重要作用；市、县级粮食行政管理部门要突出服务“三农”，着重抓好粮食收储、储备管理、军粮供应、应急保供、流通统计、行政执法、监督检查和质量监管等工作。要严格按照法定权限和程序行使权力、履行职责，依法严肃查处违反国家粮食政策、坑害农民和消费者利益、损害国家利益的涉粮案件，维护粮食市场秩序。加强粮食法制建设，认真总结“两部条例”颁布实施以来的经验，积极推进《粮食法》立法进程。

（六）深化粮食流通统计制度改革，为政府决策和宏观调控提供可靠依据

粮食流通统计是粮食部门的重要职能和基础性工作，扩大粮食统计调查的社会覆盖面和提高粮食统计数据的真实性、准确性、时效性，是各级粮食部门一项重要而紧迫的任务。必须适应贯彻国家粮食安全战略和转变粮食行政管理职能的要求，进一步深化粮食流通统计制度改革，调整统计口径、归口统计管理、精简统计指标、优化统计报表、提高统计效率，构建统一、精简、准确、管用的粮食流通统计体系。

要按照国际通行方法调整现行“粮食”统计口径，以准确反映我国粮食安全实际状况。抓紧推进粮食流通统计职能整合，归并管理，避免力量分散、数出多门。要大力精简统计指标和报表，推行数据电子化和网络化，实现资源共享和信息互通。要加强粮油信息工作，强化粮情监测预警，适当增加监测点，健全粮油市场监测网络，加强对国际市场行情及境外流入粮油的跟踪监测，积极探索适合中国国情粮情的粮油市场预警模式，建立预警模型，实施先兆预警，做到“未涨先知、未抢先知”。要完善统计调查体系，灵活运用各种调查方法，拓宽信息来源渠道，改进全社会粮油供需平衡调查工作。粮食统计数字必须真实，玩虚的就会祸国害民，要确保粮油收购量、销售量、库存量等统计数据的准确可靠。要加强统计队伍建设，充实统计人员，保障必要工作经费，下大力气夯实统计工作基础。

（七）全面实施“粮安工程”，提升粮食收储供应安全保障能力

“实施粮食收储、供应安全保障工程”是今年中央1号文件部署的重要任务，要把“粮安工程”作为粮食安全的守底线工程，放到农业现代化大局中统筹布局、协调推进。要创新投资机制，管好用好中央的补助资金，积极争取地方政府加大投入，鼓励和引导粮食企业和社会资本投入“粮安工程”建设。

大力推进粮食仓储物流设施建设，力争再用3～4年的时间提前完成《粮油仓储设施建设方案（2009—2020）》提出的500亿kg仓容建设任务。继续推进储粮罩棚建设，去年已安排的40亿kg建设任务要尽早完成。继续按照集中资金、突出重点、整省推进的原则，加快主产区“危仓老库”维修改造，同时做好其他地区的仓房维修工作。加快推进粮食现代物流项目建设，抓紧打通“北粮南运”物流通道，提高西南、西北通道的接卸能力。抓好粮油加工业技改专项，促进产业优化升级。进一步完善粮油质量检验监测体系，继续为一批质检机构配备仪器设备。大力推进粮食信息化建设，积极探索建立粮食标识制度和质量可追溯机制，加快“粮食储运监管物联网示范工程”“数字化粮食物流关键技术研究与集成”等项目研发试点。进一步实施“放心粮油”“主食厨房”工程，加速推进主食产业化，着力提升粮食行业“食”“粮”并进的创新能力。大力推进节粮减损，今年再为242万农户配置标准化储粮装具，启动种粮大户、家庭农场和专业合作社科学储粮专项试点，在粮食流通各环节推广节粮减损新设施、新技术。深入开展爱粮节粮进学校、进军营、进家庭、进企业、进机关专项行动，在全社会树立起爱惜节约粮食的新风尚。

（八）大力实施科技、人才兴粮工程，提升保障国家粮食安全的软实力

“科技支撑”是国家粮食安全战略的重要内容，也是促进粮食行业科学发展的重要保障。要加强“国家工程实验室”等创新平台建设，充分发挥粮食公益性行业科研专项的引领带动作用，着力在攻尖端、应急需、夯基础等方面取得明显突破，攻克制约行业发展的科技瓶颈，多出成果，多出人才。科研机构、高等院校要与企业建立创新联盟，加快科研成果转化应用，扩大“四合一”、低温、气调储粮技术应用覆盖面，加快生物降解真菌毒素等新技术工业化应用试验。今年将召开全国粮食科技创新大会，专门研究部署科技兴粮工作。

要继续大力实施人才兴粮战略，扎实推进干部教育和职业技能培训工作，继续实施“百千万”创新人才工程。充分发挥企业培养技能人才的主体作用，发挥粮食院校、科研院所培养高端人才的骨干作用，在全行业形成重视人才、尊重人才的良好氛围。要深入贯彻落实《国家粮食局关于加强粮食文化建设的指导意见》，大力推进粮食文化建设，传承和弘扬传统优秀粮食文化，提高粮食行业的文化软实力。

做好2014年粮食流通工作，必须深入学习贯彻习近平总书记系列重要讲话精神，必须巩固和发展党的群众路线教育实践活动成果，建立起反对“四风”、转变作风、密切联系群众的长效机制。国家粮食局党组针对教育实践活动中查摆出的突出问题，制定了整改方案、专项整治方案和制度建设计划，由局党组成员分工负责抓好整改落实，请各地继续对我们加强监督和支持。要通过自上而下深入开展教育实践活动，促进粮食系统党风政风行风的根本好转。

各级粮食部门要高度重视党风廉政建设和反腐败工作，全面贯彻落实十八届中央纪委三次全会精神，切实抓好惩治和预防腐败体系规划的贯彻落实，深化党的作风建设，坚持以零容忍态度惩治腐败。要坚持“一把手”负总责、班子成员“一岗双责”，全面落实党风廉政责任制，建立健全改进作风的常态化制度，扎实抓好中央“八项规定”和《党政机关厉行节约反对浪费条例》的贯彻落实。关于今年全系统的党风廉政建设和反腐败工作，将有具体部署，各地要认真抓好落实。

2014年粮食流通改革发展任务艰巨、责任重大，让我们更加紧密地团结在以习近平同志为总书记的党中央周围，扎实工作，锐意进取，守住管好“天下粮仓”，为保障国家粮食安全、全面建成小康社会、实现中华民族伟大复兴的中国梦做出新的更大的贡献！

（本文为作者于2014年1月16日在“全国粮食流通工作会议”上的讲话，略有删改）

谋划三大课题 提升五个形象 努力实现烟草行业税利总额超万亿元年度目标

国家烟草专卖局局长 凌成兴

这次会议的主要任务是，全面贯彻落实党的十八大和十八届二中、三中全会精神，中央经济工作会议以及全国工业和信息化工作会议精神。紧密联系烟草行业实际，总结工作，分析形势，部署任务。

一、关于2013年行业工作的基本评价

2013年，我们在党中央、国务院的坚强领导和

工信部的直接领导下，坚持以邓小平理论、"三个代表"重要思想和科学发展观为指导，认真学习贯彻党的十八大精神，认真学习贯彻习近平总书记系列重要讲话精神，坚持"稳中求进"的工作总基调，以提高经济增长的质量和效益为中心，继续围绕"卷烟上水平"基本方针和战略任务，全面抓好各项工作，保持了生产经营良好发展态势，实现了"三个稳中有为"、做到了"五个扎实推进"。

（一）三个稳中有为

第一，烟叶生产稳中有为 烟叶生产实现了连续16年稳定发展。2013年的主要特点是"一个调控有效、三个持续增加"：烤烟收购计划调控有效，全国种植烤烟139.47万 hm^2，减少1.73万 hm^2；收购烤烟25.32亿kg，减少2.08亿kg。烟农收入持续增加，全国烤烟收购均价24.6元/kg，提高3.1元/kg；烟农种烟收入623亿元，在收购总量减少2.08亿kg的情况下，仍同比增长6%。上、中等级烟叶比重持续增加，达到97%，提高近3个百分点，优化结构工作取得明显成效。基地单元持续增加，全年新建基地单元122个，累计建设基地单元461个，其中特色优质烟叶开发基地单元146个。同时，烟叶生产基础设施投入和建设力度持续加大，全程机械化作业稳步推进，烟农专业合作社有序发展，现代烟草农业建设成为老少边穷地区富民强县、惠及子孙的德政工程。

第二，卷烟产销稳中有为 全行业主动适应市场环境变化，及时采取一系列有效措施，保持了卷烟产销协调发展、重点品牌良好发展的势头，"532""461"品牌培育成效卓著。主要特点是"两个基本稳定、三个不断提高"：卷烟产量基本稳定，卷烟销量基本稳定。卷烟销售收入不断提高，全年批发销售收入12 480.4亿元，同比增长8.5%。卷烟单箱收入不断提高，全国平均达到2.5万元，同比增长7.3%。单箱税利不断提高，全国平均达到1.8万元（其中：工业1.3万元、商业0.5万元），同比增长7.72%。

第三，税利总额稳中有为 年初确定的"税利保持10%左右增长"的目标顺利实现。全年行业实现税利9 559.86亿元，新增910.47亿元，同比增长10.53%。其中税金（不含企业所得税）6 810.61亿元，增加598.71亿元，增长9.64%。全年上缴财政总额8 161.22亿元，新增近1 000亿元，增长13.9%，其中上缴国有资本收益295.68亿元，上缴专项税后利润400亿元，为国家财政增收做出了特殊贡献。

（二）五个扎实推进

第一，执行中央"八项规定"和反腐倡廉建设扎实推进 行业各级党组织和领导干部认真贯彻执行中央"八项规定"，认真落实国家局党组"九条要求"，坚持深入实际、深入基层开展调查研究；精简会议活动，压缩会议数量，严格控制会议规模；简化公务接待，抓住中秋、国庆等重要时间节点坚决刹住公款送节礼、公款吃喝和奢侈浪费等不正之风，严格控制工商企业跨省交流活动；规范行业车辆配备使用和办公用房管理，对超标准配备车辆、占用办公用房进行全面清理。全行业业务招待费、会议费、涉外费分别降低37.89%、43.6%、28.57%，封存超标车1 344辆，清理多占办公用房47 685 m^2，停建经营业务用房项目86项，取消、停止出国团组77个，比年初计划压缩35.5%。切实发挥纪检监察职能，加强对执行中央"八项规定"和"三重一大"决策制度的监督检查，全面开展廉政风险防控工作，强化对权力运行的监督制约。以干部清正、行业清廉为目标，大力加强党的纪律建设，努力改进领导干部作风，突出工作重点，狠抓工作落实，行业反腐倡廉建设取得明显成效。全年给予党纪政纪处分159人，移送司法机关处理2人，收缴违纪违法所得355.6万元，挽回国有资产损失1.41亿元。

第二，党的群众路线教育实践活动扎实推进 根据中央统一部署，深入开展以"为民务实清廉"为主要内容的第一批党的群众路线教育实践活动。国家烟草专卖局、中国烟草总公司机关和行业各直属单位按照中央"照镜子、正衣冠、洗洗澡、治治病"的总体要求，认真抓好学习教育、听取意见，查摆问题、开展批评，整改落实、建章立制三个环节。围绕反对"四风"，国家局党组从征求的475条意见中，查摆、分析、聚焦了16个突出问题，坚持边学边改、边查边改，先后完善和出台了12项管理制度、1个班子建设的文件规定，着力抓住缴存公积金和企业年金的突出问题、公务用车管理的突出问题、财务管理的突出问题、出国管理的突出问题、会议经费管理的突出问题进行整改和规范，着力抓住加强领导班子建设的关键问题，善始善终、善做善成。

第三，经济运行调控工作扎实推进 全行业把保持良好的市场状态作为经济运行调控的首要任务，认真落实2013年4月、10月两次座谈会精神，保持了行业经济运行的总体平稳。在生产运行调控方面，增加适销对路品牌和规格的生产，适度增加四、五类卷烟生产，保障农村市场供应；从严控制工业调出，适当减少年底备货数量，对存销比偏高、价格波动较大的品牌和规格采取限产限调措施，合理控制库存，保持价格坚挺。同时，切实加强安全生产，深入开展安全生产大检查。切实加强企业基础管理，在开展"管理创一流"活动基础上，全面推进精益管理，注重管

理手段和方法创新，推动企业向管理要效益。在市场营销调控方面，明确“六个坚决禁止”要求，规范卷烟货源供应，提高货源投放的针对性和有效性；按照市场状态把握投放节奏，保持供求平衡；坚持市场导向，提高需求预测的准确率，尊重消费者选择，加大按客户订单组织货源供应。在资金管理调控方面，强化全面预算管理，严格重点费用控制，努力降低生产经营成本。全年卷烟工业企业销售收入成本率为24.06%，略有下降；工商企业三项费用率分别为7.21%和7.33%，均略有下降；行业重点费用支出93.44亿元，同比降低21.4%。开展流动资产专项清查和行业内部往来款对账工作，做好重大事项资金计划安排和拨付工作。

第四，专卖打假和规范管理扎实推进 持续深入开展卷烟打假，发挥与公安部门联合打假长效机制作用，在源头治理、打击非法拼装倒卖烟机、打击原辅材料供应链方面取得重大突破。全国查处案值5万元以上假烟案件2 998起，收缴制假烟机433台，查获假烟15.5万件；依法拘留7 476人、追究刑事责任4 960人。烟草打私成果再创新高，查获走私案值和涉嫌偷逃税额分别增长1.4倍、3.4倍。切实加强内部规范管理，加大对真烟非法流通的监管力度，严格落实规范“两烟”生产经营行为各项纪律要求，对个别存在不规范经营行为地市局（公司）的主要领导给予了严肃处理。认真贯彻落实《烟草企业采购管理规定》，扎实推进办事公开、民主管理，强化制度程序硬约束，有效发挥董事会把关作用，公开招标工作取得新进展。全行业工程投资、物资采购和服务采购（含宣传促销）实施公开招标项目占比60.24%、金额占比82.82%。高度重视审计监督，配合审计署圆满完成行业经济责任审计工作，国家局召开专题会议通报情况、举一反三、全面整改。同时，组织行业经济责任审计项目31项、工程审计项目40项。

第五，科技创新和技改工作扎实推进 大力实施创新驱动发展战略，加强行业科技创新体系建设，推进重大战略性课题和科技重大专项研究。绘制完成全球第一套也是唯一的一套烟草全基因组图谱，在国际上率先掌控烟草核心基因信息资源。高度重视烟草产品质量安全，持续降低卷烟有害成分含量，国产卷烟焦油量加权平均值为10.6mg/支，下降0.3mg/支；卷烟危害性指数加权平均值为8.7，同比持平。不断强化知识产权管理，全行业获得授权烟草技术类专利2 962件，增长46.0%，其中发明专利515件，增长2.6%。持续提高行业工艺技术装备水平和综合配套能力，国家烟草专卖局、中国烟草总公司全年批复各类技术改造项目98个、投资总额386亿元；“超高速卷接包机组研制”重大专项引进技术样机顺利通过鉴定，国产卷接包机组成功实现由高速向超高速的跨越。加快信息化重点项目建设，正式启动行业数据中心项目，实施统计数据下行服务，数据资源的开发应用和信息共享得到加强。同时，行业物流建设、卷烟包装箱循环利用、烟用物资配套产业、多元化投资管理、烟草经济研究和学术交流、干部教育培训和专业技术人才培养、离退休人员管理和服务工作、行业新闻宣传和舆论引导等各项工作都同舟共济，成绩显著。

二、关于学习贯彻三中全会精神的总体考虑

党的十八届三中全会是在我国改革开放新的重要关头召开的一次重要会议。全会审议通过的《中共中央关于全面深化改革若干重大问题的决定》，是我们党在新的历史起点上全面深化改革的科学指南和行动纲领。我们必须把全会精神转化为行业改革的指南、发展的动力、工作的业绩，在谋划“三大课题”、提升“五个形象”上下功夫、见实效。

（一）谋划“三大课题”

围绕“三大课题”，行业各直属单位深入调查研究，广泛集中民智，向国家局上报了思考深入、谋划深远的打算和建议。国家局党组成员分别领题，对卷烟上水平、烟叶生产、市场营销、货币资金保值增值和营销费用控制、“走出去”发展战略等5个专题开展调查研究，提出了许多思路、规划、对策和举措，使“三大课题”更加具体化、更具操作性。归纳大家意见，我谈点基本认识。

第一，改革的红利在哪里？烟草行业改革始终紧跟我国改革开放步伐 三中全会《决定》指出，“实践发展永无止境，解放思想永无止境，改革开放永无止境”“经济体制改革是全面深化改革的重点，核心是处理好政府与市场的关系，使市场在资源配置中起决定性作用和更好发挥政府作用。”烟草产品具有双重属性，它既是商品，必须遵循市场经济的一般规律；又是专卖专营特殊商品，必须严格按国家计划组织生产并由国家垄断经营。因此，谋划行业改革的红利在哪里？必须坚持社会主义市场经济改革方向，坚持烟草专卖制度。烟草专卖制度，最核心的是统一领导、垂直管理、专卖专营。专卖专营又包括三大法定许可制度：烟草专卖品生产和进出口的法定许可证制度，是指卷烟、雪茄烟、烟丝、复烤烟叶、烟叶、卷烟纸、滤嘴棒、烟用丝束、烟草专用机械；烟草专卖品销售和经营主体的法定许可证制度；烟草专卖品运

输的法定准运证制度。根据这三大部分，目前，共设置保留15项行政许可事项。习近平总书记指出："改革是由问题倒逼而产生，又在不断解决问题中得以深化。"根据烟草产品双重属性的特点，我们要有强烈的问题意识，以重大问题为导向，抓住关键问题研究思考，不断推动行业自我改革、自我完善、自我创新，努力释放改革的红利：在计划安排上，努力向市场配置资源要红利；在卷烟营销上，努力向建设统一开放、竞争有序的市场体系要红利；在品牌规格上，努力向健全优胜劣汰、市场化退出机制要红利；在法人治理结构上，努力向协调运转、有效制衡要红利；在人事制度上，努力向建立"管理人员能上能下、员工能进能出、收入能增能减"机制要红利；在审批制度上，努力向简政放权、高效运转要红利。

第二，发展的潜力在哪里？在"需求拐点逼近"的严峻形势下，烟草行业发展难以继续依靠外延扩张 李克强总理指出，"提质增效升级是我国经济行稳致远的必然要求"，更是我们烟草行业行稳致远的必然要求。目前，行业最大的潜力有：一是结构调整的潜力。坚持以品牌培育促进转型升级，推动卷烟结构不断优化，保持卷烟销售总额增长与社会消费品零售总额增长基本同步，保持卷烟单箱均价增长与城乡居民收入水平增长基本同步，持续提高一、二、三类烟产销比重，持续提高卷烟单箱销售均价，持续提高卷烟单箱税利水平。这"两个基本同步、三个持续提高"，仍然是今后一个时期的着力点和增长点。二是国际市场的潜力。紧紧抓住中央支持鼓励国内企业"走出去"发展的有利时机，学习借鉴中粮、双汇、华为、高铁等国内企业"走出去"发展的成功做法和宝贵经验，创新思维，超常扩张。据不完全统计，除我国卷烟内销外，全球还有卷烟7 000多万箱，其中：有5 000多万箱由五家烟草跨国公司营销，有2 000多万箱分散在许多中小烟草公司手上。这对我们拓展国际市场仍有巨大潜力。三是货币资金保值增值的潜力。有效发挥行业资金存量优势，加强与金融企业的战略性合作，创新行业内部资金融通渠道和运作机制，高度重视"以钱生钱"，确保行业资金"不缩水"，提高货币资金回报率，降低工商营销费用率。这个潜力每年少则增加100多亿元、多则增加200多亿元利润。真正把不当"守财奴"、更不当"败家子"、要当创业者的理念落实到当家理财的全过程。

第三，追赶的目标在哪里？面对日趋激烈的市场竞争，面对经济全球化的发展趋势，我们必须瞄准全球领先水平，确立新的追赶目标 一是追赶烟草跨国公司前三名。据统计，2012年，第一名菲莫国际销量1 854万箱，第二名英美烟草销量1 388万箱，第三名日本烟草销量1 107万箱（其中：外销800多万箱）。我国烟草目前境外销量140万箱，卷烟外销率2%。我们要学习借鉴日本烟草、帝国烟草并购重组的成功经验，树立追赶烟草跨国公司前三名的雄心壮志，为行业发展开辟更为广阔的市场空间和竞争舞台。同时，要把握国际烟草市场发展趋势，高度重视加热不燃烧卷烟、电子烟、口含烟等新型烟草制品研发，并将其作为关系行业可持续发展的战略性、全局性、长远性重大课题，国家局已成立由主要领导为组长、各位局领导为副组长的新型烟草制品研发领导小组，统筹新型卷烟的超前谋划、系统设计、重大专项和有序推进工作。二是追赶烟机制造公司的排头兵。烟草专用机械是烟草专卖品，我国是世界最大的烟机进口国，专卖体制优势和国内市场需求应该支撑起装备领先、技术领先、能力领先的中国烟机企业。我们要以德国虹霓公司、福克公司、意大利GD公司为学习榜样，拜师学艺、加强合作、缩小差距，在进一步发挥"打造中式卷烟制丝生产线""超高速卷接包机组研制"重大专项带动作用的同时，坚定以烟机装备自主化为导向，突出抓好M5卷烟机引进消化吸收再创新，着力推进现有烟机的改造提升，着力推进制丝关键设备的引进消化吸收再创新，着力推进软硬包装和异型卷烟设备的柔性化，全面提升国内烟机企业研发创新、精益制造和维修服务水平。三是追赶原辅材料生产的大集团。我们要继续深化同塞拉尼斯公司、瑞安公司、施伟策—摩迪国际集团、伊士曼化工公司等知名企业的友好合作，着眼于提升原辅材料的自主研发、自我创新、自我保障能力，持续提高国产醋纤丝束竞争力，加快推进香精香料自主研发、批量生产，着力提升高档卷烟纸国产化水平，按照烟草产业链一体化运作思路，全面推进原辅材料配套保障体系建设，全面增强中国烟草整体竞争实力。四是追赶现代企业管理的新趋势。要以精益管理为抓手，发挥对标的引领和导向作用，进一步提升企业基础管理水平，向一流管理迈进；要坚持把物流作为行业核心业务，全面实施物流非法人实体化运作，积极推进烟草物联网和电子商务建设，着力打造高水平的行业供应链物流；要高度重视信息化工作，以"一个平台、五大应用、五大保障"为框架，以"一号工程"为基础，以"三流合一"为目标，整合兼容、互联互通，先进实用、改造升级，推进信息化与烟草产业深度融合；要加快推进打叶复烤企业整合、改造、提升工作，全面提高打叶复烤加工能力、管理水平和经济效益。

（二）提升"五个形象"

第一，全面提升行业深化改革的形象 在贯彻三

中全会精神，释放行业改革红利中，我们要加大市场化取向改革力度，加大企业法人治理结构改革力度，加大国有资产管理体制改革力度，加大收入分配制度改革力度，加大简政放权改革力度，加大领导干部选拔任用和交流任职改革力度，加大服务广大烟农土地流转改革力度，加大实施“走出去”发展战略改革开放力度。上述八项改革举措，要在中央全面深化改革领导小组的统一部署下，整体谋划、深入研究，分项出台、分步实施，做到“既不要拖宕，又不要抢跑”。

第二，全面提升行业科学发展的形象　全行业必须继续围绕“卷烟上水平”基本方针和战略任务，努力走出一条质量提高、价值提升、技术进步、成本节约的内生发展道路，继续保持协调发展、共同发展、和谐发展良好局面，全面提升行业科学发展的形象。行业“十二五”后三年的发展目标是：力争2013年上缴财政超过8 000亿元（已实现），力争2014年实现税利总额超过1万亿元，力争2015年上缴财政总额接近1万亿元。实现这个目标，既是实施“卷烟上水平”基本方针和战略任务的重要标志，也是提升行业科学发展形象的具体体现。

第三，全面提升行业控烟履约的形象　国家烟草专卖局作为国务院“履约工作部际协调领导小组”成员单位之一，承担着依法推进控烟履约的重要职责。全行业必须自觉从党和国家的工作大局出发，坚决执行中办、国办《关于领导干部带头在公共场所禁烟有关事项的通知》，严格执行烟草专卖法律法规，认真履行《烟草控制框架公约》《中国烟草控制规划（2012—2015）》明确规定的责任和义务，积极做好《消除烟草制品非法贸易议定书》研究落实工作。严格按照国家计划控制卷烟增长幅度，严厉打击烟草制品非法贸易，坚持通过科技创新降低焦油和其他有害成分的含量，坚决支持公共场所禁烟，坚决支持中小学生禁烟，坚决劝阻青少年吸烟。

第四，全面提升行业规范管理的形象　烟草行业产品特殊、体制特殊，是社会关注的焦点。即使个别单位、个别企业、个别职工出现不规范行为，都会对整个行业形象造成不利的影响。面对庞大的职工队伍，面对庞大的业务交易，面对庞大的资金流量，全行业必须始终坚持把严格规范作为保持行业持续健康发展的“生命线”，坚决铲除各种不规范行为滋生的土壤，努力从法律层面促进行业规范管理，努力从制度层面促进行业规范管理，努力从道德层面促进行业规范管理，全面提升行业规范管理的形象。

第五，全面提升行业干部队伍的形象　加强干部队伍建设，提升干部队伍形象，是推动烟草行业持续健康发展的关键。要认真贯彻落实全国组织工作会议精神，学习好、领会好、落实好习近平总书记在组工会上的重要讲话，全面抓好国家局党组《关于进一步加强行业直属单位领导班子建设的意见》的贯彻落实，不断加强领导班子的思想建设、组织建设、作风建设、反腐倡廉建设和制度建设，努力打造为民务实清廉的高素质领导班子。同时，要大力加强行业基层建设，统筹推进各类人才队伍建设，努力培养一支高层次、高技能、高素质的人才队伍。

三、关于2014年行业工作的主要任务

2014年是贯彻落实党的十八届三中全会精神的开局之年，也是推进落实《烟草行业“卷烟上水平”总体规划》的关键一年。2014年工作总体要求是：全面贯彻落实党的十八大和十八届二中、三中全会精神，坚持稳中求进工作总基调，坚持改革创新，坚持烟草专卖制度，谋划“三大课题”，提升“五个形象”，扎实推进“卷烟上水平”基本方针和战略任务，努力实现税利总额超万亿元年度目标。2014年主要预期指标是：烤烟收购计划23.5亿kg，比上年压缩2.5亿kg；税利总额10 330亿元，比上年增速确保8%、力争10%。2014年工作重点任务是：围绕“五个千方百计”，做到“三个坚定不移”。

（一）五个千方百计

第一，千方百计落实“卷烟上水平”总体规划目标任务　要继续围绕“卷烟上水平”总体规划和五个实施意见，全力打好攻坚战。一是加快形成品牌竞争发展的市场格局。加强卷烟品类构建，完善品牌发展规划，分类指导品牌发展，加快形成以“全国性知名品牌为主导、区域性优势品牌为依托、创新型特色品牌为引领”的品牌竞争发展格局。这个格局包括三个层面：以“双15”品牌为主体的全国性知名品牌，产销总量不少于70%、销售收入和税利总额不少于85%；以其他重点品牌为主体的区域性优势品牌，重点聚集三类烟以上规格，地产卷烟在本省份区域市场占有率要争创“三分天下有其一”的营销业绩；以降低焦油和其他有害成分含量为主体的创新型特色品牌，以小见大、以新替旧、以特取胜。要全面推进卷烟品牌质量建设和形象塑造，切实增强高端卷烟、高价位卷烟、低焦油卷烟品牌带动力，着力促进卷烟产品优化升级。要深入推进卷烟品牌合作生产，坚持以市场为导向，以自愿选择、互利双赢为基点，努力实现从主要依靠行政、经济手段促进合作生产向尊重市场主体意愿、激发企业内生动力转变；从主要追求增加合作生产数量、扩大合作生产规模向追求提升整体发展质量、增强整体竞争实力转变；从一般意义的来

料生产、来牌加工方式向实现品牌做大做精、推进企业深层合作转变。要全面推行精益管理，真正把精益思想、精益方法、精益组织、精益流程、精益目标融入企业管理的全过程，更多地依靠技术进步、管理创新和人员素质提高，推动卷烟品牌发展建立在节约资源、减少浪费、提高效率基础上。二是建立完善品牌规格创新淘汰机制。按照“品牌要做大、规格要做精、价格要上扬”的要求，制定实施导向更为明确、管理更为精细的行业卷烟品牌规格管理办法，健全优胜劣汰市场化退出机制，着力打造一批定位清晰、风格突出、技术领先、效益良好的重点规格，每个品牌销量和销售收入前三位主导规格所占比重力争保持在70%以上；鼓励卷烟工业企业研发新产品、淘汰小规格，原则上品牌规格20个以内的要进一退一、30个以内的要进一退二、40个左右的要进一退三；防止因片面追求品牌数量、片面追求市场扩张、片面追求生产规模，而拉低品牌价格、摊薄品牌价值、损害品牌形象。三是大力支持云南中烟“两统一、两整合”工作。云南中烟“两统一、两整合”工作座谈会以后，云南中烟“一公司、两集团”同舟共济、精心组织，平稳操作、开局良好。希望各省局（公司）、各合作生产企业、机关各职能部门，特别是云南烟草工商两家，要以这个大动作为机遇，按照座谈会精神，继续把培育云产卷烟品牌、发挥云南烟草优势作为共同目标、共同利益、共同责任，培育增长极、再创新辉煌。

第二，千方百计落实烟叶生产总体思路 认真贯彻落实中央农村工作会议精神，坚持把烟叶生产作为行业“三件大事”的首要任务来抓，“坚守一条红线、提高三个水平、夯实两大基础”，要保护三个积极性、防止三个大起大落，要努力降低烟农用工成本、努力降低烟叶配方成本、努力降低烟叶库存成本。一是控制总量。力争用3年左右时间，将全国烟叶库存总量调整到合理水平，计划2014年收购烤烟23.5亿kg，规划2015年收购烤烟22.5亿kg、2016年收购烤烟21.5亿kg。二是稳定政策。今年烟叶价格总水平提高5%，红花大金元、翠碧一号继续实行特色优质品种加价政策，收购价上浮20%；K326特色品种按收购价上浮10%，通过补贴方式兑现；优化烟叶结构“下打两片”每公顷补贴750元、“上打两片”每千克鲜烟叶补贴0.9元；烟田基础设施建设资金稳定在150亿元，其中水源工程建设资金50亿元。三是优化结构。继续坚持在田间处理不适用烟叶的优化结构措施，引导扩种红花大金元、翠碧一号和K326等特色优质品种，大力推广“订单农业”；稳妥调剂烟叶进出口计划，力争通过增加出口、减少进口，使烟叶净出口数量再增加0.5亿kg。四是提升水平。管好用好项目资金，抓好烟水配套工程、机耕道路、育苗设施、调制设施等项目建设，推进水源工程、土地整理和田间机械化工作，着力提高基础设施建设水平；推动工商密切协作，完成新建基地单元130个、新建特色优质烟叶开发基地单元19个、建设“升级版”基地单元14个，完成专业化分级散叶收购17.5亿kg，着力提高特色优质烟叶开发水平；稳步推进规模种植，培养具备现代经营管理能力的职业化烟农队伍，完善“种植大户（家庭农场）＋合作社”的发展模式，抓好示范合作社建设，着力提高两个主体培育水平。五是严格考核。严守23.5亿kg收购计划红线，对烟农不得拒绝收购，对省局（公司）必须严格考核，坚持严格执行“超产抵扣下年度计划”的考核措施不能变。

第三，千方百计推进市场化取向改革 我们必须冲破思想观念障碍、突破利益固化的藩篱，积极探索在专卖体制内市场配置烟草要素资源的新途径、新举措。一是改革卷烟交易管理方式。积极推行“按订单组织货源、按需求衔接计划、按价格调整策略”，在坚持“总量控制、稍紧平衡”前提下，今年先拿出2%的计划资源来“打擂台”，作为行业市场化取向改革的突破口。即：工业调出计划按商业调入计划100%下达，商业调入计划按98%下达，剩余2%在季度补货阶段执行。工业调出计划与商业调入计划发生的差额部分，依据工业计划基数不变、各地利益格局不变的原则，通过合作生产方式自愿协商。二是改革卷烟订单采集方式。健全完善卷烟营销网络，加快零售终端建设，全面推行网上订货，逐步将现行订单采集模式由地市级公司统一采集调整为省级公司统一采集，切实尊重零售客户自主订货权利，有效避免人为做单、删单、改单等不规范行为。积极推动全国统一订货平台建设，加快形成全国统一开放、竞争有序的市场体系。三是完善卷烟货源供应规则。坚持所有货源供应政策及货源信息向零售客户公开，按照“市场需求基本满足、零售客户有所选择”的要求，加强客户订单总量管理，严控大户订货总量，允许中小客户订货总量上下浮动，实现品牌规格全部由客户自主选择，坚决杜绝强制销售、搭配销售。为积极稳妥地推进市场化取向改革，今年先在北京、天津、河北三地进行试点，积累经验后再全面推开。

第四，千方百计实现货币资金保值增值和降低营销费用 行业现有的货币资金“家底”，是全行业干部职工艰苦创业、长期积累的丰硕成果，我们要倍加珍惜、如履薄冰。今年行业货币资金利息净收益率的目标任务是：全行业保3争4、总公司保4争5，增

收节支总额确保80亿元、力争100亿元。这要作为年度重要考核指标，分解任务、明确责任、落实措施。一是切实加强存量资金管理。科学优化存款组合，鼓励企业充分利用银行利率优惠政策，通过各战略合作银行进行定期和协议存款的优化组合，最大限度地提高利息收益；倡导和鼓励行业内部资金融通，推动本省烟草工商企业之间通过银行开展委托贷款，并逐步扩大到跨省企业之间，实现资金闲置企业与资金紧张企业的有效对接和双赢发展；加强与财政部门沟通协调，通过有资质的金融机构承销商或采取定向发行等方式，适度增加重点债券购买量；切实加强往来款结算和管理，彻底清理行业工商企业间的历史遗留往来款问题，有效盘活占用资金，督促企业减少长期挂账现象。二是稳步提升行业资金运营水平。适时通过增资扩股、定向募集等方式，有选择地增加对战略合作银行的资本性投入；探索建立行业统一的金融管理平台，稳步开展专业化资本运作，降低资金风险，提高资金收益。三是着力强化费用节流工作。要加强营销费用控制，确保营销费用支出范围、标准、程序合法合规，确保支出总额、单箱费用和销售收入占比继续降低。坚持厉行节约、反对铺张浪费，防止大手大脚用钱、防止不计成本用钱、防止违反规定用钱。全面完成卷烟包装箱循环利用“两个50%”目标任务，积极开展同城卷烟托盘联运，坚决治理卷烟过度包装。

第五，千方百计拓展国际市场　要树立追赶烟草跨国公司前三名的雄心壮志，树立掌控进口优质烟叶话语权的雄心壮志，树立缩小与国际烟机研发制造水平差距的雄心壮志，聚焦重点、整合资源，拓展市场、提升水平。一是加快打造境外卷烟产销基地。以培育外向型烟草企业为导向，扎实开展“境外卷烟产销基地建设年”工作，全面推进上海烟草（包括北京卷烟厂）、广东中烟、云南中烟、湖南中烟和浙江中烟、吉林烟草工业等五个卷烟境外产销基地建设，力争在东南亚、东北亚、中东、中南美洲、欧洲、非洲等重点卷烟市场拓展上取得明显进展。二是加快推进境外烟叶实体运作。以雄厚统一的烟叶市场为依托，以国家局政策支持为保障，以海外实体公司为载体，不断增强进口优质烟叶基地的话语权、优质烟叶资源的话语权、优质烟叶定价的话语权。三是加快烟机工业“请进来”“走出去”步伐。努力追赶国际先进烟机企业研发制造水平，在为行业境外卷烟企业提供技术装备的同时，积极拓展国外客户和资源，持续提高中国烟机在国际市场的占有率和影响力。四是大胆探索跨国并购重组工作。搞好跨国并购重组是我们拓展国际市场的关键举措。要组织专门力量，摸清市场行情、研究周密方案，力求多做少说、扎实稳妥推进。

（二）三个坚定不移

第一，坚定不移抓好烟草专卖　烟草专卖制度是行业的尚方宝剑、看家本领，做好专卖管理工作是我们的根本职责。一要理直气壮地宣传烟草专卖制度，宣传烟草专卖法律法规，加深社会对烟草专卖制度的认知和理解，营造良好的专卖管理外部环境。二要自觉维护烟草专卖法律法规，始终坚持依法行政、依法管理、依法组织生产经营，有效防控法律风险，切实加强法治思维，全面建设法治烟草。三要始终保持打假高压态势，继续发挥联合打假长效机制作用，健全完善“政府领导、部门联合、多方参与、密切协作”的打假体系，巩固重点地区源头治理成果；强化案件经营，打击制售假烟网络，加强对互联网涉烟问题和物流运输环节的监管，加强对烟草专卖品生产企业的监管，防止废弃烟草专卖品流入制假窝点，切断制假窝点原辅材料供应；加强行政执法与刑事司法的有效衔接，加大刑事追刑力度。四要模范遵守专卖法规，狠抓专卖内管，下决心遏制真烟非法流通蔓延势头，下决心查处“两打三扫”中的弄虚作假行为。

第二，坚定不移抓好规范管理　一要坚决执行中央八项规定，把反对“四风”的规章制度落到实处。国家局已经完善出台了12项规章制度，还将研究出台新的规章制度。现在的关键是，“严”字当头，执行好中央和行业的规章制度，做到有令必行、有禁必止、违规必查。二要规范工程招标、物资（服务）采购工作，把《烟草企业采购管理规定》落到实处。努力做到“应招尽招”“真招实招”，使工程招标、物资（服务）采购公开公正公平，防止暗箱操作、防止串标围标、防止转包分包，接受监督、保护干部。三要严格规范投资项目管理，把前置性审查、技术审查和立项审核把关落到实处。加强项目跟踪管理，维护项目审批的权威性、严肃性，坚决查处严重超标准、超面积、超概算的违规违纪行为。四是切实加强审计监督，把审计决定的整改工作落到实处。要继续加强现代企业制度建设，进一步发挥董事会的管理和监督作用。五是继续强化安全生产，把“三个关键、四个重点”落到实处。要抓好信访维稳工作，倾听群众呼声、维护职工权益。

第三，坚定不移抓好领导班子和干部队伍建设　一要以全面落实国家烟草专卖局党组《关于进一步加强行业直属单位领导班子建设的意见》为重点，着力构建有效管用、简便易行的选人用人机制，按照“好干部”的五条标准，选好领导、配好班子。增强行业各级领导班子的凝聚力、战斗力、执行力，强化行业各级领导干部党的纪律观念、“四个服从”观念、依法办事观念、执行政策观念、实干奉献观念，形成团结奋进、干事创业的良好氛围。同时，要关心人才队伍建设、关心老干部工作、关心年轻干部教育培养。二要大力加强行业党风廉政建设和反腐败工作，认真贯彻执行中共中央印发《建立健全惩治和预防腐败体系 2013—2017 年工作规划》，结合行业实际制定具体实施办法，强化行业反腐败体制机制创新和制度保障，强化对领导干部的监督、管理和教育，加大巡视工作力度，加大审计监督力度，加大廉政风险防控力度，加大违纪违法案件查办力度，筑牢反腐倡廉的思想防线、法纪红线、行为底线。三要不断巩固党的群众路线教育实践活动成果，按照“两方案一计划”持之以恒抓好第一批教育实践活动整改落实、建章立制工作。以抓铁有痕、踏石留印的决心和毅力，解决享乐主义和奢靡之风这个烟草行业的致命问题，努力实现作风建设的常态化、规范化、长效化。行业第二批教育实践活动的组织工作，以省局（公司）、工业公司为主体，在地市级局、县级局和烟厂全面展开。国家局党组将根据中央要求再作具体部署，并派出巡回督导组。

党的十八届三中全会发出了全面深化改革的动员令，中央经济工作会议吹响了“稳中求进”的新号角。“一分部署，九分落实”。我们要认真学习贯彻习近平总书记系列重要讲话精神，坚定道路自信、理论自信、制度自信，用努力实现今年行业税利总额超万亿元的优异成绩，为全面建成小康社会、实现中华民族伟大复兴的中国梦做出新的贡献！

（本文为作者于 2014 年 1 月 16 日在“2014 年全国烟草工作会议”上的讲话，略有删改）

创新驱动 引领食品产业进步和升级

科学技术部农村科技司司长 马连芳

我国经济社会发展进入新常态，党的十八大确立实施创新驱动发展战略，为食品产业发展进一步指明了方向。近 20 年来，我国食品产业始终保持着 20% 以上的年均增长速度持续发展。我国已不仅是食品生产和食品消费大国，也是世界第一的食品加工制造大国，食品产业在农产品加工产业的总产值中占比超过 50%。2014 年食品工业总产值达到 10.8 万亿元，为世界第一大食品加工制造国。这对促进食品产业又好又快发展，对于国民经济调结构、转方式、稳增长、促就业、助三农、惠民生具有重要意义。

食品产业发展的主要动力是消费拉动和创新驱动，国民日益增长的消费需求和消费升级需求与食品产业供应不足的矛盾，是当前食品产业发展的主要矛盾，解决这个矛盾的核心动力是创新驱动，只有创新驱动，才能促进产业升级，提升食品产业可持续发展能力，才能解决消费增长和消费升级的需求，特别是营养安全的需求。

一、高度重视食品产业的多功能属性，充分发挥食品产业综合带动功能

我国作为全球第一大食品工业国，食品产业也是最大的“民生产业”。食品产业上牵亿万农户，与“三农问题”息息相关，直接关系着农产品的销路与价格，通过加工转换量大面广的农产品，直接影响着区域农业生产和农村经济发展；同时，又下联亿万国民，与公众的饮食健康和营养安全密不可分，也直接影响着市场繁荣和稳定。因此，食品产业是一个不断满足日益增长的食品消费需求，与国民膳食营养密切关联的“民生产业”和“国民健康工程”。

食品产业是发展现代农业的“新空间”和我国国民经济中最具活力的新兴产业。食品产业同时具有一产、二产和三产的基本属性，是“从农田到餐桌”产业体系。随着一大批新技术（如先进制造、智能化技术和云技术）的开发，新业态（如电商、物联网和健康配送）的出现，新模式（如控制全产业链和建立可追溯体系）的形成，新产业（如现代调理食品和保健食品产业）的发展，不仅成为引领、带动乃至决定我国现代农业发展的“新动力”和“新优势”，也已成为拉动我国国民经济发展的“新兴产业”和新的经济“增长点”。食品产业的可持续健康发展，对延伸农业产业链，提高农产品转化率和利用率，实现农产品减损增值，引导农业高效生产，推进农业提质增效，促进农民增产增收，保障农村发展稳定，培养和形成我国现代农业发展的新机遇、新潜力和新空间具有重大的现实意义。

二、准确把握食品产业发展的新挑战、新机遇

食品消费需求的快速增长和消费结构的不断变化，推动着食品产业结构调整与技术升级，饮食安全与营养健康成为产业发展的新需求和新挑战。“十二五”时期，城乡居民对食品消费需求保持较快增长的同时消费结构也发生根本性变化。2012 年城镇人口 71 182 万人，占总人口比重 52.57%，预计未来每年约 1 000 万农村劳动力转为城镇居民，工业化食品需求大幅上升。城乡居民的食品消费已从温饱型消费加速向健康型消费转变，从“吃饱、吃好”向“吃得安全、吃得营养、吃得健康”转变。随着我国经济社会持续发展，人们生活方式、饮食习惯和营养健康需求正在发生深刻变化。“方便、美味、可口、营养、安全、实惠、健康、个性化、多样性”的产品新需求，以及“智能、节能、低碳、环保、绿色、可持续”的产业新要求已成为食品产业发展的新常态，也对食品产业科技提出了新要求。

面对资源、能源与生态环境约束的严峻挑战，食品新型加工与绿色制造技术及装备开发已成为食品产业发展的迫切需要。人口增加、能源紧缺、环境恶化、全球化及城市化等给全球食品产业的未来发展提出新需求。国际食品产业在高效利用、新型加工、生物工程、节能减排、清洁生产、智能物流、现代加工和低碳制造等食品高新技术快速发展与不断创新，已成为未来食品产业可持续发展的重要方向和任务，这也是对我国食品产业健康发展提出了严峻挑战。面对我国人多、地少、缺水、资源与环境的巨大压力，特别是我国食品产业还存在着技术水平整体上不高，知名品牌少，国际竞争力不强等问题。如我国平均每生产 1t 速冻食品，所用能耗比国际水平高出 30%～200%；每生产 1t 罐头食品耗水量为日本近 3 倍。此外，中华传统与民族特色食品工业化和现代调理食品制造等才刚刚起步，新型加工、生物工程与智能物流等技术领域开发研究相对滞后。我国食品产业迫切需要开发高效利用、节能减排和绿色低碳的食品绿色加工制造新技术、新工艺和新装备，促进食品产业生产方式的根本转变，增强食品产业的可持续发展能力。

全产业链品质质量与营养安全过程控制和综合保障，已成为全球食品产业科技高度关注的热点和焦点。食品安全问题已成为关乎国计民生、社会稳定和国际声誉的社会热点问题，保障“舌尖上的安全”成为关注民生的重要内容。国际食品产业高度重视食品品质质量与营养安全问题，在营养优化、品质修饰、物性重构和全程安全控制等技术领域全面快速发展。2011 年美国农业部针对未来全球农业与食品产业的发展，明确提出将面临粮食安全、食品安全、儿童肥胖、气候变化和可持续生物系统五大严峻挑战。投资 14.88 亿美元的全面研究计划，将食品加工与食品安全再次列为最重要的重点研究领域之一。2012 年，美国 FDA 向政府提交的财政预算申请比 2010 年多增加 33%，总额达到 43 亿美元，所增加的部分被用于实施部署新的食品安全和营养计划。在新确定的“欧盟地区框架”研究计划和日本《科学技术基本计划（1 000 多亿日元）》均将“食品安全制造”和“膳食营养健康”列入重点支持研究领域。我国食品产业的食品质量安全保障刚刚进入“从农田到餐桌”全产业链过程控制和全程保障的新阶段，在有关营养优化、品质修饰、物性重构、智能追溯和全程安全干预控制与综合保障等方面的开发研究尚显不足，根本解决食品质量控制与安全保障问题是食品产业科技发展的重大需求，建立从食品生产源头到消费餐桌全产业链的食品质量安全控制技术体系是提升我国食品产业安全保障能力的关键。

解决制约产业发展的重大问题，是产业科技创新的机遇和挑战。与世界先进水平相比，我国食品产业在食品新型加工与绿色制造技术及装备，以及信息化、智能化和低碳化现代食品物流开发研究滞后；全产业链品质质量与营养安全过程控制和综合保障技术开发应用不足；中华传统与民族特色食品工业化及现代调理食品制造等技术开发才刚刚起步；大型化、精细化、专业型、自动化和工程化食品加工技术装备大量长期依赖进口等五大方面，已成为我国食品未来发展的瓶颈问题与重大需求。同时，我国食品产业科技自主创新能力不强，食品企业自主研发能力正在培育，具有独立知识产权和国际先进水平的重大突破性成果缺乏，迫切需要依靠科技创新驱动可持续发展，提高我国食品产业科技源头创新能力，推动现代食品产业结构调整，增强食品产业核心竞争力。

三、创新驱动，推进食品产业可持续发展

面对食品产业发展新机遇、新挑战，我国食品产业不断提升自主创新能力，是增强我国食品产业国际竞争力和持续发展能力的核心与关键，依靠科技创新驱动，是我国食品产业实现可持续健康发展的根本途径。

“十二五”食品产业科技取得显著成效，面向“十三五”，承前启后，乘势而上，加快食品产业创新

驱动步伐，是产业科技的重要任务。食品产业科技发展将依据《国家中长期科技发展规划纲要》的整体要求，以创新驱动发展战略为核心，本着“突出重点与全面发展结合”“近期安排与长远部署结合”“整体布局与分类实施结合”“延续性与关联性有机结合”的基本原则，立足“国家战略必争、产业发展必需、技术竞争必备、民生需求巨大”的选择依据，结合我国食品产业的发展新常态和世界食品产业科技发展的新趋势，全面实施“问题导向，整体设计，科学布局，分类实施，突出重点，突破关键，防范风险，支撑发展”的食品产业科技创新驱动发展战略。紧紧围绕“食品产业链”，整体设计“技术创新链”，重点强化“研发资金链”。依据实现食品产业可持续发展的新知识支撑、新工艺创建、新技术突破、新装备保障、新产品创制和新格局形成的科技创新任务与目标，从基础前沿科技、重大科技专项、重点研发计划、科技创新引导、基地人才建设五大方面进行系统部署研究计划。

按照“惠民为根本、问题为导向、理论为基础、工艺为先导、技术为支撑、装备为保障、产业为中心”的技术路线，充分考虑与“十二五”的有效延续和持续支持，同时围绕涉及量大面广、与亿万农民密切关联的大宗食用农产品大量转化与高效利用和涉及国计民生、与千家万户息息相关的食品现代加工与绿色制造两个重大方向，聚焦资源环境新约束和增长方式新要求下的国民经济新常态、现代农业新潜力和传统食品新空间下的产业发展新模式、食品消费新需求和市场经营新业态下的产品创制新机遇、食品科技新趋势和创新食品新态势下的新挑战等四个重大需求，凝练和明确具有前沿性、前瞻性、全局性、战略性、紧迫性和现实性的食品产业发展重大科技问题定位，系统确立总体目标和重点任务。

通过项目、人才、基地和产业创新能力建设等整体推进，有效整合区域、产业、科技、部门和社会等优势资源，构建一批开放、高效的高水平自主创新平台和国际合作基地，凝聚培养一支创新人才团队；形成一批自主创新技术成果；开发一批食品制造新工艺和新技术，创制一批新装备和新产品；突破一批大宗农产品的高效转化和综合利用关键技术，取得一批重大实用技术成果；培育一批具有较强国际竞争力的企业集团；建立一批现代食品绿色制造产业创新基地，为食品产业可持续发展提供科技支撑。

坚持改革创新 加快转型升级 努力开创农产品加工业发展新局面

农业部农产品加工局局长 宗锦耀

这次会议，是中编办正式批复农业部农产品加工局职能和机构调整方案后召开的第一次工作会议，也是近10年来召开的专门研究部署农产品加工业工作的重要会议，可以说是一个具有历史里程碑意义的会议。下面，我讲三点意见。

一、认清形势，抓住机遇，进一步增强发展农产品加工业的使命感和责任感

党中央、国务院以及农业部党组历来高度重视农产品加工业发展。改革开放以来特别是21世纪以来，我国农产品加工业取得了快速发展，成为横跨三次产业、汇聚多个行业、牵动就业增收和满足消费需求的基础性、战略性、支柱性产业。据国家统计局统计，2003—2013年，农产品加工业规模以上企业主营业务收入从2.63万亿元增加到17万亿元，年均增长20%以上，成为国民经济中最具成长活力的产业之一。当前，我国经济社会发展进入新阶段，农产品加工业发展面临着一系列重大机遇。

1. 中央强农惠农富农政策的落实，为农产品加工业发展提供了良好的外部环境 21世纪以来的历年中央1号文件都强调促进农产品加工业发展，中央制定的各项“三农”政策逐步向农产品加工领域覆盖；2002年，国务院办公厅印发了《关于促进农产品加工业发展的意见》，赋予农业部门管理、指导农产品加工业发展和牵头制定相关政策的职责；2012年，国务院印发了《关于支持农业产业化龙头企业发展的意见》，就完善扶持政策、强化指导服务进行了全面安排，以及农产品加工增值税和所得税优惠范围

逐步扩大；2012 农产品产地初加工补助政策启动实施；支持粮食主产区发展粮食加工业；落实和完善相关税收优惠政策，支持农民合作社发展农产品加工流通；推进以设施农业和农产品精深加工为重点的新兴产业技术研发；加快发展主产区大宗农产品现代化仓储物流设施，完善鲜活农产品冷链物流体系，等等。这些都为农产品加工业发展提供了有力的政策保障。

2. 我国全面深化改革，为农产品加工业发展提供了不竭的强大动力　党的十八届三中全会提出发挥市场在配置资源中起决定性作用和更好发挥政府作用，肯定公有制经济和非公有制经济都是社会主义市场经济的重要组成部分，完善产权保护制度、积极发展混合所有制经济、推动企业完善现代企业制度、支持非公有制经济健康发展等，这将大大消除体制束缚和政策障碍，促进要素自由流动，增强经济和社会发展活力。特别是在深化农村改革方面，提出推进土地、户籍和补贴制度改革，鼓励和引导工商资本进入农业，推进家庭经营、集体经营、合作经营、企业经营共同发展，赋予农民更多财产权利，鼓励承包经营权向家庭农场、种养大户、合作社、农业企业等新型经营主体流转，这对于农产品加工业吸引工商资本、建设原料基地、解决融资难、用地难等问题具有积极的促进作用。

3. “四化同步”推进和城乡发展一体化，为农产品加工业发展提供了有利的条件支撑　近年来，科技进步日新月异，电子计算机技术、生物技术、新包装材料等工业技术、信息化技术在农产品加工领域中有效运用，推进了加工设备的集成化、智能化、信息化，切实提高了农产品加工技术和装备水平；城镇化的推进，为农产品加工业分工协作、做大规模、集聚发展提供了良好的载体；国家补齐农业现代化短板，加大政策扶持，为农产品加工业发挥对现代农业的带动作用、赢得更大重视和支持提供了良好契机；城乡发展一体化，推进城乡要素平等交换和公共资源均衡配置，加强农村基础设施和基本公共服务体系建设，为农产品加工业平等享受便捷的公共服务创造了有利条件。

4. 消费结构快速升级，为农产品加工业发展提供了旺盛的市场需求　从国际经验和规律看，工业化、城镇化快速发展的阶段，往往也是农产品加工业高速成长的时期。当前我国正处工业化中期，城镇化率达到 52.37%，越来越多的农村人口进入工业、服务业和城镇，人均 GDP 超过 6 000 美元，进入中等偏上收入国家行列，原来以温饱型为主体的食品消费格局，正在向风味型、营养型、便捷型甚至功能型的方向转变。这都表明，我国正处在消费结构变化最为明显、需求拉动最为强劲、食品安全最受关注的发展阶段，为农产品加工业扩大规模、提高质量和优化结构提供了巨大的内生动力。

5. 农业发展形势持续向好，为农产品加工业提供了充足的原料供应　我国农业进入新阶段后，现代农业加快发展，农产品总量持续增加，品种不断丰富，质量稳步提高，加工专用原料基地建设得到加强，特别是粮食“十连增”，2013 年粮食产量超过 6 亿 t，比上年增产 2.1%；菜篮子产品持续发展，蔬菜、水果、肉类、水产品产量分别超过 7.2 亿 t、1.5 亿 t、0.8 亿 t 和 0.6 亿 t，分别比上年增产 2.3%、0.7%、1%、4.4%。这为农产品加工业快速发展提供了充足的物质基础。

6. 全社会关心关注氛围日益浓厚，为农产品加工业发展提供了积极的助推作用　由于农产品加工业具有事关农民就业增收、事关食品质量安全和农村可持续发展的重要特性，日益受到各级党委政府的重视和支持，各地陆续出台了政策性指导意见；由于农产品加工业具有长期和稳定回报、蕴藏价值巨大、政策相对优惠等鲜明特点，社会力量给予了高度关注，加大了资源要素投入；由于农产品加工业具有就地收购、就地加工、带动就业等好处，深受农民的欢迎和热情参与，农产品加工业的社会影响力越来越大，地位作用日益提升，很多地方农产品加工业已成为当地重要的支柱产业。

7. 行业指导服务逐步加强，为促进农产品加工业发展奠定了较好的工作基础　多年来，农产品加工业全系统从破解产业发展最迫切、最关键、最现实的问题出发，扎实推进农产品产地初加工补助项目，深入实施主食加工业提升行动，建设研发体系，开展科企对接，加强与金融机构合作，精心举办中国农产品加工业投资贸易洽谈会（中国农洽会）等区域合作活动，强化行业监测分析和公共服务，启动技术集成基地建设项目，初步建立了项目支撑和公共服务体系，为下一步发展打下了基础，积累了经验。

在看到机遇和成绩的同时，也要清醒的认识到，我国农产品加工业依然大而不强，进一步加快发展仍然面临着不少困难问题。从自身看：一是专用原料缺乏。多年来，我国农产品生产主要以满足鲜食为主，加工专用品种的选育和原料基地建设滞后，对原料混合种养、混合收购、混合加工现象严重，农产品加工企业生产普遍面临原料品质一致性差、专用原料供应难以保障等问题，直接影响到加工制成品的质量和效益。二是初加工水平低。我国农产品储藏、保鲜、烘干等初加工设施简陋、方法原始、工艺落后，粮食、马铃薯、水果和蔬菜的产后损失率分别高达 7%～

11%、15%～20%、15%～20%和20%～25%，产后损失浪费严重。三是技术装备水平落后。大部分农产品加工企业没有建立研发机构，受工资待遇、生活水平、人文环境等条件影响，多数农产品加工企业很难吸引和留住高素质的专业技术人才。精深加工和综合利用加工技术装备主要依赖进口，产业发展受制于人。四是结构布局不够合理。目前农产品加工业依然是星罗棋布，产业的集中度不高，呈现出大群体、小规模。据不完全统计，目前我国有农产品加工企业40万个，规模以下企业数占总量的80%以上，年销售收入超过500亿元的企业只有4个，超过100亿元的只有21个。从外部看：一是税赋重、融资难。农产品加工企业平均税负约占销售收入的8%～10%，而利润仅为销售收入的3%～5%。规模以上企业贷款利率一般要在国家基准利率6%的基础上再上浮30%～40%，加上贷款抵押物评估费等，融资成本居高不下。二是生产成本上升过快。加工成本的急剧上升和产品销售价格的缓慢提高，导致加工企业利润微薄，无力进行技术改造升级，甚至有些企业因此而采取偷工减料和降低产品质量的方法维持运行。三是出口难度加大。国际经济增长乏力，贸易保护主义抬头，各种壁垒频繁设立，加上人民币增值，农产品加工业“走出去”困难和风险增多。四是行业引导能力和公共服务不足。长期以来，我国农产品加工业发展既缺乏有针对性的扶持和引导，也缺少健全的信息、技术、市场、融资等公共服务体系。

总体而言，农产品加工业发展面临新的形势，机遇与挑战并存，但是机遇远大于挑战，具有广阔的发展空间和巨大的发展潜力，处在一个快速发展的黄金期。我们要认清形势，抓住机遇，顺势而为，乘势而上，进一步增强使命感和责任感，勇于担当、坚定信心、提振精神、奋发有为，促进农产品加工业持续健康发展。

二、找准定位，把握方向，进一步明确农产品加工业发展的目标任务

正如韩长赋部长批示和杨绍品党组成员讲话所指出，中编办批准农业部农产品加工局职能和机构调整，不仅仅是一个名称的变化，意义在于要更加突出推进农产品加工业发展，同时也表达了中央对发展农产品加工业的重视。我们一定要按照部党组的要求，统一认识、找准定位，把握方向、真抓实干，切实加强职能和机构队伍建设，为农产品加工业发展提供有力的组织保障。

1. 进一步明确农产品加工业发展定位　对于发展农产品加工业的定位，韩长赋部长在批示中指出，农产品加工业是建设现代农业的重要内容，也是农业增效、农民增收的重要途径。促进农产品加工业持续健康发展，对于实现“四化同步”、推进城乡发展一体化具有重要意义。杨绍品党组成员在讲话中指出，农产品加工业是现代农业的重要组成部分和重要的标志，是现代农业建设的关键环节，在促进农民就业增收、农业增效、农业可持续发展、提升农业国际竞争力和满足城乡居民日益增长的消费需求等方面发挥着十分重要的作用。学习领会两位部领导的批示和讲话精神，我认为，农产品加工业的地位作用确实体现了“四个重要”：一是现代农业的重要内容。现代农业是一、二、三产业高度融合的产业，没有农产品加工业就没有现代农业。通过发展农产品加工业，能使农业生产经营主体按照加工需要组织生产，集成利用现代要素，促进农业的专业化、标准化、规模化、集约化生产；能使农业注入资金、技术、管理、人才、设施等生产要素，增强农业的综合生产能力，促进农业发展方式的转变；能使农业上下游相关产业、相关环节有机融合，带动相关配套产业联动发展，促进种养加、贸工农一体化；能使农产品加工层次、科技含量、质量等级和品牌优势得到发挥，实现农业增值增效，促进农产品市场竞争力的提升。二是农民就业增收的重要渠道。农产品加工业从业人员中70%以上是农民，为农民人均纯收入贡献了9%，为农民在其他一些增收渠道边际效益递减的情况下开辟了新的增收空间。很多地区的经验表明，通过发展农产品加工业，可以缓解农产品卖难问题，减缓价格波动，实现农民充分就业；可以延长农业的产业链、就业链、效益链，实现农民多层次多渠道增收。三是农村经济的重要支柱。一些农村凋敝衰落的主要原因就是因为缺乏产业支撑，缺乏对本地特色优势农产品的开发利用。通过发展农产品加工业，促进农产品和劳动力两大优势资源的快速整合，有利于形成农村资源高值化利用和内生发展的优势；促进农业分工分业，有利于带动农业相关产业的发展；促进人口聚集和公共设施建设，有利于改善农村生产、生活、生态条件。四是推进“四化同步”和城乡一体化的重要途径。城市和工业不会自动带动农村和农业，需要特殊产业作为媒介搭建起桥梁和纽带。通过农产品加工业的发展，能够留住农村资源要素，缓解农村“三留守”和“空心村”问题；能够吸引城市资金、技术、人才、管理等要素向农村回流，承接城市和大工业的辐射带动；能够满足城乡居民日益增长的多样化、多层次要求和安全、健康消费需要。从而有利于在总体上形成以工促农、以城带乡、工农互惠、城乡一体的新型工农城乡

关系，让广大农民平等参与现代化进程，共同分享现代化成果，更加体面地劳动，更有尊严地生活。

2. 进一步理清农产品加工业发展思路　当前和今后一个时期，促进农产品加工业发展的总体思路是：深入贯彻落实党的十八大、十八届三中全会精神和中央1号文件精神，坚持稳中求进、稳中有为、稳中提质，以保障主要农产品加工品有效供给和拓宽就业增收渠道为目标，以转变发展方式为主线，以提高质量效益为核心，以改革创新和科技进步为动力，充分发挥市场在资源配置中的决定性作用和更好发挥政府作用，大力推进初加工、精深加工和综合利用加工“三个领域”协调发展，加快构建完善的政策扶持、科技创新、人才支撑、公共服务、组织管理“五大体系”，推动农产品加工业实现由总量扩张向转型升级、由资源消耗向创新驱动、由分散无序向集聚发展的“三个转变”，努力促进农产品加工业科学发展，为实现中国特色农业现代化提供有力支撑。

促进农产品加工业科学发展的要坚持“四个原则”，即：坚持市场决定，政府调控。坚持市场需求导向，遵循市场经济规律，尊重企业与农户的市场主体地位和经营决策权，继续加大宏观引导和政策扶持力度，调动企业、农户和社会各方的积极性。坚持因地制宜，分类指导。探索适合不同地区、不同领域、不同品种的农产品加工业发展途径，鼓励和支持各地和各类市场主体采取多种形式创办农产品加工业。坚持改革创新，完善机制。既要大力发展农产品加工龙头企业联结农民专业合作社、带动基地和农户、建立紧密利益关系的组织形式，也要大力促进家庭农场、种养大户和农民专业合作社等新型农业经营主体兴办农产品加工业。坚持重点突破，协调发展。以促进农产品加工技术集成、实现重大装备技术突破为重点，加强技术研发体系建设，强化协同攻关，加快实现初加工、精深加工和综合利用加工各环节各领域协调发展。

3. 进一步明确农产品加工业发展的目标任务　经过不懈努力，力争到2020年农产品加工业加速转变发展方式，加快自主创新，加大结构调整力度，提高质量安全水平，降低资源能源消耗，主营业务收入实现年均增长15%以上的目标，并在六个方面取得重大突破。

——着眼于产后减损，在农产品初加工能力上实现重大提升。积极争取扩大产地初加工补助项目的资金规模和实施区域，惠及更多地区的农户和农民专业合作社；通过项目实施和示范带动，大力提高农产品产地初加工能力水平，促进农产品大幅减损增效。

——着眼于提档增值，在农产品精深加工能力上实现重大提升。筛选、主攻和推介一批国内国际领先的农产品精深加工新装备、新技术、新工艺、新材料、新产品，破解精深加工的“卡脖子”技术，不断推动农产品加工向纵深发展；通过纵向和横向延伸产品链、价值链和产业链，不断拓展加工空间、拓宽增值空间，实现农产品多重转化增值。

——着眼于节能减排，在副产物综合利用能力上实现重大提升。研发推广相关技术和加快环保设施建设，解决能耗偏高、排放偏多、污染偏重等问题；通过“吃干榨尽”各种加工副产物、农林剩余物、农林和餐厨废弃物，加强资源化利用，在发展循环经济、实现可持续发展中发挥重要作用。

——着眼于技术创新，在重大关键共性技术创新能力上实现重大提升。整合科研力量，对重大关键共性技术进行联合攻关、集成攻关，破解一批技术瓶颈问题；通过搭建内部技术交流和信息共享平台，造就一批技术创新领军人才和创新团队。

——着眼于产业集聚，在农产品加工集中区辐射带动能力上实现重大提升。引导企业向优势产区集中，形成一批相互配套、功能互补、联系紧密的产业集群；通过加工专业品种筛选推广和企业的带动，建设一批与骨干企业有效对接的加工专用原料基地；通过完善产业链，构建一批竞争能力强、专业化分工明确、上中下游相互承接的优势加工体系。

——着眼于品牌培育，在农产品加工业市场竞争能力上实现重大提升。培育壮大骨干企业，打造一批创新能力强、加工水平高、带动作用大的农产品加工龙头企业；积极推进标准化和信息化，引导企业强化质量管理，培育一批产品竞争力强、市场占有率高、影响范围广的知名品牌，培育和保护一批“中华老字号”，用品牌引领质量管理，用品牌保证人们对产品质量的信心；强化企业社会责任，提升行业辐射带动能力和区域经济发展实力。

总之，当前和今后一个时期，我们要高高举起农产品加工业这杆大旗，找准定位，把握方向，坚持转型发展之路，咬定发展目标不放松、一张蓝图干到底，努力推动我国农产品加工业再上一个新台阶。

三、履职尽责，开拓创新，进一步提升推动农产品加工业科学发展的能力和水平

2014年和今后一个时期，推进农产品加工业发展，要按照韩长赋部长在全国农业工作会议上提出的更加注重改革创新、更加注重质量安全、更加注重资源环境、更加注重科技人才的要求，进一步明确发展

方向，突出工作重点，实化工作措施，加快推进五大支撑体系建设。

第一，要多种政策工具并用，大力推进建立农产品加工业政策扶持体系　以财政补助为导向，以税收政策为杠杆，以金融支持为主体，利用财政资金撬动金融资本和社会资本，形成四两拨千斤的放大效应，努力推动农产品加工业扶持政策的创设。重点抓好六件事：一是积极制定指导性意见。组织制定农业部关于促进农产品加工业发展的意见，推动各省区市以政府名义制定相关政策性文件；二是积极实施农产品产地初加工补助项目。努力争取扩大资金规模和实施范围。项目建设要坚持高标准、严要求，加强技术指导服务，确保农民建得起、用得上、长受益。同时要加强项目管理，严格监督检查，做到规范廉洁高效实施，使这项利国利民的好政策不折不扣地惠及于广大农民。三是积极争取购机补贴。争取将农产品产地初加工和休闲农业机械纳入购置补贴范围并加大补贴力度，加快提高农产品初加工和设施农业的农业机械化水平。四是积极争取税收优惠。推动增值税改革转向农产品加工业全行业，力争将主食类产品加工纳入所得税优惠范围。五是积极争取金融支持。推动农产品收购资金纳入国家政策性银行支持范围，鼓励社会资本以市场化运作方式成立农产品加工业担保机构。六是积极推动金融支持项目落地。全面落实农业部与国家开发银行、民生银行等签订的合作框架协议，为企业搭建方便快捷的融资平台。

第二，要多层技术平台并用，大力推进建立农产品加工业科技创新体系　以研发体系为龙头，以集成基地为平台，以推广应用为重点，努力形成靠得住、用得上、可依托的技术创新骨干力量。重点抓好五件事：一是加快推进农产品加工业技术研发体系建设。完善工作机制，推进“建”“用”结合，努力构建“产学研用”研发创新平台，大力促进原始创新、集成创新、引进消化吸收再创新。二是加快推进技术集成基地建设。争取尽快启动实施农产品产地加工技术集成基地规划，争取早出成果、出好成果、出大成果。三是加快推进成熟技术示范与推广。选择10个重点省份开展农产品加工技术走进基层活动，建立一批技术示范基地。四是加快推进农产品加工业标准化体系建设。积极实施农产品加工业标准体系建设规划，加强标准宣贯，充分发挥标准在引导规范行业发展中的积极作用。五是加快推进实施主食加工提升行动。要通过开展全国性和区域性活动，加强点面互动，努力营造氛围、扩大影响、广聚共识。大力培育示范企业和产业集群，加强主食加工发展重点和布局的研究谋划，协调、争取政策，展示推介主食加工技术、装备、产品，进一步加强主食加工理念和常识的宣传普及。

第三，要多元人力资源并用，大力推进建立农产品加工业人才支撑体系　以经营管理和科技创新人才为重点，以技能型人才为基础，努力培养造就一支结构合理、素质优良、善于实战的人才队伍。重点抓好四件事：一是培养经营管理人才。落实《国家中长期人才发展规划纲要（2010—2020年）》的要求，通过多种途径，利用多种手段，培养造就一支具有世界眼光、经营管理水平高、熟悉国家产业政策、热心服务“三农”的企业家队伍，加快建设一支优秀的企业经营、管理和市场开拓人才队伍。二是培养科技创新人才。依托农产品加工业重点学科、研发体系和行业科研项目，加强领军型科技人员和创新团队建设。三是培养职业技能人才。加大人才培训工作力度，综合利用阳光工程、乡镇企业职业技能培训以及各种社会培训资源，着力加快农产品加工业生产能手和技能人才的培养。四是培养实用人才。引导一批农民专业合作社、种养大户、家庭农场和农业企业向加工环节拓展和延伸，结合构建新型农业经营体系，打造农产品加工业实用人才队伍。

第四，要多种方式方法并用，大力推进建立农产品加工业公共服务体系　以政府机构为统领，以社会组织为主体，以体制机制创新为动力，努力提升行业公共服务水平。重点抓好四件事：一是加强市场服务。继续支持办好中国农产品加工业投资贸易洽谈会以及区域性展会，开展特色加工产品“进城入市”试点工程。二是加强信息服务。推进机制创新，强化行业运行监测分析，加大对热点问题和突发事件的分析研判力度，及时发布预警信息。健全国际标准跟踪渠道，完善数据库与公共服务平台。继续编发中国农产品加工业发展报告，探索建立网络大讲堂等信息服务平台，引导行业健康发展。三是加强行业组织服务。充分整合农产品加工业各类行业协会等社会组织资源，指导其加强对行业企业的组织和服务，加快形成自我管理、自我监督、自我服务的社会化服务体系。四是加强国际合作服务。积极推进政府间国际合作，落实中国对外农业合作协议，加强与美国、欧盟、东盟、中亚等国家和地区合作，开展投资贸易培训和技术交流合作，鼓励支持企业采取多种形式到境外直接投资、参股并购国际农产品加工和贸易企业。

第五，要多种治理措施并用，大力推进建立农产品加工业组织管理体系　以强化职能为核心，以机构建设为依托，以充实队伍和手段为基础，进一步理顺体制机制。重点抓好三件事：一是调整机构队伍。根据农业部党组的决策部署，我局将进一步强化内设机构、队伍配备和手段建设。各地也要以此次机构更名和职责调整为契机，转变政府职能，切实加强农产品加工业的组织领导，理顺、调整和加强管理机构，并充实力量、强化手段。二是完善强化职能。要充分发挥农业部门农产品加工业规划指导、监督管理、协调服务的职能作用。加强规划指导，摸清行业底数，形成完善的规划体系和评估机制；加强监督管理，完善各项标准，引导企业建立健全质量安全标准体系；加强协调服务，推进政策完善落实，做好行业监测预警，建立各种公共服务平台，推动治理体系和治理能力的现代化。要切实履行职责，切实找准那些牵动全局、一举多得的重点抓手和和载体，精心拟定发展战略、政策、规划、计划并指导实施，处理好近、中、长期工作以及重点和一般工作的关系，有计划、有重点、有步骤地推进工作。三是加强自身建设。要巩固群众路线教育实践活动成果，坚决反对“四风”，转变工作作风，深入基层接地气，了解需求、掌握动态、推广经验，深入一线摸情况、查问题、找对策，提出符合实际、针对性更强的政策措施。要加强反腐倡廉建设，完善廉政内部约束和外部监督机制，确保财政资金安全、干部政治安全。要建设学习型、创新型、服务型系统，要加强理论武装，深入学习中国特色社会主义理论体系特别是习近平总书记系列重要讲话，不断提高战略思维、综合决策、驾驭全局的能力和水平，牢牢把握工作的主动权。要提高系统执行力，通过明确目标、突出重点、细化措施等方式狠抓落实，确保各项部署要求“落地生根、开花结果”。要全面推动思路创新、机制创新和管理创新，强化创新能力，努力取得实质性突破。要增强服务意识，完善服务体系，不断提高服务能力。要搞“大合唱”，不唱“独角戏”，调动全系统、全社会各方面力量，汇聚为民服务、促进发展的正能量。特别是要充分发挥农业部乡镇企业发展中心（农业部农村社会事业发展中心）、中国农业机械化科学研究院、中国农科院农产品加工研究所、农业部规划设计研究院农产品加工工程研究所、中国热带农业科学院农产品加工研究所等单位的重要支撑保障作用。要充分发挥新闻媒体的舆论宣传作用，进一步营造农产品加工业发展的良好环境。

借这个机会，我再强调一下休闲农业和农村二、三产业即乡镇企业工作。要按照韩长赋部长在全国农业工作会议和杨绍品党组成员这次会议的重要讲话要求，围绕建设美丽乡村，大力推进休闲农业规范有序发展；围绕调整结构布局，大力推进农村二、三产业即乡镇企业转型升级发展。关于休闲农业，杨绍品党组成员做了很明确的部署要求，我们要认真贯彻落实。休闲农业是拓展农业的观光休闲、文化传承、科技普及等功能，围绕农业生产过程、农民劳动生活和农村风情风貌，通过创意、创新、创造让人们品味农业情调、享受田园生活、体验农耕文化，带动农村一、二、三产业联动发展的新型农业产业形态和新型消费业态。目前休闲农业已有农家乐、民俗村、休闲观光园、休闲农庄等多种形式，进一步彰显了促进增收的经济功能、带动就业的社会功能、保护利用传承农耕文明的文化功能、美化乡村环境的生态功能等，促使大量的农区变“景区”、田园变“公园”、农产品变商品，让闲置的土地流动起来，让闲暇的时间充实起来，让富余的劳动力活跃起来，日益成为富裕农民、提升农业、美化乡村的战略性新兴产业。今年将重点开展示范创建、行业标准制定、服务体系建设、各级人员培训、创意精品推介、文化遗产发掘等工作。下一步，我们将专门召开现场经验交流会，再作具体安排。

在农村二、三产业即乡镇企业方面，杨绍品党组成员在讲话中充分肯定了改革开放以来乡镇企业在增加农民收入、繁荣农村经济、促进城乡发展，特别是在打破城乡二元结构、实现城乡一体化发展，推动我国改革开放进程所发挥的重要作用，在推动建立社会主义市场经济体制、确立基本经济制度、开辟工业化新局面、推进城镇化和通过“以工补农建农带农”推进农业现代化等方面做出的历史性重要贡献。当前乡镇企业内涵和外延都发生了深刻的变化，但是它与“三农”天然的血缘地缘关系仍然存在，作为农民就地创办二、三产业的本质特征没有改变，仍然需要我们继续加强指导、扶持和服务。我们一定要认真领会杨绍品党组成员的讲话精神，进一步统一对发展农村二、三产业即乡镇企业的认识，与时俱进，加快职能转变，科学规划，正确引导，改进方法，突出重点，继续抓好环境创造、政策落实和公共服务，大力支持农民创办企业，依靠创新驱动，调整结构布局，突出特色优势，注重资源节约、环境保护，与推动产业聚集和新型工业化、信息化、城镇化和农业现代化有机结合起来，促进农村二、三产业转型升级发展。要继续做好行业运行统计分析、职业技能开发和人才队伍建设、区域经济合作、公共服务等工作。同时要充分发挥中国乡镇企业协会和各级协会在服务会员、行业自律、政府参谋、承担社会责任、规范自身行为等方面的积极作用，形成促进农村二、三产业即乡镇企业发展的强大合力。

农产品加工业是朝阳产业，发展农产品加工业是人民的愿望、时代的要求、历史的必然。做好新时期农产品加工业工作责任重大、使命光荣、任务艰巨，我们一定要深入贯彻落实党的十八大和十八届三中全会精神，认真贯彻落实中央农村工作会议和全国农业工作会议的部署要求，巩固发展党的群众路线教育实践活动成果，保持昂扬向上、奋发有为的精神状态，切实改进作风，凝心聚力，攻坚克难，改革创新，真抓实干，努力推动农产品加工业发展实现新跨越，为实现农业强起来、农村美起来、农民富起来，推进中国特色新型农业现代化、全面建成小康社会做出新的更大的贡献！

（本文为作者于2014年1月9日在“全国农产品加工业工作会议”上的讲话，略有删改）

规范诚信体系评价　推进食品诚信建设

工业和信息化部消费品工业司司长　王黎明

这次会议的主要任务，是总结2013年诚信建设工作，研究讨论2014年工作方案，修订评价机构工作规则以及探讨标准转化等工作。

一、进一步提高认识，不断增强使命感、责任感和紧迫感

民以食为天，食以安为先。食品安全关系着广大人民群众身体健康和生命安全，关系着经济健康发展和社会和谐稳定。做好食品安全工作，是深入贯彻落实科学发展观、维护人民根本利益的必然要求，是保障群众健康安全、维护社会和谐稳定的现实需要。党中央、国务院高度重视食品安全工作，把食品安全摆在关系国计民生、关系新阶段经济和社会发展的重要位置。特别是2008年“婴幼儿奶粉事件”发生后，国务院部署开展了一系列卓有成效的食品安全整顿工作，加快了长效机制建设步伐。应该说，经过各地各部门共同努力，我国食品安全总体状况明显好转，食品安全法律法规和监管体系不断加强，食品安全标准体系日渐完善，食品生产技术和产品质量管理水平不断提高，食品安全整体水平得到了显著提升。

但也应清醒看到，近年来，一些重大食品安全事件还时有发生，给人民群众身心健康和生命安全造成严重伤害。我国食品安全面临的形势依然严峻，食品安全领域存在的一些问题还比较突出。就食品加工行业而言，缺乏统一规划指导，布局不尽合理，发展不协调等问题尚未根本解决；部分企业管理水平偏低，产品质量保障体系亟待完善；特别是个别企业面对市场诱惑和利益驱动，违背法律法规和社会诚信原则，制假售假，损害了我国食品行业的声誉和形象。与其他行业相比，诚实守信在食品行业显得更为重要。经验表明，推进食品企业诚信建设是保障食品安全的重要基础，是建立食品安全长效机制的重要内容。通过推进食品企业诚信体系建设，提高企业诚信意识、建立食品工业企业诚信管理制度、规范企业诚信经营行为、营造行业诚信环境、完善诚信社会监督机制，对防范食品安全事故发生，提高食品质量安全整体水平，保障人民群众身体健康和生命安全，具有十分重要的意义。

党中央、国务院高度重视社会信用体系建设。党的十六大、十七大都强调要健全社会信用体系，党的十八大报告提出的社会主义核心价值观将“爱国、敬业、诚信、友善”作为公民基本道德规范，同时要求“加强政务诚信、商务诚信、社会诚信和司法公信建设”，十八届三中全会报告进一步指出，“建立健全社会诚信体系，褒扬诚信，惩戒失信”，为新时期社会信用体系建设指明了方向。2014年1月15日，国务院常务会议原则通过了《社会信用体系建设规划纲要（2014—2020）》。今后一个时期是我国全面建设小康社会的关键时期，也是食品产业继续调整结构、加快转变发展方式的攻坚时期，保障食品安全、促进稳定发展是食品工业的主要任务。评价机构要进一步提高新形势下加快推进食品工业企业诚信体系建设、维护人民群众利益重要性的认识，高度重视诚信体系评价工作，增强使命感、紧迫感和责任感，坚定工作信心，以更大的决心，更负责的态度，更积极的行动，更有力的措施，大力推进食品企业诚信建设。

二、认真履行工作职责，食品企业诚信体系建设工作取得积极成效

工业和信息化部自2008年成立以来，部党组高

度重视食品工业企业诚信体系建设工作，部长办公会多次听取汇报并做专题研究，苗圩部长和部党组成员、总工程师朱宏任同志要求把推进食品企业诚信体系建设作为我部贯彻落实党中央决策和国务院部署的重点工作，作为我部履行政府职能，管政策、管规划、管标准和在新时期加强食品行业管理的切入点和重要抓手，作为建设责任政府、服务政府、法治政府的应尽职责和重要内容，认真抓好落实。在各地、各部门的共同努力下，食品工业企业诚信体系建设工作稳步推进，有序开展。

1. 建立工作机制　会同国务院10部门联合印发了《食品工业企业诚信体系建设工作指导意见》，全面指导诚信体系建设工作。同时与国家发展和改革委员会等15部门（单位）建立起部门协调工作机制，初步形成协同指导和推动诚信体系建设落实的工作机制，并会同协调机制成员单位制定下发《食品工业企业诚信体系建设工作实施方案（2010—2012）》，明确了诚信建设工作的任务和分工，提出了工作目标和要求。

2. 加强制度建设　在诚信体系建设过程中，重视制度建设对工作的规范作用。自2011年起逐年制定下发年度食品工业企业诚信体系建设工作实施方案，发布了《食品工业企业诚信管理体系评价机构工作规则（试行）》，先后委托了22个作为诚信管理体系的评价机构。同时将行业标准作为诚信体系建设的重要内容，制定了《食品工业企业诚信管理体系（CMS）建立及实施通用要求（QB4111—2010）》和《食品工业企业诚信评价准则（QB4112—2010）》两个诚信建设行业标准，并组织编写了乳制品、肉类食品、葡萄酒、调味品、饮料和罐头9个行业的标准实施指南，冷冻食品和白酒行业实施指南也将在于近期印发。

3. 推动试点工作　从2010年起，选择黑龙江省乳制品行业、河南省肉类加工行业作为第一批试点省份和试点行业；2011年，启动北京调味品、河北葡萄酒、福建罐头、广东饮料等行业诚信建设扩大试点工作，推动全国婴幼儿配方乳粉生产企业100%建立诚信管理体系。在试点推动过程中，工信部会同地方工业主管部门研究试点方案，组织开展诚信建设标准宣贯培训，聘请专家指导试点企业按照标准建立诚信管理体系。截至目前，对全国31个省、自治区、直辖市7 300个食品企业、2.5万人次进行了专题培训，已指导5 200余个企业建立诚信管理体系。组织委托评价机构对已通过诚信管理体系评价的婴幼儿配方乳粉生产企业进行了再审核。

4. 给予技改支持　在督促企业抓管理制度建设的同时，针对企业食品安全工艺装备和检测条件存在的薄弱环节，在粮油加工、肉制品加工、乳制品加工、食品添加剂、饮料制造、罐头加工、酿酒制造、发酵制品、焙烤制品、制糖加工、水产加工等12个重点行业安排企业技术改造项目，重点支持企业设备更新、产品质量检测、质量可追溯体系建设等配套硬件条件的改善。初步统计，2009年以来在食品行业安排了7批、1 400多个项目，总投资600余亿元，中央财政安排资金60余亿元。在北京、甘肃、江苏、天津、广东试点建设了“食品企业质量安全检测示范中心”；建成并开通国家食品工业企业诚信信息公共服务平台，同时，安排中小企业专项资金支持地方诚信信息平台建设。

5. 积极宣传引导　为营造食品企业诚信建设社会舆论环境，邀请中央电视台、新华社和经济日报社等主流媒体单位对黑龙江、河南等省食品工业企业诚信体系建设试点启动大会，青岛婴幼儿配方乳粉生产企业诚信管理体系建设启动会以及在河南、江苏等省举行的总结交流会进行了报道。在近年的食品安全宣传周期间，组织中国经济网、中国工业报、中国食品报和中国食品安全报等媒体，对食品诚信建设主题进行了系列报道及企业诚信专题报道。全面部署在全国食品行业开展“讲诚信、保质量、树新风”活动，组织400个食品企业作出质量安全承诺。同时，还利用“食品安全高层论坛”、“诚信兴商”新闻发布会及工业和信息化部门户网站等平台，开展诚信建设相关宣传。

目前，各地工作正在深入展开，通过推进诚信建设，试点企业诚信意识明显增强，企业诚信管理制度正在加快建立，企业诚信管理体系逐步完善，诚信建设取得了初步成效。

1. 食品企业诚信建设社会认知度提高　2009年以来，我部会同相关部门组织地方及企业，通过开展诚信建设专题宣传、诚信知识竞赛、诚信标准培训、食品企业诚信承诺等多种形式的活动，食品企业诚信建设已产生较大的影响，社会关注度很高。

2. 地方诚信建设主动性增强　除我部组织开展的6个省（直辖市）诚信建设试点工作外，到2012年2月，全国31个省、自治区、直辖市全部启动了食品工业企业诚信体系建设工作。通过开展宣传培训，增强企业诚信意识，塑造企业诚信文化，建立企业诚信制度，培育企业诚信环境，有力促进了食品质量安全保障能力的提升。

3. 试点工作取得一些好经验　试点地区、试点企业在推进食品企业诚信体系建设工作中，归纳出了一些好的做法和经验。如黑龙江省按照“建立以质量诚信和制度建设为根本，以平台和档案建设为载体，以人才建设为保障，以诚信文化建设为基础，以运行机制建设为动力”的“五位一体”工作思路，形成了各方联动、各负其责、整体推进的工作格局；河南省总结出“以诚信立企，抓制度建设，按标准办事，以数据说话，用结果评价，有奖惩机制”的做法，在企业推行取得实效，正在加快向全省推广。企业方面，完达山乳业总结出“以人为本立诚信，从源头做起抓诚信，从生产过程保诚信，从产品质量上守诚信，从销售环节重诚信，在企业文化铸诚信”；雨润集团恪守“食品工业是道德工业”的经营理念，将其贯穿到企业各项工作中，努力构筑食品生产安全长堤，打造诚信企业。

4. 诚信体系评价工作取得积极进展　为了推进诚信管理体系评价工作有序开展，2011 年 9 月，我部印发了《食品工业企业诚信管理体系评价机构工作规则（试行）》，先后认定了 22 个评价工作机构，开展 3 期评价人员培训班，共 264 人通过了培训考试。

诚信体系建设工作虽然取得积极成效，但与食品工业健康发展的要求和广大人民群众的期望相比，还有不少差距。下一步，我们将进一步发挥部门协调工作机制作用，加快推进诚信体系建设工作；尽快将诚信管理体系行业标准修订并完善转化为国家推荐性标准，加大对地方诚信管理体系师资的培训力度，组织指导食品企业建立诚信管理体系；不断总结工作经验及做法，提出可供全国推广的模式；加快修订《食品工业企业诚信管理体系评价机构工作规则（试行）》，鼓励对基础较好的食品工业企业开展诚信管理体系评价工作；配合有关部门加快建立企业“黑名单”制度，积极使用守信激励、失信惩戒措施；运营维护好国家食品工业企业诚信信息公共服务平台，继续支持地方和行业诚信信息公共服务平台建设，促进实现诚信信息资源共享。

三、加强诚信评价队伍建设，加快推进诚信管理体系评价工作

为推动食品企业诚信管理体系评价工作有序开展，加强评价机构评价行为规范，2011 年 9 月，工业和信息化部印发了《食品工业企业诚信管理体系评价机构工作规则（试行）》（简称《工作规则》），并先后公布了 22 个委托评价机构名单，举办了 3 期评价人员培训班，共有 261 名人员通过了培训考试。两年多来，22 个评价机构积极主动开展工作，指导食品企业建立并运行诚信管理体系，评价工作取得了积极成效。目前，已有 1 000 多个食品企业申请诚信管理体系评价，有 400 余个食品企业获得了评价证书。

下一步，为加快推动评价工作开展，进一步完善工作规则，规范评价程序，确保评价质量，我就评价工作提出以下要求。

1. 完善诚信制度标准，规范评价工作流程　请各评价机构专家代表对《食品工业企业诚信管理体系（CMS）实施与通用要求》（QB/T4111—2010）和《食品工业企业诚信管理体系评价机构工作规则（试行）》应用中存在的问题进行总结探讨，提出修订建议。同时，各评价机构要不断健全相关管理制度，建立保证评价活动规范有效的评价体系，并采取有效措施，规范评价工作流程，确保评价活动公正公开、客观独立、诚实信用的运行。

2. 组织开展监督检查，确保评价真实可靠　评价机构自身应建立权责明确、行为规范、监督有效、覆盖面全的评价监督检查体系，实现评价检查常态化、制度化，确保各项制度得到有效落实。应以强化评价人员管理为重点，切实加强对申报资格审查、评价人员聘用、评价人员持续培训、评价考评过程监督检查，严格评价程序，提高评价质量。只有真正把好评价人员关，才能保证评价工作的公平和公正。另外，要正确处理好评价数量和质量的关系，确保数量服从质量。工业和信息化部将委托第三方机构进行工作抽查，各地工业和信息化主管部门将加强对评价机构的监督检查，评价机构应予以配合和协助。对不符合相关规定和工作不力者，将及时告诫并责令其改正，对情节严重的，将取消评价资格。

3. 加强业务学习交流，不断提升业务能力　各评价机构间要积极开展交流与合作，要注意及时总结评价过程中好的做法和经验，相互借鉴，相互监督，共同推广。同时，要注重开拓创新，要把工作中发现的新问题、新情况研究透、解决好。评价人员应增强学习观念，不仅要学理论、学法规、学业务，还要从身边的同事身上学工作思路、学工作方法、学服务能力，通过学习与交流，进一步提高综合素质，提高履职能力。同时，注意廉洁自律，严格遵守法律法规和评价工作要求。

（本文为作者于 2014 年 3 月 11 日在“食品工业企业诚信管理体系评价机构工作座谈会”上的讲话，略有删改）

转变职能 加强监管
全力推进农产品质量安全水平

农业部农产品质量安全监管局局长 马爱国

这次会议是一个年度工作会议。之所以将农产品质量安全监管会和“三品一标”会合并套开，一个基本考虑就是要从整体上布局，聚焦重点工作，把任务明确起来，把责任落实下去。开好这个会议，对于做好全年工作、实现既定目标至关重要。昨天，7个省做了大会发言，9个省作了书面交流，部领导作了重要讲话，与会代表分组进行了讨论。今天上午，刘新录、王运浩两位主任分别部署了2014年“三品一标”工作，讲了很好的意见，我都赞同。希望大家特别是农业部门的领导更加关心支持这项事业、这支队伍的发展，也希望“三品一标”工作体系能够在新的条件下，发挥好自身品牌、制度、体系的优势，在推动绿色生产、引领健康消费上能够有更大的作为。这次会议在大家的共同努力下，开得紧凑高效，圆满完成了各项议程，达到了预期目的。大家一致认为，部领导的讲话系统总结了2013年的工作，深入分析了当前的形势，全面部署了2014年的任务。讲话的思想性、指导性和针对性都很强，体现了中央新的要求，符合当前工作的实际，是我们做好2014年及今后一个时期工作的行动指南。下面，我就贯彻部领导讲话精神，结合分组讨论情况，重点谈五个方面的问题，供大家参考。

一、关于职能调整

2013年国家对食品安全监管体制做了重大调整，最大的变化就是改变了过去多部门参与、分段监管的格局，监管部门主要为农业和食品药品两家。大的职能界定已经明确，可以概括为一前一后，农产品进入批发、零售市场或生产加工企业之前由农业部门负责监管，进入之后由食品药品部门负责，这也是我们具体细化理清边界的一个基本遵循。相比过去，农业部门新增了收贮运和屠宰环节的监管职责，监管链条延长了，任务更重了。大家普遍反映，农产品收储运环节监管难度很大。一是农产品上市量大、品种繁多、流向复杂，农产品收贮运主体众多、参差不齐。二是此前相关法规规定不够明确，农业部门没有涉及这个环节的监管，是一个新的领域，不少地方相对处于空白状况。三是在这个环节需要使用防腐保鲜物质，往往容易带来风险隐患，不同行业、不同品种存在的风险隐患也各不相同，比如曾被曝光的甲醛白菜、生猪“瘦肉精”、明胶虾等。

为把这项职能落实下去，需要和大家一起探讨，研究有效管用的办法。3月25日部领导在讲话中就职能问题在总体把握上已经讲了大的原则。当前要集中力量抓好三项工作：一要兜清底数。尽快掌握收储运渠道和经营主体的基本情况，特别是对本地区大宗农产品的收购、储存、运输情况要做到心中有数，在此基础上探索建立管用的监管制度，抓好关键节点的控制。二要有针对性地加强监管。从近年风险监测评估的情况看，当前种植业产品主要存在滥用保鲜剂防腐剂，非法使用甲醛、二氧化硫等禁用物质的问题；畜产品主要存在收购贩运过程中非法使用“瘦肉精”的问题；水产品主要存在暂养和运输过程中非法使用孔雀石绿等禁用物质的问题。对此，各地要抓紧开展风险监测和专项排查，全面掌握存在的问题隐患，分区域、分行业、分品种、有重点地加以治理，同时加强保鲜剂、防腐剂、添加剂“三剂”的监管，确保安全使用。三要加强与食品药品部门的衔接配合。目前两部门在职责划分、信息共享、资源利用、工作推动等方面已形成共识，是一个积极、主动而为的姿态，这与过去有很大的不同，有了一个好的开端。现正在加快研究制定两部门的监管合作框架协议，下发一个指导性的意见供各地参考。特别是在重点工作摆布上加强顶层设计，抓紧将国家级的质量追溯平台和全国范围内的产地准出市场准入制度建立起来，以此为切入点，形成监管合力，达到“1+1大于2”的效果，真正把住一个出口和一个入口，解决合格入市问题，促进产销衔接，实现生产消费良性互动。

关于产地准出，有三个问题需要强调：一是产地准出和市场准入是一个整体，相互衔接，我们主要是做好产地准出的工作，以此来规范生产者的行为。二是产地证明谁来开，我以为谁的产品谁负责，由生产经营者自己开，这也是一种承诺。但在产地证明的格式上需要统一、简洁。三是用好基层资源，县乡两层主要是负责准出产品的抽查，加强检测，严厉查处出具假证明行为。

二、关于专项整治

2014年是农产品质量安全监管年，部党组将质量安全工作作为部里四个重点任务之一，出台了八项措施和全程监管意见。我以为，开展专项整治，首要的还是要锁定突出问题，集中力量打攻坚战。在农药上，禁用农药检出率呈下降趋势，现在主要是克百威、氧乐果等限用农药超标，品种主要集中在豇豆、芹菜、韭菜、菜心等几种菜上，合格率都只有80%多，需要重点突破。在瘦肉精上，经过这些年9部门联合整治，基本切断地下生产销售链条，生猪“瘦肉精”监测合格率达到99.7%，处于历史最好水平，但是始终没有禁绝，这也说明了解决这个问题的复杂性和艰巨性。2013年19个省都有检出。沙丁胺醇及其他替代物检出率有所上升，在个别地区牛羊上也有检出，特别是在屠宰前以增重为目的注射沙丁胺醇的问题值得高度关注。在兽用抗菌药上，主要存在超剂量超范围使用、不执行休药期等问题，特别是在禽类养殖上非法使用金刚烷胺、利巴韦林等禁用药物问题不容小视。这个问题过去有过曝光，尽管最后都平息下来，但隐患仍然很大。在生鲜乳上，要以三聚氰胺、皮革水解蛋白、B-内酰胺酶等为重点，防止死灰复燃，特别是对婴幼儿配方奶粉，要做好源头治理，严厉打击原料奶生产、收购和运输过程中各类违法添加行为。在水产品上，2013年鳜鱼、乌鳢和大菱鲆的监测合格率分别为67.7%、81.2%和83.6%，主要问题是检出孔雀石绿、硝基呋喃。从环节上看，养殖、运输、市场、餐饮各个环节都有添加，且越往后端危害越大。在农资打假上，要突出假种子、假农药、假兽药、假化肥，抓住关键农时季节，加大对地下“黑窝点”的清查治理，严厉打击无证生产经营、制假售假等违法违规行为。在屠宰环节整治上，重点是打击私屠滥宰、屠宰病死畜禽、注水、非法添加有毒有害物质等行为。

总之，大家要根据部里的部署，结合地方实际，制定细化方案，狠抓整治措施的落实，力争用3～5年时间基本解决面上存在的突出问题。在大要案查处上，要注重依托公安部门的力量，严格落实“两高”司法解释，严打非法添加和假劣农资两类案件，严惩一批犯罪分子，曝光一批典型案例。在日常监管上，要注重依托农业综合执法力量，加强农产品质量安全执法工作，实施检打联动，加大监督抽查力度，及时查处不合格产品及生产经营企业。

三、关于监管示范县创建

这是一项带有全局性的重大工作安排，也是全面提升县域监管能力的一个主要抓手。韩部长、陈部长对此非常看重，都有具体明确的要求。目前创建活动方案已上报国务院领导及国务院食品安全委员会。总的考虑是，由国家制定标准，地方按标准开展创建，引入第三方评估评价，统一验收命名，实行动态管理。在目标任务上，创建活动突出四项要求。一是突出属地责任，推动地方政府把农产品质量安全监管纳入重要议事日程，加强组织领导和工作协调，细化职责分工，强化考核评价，提供条件保障。二是突出全程监管，按照农产品生产经营链条，以解决突出问题为导向，找准工作薄弱环节和关键控制点，从产地环境管理、农业投入品监管、生产过程管控、包装标识、质量追溯、准入准出等方面做出规定、提出制度机制。三是突出能力提升，加强县乡基层农产品质量安全机构、队伍和条件建设，充实工作力量，配齐必要的检验检测、执法取证、样品采集等设施设备，加强业务培训，提高人员素质。要率先建立主要农产品质量安全追溯体系，实现农产品生产过程可控、流程可溯。四是突出社会共治，实施第三方考评制度，把人民群众满意度作为考核的重要内容和活动的主要目标，统筹利用社会各方力量，积极引导公众参与，共同监督农产品质量安全。在考核命名上，农产品质量安全示范县由国务院食品安全委员会统一部署和命名，农业部具体负责制定认定标准和管理办法，组织开展认定和管理指导工作。

初步考虑，2014年上半年部里将选择100个“菜篮子”产品主产县和一些有条件的地市开展试点，真正树立起一批好的样板，并以此为标杆，进一步总结试点经验，完善相关制度。今后每年都将有计划地认定一批，大家要提前谋划，按照部署做好相关组织申报工作，优先把政府重视、基础条件好、工作积极性高的“菜篮子”产品生产大县及地市纳入试点。同时各省也可因地制宜开展地方创建活动，形成上下共推的格局。要注重总结经验，加大宣传力度，扩大社会影响，营造良好的氛围。在经费安排上，部里将积极与发改、财政等部门沟通协调，力争为示范创建争取一定的扶持，各地也要加强协调，寻求发改、财政等部门支持。

四、关于应急处置

近几年应急工作取得了一定成效，制定了预案，建立了专家组，开展了舆情监测、风险排查等工作，有力有序有效处置了一些突发性问题，将负面影响降到最低程度。但是从当前形势看，应急处置仍然是一项高度敏感、非常艰巨的工作，有很大的挑战性，特别是一些问题经媒体曝光后，在网络舆情的推波助澜下很容易持续发酵，形成社会热点，对产业带来很大冲击，也给一些地方造成很大压力。因此，必须时刻绷紧这根弦，把应急工作作为一项大事切实抓紧抓好。一是加强防范。要组织开展风险隐患摸底排查，对辖区内的风险及“潜规则”问题要心中有数，切实做到早发现、早控制、早处理，防患于未然。强化舆情监测，一旦发现苗头，迅速反应，及时采取措施，防止事态扩散和发酵。二是主动应对。当前条件下不发生问题做不到，关键是问题发生后，涉及的地方农业部门要在第一时间掌握情况、做出研判，第一时间报告情况、启动应急机制。要依据现行法规，区分不同的情况，妥善有效地处置。属于违法违规的，要亮明态度，迅速行动，严厉查处；属于生产经营不规范的，要及时纠正，抓紧整改，落实责任；属于无中生有、恶意炒作的，要及时回应，正面解读，正本清源。总之要千方百计把问题解决在点上，想方设法避免出现大的波动。三是强化协调配合。坚持全国“一盘棋”，产地与销地之间要加强情况沟通，切实做到区域联动、上下互动。防止各自为政、不沟通、不协调、不配合，更不能互相推诿、相互埋怨，贻误最佳处置时机。四是及时回应社会关切。现在社会上有一种说法就是问题很多，吃什么都不放心，甚至要求零风险。这种期待可以理解，但这种观点我不认同，实际上的情况也并非如此。一个重要的原因是信息不对称，过去是眼见为实、耳听为虚，现在是信息化时代，更多是受舆论的影响，这也反映出我们在正面宣传、信息传递上做得不够。我们要把这扇门打开，让公众了解我们的工作，看到好的变化，特别是要通过专家加强科普解读，正确引导社会舆论。

五、关于体系建设

这几年有了很大进展，但是相对而言仍然较弱，特别是越往基层能力越弱，难以适应新形势下监管工作的需要，必须下更大力气加快推进体系建设。一要加快监管体系建设。全国40%的地市和近一半的县区还没有监管机构，这是一个短板。2013年部里推动出台了国办通知，2014年又将加强基层监管体系建设作为国办督查的重点内容，一个基本的考虑就是在体制改革的大背景下，同步加强基层农产品监管体系。各省厅要抓住当前的有利时机，推动地方政府落实国办通知要求，抓紧补齐短板，将监管体系建起来。对于地县两级，关键是建立，要确保今年年底前全部建立监管机构。对于乡镇站所，关键是发挥作用，落实好监管服务职责。二要加快质检体系建设。目前已建设204个地市质检中心、1 965个县级质检站。2014年的盘子也已确定，大致和2013年持平，争取有所增加，建设重点仍然是地县两层。相比而言，县级质检机构在建设和运转上困难较多。在建设方面，目前县级质检站完成项目验收的483个，仅占1/4。通过计量认证的县级质检站199个，仅占已验收项目的40%。在运行方面，主要是运行经费短缺、人员素质跟不上，特别是一些农业大县这个问题更突出。省上要切实担负起责任，下大力气推进质检体系建设。对于在建的，要抓项目进度，强化监督管理，确保不出问题；对于建成的，要加快资质认定和考核，推动落实人员和运转经费，确保建起来、转起来、用起来。关于检测机构整合问题，前段时间中编办出台了一个意见，总的要求是加快整合，做大做强，逐步推动第三方检测市场发展。我们考虑，农业有农业的特色，需要兼顾两头，必须坚持农业质检机构公益性地位，保持部省地县三级四层的基本架构，更好地服务于产业发展和消费安全。农业系统要加强内部检测资源整合，在运行机制上下功夫，不管是建在农牧渔哪个行业，都要确保建起来后各行业都能用得上。三要加强培训练兵。目前全国地县两级农产品检测人员有近3万人，乡镇监管服务人员有5万余人。要发挥好这支队伍的作用，必须尽快解决技术水平低、能力弱的问题。要继续采取各种可行的办法，加强人员培训和岗位练兵，切实提高这支队伍的能力素质。

抓好农产品质量安全监管工作任务艰巨、责任重大。现在已是3月底了，全年已过1/4，大家要立即行动起来，抓好会议精神的贯彻落实和全年工作的推进检查。会后，请大家及时向本单位主要领导汇报会议精神。要尽快把思想和行动统一到这次会议的部署和要求上来，结合实际，抓好本地区、本行业的农产品质量安全监管工作，确保全年不发生重大农产品质量安全事件。

（本文为作者于2014年3月26日在“全国农产品质量安全监管暨‘三品一标’工作会议”上的讲话，略有删改）

创造发展条件 提升绿色食品产业水平

中国绿色食品发展中心主任 王运浩

这次全国农产品质量安全监管工作会议首次套开“三品一标”工作会议，充分体现了农业部党组对“三品一标”工作的高度重视。2013年，在农业部的领导下，在部监管局的指导和支持下，绿色食品工作系统深入贯彻新的《绿色食品标志管理办法》，扎实开展标志许可、证后监管、基地建设、品牌宣传等工作，绿色食品事业继续保持健康发展的良好势头。全国绿色食品产地环境监测面积达到0.173亿hm^2，企业总数达到7 696个，产品总数达到19 076个，分别比2012年增长12.2%和11.4%。其中，国家级、省级农业产业化龙头企业、农民专业合作社分别达到289个、1 307个、1 417个，均呈两位数增长。中国绿色食品发展中心（以下简称“中心”）和省级工作机构共抽检3 891个绿色食品产品，抽检比例达22.7%，合格率为99.46%。绿色食品产品国内年销售额为3 625.2亿元，出口额为26亿美元，经济效益显著。全国已创建511个绿色食品原料标准化生产基地，面积0.087亿hm^2，总产量为7 867万t，对接企业1 712个，带动农户1 722万户，直接增加农民收入8.6亿元以上，示范作用明显。2013年，中绿华夏有机食品认证中心和地方工作机构共同应对一系列挑战，规范高效地开展工作，保持了有机食品稳步健康发展。有机食品认证企业达到731个，产品3 081个，分别比2012年增长6.7%和11.5%，其中包括认证的境外11个国家和地区的14个企业。“中绿华夏”的颁证数量、产品质量和品牌影响都在国内有机认证机构中名列前茅。认证产品使用统一防伪标签数量占全国半数以上，可追溯能力在国内同类机构中遥遥领先。

当前，我国农业现代化与工业化、城镇化、信息化同步加快推进，党的十八届三中全会又作出了全面深化改革的战略部署，农产品质量安全工作任重道远，“三品一标”面临前所未有的发展机遇。绿色食品工作系统要继续发扬改革创新的优良传统，在新一轮的“三农”改革中抢抓机遇，乘势而上。要在新型农业经营体系中植入绿色食品“优质高产与资源节约”的生态模式；要让新型农业经营主体掌握“以品牌价值克服生产成本攀升”的利器；要使规模化经营走上“以品牌化促标准化、以标准化促现代化”的发展道路，不断夯实农产品质量安全的基础，增强农业可持续发展的能力。2014年，整个绿色食品工作系统要认真贯彻中央农村工作会议和全国农业工作会议精神，按照国办106号文件和农业部1号文件“关于农产品质量安全监管工作”的总体部署，准确把握“三品一标”在农产品质量安全工作中的基本定位，牢固树立服务全局的“一盘棋”思想，坚持“稳中求进”的方针，继续稳步推动绿色食品、有机食品持续健康发展，树立安全优质农产品品牌，示范农业标准化生产，提升农产品质量安全水平，促进农业增效、农民增收。2014年重点抓好以下五个方面的工作：

一、坚持标准，严格把关，确保绿色食品质量

1. 加强申报主体和产品评估，把好准入门槛 绿色食品是我国农产品及加工食品的精品，对生产和消费具有示范引领作用。各地要坚持“严字当头、好中选优”，积极引导那些综合素质好、自律能力强、诚信声誉高的主体申报绿色食品。要按照申报资质和条件，对申报主体的诚信记录、质量管理水平、投入品管控、标准化生产能力等开展评估，把好入门关，防范质量安全风险。

2. 完善和落实制度机制，提高审核工作的有效性 修订绿色食品标志许可、续展审核程序，进一步规范和完善审核制度。制定分行业的现场检查工作规范，将现场检查工作向专业化、纵深化发展。制定审核技术规范，统一审核尺度，进一步规范审核工作。全面落实检查员绩效考评制度，提升检查员职业素养，强化尽职尽责、诚信自律意识，促进审核工作质量和效率不断提高。中心将按照检查员工作绩效考评办法，对各地检查员实行定量化考评，建立实施激励与约束的长效机制。

3. 落实工作责任，共同把好质量关 各级工作机构要按照新的《绿色食品标志管理办法》明确的基本职责，做到坚持标准，规范程序，从严把关。各省级机构要对现场检查、初审工作负责，中心将建立实施专家参与的督查机制。各指定监测机构要对承担的产地环境和产品质量监测任务负责，确保监测结果的

准确性。中心要按照标准严格书面审查，精心组织专家开展评审工作，确保评审结果的公正性、权威性。承担续展综合审核工作的省级工作机构要对续展产品审核质量把关负责，中心将开展监督抽查和核查。

二、严格证后监管，维护绿色食品品牌公信力

绿色食品标志作为公共品牌，承载了政府的信誉，维护好绿色食品标志的公信力，就是增强政府的公信力。因此，必须整合一切资源，全力做好证后监管工作。

1. *落实属地管理，强化责任意识* 各地工作机构要积极主动地配合各级农业行政主管部门开展绿色食品监督管理工作，同时切实承担起证后跟踪检查职责。要全面加强对获证企业原料供应、基地建设、质量体系、产品用标、合同履行等情况的检查，发现问题和隐患，立即督促企业抓紧整改，达不到要求的，坚决清理出局。

2. *采取有效措施，落实各项制度* 一是全面实行企业年检实地检查记录“三联单”制度，同时中心将继续对年检工作进行督查，确保这项工作落实到位。二是加大产品抽检力度，中心将继续采取多种形式对重点地区、重点行业的产品开展抽检。2014 年中心将产品抽检规模扩大到 2 000 个，有条件的工作机构要结合辖区内产品发展规模，主动安排一定比例的产品抽检。三是强化标志市场监察，各省级工作机构要按时完成本地固定市场和自选流动市场网点的标志监察工作。四是加大风险预警工作力度，加强对舆情信息的监测、分析和研判，增强应急处置能力。中心已建立风险预警专家组，进一步加强风险隐患排查。五是强化淘汰退出机制。对年检不合格企业、抽检不合格产品，坚决取消标志使用权。发现假冒产品，会同工商、质监等部门，坚决依法查处。

3. *开展质量追溯体系建设，创新监管手段与模式* 按照农业部农产品质量安全追溯信息平台建设的总体设计，充分发挥绿色食品标准化生产、全程质量控制的优势，在总结四川、青海等省率先开展绿色食品、有机食品质量追溯管理经验的基础上，加快探索，力争在全国农产品质量安全追溯体系建设中发挥重要的作用。

三、加强组织引导，提升绿色食品产业发展水平

绿色食品经过 20 多年的发展，已具备一定的发展规模和较高的知名度、影响力，成为我国安全优质农产品的主导品牌。立足现实，着眼长远，整个工作系统要采取措施，进一步完善绿色食品产业发展体系，不断提升产业发展水平。

1. *不断巩固产业发展基础* 一是进一步完善标准体系。2014 年中心要完成农业部立项的 13 项产品标准制修订工作，各地要抓好新标准的学习宣贯。二是抓好原料标准化基地建设，2014 年再创建 50 个原料标准化基地。各地要更加注重基地创建质量，强化基地监管。要主动开展服务，促进企业与原料基地的有效对接，通过优质优价促进农民增收。三是加快绿色食品生产资料的开发与推广应用。各地要积极组织安全、优质、环保的投入品生产企业申报绿色生资，积极推动绿色生资与绿色食品原料基地、申报企业有效对接。四是加强理论研究，科学规划和指导绿色食品产业发展。

2. *不断优化产业结构* 一是优化申报主体结构。要在积极引导各级农业产业化龙头企业、大型食品加工企业、出口企业发展绿色食品的同时，高度关注社会工商资本加入现代农业建设这一新趋势，将其资本优势、管理优势、网上物流优势与绿色食品的制度优势、质量优势、品牌优势有机结合，发挥更好的示范带动作用。二是优化产品结构。针对目前种植业产品比重较大，畜禽、水产品比重较小的状况，有条件的地区要发挥资源优势，在有效管控风险的前提下，适度加快畜牧、水产类绿色食品产品的发展，不断满足多样化的消费需求。

3. *不断增强产业发展动力* 一是立足宣传品牌和促进贸易，办好 2014 年的全国绿色食品博览会，集中精力组织好商务推介和产品促销活动，同时继续鼓励各地举办区域性的专业展会，为企业拓展市场搭建平台。二是积极探索专业流通体系建设，支持专业物流企业及绿色食品协会等社会机构推广绿色食品专业营销网络，促进厂商合作、产销对接。三是不断开拓国际市场，深入开展国际交流与合作，精心组织实施境外促销项目，扩大品牌国际影响力，促进出口贸易。

4. *不断创造产业发展条件* 一是积极争取政策支持。将绿色食品与新时期“三农”工作紧密结合，融入创建国家现代农业示范区、农业标准化示范区、农产品质量安全监管示范县等工作之中，纳入评价和考核指标体系。同时，有条件的地方要联系本省实际，争取将绿色食品纳入生态补偿和标准化生产补贴范围，激励绿色食品企业创造多重效益。二是加大宣传工作力度。重点围绕“农产品质量安全监管年”开展系列宣传，以绿色食品科普知识为切入点，传播绿

色生产、绿色消费的理念，增强全社会的生态文明意识，营造发展绿色食品事业的良好社会氛围和市场环境。

2013年，农业部与解放军总后勤部联合下发了《关于军民融合推进部队科技兴农工作的通知》，提出积极发展"三品一标"，我中心还与总后军需物资油料部联合下发了《关于在军队开展绿色食品认证工作的通知》，建立了军队发展绿色食品的通道。各地要按照这两个文件精神，支持部队农副业生产基地发展绿色食品，促进军队和国防建设。

四、立足生态文明建设和有机农业发展，巩固和保持有机食品竞争优势

当前，我国正处于由常规农业向现代农业转型的关键时期，无论是从农业产业的多功能性，还是从消费需求的多样性看，有机农业都有一定的发展空间，尤其是在生态环境压力居高不下的形势下，有机农业更是一份保留农耕传统的产业、存续乡村田园风光的产业、寄托游子乡愁的产业。自2004年以来，多个中央1号文件都提出鼓励发展循环农业、生态农业，有条件的地方可积极发展有机农业。农业部更是将有机农产品与无公害农产品、绿色食品共同作为保护生态环境、促进农业标准化生产的模式，"三位一体、整体推进"。2014年的有机食品工作要立足生态文明建设和有机农业发展，以"确保认证质量、提升品牌影响力和公信力"为目标，严谨规范地开展工作，确保农业系统有机食品持续健康发展。

1. 稳步扩大发展规模　各地要将有机食品与绿色食品工作统筹部署和安排，坚持因地制宜的原则，根据资源和环境条件，积极组织企业认证有机食品。要引导企业在追求有机食品高价收益的同时，多在有机农业生产方式上下功夫，实现长远的生态效益。力争将再认证率保持在85%以上，有条件的地方要积极建设有机农业示范基地。

2. 提升认证质量和效率　2014年中绿华夏有机食品认证中心将分别出台有机产品认证检查员、审核员考核评价与激励办法，进一步强化检查员、审核员的责任心，提升认证质量和效率，提高服务能力和水平。

3. 切实加强证后跟踪检查　结合农业部农产品质量安全监管专项，2014年中心将抽检有机产品100个。在风险评估的基础上，对40个获证企业进行不通知现场检查。对重点消费市场开展有机食品认证标志使用市场监察。继续督促企业规范使用新版有机产品标志，实现获证产品信息可追溯、标志可防伪、数量可控制。

五、加强体系队伍建设，不断提高服务能力

1. 不断健全工作体系　新的《绿色食品标志管理办法》进一步强化了绿色食品事业的公益性定位。各地工作机构要在当地农业行政主管部门的统一领导下，积极配合做好农产品质量安全监管工作，履行好相应的职责。同时各省级工作机构积极协调推动地市县级绿色食品工作机构建设，进一步明确和强化其工作职责，不断增强工作合力。

2. 不断加强专业队伍建设　经过多年的努力，绿色食品工作系统已逐步形成了检查员、监管员和企业内检员三支专业队伍，下一步的工作重点是不断提高队伍的专业能力，提升服务水平，以适应日益增加的工作任务需要。中心正在拟定《绿色食品检查员、监管员培训大纲》，全面规范"两员"队伍的培训。各省级工作机构要加强对地市县级工作机构业务人员和企业内检员的培训，不断提高专业素质。

3. 不断提高服务能力　一是不断创新工作机制，进一步优化工作流程，提高审核工作效率。二是总结经验，完善机制，继续稳步推进续展综合审核改革，促进续展率持续提高。中心将根据部分省级工作机构的能力和条件，逐步扩大改革范围。三是巩固和深化颁证改革成果，强化地方工作机构的颁证工作职责，不断提高颁证率和颁证工作效率。四是全面加强信息化工作，继续推进农业部"金农工程"项目建设，完善绿色食品审核与管理系统，拓展系统功能，扩大服务对象，以信息化建设促进服务能力和效率的全面提高。

4. 加强对监测机构的服务指导　中心将探索建立检测机构工作质量考评办法，进一步规范监测工作。各地要加强与监测机构的协调配合，充分发挥监测机构在环境监测、产品检测、标准制定、风险预警等方面的技术支撑作用。

切实做好2014年绿色食品、有机食品工作，对推动农产品质量安全监管工作大局意义重大。整个绿色食品工作系统要在农业部党组的领导下，在部监管局的指导下，开拓创新，积极进取，以强烈的事业心、责任感和使命感，更加扎实的工作作风，推动绿色食品、有机食品持续健康发展，为保护我国农业生态环境、提升农业标准化生产和农产品质量安全水平、促进现代农业和生态文明建设做出更大的贡献。

（本文为作者于2014年3月26日在"全国农产品质量安全监管暨'三品一标'工作会议"上的讲话，略有删改）

加强"三品一标"工作 提升农产品质量安全

农业部农产品质量安全中心主任　刘新录

这次会议是在农产品质量安全工作新的历史时期召开的一次重要会议，与全国监管工作会套开还是第一次，充分体现了农业部对"三品一标"工作的重视，也说明"三品一标"是农产品质量安全工作不可分割的重要组成部分，"三品一标"工作机构是农产品质量安全监管的一支重要依靠力量。应该说，当前和今后一个时期，农产品质量安全监管包括"三品一标"工作的方向、思路和任务已经明确，虽然责任很大、任务很重，但发展的机遇非常好。现在关键是要抓住机遇、乘势而上，齐心协力、抓好落实。

从无公害农产品和农产品地理标志工作看，抓落实就是要正确处理发展速度与质量的关系、数量规模与可持续发展的关系，继续推进工作重心的转移，用改革创新的办法破解难题，做到认定一个产地，带动一片标准化生产，认证和登记一个产品，保障一方产品安全，不断为推进农业标准化、提升农产品质量安全发挥示范引领作用。下面，我结合大家关注的几个问题，就做好无公害农产品和农产品地理标志等相关工作讲四点意见。

一、严格准入门槛，进一步履行好审查职责

自2012年农业部里提出转移工作重心重点以来，整个工作系统积极完善制度，强化审核检查，做了大量工作，取得了良好成效。但实事求是地讲，有些地方还存在分级审查责任不落实、审核把关不严的现象，有的环节甚至不把关，严重影响认证登记的有效性，甚至埋藏了质量安全隐患。这方面问题比较突出的是产品检测和现场检查工作不到位，个别认证申报材料中，检测和现场检查报告未能真实客观地反映实际情况。下一步，必须按照中央关于"建立更为严格的食品安全监管责任制和责任追究制度"的要求和《最高人民法院关于审理食品药品纠纷案件适用法律若干问题的规定》，严格落实分级审查责任，用最严谨的标准、最严格的监管、最严厉的处罚、最严肃的问责，确保认证登记的有效性，坚决防止因出具虚假认证或者因过失出具不实认证造成消费者损害等情况的发生。

1. *提高规模准入门槛*　规模化是实现标准化生产和提高农产品质量安全的基础。2013年全国有1/3的省级工作机构按照要求，分门别类地制定了认证规模准入标准，并已报部中心备案。这个标准就是无公害农产品认证的第一道准入门槛。今后要严格按照已备案的标准推进工作，没有设定的必须严格按照产地认定规范标准审查。今后对生产规模不达标的，原则上不予受理。

2. *严格申报材料审核把关*　2013年年底我们印发了《关于进一步改进无公害农产品管理有关工作的通知》，进一步理清了各级工作机构审查工作职责和重点。省级及以下工作机构要充分发挥贴近生产、了解实情的优势，切实担负起对包括产地环境、投入品使用、质量控制措施落实、申报主体资质等情况的审查责任，尤其要高度重视现场检查，保证现场检查报告真实详细地反映申报主体的实际情况；分中心要利用熟悉行业管理的特点，着力强化对产品安全风险因子和关键点的审查；农业部农产品质量安全中心也将进一步规范认证专家评审制度，切实把好终审关口。总而言之，每个审查环节都要按照标准规范严格把关，切实做到"稍有不合、坚决不批"，坚决杜绝出现任何瑕疵或硬伤。

这里需要指出的是，2014年我们调整了省级初审后报送材料的要求，更多的材料将作为产地认定发证依据由省级工作机构留存。这意味着对各地审查审核工作质量提出了更高要求，各省级工作机构务必要对产品初审及产地认定工作更加细致严格。目前，我们正着手建立初审工作质量督导检查制度，将适时对各地现场检查、审查审核、材料存档等情况开展督导抽查。一旦发现问题，将通过发函的方式予以纠正，问题严重的要通报批评直至暂停受理，并追究相关人员责任。

3. *严格落实审查时限*　无公害农产品认证是一个自下而上的过程，涉及多个层级和环节。近年来随着认证量的加大，超时限审查的现象时有发生，这一

问题更多地出在省级及以下工作机构。这既有产品检测、现场检查和材料反复完善耗时的客观原因，但也有工作机构效率低的主观因素。为此，我们重新界定了时限计算起点，并明确各省（自治区、直辖市）可按照本地区实际确定省级以下审查环节，目的就是要提高效率。各地要严格执行这个审查要求，每次审查意见及时间都要在审查报告中记录，超时限审查的必须做出说明。

二、强化证后监管，进一步落实属地管理责任

当前，农产品安全监管“地方政府负总责，监管部门各负其责，企业是第一责任人”的责任体系正在不断健全和强化。2013 年年底印发的《国务院办公厅关于加强农产品质量安全监管工作的通知》，再次强调地方各级人民政府对本地区农产品质量安全负总责，同时明确要“强化对无公害农产品、绿色食品、有机农产品、地理标志农产品的认证后监管，坚决打击假冒行为”。我们整个工作系统都要按照国办和部里要求，进一步落实属地管理责任，把强化证后监管作为工作的重中之重，督促获证主体落实责任，坚决淘汰不合格或有严重安全隐患的产品。

1. 强化质量监测　这是实现有效监管、及时发现问题的重要手段。部里已经把“三品一标”纳入了例行监测范畴，农业部农产品质量安全中心也建立了获证产品年度抽检制度，并适时安排专项抽检。但总体抽检比例还是有限的，还需要各地加大抽检力度。今天，各省（自治区、直辖市）厅（局、委）的分管领导和监管局（处）长都在这里，我也借此呼吁，各地在安排农产品质量安全例行监测时，要将无公害农产品和地标产品全部纳入监测范围，省级工作机构要积极配合行政主管部门，做好相关跟进服务工作，特别要加强重点品种、重点地区产品的检测，抽检情况和信息要及时报送部中心。对抽检中发现问题的产品，也要及时报告部中心并依法查处，严格落实退出机制。

2. 加强监督检查　2014 年年初我们分析了 2013 年 76 个无公害农产品撤证的情况，发现主要原因是产地环境变化和违规使用农业投入品，两项加起来超过 80%，其中产地环境不符合要求的近半数。对此，需要引起高度重视。要在强化质量监测的同时，进一步加强认证登记产品的日常监督管理，每个获证产地每年应该至少现场监督检查一次，及时发现苗头性、系统性的风险因素，不符合要求的，要及时整改，问题严重的要坚决清除出局。监督检查情况，要及时报部中心。下一步，我们将在建立健全监督管理记录的基础上，探索对获证主体实施诚信分级管理的办法，对于严格落实标准化生产措施、三年有效期内没有发生过任何质量安全事故的获证主体，将在复查换证等方面给予更多便利；相反，对那些措施落实不到位、存在质量安全隐患的获证主体，要实施更加严格的监管，复查换证时予以重点审查；对于诚信缺失的主体，进入黑名单，拒绝受理认证申请。

3. 完善标志管理　经过两年多的努力，我们已经建立了无公害农产品认证审核与标志使用相结合的制度，获证产品在标志使用方面基本做到了能用尽用。但也发现有一些获证主体没有及时将防伪标识使用到产品及包装上，这不利于对获证产品的跟踪监督和责任追溯。下一步我们要在继续坚持并完善这一制度的基础上，按照陈晓华副部长提出的“率先实现‘带标上市、过程可控、质量可溯’”的要求，努力在提高标志使用率上下功夫。一方面，积极开发新型标识以适用更多鲜活产品；另一方面，试点探索以产品类别为单元的标识征订管理模式。2014 年先在黑龙江、江苏、北京、上海四省、直辖市试点。此外，还要着力加强标志市场监管，组织开展标志专项检查，严肃查处不规范用标和违规冒用标识的行为，切实维护品牌形象。

三、加强品牌建设，进一步提升政府公信力

无公害农产品和农产品地理标志是政府推动树立的安全优质农产品公共品牌，公信力是其发展的生命线，也是品牌的核心价值所在。因此，必须按照中央提出的“要加强品牌建设，积极争创名牌，用品牌保证人们对产品质量的信心”的要求，进一步提升认证和登记产品的品牌形象，以品牌引领生产、以信誉促进消费。具体工作中要切实强化三种意识：

1. 强化质量安全底线意识　要坚决杜绝因追求数量而放松质量安全的错误行为，坚决防止重认证登记轻证后监管的不良倾向，切实防范简单粗放不可持续的发展方式和昙花一现的假象繁荣。要回归认证登记本源，实现生产过程及产品质量可控与政府授信提升产品形象互相促进、互相融合。无论是无公害农产品还是地标产品，只要产品质量安全出问题的，必须严肃处理，对违规使用禁限用农兽药和非法添加物的，要坚决撤销证书、淘汰出局。

2. 强化精品培育意识　农产品地理标志是悠久农耕文化和独特地域特色的集中体现，既是优质精品农产品的代表，又是历史地理名片，具有唯一性和不可复制性。这些特点及生产区域的严格限定，决定了

地标产品必然是生产规模有限、供应量有限的产品，是主要满足人们对特定产品品质需求的产品。因此，必须坚决纠正那种把增加产品登记数量、扩大已登记产品生产面积作为开发地标产品重点的错误做法，切实把开发的重点转移到稳定产品品质、打造精品品牌的轨道上来。下一步，我们将从强化培训和创建示范样板两方面入手，引导各地进一步树立农产品地理标志精品培育和品牌开发意识。今年计划在全国创建4～6个农产品地理标志典型示范样板，各省（自治区、直辖市）也要力争在本地、本行业创建2～3个示范样板，充分发挥示范样板在品牌建设和产业发展中的引领作用。

3. 强化品牌塑造和宣传意识　好酒也怕巷子深。再好的产品，如果不注重宣传推介，也一样不会被社会认可。无公害农产品和地标产品经过多年的发展，以其过硬的产品质量和良好的品牌形象，已经赢得了一定的口碑和知名度，但与其定位和作用相比还远远不够，其原因就在于品牌宣传还不到位、培育和塑造品牌的意识还不够浓。我们常讲，安全是品牌农产品的前提、优质是品牌农产品的基础，但安全优质的农产品并不一定是品牌产品，品牌是需要塑造的，塑造至少需要四个方面的工作：一是需要登记注册或认证，依法加强品牌管理。二是需要营造发展氛围，增强市场主体乃至全社会的品牌化意识。三是需要加大品牌产品的宣传力度，提高人们对品牌农产品的认知度。四是需要强化品牌农产品的促销工作，提高产品流通效率。现在看来，这四项工作中差距比较大的是后两项。下一步，整个系统要紧紧围绕提升无公害农产品和地标产品品牌知名度这一主题，进一步加大宣传和推介力度。我们已制作了无公害农产品和农产品地理标志公益广告宣传片，将争取在中央级媒体宣传，并将提供给各地宣传使用；此外，也在中国农产品质量安全网开设了专栏，链接中国农业信息网网上展厅，为有宣传意向的获证单位开展免费宣传。各地也要积极组织开展形式多样的宣传活动，组织当地无公害农产品和地标产品参加有关展览展销活动，为企业搭好平台，做好服务。

四、围绕监管大局，进一步延伸强化体系职能

大家知道，随着农业部门监管链条的延伸，监管的责任进一步加大、任务更加繁重了。在行政机构编制有限的情况下，许多工作可能要依托我们这支队伍来完成。实际上，近几年一部分工作机构在行政主管部门的统筹下，已经承担了很多农业标准化推进、农产品质量安全执法监督、追溯体系建设等质量安全监管方面的职能。昨天陈晓华副部长又进一步强调，“三品一标”工作机构是农产品质量安全监管的一支重要依靠力量，各级监管部门要注重发挥好这支队伍的技术优势和支撑作用，给予更多的支持和帮助，要求“三品一标”工作机构要主动而为，主动入位，勇于承担更多的农产品质量安全监管职能和任务。希望大家深刻领会陈晓华副部长的讲话精神，要在做好认证登记工作的基础上，尽快跟进并配合行政部门，承担起与农产品质量安全工作机构名称相符的有关重点工作。这是进一步充实和加强工作机构的前提，也是增强工作体系队伍履职尽责能力的基础。

1. 全力抓好质量追溯体系建设　农业部已依托农产品质量安全中心搭建全国统一的国家追溯信息平台，2014年的重点是做好平台项目申报、初步设计及制度建设等工作。初步考虑是平台建成后，优先将生猪和“三品一标”产品纳入追溯范围，初期先选择部分省对某几类认证登记产品开展追溯管理试点，逐步扩大品种及地域范围，最终实现规模以上主体的主要农产品生产、收购、贮藏、运输全环节可追溯管理。各地也要按照这个思路，继续推进本地追溯平台的建设，并在追溯主体备案、档案管理、监管信息化等方面进行积极探索，做好与国家平台衔接的相关准备工作。

2. 大力推进监管示范县创建和农业标准化建设　农业部2013年印发了推进示范县创建的指导意见，2014年国务院还要部署这项工作，农业部农产品质量安全中心参与了试点方案、认定标准制定等工作，下一步还将在认定管理上承担更多的工作。各地工作机构要积极配合当地农业行政主管部门切实抓好示范县创建，要积极谋划、主动承担、全力落实有关具体工作，并把推进示范县创建与推进农业标准化、培育新型农村经营主体和发展“三品一标”结合起来，尤其要结合培育新型经营主体，普及标准化清洁生产技术和规程，督促认证和登记主体全面落实标准化要求。

3. 进一步强化执法监管和打假维权工作　要按照这次会议提出的“三品一标”队伍也要落实责任，承担起农产品质量安全执法监管任务的要求，在做好“三品一标”执法监管的同时，主动做好农产品质量安全执法的调查取证、产品检测、处置建议的提出等工作。同时要加快设立投诉举报电话和举报信息平台，畅通投诉举报渠道，及时受理和反馈举报信息查处情况，切实维护举报者和消费者利益。

刚才所讲的这三项工作，都是农业部农产品质量

安全中心和部分省级质量安全中心目前正在做的工作，希望还没有承担类似工作的机构，主动而为，争取承担更多这方面的工作，也请省级农业厅（局、委）按照这次会议的要求，主动授权，充分发挥这支重要依靠力量的作用。

（本文为作者于 2014 年 3 月 26 日在“全国农产品质量安全监管暨‘三品一标’工作会议”上的讲话，略有删改）

依靠创新驱动 提升食品产业科技水平

科学技术部农村科技司副司长 王喆

现代食品产业涵盖食品原料生产与储藏、食品加工与制造、食品物流与消费等产业链的各环节，与营养科学、食品科学、现代医学及生物、信息、工程、新材料和先进制造等密切关联，是国民经济基础性和保障民生的重要支柱产业。该产业关联度高、涉及面广、吸纳就业能力强、劳动技术密集，在服务“三农”、壮大区域经济、扩大内需、保障营养健康与质量安全等方面发挥着重要作用。党的十八大明确提出要坚持走中国特色自主创新道路，实施创新驱动发展战略，强调科技创新是提高社会生产力和综合国力的战略支撑，必须摆在国家发展全局的核心位置。这是我们党放眼世界、立足全局、面向未来做出的重大决策。从食品产业发展来看，加快转变发展方式，增强发展动力和活力，必须实施创新驱动。“十二五”以来，食品产业科技重点开展了食品加工相关基础理论、前沿新技术与装备的研究开发，大幅增加了中央财政对食品产业科技的投入和支持，积极推进了食品产业科技重大共性关键技术的集成创新与新产品创制，不断引领和带动食品产业技术升级，取得了一批重要的科技成果，为促进食品产业发展、保障食品安全、提高人们生活水平提供了强有力的支撑。

一、充分认识创新驱动对提升食品产业科技水平的意义

对于食品产业来说，创新驱动有两层基本含义：一是提升食品产业技术水平要靠技术创新来驱动；二是创新目的是为了提升技术水平和驱动发展。食品产业的发展进程，实际上是依靠技术创新来推动，每一次技术创新的突破，都会带来食品产业质的跨越。历史告诉我们，食品产业需要引进技术，但不能形成依赖；需要使用国外成果，但不能受制于人。高新技术产品可以购买，但核心技术是买不来的，要靠自主创新；技术装备可以引进，但是创新能力引进不来。在食品产业现代科技竞争中，要想把发展的主动权牢牢掌控在自己手中，就必须坚定地将自主创新作为食品产业发展的根本动力。因此，我们要坚持走自主创新之路，加快创新体系建设，实施创新驱动战略，通过创新驱动，增强食品产业的核心竞争力，进而摆脱一些企业被外商控制的被动局面，在激烈的国际竞争中把握先机、赢得主动。我们要从全球视野、战略高度充分认识食品产业创新驱动的重大意义，不断增强责任感、紧迫感和使命感，扎扎实实地推进食品产业创新驱动工作，努力提升食品产业科技水平。

二、食品产业创新工作取得显著成就

近年来，社会各界高度重视食品产业的创新工作，培育了一批创新平台和科技队伍，创新机制不断完善，实施了一系列涉及食品产业的重大项目，攻克了一批食品产业关键技术难题，全面提升了我国食品产业的整体技术水平。

（一）规划引领作用明显增强

依据国际食品产业科技的发展方向和我国食品产业科技发展的需求，科技部组织制订了《食品产业科技发展“十二五”专项规划》，立足“国家战略必争、产业发展必需、技术竞争必备、社会需求巨大”的选择依据，采取“面向未来，整体设计，突出重点，合理布局，分步实施，突破关键，支撑发展”的方针，从全面提升我国大宗食用农产品高效转化能力、工业化食品加工能力、农产品储运与物流能力和食品质量安全综合保障水平出发，提出了重点加强大宗食用农产品加工业的科技创新，加强食品产业重大共性关键工艺技术与核心装备技术的研究。重点开展了食品加工相关基础理论、前沿新技术与装备的开发研究，积极推进食品产业科技重大共性关键技术的集成创新与新产品创制，不断引领和带动食品产业技术升级。重点实施了农产品与食品加工、农产品储运与物流、食

品质量与安全三个重点领域的研究项目，着力解决与食品产业发展关联度高，具有前瞻性、战略性、全局性、紧迫性和现实性的产业发展重大科技问题，促进我国食品产业向营养安全、方便健康、高效节能和低碳方向发展。通过规划引领，突破一批食品产业前沿技术和核心关键技术，形成一批具有自主知识产权的专利和标准，开发一批食品制造的新工艺、新产品和新装备，建立一批食品产业化示范基地，大幅度提升我国食品产业自主创新能力和核心竞争力。

（二）不断加大科技投入力度

"十二五"期间，坚持"突出重点、择优支持；政府引导、多元投入；分级管理、责权明晰；专款专用、追踪问效"的原则，继续加大对食品产业的科技投入力度，推进"政、产、学、研、用"联合的协同创新机制，依据重点专项规划和实施方案，采取统筹设计、分期分批立项的方式进行组织实施，通过顶层设计与广泛征集相结合进行项目立项，将重点研究内容系统纳入"973"计划、"863"计划和科技支撑计划等国家科技计划，进行分类和组织实施。"十二五"期间，重点支持了"食品安全风险评估关键技术""食品新酶创制及生物加工关键技术研究及创新应用""主食工业化关键技术与装备及其产业化示范""大宗粮食绿色加工技术与产品""农产品生产加工及物流销售信息化应用示范与技术验证""动物源食品安全加工科技工程"等项目。2011—2014 年，仅"863"计划和科技支撑计划共启动项目 20 个，其中"863"计划主题项目 6 个，科技支撑计划项目 14 个。到位总经费 18.6 亿元，同比增长 44.4%。其中，专项经费 9.2 亿元。专项经费中，"863 计划"项目经费 3.7 亿元，占 40.2%；科技支撑计划项目经费 5.5 亿元，占 59.8%。

（三）一批科技创新成果取得显著成效

"十二五"期间，我国食品产业科技工作加速推进，在基础研究、前沿技术和集成示范、重大共性关键技术与核心装备研发、人才创新和团队建设、基地和平台建设等方面取得显著成效。研究了食品安全风险评估关键技术，开发了系列营养与安全的高附加值食品，建立了肉类蔬菜流通追溯管理平台，优化了常温及低温方便米饭工艺和质量控制指标。突破了大宗粮食加工、果蔬加工、乳制品制造、功能食品制造、中式菜肴加工、主食加工、动物源食品加工、食品质量安全控制等领域的关键技术。形成了一批具有自主知识产权和国际先进水平的重大突破性成果，培养了一批杰出的科技人才，建设了一批重大科研平台和产业化示范基地，推动了食品产业的健康良性发展。上述成就，有效解决了我国食品产业的主要技术瓶颈，提高了我国农产品资源的综合利用率，提升了我国食品产业节能减损和清洁生产的整体技术和装备水平。截止到 2014 年 12 月底，我国食品产业科技领域共开发新产品、新材料、新工艺、新装置 1 053 项，申请发明专利 2 045 项，形成技术标准 185 项，发表科技论文 5 493 篇，完成科技成果转让 82 项，成果转让收入达 1.3 亿元，成果转让产生的经济效益达 61.5 亿元。

（四）一批标志性成果实现突破性进展

"十二五"期间，在食品产业科技项目实施中，取得一批十分明显的标志性成果，在某些方面取得重要进展和重点突破，具有代表性的标志性成果如下：

1."食用色素制备关键技术研究及产业化"项目　针对目前国内天然植物色素提取分离规模小、能耗高等问题，开展了以超大型连续逆流梯度浸取、多频组合超声连续浸取、高效溶剂回收为典型技术的食用色素制备关键技术研究及产业化。在辣椒红素提取方面，创建了业内首条连续化、规模化、自动化辣椒原料预处理及提取分离生产示范线，日处理干辣椒达 270t，是国外先进水平的 6 倍。吨原料溶剂消耗由以前的 300kg 降至 2.5kg，仅为国内技术水平的 1%，为国外先进水平的 1/10。

2."重大淀粉酶品的创制、绿色制造及其应用技术"项目　获得了重要淀粉酶品新分子，创建了以地衣芽孢杆菌为代表的全新淀粉酶高表达系统，建立了高效发酵生产工艺技术，创制的淀粉酶品的酶学性质、发酵酶活以及其发酵过程、下游提取、产品制造等各项工艺技术，均达到和优于国际先进水平。生产的淀粉酶品带动了多家生物、食品相关淀粉加工企业经济效益增长，产品在淀粉糖加工、饲料、果蔬加工、酒精和柠檬酸等行业中应用，达到国外同类酶制剂应用效果，研究成果获得 2013 年国家技术发明二等奖。

3."食品高效节能均匀化干燥装备与技术"项目　取得了固态食品高效微波在常压及负压主流干燥均匀化技术及液态食品在微射流高效节能喷雾干燥技术的两项突破。研制了常压、负压均匀高效微波喷动干燥设备、多线微射流喷雾干燥设备等 4 套中试设备，建立了 2 条中试生产线，开发了 20 多个干燥产品，设计建立了年产 300t 均匀高效脱水果蔬生产线。项目共申请国家发明专利 38 项（授权 18 项），国外发明专利 3 项（授权 1 项），制订国家标准 2 项。核心技术获国家科技进步二等奖、中国商业联合会科技进步一等奖、国家国际科技合作奖。

4."传统发酵乳制品微生物资源开发与产业化关键技术"项目　通过传统发酵乳制品中优良菌种筛选

及功能、安全性研究、发酵乳制品优势微生物代谢与主体风味形成规律研究、高效发酵剂开发关键技术研究、高效活性凝乳剂制备关键技术研究和特色发酵乳制品开发及其设备研制等，着重解决了我国发酵剂与凝乳剂等核心技术严重依赖进口、大多传统发酵乳制品濒临失传等方面的技术问题，研制了一批新产品、新设备，申请国家发明专利13项（授权5项），发表论文71篇（SCI检索19篇），获国家科技进步二等奖和省部级科技进步一等奖各1项。

5."大型超高压装备开发"取得重大突破 首次突破了超高压双堵头密封、低压系统与高压系统流量匹配、新型增压器结构优化设计等核心技术，并实现了超高压加工技术温度和压力的有效结合，开发出350L的大型超高装备。目前部分设备已批量出口，打破了发达国家近20年的技术封锁和装备垄断，标志着我国食品超高压加工技术与装备研究开发能力步入世界先进行列。

6."粮食和食品中主要真菌毒素精准检测技术"项目 研究开发了改性石墨烯、分子印迹材料等真菌毒素的特异性分离富集材料，建立了简单易行的成套前处理技术，提高了前处理效率。开发了简单净化—稳定同位素稀释—液相色谱质谱联用同时检测16种重要真菌毒素的技术，涵盖了目前国内外已设定限量和即将设定限量的真菌毒素。

三、食品产业创新问题依然突出

食品产业的技术创新，是以现有的技术和手段，在特定的环境中改进或创造新的技术、工艺和装备等一系列技术活动。近年来，我国加大了对食品产业科技创新的支持力度，取得了一批重要技术成果，加速了技术创新驱动，但总体上说，食品产业技术创新问题依然突出。

（一）创新基础薄弱

我国食品工业起步较晚，技术基础工作相对薄弱，全国现有试验室前沿先进的试验设施基本为进口设备，制造技术和检测手段比较落后，自主研发的仪器设备、检测设备等试验装置故障率高、可靠性较差，使用时间相比国外试验装置较短，创新手段缺乏系统性和完整性，直接影响自主创新能力，需要形成先进、完整的科研方法和条件。科技人员创新意识不强，模仿研究成为主流，自主研究缺乏依据，综合研究和深入研究的能力有待提高，基础研究工作有待强化。

（二）创新能力不足

目前我国食品产业自主创新能力不足，主要表现在：一是科研力量缺乏有效整合的长效机制。全国能够参与技术创新的力量主要分散在部分科研单位、大专院校和企业，为了完成一些重大项目整合在一起，成立统一的攻关或研发团队，相对比较松散，缺乏产、学、研相结合的长效机制，创新工作缺乏连续性。二是自主创新的高端人才匮乏。国内现有的创新队伍，大都在模仿创新的前提下发展起来的，研究的前瞻性不够，自主创新难以提升，产业缺乏创新领军人才。三是试验设施和科研手段落后。没有形成完整的试验系统，大多数企业没有技术研发中心，缺乏研究条件。

（三）创新深度不够

食品产业普遍缺乏自主创新和原始创新，尤其近30年来，重大关键与成套装备核心关键技术受制于人，食品产业大型装备、高端技术、关键零部件长期依赖进口的局面没有改变。在装备方面，许多企业的技术创新工作大都停留在模仿阶段，在引进、消化、吸收上，很多引进项目在消化吸收、改进提高方面突破性差，创新深度不够，导致食品产业在某些领域被国外所垄断，受制于人。

四、推进食品产业创新驱动的措施

（一）加强食品产业科技的顶层设计

加强食品产业科技的顶层设计，是实施好创新驱动战略的关键步骤。要把实现创新驱动和转型发展紧密联系起来，进一步抓好创新政策、产业政策和经济政策的衔接协调，抓好科技创新管理和资源的统筹协调，抓好面向未来的科技储备和人才队伍，在加大科技开放合作等方面积极开展工作。要认识并理清推进科技改革和创新中存在的制约和关键问题，在密切科技与经济结合、提高自主创新能力、改变科技创新资源配置分散和封闭重复低效、完善科技经费管理、健全创新环境和政策等方面加大改革力度，务求食品产业创新驱动新的突破。通过顶层设计和系统推进，通过各方面的共同努力，加快把食品产业导入创新驱动的轨道，在解决食品产业存在的问题上率先实现创新转型，同时实现整体发展创新转型的标志性突破。

（二）深化食品产业自主创新平台建设

建立"运行高效、凝聚力强"的食品产业自主创新平台，深入开展食品产业自主创新活动，激发自主创新活力，着力解决我国食品产业的共性问题、关键问题和难点问题。尤其是结合长期依赖进口的大型食品装备、高端技术、关键零部件以及节能减排技术等开展深入的自主创新研究，在重大科技项目和资金安排上要向自主创新研发平台倾斜。以各种任务、项目的形式把各环节的力量凝聚在一起，开展联合攻关，把自主创新平台打造成联合、开放、竞争的自主创新体系。形成一批有重要影响和支撑能力的国家重点实验室、国家工程技术中心以及区域科技创新平台。充分发挥食品产业技术创新战略联盟的平台作用。通过科技项目、人才队伍、技术创新平台和产业创新基地建设的统筹实施，有效整合强势企业和优势科技资源，整体推进我国食品产业自主创新能力建设。

（三）提升食品产业自主创新能力

要以自主创新为重点，突破自主技术。一是改进和提升食品产业创新设施及试验手段，完善试验条件。二是培养和引进自主创新人才，采取“请进来、走出去”和自行培养的办法，培育和发展食品产业自主创新队伍，实现以模仿创新为主向自主创新为主转变。三是建立连续、自主创新的科研制度，加强技术成果转化，推进食品产业技术自主创新的连续性。

（四）建立健全食品产业自主创新运行机制

建立健全自主创新运行机制，是做好食品产业自主创新的基本保障。一是建立产、学、研长效机制。有效整合食品产业科技力量，按照“利益共享、风险共担”的原则，建立科学、完整、统一的自主创新风险机制和自主创新队伍整合机制，加大自主创新队伍整合力度，推进自主创新队伍由课题临时整合转变为按技术任务长期整合，发挥产、学、研自主创新的长效机制。二是加强自主创新激励机制建设。不断建立和完善自主创新激励机制，增强自主创新动力。通过体制改革和制度建设，强化企业、科研院所和大专院校的自主创新动力机制，使自主创新知识、技术的人才能够源源不断地脱颖而出，投身于自主创新的轨道上来，调动科技人员投身自主创新的积极性。三是建立健全自主创新合作机制。一个单位的创新资源往往是有限的，必须加强与其他单位进行交流协作，共同推进自主创新工作。实现企业间的资源共享和优势互补，缩短自主创新周期，分摊自主创新成本，分散自主创新风险；推进企业、科研院所、大专院校等之间的产学研合作，有效克服企业在技术研发方面的劣势，以及科研院所、大专院校在成果转化方面的弱点。

加强区域经济合作交流 推进农产品加工业区域协调发展

农业部农产品加工局副局长 欧阳海洪

在海南冬交会期间，我们举办这次交流活动，主要任务是总结2014年以来农产品加工业区域经济合作工作情况，交流经验做法，启发思路，创新思维，为今后更好地开展区域投资贸易洽谈与对接活动做好准备，推动我国农产品加工业区域经济协调发展。今天我们观摩了海南冬交会的整体情况，各相关单位也充分交流了经验和体会，大家相互学习，共同提高，很有收获。下面，我就农产品加工业区域经济合作工作讲四点意见：

一、2014年农产品加工业区域经济合作取得的成效

2014年以来，在农业部党组的高度重视和正确领导下，在各省、自治区、直辖市农产品加工业、乡镇企业管理部门的共同努力下，农产品加工局积极开展农产品加工业区域经济交流与市场拓展工作，强化顶层设计、细化落实方案，各项活动成功举办，取得了良好成效，对推动农产品加工业持续健康发展发挥了重要作用。

（一）成果丰硕

自1998年以来，中国农产品加工业投资贸易洽谈会连续成功举办了17届，已成为与农交会齐名的国内知名展会，是我国农产品加工业投资贸易交流的重要平台。2014年9月6～8日，由农业部支持、河南省人民政府主办的“2014年中国农产品加工业投资贸易洽谈会”（以下简称“洽谈会”）在驻马店顺利举办，达到预期目的，取得良好成效。

1. 主要亮点　一是规模更大。全国有30个省、自治区、直辖市组团参会参展，代表团共190多个，参会代表近20 000人，参会企业5 000多个。二是层次更高。农业部总农艺师孙中华，河南省委副书记邓凯、省人大常委会副主任王保存、省政府副省长王铁等领导同志，泰王国素博亲王出席会议。三是内容更

实。首次设立了境外企业、美丽田园展示区；举办了主食加工专题展、投融资暨银企对接活动，东盟农产品加工业项目推介会和电子商务高峰论坛等15项主要活动。四是形式更新。依托专业会展服务机构，组织邀请境内外企业参会参展。同时，产品贸易不靠行政命令，不给各地分配参展任务，将大部分展位推向市场招商招展，企业自主报名参展。五是要求更严。严格按照中央八项规定，安全、节俭办会。

2. *主要成效* 一是签约了一批重点投资项目，187个重点投资项目总额530亿元。发布签约了一批最新科研成果，促成了46个科研院所和大专院校、79个企业、472项最新技术成果参与转让和合作交流，签约项目110个。二是提升了展示展销水平，设立了主食加工、产业化龙头企业、合作社、农产品贸易、加工机械、境外企业、科研成果、休闲农业八大展区，总面积近30 000m²，3 800多个企业及产品参加展示和贸易。开幕式当天产品销售额就达到2.7亿元，签订产品销售合同157笔，合同销售额8.9亿元。三是搭建了企业与金融机构的交流对接平台，举办了农产品加工业投融资暨银企对接活动，国开行重点项目现场签约，总投资额4.2亿元；河南省50个投融资项目签约，合同金额29.64亿元。四是促进了产品采购商与供应商的有效对接，65个采购商和178个供应商参加了产销洽谈对接，达成“基地直采”和“订单贸易”合同180份，金额51.58亿元。五是加强了与东盟农产品加工业交流合作，邀请东盟国际贸易促进委员会发布东盟农产品加工业优势项目，为中国企业进入东盟自由贸易区创造了有利条件，充分体现了大会的国际性和开放性。六是扩大宣传了中国美丽田园，集中展示了108个农业部认定的农耕文明悠久、乡村文化浓郁、民俗风情多彩、自然环境优美的中国美丽田园以及河南省的秋季20条休闲农业精品路线。七是推介了一批优质品牌产品，组委会组织专家对17个省、自治区、直辖市261个企业自主申报的521个产品进行评定，共评出金奖28个，优质奖130个。

部党组成员杨绍品在《关于2014年中国农产品加工业投资贸易洽谈会的总结报告》中批示：“农洽会”已成为一个品牌了。今年的活动办得很好，成果丰硕。虽然我部由过去的主办单位改为支持单位，但其工作力度只能加强，不能削弱。要继续把这个展会办得一届比一届好。同时要加强宣传，提高知名度。

（二）多个区域性对接活动异彩纷呈

2014年，我们支持海南、黑龙江、新疆、湖南等地开展了区域性的农产品加工产销对接活动，积极拓展国内外市场，各地突出产业优势特色，对接活动成果丰硕。

1. *黑龙江省农产品加工业投资贸易活动* 主要围绕农产品加工业的政策、技术、融资、市场等共性难点，将地方农业资源优势转化为农业产业优势，强化优势互补、合作共赢，积极搭建科企银企对接、产品展示推介、投融资项目发布平台。以“投资贸易洽谈、科技成果发布、科企银企对接、产品展销推介、专题聚焦研讨”为五位一体，举办了加工业政策及技术讲座、投融资信息推介、产品展示推介、企业营销介绍等项活动。从围绕当前黑龙江省加工企业技术水平低、装备差、融资融智难、营销渠道少、原料采购难等突出问题，有针对性的组织科研院所、投融资机构等部门的专家学者、60多个企业的200多名代表参加活动，使企业找到好伙伴，科研成果找到好“婆家”，投融资机构找到好客户。参展产品30多类共70余种，现场达成代理合作协议8项，包括保健品、稻米加工技术、主食产品等。

2. *新疆名优特及精深加工农产品上海展示会* 本届展会按照“政府主导，企业运作”的原则，以“绿色新疆，精品农业”为主题，以产品展示展销、项目洽谈签约、采购专场推介等系列活动为主要内容，来自新疆14个地州市的200个企业组团参会，展示展销面积1 000多m²，共设119个标准展位，140多类1 200多种特色精深加工产品参展参销。同时，来自长三角及华东地区的100余个大型企业、批发市场、采购商与新疆参展企业进行广泛的交流与洽谈，达成合作意向90项，签约总额46亿元。

3. *湖南农产品加工产品成果展暨战略投资合作洽谈会* 搭建湖南农产品加工业对外交流与合作的平台，全面展现湖南农产品加工业的整体形象、综合实力、发展项目、知名品牌、特色产品等，通过项目招商和产销对接，推动湖南农产品加工业大发展、大提升。组织粮食、畜禽、果蔬、油料、茶叶、水产、特色农产品及休闲农业等优势项目，通过前期对接和招商，吸引优质客商到湘投资和开展产品贸易；通过洽谈活动，全面推介、展示湖南农产品加工业投资合作优势项目，展示展销湖南农产品加工业优质企业和产品；通过后期跟踪，深化和落实投资合作和产销对接项目，进一步优化湖南农产品加工业产业结构，加快增长方式转变。

4. *海南特色农产品加工业市场拓展* 依靠“2014年中国（海南）国际热带农产品冬季交易会”平台，组织省内外农产品加工企业参加展示展销，设立北京、天津、吉林、黑龙江、河南等12省、自治区、直辖市农产品加工品展示专区，帮助加工企业开拓市场，扩大品牌效应，促进“两进两出”（进超市进宾馆、出口出岛）战略落实。以系列经贸洽谈和农产品促销活动为契机，引导农产品加工企业根据市场需求改进产品、创新技术，不断拓宽营销渠道，逐步增加销售额，同时推进省际农产品加工企业交流合作，促进海南省农产品加工业技术革新和转型升级。

今天在座的其他省以及农业部相关部门也就开展区域经济合作，谈了个人工作体会，介绍了好经验、好做法，提出很多建设性的意见和建议，对进一步做好2015年工作很有帮助。通过学习交流，我们进一步认识到做好农产品加工业区域经济合作工作是落实中央关于“稳增长、调结构、惠民生”决策部署的有力举措，是推进农产品加工业转型升级的重要内容，是促进现代农业发展的有效途径。实践证明，开展区域经济合作不仅强化了机构队伍的凝聚力、扩大了合作内容的多样性、提升了社会参与的广泛性，而且有利于激发企业的创新活力、有利于促进农产品加工业的协调发展、有利于现代农业的加快发展。

二、加强农产品加工业区域经济合作的责任感和紧迫感

近年来，我国农产品加工业取得了长足发展，已经成为现代农业发展的关键环节和重要标志，成为经济社会发展的战略性支柱产业，成为保证国民营养安全健康的民生产业。当前，我国农产品加工业正处在创新发展、转型升级的关键时期，既面临难得的机遇，也面对困难与挑战。推动区域经济合作是促进农产品加工业发展的重要手段和措施，各地管理部门要抓住机遇，发挥资源和平台的优势，积极开拓市场，推动区域经济合作共赢发展。

（一）农产品加工业发展面临难得机遇，区域经济合作基础良好

当前，我国农产品加工业处在一个发展黄金期。一是强农惠农富农政策，为农产品加工业发展提供了良好的外部环境。近年来，中央1号文件均提出鼓励发展农产品加工，中央财政支持不断增强，进项税额扣除率由现行的13%修改为销项税适用税率，初加工所得税优惠范围不断扩大，金融机构积极支持缓解融资难问题，对农产品加工业发展起到了积极的促进作用。二是全面深化改革，为农产品加工业发展提供了不竭的强大动力。国家发挥市场在资源配置中的决定性作用和更好发挥政府作用，特别是推进土地、户籍和补贴制度改革，为农产品加工业融资、用地、建基地等创造条件。三是“四化同步”推进和城乡发展一体化，为农产品加工业发展提供了有利的条件支撑。工业化、信息化推进了农产品加工设备的集成化、智能化、高端化，城镇化为农产品加工企业分工协作提供了良好的载体，农业现代化为农产品加工业赢得更大重视和支持提供了良好契机，城乡发展一体化为农产品加工业平等享受便捷服务创造了有利条件。四是消费结构快速升级，为农产品加工业发展提供了旺盛的市场需求。从国际经验和规律看，工业化、城镇化快速发展阶段，往往也是农产品加工业高速成长的时期。当前我国正处工业化中期，城镇化率达到52.37%，人均GDP超过6 000美元，每年2 000万～3 000万农村人口进入工业、服务业和城镇，加工品消费大幅度上升，为农产品加工业发展提供了强劲的内生动力。五是农业发展形势持续向好，为农产品加工业发展提供了充足的原料供应。我国粮食十连增，2013年粮食产量超过6 000亿kg，2014年夏粮产量1 366亿kg，同比增长3.6%，蔬菜、水果、肉类、水产品产量不断增加，为农产品加工业快速发展筑牢了重要的物质基础。六是全社会关心关注氛围日益浓厚，为农产品加工业发展提供了积极的助推作用。由于农产品加工业产业关联度高、带动能力强、基础支撑作用大等特性，日益受到各地、社会各界、农户的重视支持和广泛参与，为农产品加工业发展营造了良好的发展氛围。

（二）农产品加工业发展势头良好，区域经济发展仍不平衡

2014年以来，在国内经济总体放缓和消费需求不旺的情况下，农产品加工业整体呈现企稳态势，质量效益持续提高，为稳增长、调结构、促改革、惠民生做出了积极贡献。1～9月，我国规模以上农产品加工业总体稳定增长，实现主营业务收入13.32万亿元，同比增长8.9%，比全国规模工业主营业务收入增速高1个百分点；实现利润总额8 234亿元，同比增长4.2%；农产品加工业（不含中药）累计完成固定资产投资2.93万亿元，同比增长17%，增速高于制造业3.2个百分点。同时要看到，区域发展仍然存在一定的差距。规模上，1～9月，东部地区规模以上农产品加工业实现主营业务收入7.45万亿元，占全国的56%；中部地区3.87万亿元，占全国的29%；西部地区2万亿元，占全国的15%。速度上，东部地区农产品加工业主营业务收入同比增速8.29%，中部地区9.15%，西部地区10.51%。此外，我国农产品加工业发展还存在行业大而不强、科技含量较低、布局比较分散、公共服务不足等问题，在资源要素获取和市场拓展等方面仍然困难。

（三）现代农业发展，产业融合步伐加快，区域经济合作任重道远

国际经验表明，产业在国家间、区域间、城乡间

转移和承接是经济发展的普遍规律。早在20世纪90年代中后期，我局就致力于搭建产业多向交流合作平台，从最早的“东西合作”开始，不断突出主题、扩大规模、丰富内容、创新形式，慢慢地演变成今天的：框架上是“中国农产品加工业投资贸易洽谈会”＋“多个区域性特色农产品加工业产销对接合作”的层次分明的结构，区域上是“中原＋东西南北”的布局，功能上是“投资贸易洽谈、科技成果发布、技术装备展示、科企银企对接、产品展销推介、国际交流合作、专题聚焦研讨”等多位一体的综合。可以说，这些年来，我们共同致力于推进农产品加工业区域发展，作出了很多努力，成果也是有目共睹的。但是，要跟上我国农产品加工业发展的步伐，为解决行业发展问题和困难搭建更大更好更有效服务平台，提高我们的服务能力和水平，推动区域经济合作统筹协调发展，还有很多事情需要做，很长的路需要走。

现代农业是一、二、三产业融合发展的农业，必须通过区域经济合作这个平台和途径，积极开展科企对接、银企对接、产销对接等活动，大力发展农产品加工、储藏、保鲜、运销，支持电子商务等新型流通业态，延长产业链条，打造供应链条，形成全产业链，让农民从加工和流通环节分享收益，实现农业提质增效，农民增收。

三、进一步明确今后区域经济合作的思路和任务

今后一段时期，我们要深入贯彻党的十八大、十八届三中和四中全会及中央1号文件精神，以区域统筹协调发展为目标，搭建和完善农产品加工业区域经济合作交流平台，推动中西部和东北地区积极承接产业转移，走差异化发展道路，促进农民就地、就业和增收致富；引导东部地区主动将产业梯度转移出去，加快“腾笼换鸟”步伐，拓展新的发展空间；促进资金、技术、管理、品牌等优势与劳动力、土地、农产品、生态等资源优势加以整合，实现优势互补、互惠双赢、长期合作、共同发展。

第一，做好农产品加工业区域经济合作的顶层设计 以编制《农产品加工业“十三五”发展规划》为契机，结合优势农产品区域和现代农业示范区布局，在已有区域合作工作基础上，统筹规划，合理布局，做好今后一段时间农产品加工业区域经济合作的战略设计，不断完善区域合作的框架体系。

第二，创新农产品加工业区域经济合作的实现形式 充分发挥政府主导型投资贸易洽谈交流平台优势，以促进现代农业发展为目标，以投资、贸易和资金、技术合作为重点，突出市场化、专业化、品牌化、国际化、信息化，深入推进区域经济协调发展，加快培育新型农业经营主体，促进我国农产品加工业持续健康发展。一是市场化。要明确由市场导向，办什么样的展会，要不要办，由谁办，如何办都由市场说了算；按市场规律办事，资源要素价格由市场供求决定；通过市场配置与展会服务相关的各种资源，招展、招商、展会活动的组织以及各种配套服务都尽量通过市场配置；要明确市场主体，公平竞争。二是专业化。要有专业化的展会定位，建立专业化的办展队伍，提供专业化的服务，专业化的评估。三是品牌化。树立农产品加工业区域合作的品牌活动，提高层次，突出主体，强化质量，加强宣传，把洽谈会及各地的区域性展会固化成口口相传的品牌。使这些平台既有开拓市场和整合资源等“硬功能”，也有文化凝聚和地区名片等“软实力”。四是国际化。向国际高水准看齐，借鉴国际上通行的先进体制和常规做法来组织展会。组织体制上也要积极开展国际合作。我们已经有了很好的探索和实践，要在此基础上进一步拓展更多的国家（地区），深化更实的合作内容。五是信息化。在组织方法要信息化。要充分利用网络信息技术，提高展会组织的效率。在管理与服务要信息化。作为现代服务业，展会的竞争说到底是服务水平的竞争，而只有实现了信息化管理的服务，才是高水平的服务。在成效评估要信息化。用先进的信息技术采集、整理展商、专业观众和各相关机构对展会的意见反馈，用信息化的手段及时加以分析并做出科学评估，使展会的质量和水平不断得到改进、提高。

第三，建立区域交流合作的长效机制 逐步建立传统投资贸易交流与电子商务、移动互联网营销、第三方电子交易平台等现代流通业态融合的新型投资贸易交流洽谈合作体系。建立权威性公共服务平台，建立企业、项目、专家、产品等数据库，突破传统洽谈活动的时间、区域等条件限制，打造网络平台用不落幕的洽谈合作活动。建立专家研讨交流机制，制定和完善相关工作制度，为提升实体性产销对接活动水平和层次建立制度保障。巩固队伍建设，加强培养人才，提高素质水平，建立专业的区域合作服务队伍。加强学习交流，对国内外知名展会进行摸底调查，总结梳理展会组织、管理、营销等方面的模式与经验。组织参加国内外相关展会，学习成功展会好做法、好经验。

第四，建立第三方评价机制，提高区域经济合作的科学性和有效性 委托第三方中介服务组织，建立专业团队，通过问卷、网上评价、现场采访等方式，以客观和科学的方法及时而有效地总结和评价区域经

济合作工作的实际成效、服务质量和管理水平。

四、切实做好2015年区域经济合作重点工作

做好2015年农产品加工业区域经济合作的总体要求是深入贯彻党的十八届三中全会和中央经济工作会议、中央农村工作会议精神，以“开放合作、绿色科技、共赢发展”为主题，以促进现代农业发展为目标，以投资、贸易和资金、技术合作为重点，突出市场化、专业化、品牌化、国际化、信息化，深入推进区域经济协调发展，加快培育新型农业经营主体，促进我国农产品加工业持续健康发展。

1. 支持举办“2015中国农产品加工业投资贸易洽谈会”　围绕政府搭台、企业唱戏、各方参与、市场化运作办会原则，努力丰富会议内容、创新办会机制、规范会议运作，会议立足“投资贸易洽谈、科技成果发布、技术装备展示、科企银企对接、产品展销推介、国际合作交流、专题聚焦研讨”七位一体，实现“每年突出一个主题、洽谈一批项目、对接一批技术、发布一批成果、提高一个层次”的总体目标，进一步增强会议的吸引力和社会影响力。实现“四商同台”的良性互动发展，把产品商、采购商、设备商、国际商都邀请到我们这个功能丰富的大平台，这样才能让消费者有兴趣点，让企业有兴奋点，让产业链有吸引点，让国内外市场有汇合点。围绕展会，全年重点开展以下活动。2015年6月，在河南郑州召开“2015中国农产品加工业投资贸易洽谈会”筹备工作座谈会，将邀请全国农产品加工业、乡镇企业管理部门的领导及联络员参会，布置相关工作，明确职责分工，提出任务要求。2015年8月，在京召开“全国各大主流媒体新闻发布会”，发布展会主要内容、亮点和近年来展会成效。2015年9月6～8日，在河南省驻马店市举办“2015年中国农产品加工业投资贸易洽谈会”。重点举办好主食加工特装展、科技成果展、重点项目签约、成果转化签约、采购供应签约、东盟项目推介、产业园区交流、参展产品评定、展会总结、新闻发布等活动。请各省、自治区、直辖市尽早谋划好明年的组织参会工作，如是否搭建特装展、展位数、重点希望参加哪项活动、需求有哪些等。河南省作为会议主办方要提早谋划好明年的整体工作进度和工作方案，要充分吸收本次会议各相关单位提出的建议和意见，积极筹划好“洽谈会”各相关活动的衔接工作，为各省提供合理的保障服务。2015年12月，在海南召开“农产品加工业区域经济合作交流活动”。还将邀请积极参加“2015年中国农产品加工业投资贸易洽谈会”的省、自治区、直辖市代表，集中交流工作情况，也为下一年工作提早谋划战略思路。就像今天我们集思广益，大家提了很多好的建议，思路更加清晰，为做好2015年各省份区域经济合作奠定了良好基础。

2. 推动开展地方特色农产品加工业区域经济合作活动　近年来各地围绕农产品加工业发展开展了一系列有针对性的农产品加工推介活动，为企业拓展市场、提升技术水平、提高产品知名度、拓展融资渠道等发挥了积极作用。我局根据农业部重点工作要求，围绕农产品加工市场拓展每年支持3～5个省、自治区、直辖市开展加工产品推介活动。正如北京、黑龙江、湖南、新疆、海南代表发言的情况，这5个省、自治区、直辖市都办的有特点、有成效。希望有意愿合作的省向我们提出申请。

3. 大力提高区域经济合作的国际化水平　2015年农产品加工业外经工作的总体目标，通过推动加工农产品出口和农产品加工业“走出去”，服务促进农民增收和拓展农产品加工业发展空间；通过强化农产品加工业国际合作，服务提升自主创新能力，不断提高农产品加工业对外开放的质量和水平，不断增强我国农产品加工业国际竞争力。一是执行中美农产品加工业合作交流任务。主要围绕农产品加工业，特别是肉制品加工业产业政策、技术标准、投融资服务、服务体系建设等开展合作交流，建立政府间长效合作机制。二是在第六届国际马铃薯博览会期间（2015年7月北京延庆）举办中荷马铃薯加工技术仓储对接活动，同时参加国际马铃薯展及相关主题活动。农产品加工局将重点邀请我国马铃薯生产和加工主产区的企业家、科研院所、生产设备商，以及荷兰驻华官员、企业家、设备制造商共同开展对接活动。三是贯彻落实习近平总书记向国际社会提出的建设“丝绸之路经济带”和“21世纪海上丝绸之路”（即“一带一路”）的重要指示精神，针对提升农产品加工业拓展国际市场的能力水平，举办两期外经人员培训班，重点围绕东盟、中亚、欧盟等国家，通过国际市场环境政策分析、我国推进企业“走出去”的政策导向、境外投资及风险防范等内容进行专题培训。这两项培训均来自财政拨款，邀请的都是熟悉国际国内贸易政策及农产品加工业发展的资深教授授课。四是组织开展境外产品推介活动。一是拟于2015年9月组织参加俄罗斯农产品金秋展及荷兰马铃薯对接活动。二是拟于2015年11月赴泰国参加中国东盟农产品加工对接活动，主要开展产品推荐、考察项目园区、举办论坛等。该项活动得到泰国农业部和东盟国际商会的大力支

持，将为参加代表提供资金补助和高层活动安排。上述两项境外推荐活动，有意愿的省份会后与我局产业指导处联系提出你们的参团意愿和相关信息。五是围绕国家提出的“丝绸之路经济带”和“21世纪海上丝绸之路”即“一带一路”政策导向，分国别、分地区，研究提出我国农产品加工业拓展国际市场的政策建议，同时为制定“农产品加工业‘十三五’发展规划”及相关政策提供研究依据。

（本文为作者于2014年12月12日在“农产品加工业区域经济合作交流活动”上的讲话）

认真履职尽责 强化农产品加工业监测分析

农业部农产品加工局副局长　刘明国

我们组织这次“全国农产品加工业监测分析工作培训班”，主要任务是：深入交流分析2014年上半年农产品加工业发展形势，安排部署2014年下半年和今后一个时期行业监测分析重点工作，并就加工业统计监测分析工作本身存在的问题、改进办法与努力方向，加以通报和明确。这次培训是农业部农产品加工局正式更名和局内统计职能整合后举办的第一次全国性监测分析工作布置与交流活动，也是在前期进行一系列摸底调查、工作研究和决策部署后举办的第一次业务培训班。办好这次培训，对于我们统一思想认识、履职尽责，加强行业统计与监测分析工作，具有十分重要的意义。下面，我讲四点意见。

一、充分认识农产品加工业监测分析工作的重要地位

对于农产品加工业主管部门而言，统计与监测分析工作的突出地位与作用重点需要从以下三个方面认识：

第一，是履行行业管理最基本的职责　2013年11月，中央编办批复了农业部职能和机构调整方案，将农业部乡镇企业局（农产品加工局）更名为农业部农产品加工局（乡镇企业局）。农业部高度重视农产品加工局职能建设，在明确加工局职责时，把监测分析作为一项重要内容加以明确。2014年以来，为切实加强农产品加工业统计分析工作，农产品加工局在部人事劳动司的支持下，整合了内设机构的统计工作职责，宗锦耀局长和局常务会多次听取汇报和进行专题研究，反复强调，要把统计监测分析作为全局一项最重要的基础工作和最基本的职能。作为一个行业管理部门，如果我们在基本的统计数据上不能够及时准确地掌握全面情况，不能通过数据监测分析发现问题，那就不可能有效地履行职责。

第二，是推进科学决策最重要的前提　从某种意义上看，监测统计和运行分析的重要性类似于情报工作，它常常能为领导决策提供重要的参考依据。我们要搞好农产品加工业的发展促进工作，需要加强产业运行研究，离不开准确的数据支撑，只有掌握了真实情况，才能科学研判农产品加工业运行态势，及时发现苗头性问题、关键性问题，进而做深入的调查研究，提出合理的政策建议和意见，才能形成科学有效的政策措施。政府统计在为各级党政领导制定政策提供依据的同时，也在检验政策的执行效果。近年来，国家和地方出台了一系列促进农产品加工业发展的政策措施，这些政策措施执行效果如何，应该怎样改进，也都需要通过经济指标和数据分析来做出判断。一切宏观决策，如果离开了科学的基础数据分析这个前提，都很可能产生偏差甚至重大失误。

第三，是开展指导服务最根本的依据　在社会主义市场经济深入发展的今天，行业管理与指导服务对统计与监测分析工作的依赖越来越突出。无论是真实、准确、完整、及时的反映经济社会发展现状，总结经济社会发展规律、发现相关制约因素，还是制定经济社会长期发展目标、预测发展趋势，都需要以监测统计为基础。从现实情况看，政府部门对某个行业越是能说清其发展的来龙去脉，也就越有科学的管理能力；越是能在其发展阶段定位、布局结构、制约因素等方面进行精准的判断，就越是能提出有效的扶持政策、争取更多的政策资金、制定科学的指导意见，进而促进行业进一步良好发展。

总之，统计与监测分析是了解国情国力，有效指导国民经济和社会发展的一个非常重要的手段，是实

行科学决策和管理的一项不可或缺的基础性工作。加强和完善农产品加工业统计监测和运行分析，对于准确反映农产品加工业发展情况，提高行业管理水平，推动农产品加工业持续健康发展具有十分重要的意义，是各级政府指导农产品加工业发展、制定政策措施、推进科学决策的重要依据，是农产品加工业管理部门必须履行的一项重要职责，我们必须高度重视，下大力气做好这项工作。

二、客观分析农产品加工业监测分析工作的现状问题

近年来，农产品加工局主要利用外部获得的数据对农产品加工业发展情况进行分析。大家手里都有《农产品加工业运行信息月报》，里面有对部分重要数据的摘录。据最新的统计数据显示，2014 年以来，规模以上农产品加工业增速逐步企稳，保持了新常态下的平稳增长，上半年规模以上农产品加工业增加值同比增长 8.7%，实现主营业务收入超过 8 万亿元，同比增长 9.5%。出口增速稳中趋缓，上半年完成出口交货值 5 400 多亿元，同比增长 6.5%，增速较去年同期下降 1.2 个百分点。企业利润增速回落，2014 年上半年规模以上农产品加工企业的利润总额同比只增长了 6%左右，较去年同期大幅下降，其中植物油加工、酒类制造利润负增长是拉低增速的主要原因。固定资产投资增长比较平稳，上半年同比增长 19.2%，增速高于制造业 4.4 个百分点。在国内经济总体放缓、下行压力较大，以及消费需求不旺的情况下，我国农产品加工业运行总体保持平稳态势，增长的后续力量稳固，十分不易。

尽管我们可以从这些数据中基本掌握农产品加工业发展的态势，但外部资料存在着数据严重滞后、反映不出现象成因，以及缺少农产品加工原料、产能等关键指标的问题。解决这些问题，必须依靠我们系统自己的力量。

为了解各地区农产品加工业监测分析工作情况，2014 年 5 月份农产品加工局组织开展了摸底调查，全国绝大部分地区都及时反馈了工作情况报告。根据摸底情况，我们了解到当前不少地区农产品加工业监测分析工作还很不健全，与农产品加工业快速发展的形势，以及各级农产品加工业管理部门指导行业结构调整、区域合作、服务体系建设等工作职责严重不相适应。从全国情况看，主要存在以下三大问题：

1. 工作基础十分薄弱　根据摸底情况显示，当前全国只有 7 个省份开展了独立自主的监测统计工作，有些省份借助地方统计部门的力量获得一些规模以上农产品加工业企业的数据，但仍存在诸多制约。大多数省份尚未开展农产品加工业监测统计工作，或者仅仅是掌握少数龙头企业的情况，有的仅仅是一两年才对辖区内龙头企业的数据进行一次更新。总体来说，全国农产品加工业监测分析工作的基础还非常薄弱，统计队伍不健全、缺乏专项经费支持等突出问题都现实而尖锐地摆在我们面前。

2. 调查制度差异较大　调查制度是开展监测统计工作的重要基础之一，是对调查内容、调查对象、调查范围、调查时间等等的规范性要求。只有调查制度统一，各地区的数据才能汇总、才能比较，才更有分析价值和意义。通过前一阶段的摸底调查，我们了解到已获地方统计局批准的几个地方农产品加工业统计制度差异非常大，互相之间基本不具有可比性。主要存在的问题突出表现为四个不一致：一是指标体系不一致。有的地区只统计若干个主要经济指标，如产值、利润、税金、固定资产投资等；有的地区还统计产量、产能、原材料采购等情况，内容参差不齐。二是统计范围不一致。有的地区采用全口径调查的方式，对规模以上和规模以下企业全部进行统计；有的地区对年主营业务收入 500 万元以上的农产品加工企业进行统计；还有的省对主营业务收入 100 万元以上的农产品加工企业均进行统计。三是行业划分不一致。有的地区按本地区特色，将农产品加工业划分为粮食加工、油料加工、林特产品加工等若干类别；有的地区参照国民经济行业分类划分标准，且统计的行业数量各不相同，有将纺织服装算做农产品加工业的，也有不包含纺织服装的。四是统计频率不一致。有的地区进行月度统计，有的地区进行季度统计。调查制度五花八门，直接导致这些地方数据只能简单地为地方所用，局限性很大，出了省互相之间就不具备可比性，无法用于分析产业布局和地区差异。

3. 分析能力普遍不高　前不久我们要求各地上报一季度农产品加工业运行分析报告，从反馈情况看，只有两个省提供了比较深入全面的运行分析报告；大部分地区只是在说明统计工作开展情况时，捎带着对地区一季度农产品加工业发展情况进行了描述和分析。总体来看，各地主管部门虽然对当地农产品加工业发展情况有一定的了解和掌握，但多数地区分析还不够深入和透彻，影响农产品加工业发展的一些热点问题、关键问题和深层次问题还没有完整地反映出来，监测统计数据和实地调研情况相结合的分析方法还没有得到很好地运用。

存在上述问题，有客观原因，也有主观原因，根本上是我们对这项工作重视不够。当前，农产品加工业正处在快速发展的重要时期，中编办已明确我局为

农产品加工局，各省、自治区、直辖市也基本上都理顺了管理机构和职能，切实加强行业统计与监测分析工作，改变工作基础薄弱、管理差异明显、分析能力低下的现状，解决获取数据主要依靠从统计部门购买和专家凭经验分析，存在着不全面、不及时、不准确、不深入、不权威等问题，已经迫切地摆在了我们面前。

三、认真做好农产品加工业监测分析工作的顶层设计

在2014年年初的全国农产品加工业工作会议上，韩长赋部长对加强农产品加工业工作做出了重要批示，党组成员杨绍品和宗锦耀局长明确要求要强化行业运行监测分析，加大对热点问题和突发事件的分析研判力度，及时发布预警信息。为此，农产品加工局2014年上半年抓紧时间、下大力气研究了体系现状和存在问题，并召开了座谈会。在深入调查研究、广泛征求行业专家、地方管理部门的建议和意见基础上，我们努力搞好顶层设计，提出了加强农产品加工业监测分析工作的方案，并印发了有关通知，希望大家重点要在四个方面做好配合落实。

1. *配合落实好农产品加工业监测分析体系建设的框架思路* 为切实做好农产品加工业监测分析工作，结合当前实际情况，我们树立了两条腿走路的思想，多个方面同时入手，加强平台建设和管理创新。两条腿走路，就是要借助系统内和系统外两种平台、两种资源。一方面，注重加强系统内的制度规范、队伍建设，着手推进农产品加工业的统计数据收集汇总工作，争取获得可靠的一手数据；另一方面，积极与系统外的国家统计局、中国经济景气监测中心、轻工业联合会等掌握部分农产品加工业数据资源的单位建立稳定合作关系，整合利用已有的二手数据。待条件成熟的时候，我们也将及时把这些二手数据提供给各地方单位参考。在队伍建设上，我们将以地方队伍和行业专家为两支不同的力量，互为补充，既通过地方单位，尤其是工作基础较好的地方单位掌握基层农产品加工业发展的真实、鲜活情况；又同时建立起重点行业监测分析的固定专家队伍，通过各方科研单位、协会学会、大专院校等方面的专家，对重点行业进行运行会商、热点跟踪、专题研究。我们将尽快构建以农业部农产品加工局为总设计，以农业部规划设计研究院农产品加工研究所为总后勤，以农业部农村经济研究中心为总参谋，地方监测队伍和行业专家团队齐头并进、互补互惠的全国农产品加工业监测分析体系。

2. *配合落实好农产品加工业行业划分方式* 为计算、加工由国家统计局、中国经济景气监测中心等单位提供的规模以上农产品加工企业统计数据，使之更符合农业管理部门工作需要、更科学反映重要农产品的加工情况，农产品加工局对《国民经济行业分类》中涉及农产品加工业的农副食品加工业、食品制造业、酒/饮料和精制茶制造业、烟草制品业、纺织业、皮革毛皮羽毛及其制品和制鞋业、木材加工和木竹藤棕草制品业、家具制造业、造纸和纸制品业、中药饮片加工与中成药生产、橡胶制品业等原有类别进行拆分、重组，形成粮食加工与制造、植物油加工、果蔬茶加工、食用畜产品加工、水产品加工、其他食物类农产品加工、皮毛羽丝加工、棉麻加工、木竹藤棕草制品、橡胶制品、其他非食物类农产品加工共11个子类别。新类别所包含小类行业均与《国民经济行业分类》的小类行业相对应。这种按照行业管理需求，重新归并小类行业的方式是有例可循的。我们建议，各单位回去后要好好研究这个新划分方式，一方面今后各省（自治区、直辖市）利用规模以上农产品加工业数据时需要参照执行，另一方面也可以对试行的划分方式进一步提出好的意见建议。

3. *配合落实好新制定的全国农产品加工业监测表填报细则* 为推动全系统农产品加工业监测统计和信息调查工作向统一、规范、有序方向发展，我局在广泛征求意见和建议基础上，制订了《全国农产品加工业监测表填报细则（试行）》。细则分为年度调查、定期调查两部分。年度调查主要是填报农产品加工企业基本情况调查表、农产品加工企业经营情况表；定期调查主要是填报农产品加工企业经营情况季度表、农产品加工企业景气调查表。各地区农产品加工业管理部门要认真贯彻，在设计、完善地方农产品加工业统计制度和调查方法时，既要突出地方农产品加工业特点，又要符合全国农产品加工业监测分析工作的一致性要求，做到指标全覆盖、制度可衔接。

4. *要对新组建的农产品加工业重点行业专家分析团队的工作予以积极关注和支持* 为进一步强化行业运行监测分析，尤其是贯彻“大食物”的理念、做好食物类农产品加工业的研究工作，农产品加工局重点打造了“4+1”模式共5个农产品加工业监测分析团队。“4”是指4个重点监测分析的子行业，分别是粮食加工与制造、植物油加工、食用畜产品加工、果蔬茶加工。这4个重点监测分析的行业团队分别有一位牵头专家和若干名参与专家，重点任务是通过定期分析、专题研究等提出切实可行的政策建议，引导行业健康发展。“1”是指综合，即对农产品加工业全行业的运行态势、共性问题的分析研究，牵头单位是农

业部农村经济研究中心，成员单位包括国家统计局工业司、轻工联合会、景气中心，以及4个重点团队的牵头人。各地农产品加工业行政管理部门要根据实际需要配合有关团队完成会商和调研等任务。7月中旬，我们已经组织全部5个团队启动了2014年上半年经济运行分析会商工作，相关分析报告将会尽快以工作动态的形式印发，供各地农产品加工业管理部门参考。

上述四个方面的顶层设计具有全局性、根本性、长期性、稳定性，大家一定要树立全国一盘棋和不抓统计监测就是忘本、就是失职的思想，尽快统一步调、迅速行动，以高度的责任感和担当意识，切实提高认识和抓好贯彻落实。

四、努力提高农产品加工业监测分析工作的能力水平

为切实履行职责任务，提高科学决策能力，我们印发了《农业部办公厅关于切实加强农产品加工业监测分析工作的通知》（农办加［2014］16号），对当前和今后一段时期需要开展的农产品加工业监测分析工作进行了具体部署。印发该《通知》的目的是为了进一步引起各级农产品加工业管理部门高度重视，切实加强监测分析工作组织领导和职能建设，尽快建立和完善农产品加工业监测制度和指标体系，推动农产品加工业统计监测和分析等各项基础工作。各级农产品加工业管理部门要上下协同配合，按照《通知》确定的工作任务和具体要求，积极做好农产品加工业监测分析工作。

1. 加强组织领导，提供切实有力保障　各级农产品加工业管理部门要充分认识建立和完善农产品加工业监测分析工作体系的重要性和紧迫性，把监测分析工作摆上重要议事日程，切实加强组织领导。主要领导要亲自抓，要有专人负责，充实干部力量，建立一支结构完善、力量精干、相对稳定的工作队伍。要高度重视监测分析人员的能力培养，创造条件组织开展业务培训，不断提高理论素养和业务能力。要尽快争取设立专项资金，配备办公设备，确保监测分析工作顺利开展。

2. 加强定期分析，及时反映产业情况　各省（自治区、直辖市）农产品加工业管理部门要每季度定期向部局报送本地区农产品加工业运行分析材料及主要经济指标数据。运行分析材料要从总体情况、运行特点、存在问题和工作措施等角度全面反映本地区农产品加工业发展状况。监测分析工作任务量大，时间紧迫，各级农产品加工业管理部门要主动与当地统计部门协调，争取支持与帮助。

3. 强化监测统计，推进数据汇总工作　为摸清全国农产品加工业近年总体发展规模，农产品加工局将对2012年、2013年农产品加工企业经营情况进行调查，各省（自治区、直辖市）农产品加工业管理部门要层层落实任务，组织农产品加工企业认真填报“农产品加工企业基本情况调查表”“农产品加工企业经营情况表”。填报方式和注意事项将会在今天下午由专人讲解，要求各省级单位做好督促管理工作，务必于2014年10月15日前完成相关任务。

4. 积极配合参与，做好监测试点工作　为及时掌握农产品加工企业经营景气程度，农产品加工局计划在全国选取5 000个左右的样本企业，开展景气监测调查工作。试点将优先选择监测分析工作基础较好、人员经费有保障的地区。样本企业限定于年主营业务收入500万元及以上的食物类农产品加工企业，由试点地区农产品加工管理部门推荐，农业部农产品加工局备案或者提出调整建议。今天下午，农产品加工局将组织初步选定的12个试点地区主管部门进行座谈讨论，请各试点地区农产品加工业管理部门高度重视，做好准备，配合完成试点工作。

综合上述四个方面，在这儿我想补充强调几句：

第一，做好会后汇报　希望会议结束之后，各地参会同志要积极向单位主要领导以及分管领导做好此次监测分析培训班情况的汇报工作。虽然此次培训主要是工作操作层面的安排，但是我们希望要上升到本单位全局的工作高度来认识。如果在农产品加工业如此关键的一个发展时期，相关主管部门的负责同志对加工业情况不高度重视、不及时了解，那就是失职。

第二，要在人力、物力和财力上加强保障　2015年的财政预算，农产品加工局态度是非常鲜明的，根据需要对统计工作予以经费倾斜支持。我们会积极争取部里资源，对各地适当给予补助。但也要明确，这项工作职责主要在本级，各位回去以后要积极争取省本级的支持，切实加大这一块的投入。要清楚，加强统计监测分析，不是哪一个小部门的事，更不是一个人的事，而是全省全厅的事，说到底是为省长厅长服务的。

第三，要采取一些激励的措施，督促推动这项工作的开展　比如说，我们初步考虑，要建立稳定的农产品加工业监测分析师队伍，以农业部的名义发聘书；对纳入监测试点的样本企业要授牌认定，明确职责要求；要适时搞好总结交流，争取将各省统计工作开展的情况纳入部绩效考核，以便进一步引起省里的重视；要对统计工作开展得好的单位和个人以适当形式给予鼓励，特别是要与项目安排挂起钩来，很难想

象一个不重视统计监测分析、对发展形势没有明白账的单位能把其他工作落实好；要分期分批对各级农产品加工业统计工作人员和代表性企业加强培训，提高监测分析能力。

当前，我国农业正处在传统农业向现代农业转型的关键时期，面临着改造传统农业、发展现代农业的艰巨任务。国内外的实践都证明，农产品加工业是现代农业的重要组成部分和重要的标志，也是现代农业建设的关键环节。无论是种植业还是养殖业，也无论是哪一个农产品，如果没有加工环节的引领和带动，要想大发展、可持续发展都是不可能的。从我国大豆以及其他主要油料产业面临的挑战来看，引发农业产业安全危险的核心因素在加工。为了从根本上保障农业的产业安全，顺利推进现代农业建设，我们必须切实做好农产品加工业监测分析工作，以便及时掌握情况、发现问题，研究提出科学有效的政策建议，促进农产品加工业乘势而上、持续健康发展。万事开头难，良好开端是成功的一半。农产品加工统计与监测分析是一项基础性和业务性都很强的工作，对我们来说也是一项全新的事业，当前有大量基础性工作要做，完成好这项任务，既要有扎扎实实干事业的耐力，又要有默默无闻讲奉献的精神，还要有开拓创新锐意进取的热情，希望大家切实增强责任感和使命感，争当新时期实干型、研究型、专家型的统计分析工作者，共同努力，奋发有为，克难攻坚，踏实工作，不断开创农产品加工业监测分析工作的新局面，为落实中央稳增长、调结构、惠民生战略部署，积极促进我国农产品加工业健康发展做出重要贡献。

（本文为作者于 2014 年 7 月 29 日在“全国农产品加工业监测分析工作培训班”上的讲话，略有删改）

我国纺织工业经济运行状况及展望

中国纺织工业联合会副会长　徐文英

纺织工业作为国民经济传统支柱产业、重要的民生产业和国际竞争优势明显的产业，在繁荣市场、吸纳就业、增加农民收入、加快城镇化进程以及促进社会和谐发展等方面发挥了重要作用。2013 年我国纺织行业主要运行指标实现平稳增长，多数指标增速较上年有所提升。我国纺织工业现阶段的生产力布局体系是改革开放以来在市场机制的作用下逐步发展形成的，主要具有三个特点：一是产业在东部沿海地区高度集中，浙江、江苏、山东、广东、福建五省是我国纺织生产力布局的主体区域；二是生产力布局由东部沿海向中西部地区梯度转移的趋势显著；三是产业集群化发展特征突出，目前纺织工业共有产业特色鲜明、规模效益显著、对地方经济发展贡献突出的成熟产业集群 170 多个。虽然 2013 年纺织工业保持了平稳增长，但总体经济增长速度呈下行态势，企业也是比较困难的。

一、2013 年纺织工业经济运行状况

1. 销售收入利润有增长，生产增速有下降　2013 年纺织工业的主营业务收入达到 6.38 万亿元，同比增速超过 11%，与去年同期持平；实现利润 3 506.05亿元，同比增加 15.78%，同比提高近 9 个百分点。其中规模以上化纤织造及印染精加工企业主营收入达到 1 045.8 亿元，同比增长 11.5%，增速比去年同期上升了 4.31 个百分点，利润总额累计为 48.45 亿元，同比增长 18.23%，比去年同期上升了 9.66 百分点。这个数据只是化纤织造业不完全统计。与收入、利润增速的回升不同，各类产品产量的增速则有比较明显的下降：化纤产量累计 4 121.94 万 t，同比增长 7.9%，增速下降 3.3 个百分点；服装产量累计 271 亿件，同比增长 1.27%，增速下降 4.93 个百分点，其中针织服装出现负增长 1.08%。据中国棉纺织行业协会统计，2013 年纱产量累计 1 943 万 t，同比下降 0.5%，布产量累计 632 亿 m，同比增长 1%；据中国长丝织造协会统计，长丝织物产量累计达到 420 亿 m，同比增长 6.3%，增速下降 0.46 个百分点。在经历了多年的高速增长之后，中国纺织和全国经济一样开始过渡到缓增长的发展阶段。2013 年我国 GDP 的增长速度为 7.7%，纺织工业增加值增速为 8.3%，这些数据都在告诉我们，我们正在与高增长告别。

2. 出口有增长，内需有下降　在全球经济不景气的大背景下，我们对出口不足是有预判的，但据中

国海关统计，2013 年全国纺织品服装累计出口 2 921 亿美元，同比增长 11.24%，同比提高了近 8 个百分点，比全国出口增速高 3.34 个百分点。当然 2013 年出口的增长是恢复性的，基本上是恢复到了 2011 年的增长水平，2012 年出口下降的主要原因是对欧盟出口为负增长，2013 年恢复出口的主要原因则是欧美市场的恢复与东盟市场的进步。2013 年我国对欧盟出口 528.55 亿美元，同比增长 8.88%，比去年同期提高了 21 个百分点；对美国出口 439.5 亿美元，增长 7%，增幅提高 3.23 个百分点，对东盟出口 347.05 亿美元，同比增长 28.34%，东盟已经超过日本，成为我国纺织业第三大贸易伙伴。2013 年化纤长丝织物出口表现也较为理想，累计出口 112.74 亿美元，同比增长 13.15%。但与 2012 年不同的是，2013 年化纤长丝织物出口依靠的是数量而不是价格，实际出口 106.54 亿 m，同比增长 11.18%，增速提高了 10.4 个百分点，平均价格却依然保持在 2012 年年底的 1.06 美元/m 左右。2011 年起至今，化纤长丝织物始终是我国各类纺织织物中出口数量最多的产品，并始终保持占我国纺织织物出口总量的 40%以上。2012 年，行业经济主要依托内销市场实现了平稳过渡。2013 年我们对内销也寄予了很大的希望，但 2013 年我国社会消费品零售总为 23.44 万亿元，同比增长 13.1%；限额以上服装类零售额 8 179.8 亿元，同比增长 11.5%，比往年平均水平 17%下降了 4 个百分点，同时也低于“十二五”规划中要求的 15%。从东方丝绸市场交易的情况来看，化纤长丝织物日交易量也从 5 月开始持续下滑到年底。

3. *投资增速略有回升* 据国家统计局统计，2013 年我国纺织工业实际完成固定资产投资额 9 140.29亿元，同比增长 17.29%，比 2012 年回升了 2.67 个百分点；行业新开工项目同比增加 5.86%，增速高于上年同期 11.37 个百分点。我国化纤长丝织造产业实际完成投资额为 417.09 亿元，同比增长 32.61%；新开工项目 881 个，同比增长 17%。虽然投资依然表现为增长，但从 2012 年起增速仅仅维持在过去历年平均增速的一半左右。投资增速趋缓趋稳可以从两个方面来解读，好的一方面是行业发展方式走集约化道路，投资更趋于理性，而不是盲目发展规模；不好的方面是，行业要发展就必须要转变生产方式，通过技术改造投入实现产业升级，投资增速下降，从侧面表示纺织业对资金的吸引力有所减弱，这也是现在我们普遍感到银行放贷难的一个原因。

4. *在过去的一年里，我们有两个方面的表现值得肯定* 一是国际市场的推广。2012 年我们在出口上受到了一点挫折，2013 年我们在内销上又受到了一些阻力，如何在内外压力下做好产品的推广与销售，许多企业把眼光放在了正在复苏中的国际市场上。在春季调研中，我们了解到恒力集团 2013 年外销的增长速度就达到 20%。这一方面是基于企业对市场的准确把握，另一方面则是企业在过去的两年中卧薪尝胆，不仅做到了坚持生产，也做到了自我提升，才能牢牢抓住国际市场恢复的最初契机，取得好的成绩。二是产业升级，技术改造和产品开发的深化。加快技术改造和产品开发力度是许多企业目前都在做的重要工作。2013 年企业在自动化、精细化道路上继续努力探索，机器换人也小有成果。春季调研期间，我走访了巨诚集团。2013 年巨诚成功引进了 2 000多台目前国际上最先进的多喷多臂喷水织机，并与日本东丽公司等国际大公司合作，通过建设精品车间的方法，向国际先进企业学习，提升产品质量和管理水平，也取得了明显的成绩。

二、行业发展中面临的问题

1. *必须加快产业结构调整步伐* 在经济下行期间，产业结构调整步伐加快，企业优胜劣汰趋势明显。从节后开工情况来看，订单向大型企业转移趋势明显，尤其是规模大、产品品质好的织造企业更为明显，开工情况好，订单足。好的企业优势明显，资金充足、生产稳定，管理先进，能够吸引更多的订单；而中小企业则面临着比较严峻的形势。产业结构调整，势必要淘汰不适应市场变化的企业，中小企业应凭借自身船小好调头的优势，生产特色化产品，避免与大企业正面交锋，才能在激烈的竞争中独树一帜。

2. *节能减排的形势越来越严峻* 2013 年，从全行业来看节能减排问题更加严峻。现阶段，企业产业升级需求迫切，希望更新设备，进行技术改造，可是现代化、自动化的新设备上马必然引起用电量大幅上涨，这与当地政府的限电政策有着明显的冲突。当经济形势好，生产满负荷运转时，企业就难以达到节能指标要求；当形势不好时，开工率不足，企业又难以达到节能限单耗的标准。一些地区出台的强制用电标准的执行，有时甚至会影响到企业的正常生产。与此同时，减排压力也非常大，李克强总理今年的政府报告讲了“向污染宣战”，治理污染的决心可见一斑。浙江省从 2013 年 7 月 1 日后要求入网污水 COD 值不超过 200，这一要求比之前 500 的规定严格了几倍。为了帮助企业达到标准，一些地区开始实施工业园区计划，企业搬迁到工业园之后，可以对污水排放进行统一管理，这对于企业比较集中的地区不失为一个好办法。

3. 人力资源趋紧　最近几年，我们对劳动力的关注重点主要集中在工资上，但经过连续几轮的高增长后，工人工资已经进入一个稳定增长的阶段。2014年年初，我们隐约感到了新的用工压力，一是工人的年龄结构偏大。春节后，中纺联组织调研，棉花小组的调研报告中反映，目前棉纺织行业工人的平均年龄为40岁，最年轻的工人年龄是35岁，造成这一现象的原因是年轻人不愿意上夜班，不喜欢纺织业艰苦的工作环境；二是用工方面，出现了工人从东部沿海向内地回流，这一方面是因为随着内地制造业的发展可以为工人提供更多的岗位；另一方面是因为一些地区为保障留守儿童的健康与安全，出台了父母亲中必须有一人留在孩子身边的有关规定，使得很多妈妈们不能再到离家远的地方工作。

三、2014年的形势展望

1. 市场方面要重视内需市场的开拓　从国际市场来看，2014年美国经济将有更为明显的复苏，欧盟、日本也在慢慢恢复之中，这都为整个国际市场带来希望。2014年1月，我国纺织品服装出口额为294.23亿美元，同比增长15.91%。从内需市场来看，随着城镇化进程的加快，农村人口的消费将会有所提高。如何把农村纺织品服装做活、做好，是我们全行业应该关注的一个重点。我们鼓励开发高端产品，以满足人民群众不断增长的物质需要；但我们也鼓励纺织企业关注城镇化进程中的市场，如正在发展中的三、四线城市，要努力打造适合这些城市的服装、纺织品品牌，全面扩大内需市场。

2. 生产方面要清醒面对产能阶段性、结构性过剩　目前，由于终端需求不旺，致使上游PTA、化纤抽丝以及化纤织造整个产业链产品库存增加，PTA、长丝价格下降，企业经营困难，表现出阶段性的产能过剩，这也是相对的，不代表纺织全行业产能过剩。没有需求的积压的产品、附加值不高没有竞争力的产品就是过剩产品。当终端产品市场的恢复，目前的产能就是适宜的，甚至有可能是不足的。所谓产能结构性过剩是指在装备水平有高有低，还有大量需要淘汰的落后设备，这些设备的使用不仅无法提升产品质量和档次，还会造成资源的浪费。但考察一个设备是否落后，需要用科学的眼光综合判断，而不是就某一种型号或某个年代或某个地区的设备进行统一淘汰。我们讲产能结构，就是要符合市场规律，在市场作用下，能够生产适合产品，充分发挥效率并带来实际收益的产能结构，就是合理的产能结构。

3. 原料方面棉花和PTA、化纤问题　2014年将要取消国家收储棉花的办法，并在新疆实施对种棉农民实行目标价格直接补贴的办法。目前仍有1 300万t的国储棉，这相当于两年多的棉花产量，在这些棉花没有彻底消化之前，至少在9月新棉上市前，高棉价差依然存在，纺织企业依然困难。棉花问题能否妥善解决对整个纺织业的运行有着至关重要的影响。长远来看，棉花新政的出台应会逐步实现国内棉价与国际棉价接轨。另一个重要原料是化纤，从国内PTA的供给能力上看，今年计划将有1 000多万t PTA形成生产能力，供大于求的矛盾更加突出，除非今年终端需求出现大幅增长，否则化纤长丝的价格应该是平稳的，可能也会有小幅下降。我们对化纤原料更多的担心是价格下降过快，会影响到织造产品的签单价格。

四、2014年的工作重点

1. 坚持科技创新，细分市场，走产品差异化道路　关于细分市场，我想很多企业、甚至是一些大企业都有比较深的感触。比如我们长丝织造行业，2012年仿真丝产品卖得好，结果大家一起去做仿真丝，2013年这类产品就不好销售了，一些跟风生产的小企业吃尽了苦头；大企业凭借质量好、客户稳定等优势勉强可以应对。有的企业能够坚持在细分领域，比如高密细旦锦纶织物上下工夫，生产的产品每年都有新突破、不仅仅追求轻薄、也追求功能与色彩，这样的产品终究会赢得市场的认可。那么如何进一步做好细分市场，做好产品差异化呢，我认为：一是要坚持科技创新驱动，建立健全企业新产品开发队伍和机制。坚持科技创新驱动，做好产品开发始终是企业的生命线。我们长丝织造产业的很多产品，比如女装面料、家纺面料、户外运动面料、休闲面料都有着很强的时尚性，这就要求我们的产品开发是不间断的、要系统的、有步骤的进行安排，这离不开一支有素质的研发团队和科学的研发机制，因此要高度重视人才引进与人才培养，并建立激励机制，充分发挥研发团队的主观能动性、创造性。也可以与高校合作，在产学研方面下工夫。目前已经有一些企业在产学研道路上有所突破，充分发挥科研院校的力量，做好产品开发，这一方面可以提高企业研发团队的研发能力，另一方面也为院校培养纺织人才做出贡献，是一举两得的好办法。二是要提倡建立以新产品开发为目标的上下游产业联盟。做好细分市场，在产品差异化道路上真正独树一帜，就需要从源头做起，并一直向下游延伸，直到最终产品呈现到消费者面前。搞织造面料的要研究染整技术和最终产品，研究建立一个在产品开发道路上的上下游产业联盟。一种好的、具有某种功能性的化纤原料研发出来，必须要有与之相配的纺丝、织造设备进行生产，需要某种特殊的工艺将它的原料性能加以表现，也需要印染、后整理等技术的支撑，在保证实现产品预期性能的基础上带来色彩、时尚以及更加舒适的感受，最后还需要设计师对面料的深入理解，才能将它全部的价值恰当、完美地表现出来，最终展现在消费者面前，也只有这样才不辜负我们这些纺织人为一块面料所付出的心血。这是一个系统工程，需要整合诸多要素，有时甚至需要跨学科跨领域，单靠一个企业难以实现。因此就需要建立一个目标统一、任务分担、协调联动、利益共享的产业链上下游共同参与的产品研发体制。我们强调市场细分，就是因为我们在这一条产业链的血液流动上做得远远不够，我们急需建立以新产品开发为目标的上下游产业联盟。今年，志向集团正在这方面做深入的尝试，从原料到服装，进行深度的上下游产业资源整合，我认为是非常有价值的尝试。从协会的角度，也要在上下游产业联盟上多做工作、多下工夫。三是要积极大胆地走出去。我相信我们在座的每一位企业家对中国的纺织产品还是有信心的，但我们在国际市场上的地位还需要进一步提升。中国制造不仅仅是数量的品牌，更应该是品质的品牌。所以我们还要深入考察国际市场，积极参加一些国际展览并深度拜访客户。春季过后，我们去盛泽好麦尔公司调研，这个企业的销售团队大年初四就已经全部出国去寻找客户了。只有走出去才能开阔眼界，只有走出去才能捕获先机，只有走出去才能知己知彼，也只有这样才能在细分市场中找准自己的定位。

2. 做好品牌建设，全面提升企业素质　关于品牌建设问题，这两年多数企业的认知水平都有明显提升。过去我们一讲品牌，织造企业就会说我们是中端产品，没有必要有什么品牌，但为什么你们买原料要买恒力的、要买盛虹的？为什么人们买内衣，要看有没有美棉的纯棉标志？原料尚且有品牌，何况是面料？中国过去有瑞蚨祥，这实际上也是面料的品牌。现在一些设计师在选购面料时，喜欢去志向、福华，这都是品牌效益，品牌代表的是对织造企业的信任与忠诚。去年，长丝织造协会推广了第一批“最具市场影响力品牌”，我觉得这是一个好的开始，我们不仅要把好的品牌找出来，更要加强宣传和推广力度。要结合上下游产业链联盟，把我们的面料品牌向下游深度推广，尤其是把我们的优质品牌与一线品牌、时尚品牌联姻。我们有很多企业是耐克、阿迪达斯、优衣库等品牌的供货商，我们要凭借这一点把我们自己的品牌宣传出去。随着人民群众物质文化水平的不断提高，对品牌的认知与要求也会越来越深入，这也为我们推广品牌提供了很好的机遇。积极主动地与一线品牌联姻，除能借光扬名外，对企业管理而言还有一个自我加压、自我提升的作用。企业和人一样，本质是懒惰的，赶鸭子上架未必是个坏事，有时还是必需的。

3. 向管理创新要效益　管理创新是我们必须要坚持的根本。抓好管理，可以保证产品品质、可以树立产品品牌，更可以为我们降低成本、提高效益。春节调研期间，我了解到，有的企业面对当前节能压力，提出了“节能管理”的理念，就是通过科学管理和计划，应对错峰电价、用电总量指标、单耗指标等节能要求，合理安排生产，既实现节能目标又达到生产要求。还有的企业通过“机器换人”对生产进行科学管理，减少人为差错，缓解用工压力、提高生产效率。增收节支、向管理要效益是企业发展进步的内因，是企业管理永恒的主题。

4. 勇于承担社会责任，推进节能减排工作，做环境友好的领跑者　刚才，我在“节能减排形势”一段中讲到了我们企业所面对的压力，对此我表示深深的理解，但也想说，这是大势所趋，也是企业自身健康发展的要求，可以说早做早主动。除了要尽力完成节能减排的任务外，也应重视职工权益等劳动关系方面的问题，我们纺织业的用工与其他制造业相比还是比较多的，因此我们在这方面的社会责任也就更重一些。在社会责任的承担上，我们在做好自己的同时，也要争取获得政府的理解与支持，行业协会也应多做工作。对于做得好的企业，我们要在协会活动和全社会多做宣传，树立行业形象，真正做到“墙内开花墙外香”。

5. 重视做好产业转移工作　现在沿海发达地区资源配置越来越紧张，许多优秀企业感到成长空间不足，因而出现了“产业转移”一说。我们讲“产业转移”，具体的工作应该落实在“加工基地外迁”上。只要研发贴近市场，品牌做足优势，加工基地远一点、多几个没什么不好，前提是质量有保证、成本有优势。在相对欠发达地区，土地资源、税收政策、劳动力价格、用电供给、政府支持等方面具有更多的优势。现在已经建成投产的产业园，如泗阳、大丰、山东德州，安徽等地，都是很好的产业转移方向。产业发展向成本洼地流转是客观规律。总之，企业应该像候鸟一样，哪里温暖哪里去，哪里有益于生长哪做窝。一些有能力的企业，也可以考虑向国外转移，但需要认真考察，缜密思考，权衡利弊。

总体来说，我认为，2014 年是十分关键的一年，既有严峻的考验，也有发展的机遇，只要我们坚定信心、积极应对，我相信绝大多数的企业会在激烈的市场拼搏中获得新生、发展壮大，衷心地祝愿大家在2014年里能够取得好成绩。

（本文为作者于2014年3月26日在“中国长丝织造协会一届四次理事扩大会暨产业发展论坛”中的讲话，略有删改）

我国食品工业经济运行状况

国家统计局、国家海关总署

2013年，食品工业低位平稳开局，面临的宏观经济环境积极向好的因素增多，整体环境进一步转好。在市场需求拉动下，二季度、三季度食品工业将实现较快增长，四季度食品工业会有新的销售旺季，工业发展速度将达到全年峰值。各级政府把食品安全列为改善民生、提高执政能力的首要问题；通过新闻媒介的监督，全社会更加重视食品安全。粮油加工业仍保持一定增长，主食产品、冷冻米面制品等深加工产品进一步繁荣市场供应；屠宰及肉制品加工行业特别是禽类养殖、加工等逐渐恢复，乳制品制造业持续向好；方便食品继续较快增长，软饮料、制糖以及糕饼等产品出现应季消费的明显特征。食品工业企业通过加强行业诚信体系建设，提高了全行业食品安全保障能力，改善和提升了食品安全水平，助推了食品工业健康发展。

一、工业增加值

2013年，我国规模以上食品工业企业增加值同比增长9.1%（比全国工业低0.6个百分点），增速回落2.9个百分点，月度增加值增幅在8%～11%之间波动。分行业看，农副食品加工业增长9.4%，食品制造业增长10.0%，酒、饮料和精制茶制造业增长10.2%，烟草制品业增长6.2%。2013年3季度，我国宏观经济增速出现企稳回升迹象，当季GDP同比增速达7.8%。尽管宏观环境有所改善，但食品制造业工业增加值增速仍呈逐月下降势头，农副食品加工业增加值增速虽有所回升，但比上年同期有较大幅度下降。1～9月，我国农副食品加工业工业增加值累计同比增长9.3%，较上年同期下降5.3个百分点；我国食品制造业工业增加值累计同比增长11.2%，较上年同期下降0.9个百分点，比上半年也下降0.2个百分点。其中，7～9月食品制造业工业增加值的当月增速分别为11.4%、11.4%和11.2%，均低于2季度水平。

二、主营业务收入

2013年，我国规模以上食品工业企业实现主营业务收入101 139.99亿元，同比增长13.87%，增幅比上年低5.1个百分点。各子行业主营业务收入均为正增长，其中占比重较大的方便食品制造累计主营业务收入同比增长10.73%；占17.12%的比重；乳制品制造同比增长14.16%，占15.59%；调味品、发酵制品制造同比增长12.46%，占12.93%；焙烤食品制造同比增长15.96%，占12.13%；糖果、巧克力及蜜饯制造同比增长17.28%，占8.57%；罐头制造同比增长16.69%，占8.28%。其中糖果、巧克力及蜜饯制造主营业务收入同比增长最快。分地区看，主营业务收入情况比较好的地区有山东、河南、广东、天津、福建、河北、湖北、湖南、四川、辽宁等省、直辖市。其中：山东完成主营业务收入占食品行业收入总额的13.02%，同比增长14.1%；河南占10.62%，同比增长20.08%；广东占9.2%，同比增长20.86%；天津占5.88%，同比增长19.59%；福建占5%，同比增长15.19%。从食品行业不同经济类型企业完成情况来看，内资企业完成主营业务收入占69.87%，同比增长18.44%；外商投资企业占21.05%，同比增长10.04%；港、澳及台商投资企业占9.07%，同比增长11.25%，内资企业的收入有较大幅度的提高。从不同规模企业完成情况来看，小型食品企业完成主营业务收入占40.17%，同比增长17.31%；大型食品企业占31.64%，同比增长13.64%；中型食品企业占28.19%，同比增长16.49%。

三、实现利润

2013年，我国规模以上食品工业实现利润总额7 531.0亿元，同比增长13.6%，比上年降低11.6个百分点。在食品工业56个小类行业中，48个行业利润同比增长。在全国31个省、自治区、直辖市中，有11个地区食品工业利润增长超过20%，其中青海增长121.89%，重庆、内蒙古、湖北的增长率超过30%，四川、山西、吉林、西藏的食品工业利润同比下降。2013年，农副食品加工业、食品制造业、酒和饮料以及精制茶制造业、烟草制品业的产销率分别是97.7%、98.3%、96.3%、100.7%。主要食品产量稳定增长，碳酸饮料、速冻米面食品的产品产量增幅在15%以上。葡萄酒产量下滑，尤其是高档产品下滑较大。

从各子行业利润完成情况看，其他食品制造、方便食品制造、调味品发酵制品、焙烤食品制造、乳制品制造、糖果和巧克力及蜜饯制造等累计完成利润总额分别占食品行业利润总额的33.04%、15.06%、12.7%、12.21%、11.62%和9.91%。从各子行业发展速度看，罐头制造、其他食品制造效益呈较高速增长，其利润总额增长分别达到29.6%和26.8%；另外，焙烤食品制造效益也具有较高增长速度，增速均超过食品行业平均增速；其他四个子行业增速低于平均增速，其中糖果、巧克力、蜜饯制造增速最低，仅为7.2%。分地区看，各省、自治区、直辖市食品行业完成利润情况普遍较好，仅浙江省除外，都具有两位数的利润增幅，其中内蒙古完成利润同比增长达56.9%。在主要生产地区中：广东完成利润总额占14.85%，同比增长24.45%；河南占12.73%，同比增长16.84%；天津占11.15%，同比增长18.5%；山东占11.14%，同比增长15.98%；福建占4.23%，同比增长18.58%。从不同经济类型食品企业完成情况看，内资企业完成累计利润总额占食品行业利润总额的66.22%，同比增长20.29%；外商投资企业占24.27%，同比增长15.52%；港、澳及台商投资企业占9.51%，同比增长4.84%。其中内资企业利润增长较快。从不同规模食品企业完成情况看，大型企业完成累计利润总占食品行业利润总额的40.19%，同比增长14.12%；小型企业占33.02%，同比增长21.25%；中型企业占26.8%，同比增长18.12%。大型企业利润完成情况好于中小型企业，而小型企业利润同比增速较高。

四、亏损企业

2013年，我国规模以上食品工业亏损企业数同比下降5.19%，亏损面为8.01%，同比下降0.44%。从各子行业亏损企业数来看：焙烤食品制造亏损企业数占亏损企业总数的16.25%，同比增长24.05%；乳制品制造亏损企业数占15.09%，同比下降20.18%；罐头制造亏损企业数占14.59%，同比下降8.33%；调味品、发酵制品制造亏损企业数占12.27%，与去年持平；方便食品制造亏损企业数占12.11%，同比下降2.67%；糖果、巧克力及蜜饯制造亏损企业数占4.64%，同比增长7.69%。

五、固定资产投资

2013年，我国规模以上食品工业完成固定资产投资16 040.13亿元（表1），同比增长25.9%，较上年回落4.8个百分点。食品工业投资额占全国固定资产投资额的3.7%，占比较去年提高0.2个百分点。2013年，我国食品制造业规模以上企业固定资产投资额3 695.49亿元，同比增长20.7%，增速超过全国平均水平1.1个百分点，超过同期制造业2.2个百分点，投资额占全国投资额比重的0.85%，占制造业投资额比重的2.51%。在全年中，上半年固定资产投资环比快速增长，农副食品加工业相关行业吸纳资金较多。下半年投资额相对稳定，全年累计增速逐月加大。

表1　2013年食品工业固定资产投资情况

工业分类	施工项目数（个）	本年新开工（个）	完成投资（亿元）	同比增长（%）	占比（%）
规模以上食品工业	28 831	20 907	16 040.13	25.9	100.0
农副食品加工业	16 443	12 069	8 673.58	26.5	54.07
食品制造业	6 499	4 668	3 695.49	20.7	23.04
酒、饮料和精制茶制造业	5 597	3 999	3 367.09	30.4	20.99
烟草制品业	292	171	303.97	27.3	1.90

六、食品进出口

据海关统计，2013年我国进出口食品总额1 531.6亿美元，同比增长8.1%，比上年降低4.4个百分点。其中，食品出口579.5亿美元，同比增长6.8%；食品进口952.1亿美元，同比增长8.9%。从进出口结构来看，我国食品进口以乳品、糖及可可制品为主，其中乳品前三季度占我国食品进口总额的56.93%，居于绝对主导地位。我国食品出口主要包括罐头盒、调味发酵品，分别占总出口额的37.75%和30.51%。美国、东盟和巴西为我国食品进出口三大贸易伙伴。其中美国全年进出口总值262.7亿美元，占同期我国食品进出口总值的17.1%；东盟进出口额247.8亿美元，占16.1%；巴西进出口额228.8亿美元，占14.9%。从经营食品进出口企业类型来看，民营企业增速超20%，外商投资企业和国有企业呈现不同程度下降。我国食品出口以水产品和果蔬为主，进口则以粮油产品为主。

从进口来看，2013年乳品是食品行业的主要进口商品，其进口额占食品行业进口总额的58.75%；其次是糖占23.42%；可可制品占6.79%；焙烘糕饼及谷物膨化、烘炒食品占5.49%；调味品、发酵品占2.41%；糖果、蜜饯占1.36%；方便食品占0.89%；罐头占0.89%。在主要进口商品中，乳品进口额同比增长61.49%；焙烘糕饼及谷物膨化、烘炒食品同比增长34.64%；方便食品同比增长39.74%；罐头同比增长71.88%；而糖、调味品、发酵品进口为负增长。2013年食品进口原产地主要集中在新西兰、巴西、美国、澳大利亚、法国、德国、古巴、韩国、马来西亚等地区。其中，由新西兰进口占37.08%，同比增长62.03%；由巴西进口占16.24%，同比增长26.6%；由美国进口占7.74%，同比增长62.69%；由澳大利亚进口占3.36%，同比增长60.89%。由新西兰、美国、澳大利亚进口增速均超过60%，仅由古巴进口同比下降19.39%。2013年食品进口主要境内目的地有广东、天津、上海、山东、浙江、北京、辽宁等地区。其中，2013年，进口到广东占食品行业进口总额的19.19%，同比增长20.34%；进口到天津占18.91%，同比增长54.33%；进口到上海占16.69%，同比增长64.77%；进口到山东占12.17%，同比下降6.51%；进口到浙江占7.38%，同比增长27.98%；进口到北京占6.51%，同比增长31.25%。2013年主要进口贸易方式以一般贸易方式进口占食品行业进口总额的81.91%，同比增长24.65%；以保税区仓储转口货物进口占10.65%，同比增长94.12%；以保税仓库进出境货物进口占4.68%，同比增长65.53%；以进料加工贸易进口占1.86%，同比继续下降4.11%。

从出口来看，2013年全国食品行业累计完成出口额同比增长5.05%，增速比去年增加了4.42个百分点。出现贸易逆差0.88亿美元。罐头制品一直是食品行业的主要出口商品，其出口占食品行业出口总额的37.41%；其次是调味品、发酵品占29.97%。2013年，除乳品和糖出口为负增长外，其他食品子行业出口均为正增长。其中：罐头累计出口同比增长3.08%；调味品、发酵品累计同比增长5.06%；糖果、蜜饯累计出口同比增长15.03%；方便食品累计出口同比增长5.28%；焙烘糕饼及谷物膨化、烘炒食品累计出口同比增长0.32%；可可制品累计出口同比增长15.22%；而乳品出口降幅最大，同比下降30.77%；食糖出口同比下降3.88%。2013年，食品行业主要出口目的地是日本、美国、中国香港、韩国等地区。其中，对日本出口占12.83%，同比下降4.98%；对美国出口占10.96%，同比增长2.94%；对香港出口占8.47%，同比增长9.41%，对韩国出口占4.23%，同比下降2.37%；同时对德国出口下降5.24%。2013年，食品行业主要出口省份有山东、广东、福建、江苏、浙江、新疆、天津、安徽、上海、河北等。其中，山东完成出口占食品行业出口总额的23.41%，同比增长11.23%；广东出口占18.72%，同比增长10.5%；福建出口占10.77%，同比增长1.16%；江苏出口占6.5%，同比下降2.8%；浙江出口占6.15%，同比增长2.37%。在主要出口地区中，江苏、安徽、上海、河北等省、直辖市出口均出现负增长；而天津出口增幅较大，同比增长23.89%。2013年我国食品出口以一般贸易为主，以一般贸易方式出口占食品出口比重的83.67%，同比增长5.27%；同时，进料加工贸易方式出口占12.71%，同比增长3.55%。

农产品及加工副产物综合利用

农业部农产品加工局

我国是农业大国，粮油和畜禽等产品总量多年位居世界首位。但由于农产品加工业起步较晚，副产物（含农业生产副产物和农产品加工副产物，是指农业生产和加工过程中产生的非主产物）综合利用水平低，秸秆、稻壳、残次果、畜禽骨血等副产物大部分未得到有效利用，不仅造成了资源浪费、效益流失，而且还污染了环境，甚至影响农业可持续发展，已经到了必须引起高度重视和迫切解决的时候了，否则，不良后果将越来越严重。农产品及加工副产物综合利用问题事关农产品有效供给，事关农民就业增收和农业增值增效，事关美丽乡村与城镇环境建设。迫切需要通过规划引导、政策扶持、科技支撑、多元投入、加强监管等措施，全面提升农产品加工综合利用水平，促进农产品加工业持续健康发展。

一、当前我国农产品及加工副产物综合利用现状堪忧、触目惊心

现阶段综合利用问题，可归结为三类情况，总体状况不容乐观。

第一类，农业生产副产物综合利用问题 主要产品有秸秆、残次果、菜叶菜帮、竹藤副产品等，主要表现是多数农户对副产物简单处理、随意丢弃或焚烧。以冬小麦秸秆为例，小麦收获后需要尽快播种二季作物（如玉米、花生等），若采取单一的粉碎还田方式，常会影响播种和出苗率，所以农民宁愿采取焚烧方式，承担受罚的风险。此类现象的主体是农户、合作社等初级生产者，问题集中于资源浪费、收入流失、环境污染甚至公共安全事件。

第二类，农产品加工副产物综合利用问题 主要产品有稻壳、米糠、麸皮、饼粕、油脚、果皮、果渣、菜渣、蔗渣、畜禽骨血、皮毛、内脏、动物脂等，这些副产物富含蛋白质、脂肪、维生素等营养成分，仍是可增值的加工原料。但一方面由于工艺落后、装备简陋，只能低值化处理。如目前多数花生高温压榨后，饼粕中蛋白质严重变性，只能用作饲料或肥料，导致花生中25%的蛋白质被浪费；如果采取低温压榨工艺，饼粕中蛋白质加工成蛋白粉可售价7 000元/t，加工成花生浓缩蛋白可售价1.2万～1.5万元/t，加工成花生多肽可售价2.6万元/t。另一方面由于副产物收集、运输、储存有难度，投入产出比不大，多数企业将其作为燃料、饲料或直接丢弃。如多数榨汁企业都视果渣为没有价值的剩余物，随意堆弃在厂区及周边。此类现象的主体之一是广大中小企业，问题集中在副产物腐烂变质引发环境灾难，增加社会处置成本。主体之二是新兴的综合利用企业，问题集中在收集成本高、加工链条短、增值空间小。

第三类，农产品加工废弃物无害化处理问题 主要表现是加工产生的浸泡水、清洗水、废气、废渣等。如全国上万家淀粉加工企业吨产品用水比例是拥有先进设备企业的3～4倍，后期排放水中含有大量的蛋白质、维生素等成分，如果购置昂贵的环保处理设备，企业难以承受，如果不处理排放，则面临严厉处罚。

从涉及面广、关联度大的主要行业和品种看，突出的是四类现象：一是大宗农产品的粗放加工利用。广大加工企业多数采用传统工艺，如稻谷的一级磨制、油料的高温压榨、玉米淀粉的湿法加工等，直接导致产品优品率低，产业链条短，附加值不高。二是秸秆、果皮、果渣等的弃用。焚烧事故与事件仍是环境质量和交通安全的一大隐患。尽管秸秆养畜还田、制造草毯、发电、提取酒精等技术已经过关，但由于投入大、产出低，产业化进展不快。三是副产物资源的低值化使用。目前粮食加工副产物1.8亿多t，水果的皮、渣、籽、壳、核等总计达3 000万t，是生产食品、药品、保健品、能源、化工等产品的好原料，但多数只是作为肥料、饲料等低值化处理。如米糠综合利用比例不足20%，与国外相比，日本达到90%，印度达到50%～70%。四是加工废弃物的随意排放。目前，我国农产品加工平均耗水量是发达国家的3倍以上，由于能耗偏大、排放偏高、污染偏重，往往建一个加工厂就增加一个污染源。一些不宜食用的副产物（骨、肺、腺体、胰脏等）被遗撒到城市下水道、河流、湖泊、海洋、废弃井矿、采石场或山洞等，污染水体，导致水生物死亡，还会产生臭气，影响居民生活。

客观分析成因并结合变化规律看，目前我国综合利用领域问题和矛盾仍然在积累和发展，甚至有加重之势。

1. 农产品及加工副产物逐年增加，但综合利用能力建设严重滞后 据专家测算，我国玉米和秸秆（按干物质计算，下同）比例为1∶1.2，稻谷和稻秸比例为1∶1.1，小麦和麦秸比例为1∶0.8。总产量扩大的同时，副产物也逐年刚性增加。目前，这些副产物有的作饲料、肥料和燃料，但绝大多数被丢弃，综合利用严重不协调。

2. 农业可持续发展要求日益迫切，但大量经营主体缺少综合利用意识 许多经营主体只认为作物果实、动物肉类等是农产品，不把副产物作为农产品，只注重主产品的生产和加工，不注重副产物的加工及利用。农业和加工业发展规划方面，综合利用问题仍是忽略地带。

3. 产业聚集和产业关联进展缓慢，客观上不利于综合利用企业成长和产业壮大 综合利用本应是一个亟待开发的富矿，但由于产业集群化不够，企业关联性差，副产物不集中，缺乏专门企业加工或收购，

未能形成市场行情，而进入市场环节和餐饮环节的废弃物又不能很好地回收，无法进行加工副产物的规模化加工利用，因而综合利用也很难从农产品加工业中分工分化出一个新的独立支系。

4. 技术创新走不好“最后一公里”，大量的技术储备没有形成现实生产力　由于综合利用研发的技术与装备脱节，产业化程度低，专业技术人才缺乏，许多科研成果被搁置；同时在科研上对综合利用领域立项少、立项参与度低，仅有的副产物转化生产的食品、保健品、医药产品、化工产品和建材产品等产品市场竞争能力较弱。

综上所述，现状堪忧，触目惊心，我国每年大约产生7亿t秸秆（按干物质计算），加工副产物5.8亿t，这些副产物合理利用率平均不到40%，随意丢弃腐烂变质或直接燃烧污染环境的约占60%，不仅造成了农民收入和企业效益大大降低，而且造成资源浪费和环境污染。

二、加强农产品及加工副产物综合利用功在当代、利在千秋

近年来，随着我国农产品加工业快速发展，科研单位利用现代生物、膜分离、超界萃取等技术，加快了综合利用研发并取得了一批成果，若使这些成果加快转化应用，可以变废为宝、化害为利，可以实现经济效益、生态效益和社会效益一举多得。

1. 满足农产品加工品有效供给的一大支撑　我国农业资源有限，资源刚性约束不断加强。通过综合利用，有利于拓展食物资源，起到削峰平谷的效应；有利于开发副产物中碳氢氧等能源资源，缓解能源紧缺；有利于开发副产物中的工业元素，生产各类食品、医药保健品、化工品等工业产品。据专家测算，若把我国7亿t的秸秆以50%作为能源加工利用，就相当于再建一个大庆油田（年产4 000万t原油和33亿m^3天然气），若把30%的秸秆和70%的粮油果菜副产物作为饲料，按照每亩生产干苜蓿1t计，相当于新增0.39亿hm^2土地，产值可达7 500亿元。

2. 解决环境污染问题的一大措施　当前我国生态环境承载能力已经十分脆弱，粗放式加工业发展走到了尽头。通过综合利用，把农产品资源“吃干榨净”，使其物尽其用，有利于利用副产物有机特性，形成一举多得的农业循环链；有利于将大量原本被废弃的副产物作为资源加以开发利用，减少最终废弃物排放量；有利于搬掉秸秆、残次果、动物骨血等农村常见的巨量副产物这“几座大山”，促进美丽乡村建设。

3. 提高农产品附加值和农民收入的一大来源　当前，低水平的资源利用或废弃成为企业、合作社和农户节本增效、提质增收的巨大障碍。通过综合利用、变无用为有用、变一用为多用、变废物为宝物，有利于提高农产品二次增值效益，实现农产品副产物多重转化增值和农民多层次增收，在每个链条的每一个链节上分化出更多新的就业岗位，为农民就地就近就业提供便利。

4. 催生高附加值企业的一大产业　许多国家实践证明，副产物加工的价值和效益都远远超过主产物。通过综合利用，有利于在不增加农产品资源总量的基础上，分化裂变出综合利用新产业；有利于带动综合利用各领域的发展，完善农产品加工产业体系建设；有利于将园区企业进行首尾相连、上下游衔接，打造产业集群。如黑龙江鹤岗万源稻米加工园区，应用稻壳生物发电和米糠制油技术，2013年加工水稻31.8万t，在大米加工亏损的情况下仍盈利2 183万元。

5. 实现高品质食物生产的一大抓手　副产物的随意晾晒摆放已经成为影响食品质量安全的重大隐患。通过综合利用，有利于净化农产品加工生产环境，保障产品质量安全；有利于促使企业统筹谋划主产品和副产品的加工，防止副产物直接流入市场；有利于加快副产物制品标准化进程，促进副产物制品的市场营销。

三、启动实施农产品及加工副产物综合利用提升工程必须多措并举、注重实效

建设资源节约型、环境友好型社会，实施可持续发展战略是我国经济社会发展的基本国策。农产品及加工副产物综合利用能力建设迫在眉睫，应尽快启动实施农产品及加工副产物综合利用提升工程，利用三年左右的时间，解决副产物随意堆放处置的乱象，扭转综合利用方面的不利局面，全面提升综合利用水平。

在指导思想和总体思路上，要创新思路，创新方法，创新政策，创新机制，强化“循环利用、全值利用、梯次利用”三大理念，发挥市场决定、政府引导和企业主体的作用，以涉及面广、关联度大的主要行业和品种为主阵地，以典型示范为引领，加大政策扶持，加强技术研发和装备升级，强化舆论导向，促进农产品及加工副产物的产地资源化利用，减少废弃物排放，培育壮大更多的以低成本、低消耗、低排放、高效率为特征的加工业态，努力将综合利用提高到一

个新水平。

1. 基本原则　一是政府引导、企业主体。农产品加工综合利用投资大、运行难、见效慢，目前属于农民投不起，企业不愿投的起步阶段。要逐步建立财政资金引导、社会资本参与、金融资本撬动的多元投入机制和政策体系，发挥企业的主体地位，调动企业和农户的积极性。二是因地制宜、分类指导。不同农产品及加工副产物千差万别，同时也存在季节差异和区域差异。要通过分类指导，探索不同产品、不同季节、不同种类、不同区域的农业副产物和加工副产物综合利用的发展途径。三是产地加工、循环利用。目前副产物收集、前处理和运输等生产成本持续上升，越偏离产区，生产成本则越高。要确定综合利用的合理半径，着眼于产地加工能力建设，以及产业链融合，建立多种综合利用模式。四是示范推广、宣传推进。目前多数加工企业负重运行，投资发展副产物综合利用确有难度。政府要加大示范推广力度，重点在示范点、示范设备、示范企业创建上下功夫，扶持企业改造旧工艺，增加新设备。同时，加大宣传推广力度，形成点创新、线模仿、面推广的格局。

2. 主要任务　一是秸秆等农业副产物的循环利用。坚持资源化、减量化、可循环发展方向，促进综合利用企业与合作社、家庭农场、农户有机结合，促使种养业主体调整生产方式，使副产物更加符合循环利用要求和加工原料标准；通过技术指导和服务，把副产物制作成饲料、燃料、酒精、肥料、基料、微生物菌、草毯、沼气等，起到综合利用、转化增值、改良土壤、治理环境的作用。二是加工副产物的全值利用。通过开发利用其丰富的营养成分，除用作食品、营养提取、饲料、肥料等之外，要加大投资力度，增加精深加工设备，增加其开发利用深度；通过与中小企业建立副产物收集、处理和运输的绿色通道，实现加工副产物的有效供应和加工。三是加工废弃物的梯次利用。通过采用先进的加工技术，对废弃物中的有用物质进行梯次利用，吃干榨净，实现零排放；通过推广应用环保技术，购置环保设施设备，加大废弃物处理力度，实现加工企业的清洁化生产；通过严格执行环保要求，加大监管力度，杜绝二次污染。

3. 2015 年重点措施　可概括为“六个一”：

第一，确定一批主攻方向和精准发力点　科学选择一批重点地区、重点领域、重点品种和重点环节，研究最经济、最有效的处理路径，确定短中期突破目标。

第二，筛选一批成熟技术、设备和装备　集成、示范和推广一批秸秆、稻壳米糠、果皮果渣、畜禽骨血等综合利用新技术、新设备和新装备，向生产力转化，达到强化综合利用意识和普及技术设施装备的目的。先期通过工程、设备和技术的组装集成，在秸秆微生物腐化有机肥及过腹还田、稻壳米糠、等外果及皮渣、畜禽骨血等加工综合利用环节进行重点建设。

第三，推荐一批示范企业和示范园区　按照节能、减排、清洁、安全、可持续要求，制定推荐标准，推荐一批全国农产品加工综合利用示范企业、示范园区、示范县，树立一批标杆，通过各类媒体，深入宣传先进典型和成功经验，积极引导社会舆论，营造共同关注、协力支持综合利用的良好氛围。

第四，制定一批产品标准和技术操作规程　加强副产物制品的国家标准和行业标准的制修订等，完善产品标准、方法标准、管理标准及相关技术操作规程等，建立副产物加工标准体系并贯彻执行。

第五，健全一个社会化服务体系　鼓励各类服务机构，在行业调查、产业规划、诚信建立、技术咨询、人才培训、质量认证等方面开展综合利用各项服务。

第六，争取和创设一批政策　争取制定一批涵盖财政、税收、投资、信贷、保险、用电、用水、用地、运输的政策体系：一是财政支持。按照公共性、公益性要求，在公益性行业（农业）科研专项中将农产品加工综合利用置于优先领域，重点支持；设立农产品加工综合利用财政专项，通过工程化措施、项目化投入，对企业综合利用设施和装备投入实行 30%政策性奖补，对企业技术改造、节能减排、循环增效进行专项财政补贴。二是税收减免。除按照农产品执行外，对开展综合利用的企业减免税收，对进口国内不能生产的环保设备免征关税和进口环节增值税。三是贷款贴息。对企业综合利用技术设施装备改造升级贷款给予 30%的贴补。四是创新金融服务。进一步完善“定向降准”等政策，将农产品加工综合利用企业列入国务院办公厅“适当降低存款准备金率，持续提高存货比”的政策支持范围；开展联合担保、订单质押，鼓励引导金融机构加大对综合利用项目的支持；加大风险投资力度，采取多种资本运营方式。

我国主食加工业发展状况

农业部农产品加工局

2013年，各级政府高度重视主食加工业的发展，把主食加工业列为重要的议事日程，稳步推进“主食加工业提升行动”。坚持“政府引导、企业主体、多方联动、稳步推进、务求实效”的原则，开展了一系列支持主食加工业发展的有效工作，形成了全国性健康发展的良好态势。这一年，主食加工业发展整体运行平稳，加工原料供应充足，企业规模明显增长，经济效益稳步提高，产业集群进展较快，品牌建设步伐加大，技术装备水平和产品质量明显改善，发展成效比较显著。但是，作为一个新兴产业，主食加工业存在基础工作薄弱、研发设施落后、标准体系滞后、创新力度不够等问题，需要更有针对性的政策支持和示范引导。

一、行业发展特点

（一）加工原料稳步增长，供应充足

主食加工原料主要有小麦粉、大米、植物油、肉类和蔬菜。国家统计局数据显示，2013年，我国主食加工原料供应较为充足，与上年同期相比保持了稳步增长的态势。其中，2013年小麦粉产量同比增长4.17%，主要集中在华中、华东、华北三大地区，产量分别占同期全国总产量的42.80%、37.40%和8.50%；大米产量同比增长10.25%，主要集中在华中、华东、东北三大地区，产量分别占全国总产量的33.90%、27.70%、27.60%；食用植物油产量同比增长13.44%，产量排序前5位的省、直辖市依次为山东、广东、天津、湖北和江苏；鲜、冷藏肉产量同比增长9.63%，产量排序前5位的省、自治区依次为山东、河南、四川、吉林和内蒙古；蔬菜产量同比增长2.30%，产量排序前5位的省依次为山东、河北、河南、江苏和四川。

（二）企业规模明显增长，效益稳步提高

从企业数量看，2013年我国规模以上主食加工企业同比增长5.57%。其中，米、面制品加工企业同比增长1.10%，速冻食品加工企业同比增长11.99%，方便面及其他方便食品加工企业同比增长6.12%。从产品产量看，2013年我国规模以上企业方便面产量同比增长5.26%，面制主食生产企业的馒头生产能力约1 500万个/d，同比增长36.00%；鲜湿面条生产能力约850万kg/d，同比增长13.00%。从经济效益来看，2013年我国主食加工企业累计完成主营业务收入同比增长12.00%，实现利润总额同比增长8.00%，上交税金总额同比增长3.00%，累计从业人员同比增长2.00%。分行业看，2013年我国规模以上米、面制品制造企业累计实现主营业务收入同比增长19.10%，速冻食品制造企业累计实现主营业务收入同比增长18.70%，方便面及其他方便食品制造企业累计实现主营业务收入同比增长7.4%。

（三）产业聚集效应显著，知名品牌大量涌现

2013年，各地以资源优势和市场优势为依托，加快主食加工业主体培育和资源整合，引导企业集约经营，推进产业集群发展。河南在馒头、挂面、鲜湿面条、米制主食品、方便食品等五大领域加强产业布局，积极推进产业聚集，重点发展主食产业集群。安徽引导企业向园区集聚，打造了一批主食加工产业集群，如淮北和沿淮地区的面制品主食产业集群，江淮、江南地区的米制品主食产业集群，合肥等城市的杂粮主食产业集群。河北以建设示范园区为重点，扎实推进主食产业集聚，政策向集群倾斜，资金向集群集中，打造了河北隆尧县方便面产业集群，成为全国最大的方便面生产基地。2013年，各地高度重视主食产业的品牌建设，大力实施商标品牌战略，整合品牌资源，精心经营品牌，加大对名优主食品牌的培育力度，在主产区、主销区不同程度地涌现出一大批主食加工知名品牌，如河南的“多福多食品”“兴泰食品”“博大食品”“白象食品”“三全食品”和“思念食品”等；安徽的“同福食品”“青松食品”“乐健食品”“友源食品”“大地食品”等；还有山西的“六味斋食品”，江西的“春丝食品”，广西桂林的“西麦食品”等。

（四）技术装备水平有所提升，产品质量明显改善

2013年，各地装备制造企业着力创新发展模式，适应内需战略要求，调整和优化产品结构，增强自主创新能力，重点在提高技术性能、安全卫生和自动化程度上下功夫，技术装备水平有所提升。由河南兴泰

科技实业有限公司研发的智能化馒头生产线，目前已开发出第三代产品投放市场，实现了醒发、成型和蒸制自动化。由芜湖市滨江4050早餐工程有限公司研发的包子机，目前已发展到第八代产品，实现了遥控作业和全数控自动化。济南好为尔机械有限公司可自动完成各类调理食品的充填、成型等，其全自动成型机、上浆机、上粉机、嫩化机等产品已销往全国各地及欧洲、美洲、东南亚、中东及大洋洲等60多个国家和地区。各地装备制造企业紧贴市场需求，着力提高产品质量，在材料选择、结构设计、制造工艺和整机稳定性上下功夫，积极推进产品质量的提升。国家质检总局发布四批主食加工装备产品质量抽查公告，共抽查了北京、河北、上海、江苏、浙江、山东、广东、辽宁、安徽、湖北、湖南11个省（直辖市）的251家企业的254种产品，产品平均合格率为90.12%，与上年同期相比具有明显改善，同比增长3.20%。

（五）示范推广力度不断加大，发展环境逐步改善

2013年，农业部与地方政府及有关部门密切配合，加大推广、示范和引领力度，努力营造良好的发展环境。一是广泛开展推广示范交流活动。分别在郑州、太原、汕头等地开展了面制主食、杂粮主食、预制菜肴三个领域的交流活动，交流内容包括新装备、新技术、新产品、经营模式等。通过交流，凝聚了共识，树立了典型，发挥了示范带动和引领作用。二是利用开发性金融支持主食加工重点项目。在有关省大中城市郊区，选择一批产业基础好、管理规范、发展潜力大、市场成长性好的主食加工企业，支持建设现代化生产线、改造升级技术设备，开发新技术、新产品，创新营销模式。三是组织第二批“主食加工业示范企业”认定工作。在2012年北京、山西、河南、广西4省（自治区、直辖市）试点基础上，2013年扩大到11省（自治区、直辖市）。通过示范企业认定，加强了主食加工企业引领带动、培育典型、联合攻关、营销模式和先进经验推广，有利于营造良好发展环境。

二、存在的主要问题

（一）基础工作薄弱

主食加工业是近几年重点发展的领域，虽然采取了很多措施进行推进和提升，但由于基础工作薄弱，导致发展力度不大，产业提升进展缓慢。一是缺乏术语、分类等基础标准，主食市场运行混乱，产业发展缺乏有效指导；二是对主食产业的家底不清，产业推进阻力较大，产业发展缺乏有效指导；三是基础研究薄弱，技术手段落后，许多主食产品开发缺乏理论和技术支撑。

（二）研发设施落后

从全国来看，缺乏面制主食、米制主食、带馅主食和调理主食等研究机构和重点试验室，现有技术成果大都是在手段落后、条件较差的研究环境下进行的。有些地方和单位组建的一些“主食加工研究中心”等类似机构，由于试验装置不到位、试验条件不到位和技术人员不到位等，不能适应主食产业发展需要。

（三）标准体系建设滞后

近几年来，我国主食加工业虽然已初步形成相对独立的工业体系，但目前缺乏主食加工标准化机构予以跟进，严重影响了主食产业标准的制修订工作，导致各类主食产品标准、主食加工标准、主食加工装备标准严重匮乏，影响了主食产业的健康发展。

（四）产品售后服务不规范

无论是主食产品还是技术装备产品，售后服务不规范的问题比较突出。在主食产品方面，国家或行业没有统一的规范要求，超市、商店以及小摊贩等在产品售后服务方面各行其是，因产品质量问题，消费者的利益难以保障，难以追究生产者、销售者的责任。在技术装备方面，因产品质量差、技术不配套、运转不正常、性能不达标等问题，供应商的责任难以得到应有的追究。

（五）创新力度不够

主食加工业普遍缺乏自主创新和原始创新，现有的科技开发和试验研究大都是在前人工作基础上进行的，缺乏创新性。在现有的科技成果中，很难发现有大幅度的改进提高和技术完善，更谈不上创造别人难以模仿的技术含量。尤其是近20年来，主食加工业大型装备依赖进口的局面没有根本改变，高端技术依赖进口的局面没有根本改变。这两个没有根本改变，充分说明了我国主食工业的创新力度不够。

三、相关建议

（一）加强引领带动，营造良好氛围

深入开展主食加工推广交流活动，深化政企对接、校企对接、科企对接、银企对接和贸企对接的内容、方法和措施，加强分类推动和分类指导，树立典型标杆，培育精品名品，促进营销模式和先进经验的推广。推进示范企业评选活动，培育一批示范企业，树立一批典型企业，总结一批成功经验。加强引领带动作用，营造良好氛围和环境，扩大示范影响，反映高端水平。

(二)开展重点领域研究，为后续发展提供支撑

为解决家底不清、支撑不足、经验匮乏等问题，需要开展重点领域调查研究，为主食加工业后续发展提供依据。一是开展主食加工业发展重点和布局研究，为主食加工业“十三五”发展提供依据；二是开展主食“老字号”研究，认真总结传承经验，支持“老字号”企业提升工业化水平；三是开展主食消费与制作市场研究，为主食产品走向、产业决策和市场发展提供依据；四是开展主食加工技术装备研究，摸清产业家底，提出今后发展的重点产品、重点布局、重点项目等，为主食加工技术装备发展提供依据。

(三)加快标准体系建设，解决产业发展急需

建立和完善主食加工标准体系，当前应急需做好以下工作：一是建议组建“主食加工标准化技术委员会”，落实标准化组织机构，加强标准制修订和实施力度；二是加快制定术语标准、分类标准等基础标准，加强主食加工业的指导作用；三是抓紧制定主食售后服务和技术装备售后服务标准，以维护市场秩序，规范企业行为。

(四)加快技术创新步伐，推进产业技术跨越

开展主食加工业技术创新研究，总结现有技术创新程度、水平和成功经验，分析存在的问题，提出自主创新的模式、方法、程序和跨越式步骤，建立协同创新机制。建立主食加工业共性技术创新平台，选择基础条件好的高校、科研单位等建立主食加工研究中心和重点试验室，加强科技攻关和共性关键技术的科技创新。

我国农产品进出口情况分析

商务部对外贸易司

一、概　述

2013 年我国农产品进出口金额为 1 850.0 亿美元，同比增长 6.3%。其中，农产品出口金额为 70.6 亿美元，同比增长 9.0%；进口金额为 1 179.1 亿美元，同比增长 5.8%。分大洲出口情况：出口亚洲为 41 764.53 百万美元，出口南美洲 2 386.45 百万美元，出口非洲 2 798.36 百万美元，出口北美洲 8 241.39百万美元，出口欧洲 10 657.47 百万美元，出口大洋洲 1 247.90 百万美元。分大洲进口情况：从亚洲进口 22 194.79 百万美元，从北美洲进口 32 409.49百万美元，从非洲进口 3 031.04 百万美元，从大洋洲进口 14 297.57 百万美元，从欧洲进口 13 026.98百万美元，从南美洲进口 32 948.39 百万美元，从其他地区进口 0.45 百万美元。

二、分类别进出口情况

(一)分类别出口情况

2013 年，我国农产品分类别出口情况为：活动物 58 062.5 万美元，同比增长−0.4%；畜肉及杂碎 47 318.3 万美元，同比增长−1.1%；禽肉及杂碎 51 534.2 万美元，同比增长 2.6%；水、海产品 1 252 562.6万美元，同比增长 10.6%；乳品、蛋品、蜂蜜及其他食用动物产品 62 389.0 万美元，同比增长 2.8%；其他动物产品 220 071.0 万美元，同比增长 7.0%；活植物及花卉 27 636.8 万美元，同比增长 7.9%；食用蔬菜 787 138.5 万美元，同比增长 14.0%；食用水果及坚果 417 226.2 万美元，同比增长 10.6%；咖啡、茶、马黛茶及调味香料 224 587.6 万美元，同比增长 15.6%；谷物 51 396.2 万美元，同比增长 16.0%；制粉工业产品 61 049.7 万美元，同比增长 1.4%；油料、工业用或药用植物、稻草、秸秆及饲料 292 481.0 万美元，同比增长 11.4%；植物液、汁 115 115.2 万美元，同比增长 16.3%；编结用植物材料 8 926.0 万美元，同比增长−2.1%；动植物油脂及其分解产品 60 653.3 万美元，同比增长 6.9%；肉类制品 205 489.8 万美元，同比增长−3.7%；水产品制品 692 707.9 万美元，同比增长 1.6%；糖及糖食 145 188.7 万美元，同比增长 14.7%；可可及其制品 38 625.3 万美元，同比增长 16.0%；谷物、粮食粉、淀粉制品及糕点 145 273.0 万美元，同比增长 1.8%；蔬菜、水果、坚果等制品 785 430.0 万美元，同比增长 3.8%；杂项食品 246 387.5万美元，同比增长 10.9%；饮料、酒及醋 134 123.1 万美元，同比增长−3.3%；食品工业的残渣、废料及配制的动物饲料 273 450.7 万美元，同比增长－6.8％；烟草及其制品132 102.5万美元，同比增长4.7％；其他农产品172 682.7万美元，同比增长15.7％。此外，还有两项专项统计，在计算总额时请不要统计在内，即禽类产品307 041.0万美元，同比增长8.6％；畜类产品310 384.5万美元，同比增长－6.0％。

（二）分类别进口情况

2013年，我国农产品分类别进口情况为：活动物43 247.1万美元，同比增长－13.4％；畜肉及杂碎492 232.5万美元，同比增长56.2％；禽肉及杂碎100 398.3万美元，同比增长5.1％；水、海产品599 326.4万美元，同比增长9.2％；乳品、蛋品、蜂蜜及其他食用动物产品723 880.3万美元，同比增长52.1％；其他动物产品49 784.9万美元，同比增长11.5％；活植物及花卉17 380.5万美元，同比增长27.1％；食用蔬菜254 935.0万美元，同比增长5.9％；食用水果及坚果409 953.1万美元，同比增长7.7％；咖啡、茶、马黛茶及调味香料25 617.5万美元，同比增长－16.4％；谷物500 029.0万美元，同比增长5.4％；制粉工业产品80 209.5万美元，同比增长38.4％；油料、工业用或药用植物、稻草、秸秆及饲料4 258 610.9万美元，同比增长10.3％；植物液、汁22 387.6万美元，同比增长10.1％；编结用植物材料18 513.8万美元，同比增长－4.0％；动植物油脂及其分解产品1 082 610.8万美元，同比增长－17.0％；肉类制品786.8万美元，同比增长－10.9％；水产品制品18 931.7万美元，同比增长8.5％；糖及糖食236 013.0万美元，同比增长－7.2％；可可及其制品71 438.8万美元，同比增长14.5％；谷物、粮食粉、淀粉制品，糕点58 998.5万美元，同比增长34.4％；蔬菜、水果、坚果等制品67 007.8万美元，同比增长6.2％；杂项食品119 702.5万美元，同比增长24.9％；饮料、酒及醋305 897.0万美元，同比增长－1.4％；食品工业的残渣、废料，配制的动物饲料365 354.4万美元，同比增长19.8％；烟草及其制品145 965.9万美元，同比增长10.9％；其他农产品1 721 656.9万美元，同比增长－10.9％。此外，还有两项专项统计，在计算总额时请不要统计在内，即禽类产品121 347.9万美元，同比增长7.9％；畜类产品1 928 073.5万美元，同比增长690.8％。

三、重点大宗商品前三大市场

（一）2013年重点大宗出口商品前三大出口市场

1. 茶叶　出口数量325 774.9t，同比增长3.9％；出口金额124 684.2万美元，同比增长19.6％。一是出口摩洛哥，数量61 191.0t，同比增长9.7％；出口金额21 157.1万美元，同比增长15.9％。二是出口美国，数量22 077.7t，同比增长－9.2％；出口金额9 072.0万美元，同比增长5.6％。三是出口香港，数量9 759.4t，同比增长－4.5％；出口金额8 308.7万美元，同比增长42.2％。

2. 肠衣　出口数量79 462.7t，同比增长－4.1％；出口金额96 159.7万美元，同比增长－12.4％。一是出口德国，数量17 856.0t，同比增长－9.3％；出口金额24 597.6万美元，同比增长－8.6％。二是出口荷兰，数量10 754.6t，同比增长－12.2％；出口金额12 472.2万美元，同比增长－13.9％。三是出口日本，数量2 773.7t，同比增长－13.0％；出口金额10 957.6万美元，同比增长－31.8％。

3. 大米　出口数量478 403.9t，同比增长71.4％；出口金额41 666.5万美元，同比增长53.1％。一是出口韩国，数量323 041.0t，同比增长218.2％；出口金额25 726.3万美元，同比增长223.1％。二是出口日本，数量31 569.0t，同比增长－36.6％；出口金额3 204.2万美元，同比增长－39.7％。三是出口越南，数量10 416.4t，同比增长10.5％；出口金额2 894.7万美元，同比增长5.0％。

4. 大蒜　出口数量1 785 559.6t，同比增长15.5％；出口金额178 225.8万美元，同比增长5.5％。一是出口印度尼西亚，数量448 870.3t，同比增长11.7％；出口金额34 750.6万美元，同比增长3.3％。二是出口美国，数量122 878.4t，同比增长10.1％；出口金额21 940.0万美元，同比增长11.6％。三是出口巴西，数量136 828.0t，同比增长31.2％；出口金额15 060.3万美元，同比增长14.0％。

5. 豆粕　出口数量1 070 107.4t，同比增长－13.2％；出口金额63 067.1万美元，同比增长－6.0％。一是出口日本，数量547 312.2t，同比增长－18.2％；出口金额30 261.0万美元，同比增长－13.0％。二是出口韩国，数量196 079.0t，同比增长266.1％；出口金额10 795.2万美元，同比增长336.2％。三是出口越南，数量89 409.0t，同比增长－66.2％；出口金额5 042.0万美元，同比增长－66.3％。

6. 番茄酱罐头　出口数量980 990.2t，同比增长－8.1％；出口金额96 902.8万美元，同比增长

6.4%。一是出口尼日利亚，数量127 101.9t，同比增长8.7%；出口金额15 079.0万美元，同比增长17.0%。二是出口加纳，数量81 860.0t，同比增长5.2%；出口金额8 805.7万美元，同比增长7.6%。三是出口俄罗斯联邦，数量77 317.9t，同比增长－18.2%；出口金额7 021.0万美元，同比增长1.3%。

7. 蜂蜜　出口数量124 900.8t，同比增长13.4%；出口金额24 655.0万美元，同比增长14.6%。一是出口日本，数量30 789.4t，同比增长5.7%；出口金额7 033.3万美元，同比增长12.0%。二是出口比利时，数量20 716.7t，同比增长22.1%；出口金额4 055.6万美元，同比增长19.0%。三是出口英国，数量22 069.8t，同比增长26.6%；出口金额3 837.8万美元，同比增长23.6%。

8. 柑橘类水果　出口数量1 041 421.4t，同比增长－3.8%；出口金额115 595.9万美元，同比增长18.9%。一是出口马来西亚，数量175 143.1t，同比增长34.0%；出口金额27 568.0万美元，同比增长51.1%。二是出口泰国，数量89 310.9，同比增长20.8%；出口金额15 069.4万美元，同比增长50.1%。三是出口俄罗斯联邦，数量151 329.9t，同比增长24.0%；出口金额13 792.5万美元，同比增长2.5%。

9. 花生仁果　出口数量134 739.8t，同比增长－7.7%；出口金额21 907.6万美元，同比增长－19.6%。一是出口日本，数量11 696.5t，同比增长－19.6%；出口金额2 620.1万美元，同比增长－26.3%。二是出口泰国，数量13 608.3t，同比增长26.7%；出口金额2 158.4万美元，同比增长6.3%。三是出口西班牙，数量13 174.6t，同比增长－26.0%；出口金额2 025.4万美元，同比增长－38.9%。

10. 鸡肉　出口数量153 093.2t，同比增长4.0%；出口金额39 501.7万美元，同比增长1.7%。一是出口香港，数量101 504.0t，同比增长－0.2%；出口金额26 260.0万美元，同比增长－2.3%。二是出口马来西亚，数量20 908.8t，同比增长－5.5%；出口金额5 498.3万美元，同比增长－9.5%。三是出口巴林，数量7 393.6t，同比增长47.9%；出口金额1 795.5万美元，同比增长50.9%。

11. 鸡肉制品　出口数量266 923.6t，同比增长1.1%；出口金额117 780.7万美元，同比增长－2.3%。一是出口日本，数量224 114.1t，同比增长－1.1%；出口金额100 951.0万美元，同比增长－5.4%。二是出口香港，数量20 381.6t，同比增长－2.6%；出口金额8 122.1万美元，同比增长6.8%。三是出口荷兰，数量6 334.0t，同比增长51.6%；出口金额2 610.3万美元，同比增长61.0%。

12. 烤鳗　出口数量28 622.5t，同比增长－12.0%；出口金额83 596.3万美元，同比增长－19.6%。一是出口日本，数量13 785.0t，同比增长－14.7%；出口金额39 762.0万美元，同比增长－24.4%。二是出口俄罗斯联邦，数量4 290.1t，同比增长－4.1%；出口金额15 618.5万美元，同比增长－8.4%。三是出口美国，数量3 196.3t，同比增长－16.1%；出口金额11 477.8万美元，同比增长－25.2%。

13. 芦笋罐头　出口数量54 322.5，同比增长4.7%；出口金额15 313.7万美元，同比增长26.6%。一是出口西班牙，数量22 671.4t，同比增长33.7%；出口金额7 428.6万美元，同比增长55.1%。二是出口德国，数量11 294.3t，同比增长1.4%；出口金额2 572.9万美元，同比增长20.8%。三是出口荷兰，数量4 091.3t，同比增长－17.7%；出口金额1 102.0万美元，同比增长－1.0%。

14. 棉花　出口数量6 733.2t，同比增长－61.7%；出口金额1 516.5万美元，同比增长－58.8%。一是出口朝鲜，数量2 082.1t，同比增长－35.0%；出口金额572.0万美元，同比增长－14.6%。二是出口越南，数量2 506.0t，同比增长269.7%；出口金额548.8万美元，同比增长217.1%。三是出口我国台湾，数量736.1t，同比增长284.1%；出口金额138.9万美元，同比增长283.7%。

15. 蘑菇罐头　出口数量275 016.5t，同比增长－10.7%；出口金额52 713.6万美元，同比增长0.9%。一是出口俄罗斯联邦，数量53 110.1t，同比增长19.2%；出口金额7 577.7万美元，同比增长17.9%。二是出口日本，数量19 216.9t，同比增长－0.1%；出口金额6 387.9万美元，同比增长6.3%。三是出口香港，数量11 407.7t，同比增长21.8%；出口金额3 820.1万美元，同比增长112.4%。

16. 墨鱼及鱿鱼　出口数量270 723.8t，同比增长24.7%；出口金额146 055.8万美元，同比增长24.2%。一是出口香港，数量20 170.9t，同比增长21.1%；出口金额22 842.2万美元，同比增长34.1%。二是出口日本，数量41 144.9t，同比增长8.3%；出口金额17 725.0万美元，同比增长－10.7%。三是出口泰国，数量24 948.2t，同比增长264.2%；出口金额17 704.1万美元，同比增长260.9%。

17. 苹果 出口数量 994 664.0t，同比增长1.9%；出口金额 103 007.4 万美元，同比增长7.3%。一是出口泰国，数量 92 626.5t，同比增长15.3%；出口金额 11 219.9 万美元，同比增长15.3%。二是出口菲律宾，数量 92 622.6t，同比增长 32.5%；出口金额 11 011.4 万美元，同比增长41.0%。三是出口印度，数量 93 138.0t，同比增长26.7%；出口金额 10 208.8 万美元，同比增长28.3%。

18. 苹果汁 出口数量 601 490.0t，同比增长1.7%；出口金额 90 662.3 万美元，同比增长－20.6%。一是出口美国，数量 321 447.8t，同比增长 8.3%；出口金额 47 890.2 万美元，同比增长－16.5%。二是出口日本，数量 68 236.0t，同比增长 8.5%；出口金额 11 415.5 万美元，同比增长－8.1%。三是出口俄罗斯联邦，数量 49 080.3t，同比增长－10.4%；出口金额 7 071.7 万美元，同比增长－32.2%。

19. 食糖 出口数量 43 207.6t，同比增长3.5%；出口金额 3 668.0 万美元，同比增长－1.8%。一是出口香港，数量 24 911.0t，同比增长－9.0%；出口金额 1 653.5 万美元，同比增长－13.3%。二是出口美国，数量 3 706.5t，同比增长48.2%；出口金额 426.6 万美元，同比增长 16.3%。三是出口马来西亚，数量 3 237.5t，同比增长 9.5%；出口金额 412.8 万美元，同比增长－5.2%。

20. 水煮笋 出口数量 163 171.5t，同比增长2.8%；出口金额 24 583.7 万美元，同比增长 0.7%。一是出口日本，数量 89 281.9t，同比增长－1.7%；出口金额 15 875.4 万美元，同比增长－8.1%。二是出口美国，数量 19 014.8t，同比增长 30.0%；出口金额 2 090.8 万美元，同比增长 53.7%。三是出口越南，数量 2 829.9t，同比增长 21.3%；出口金额 1 092.2万美元，同比增长 25.4%。

21. 虾产品 出口数量 299 643.8t，同比增长－0.7%；出口金额 287 403.1 万美元，同比增长13.0%。一是出口美国，数量 51 319.1t，同比增长2.2%；出口金额 45 976.8 万美元，同比增长14.8%。二是出口日本，数量 37 338.7t，同比增长－9.4%；出口金额 32 895.0 万美元，同比增长－0.6%。三是出口马来西亚，数量 29 438.4t，同比增长－15.6%；出口金额 32 831.5 万美元，同比增长－10.6%。

22. 烟草 出口数量 199 455.6t，同比增长－5.7%；出口金额 64 442.4 万美元，同比增长－2.0%。一是出口印度尼西亚，数量 49 139.6t，同比增长－18.7%；出口金额 20 657.8 万美元，同比增长－13.5%。二是出口比利时，数量 32 143.6t，同比增长 16.7%；出口金额 11 808.5 万美元，同比增长 15.2%。三是出口埃及，数量 15 905.8t，同比增长 6.9%；出口金额 4 474.1 万美元，同比增长51.6%。

23. 羽毛羽绒 出口数量 38 676.2t，同比增长8.0%；出口金额 100 276.0 万美元，同比增长32.9%。一是出口我国台湾，数量 5 343.0t，同比增长－0.4%；出口金额 33 586.1 万美元，同比增长15.5%。二是出口美国，数量 11 701.8t，同比增长2.5%；出口金额 16 917.7 万美元，同比增长18.8%。三是出口韩国，数量 1 975.1t，同比增长0.3%；出口金额 11 913.9 万美元，同比增长30.1%。

24. 植物油 出口数量 127 376.0t，同比增长12.4%；出口金额 25 206.4 万美元，同比增长1.9%。一是出口朝鲜，数量 58 225.2t，同比增长25.5%；出口金额 8 589.7 万美元，同比增长14.4%。二是出口香港，数量 20 446.4t，同比增长－5.8%；出口金额 4 533.2 万美元，同比增长－7.8%。三是出口日本，数量 26 253.9t，同比增长131.0%；出口金额 3 902.7 万美元，同比增长94.0%。

25. 纸烟 出口数量 25 889.4t，同比增长8.7%；出口金额 48 911.4 万美元，同比增长6.3%。一是出口香港，数量 6 098.3t，同比增长－1.2%；出口金额 17 638.0 万美元，同比增长3.1%。二是出口阿拉伯联合酋长国，数量4 308.4t，同比增长 1.4%；出口金额 4 587.0 万美元，同比增长 6.4%。三是出口新加坡，数量1 367.7t，同比增长 59.7%；出口金额 2 932.3万美元，同比增长 41.0%。

26. 中药材 出口数量 196 671.5t，同比增长0.6%；出口金额 118 472.2 万美元，同比增长42.0%。一是出口香港，数量 93 868.8t，同比增长0.9%；出口金额 52 933.0 万美元，同比增长122.2%。二是出口日本，数量 19 074.4t，同比增长0.6%；出口金额 21 456.6 万美元，同比增长－2.5%。三是出口韩国，数量 24 730.2t，同比增长－0.8%；出口金额 9 618.5 万美元，同比增长4.5%。

27. 猪肉 出口数量 73 394.8t，同比增长10.8%；出口金额 32 539.2 万美元，同比增长10.3%。一是出口香港，数量 60 391.9t，同比增长18.0%；出口金额 26 588.6 万美元，同比增长

16.0%。二是出口澳门，数量4 084.0t，同比增长12.3%；出口金额1 902.9万美元，同比增长12.7%。三是出口吉尔吉斯，数量3 626.0t，同比增长−46.2%；出口金额1 686.3万美元，同比增长−38.7%。

28. 猪鬃　出口数量7 342.1t，同比增长8.8%；出口金额8 914.5万美元，同比增长6.8%。一是出口德国，数量1 141.7t，同比增长20.8%；出口金额1 609.2万美元，同比增长15.3%。二是出口印度尼西亚，数量1 384.1t，同比增长7.3%；出口金额1 110.3万美元，同比增长7.8%。三是出口巴西，数量800.5t，同比增长131.2%；出口金额915.6万美元，同比增长89.3%。

（二）2013年重点大宗进口商品前三大进口市场

1. 菜籽油　进口数量1 526 689.9t，同比增长29.9%；进口金额190 847.4万美元，同比增长25.9%。一是从加拿大进口，数量926 662.5t，同比增长−6.1%；金额116 511.8万美元，同比增长−8.4%。二是从阿拉伯联合酋长国进口，数量205 159.0t，同比增长118.6%；金额24 750.5万美元，同比增长105.4%。三是从荷兰进口，数量194 084.1t，同比增长361.9%；金额24 415.8万美元，同比增长349.4%。

2. 大豆　进口数量63 350 350.0t，同比增长8.5%；进口金额3 797 001.0万美元，同比增长8.5%。一是从巴西进口，数量31 808 580.0t，同比增长33.1%；金额1 912 181.9万美元，同比增长34.1%。二是从美国进口，数量22 209 448.8t，同比增长−14.5%；金额1 327 701.5万美元，同比增长−13.8%。三是从阿根廷进口，数量6 124 476.2t，同比增长3.9%；金额365 583.6万美元，同比增长−0.7%。

3. 稻谷和大米　进口数量2 265 948.0t，同比增长−4.3%；进口金额108 091.4万美元，同比增长−6.2%。一是从越南进口，数量1 476 958.0t，同比增长−4.4%；金额61 462.2万美元，同比增长−9.9%。二是从泰国进口，数量326 485.7t，同比增长63.8%；金额26 599.4万美元，同比增长45.5%。三是从巴基斯坦进口，数量415 999.6t，同比增长−28.2%；金额17 201.8万美元，同比增长−36.0%。

4. 冻鱼　进口数量2 090 149.2t，同比增长7.2%；进口金额337 984.8万美元，同比增长0.9%。一是从俄罗斯联邦进口，数量939 493.5t，同比增长4.7%；金额130 294.2万美元，同比增长1.6%。二是从美国进口，数量356 188.5t，同比增长4.0%；金额66 032.9万美元，同比增长−14.4%。三是从挪威进口，数量174 654.8t，同比增长13.9%；金额37 037.9万美元，同比增长24.7%。

5. 豆饼、豆粕　进口数量16 681.8t，同比增长−63.3%；进口金额1 403.8万美元，同比增长−33.9%。一是从丹麦进口，数量6 875.0t，同比增长32.2%；金额693.2万美元，同比增长47.8%。二是从印度进口，数量9 503.8t，同比增长−72.4%；金额681.9万美元，同比增长−46.9%。三是从我国台湾进口，数量303.0t，同比增长−90.8%；金额28.8万美元，同比增长−90.2%。

6. 豆油　进口数量1 157 586.3t，同比增长−36.6%；进口金额127 538.7万美元，同比增长−44.0%。一是从阿根廷进口，数量630 002.3t，同比增长−10.4%；金额69 363.4万美元，同比增长−21.0%。二是从巴西进口，数量428 435.1t，同比增长−53.1%；金额46 233.4万美元，同比增长−59.1%。三是从美国进口，数量97 117.3t，同比增长−53.1%；金额11 640.6万美元，同比增长−55.6%。

7. 鸡肉及其副产品　进口数量547 414.6t，同比增长15.5%；进口金额93 352.0万美元，同比增长7.3%。一是从巴西进口，数量191 735.5t，同比增长−16.7%；金额48 625.2万美元，同比增长−11.3%。二是从美国进口，数量314 459.8t，同比增长77.7%；金额35 114.1万美元，同比增长83.0%。三是从阿根廷进口，数量23 714.3t，同比增长−50.8%；金额4 940.3万美元，同比增长−40.3%。

8. 锯材　进口数量24 015.3t，同比增长16.4%；进口金额682 523.9万美元，同比增长23.7%。一是从加拿大进口，数量6 862.1t，同比增长6.5%；金额154 767.0万美元，同比增长22.8%。二是从俄罗斯联邦进口，数量7 026.3t，同比增长13.1%；金额136 233.4万美元，同比增长6.2%。三是从美国进口，数量2 583.0t，同比增长16.1%；金额107 670.8万美元，同比增长24.3%。

9. 毛条　进口数量10 044.4t，同比增长17.1%；进口金额7 850.9万美元，同比增长8.6%。一是从乌拉圭进口，数量5 717.8t，同比增长15.0%；金额3 661.0万美元，同比增长0.1%。二是从马来西亚进口，数量1 098.1t，同比增长477.0%；金额1 636.0万美元，同比增长423.3%。三是从阿根廷进口，数量2 004.8t，同比增长9.8%；金额1 251.8万美元，同比增长−4.9%。

10. 棉花 进口数量4 147 425.6t，同比增长－19.2%；进口金额844 154.8万美元，同比增长－28.5%。一是从美国进口，数量1 151 673.9t，同比增长－21.3%；金额243 284.0万美元，同比增长－34.0%。二是从印度进口，数量1 192 979.0t，同比增长－17.0%；金额223 940.5万美元，同比增长－26.1%。三是从澳大利亚进口，数量795 595.2t，同比增长－2.8%；金额175 833.2万美元，同比增长－8.1%。

11. 牛皮革及马皮革 进口数量853 628.5t，同比增长12.1%；进口金额238 944.7万美元，同比增长11.9%。一是从巴西进口，数量202 627.3t，同比增长25.8%；金额60 760.2万美元，同比增长25.7%。二是从意大利进口，数量144 912.3t，同比增长3.4%；金额32 785.6万美元，同比增长6.9%。三是从美国进口，数量58 421.9t，同比增长－6.3%；金额23 185.0万美元，同比增长－2.4%。

12. 牛肉及其副产品 进口数量314 401.2t，同比增长346.1%；进口金额133 013.9万美元，同比增长373.6%。一是从澳大利亚进口，数量163 995.4t，同比增长420.4%；金额74 798.2万美元，同比增长424.6%。二是从乌拉圭进口，数量79 629.8t，同比增长330.7%；金额29 713.5万美元，同比增长390.9%。三是从新西兰进口，数量37 040.0t，同比增长352.7%；金额16 114.4万美元，同比增长475.1%。

13. 配制的动物饲料 进口数量116 378.8t，同比增长0.4%；进口金额22 553.8万美元，同比增长－3.5%。一是从美国进口，数量46 706.3t，同比增长2.2%；金额7 687.7万美元，同比增长5.6%。二是从荷兰进口，数量20 783.5t，同比增长－18.6%；金额2 766.7万美元，同比增长－12.5%。三是从英国进口，数量3 824.8t，同比增长66.4%；金额1 397.1万美元，同比增长－5.5%。

14. 饲料用鱼粉 进口数量975 955.5t，同比增长－21.6%；进口金额167 200.3万美元，同比增长－1.1%。一是从秘鲁进口，数量459 600.1t，同比增长－35.1%；金额79 246.6万美元，同比增长－17.0%。二是从智利进口，数量115 936.2t，同比增长－7.4%；金额21 720.9万美元，同比增长29.5%。三是从美国进口，数量108 815.0t，同比增长－36.8%；金额20 864.0万美元，同比增长－17.7%。

15. 糖 进口数量4 537 246.6t，同比增长21.1%；进口金额206 519.6万美元，同比增长－8.0%。一是从巴西进口，数量3 285 424.9t，同比增长65.2%；金额142 941.2万美元，同比增长26.3%。二是从智利进口，数量435 500.0t，同比增长2.2%；金额22 482.1万美元，同比增长－19.4%。三是从危地马拉进口，数量341 218.0t，同比增长392.0%；金额15 396.1万美元，同比增长231.5%。

16. 天然橡胶（包括胶乳） 进口数量2 471 440.5t，同比增长13.5%；进口金额639 006.1万美元，同比增长－6.2%。一是从泰国进口，数量1 436 379.1t，同比增长19.0%；金额364 482.1万美元，同比增长－0.2%。二是从印度尼西亚进口，数量416 879.2t，同比增长3.2%；金额111 609.2万美元，同比增长－17.4%。三是从马来西亚进口，数量319 585.5t，同比增长7.1%；金额85 524.1万美元，同比增长－13.4%。

17. 鲜、干水果及坚果 进口数量3 119 497.0t，同比增长－4.5%；进口金额398 197.1万美元，同比增长8.4%。一是从泰国进口，数量773 838.6t，同比增长7.5%；金额128 975.5万美元，同比增长22.1%。二是从智利进口，数量188 118.6t，同比增长0.1%；金额62 226.2万美元，同比增长8.4%。三是从越南进口，数量1 053 266.1t，同比增长10.4%；金额60 769.0万美元，同比增长15.6%。

18. 小麦 进口数量5 459 720.2t，同比增长47.9%；进口金额185 425.0万美元，同比增长67.7%。一是从美国进口，数量3 781 758.9t，同比增长490.9%；金额125 043.9万美元，同比增长439.8%。二是从加拿大进口，数量831 959.0t，同比增长107.0%；金额31 767.9万美元，同比增长105.5%。三是从澳大利亚进口，数量616 098.5t，同比增长－74.6%；金额21 250.9万美元，同比增长－68.1%。

19. 羊毛 进口数量349 538.2t，同比增长12.9%；进口金额276 130.9万美元，同比增长4.7%。一是从澳大利亚进口，数量181 673.5t，同比增长4.8%；金额190 048.6万美元，同比增长－0.7%。二是从新西兰进口，数量67 089.3t，同比增长15.7%；金额32 112.8万美元，同比增长11.0%。三是从南非进口，数量18 007.6t，同比增长14.5%；金额18 870.0万美元，同比增长9.7%。

20. 羊肉及其副产品 进口数量263 148.5t，同比增长107.6%；进口金额97 195.6万美元，同比增长123.8%。一是从新西兰进口，数量139 822.4t，同比增长92.6%；金额55 409.8万美元，同比增长105.7%。二是从澳大利亚进口，数量113 642.2t，同比增长118.8%；金额38 326.6万美元，同比增长

142.1%。三是从乌拉圭进口，数量 9 683.9t，同比增长 341.2%；金额 3 459.3 万美元，同比增长 418.7%。

21. 原木　进口数量 45 158.8t，同比增长 19.2%；进口金额 931 701.6 万美元，同比增长 28.5%。一是从新西兰进口，数量 11 504.0t，同比增长 33.4%；金额 168 532.8 万美元，同比增长 50.4%。二是从俄罗斯联邦进口，数量 10 257.8t，同比增长－8.3%；金额 140 804.8 万美元，同比增长－9.9%。三是从美国进口，数量 5 609.7t，同比增长 54.1%；金额 124 320.9 万美元，同比增长 67.8%。

22. 纸浆　进口数量 16 851 636.9t，同比增长 2.4%；进口金额 1 137 334.8 万美元，同比增长 3.0%。一是从加拿大进口，数量 4 083 124.9t，同比增长－0.7%；金额 270 584.9 万美元，同比增长－0.3%。二是从巴西进口，数量 2 675 499.6t，同比增长 5.0%；金额 176 426.3 万美元，同比增长 5.5%。三是从美国进口，数量 2 012 408.7t，同比增长－5.6%；金额 158 059.0 万美元，同比增长－3.4%。

23. 猪肉及其副产品　进口数量 1 394 882.0t，同比增长 2.7%；进口金额 260 938.1 万美元，同比增长 7.6%。一是从美国进口，数量 364 304.1t，同比增长－38.2%；金额 75 903.5 万美元，同比增长－28.9%。二是从丹麦进口，数量 233 889.9t，同比增长 6.1%；金额 41 369.4 万美元，同比增长 13.6%。三是从德国进口，数量 225 835.4t，同比增长 44.9%；金额 41 035.4 万美元，同比增长 42.8%。

四、分贸易方式进出口情况

（一）分贸易方式出口情况

2013 年农产品一般贸易出口额 5 501 249.1 万美元，同比增长 9.6%；加工贸易出口额 951 925.1 万美元，同比增长－3.5%；来料加工装配贸易出口额 191 989.3 万美元，同比增长－4.3%；进料加工贸易出口额 759 935.9 万美元，同比增长－3.3%；边境小额贸易出口额 146 201.7 万美元，同比增长 2.1%；易货贸易出口额 2.9 万美元，同比增长－72.9%；其他贸易出口额 110 230.6 万美元，同比增长 2.2%；无偿援助和赠送出口额 3 471.7 万美元，同比增长－66.9%；侨胞及港、澳、台同胞捐赠出口额 1.7 万美元，同比增长－12.8%；对外承包工程出口货物出口额 283.5 万美元，同比增长－26.3%；出料加工贸易出口额 1 250.4 万美元，同比增长 15.2%；保税仓库进出境出口额 50 766.3 万美元，同比增长 19.3%；保税仓储转口货物出口额 45 336.8 万美元，同比增长－0.5%；其他出口额 9 120.2 万美元，同比增长 18.4%。

（二）分贸易方式进口情况

2013 年农产品一般贸易进口额 9 573 235.3 万美元，同比增长 8.2%；加工贸易进口额 918 504.5 万美元，同比增长－2.1%；来料加工装配贸易进口额 177 797.3 万美元，同比增长 4.7%；进料加工贸易进口额 740 707.1 万美元，同比增长－3.6%；边境小额贸易进口额 66 778.9 万美元，同比增长 12.4%；出口加工区进口设备进口额 6.0 万美元，同比增长 61.8%；其他贸易进口额 1 232 345.1 万美元，同比增长－5.5%；外企投资进口设备进口额 11.1 万美元，同比增长 5.2%；出料加工贸易进口额 2 851.4 万美元，同比增长－33.1%；免税外汇商品进口额 149.4 万美元，同比增长 4.3%；保税仓库进出境进口额 334 148.6 万美元，同比增长－13.8%；保税仓储转口货物进口额 882 673.6 万美元，同比增长－2.2%；其他进口额 12 511.0 万美元，同比增长 36.6%。

五、分企业性质进出口情况

（一）分企业性质出口情况

2013 年国有企业农产品出口额 697 265.1 万美元，同比增长－9.5%；外商投资企业出口额 2 135 920.9万美元，同比增长－1.2%；中外合作企业出口额 101 291.0 万美元，同比增长－6.0%；中外合资企业出口额 1 005 161.3 万美元，同比增长－4.2%；外商独资企业出口额 1 029 468.7 万美元，同比增长 2.5%；集体企业出口额 219 442.9 万美元，同比增长 12.4%；私营企业出口额 3 652 737.4 万美元，同比增长 16.8%；个体工商户出口额 3 978.3 万美元，同比增长 3.6%；其他出口额 264.8 万美元，同比增长－10.5%。

（二）分企业性质进口情况

2013 年国有企业农产品进口额 2 623 648.4 万美元，同比增长－8.9%；外商投资企业进口额 3 747 797.4万美元，同比增长－0.9%；中外合作企业进口额 46 644.7 万美元，同比增长－9.4%；中外合资企业进口额 1 494 155.2 万美元，同比增长 14.1%；外商独资企业进口额 2 206 997.5 万美元，同比增长－8.9%；集体企业进口额 346 092.5 万美元，同比增长－18.5%；私营企业进口额 5 066 997.4 万美元，同比增长 24.8%；个体工商户进口额 5 895.6 万美元，同比增长 71.6%；其他进口额 439.4 万美元，同比增长－21.6%。

我国酒类流通行业经济运行情况

商务部酒类流通管理办公室等

2013年，酒类市场在经历了多年的快速发展后，市场供过于求、结构失衡等长期矛盾和问题进一步显现，高端消费、集团消费急剧萎缩，市场增速明显回落，酒类市场和酒类行业进入深度调整。与此同时，大众化、个性化酒类消费需求快速增长，市场经营环境明显改善，酒类流通现代化水平稳步提升，酒类流通行业在调整中实现了平稳健康发展。

一、酒类流通行业总体情况

（一）行业规模分析

1. 企业数量　2013年，全国规模以上酒类生产企业总数2 535个，比2012年增加171个，同比增长7.2%。其中，白酒生产企业1 423个，占总数的56.1%，比2012年增加了133个。酒类经营企业方面，2013年在全国商务部门备案登记的酒类经营者数量超过230万个，同比增长8.2%。其中，批发经营（含批零兼营）占13.9%，零售经营占66.1%，餐饮经营占18.6%，娱乐企业占1%。

2. 产销量　2013年，全国规模以上酒类生产企业饮料酒总产量6 600.3万kL，同比增长4.5%，增速回落1.5个百分点。其中，白酒产量1 226.2万kL，同比增长7.1%，增速回落11.5个百分点；啤酒产量5 061.5万kL，同比增长4.6%，增速加快1.5个百分点；葡萄酒产量117.8万kL，同比下降14.6%。此外，发酵酒精产量911.5万kL，同比增长7.4%。商务部监测的典型酒类流通企业饮料酒销售量同比增长3.5%。其中，批发企业饮料酒销售量同比增长3.6%；零售企业同比下降0.7%；重点监测的11种高端白酒零售量下降7.2%。

3. 进出口规模　2013年，酒类商品进出口总体呈现量增额减态势，进出口总量90.61万kL，同比增长8.8%；进出口总额338 957.5万美元，同比下降5.5%。其中，酒类商品出口总量为28.60万kL，同比增长8.7%，增幅较上年提高12.1个百分点，出口总额为54 868万美元，同比下降15.5%；酒类商品进口总量为62.01万kL，同比增长8.9%，增速回落5.3个百分点，进口总额为284 089.5万美元，同比下降3.3%。贸易逆差229 221.5万美元，同比增长0.2%，但增幅较上年减少16.7个百分点。

（二）行业结构分析

1. 地区结构　2013年全国饮料酒产量地区占比，东部为46.8%，中部为29.5%，西部为23.7%。地区结构呈以下特点：一是东部地区啤酒、葡萄酒产业优势突出，产量占比分别为50.5%和49.2%；二是中、西部地区白酒产业具有相对优势，产量比东部地区分别高出23.3%和19.5%，其中四川省白酒产量达336.4万kL，居全国第一；三是西部地区饮料酒产量增速较快，增长率为11.5%，明显高于东、中部地区的1.7%和3.9%。2013年全国典型酒类流通企业饮料酒销售额地区占比，东部为50.6%、中部为18.1%、西部为31.3%。其中，东部地区为啤酒和葡萄酒的主销区，销售额占比分别为81.6%和72.6%；西部地区白酒销售额占比为41.8%，明显高于东部（33.8%）和中部（24.4%）地区。

2. 品种结构　从主要酒种产量看，2013年规模以上酒类生产企业白酒、啤酒、葡萄酒产量所占比重分别为18%、77%、2%，啤酒产量占比远高于其他品种。从销售额来看，2013年典型酒类流通企业经营的主要酒类品种销售额，白酒为1 084亿元，占58%；啤酒为472亿元，占25%；葡萄酒为71亿元，占4%。

3. 所有制结构　2013年，酒类生产企业呈现多种所有制共同发展格局。其中，私营企业发展速度加快，企业数量占比为50.7%，外商投资企业占8%，港澳台资企业占3%，国有及集体企业占3%，股份有限公司占5%，其他有限责任公司占26%。全国典型酒类流通企业中，内资企业居主导地位，企业数和销售额占比分别为95%和79%；其次是外资企业，企业数量和销售额占比分别为4%和20%；港澳台资企业数量和销售额占比均为1%。

4. 进出口结构　从酒类进口国别（地区）看，法国是我国第一大进口来源地，进口额占比为62.8%；其次分别为澳大利亚、智利、德国、西班牙、意大利，前6大进口国占进口总额的比重达82.6%。其中，自法国和西班牙进口额同比出现减少，自德国进口额同比大幅增加。从酒类出口国别、地区看，前6大出口地均为亚洲地区，依次为中国香港、新加坡、缅甸、日本、中国台湾、朝鲜。其中，对香港出口额降幅最大，同比下幅 32.0%；对新加坡出口额增速最快，同比增长 78.7%。从进口酒种结构来看，葡萄酒为主要进口品种，进口额占比达 52.5%，烈性酒、啤酒和其他酒种占比分别为 37%、8.2%和 2.3%。其中，葡萄酒进口额为 14.91 亿美元，同比下降 1.9%，进口量为 36.8 万 kL，同比减少 5.1%；烈性酒进口额为 10.5 亿美元，同比下降 13.3%，进口量为 5.93 万 kL，同比减少 7%；啤酒进口额为 2.32 亿美元，同比增长 60.7%，进口量为 18.23 万 kL，同比增长 65.6%。从出口酒种结构来看，白酒为主要出口品种，出口额占比达 46.4%；啤酒、葡萄酒和其他酒种占比分别为 29.7%、6.8%和 17.1%。其中，白酒出口额为 2.54 亿美元，同比下降 26.7%，出口量为 1.4 万 kL，同比增长 10.7%；啤酒出口额为 1.63 亿美元，同比增长 15.6%，出口量为 24.9 万 kL，同比增长 10.5%；葡萄酒出口额为 0.37 亿美元，同比下降 50.9%，出口量为0.2 万 kL，同比下降 7.6%。

（三）行业效益分析

1. 销售收入　2013 年，全国规模以上饮料酒生产企业主营业务收入 7 622.9 亿元，同比增长 9.6%，增幅较前一年回落 10 个百分点。其中，白酒、啤酒、黄酒分别同比增长 11.2%、9.3%和 12.2%，葡萄酒同比下降 8.5%。2013 年，典型酒类流通企业饮料酒销售收入同比下降 3.1%，结束连续多年 20%以上的增长速度。其中，批发企业同比下降 2.7%，零售企业同比下降 6.5%。

2. 销售价格　2013 年，典型酒类流通企业酒类商品批发加权价格同比下降 5.1%，零售加权价格同比下降 3.7%。其中，高端白酒价格回落明显，重点监测的 11 种高端白酒单品批发加权价格同比下降 8.7%，零售加权价格同比下降 6.7%。从全年变化趋势看，2013 年白酒零售价格同比降幅呈逐月扩大态势，高端白酒尤为明显；啤酒、葡萄酒价格与上年相比，呈现前低后高态势，但波动幅度不大。

3. 利税总额　2013 年全国规模以上饮料酒生产企业利润总额 1 020.5 亿元，同比增长 0.1%，增幅较上年回落 37 个百分点；纳税总额为 821 亿元，同比增长 0.6%，增幅回落 21.1 个百分点。2013 年典型酒类流通企业实现利润 305.5 亿元，同比增长 3.9%，增速回落 20.5 个百分点；缴纳税收 285.1 亿元，同比增长 1.3%，增速回落 34.5 个百分点。

4. 上市公司情况　根据沪深股市数据，截至 2013 年 12 月 31 日，全国酒类行业上市公司共 30 个，营业收入总计 1 625.6 亿元，同比下降 1.2%；净利润总计 397.9 亿元，同比下降 11.6%。其中，部分大型白酒企业主营收入、利润下滑明显，青岛、燕京等啤酒企业业绩实现了较快增长。受业绩下滑等因素影响，酒类上市公司股价总体大幅回落，市值总计 4 887.6亿元，同比下降 32.1%，部分白酒企业市值下降幅度超过 40%，而同期沪深市值增长了 3.8%。2013 年年底，全国酒类行业上市公司市值总和占沪深两市总市值的 2.0%。

（四）行业现代化程度

随着酒类市场发生深刻调整，酒类流通行业和广大企业更加重视经营管理和技术创新，更加注重利用现代信息技术发展现代流通，各项流通标准规范得到广泛运用，酒类经营者登记备案和随附单溯源管理制度得到进一步落实，市场经营秩序明显改善，流通效率稳步提升，流通成本有所降低，酒类流通现代化程度不断提高。

1. 酒类电子商务快速发展　2013 年，酒类生产和流通企业大力发展电子商务，官网直营 B2C、综合性 B2C 商城、C2C 集市以及酒类 B2C 商城等电子商务平台不断涌现和壮大；OTO 模式快速兴起，推动了线上和线下优势融合。据首届中国酒业互联网大会数据显示，2013 年电商渠道酒类销售额达 73 亿元，同比增长 93.1%，其中白酒销售占 48%。

2. 酒类连锁经营不断拓展　2013 年，大型酒类流通企业不断提高连锁经营率，物流配送门店快速发展，提高了流通效率，降低了流通成本，流通组织化程度和规模化水平明显提高。北京酒类连锁经营店铺已近万个，北京糖业烟酒集团、朝批商贸股份有限公司通过提高连锁经营率和配送覆盖面，销售额逆市上扬；山西酒类连锁经营额已占销售总额的 15%。

3. 酒类追溯体系不断完善　近年来，在中央财政支持下，商务部在酒类产销较为集中的省份组织开展了酒类电子追溯体系试点。2013 年，在试点工作带动下，初步建立了较为完善的酒类电子追溯标准体系，为酒类电子追溯“统一标准、统一技术、统一设备、统一查询”奠定了基础。茅台、五粮液、张裕、泸州老窖等一批酒类龙头企业利用无线射频识别（RFID）、二维码等现代信息技术开展电子追溯，率先在快速消费品中实现了互联网与物联网的融合，初步建立了酒类溯源体系。上海、山西等地积极推进地方酒类追溯信息平台建设，北京、河北、辽宁等 10 多个省、直辖市开展酒类流通电子随附单追溯，酒类追溯链条不断完善，追溯覆盖面和受益面不断扩大。

二、酒类流通行业存在的问题

（一）全国性法规建设滞后

酒类是关系消费安全、国家税收、粮食安全和社会稳定的特殊食品，美欧日等发达国家普遍进行严格管控。目前，我国酒类行业主要依据《食品安全法》和《酒类流通管理办法》进行管理，前者主要针对一般商品，难以满足对酒类特殊性的监管要求，后者属于部门规章，法律层级较低。此外，商务部先后发布实施了一系列酒类标准规范，但大多属于推荐性标准，强制力相对较弱。全国有 10 余个省、自治区、直辖市出台了地方性酒类管理法规，但各地立法缺乏统一衔接，既不利于酒类大市场大流通发展需要，也不利于酒类行业管理。

（二）产销结构失衡凸显

1. *产能过剩突出*　由于前几年市场需求旺盛，价格屡创新高，行业效益攀升，利润丰厚，酒类行业成为境内外产业和金融资本追逐的热点领域，有的企业甚至囤货牟利。2013 年白酒产量比 2003 年增长了 2.7 倍，企业库存普遍达到近年来最高水平。

2. *消费结构畸形*　由于近年来酒类企业纷纷追逐高端酒品的生产和流通，不断强化了酒类市场消费“倒金字塔”形的畸形消费结构。2013 年，受多种因素影响，结构失衡问题集中显现，高端酒动销困难、量价齐跌，有的品种甚至价格倒挂，销售额大幅下滑。

（三）行业发展方式亟须转型升级

1. *流通组织化程度较低*　在我国大部分地区，酒类流通缺乏完善的市场准入限制，酒类流通主体“小、散、弱、乱”，既不利于行业发展，也不利于酒类管理。据测算，当前我国酒类流通主体超过 300 万家，中小微企业及个体经营者占绝大多数，运营能力和服务水平良莠不齐，有的甚至成为制假售假的窝点。

2. *流通模式较为粗放*　酒类流通仍以传统的经销代理模式为主，形成多区域、多层级分销格局，一旦运营不当，容易造成生产环节和经销环节相互脱节，加之有的酒类生产企业严格限制分销区域，不利于酒类流通企业做大做强。

3. *流通成本高、效率低*　由于多数酒品通过多级批发进入庞杂的终端市场，经销环节多、渠道杂、分布广，流通成本高等问题较为突出，尤其在供过于求情况下，过剩产能容易转嫁为流通企业库存，如 2013 年规模以上酒类生产企业饮料酒产量同比增长 4.5%，而典型酒类批发经营者饮料酒库存量增长了 13.0%。

（四）市场秩序问题屡禁不止

由于全国性酒类法规建设较为滞后，酒类行业准入门槛低、违法成本低、市场秩序乱等问题尚未得到根本解决。有的地方尚未从根本上彻底消除酒类地区封锁，酒类商品跨地区自由流通受到限制，酒类连锁经营发展受到制约。无序竞争、不规范经营等问题较为突出，大型商场滥用优势地位违规收取酒类商品高额进场费、酒类经销商违规促销、虚假宣传、恶性竞争等事件时有发生。有的酒类生产经营企业诚信意识淡薄，以假乱真、以次充好、仿冒名牌等现象频繁发生。有的酒类产品品质与价格严重背离，部分白酒品牌和进口葡萄酒价格虚高，酒吧、KTV 等零售环节加价过高，既让广大消费者望而却步，也影响了行业整体声誉。

三、酒类流通行业发展趋势

（一）行业结构调整更加科学化

酒类商品承载着悠久的历史文化，在我国具有广泛的消费群体和深厚的消费基础，随着经济增长和居民收入水平不断提高，大众化消费将进一步激活，只要措施到位、调整得当，酒类消费市场仍然具有较大发展潜力。同时，随着新型流通方式不断涌现，行业结构调整将持续优化，一批落后产能和竞争力较弱的中小流通企业将被淘汰出局，酒类生产企业和流通企业更加注重发展互利共赢的新型合作关系，酒类生产经营的组织化、规模化、集约化程度将进一步提升。顺应酒类流通新形势新特点，酒类流通企业更加注重自身品牌建设，纷纷响应和推行“真品售酒、实价售酒”，北京朝批、华致酒行、ASC、建发、优传、酒仙网等一大批具有市场竞争力的酒类流通企业脱颖而出，越来越受到消费者的认可和青睐，流通品牌号召力和影响力日益增强。

（二）酒类流通体系更加精细化

1. *新型流通加速发展*　随着物联网、互联网等新技术的运用，酒类电子商务、连锁经营、统一配送等新型流通模式日渐成熟，在传统酒类销售普遍下滑的情况下，新型流通方式实现了高速增长。

2. *传统流通加快转型*　酒类流通企业积极利用现代信息技术改造传统流通，大力发展直营连锁和大型批发商直供零售终端，推行一站式供应链管理，依托线下体验发展线上交易，不断降低流通成本、提高流通效率。

3. *酒类流通渠道纷纷下沉*　许多酒类生产经营企业把渠道下沉作为营销重点，大力开拓地市、县市区以及乡镇农村市场，着力打造新的酒类市场增长点。

4. 营销服务更加精细化　一些流通企业适应市场需要，大力发展个性化、精细化营销，积极开拓团购直销、贴牌定制和宴席服务等，做细、做强、做活终端服务。

（三）酒类商品市场回归大众化

随着中央八项规定深入贯彻，"三公"消费、集团消费将受到更为严格的限制，酒类生产和消费过度追求高端化的畸形结构难以为继。顺应市场出现的新形势新变化，酒类生产经营企业重新细分消费市场，合理定位高、中、低端酒类产品结构，满足多元化消费需求，有的还专门成立了个性化酒定制部门。2013年，在高端酒销售大幅回落的情况下，部分中低端酒品市场逆势增长，一些省份地产酒增长迅速，市场重心正向价格合理、包装环保、品质独特的大众化消费回归。未来中低端市场的竞争将日趋激烈，酒类消费结构将更加合理，白酒市场产品价格将重新定位并趋稳，葡萄酒市场份额有望继续提升，啤酒进口量可能进一步扩大。

（四）酒类消费行为更加理性化

随着文明消费、厉行节约的良好社会风气不断强化，消费者健康安全意识不断提高，科学饮酒、理性饮酒、文明饮酒的消费观念更加深入人心，消费者更加关注饮酒与健康、饮酒与安全，酗酒、拼酒、斗酒等不良饮酒习惯受到抑制。80后等新生代消费群体的消费理念正在发生变化，追求时尚化、差异化消费，个性化、功能性酒类产品市场需求加大。

四、对策建议

（一）加快推进法规标准制度建设

充分借鉴国际酒类立法经验，加快推进全国酒类流通管理立法，提升酒类管理的法律层级，建立完善酒类市场准入及退出机制，严格酒类生产、流通、消费管理。加强酒类标准体系建设，抓好已出台标准的宣贯执行，将条件成熟的行业标准提升为国家标准、推荐性标准提升为强制性标准，切实规范酒类经营主体行为。完善酒类流通行业管理机制，进一步加强酒类流通综合治理，强化组织领导，健全工作机构，加强人员配备，夯实工作基础。

（二）加强酒类流通行业规划引导

结合酒类市场出现的新形势新特点，科学制定实施酒类流通行业的发展规划和政策措施。组织评估《商务部关于"十二五"期间加强酒类流通管理的指导意见》贯彻落实情况，着手研究酒类流通行业面临的新形势新任务，提出"十三五"期间酒类流通行业发展的总体思路、目标任务和政策措施。同时，各地酒类流通管理部门要综合考虑本地区经济社会发展需要、产业布局特点、酒类消费偏好、人口结构等因素，进一步鼓励和引导产业整合，提高产业组织化程度，提升行业竞争力；科学编制和完善酒类商业网点具体规划，努力形成总量适度、布局合理、结构优化的发展格局。

（三）推动酒类流通体系转型升级

酒类生产和经销企业进一步探索流通模式的创新与变革，推动建立"风险共担、利益共享"的酒类产供销关系，提高生产、流通企业整体抗风险能力和发展水平。鼓励酒类企业充分利用电商、移动互联网、自媒体、线下体验等新兴渠道，建立起符合消费者、市场需求的发展模式。推动出台支持酒类流通企业兼并重组的政策措施，促进企业做大做强，提高流通组织化程度。支持大型企业发展连锁经营，引导中小企业发展特色化经营，逐步提高酒类流通集中度，减少流通环节、提高流通效率，引导酒类流通体系向专业化、品牌化和体系化发展。充分发挥流通引领生产、满足消费的功能作用，引导酒类企业开发大众化酒品，满足多样化消费需求。

（四）着力改善酒类市场经营环境

进一步健全政府部门联动协作机制，加强与重点酒类企业沟通合作，严厉打击制售假冒伪劣酒品等违法违规行为。规范大型商场收取酒类高额进场费、进店费、酒类经销商违规促销、恶性竞争等违规行为，净化市场环境。着力破除制约酒类流通行业发展的各类政策性障碍，保障酒类商品在不同地区间自由流通，形成大市场、大流通的酒类流通发展格局。进一步完善酒类流通溯源制度，鼓励酒类企业采用统一标准，利用RFID、二维码等信息技术开展酒类流通电子追溯建设，完善来源可追溯、去向可查询、责任可追究的溯源体系。进一步加强诚信体系建设，打造酒类流通信用信息服务平台，推进跨部门信用信息的互联互通，推行失信经营"黑名单"制度。引导和督促酒类经营者诚信、自律、规范经营，严格落实酒类经营者不得向未成年人售酒的规定。

（五）不断深化酒类行业国际合作

随着中欧葡萄酒业界就双反调查达成和解，国内外酒类产业合作将进一步拓展和深化，建议国内酒类行业充分利用两个市场两种资源，加大行业国际交流合作，鼓励有条件的酒类企业"走出去"，开拓海外市场，支持集中打包开展宣传推介，缓解国内产能过剩。大力发展酒类会展经济，促进内外贸、产供销协调发展。同时，鼓励酒类企业引入国外先进的酒类流通模式、新型业态、流通技术和管理理念，不断提升国内酒类行业的组织化程度和现代化水平。

（六）充分发挥酒类行业协会作用

充分发挥酒类行业协会的桥梁纽带作用，指导和支持行业协会开展行业统计、信息收集、市场分析和咨询服务等工作。支持酒类行业协会开展科学理性饮酒公益宣传活动，深入推进"放心酒示范店"创建活动，推进"真品售酒、实价售酒"，促进行业自律，促进酒类行业与文化产业相互融合，培育酒类知名品牌，传承和弘扬积极健康的中华酒文化。

我国餐饮百强企业分析报告

中国烹饪协会

一、2013年度餐饮百强发展概况

1. *营业收入增长放缓* 2013年全国餐饮收入25 569亿元，同比增长9.0%，增速创下20多年以来的最低值，与社会消费品零售总额增速的差距进一步扩大。在整个餐饮市场颓废的大环境下，作为餐饮业龙头的百强企业更是受挫严重。2013年，餐饮百强企业营业收入1 911.1亿元，同比增长5.7%，增速比2012年大幅下降10.8个百分点，更是首次低于全国餐饮收入9.0%的平均水平。百强入围门槛水平也出现回落，相较2012年下降。比较这几年的餐饮百强企业，2013年出现的全新面孔企业仅有5个。从企业性质来看，民营企业不仅数量上占据了超过3/4的席位，在规模总量上也占据百强半壁江山，保持着持久的发展活力，营业收入占到百强企业总营业收入的50.3%，比重比2012年还有所上升，营业收入同比增长10.6%，是所有企业类型中增速最快的。国有企业和港澳台企业（含合资）虽然是百强中的小众，但是排位靠前，具有较强的行业影响力和竞争力。

2. *快餐正餐发展减缓* 2013年度百强中，快餐、火锅、餐馆酒楼仍是主力业态，企业个数总共占据85个席位，营业收入总和占百强总营收的比重高达85.9%。其中，与2012年相比，火锅发展依然强劲，营业收入同比增长11.2%，占百强总营收的比重比上年上升1.2个百分点，达到25.4%，是所有业态中比重上升幅度最大的。快餐、餐馆酒楼尽管企业营业收入占百强总营收的比例也很高，分别达38.3%、22.2%，分别位居第一和第三，但是受市场环境和政策环境影响，两大业态增速大幅减缓，营业收入同比仅分别增长1.0%、3.0%，远低于除休闲餐饮、宾馆餐饮外的其他业态，营业收入占百强总营收的比重也是相比上年降低最多的业态。西餐发展速度最快，营业收入增速达到19.0%，营业收入占百强的比重也比上年上升1个百分点，幅度仅次于火锅。团膳表现抢眼，共有7个企业入围百强，营业收入同比增长13.7%，营业收入占百强总营收的4.4%。只有休闲餐饮、宾馆餐饮营业收入同比下降，其中宾馆餐饮降幅高达8.0%，营收占百强的比重也比上年下滑0.1个百分点。休闲餐饮营收占百强的比重则与上年基本持平，没有变化。

3. *区域布局仍较集中* 2013年餐饮百强企业遍及22个省区，总部在北京、重庆、浙江的餐饮企业均在10个以上，其中北京最多，达22个，比2012年增加了4个，营业收入总额占百强的比例为14.6%，重庆、浙江比例分别为13.7%、7.2%。上海虽然上榜企业不多，但因为有百胜集团，总部在上海的百强企业营业收入占百强总营收的30.2%，甚至高于北京。天津、内蒙古等地区尽管入围企业比较少，但企业总营收占百强的比重却比较高。

4. *业态经营方式决定直营加盟比* 2013年度餐饮百强企业中，有41%的百强企业采取全部直营连锁或者承包的经营方式，59%的企业采取直营+加盟（+承包）的经营方式。分业态来看，加盟经营方式依然是火锅企业对外扩张的首选，直营加盟比为2∶5，远高于其他业态。结合近几年百强企业的直营加盟比，快餐和餐馆酒楼的直营加盟比有所下降，主要以直营为主。虽然从往期历史情况来看，餐馆酒楼也经历过加盟门店数增长的阶段，但随着品牌的发展与培育，加之经营业绩的影响，减少加盟门店数、强化对门店的直营控制成为餐馆酒楼的共识。而对于快餐来说，直营加盟比为3∶1，是近几年来直营加盟比最为稳定的业态。团膳企业由于经营模式的特殊性，都是采取直营连锁或承包的经营方式。西餐直营店对加盟店的比重不到1∶2，但外资企业大部分门店主要采取加盟模式，直营店对加盟店的比重可达到

1∶4左右。

二、2013年度餐饮百强发展特点

1. 产业集中度有所下降　2013年，餐饮百强企业营业收入1 911.1亿元，占到全国餐饮收入的7.5%，比2012年百强企业营收比重降低0.4个百分点。尽管2013年百强前10名企业的营业收入均超过30亿元，其中超过50亿的企业数量仍为2个，与2012年相比没有变化，但是前10名企业营业收入占百强总营收的比重却由上年的47.4%降至46.3%，下跌了1.1个百分点。而营业收入在20亿～30亿元的企业数比上年增加7个，达到15个，相应的11～30名企业营收大多在20亿～30亿元之间，其占百强总营收的比重也上升了1.3个百分点至23.0%。营业收入在10亿～20亿元的企业数却比上年减少9个。总的来看，前10强餐饮企业的市场集中度相对稳定，20亿～30亿元餐饮企业作为中坚力量成长较快，前30名企业营收占据百强近70%的比重，而30名之后的企业营收都在20亿元以下，且企业数量不同程度减少，这说明餐饮产业的集中化格局初现。

2. 总体增长后劲不足　相比2012年，2013年餐饮百强企业明显增长动力不足。个别餐饮企业由于大幅增加了门店数量尤其是加盟店的数量，带动营业收入增速在50%以上，除此之外，增速在10%～20%、20%～50%区间的企业数目都比上年急剧减少，分别只有25个、20个；28%的企业营业收入增速都在10%以下；还有超过1/5的企业营业收入出现负增长，企业数目比上年猛增了12个。即使是餐饮消费旺季的春节期间，也没有起到提振餐饮消费市场的作用，百强中63%的企业春节期间营业额增速都比上年同期减缓，尤其是正餐，有的高端餐饮企业甚至还出现负增长。

3. 扩张步伐明显减慢　2013年餐饮百强中，仅有9个餐饮企业在某一城市或一省内经营，有62个企业业务覆盖多个省区，实行跨省多门店连锁经营，还有29个企业是多业态、跨区域的集团经营。从门店数量来看，2013年餐饮百强中，有4个大型企业的连锁门店超过1 000个，有8个企业门店数在500～1 000个之间，接近一半的企业连锁门店数都集中在100～500个之间，有100个以下的企业有37个，比上年减少了10个。2013年，39%左右的餐饮百强企业进行了版图扩张，城市覆盖面有不同程度的扩大。但是，在严峻的市场形势下，餐饮百强企业扩张步伐有所放缓，有7个百强企业收缩了城市布局，撤出部分城市，而且还有14个企业关闭了部分门店，其中以餐馆酒楼、火锅企业居多。2013年，湘鄂情关闭旗下8个门店，这些门店均为湘鄂情100%控股，关闭门店数占其门店总数的三成以上。在国内餐饮市场发展放缓的情况下，部分餐饮企业纷纷走出国门，探索开拓海外市场，2013年餐饮百强中已有20个企业在海外开店。并且，在原有海外布局基础上，海底捞、内蒙古小尾羊、刘一手、黄记煌等火锅企业的海外门店数还有所增加。2013年海底捞在美国洛杉矶富人区阿凯迪亚市开设的欧美第一家分店开始营业，湘鄂情也于2013年上半年在悉尼开了餐饮分店。

4. 练内功，增强御寒能力成为共识　2013年，餐饮百强企业仍然受困于"四高"，包括原材料成本在内的营业成本、人工费用、房租费用、水电燃料等能源费用占营业收入的比重都较大，人工费用的比重比2012年更是上涨了0.6个百分点。从增速来看，相较上年，这四项成本费用均处在10%以上的高速增长态势，增幅水平远超营业收入，其中以房租费用增幅最大。在成本费用持续攀升的情况下，2013年餐饮百强企业经营困难，盈利直线下滑，营业利润比上年大幅下跌10.8%，利润总额、净利润也是仅分别增长1.3%、1.4%。其中，尽管有29个百强企业净利润增长率在20%以上，且均为大众化餐饮，但是净利润负增长的企业高达42个，甚至有6个企业出现巨亏，净利润下降幅度更是大于100%，而且中高端餐饮企业大多亏损严重，而去年负增长的企业数量仅为零星的4～5个。2013年，湘鄂情净利润亏损5.64亿元，比上年巨跌788.86%。全聚德净利润也下滑27.6%。鉴于"四高一低"愈演愈烈，为增强竞争力、吸引消费者，餐饮百强企业更加注重提高企业自身的服务以及菜品质量。2013年百强企业在人员培训和研发投入方面的支出大幅增加，增速分别高达36.5%、24.1%。这显示出餐饮百强企业已认识到，苦练内功、创新进取、以质取胜才是摆脱当前困境的法宝。此外，广告宣传费用在营业收入中的比重也比较高，而且2013年百强企业普遍加大了宣传力度，在广告宣传方面的支出比上年增长了23.5%。

5. 盈利能力急剧下降　2013年，餐饮百强企业的盈利能力可以说是处于近几年的最差状况。在"厉行节约"、"八项规定"政策的影响下，百强企业平均单店收入、平均每平劳效都比上年降低，降幅分别为12.9%、9.0%。2013年餐饮百强平均净利润率仅为4.1%，比2012年百强企业的7.73%跌落3.62个百分点，情况不容乐观，而且总资产收益率为11.1%，也比上年下滑0.7个百分点。分业态来看，2013年餐饮百强中，火锅是唯一一个平均单店收入、平均每平劳效、净利润率都正增长的业态，还是具有较强的盈利能力。宾馆餐饮的平均单店收入、每平劳效都是最高的，餐馆酒楼次之，但是比上年都下降，宾馆餐饮的平均单店收入降幅还是所有业态中最大的，餐馆酒楼的净利润率下滑幅度也是所有业态中最大的，两大业态所受冲击比较严重。快餐的平均单店收入是最低的，但是每平劳效却不低，几乎是西餐、团膳的近2倍。团膳的净利润率最高，达到11.2%，表现比较抢眼，休闲餐饮、西餐紧随其后。整体上，与2012年相比，各业态盈利能力均大不如以前，大部分的平均单店收入、每平劳效、净利润率都比上年有所降低或者增速放缓，而且不管是大众化餐饮还是高端餐饮均为如此。为应对形势变化，高端餐饮采取下调人均消费，为提高总体收益为目的的转型措施，还改变经营策略转向家宴、团体、早餐等大众化餐饮市场，拓展服务领域和服务范围。从上市餐饮企业业绩来看，2013年，味千净利润率比2012年增长4.8个百分点，西安饮食净利润率则与2012年持平，而百胜中国、稻香、全聚德、小南国、乡村基、唐宫、湘鄂情7家净利润率都比上年下降，湘鄂情更是剧跌78.2个百分点。2013年是餐饮百强甚至是整个餐饮业经营最为困难的一年。

6. *企业用工需求疲软*　2013年，餐饮百强企业用工需求疲软，有25个企业员工人数比2012年减少。其中，餐馆酒楼减少员工的企业数量最多，有12个；个别高端餐饮企业员工数比上年甚至减少40%以上，火锅有7个企业，快餐有3个，宾馆餐饮、西餐、休闲餐饮各1个，而团膳企业员工人数比上年有所增长。总的来看，宾馆餐饮的员工流动率最高，其次为餐馆酒楼，主要是受企业经营效益不佳的影响，部分餐馆酒楼企业还关闭部分门店，导致员工离职人数大增，而且新雇佣人数同比减少，员工流动性较大。由于发展比较强劲，火锅的员工流动性相对最为稳定。

7. *品牌业态多元发展*　复杂严峻的形势使得餐饮百强企业纷纷加快转型升级，多品牌多业态经营就是其中一个措施。2013年多业态、跨区域的集团企业就有29个。湘鄂情除了涉足快餐、团膳领域外，还开始进军海外市场，在悉尼开设分店。小南国则采取“多品牌集约复制”策略，借助原有的规模、总部集约化优势，开拓新的市场。2013年，小南国将重心放在人均消费在70～80元和100～150元之间的“南小馆”、“小小南国”等新品牌的培育与发展上，逐步减少其一直主打的上海小南国餐厅的比例。在“南小馆”品牌于香港试水成功后，于2013年6月引入内地，目前已开多家门店。

在2014年内外发展环境依然复杂、不确定、不稳定的情况下，餐饮业龙头的百强企业需要回归市场、回归本质，积极考虑转型应对，提高自身服务和品质，在经历洗牌后，带领整个行业恢复以往的生机。

我国茧丝绸行业经济运行分析

商务部市场运行和消费促进司

一、2013年茧丝绸行业发展基本情况

（一）蚕茧生产和收购情况

2013年，我国茧丝绸生产总体平稳，桑园面积、生丝产量保持增长。主要呈现以下特征：

1. *桑蚕生产基本平稳*

（1）桑园面积小幅增长　2013年，全国桑园面积84.69万hm^2，较上年增加0.53万hm^2，同比增长0.6%。桑园面积较大的地区依次为：广西、四川、云南、浙江、陕西、江苏，其桑园面积分别为：17.73万hm^2、12.00万hm^2、10.16万hm^2、5.93万hm^2、5.42万hm^2、4.70万hm^2。其中，云南紧抓“东桑西移”机遇，积极加大财政投入，建立优质蚕桑生产基地，蚕桑产业发展较快，桑园面积同比增长12.9%。

（2）蚕茧产量小幅下降　全国蚕茧发种量1 655.36万张，同比下降1.04%；蚕茧产量64.83万t，同比减少1.02%。分地区看，蚕茧生产大的省份依次为广西、四川、江苏、浙江和广东，五省、自治区蚕茧产量合计48.33万t，占全国74.5%。其中，广西蚕茧产量27.1万t，同比增长5.9%；四川产量7.6万t，同比增长1.9%；江苏产量5.45万t，大幅下降18.1%；浙江产量4.53万t，同比下降3.1%。云南省4.46万t，产量排名第六，同比增长

3.8%，安徽、河南、湖北、重庆、陕西等地有不同程度下降，黑龙江、湖南、宁夏等地增产明显。

(3) 蚕茧收购量减价增　2013 年，全国蚕茧收购量 59.01 万 t，较上年减少 1.46 万 t，同比下降 2.4%。收购价最高的三个地区依次是山东、江苏和河南。其中，山东省为 4.52 元/kg，同比上涨 10.8%；江苏省为 44.88 元/kg，同比上涨 6.2%；河南省为 44.12 元/kg，同比上涨 6.8%。其他地区收购均价也有不同程度上涨。从产值看，2013 年蚕茧总产值 236.16 亿元，同比增长 9.8%，蚕农收入创新高。

2. 茧丝均价稳步上涨

(1) 干茧价格涨幅明显　商务部茧丝绸行业市场监测系统数据显示，2013 年春季干茧内销均价为 103.84 元/kg，同比上涨 11.8%。秋季干茧内销均价为 107.51 元/kg，同比上涨 12.2%，比春季价格上涨了 3.5%。全年干茧内销均价为 106.32 元/kg，同比上涨 11.4%。

(2) 生丝价格稳步上升　据商务部茧丝绸行业市场监测系统数据，2013 年，3A 级生丝平均价格同比上涨 6.7%；5A 级生丝平均价格同比上涨 10.0%。分月度看，4、5 月份，春茧上市带动厂丝价格走高，之后厂丝价格平稳运行，年底水平基本与年初持平。其中，3A 级生丝从年初的 34.9 万元/t，下降到 12 月份的 34.3 万元/t，同比降幅 1.7%；5A 级生丝从年初的 37.59 万元/t，上涨到 12 月份的 38.35 万元/t，同比涨幅 2%。从茧丝价格指数月度走势来看，2013 年 12 月下旬中国茧丝价格指数为 176.14 点，与年初基本持平，较去年同期上涨 1%。

(二) 丝绸工业生产和经营情况

1. 生丝产量稳步增长　受国内外茧丝市场需求拉动影响，全国生丝产量稳步增长。2013 年，全国生丝产量 13.71 万 t，同比增长 3.5%（见表 1）；绢丝产量 1.19 万 t，同比下降 12.4%；蚕丝及交织物产量 93 579 万 m，同比下降 1.7%；蚕丝被产量 2 279万条，同比下降 19.7%。分地区看，2013 年，生丝产量较高的地区主要是广西、四川、江苏和浙江等地。其中，广西以 35 425t 产量居全国之首，同比增长 8.5%，占全国产量的 25.8%；四川以 29 065t 位居第二，同比增长 4.5%，占全国产量的 21.2%；江苏产量为 20 949t，同比下降 1.6%，占全国产量的 15.3%；浙江产量为 14 293t，同比下降 3.8%，占全国产量的 10.4%。此外，江西、湖北、贵州、河南 4 省生丝产量增长较快，增幅均超过 20%。

表 1　2013 年分地区生丝产量情况

地　区	全年产量 (t)	同比增长 (%)	占比 (%)
全　国	**137 090**	**3.52**	
山　西	65	19.16	—
辽　宁	2 310	−0.26	0.02
江　苏	20 949	−1.55	0.15
浙　江	14 293	−3.82	0.10
安　徽	8 909	4.28	0.06
江　西	4 653	23.36	0.03
山　东	4 949	−12.66	0.04
河　南	1 972	22.07	0.01
湖　北	1 007	23.58	0.01
广　东	1 726	9.19	0.01
广　西	35 425	8.53	0.26
重　庆	3 653	−4.89	0.03
四　川	29 065	4.53	0.21
贵　州	234	83.23	—
云　南	2 814	−5.51	0.02
陕　西	5 067	11.86	0.04

数据来源：国家统计局。

2. 丝绸行业效益继续提高　2013 年，我国丝绸工业生产稳定增长，行业效益继续提高。全年全国规模以上纺织工业企业数累计 3.86 万个。其中，全国规模以上丝绢纺织业及精加工企业 992 个，同比增长 4.2%，占全纺织工业企业数的 2.6%；主营业务收入 1 275.96 亿元，同比增长 13.1%，占全纺织工业主营业务收入 2%。完成出口交货值 125.67 亿元，同比增长 12.4%（见表 2）。

表 2　2013 年丝绸工业经济指标完成情况　　单位：个、万元

行　业	企业户数	亏损户数	亏损面 (%)	主营业务收入		主营业务成本	
				2013 年	同比增长 (%)	2013 年	同比增长 (%)
丝绢纺织业及精加工	992	98	9.88	12 759 555	13.11	11 285 838	13.27
缫丝加工	496	52	10.48	7 443 774	14.23	6 616 769	15.03
绢纺和丝织加工	433	37	8.55	4 579 429	11.69	4 013 307	10.81
丝印染精加工	63	9	14.29	736 352	10.98	655 762	11.19
全国纺织工业	**38 618**	**4 447**	**11.52**	**638 488 715**	**11.53**	**559 554 323**	**12.24**

数据来源：国家统计局。

从行业利润看，根据国家统计局对全行业丝绢纺织业及精加工企业统计数据，2013 年，全国 922 个规模以上丝绢纺织业及精加工企业实现利润总额 71.90 亿元，同比增长 13.9%，但受企业营业费用和库存增长等因素影响，增速较上年下降了 16 个百分点。2013 年，丝绢纺织业及精加工企业亏损总额同比下降 15.5%，企业资产同比增长 13.4%，但企业营业费用、管理费用、财务费用同比分别增长 17.2%、6%和 13.5%，行业利润空间收窄。

（三）丝绸商品内销情况

1. *市场规模逐步扩大*　目前，国内宏观经济稳中向好，在国家搞活流通扩大消费等一系列的政策作用下，2013 年，丝绸、家纺类产品供需基本平衡，国内消费市场价格走势相对平稳。中国丝绸营销网络管理系统监测的 50 个监测企业数据显示，2013 年，丝绸企业内销额 47.95 亿元，同比增长 3.5%，国内市场规模逐步扩大。

2. *产品结构基本稳定*　从销售品种看，2013 年，家纺类产品年内销额 21.78 亿元，同比增长 4.5%，占内销额比重的 45.4%；真丝绸缎类年内销额 13.76 亿元，同比增长 4.6%，占内销额比重的 28.7%；真丝服装类年内销额 6.31 亿元，同比下降 3.6%，占内销额比重的 13.2%；丝绸服饰类年内销额 4.73 亿元，同比增长 4%，占内销额比重的 9.9%；其他丝绸制品年内销额 1.37 亿元，同比增长 2.9%，占内销额比重的 2.9%。

（四）丝绸商品外贸情况

1. *真丝绸出口额小幅增长*　海关统计数据显示，2013 年 1～12 月，真丝绸商品出口金额累计 35.07 亿美元，同比增长 3%。分月份看，1～6 月份累计出口金额 17.85 亿美元；7～12 月份累计出口金额 17.22 亿美元，较上半年减少 3.5%。分地区、国别看，2013 年，我国向全球出口真丝绸商品总额 35.07 亿美元，同比上涨 3%。其中，亚洲占 51.6%，欧洲占 25.9%，北美洲占 17.6%（见表 3）。出口排名前四位的国家依次为：美国、印度、意大利、日本。我国香港地区出口额代替巴基斯坦位居第五位，五个国家和地区合计占我国真丝绸商品出口总额的 50.5%。

2. *主要省份出口普遍下降*　从国内出口市场看，2013 年，除浙江省出口额同比实现小幅增长外，其他真丝绸出口大省（直辖市）出口额普遍下降。真丝绸商品出口额排名前五位的省（直辖市）依次为：浙江、江苏、广东、上海、四川，出口额分别为 13.1 亿美元、4.7 亿美元、3.4 亿美元、2.6 亿美元、2.2 亿美元，同比分别增长 2.3%、－1.8%、－12.9%、－5.8%、－16.5%（见表 4）。五省市合计占真丝绸商品出口总额的 74.4%。

表 3　2013 年真丝绸商品出口主要市场统计表

地区或国家	出口额（万美元）	同比增长（%）	占比（%）
全　球	**350 722.6**	**2.99**	**100.00**
亚　洲	181 034.6	6.04	51.62
非　洲	5 493.0	－0.09	1.57
欧　洲	90 688.0	4.67	25.86
拉丁美洲	6 792.3	－5.83	1.94
北美洲	61 580.2	－5.70	17.56
大洋洲	5 134.5	－0.27	1.46
美　国	58 240.0	－5.52	16.61
印　度	32 389.7	－13.04	9.24
意大利	30 706.5	2.13	8.76
日　本	28 566.7	4.31	8.15
中国香港	27 136.4	8.54	7.74
巴基斯坦	22 772.7	－10.04	6.49
德　国	13 828.8	－1.32	3.94
韩　国	10 548.3	－14.65	3.01
阿拉伯联合酋长国	9 663.9	16.61	2.76
法　国	8 765.5	－3.48	2.50

数据来源：中国纺织品进出口商会整理的海关统计数据。

表 4　2013 主要省市真丝绸商品出口统计表

地　区	出口额（亿美元）	同比增长（%）	占比（%）
浙　江	13.1	2.3	37.4
江　苏	4.7	－1.8	13.5
广　东	3.4	－12.9	9.8
上　海	2.6	－5.8	7.5
四　川	2.2	－16.5	6.3

数据来源：中国纺织品进出口商会整理的海关统计数据。

3. *真丝绸商品出口结构基本稳定*

（1）真丝绸商品出口主要包括丝类、绸类和丝绸制成品　2013 年，真丝绸商品出口额除绸类（主要为真丝绸）下降外，其余均比 2012 年高。丝类、绸类和丝绸制成品出口额结构占比分别为 19.1%、27.5%和 53.4%。与 2012 年出口额结构相比较，丝类占比降低 1%，绸类占比降低 3%，丝绸制成品占比提高 3%，出口结构基本稳定。

（2）丝类商品出口量减价增　2013 年，丝类商品出口 1.49 万 t，同比下降 10.4%（见表 5）；出口平均单价 44.84 美元/kg，同比上涨 15.2%。其中，桑蚕丝出口量下降 12.21%，出口单价上涨 17.9%，出口额增长3.5%。丝类商品出口额占真丝绸商品出口总额的19.1%。

表5　2013年茧丝类主要商品出口统计表

商品名称	出口数量(kg)	同比增长(%)	出口金额(万美元)	同比增长(%)	出口单价(美元/kg)	同比增长(%)
丝　类	14 926 737	－10.43	66 924.15	3.16	44.84	15.18
长丝类	9 032 405	－11.88	51 529.99	2.59	57.05	16.42
桑蚕丝	6 399 866	－12.21	35 693.34	3.52	55.77	17.93
柞蚕丝	288 750	－24.75	1 657.99	－29.94	57.42	－6.89
其他生丝	1 616		6.98		43.18	
丝纱线	2 342 173	－9.08	14 171.68	5.90	60.51	16.47
短丝类	5 894 332	－8.13	15 394.16	5.11	26.12	14.41
废　丝	1 446 200	18.64	4 373.60	47.74	30.24	24.53
绢纺纱线	4 434 427	－14.22	10 945.02	－5.44	24.68	10.24
紬丝丝纱线	2 145 553	－28.19	2 897.11	－33.94	13.50	－8.00
其他绢纺纱线	2 288 874	4.90	8 047.91	11.94	35.16	6.71
供零售用短纤丝	13 705	－49.57	75.55	－31.50	55.12	35.84

数据来源：中国纺织品进出口商会整理的海关统计数据。

(3) 真丝绸缎出口量下降明显　2013年，出口真丝绸缎1.86亿m，同比下降15.7%；出口平均单价5.2美元/m，同比上涨7.4%；出口金额9.65亿美元，同比下降9.5%（见表6）。出口的真丝绸缎商品主要包括坯绸、印染绸和其他机织物，真丝绸缎出口额占真丝绸商品出口总额的27.5%。其中，坯绸出口下降明显，出口排名前五位的国家依次为意大利、巴基斯坦、印度、韩国和日本，出口额分别为1.50亿美元、1.45亿美元、0.74亿美元、0.56亿美元、0.35亿美元，共计占总出口额70.98%，其中对巴基斯坦和韩国的出口量同比大幅下降26.4%和20.2%，意大利、印度和日本三个国家的出口量同样出现明显下降，降幅分别为7.7%、18.5%和4.5%。

表6　2013年真丝绸缎主要商品出口统计表

商品名称	出口数量(m)	同比增长(%)	出口金额(万美元)	同比增长(%)	出口单价(美元/m)	同比增长(%)
真丝绸缎	185 636 989	－15.70	96 464.68	－9.45	5.2	7.42
坯　绸	126 261 477	－21.33	64 775.67	－13.68	5.13	9.72
印染绸	41 075 677	－11.69	31 261.29	1.85	7.61	15.33
其他机织物	18 299 835	38.46	427.71	－46.02	0.23	－61

数据来源：中国纺织品进出口商会整理的海关统计数据。

(4) 丝绸制成品出口量价齐升　2013年，我国共出口丝绸制成品18.73亿美元，同比上涨10.75%（见表7）；占真丝绸商品出口总额中的53.4%，平均出口单价4.34美元/m，同比上涨4.5%。其中，真丝绸服装出口数量达31 772万套，同比上涨5.4%；出口单价4.12美元/套，同比上涨5.1%；出口金额13.1亿美元，同比上涨9.8%。出口额排名前五位的国家和地区依次为：美国、中国香港、日本、德国和英国。其中，中国香港和日本出口额增长明显，同比增幅分别为32.6%和6.1%，美国、德国、英国同比分别下降5.3%、8.6%和9.9%。前五位出口总额占总出口额的54.9%。

表7　2013年主要丝绸制成品出口统计表

商品名称	出口数量(条、件、套)	同比增长(%)	出口金额(万美元)	同比增长(%)	出口单价(美元/套)	同比增长(%)
丝绸制成品	431 778 924	4.54	187 268.80	10.75	4.34	5.94
头　巾	23 415 818	2.97	13 263.45	32.22	5.66	28.41
领　带	80 045 897	5.82	26 680.58	8.40	3.33	2.43

（续）

商品名称	出口数量（条、件、套）	同比增长（%）	出口金额（万美元）	同比增长（%）	出口单价（美元/套）	同比增长（%）
地 毯	174 758	－10.01	2 651.86	－16.30	151.74	－6.99
服 装	317 719 202	4.53	130 798.82	9.81	4.12	5.06
针织服装	283 754 099	5.62	61 580.70	31.58	2.17	24.58
梭织服装	33 965 103	－3.82	69 218.12	－4.27	20.38	－0.47
其他制成品	10 423 249	－0.56	13 874.08	14.06	13.31	14.69

数据来源：中国纺织品进出口商会整理的海关统计数据。

二、2014 年茧丝绸行业发展展望

（一）行业规模小幅增长

2014 年，随着欧亚各国共建“丝绸之路经济带”战略构想的逐步推进，各地丝绸文化及相关产业将得到极大拓展。随着劳动力等各种成本要素价格不断攀升，企业生产运营压力较大，东部地区桑园面积和蚕茧产量可能有所下降，但由于甘蔗比较效益下降、烟草消费受限制等因素影响，广西、云南可能会相应增加种桑养蚕投入，预计 2014 年全行业经济增速将继续维持低速增长，桑蚕生产和丝绸工业生产稳中有升。

（二）行业加快转型升级

国家八部委联合发文促进茧丝绸产业健康发展等行业政策为产业振兴创造了新的机遇。下一步，预计通过工业化与信息化相结合、制造业与服务业相融合等方式，企业将加快生产经营模式和科技创新。机械化生产逐步渗透到茧丝绸行业的各个环节，有效降低了人工成本，桑蚕养殖经济效益明显提高，蚕茧产业逐步向规模化、标准化方向发展。随着互联网和信息技术的发展，电子商务等现代化流通方式在丝绸行业得到广泛应用。据中国丝绸协会数据统计，目前江苏、浙江、四川、广东等 12 个省、直辖市 78 个丝绸企业中，58%的企业已经在淘宝、阿里巴巴等网站建立自己的电商销售平台。

（三）丝绸消费继续增长

2013 年年底联合国发布的《2014 年世界经济形势与展望》，预测 2014 年世界经济将增长 3%，高于 2013 年约 2.1%的增长幅度。欧元区走出衰退，美国和日本的经济增速有所上升。从我国真丝绸出口市场看，欧美市场，特别是美国、意大利等国所占比重较大，欧美经济的增速上升，将有利于丝绸商品的出口。国内经济保持稳定，特别是随着我国消费规模持续扩大，消费档次快速升级，人民更加注重追求个性、舒适、环保、自然，作为高档“绿色”天然产品的真丝类服装、服饰、家纺等市场份额继续扩大。预计 2014 年，丝绸消费将继续保持增长趋势。

我国造纸工业经济运行分析

中国造纸协会

一、纸及纸板生产和消费情况

（一）纸及纸板生产量和消费量

据中国造纸协会调查资料，2013 年全国纸及纸板生产企业约 3 400 个，全国纸及纸板生产量 10 110 万 t，较上年增长－1.37%。消费量 9 782 万 t，较上年增长－2.65%，人均年消费量为 72 kg（13.61 亿人）。2004—2013 年，纸及纸板生产量年均增长 8.26%，消费量年均增长 6.74%。主要产品中，新闻纸生产量 360 万 t，占纸及纸板总产量 3.56%，同比增长－5.26%；消费量 362 万 t，占纸及纸板总消费量 3.70%，同比增长－7.89%。未涂布印刷书写纸生产量 1 720 万 t，占纸及纸板总产量 17.01%，同比增长－1.71%；消费量 1 627 万 t，占纸及纸板总消费量 16.63%，同比增长－3.38%。涂布印刷纸生产量 770 万 t，占纸及纸板总产量 7.62%，同比增长－1.28%；消费量 623 万 t，占纸及纸板总消费量 6.37%，同比增长－2.35%。其中，铜版纸生产量 685 万 t，占纸及纸板总产量的 6.78%，同比增长

−1.44%；消费量 577 万 t，占纸及纸板总消费量 5.90%，同比增长−0.69%。生活用纸生产量 795 万 t，占纸及纸板总产量 7.86%，同比增长 1.92%；消费量 734 万 t，占纸及纸板总消费量 7.50%，同比增长 0.41%。包装用纸生产量 635 万 t，占纸及纸板总产量 6.28%，同比增长−0.78%；消费量 650 万 t，占纸及纸板总消费量 6.64%，同比增长−0.76%。白纸板生产量 1 360 万 t，占纸及纸板总产量 13.45%，同比增长−2.16%；消费量 1 310 万 t，占纸及纸板总消费量 13.39%，同比增长−5.00%。其中，涂布白纸板生产量 1 310 万 t，占纸及纸板总产量 12.96%，同比增长−2.24%；消费量 1 259 万 t，占纸及纸板总消费量 12.87%，同比增长−5.27%。箱纸板生产量 2 040 万 t，占纸及纸板总产量 20.18%，同比增长−1.92%；消费量 2 106 万 t，占纸及纸板总消费量 21.53%，同比增长−2.36%。瓦楞原纸生产量 2 015 万 t，占纸及纸板总产量 19.93%，同比增长−0.25%；消费量 2 013 万 t，占纸及纸板总消费量 20.58%，同比增长−0.69%。特种纸及纸板生产量 230 万 t，占纸及纸板总产量 2.27%，同比增长 4.55%；消费量 188 万 t，占纸及纸板总消费量 1.92%，同比增长 2.73%（见表 1）。

表 1　2013 年纸及纸板生产和消费情况　　单位：万 t

品　种	生产量			消费量		
	2012 年	2013 年	同比（%）	2012 年	2013 年	同比（%）
总　量	**10 250**	**10 110**	**−1.37**	**10 048**	**9 782**	**−2.65**
1. 新闻纸	380	360	−5.26	393	362	−7.89
2. 未涂布印刷书写纸	1 750	1 720	−1.71	1 684	1 627	−3.38
3. 涂布印刷纸	780	770	−1.28	638	623	−2.35
其中：铜版纸	695	685	−1.44	581	577	−0.69
4. 生活用纸	780	795	1.92	731	734	0.41
5. 包装用纸	640	635	−0.78	655	650	−0.76
6. 白纸板	1 390	1 360	−2.16	1 379	1 310	−5.00
其中：涂布白纸板	1 340	1 310	−2.24	1 329	1 259	−5.27
7. 箱纸板	2 080	2 040	−1.92	2 157	2 106	−2.36
8. 瓦楞原纸	2 020	2 015	−0.25	2 027	2 013	−0.69
9. 特种纸及纸板	220	230	4.55	183	188	2.73
10. 其他纸及纸板	210	185	−11.90	201	169	−15.92

（二）纸及纸板主要产品 2004—2013 年生产和消费情况

1. 新闻纸　2013 年新闻纸生产量 360 万 t，较上年增长−5.26%；消费量 362 万 t，较上年增长−7.89%。2004—2013 年生产量年均增长率 2.05%，消费量年均增长率 1.74%。

2. 未涂布印刷书写纸　2013 年未涂布印刷书写纸生产量 1 720 万 t，较上年增长−1.71%；消费量 1 627万 t，较上年增长−3.38%。2004—2013 年生产量年均增长率 5.98%，消费量年均增长率 5.04%。

3. 涂布印刷纸　2013 年涂布印刷纸生产量 770 万 t，较上年增长−1.28%；消费量 623 万 t，较上年增长−2.35%。2004—2013 年生产量年均增长率 11.04%，消费量年均增长率 6.35%。其中，铜版纸 2013 年铜版纸生产量 685 万 t，较上年增长−1.44%；消费量 577 万 t，较上年增长−0.69%。2004—2013 年生产量年均增长率 11.85%，消费量年均增长率 8.63%。

4. 生活用纸　2013 年生活用纸生产量 795 万 t，较上年增长 1.92%；消费量 734 万 t，较上年增长 0.41%。2004—2013 年生产量年均增长率 8.42%，消费量年均增长率 8.82%。

5. 包装用纸　2013 年包装用纸生产 635 万 t，较上年增长−0.78%；消费量 650 万 t，较上年增长−0.76%。2004—2013 年生产量年均增长率 3.40%，消费量年均增长率 3.05%。

6. 白纸板　2013 年白纸板生产量 1 360 万 t，较上年增长−2.16%；消费量 1 310 万 t，较上年增长−5.00%。2004—2013 年生产量年均增长率 8.18%，消费量年均增长率 6.05%。其中，涂布白纸板 2013 年涂布白纸板生产量 1 310 万 t，较上年增长−2.24%；消费量 1 259 万 t，较上年增长−5.27%。2004—2013 年生产量年均增长率 8.47%，消费量年均增长率 6.23%。

7. 箱纸板　2013 年箱纸板生产量 2 040 万 t，较上年增长−1.92%；消费量 2 106 万 t，较上年增长−2.36%。2004—2013 年生产量年均增长率 10.51%，消费量年均增长率 9.17%。

8. 瓦楞原纸 2013 年瓦楞原纸生产量 2 015 万 t，较上年增长－0.25%；消费量 2 013 万 t，较上年增长－0.69%。2004—2013 年生产量年均增长率 10.66%，消费量年均增长率 9.08%。

9. 特种纸及纸板 2013 年特种纸及纸板生产量 230 万 t，较上年增长 4.55%；消费量 188 万 t，较上年增长 2.73%。2004—2013 年生产量年均增长率 11.70%，消费量年均增长率 5.72%。

二、纸及纸板生产企业经济指标完成情况

据国家统计局统计，2013 年 1～12 月规模以上造纸生产企业 2 934 个；主营业务收入 7 575 亿元，同比增长 5.91%；工业增加值增速 5.40%；产成品存货 298 亿元，同比增长－4.33%；利税总额 617 亿元，同比增长 8.97%，其中利润总额 374 亿元，同比增长 6.95%；资产总计 9 015 亿元，同比增长 8.02%；资产负债率 58.20%，较上年减少 0.62 个百分点；负债总额 5 247 亿元，同比增长 4.83%；在统计的 2 934 个造纸生产企业中，亏损企业有 401 个，占 13.67%。

三、纸及纸板生产企业经济类型与规模结构

根据国家统计局提供的 2013 年 1～12 月规模以上造纸生产企业的相关数据分析，在统计的 2 934 个规模以上造纸生产企业中，国有及国有控股企业有 73 个，占 2.49%；"三资"企业有 353 个，占 12.03%；集体及其他企业有 2 508 个占 85.48%。在造纸企业主营业务收入总额中，国有及国有控股企业占 11.73%；"三资"企业占 26.93%；集体及其他企业占 61.34%。在利税总额中，国有及国有控股企业占 7.21%；"三资"企业占 26.66%；集体及其他企业占 66.13%。在利润总额中，国有及国有控股企业占 3.68%；"三资"企业占 27.42%；集体及其他企业占 68.90%。

按照我国大中小企业划分标准，2013 年在 2 934 个规模以上造纸生产企业中，大中型造纸企业 526 个占 17.93%，小型企业 2 408 个占 82.07%；在纸及纸板主营业务收入中，大中型企业占 65.08%，小型企业占 34.92%；在利税总额中，大中型企业占 61.64%，小型企业占 38.36%；在利润总额中，大中型企业占 61.16%，小型企业占 37.84%。

2013 年纸及纸板产量超过 100 万 t 的生产企业为：玖龙纸业（控股）有限公司 1 109 万 t，理文造纸有限公司 483 万 t，山东晨鸣纸业集团股份有限公司 421 万 t，山东太阳纸业 310 万 t，华泰集团有限公司 289 万 t，安徽山鹰纸业股份有限公司 243 万 t，金东纸业（江苏）股份有限公司 202 万 t，中国纸业投资总公司 191 万 t，宁波中华纸业有限公司（含宁波亚洲浆纸业有限公司）163 万 t，福建联盛纸业 138 万 t，荣成纸业（中国）控股有限公司 136 万 t，东莞建晖纸业有限公司 130 万 t，山东世纪阳光纸业集团有限公司 109 万 t，海南金海浆纸业有限公司 108 万 t，山东博汇纸业股份有限公司 106 万 t。

2013 年木浆产量超过 100 万 t 的生产企业为：山东晨鸣纸业集团股份有限公司 174 万 t，山东亚太森博浆纸有限公司 170 万 t，海南金海浆纸业有限公司 136 万 t。

四、纸浆生产和消耗情况

（一）2013 年纸浆生产情况

据中国造纸协会调查资料，2013 年全国纸浆生产总量 7 651 万 t，较上年增长－2.75%。其中，木浆 882 万 t，较上年增长 8.89%；废纸浆 5 940万 t，较上年增长－0.72%；非木浆 829 万 t，较上年增长－22.81%（见表 2）。

表 2 2004—2013 年纸浆生产情况 单位：万 t

品种 \ 年度	2004	2005	2006	2007	2008	2009	2010	2011	2012	2013
纸浆合计	**3 723**	**4 441**	**5 196**	**5 924**	**6 415**	**6 733**	**7 318**	**7 723**	**7 867**	**7 651**
其中：木浆	238	371	526	605	679	560	716	823	810	882
废纸浆	2 305	2 810	3 380	4 017	4 439	4 997	5 305	5 660	5 983	5 940
非木浆	1 180	1 260	1 290	1 302	1 297	1 176	1 297	1 240	1 074	829

注：非木浆包括苇浆、蔗渣浆、竹浆、稻麦草浆和其他浆。

（二）2013 年纸浆消耗情况

2013 年全国纸浆消耗总量 9147 万 t，较上年增长－2.15%。木浆 2 378 万 t，占纸浆消耗总量 26%，其中进口木浆占 16%、国产木浆占 10%；废纸浆 5 940万 t，占纸浆消耗总量 65%，其中进口废纸浆占 26%、国产废纸浆占 39%；非木浆 829 万 t，占纸

浆消耗总量9%，其中稻麦草浆占4.4%、竹浆占1.5%、苇（荻）浆占1.4%、蔗渣浆占1.1%、其他非木浆占0.7%（见表3）。

表3 2013年纸浆消耗情况

单位：万t

品种	2012年	占比例（%）	2013年	占比例（%）	同比增长（%）
总量	**9 348**	**100**	**9 147**	**100**	**−2.15**
木浆	2 291	25	2 378	26	3.80
其中：进口木浆	1 489	16	1 505	16	1.07
废纸浆	5 983	64	5 940	65	−0.72
其中：进口废纸浆	2 405	26	2 379	26	−1.08
非木浆	1 074	11	829	9	−22.81

注：1. 2012年进口木浆1 647万t，扣除溶解浆158万t，实际消耗量1 489万t。
2. 2013年进口木浆1 685万t，扣除溶解浆180万t，实际消耗量1 505万t。

五、纸制品生产和消费情况

（一）纸制品生产量和消费量

根据国家统计局数据，2013年全国规模以上纸制品生产企业4 218个，生产量5 324万t，较上年增长10.82%；消费量5 082万t，较上年增长11.13%；进口量13万t，出口量255万t。2005—2013年，纸制品生产量年均增长13.96%，消费量年均增长14.14%。

（二）纸制品生产企业经济类型与规模结构

2013年全国规模以上纸制品生产企业4 218个，其中国有及国有控股企业有38个，占0.90%；“三资”企业有742个，占17.59%；集体及其他企业有3 438个占81.51%。在纸制品生产企业主营业务收入总额中，国有及国有控股企业占0.63%，“三资”企业占25.73%，集体及其他企业占73.64%。在利税总额中，国有及国有控股企业占0.72%，“三资”企业占30.39%，集体及其他企业占68.89%。在利润总额中，国有及国有控股企业占0.68%，“三资”企业占30.74%，集体及其他企业占68.58%。

按照我国大中小企业划分标准，2013年在4 218个规模以上纸制品生产企业中，大中型纸制品生产企业480个占11.38%，小型企业3 738个占88.62%；在纸制品生产企业主营业务收入中，大中型企业占33.96%，小型企业占66.04%；在利税总额中，大中型企业占40.41%，小型企业占59.59%；在利润总额中，大中型企业占41.08%，小型企业占58.92%。

六、纸及纸板、纸浆、废纸及纸制品进出口情况

（一）纸及纸板、纸浆、废纸及纸制品进口情况

2013年纸及纸板进口283万t，较上年增长−9.00%；纸浆进口1 685万t，较上年增长2.31%；废纸进口2 924万t，较上年增长−2.76%；纸制品进口13万t，较上年增长−7.14%。2013年进口纸及纸板、纸浆、废纸、纸制品合计4 905万t，较上年增长−1.49%，用汇217亿美元，较上年增长−1.36%。进口纸及纸板平均价格为1 274.06美元/t，较上年平均价格增长4.59%；进口纸浆平均价格为674.84美元/t，较上年平均价格增长0.03%；进口废纸平均价格为202.83美元/t，较上年平均价格增长−2.75%（见表4）。

表4 2013年中国纸浆、废纸、纸及纸板、纸制品进口情况

单位：万t

品种	2012年进口量	2013年进口量	同比增长（%）
一、纸浆	1 647	1 685	2.31
二、废纸	3 007	2 924	−2.76
三、纸及纸板	311	283	−9.00
1. 新闻纸	13	11	−15.38
2. 未涂布印刷书写纸	35	28	−20.00
3. 涂布印刷纸	35	32	−8.57
其中：铜版纸	27	24	−11.11
4. 包装用纸	20	20	0.00

（续）

品　　种	2012年进口量	2013年进口量	同比增长（%）
5. 箱纸板	84	83	−1.19
6. 白纸板	72	66	−8.33
其中：涂布白纸板	72	65	−9.72
7. 生活用纸	4	3	−25.00
8. 瓦楞原纸	14	7	−50.00
9. 特种纸及纸板	28	27	−3.57
10. 其他纸及纸板	6	6	0.00
四、纸制品	14	13	−7.14
总　计	**4 979**	**4 905**	**−1.49**

注：数据来源于海关总署。

（二）纸及纸板、纸浆、废纸及纸制品出口情况

2013年纸及纸板出口611万t，较上年增长19.10%；纸浆出口8.31万t，较上年增长4.01%；废纸出口0.10万t，较上年增长−58.33%；纸制品出口255万t，较上年增长4.08%。2013年出口纸及纸板、纸浆、废纸、纸制品合计874.41万t，较上年增长14.12%，创汇161亿美元，较上年增长16.67%。出口纸及纸板平均价格为1 251.65美元/t，较上年平均价格增长2.06%；出口纸浆平均价格为1 273.72美元/t，较上年平均价格增长−19.84%；出口废纸平均价格为452.82美元/t，较上年平均价格增长35.51%（见表5）。

表5　2013年中国纸浆、废纸、纸及纸板、纸制品出口情况　　单位：万t

品　　种	2012年进口量	2013年进口量	同比增长（%）
一、纸浆	7.99	8.31	4.01
二、废纸	0.24	0.10	−58.33
三、纸及纸板	513.00	611.00	19.10
1. 新闻纸	0.00	9.00	
2. 未涂布印刷书写纸	101.00	121.00	19.80
3. 涂布印刷纸	177.00	179.00	1.13
其中：铜版纸	141.00	132.00	−6.38
4. 包装用纸	5.00	5.00	0.00
5. 箱纸板	7.00	17.00	142.86
6. 白纸板	83.00	116.00	39.76
7. 生活用纸	53.00	64.00	20.75
8. 瓦楞原纸	7.00	9.00	28.57
9. 特种纸及纸板	65.00	69.00	6.15
10. 其他纸及纸板	15.00	22.00	46.67
四、纸制品	245.00	255.00	4.08
总　计	**766.23**	**874.41**	**14.12**

注：数据来源于海关总署。

七、纸及纸板生产布局与集中度

根据中国造纸协会调查资料，2013年我国东部地区12个省、自治区、直辖市，纸及纸板产量占全国纸及纸板产量比例为76.9%，比上年提高1.5个百分点；中部地区9个省、自治区比例占16.9%，比上年降低1.5个百分点；西部地区10个省、自治区、直辖市比例占6.2%，与上年持平（见表6）。

表6　2013年纸及纸板产量区域布局变化

名　　称	2012年		2013年	
	产量（万t）	比例（%）	产量（万t）	比例（%）
纸及纸板产量	10 250	100.0	10 110	100.0
其中：东部地区	7 728	75.4	7 773	76.9
中部地区	1 887	18.4	1 706	16.9
西部地区	635	6.2	631	6.2

2013年，山东、广东、浙江、江苏、河南、福

建、河北、湖南、广西、重庆、天津、四川、安徽、湖北、江西和海南 16 个省、自治区、直辖市纸及纸板产量均超过 100 万 t，产量合计已达 9 653 万 t，占全国纸及纸板总产量的 95.48%（见表 7）。

表 7　2013 年纸及纸板产量 100 万 t 以上的省、自治区、直辖市

单位：万 t

省　份	2012 年	2013 年	同比增长（%）
山　东	1 710	1 730	1.17
广　东	1 579	1 641	3.93
浙　江	1 536	1 561	1.63
江　苏	1 206	1 210	0.33
河　南	780	700	−10.26
福　建	539	525	−2.60
河　北	424	344	−18.87
湖　南	355	320	−9.86
广　西	258	275	6.59
重　庆	171	240	40.35
天　津	196	220	12.24
四　川	232	202	−12.93
安　徽	213	195	−8.45
湖　北	224	190	−15.18
江　西	155	160	3.23
海　南	114	140	22.81
合　计	**9 692**	**9 653**	**−0.40**

注：中国造纸协会调查资料。

第二部分

相关行业发展概况

油料加工业

一、基本情况

2013年，我国食用油市场总体情况可概括为：一是国产油料产量及榨油量与上年基本持平；二是以大豆为代表的进口油料数量再创历史新高，进口油脂油料的折油总计继续增长，但增幅呈下降趋势；三是国内油脂市场货源充足，节余继续增加；四是食用油的总消费量和我国人均年食用油的消费量继续增加；五是食用油市场价格不断下滑，至今仍然低迷；六是油脂加工企业成本增加，经济效益不佳。国家粮油信息中心预测，2013年我国油菜籽、大豆、花生、棉籽、葵花籽、芝麻、油茶籽、亚麻籽等八大油料总产量为5 846.8万t，与2012年实际产量5 972.3万t基本持平。其中，棉籽为1 135.8万t，油茶籽为190.0万t，亚麻籽为38.5万t。根据中国农业统计资料显示，2013年我国油菜籽产量为1 445.8万t，大豆为1 195.1万t，花生为1 697.2万t，芝麻为62.3万t，葵花籽为242.3万t。2013年我国国产油料榨油量（除大豆、花生、芝麻和葵花籽等4种油料部分直接食用外）为1 169.4万t，而2012年国产油料榨油量为1 159.2万t，同比增加10.2万t。自2011年起，我国油茶籽的产量与榨油量增长幅度较大。其中，2013年的预测产量与榨油量都较2012年增长9%～10%。充分说明，在国家支持与扶持下，我国油茶产业的发展足有成效。

为满足食用油市场供应日益增长的需要，2013年我国进口油脂油料的数量继续呈上升趋势。据海关总署统计，2013年我国进口油脂油料的折油总计达2 453.9万t，较2012年增长3.0%，与2012年较2011年增长20.48%相比，增幅开始趋缓。其中，进口大豆为6 337.5万t，进口油菜籽为366.2万t，进口花生为1.9万t，进口芝麻为44.1万t，进口亚麻籽为18.1万t；进口大豆油为115.8万t，进口棕榈油为597.9万t，进口菜籽油为152.7万t，进口花生油为6.1万t，进口橄榄油及其分离品为3.7万t，进口其他植物油为55.7万t，进口人造黄油为24.6万t。另据统计，2013年出口油脂油料的折油总计为26.2万t，较上年增长0.17%。我国食用油市场综合平衡分析，2012/2013年度，我国食用油市场的总供给量为3 374.3万t，其中包括国产油料和进口油料合计生产的食用油为2 371.5万t；直接进口的各种食用油合计为1 002.8万t。2012/2013年度我国食用油的食用消费量为2 755万t，工业及其他消费为275.0万t，出口油脂油料的折油总计为10.8万t，合计年度需求总量为3 040.8万t。年度结余量为333.5万t。这里，我们可以推算出2012/2013年度我国食用油的自给率为38.5%（即2013年国产油料榨油量1 169.4万t与年度需求总量3 040.8万t之比）。2012/2013年度我国食用油的需求总量为3 040.8万t，按全国13.5亿人口计算，人均年消费量为22.5kg，较上年的21.4kg又提高了1.1kg。

二、发展方向和重点

（1）食用油市场需求将呈刚性增长，油脂加工业将进一步发展 目前，我国食用植物油年人均消费量已达22.5kg，超过了世界人均约20.0kg的水平。但尽管如此，随着我国人口增长、人民生活水平提高、城镇化进程加快和工业用油不断增长，我国对食用油消费需求在总量上的增长速度虽然不会像以前那样快，但仍将继续保持刚性增长的趋势。这一发展趋势，预示着油脂加工业在“十三五”期间仍将保持平稳较快发展态势。当然，其发展速度也不会像前些年那样快。

（2）要利用好两种资源、两个市场，满足我国粮油市场的需求 近年来，国家及相关部门发布了一系列支持发展油料生产的规划和措施，取得了举世瞩目的油料生产的快速发展，油料产量创历史最高纪录。但其增长速度仍然跟不上我国油料消费快速增长的需求，需要利用国内外两种资源、两个市场来进行调节，才能满足我国油料市场的需要。要在进一步坚持立足国内的同时，根据“适度进口”的原则，油料加工企业要更好地利用好国内外两种资源、两个市场，以确保国家粮油安全。现在看来，只有利用好两个市场，才能满足国内油脂市场的需求，这一趋向在相当长的时间内是不会改变的。

（3）坚持安全质量第一，继续倡导“营养健康消费”和“适度加工” 油料产品是人们一日三餐都离不开的最重要的食物，也是食品工业的基础原料，其安全与质量直接关系着人民群众身体健康和生命安全。为此，油料加工企业不论在任何时候、任何情况下，都必须把油料产品的“安全”与“质量”放在第一位，要严格按国家标准组织生产，严把油料产品质量关，以确保油料产品及其制品的绝对安全。在油料产品安全的基础上，油料加工企业仍要把“优质、营养、健康、方便”作为今后的发展方向；要继续倡导“适度加工”，提高纯度、合理控制精度、提高出口率，最大程度保存油料原料中的固有营养成分，纠正油料产品的“过度加工”现象；要加强科普宣传，引导消费者科学消费，健康消费。

(4) 要把节能减排、清洁生产作为油脂加工企业发展的永恒主题 根据国家节能减排的总要求，油料加工业要把节能减排的重点放在节电、节煤、节气、节水等降耗上，放在减少废水、废气、废渣、废物等产生和排放上，并按照循环经济的理念，千方百计采取措施加以利用和处置，变废为宝，实现污染物的零排放。为防止油脂产品在加工过程中的“再度污染”，我们要推行清洁生产，通过对工艺、设备、过程控制、原辅材料等革新，确保油脂产品在加工过程中不受“再度污染”，进一步提高油脂产品质量与安全。

(5) 推进结构调整，淘汰落后产能 在今后一段时间里，油脂加工企业仍要加快组织结构的调整，引导企业通过兼并重组，通过产业园区建设，进一步提高企业集中度，发展拥有知名品牌和核心竞争力的大型企业和企业集团，改造提升中小型企业发展的质量和水平，形成大中小企业分工协作、各具特色、协调发展的格局。要进一步加大对油脂加工企业技术改造的力度，通过采用先进实用、高效低耗、节能环保和安全技术，开发新产品，实施节能减排，降低成本，提高工效。与此同时，将充分发挥市场机制，强化卫生、环保、安全、能耗的约束作用，加快淘汰一批工艺落后、设备陈旧、质量安全和环保不达标、能耗物耗高的落后产能。要积极调整产品结构，加快对“系列化、多元化、营养健康”油脂产品的开发，提高名、优、特、新产品的比重；要积极发展煎炸、起酥、凉拌、调味等各类家庭专用油脂和食品工业专用油脂；要加快发展小包装食用油，以加快步伐替代市场上的散装食用油。

(6) 重视油料资源的综合利用 油料加工企业在生产油产品的同时，还生产出大量的副产物，诸如稻谷加工的米糠，小麦加工胚芽等，油料加工的饼粕、皮壳、油脚、馏出物等。这些副产物都是宝贵的资源，要充分利用这些宝贵资源，为社会创造更多的财富是油料加工企业义不容辞的责任。当前，对这些资源利用的重点将放在大力推广米糠和玉米胚的集中制油上，放在提高胚芽副产物的综合开发利用上，放在饼粕的最佳有效利用上。

(7) 提倡“一线多能”和“多油并举” 为充分发挥现有产能的作用，提高产能利用率，倡导单个企业通过技术改造，调整工艺和增设部分装置，以适应能加工两种以上原料的需要，做到“一线多能”。为增加油源，丰富市场，倡导在油料生产和加工中除了要重视大豆、油菜籽、花生、棉籽等大宗油料外，还应重视葵花籽、芝麻等一般油料的生产与加工，尤其要重视以油茶籽为代表的木本油料和其他特种油的生产与加工，做到“多油并举”。

(8) 特种油脂、功能性油脂将得到重视与发展 在国家政策的支持下，我国以油茶籽和核桃为代表的特种木本油料生产将得到快速发展。据统计，2013年油茶籽和核桃的产量已分别达到 190.0 万 t 和 233.0 万 t。油脂加工企业要重视对这些特种油料资源的开发利用，要充分利用特种油脂富含功能性成分的特点，生产营养健康的功能性油脂，以丰富食用油市场，满足不同人群的需要。在米糠和玉米胚芽利用方面，要继续积极采用米糠膨化保鲜技术装备，推广“分散保鲜、集中榨油（浸出）”和“分散榨油、集中精炼”等成功模式，以进一步提高米糠利用率和稻米油的品质，为国家增产油脂，造福人民。

(9) 在油脂消费上，将确保食用油的市场供给 鉴于食用植物油是国家食物安全中的重要组成部分，确保食用植物油市场的供应是我们的首要任务。为此，必须在确保食用的前提下，根据“不与人争油”的原则，妥善处理好食用与工业用油的关系。从国家食物安全、食用植物油自给率偏低和保护环境出发，对利用食用植物油生产生物柴油等项目将不予提倡，严格控制。

(10) 进一步提高油脂机械的研发和制造水平 为满足和促进油脂加工业进一步发展的需要，油料工业在今后的发展中要在“重质量、重研发、强创新、上水平”上进一步下功夫，并着重在以下几个方面做出成效。一要重视关键技术装备的基础研究和自主创新。通过自主创新把油料机械制造业的发展重点放在大型化、自动化、智能化和专用化上。二要进一步提高油料加工机械的质量。做到既要注重内在质量，又要重视外表质量。三要重视开发节能降耗的设备。要研发和生产出能耗低的油料加工机械产品，以符合节能降耗的时代要求。四要研究开发出符合清洁生产和“适度加工”需要的装备。五要加快研究开发出适合木本油料加工装备。六要进一步实施“走出去”战略，使我国不仅成为油料机械产品的生产大国和使用大国，同时成为油料机械产品的出口大国。

三、油脂工业动态

（1）世界上最大的美藤果油工厂于2014年1月落户云南西双版纳 此项目已被云南省列为“三个一百”重点建设项目之一。据了解，项目以云投集团—西双版纳印奇生物资源开发有限公司为主体平台，总投资4.0亿元，在西双版纳州打造云南重要的生物资源产业开发及高档油料产品加工基地。西安中粮工程研究设计院有限公司承建了美藤果制油项目，主要建设有60.0t/d脱壳车间、20.0t/d榨油车间、1.5～2.0t/d精炼车间、3.0t/d速溶蛋白粉车间、5.0t/d蛋白粉车间、10.0t/d美藤果油小包装车间以及纯水车间、制氮车间和其他相应配套的仓储、环保设施。

（2）合肥燕庄油脂精品食用油二期工程于2014年2月开工 该项目位于合肥高新区南岗科技园创新大道。项目分为两期建设，一期占地面积约9.3hm²，已建成投产。二期占地面积约7.3hm²，项目投资约2.0亿元，共建4个单体，其中2栋调和油生产厂房，1栋芝麻粕存储仓库，1栋成品库，总建筑面积约7.0万m²。据悉，该项目两期建成达产后，可年产18.0万t精品食用油，预计年产值约15.0亿元，税收约5 000.0万元。

（3）汇福粮油电子商务基地项目于2014年3月签约郑州 该项目总投资11.0亿元，由汇福粮油集团负责承建。汇福粮油（大宗商品）电子商务平台由汇福粮油（大宗商品）交易所、汇福粮油（大宗商品）现代物流平台、汇福金融系统（包括第三方支付平台、财富管理中心、私募股权产业基金）三方面组成。汇福粮油（大宗商品）电子商务平台，将在石油化工商品、金属商品、煤炭商品、大宗农副商品等专业领域，不断地适时推出既符合国家利益，又符合国内、国际市场需求的标准现货交易品种，逐步形成集大宗商品交易、结算、物流和融资服务于一体的综合服务体系。

（4）天津滨海新区油产业技术创新战略联盟于2014年4月成立 该联盟由中粮佳悦（天津）有限公司、中国天津粮油批发交易市场、天津科技大学等34个联盟成员单位参加。会议期间，召开了联盟第一届理事会第一次会议，推选了联盟理事长、副理事长，确定了由23名专家组成的专家委员会，通过了联盟《章程》等6项议案。“滨海新区粮油产业技术创新战略联盟”的组建，将着眼循环经济、低碳经济和信息化建设，重点整合全产业链的技术创新力量，深化粮油精加工综合利用、节能减排和信息化等方面工作。

（5）重庆鲁花食用油有限公司于2014年5月开业 该项目已建成年生产能力达6.0万t的食用油灌装厂，每年将加工、分装鲁花牌浓香花生油及调和油6.0万t，投产后可实现产值10.0亿元，年入库税金预计2 000.0万元以上。

（6）武汉福达坊油脂有限公司于2014年7月签约入驻四川江津德感工业园，并与江津德感工业园签署投资协议 按照协议内容，福达坊集团将在德感园区建设芝麻、花椒等压榨、分装及食品调味品生产项目。项目计划投资3.0亿元，年产量3.0万t，项目达产预计产值10.0亿元，入库税收2 000.0万元。

（7）餐厨废弃物转化生物柴油项目于2014年9月落户迁安 该项目位于迁安市西部工业园区，由该市正星新能源有限公司建设，项目计划占地4.0hm²，总投资1.8亿元，分三期建设年产3.0万t生物柴油的餐厨垃圾生产线。其中，一期主要建设日处理餐厨垃圾60.0t、年生产生物柴油1.0万t生产线1条；二期增加生物柴油精馏、餐厨固体垃圾置换沼气设备；三期将在唐山和秦皇岛市周边城市建设餐厨垃圾回收站，达到年产3万t生物柴油规模。该项目已完成项目可研性报告、技术合作、项目选址、项目方案设计等前期准备工作。

（8）全国首个山茶油现货交易平台于2014年10月挂牌 浙江常发粮油食品有限公司与浙江舟山大宗商品交易所合作成立浙商所山茶油运营中心。据了解，该运营中心是以现货贸易为基础，以物流、金融为依托，以信息技术为支撑，具现货贸易、商品投资、避险保值功能，集商流、物流、资金流、信息流于一体的现代化商品交易市场。通过运营中心的市场、金融、信息、仓储物流体系建设，延伸产业链条，促进林业资源合理配置和深度开发利用，推动森林资源“证券化”等资本化运作，推进集体林权制度改革。运营中心挂牌后，将是全国第一个山茶油现货交易平台。

四、科研、新产品与新技术

（1）金龙鱼于2014年3月成立粮油行业首个营养安全研究基金。益海嘉里在上海设立金龙鱼营养与安全研究基金，主要由丰益（上海）生物技术研发中心有限公司进行运作。据悉，研究基金每年将提供100.0万元人民币资助费用，资助5个项目，每个项目期限原则上为12个月，资助金额为20.0万元人民币。研究基金支持的项目除营养学研究外，还包括食品安全领域的项目研究。2014 年研究基金的主题为“粮油食品营养与安全”。

（2）国家粮食储备局西安油脂科学研究设计院完成的“一步法亚麻木酚素提取及高蛋白亚麻籽粕脱毒与制备工艺”项目，于 2014 年 4 月在西安通过了由陕西省科学技术厅组织的科技成果鉴定。据该课题组专家介绍，采用一步法用 65％乙醇碱性溶剂提取亚麻籽饼粕中亚麻木酚素的同时脱除了生氰糖苷，提高了亚麻籽粕的蛋白含量。亚麻木酚素提取率≥90.0％，亚麻籽粕的蛋白质含量≥50.0％，粕中生氰糖苷含量≤5.0mg/kg。新工艺相对传统亚麻籽粕加工工艺，提取时间缩短 40.0％～50.0％，亚麻木酚素产品中生氰糖苷含量≤5.0mg/kg，亚麻木酚素含量≥20.0％，符合食品中氰化物的含量要求，有助于在食品行业中的推广应用。专家组鉴定认为，该课题选题正确，符合我国油脂行业综合利用及国家节能减排、节资、高效的产业政策；该项目技术先进，创新性强，达到了国内领先水平。

（3）中华全国供销合作总社科技教育部组织专家，于 2014 年 5 月在杭州余杭区对杭州茶叶研究院、江南大学和杭州远圣茶能科技有限公司承担的“新型茶基天然油脂抗氧化剂的研发与应用”项目，杭州茶叶研究院承担的“茶皂素生物精制工艺研究及日化产品开发”“天然活性成分降脂功能饮料的开发”项目进行了技术成果鉴定。鉴定会由中华全国供销合作总社科技教育部科技处处长王松均主持。鉴定认为，“新型茶基天然油脂抗氧化剂的研发与应用”项目，是将茶叶中具有极强抗氧化活性的提取物通过现代高新自主创新技术，对其进行微乳化而应用到油脂体系中。高纯度的、极强抗氧化活性的茶叶提取物在微乳化体系中具有较好的稳定性，在油脂体系中不仅展现出其优异的抗氧化效果，而且还具有缓释作用。“茶皂素生物精制工艺研究及日化产品开发”项目是采用半连续发酵工艺，不添加其他物料，将红茶菌接种于茶籽饼粕水提液中，经发酵消耗其中的糖，利用发酵过程中产生的絮凝沉淀茶皂素，再经絮凝分层、离心、乙醇浸提、真空浓缩、喷雾干燥得到精制茶皂素，纯度大于 80.0％。将该茶皂素添加到洁面霜配方进行小试生产，产品的稳定性和卫生指标均符合卫生部 2007 版《化妆品卫生规范》要求，人体试用无紧绷、无刺激，泡沫细腻，洁肤力良好。

（4）由武汉轻工大学、国家粮食局标准质量中心、国家粮食局科学研究院和武汉矽感科技有限公司共同完成的“食用植物油真实性检测鉴别技术及应用”项目，于 2014 年 6 月在武汉进行了湖北省科技厅组织的科技成果鉴定。该项目在国内首次提出将离子迁移谱技术应用于“食用植物油”的检测和鉴别，在研究了油脂的离子迁移谱出峰机理的基础上，确定了离子迁移谱检测油脂的标准化操作流程（SOP），发现不同类别的食用植物油均有其独特的“身份特征”。通过对离子迁移谱数据的分析，找出各类植物油的“身份特征”，分别建立了大豆油、花生油、芝麻油和橄榄油的识别模型，实现对这四种食用植物油的检测和鉴别，属国内首创。本项目结合质谱等其他先进技术，深入研究了油脂在离子迁移谱上的成峰机理，研究了油脂主要挥发性成分在离子迁移谱设备的表现，通过大量的油脂样本检测，采集两万多组数据，结合神经网络随机森林等多种化学计量学方法，建立“食用植物油”的识别模型库，形成一整套“食用植物油真实性”快速检测鉴别的方法，鉴定委员会认为该项目整体达到国际先进水平。

（5）由武汉轻工大学、武汉矽感科技有限公司共同完成的“地沟油检测鉴别技术及应用”项目，于 2014 年 6 月在武汉进行了湖北省科技厅组织的科技成果鉴定。该项目在国内首次提出将离子迁移谱技术应用于“地沟油”的检测和鉴别，在研究了油脂的离子迁移谱出峰机理的基础上，确定了离子迁移谱检测油脂的标准化操作流程（SOP），发现“地沟油”共同特征—反复加温所导致的离子迁移谱变化规律。通过对离子迁移谱数据的分析，找出各类油脂的“身份特征”，建立了“地沟油”的识别模型，实现对“地沟油”的检测和鉴别。离子迁移谱检测鉴别“地沟油”的技术将离子迁移谱技术运用于“地沟油”的检测鉴别，属国内首创。本项目结合质谱等其他技术，深入研究了油脂在离子迁移谱上的成峰机理，研究了油脂主要挥发性成分在离子迁移谱设备的表现，通过大量的油脂样本检测，采集两万多组数据，结合神经网络随机森林等多种化学计量学方法，建立“地沟油”的识别模型，形成一整套“地沟油”快速检测鉴别的方法，鉴定委员会认为该项目整体达到国际先进水平。

（6）“十二五”国家科技支撑项目“食用植物油加工关键技术研究与示范”等四个课题的验收会，于 2014 年 7 月在江南大学召开。四个课题负责人就课题设置的考核指标、研究内容进展、代表性成果与应用前景、经济社会效益、专利论文及行业标准、经费使用与管理机制六大方面向专家组进行了详细汇报。专家组成员认真审阅了课题组提交的各种技术资料和相关材料，并对各个课题实施过程中存在的问题进行了提问和质询，课题组成员对专家的疑问与建议进行了答疑。验收专家组组长黄凤洪在总结中充分肯定了各课题组在三年中取得的研究成果，对课题规范、合理使用经费表示赞赏，并对课题中存在的不足提出了中肯的建议，专家组一致同意四个课题顺利通过验收。

五、标准与行业工作

（1）由全国粮油标准化委员会油料及油脂技术工作组等主办的“中国木本油料油脂标准制修订启动暨木本油料产业发展研讨会”，于2014年4月29日在浙江省金华市举行。从会议获悉，《国务院关于加快木本油料产业发展的意见（征求意见稿）》正在征求有关部委的意见，有望近期发布实施。意见指出，加快木本油料产业发展是提高食用植物油生产能力、维护国家粮油安全的有力保障。我国木本油料树种资源十分丰富，种子含油量在40.0%以上的有150多种，包括油茶、核桃等传统食用油料树种和油用牡丹、长柄扁桃、光皮梾木、元宝枫、翅果、杜仲、盐肤木等新型食用油料树种。不仅可广泛栽培，而且产量高，具有广阔的发展前景。意见提出，力争到2020年，油茶、核桃、油用牡丹等木本油料树种种植面积达到0.13亿hm^2，木本油料基地建成后逐步实现年产木本食用油500.0万t以上。在科学规划、优化布局的基础上，到2020年，建设400个油茶重点县、400个核桃重点县、200个油用牡丹、长柄扁桃、光皮梾木、元宝枫、翅果、杜仲、盐肤木等木本油料重点县，建设一批集约化、规模化、产业化示范基地，逐步形成木本油料产业体系，实现木本油料产业全面协调可持续发展。启动我国木本油料油脂标准制修订，就是为配合落实《国务院关于加快木本油料产业发展的意见（征求意见稿）》，旨在建立和完善木本食用油产品质量安全和标示认证体系，制定和完善木本油料种植、仓储、加工、销售等生产标准、产品质量标准及其检测方法，确保产品质量和食品安全。

（2）由全国粮油标准化技术委员会油料及油脂技术工作组等主办的《食用植物油生产卫生规范》标准研讨会，于2014年10月29日在山东烟台召开。作为强制性食品安全国家标准的《食用植物油生产卫生规范》，将于2015年12月由国家卫计委颁布。食用植物油标准技术性强，政策性强，并列入国家食品安全标准序列，纳入强制性标准。公开资料显示，1993—2013年，我国植物油消费量从763.0万t增长到3 081.4万t，共增长了303.8%；人均年消费量从6.4kg上升到22.8kg，超过世界年人均20.0kg的水平。而《GB 8955—88食用植物油厂卫生规范》实施至今已有20多年，我国的食用植物油企业已经有了很大的发展，消费者对食用植物油的安全和质量的要求会越来越高，迫使食用植物油的生产、销售、流通、储存、消费等环节紧紧跟上形势发展的需要，修订“规范”很有必要。本次修订后的“规范”，名称更改为《食用植物油生产卫生规范》。

（3）“国际稻米油理事会成立暨首届国际稻米油科学技术大会”于2014年5月15～17日在武汉召开。来自印度、日本、泰国、越南、斯里兰卡、马来西亚等国家以及国内的300多名代表参加会议。会上，业内专家呼吁政府有关部门像支持大豆产业一样支持米糠资源的利用。据国家粮食局统计，2012年全国9 788个规模以上的大米加工企业在生产大米的同时，其米糠产量多达1 331.0万t，超过了我国2012年大豆1 305.0万t的产量。米糠（含米胚）是稻米加工中最宝贵的副产品。一般来说，米糠的含油率为18.0%～20.0%，相当于我国的大豆含油量，所以它是极其宝贵的油料资源。如果在我国稻米加工中能将60.0%的米糠资源用于榨油，出油率按16.0%计算，那么我国每年能生产出120.0万～130.0万t稻米油，相当于700多万t国产大豆的产油量。理事会成立后，希望可以促进生产商与其他相关机构间的交流，推广稻米油的广泛应用。大会期间，国际国内权威专家就《中国稻米油发展现状与展望》《稻米油的营养与健康》《稻米油生产的全球化意义》等主题发言。同期举行了“稻米油加工”“稻米油营养”“副产品综合利用”专场学术报告会，并颁发国际稻米油理事会稻米油工业创新奖和优秀学术奖。

（4）“中国粮油学会油脂分会第23届学术年会暨产品展示会”于2014年9月21～23日在无锡召开，本次会议由中国粮油学会油脂分会主办，无锡中粮工程科技有限公司、中粮食品营销有限公司协办。大会的主题为“改革创新、转型升级、安全营养、减损增效”。大会开幕式由中国粮油学会左恩南常务副会长主持，油脂分会王瑞元会长致开幕词、中国粮油学会张桂凤理事长致贺词。大会特邀了中粮工程科技有限公司总经理姚专、中粮食品营销有限公司厨房食品总经理陈刚、益海嘉里（岳阳）粮油工业有限公司副总经理彭君分别做了题为《粮油企业在投资、建设中应注意的一些新问题》《电商时代下的油脂加工产品营销新模式》《国内外油脂油料市场分析》的报告。其他专家学者们就油厂节能减排及安全生产、油脂制取、精炼、储藏等新工艺、新设备、新技术，专用油脂、功能性油脂的开发和油脂精细化工产品的研究，特种油料新油源的开发利用及油脂副产品的综合利用，油脂标准的制修订及油料、油脂检测技术，油脂企业的现代化管理与油脂科技信息等方面进行了学术交流。

（武汉轻工大学 何东平）

大豆加工业

一、基本情况

(一) 大豆生产情况

根据中国农业统计资料显示，2013 年我国大豆播种面积为 6 791khm^2，同比增长－5.3%；单位面积产量为 1 760kg/hm^2，同比增长－3.3%；总产量为 1 195.1 万 t，同比增长－8.4%。产量较大的省、自治区为黑龙江、内蒙古、安徽、河南、四川、江苏、吉林等地，约占全国总产量的 69.5%（见表 1）。

表 1　2013 年我国大豆主产区生产情况

主产区	播种面积（khm^2）	单　产（kg/hm^2）	总产量（万 t）	同比增长（%）	占全国比例（%）
黑龙江	2 430	1 592	386.7	－16.5	32.4
内蒙古	564	2 121	119.7	－1.9	10.0
安　徽	857	1 249	107.0	－5.3	9.0
河　南	444	1 643	72.9	－6.6	6.1
四　川	222	2 339	51.8	－0.14	4.3
江　苏	209	2 246	47.0	－15.0	3.9
吉　林	215	2 116	45.4	11.17	3.8

注：表中数据来自于农业部《2013 年中国农业统计资料》。

(二) 大豆加工情况

1. 大豆压榨产能分布　根据有关机构调研统计，2013 年我国大豆压榨产能过剩情况仍然严重，黑龙江、吉林、辽宁、天津、河北、山东、华东、华中（包括湖北、湖南、河南）、西南西北（包括云南、贵州、四川、青海、内蒙古等）、广东、广西、福建等地区有一定规模的油厂，大豆压榨总产能达到 410 660t/d，折合年度总产能达到 1.5 亿 t，远远超过 2012 年末统计的 346 810t/d（折合年度总产能达到 1.26 亿 t）。分地区来看，东北、华东和山东地区日压榨产能分别达到 84 100t、80 960t 和 66 300t，在全国总产能占比分别达到 20.48%、19.71%、16.14%，占据全国前三甲，而广东则以45 800t/d 的产能排名第四。分集团来看，益海、中粮、九三集团大豆压榨产能分别达到 64 200t/d、33 950 t/d和 32 600t/d，位居全国前三甲。上述三大集团在占国内大豆压榨总产能的比例达到 31.84%。而中纺集团则以 24 800t/d 的压榨产能和 6.04%的全国占比位列第四，嘉吉、来宝、中储粮以及邦基等其他主要粮油集团各自的大豆压榨产能在全国总产能中的占比均不足 5%。2013 年，我国大豆压榨产能为 1.25 亿 t，日加工能力 37 万 t，产能利润率为 55%。其中，中国环渤海加工区占比 26%，东北加工区大豆压榨占比 20%，东南加工区占比 23%，东部沿海加工区占比 16%，内陆加工区占比 11%。

2. 大豆压榨产能扩张放缓但产能利用率不足　2013 年我国大豆压榨产能继续扩张，但扩张步伐明显放缓。2013 年我国新增大豆压榨产能 15 800t/d，主要分布于东北、山东、华东及华南地区，同时目前仍有至少 15 000t/d 压榨产能在建，可能将于 2014 年投产。目前全国大豆压榨总产能达到410 660t/d，折合年度总产能达到 1.25 亿 t，相比之下 2013 年国内大豆年实际压榨量为 6 412 万 t，产能利用率仅为 42.75%，仍然不足 50%。随着我国政府将进口大豆从口粮安全范畴中划出，以及我国人均蛋白需求仍将继续高速增长，未来我国进口大豆仍然将呈现趋增态势，产能利用率有望稳步提高。

3. 大豆加工产能扩张进入饱和期　2013 年我国大豆加工行业都仍然处于产能扩张的阶段。但不同的是，目前国内大豆压榨行业经过近 10 多年的疯狂扩张和产业洗牌之后，其产能扩张已经进入饱和期，而外资和国企过去 10 年里在我国市场上纷纷跑马圈地，以或新建或收购或兼并或重组的方式划分了我国大豆压榨版图的势力范围，奠定了各自的市场地位并垄断进口豆源，相比之下中小民营企业虽然从总量上看产能仍然庞大。但由于其往往各自为战，难以形成规模化的集团优势，因此在我国大豆压榨行业里已经越来越沦为边缘角色，我国大豆压榨行业成为了国企和外资粮商没有硝烟的战场。

4. 豆制品行业发展依然强劲　根据中国食品工业协会豆制品专业委员会对 2013 年度全国豆制品行业品牌企业 50 强统计，2013 年总投豆量合计为 106.40 万 t，与 2012 年同期相比基本持平；年销售额合计为 161.03 亿元，比 2012 年同期相比增长了 3.5%；出口额 5 322.8 万美元，与 2012 年同期相比增加 13.09%。年销售额上亿元的企业为 33 个。大型豆制品生产企业（年销售额上亿元）的年耗用大豆量合计为 96.24 万 t，占规模企业总耗豆量的

90.45%；年销售额合计为146.94亿元，占规模企业总销售额的91.25%。在2013年的50强企业分布中，北京有2个，河北2个，山西4个，辽宁1个，黑龙江2个，上海5个，江苏7个，安徽7个，浙江4个，福建2个，山东2个，河南3个，湖南2个，广东3个，重庆4个，四川4个，宁夏1个。

二、市场供需情况

1. 大豆供需平衡分析 据有关部门统计，2013/2014年度（当年10月到次年9月）我国大豆总供给量为8 710万t，同比增长1.1%；总需求量为7 519万t，同比增长1.1%（见表2）。由于2013/2014年度我国大豆供需有1 191万t的结余，所以该年度供应比较充足。

表2 2013/2014年度我国大豆市场供需平衡情况

单位：万t

名称	2012/2013年度	2013/2014年度	同比增长(%)
期初库存	1 352	1 177	－12.9
国内产量	1 305	1 195	－8.4
进口量	5 960	6 338	6.3
总供给量	8 617	8 710	1.1
压榨量	6 340	6 412	1.1
食品与其他用量	1 070	1 080	0.9
出口量	30	27	－10.0
总需求量	7 440	7 519	1.1
期末库存	1 177	1 191	1.2

2. 豆油供需平衡分析 据有关部门统计，2013/2014年度我国豆油总供给量为1 417万t，同比增长1.4%；总需求量为1 326万t，同比增长3.0%；总供给量大于总需求量91万t，年度供需环境相对宽松（见表3）。

表3 2013/2014年度我国豆油市场供需平衡情况

单位：万t

名称	2012/2013年度	2013/2014年度	同比增长(%)
期初库存	122	110	－9.8
国内产量	1 115	1 191	6.8
进口量	160	116	－27.5
年度供给量	1 397	1 417	1.4
食用消费量	1 166	1 195	2.5
年度国内消费量	1 280	1 319	3.0
出口量	7	7	持平
年度需求量	1 287	1 326	3.0
期末库存	110	91	－17.3

3. 豆粕供需平衡分析 据有关部门统计，2013/2014年度我国豆粕总供给量为5 375万t，同比增长7.9%；总需求量为5 200万t，同比增长6.8%；总需求量小于总供给量175万t，年度供需环境相对宽松（见表4）。

表4 2013/2014年度我国豆粕市场供需平衡情况

单位：万t

名称	2012/2013年度	2013/2014年度	同比增长(%)
期初库存	81	110	35.8
国内产量	4 889	5 260	7.6
进口量	10	5	－10.0
年度供给量	4 980	5 375	7.9
年度国内消费量	4 730	5 030	6.3
出口量	140	170	21.4
年度需求量	4 870	5 200	6.8
期末库存	110	175	59.1

三、质量管理与标准化工作

（一）质量管理

（1）酱油国家监督抽检 国家食品药品监督管理总局于2014年5月4日公布了“2013年酱油国家监督抽检结果”。抽检的酱油范围包括配制酱油和酿造酱油。抽检依据《酱油卫生标准》GB 2717、《酿造酱油》GB 18186、《配制酱油》SB/T 10336等标准规定，对酱油中3-氯-1，2-丙二醇、氨基酸态氮、铵盐、苯甲酸、山梨酸、黄曲霉毒素B_1、菌落总数、大肠菌群、金黄色葡萄球菌、沙门氏菌、志贺氏菌和总砷、铅等13个项目进行了检验。共抽检酱油样品718批次，覆盖30个生产省份的521个企业。其中，一是抽检配制酱油样品21批次，不合格样品数为3批次，样品不合格率为14.3%，检出不合格的检测项目为3-氯-1，2-丙二醇、氨基酸态氮、苯甲酸；二是抽检酿造酱油样品697批次，不合格样品数为31批次，样品不合格率为4.4%，检出不合格的检测项目为氨基酸态氮、菌落总数、苯甲酸、山梨酸。

（2）豆类及其制品监督抽检 国家食品药品监督管理总局于2014年8月29日公布了“2013年豆类及其制品监督抽检结果”。抽检的豆类及豆制品主要包括腐竹类非发酵豆制品、豆干豆腐豆皮类非发酵豆制品两类。抽检依据是《非发酵性豆制品及面筋卫生标准》GB 2711—2003、《食品安全国家标准 食品添加剂使用标准》GB 2760—2011、《食品安全国家标准 食品中污染物限量》GB 2762—2012等标准及相关要求。抽检项目包括豆制品中铅、苯甲酸、山梨酸、糖精钠、安赛蜜、甜蜜素、脱氢乙酸、丙酸、合成着色剂（柠檬黄、苋菜红、胭脂红、日落黄、亮蓝）、二氧化硫、菌落总数、大肠菌群、沙门氏菌、金黄色葡萄球菌、志贺氏菌等 19 个指标。共抽检豆制品样品 125 批次，覆盖 20 个生产省份的 102 个企业。其中，一是抽检豆干豆腐豆皮类非发酵豆制品 70 批次，不合格样品数为 7 批次，样品不合格率为 10%，检出不合格的检测项目为菌落总数；二是抽检腐竹类非发酵豆制品 55 批次，未发现不合格样品。

（二）标准化工作

(1)《大豆蛋白粉及制品辐照杀菌技术规范》(NY/T 2317—2013) 于 2013 年 5 月 20 日发布，2013 年 8 月 1 日实施。本标准规定了大豆蛋白粉及制品辐照杀菌处理的辐照前要求、辐照、辐照后质量要求、检验方法、标识和运输、贮存要求。本标准适用于大豆蛋白粉及制品的辐照杀菌。

(2)《非发酵豆制品生产管理规范》(GB/T 29876—2013) 于 2013 年 11 月 12 日发布，2014 年 4 月 30 日实施。本标准规定了非发酵豆制品生产管理的术语和定义、总则、文件要求、原辅料要求、厂房与设施、生产设备、人员的要求及管理、卫生管理、生产过程管理、质量管理和标识等要求，本标准适用于非发酵豆制品生产企业的生产管理。

四、行业活动

(1) 由中国食品工业协会豆制品专业委员会和国家大豆工程技术研究中心共同主办的“中国大豆食品专用原料研讨会”，于 2013 年 6 月 20～21 日在哈尔滨召开。中国食品工业协会豆制品专业委员会吴月芳秘书长主持开幕式，中国食品工业协会豆制品专业委员会常务副会长卫祥云致辞。来自国内外大豆种植、加工和产业政策领域的专家学者和企业界代表及大豆合作社、贸易商等参加了研讨会，共同就我国大豆食品行业的现状和市场发展前景、食品大豆的生产与管理现状等问题展开了讨论，并剖析了国外发展食品专用品种大豆及贸易模式的经验，探索了适合我国国情的食品用大豆集约化、组织化、品牌化的发展之路。研讨会上，中国食品工业协会豆制品专业委员会、中国农业科学院、国家大豆产业技术研发中心、东北农业大学、黑龙江农垦科研育种中心、中国农业大学、美国明尼苏达大学等领导、专家，分别发表了演讲。

(2) 由中国食品工业协会豆制品专业委员会主办的“第六期豆制品生产工艺技术及品控管理研讨培训班”，于 2013 年 8 月 5～10 日在北京召开，来自全国豆制品行业的重点骨干企业参加了培训。本期研讨培训在生产工艺和品控管理的基础上，特别融入了豆制品生产设备选型及对豆制品行业现行标准的解读等内容，更加强调了标准化生产和食品安全，以期引导企业为消费者提供美味、营养、安全、健康的产品。培训以现场讲授、研讨、答疑及实地考察参观的形式，研讨培训内容包括豆制品生产工艺管理及品质控制、豆制品生产过程中常见工艺问题及解决方法、豆制品生产过程中的危害因素分析与关键点控制、豆腐及豆腐干生产工艺及设备选型、豆制品工厂厂房建设和设备选型、中小型豆制品企业管理中遇到的问题及对策、豆制品工厂企业标准的制定等方面。

(3) 由中国食品工业协会豆制品专业委员会、淮南市人民政府主办的第二十届中国豆腐文化节“全国豆制品精品暨淮南特色农产品展销会”，于 2013 年 9 月 15～17 日在淮南市开幕。中国食品工业协会豆制品专业委员会秘书长吴月芳出席开幕式并致辞，全国豆制品企业代表及参展商参加了开幕式。吴月芳秘书长在致辞中表示，中国食品工业协会豆制品专业委员会将与淮南市人民政府继续深入合作办好展会，充分利用中国豆腐文化节的品牌影响力，为淮南市做大、做强特色产业，为全国豆制品企业提升销售业绩、扩大产品知名度做好服务。参会规模、参展客商、产品数量均超过往届。展会旨在通过中国地方名、特、优豆制品暨淮南特色农产品的展销，弘扬中国豆腐文化，加强豆制品产业、农业产业化等的经济合作和交流，促进豆腐产业发展，提升“豆腐故里”淮南的对外影响力和知名度。包括淮南市碗碗香豆制品、八公山豆制品厂等当地豆制品企业及配套企业在内的全国 17 个省、直辖市共 100 多个企业参展。

(4) 由中国食品工业协会豆制品专业委员会主办的“全国豆浆工艺技术与市场发展论坛暨 2013 豆制品行业年会”，于 2013 年 12 月 3～5 日在深圳召开，会议由中国食品工业协会豆制品专业委员会吴月芳秘书长主持，中国食品工业协会豆制品专业委员会常务副会长卫祥云在开幕式上致辞。来自全国 100 个企业的代表参加了会议，包括豆制品行业知名企业，如祖名豆制品、北京二商希杰、杭州豆制品、河北高碑店豆豆、淮南八公山豆制品厂、淮南碗碗香豆业、深圳福荫、苏州金记等，国际知名企业有益海嘉里、维他奶国际集团等，豆浆粉知名生产企业有广西冰泉、黑龙江农垦龙王、佳木斯冬梅等，知名餐饮连锁企业有永和食品、早餐工程企业南宁天天阳光等，以及黑龙江完达山、中国农大、江南大学、中国食品发酵工业研究院、黑龙江农业科学院等科研院所的专家、教授等。会议就我国豆浆行业的现状及豆浆市场与标准、豆浆的营养安全与创新、影响豆浆产品风味的机制及控制方法、豆浆制品产品开发和产品线的丰富、豆浆市场面临的机遇与挑战等方面进行了演讲。会议同期还对我国豆制品行业质量安全示范单位进行了颁奖。本次会议为进一步探讨豆浆的加工工艺与技术改进，帮助生产企业建立良好的产品理念，提高豆浆产品的食品安全，引导豆浆行业的健康发展起到了积极的推动作用。

（中国包装和食品机械有限公司行业办公室　王国扣）

淀粉加工业

一、基本情况

（一）资源概况

根据有关资料报道，2013 年我国玉米总产量达到 21 848.9 万 t，比 2012 年增长 6.26%（见表 1）。2013 年我国玉米消费比例为：饲用占 52.40%，工业用占 22.88 %，食用占 7.96 %。2013 年世界玉米产量为 98 096 万 t，其中美国为 35 533 万 t，占世界总产量的 36.22 %；中国为 21 848.9 万 t，占世界总产量的 22.27%。

表 1　2013 年我国玉米主产区产量

单位：万 t

主产区	2012 年	2013 年	同比增长（%）
河　北	1 649.5	1 703.9	3.3
山　西	903.9	955.5	5.7
内蒙古	1 784.4	2 069.7	16.0
辽　宁	1 423.5	1 563.2	9.8
吉　林	2 578.8	2 775.7	7.6
黑龙江	2 887.9	3 216.4	11.4
山　东	1 994.5	1 967.1	−1.4
河　南	1 747.8	1 796.5	2.8
陕　西	566.9	586.7	3.5
其　他	5 024.2	5 214.2	3.8
总　计	**20 561.4**	**21 848.9**	**6.3**

（二）加工业概况

根据中国淀粉工业协会不完全统计，2013 年我国淀粉总产量达 2 305.3 万 t，同比增长 2.34%。其中玉米淀粉为 2 196.09 万 t，同比增长 3.47%；木薯淀粉为 47.22 万 t，同比下降 30.75%；马铃薯淀粉为 34.54 万 t，同比下降 10.23%；甘薯淀粉为 23.66 万 t，同比增长 20.48%；小麦淀粉为 3.79 万 t，同比下降 3.66%。

（1）我国淀粉及深加工品产量和品种情况　由于行业积极贯彻落实国家有关玉米深加工的各项调控措施，有效控制了玉米淀粉行业的发展速度。2013 年玉米淀粉产量的增长幅度虽然比 2012 年略有增加，但不是因为有新建企业的投产，而是企业技术改造后增加的产量；木薯淀粉由于木薯的种植面积逐年减少，原料木薯的产量已连续 4 年大幅下跌，因此木薯淀粉产量也下降；马铃薯淀粉由于原料马铃薯疫病严重，造成原料紧缺，以致连续两年产量下降；甘薯淀粉产量有增，主要是原料充足。综合来看，2013 年淀粉总产量比上年略有增加。由于下游产品的市场需求较好，深加工产品总量也有所增加（见表 2、表 3）。

表 2　2013 年我国淀粉产量及品种情况

品　种	产量（万 t）	占总淀粉（%）	同比增长（%）
玉米淀粉	2 196.09	95.26	3.47
木薯淀粉	47.22	2.05	−30.75
马铃薯淀粉	34.54	1.50	−10.23
甘薯淀粉	23.66	1.03	20.48
小麦淀粉	3.79	0.16	−3.66
合　计	**2 305.30**	**100.00**	**2.34**

表 3　2013 年我国淀粉深加工品产量及品种情况

主要品种	产量（万 t）	占深加工（%）	同比增长（%）
变性淀粉	165.15	10.45	−3.74
结晶葡萄糖	338.68	21.43	−3.77
液体淀粉糖	973.65	61.61	22.54
糖　醇	102.85	6.51	9.85
合　计	**1 580.33**	**100.00**	**11.95**

（2）淀粉产量分布及生产规模情况　从我国区域生产情况统计，山东仍然占据着我国玉米淀粉总产量的首位，占全国玉米淀粉总产量的 51.80 %；其次是吉林和河北，分别占 19.40 %和 11.90 %。这三省玉米淀粉产量之和，占全国玉米淀粉总产量的 83.10%。全国玉米淀粉产量 10 万 t 以上的企业有 41 个，玉米淀粉总产量为 2 162 万 t，占玉米淀粉总产量的 98.49 %（见表 4）。

表 4 2013 年我国淀粉产量分布及生产规模情况

地　　区	淀粉产量（万 t）	占总产量（%）	玉米淀粉生产规模情况	
			年产 10 万 t 企业数（个）	企业最大年产量（万 t）
山　东	1 136.36	51.80	15	304.00
吉　林	425.88	19.40	3	180.00
河　北	262.40	11.90	10	55.70
河　南	131.97	6.00	7	25.45
陕　西	98.24	4.50	2	85.00
其他 21 个省、自治区、直辖市	250.45	6.40	4	41.60
合　计	**2 305.30**	**100.00**	**41**	

注：其他 21 个省、自治区、直辖市为：山西、内蒙古、辽宁、黑龙江、江苏、江西、安徽、湖南、湖北、四川、广东、广西、海南、云南、重庆、北京、甘肃、宁夏、青海、新疆、贵州。

二、市场及进出口情况

2013 年玉米淀粉加工业的玉米原料价格继续呈现上涨态势，而玉米淀粉的价格与上年相比却没有明显的上升，但随着人们生活水平的提高和人们生活方式的改变以及现代食品工业的发展，深加工品为之提供了多层次的需要，这是深加工品产量每年都得以增长的原因。

从进出口情况看，2013 年我国 13 种淀粉商品的进出口总量分别比上年增长，进口量增长 29%，出口量增长 15%（见表 5）。从进口的品种看，2013 年木薯淀粉的进口量再创历史新高，仅此一个品种的进口量占进口总量的近 80%，所耗的外汇占玉米淀粉等 13 个品种总外汇的 60%以上。马铃薯淀粉由于 2013 年商务部发出第 4 号公告，决定延长对原产欧盟的进口马铃薯淀粉反倾销措施的实施期限至 2018 年，因此 2013 年进口量与 2012 年相比没有增长。但由于人民币升值，使得原本在东南亚、东北亚、阿拉伯国家、太平洋国家很受欢迎的中国马铃薯淀粉丧失了竞争力，出口量缩减 80%～90%。值得一提的是，葡萄糖及葡萄糖浆、葡萄糖及糖浆和果糖及果糖浆 3 类品种 2013 年的进口量都比 2012 年下降，而出口量却有明显的增加，特别是果糖及果糖浆增长幅度超过 100%。原因是由于我国近年来果葡糖浆的迅猛发展，产量大幅增长，除满足国内需求外有足够的量满足出口的需要。从出口的品种看，出口量增加和下降的品种各占 50%。虽然 2013 年出口总量比上年增长了 15%，但进口总量的增长幅度大于出口总量增长的幅度，且大部分品种的到岸价上涨幅度大于离岸价上涨幅度，进口总额 10.40 亿美元，出口总额 7.38 亿美元。

表 5 2013 年我国淀粉及部分深加工品进出口情况

品　名	进口量（t）	同比增长（%）	出口量（t）	同比增长（%）
玉米淀粉	1 531	70	96 992	−8
木薯淀粉	1420 344	37	1 248	117
马铃薯淀粉	36 689	−2	3 568	−32
小麦淀粉	657	−16	6 082	5
山梨醇	3 735	71	29 611	−13
甘露糖醇	297	−25	8 812	25
肌　醇	12	25	3 666	−12
葡萄糖及葡萄糖浆，果糖<20%	1 427	−12	538 365	9
葡萄糖及糖浆，20%≤果糖≤50%，转化糖除外	1 054	−89	14 872	68
果糖及果糖浆，果糖>50%，转化糖除外	3 371	−15	186 271	108
糊精及其改性淀粉	318 757	11	121 309	10
未列名淀粉	12 041	6	34 107	−5
化学纯果糖	2 020	20	13 148	−17
合　计	**1 801 935**	**29**	**1 058 051**	**15**

三、生产技术发展情况

（一）生产规模

2013 年，我国淀粉加工业的产业集中度有所增强（见表 6、表 7）。玉米淀粉年产量为 100 万 t 以上的企业增加到 6 个，合计产量占总产量的 49.14 %，其中最大企业的年产量超过 300 万 t；变性淀粉年产量为 10 万 t 以上的企业增加到 5 个，合计产量占总产量的 46.90%，其中最大企业年产量超过 20 万 t；结晶葡萄糖年产量为 100 万 t 以上的企业仅有 1 个，年产量为 140.5 万 t，占总产量的 41.450%；液体淀粉糖年产为 100 万 t 以上的企业增加到 3 个，合计产量占总产量的 48.9%，其中最大企业年产量达到 185 万 t。

表6 2013年我国玉米淀粉生产规模

项 目	2012年	2013年	同比增长（%）
年产100万t以上企业（个）	5	6	20.00
年产100万t以上企业总产量（万t）	887.97	1 079.10	21.52
占全国玉米淀粉总产量（%）	41.83	49.14	17.47
年产40万t以上企业（个）	8	9	12.50
年产40万t以上企业总产量（万t）	536.03	539.47	0.64
占全国玉米淀粉总产量（%）	25.25	24.57	−2.70

表7 2013年我国部分淀粉深加工品生产规模

项 目		2012年	2013年	同比增长（%）
变性淀粉	年产10万t以上企业（个）	4	5	25.00
	年产10万t以上企业总产量（万t）	61.82	77.47	25.31
	占全国总产量（%）	36.03	46.90	30.16
	年产5万t以上企业（个）	5	3	−40.00
	年产5万t以上企业总产量（万t）	31.96	21.84	−31.67
	占全国总产量（%）	18.63	13.22	−29.04
	年产3万t以上企业（个）	11	10	−9.00
	年产3万t以上企业总产量（万t）	41.59	38.47	−7.51
	占全国总产量（%）	24.24	23.30	−3.88
结晶葡萄糖	年产100万t以上企业（个）	1	1	持平
	年产100万t以上企业总产量（万t）	130.3	140.53	7.85
	占全国总产量（%）	37.02	41.50	12.01
	年产20万t以上企业（个）	3	4	33.33
	年产20万t以上企业总产量（万t）	96.47	113.85	18.01
	占全国总产量（%）	27.41	33.62	22.65
	年产10万t以上企业（个）	5	2	−60.00
	年产10万t以上企业总产量（万t）	70.06	23.74	−66.12
	占全国总产量（%）	19.90	7.01	−64.78
液体葡萄糖	年产100万吨以上企业（个）	2	3	50.00
	年产100万吨以上企业总产量（万t）	348.18	476.64	36.89
	占全国总产量（%）	43.82	48.95	11.70
	年产50万t以上企业（个）	1	3	200.00
	年产50万t以上企业总产量（万t）	60.58	178.61	194.83
	占全国总产量（%）	7.62	18.34	140.68
	年产10万t以上企业（个）	12	11	−8.34
	年产10万t以上企业总产量（万t）	256.46	219.66	−14.35
	占全国总产量（%）	32.28	22.56	−30.12

（二）新工艺、新技术

（1）西王集团的“葡萄糖生产过程中酸碱回收及中水回用集成技术研究及应用”和西王药业有限公司的“葡萄糖生产过程中余热高效利用集成技术研究及应用”两项成果通过省部级鉴定。与会专家在听取了项目负责人的报告，审查了项目相关材料后，对生产现场进行了实地考察，并进行了质询和讨论。一致认为：两项研究符合国家节能减排、发展循环经济等相关政策和行业发展方向，研究方案科学合理，工艺技术路线合理可行，生产设备自动化程度高，具有创新性。两项成果在公司葡萄糖生产中应用后，大大降低了产品的生产成本，在行业内很有推广价值，显示了良好的社会效益、经济效益和环境效益。两项科技成果的综合技术分析分别达到国内领先和国际先进水平。

（2）由国家粮食储备局武汉科学研究设计院承担的“规模化玉米淀粉加工关键技术研究与应用”科研项目通过省级鉴定。该项目重点研究了酶法浸泡、工艺水处理、中水回用的技术，探索了湿法玉米淀粉生产工艺的技术变革，在提高产品收率、降低成本方面具有明显的技术先进性和较高的市场成果转化前景。

（3）由三星集团与河南工业大学合作研发的“零

反式脂肪酸玉米油工艺研究及产业化”、“玉米油皂角处理工艺研究及应用”和“零反式脂肪酸玉米油工业化生产技术研究及应用”三项科研成果通过省级鉴定。特别是“零反式脂肪酸玉米油工业化生产技术研究及应用”项目，减少了玉米油加工过程中生成的反式脂肪酸，保留了甾醇和维生素 E 等营养成分，所生产的玉米油中反式脂肪酸含量≤0.3%，甾醇含量≥10 000 mg/kg，维生素 E 含量≥1 000mg/kg，项目整体技术达到国际先进水平。

（4）由江南大学和天冠集团共同完成的“燃料乙醇沼气双发酵耦联循环新工艺技术”通过中国轻工业联合会的项目鉴定。该项目首次形成了燃料乙醇生产中无工艺废水排放的绿色制造技术，并首次提出了发酵生态工程学新概念，降低了生产成本，对治理以木薯及玉米为原料生产燃料乙醇过程中产生的废水，取得了根本性的突破，其技术路线及工艺指标均达到国际领先水平。

四、行业管理

（1）由中国淀粉工业协会主办的“2013 年第八届上海国际淀粉及淀粉衍生物展览会”于 2013 年 5 月 22～24 日在上海新国际博览中心举行，展出面积同比增长 40%，展品范围涵盖各类淀粉、淀粉糖、糖醇、变性淀粉、淀粉制品、发酵相关产品及淀粉加工机械等，观众来自 35 个国家和地区。本届展览会还同期举办了首届“亚洲淀粉大会”，会议邀请了欧洲淀粉工业协会、泰国木薯贸易公会、美国谷物协会、美国 ADM 公司、嘉吉投资（中国）有限公司、可口可乐瓶装投资集团（中国区）等重量级的嘉宾就行业发展的热点进行了演讲。目前该展览会已成为中国食品展览会“TOP20 强”中排名第八、专业性排名第一的国际著名品牌展览会。该展览会为业内搭建了一个以上海为聚点、辐射全国的专业性平台。

（2）“2013 年国际食用淀粉加工及检测技术与设备研讨会”于 2013 年 5 月 20～21 日在北京召开。本次会议由中国淀粉工业协会甘薯淀粉专业委员会和甘薯加工产业技术创新战略联盟主办。来自日本、尼日利亚等国家和国际马铃薯中心亚太分中心、中国农业科学院以及中粮集团生物化工事业部、江南大学、中国农业科学院农产品加工研究所的专家和企业代表分别就食用淀粉加工技术、检测技术、配套设备、行业现状、发展趋势、产业政策、国家标准等方面进行了广泛的交流与探讨。

（3）为适应新形势下社团管理工作的需要，中国淀粉工业协会于 2013 年 6 月对下属的 7 个专业委员会进行了为期 1 个月的实地调研。在调研的基础上，对原有的专业委员会管理办法进行了修改和补充，经常务理事会讨论通过已提交七届四次理事会表决通过实施。

（4）应荷兰食品加工和包装机械制造商协会的邀请，中国淀粉工业协会马铃薯淀粉专业委员会组团于 2013 年 9 月 8～16 日赴荷兰参加了“2013 年欧洲马铃薯大会”，参观了现场各类展厅，进行了多场技术会谈，并考察了荷兰马铃薯加工设备工厂 Florigo 公司、Kiremko 公司及包装设备制造商蓝图（BPA）公司、仓储设备生产商 Tolsma 公司、世界最大的种薯生产商 Agrico 公司和马铃薯条及全粉生产商 Lamb Weston 公司，还与荷兰重要马铃薯产区 Friesland 省政府相关机构举行了会议交流，同时参观了艾末劳德市马铃薯种植田。

（5）“第三届亚洲木薯大会”于 2013 年 11 月 7～8 日在南宁召开。本次大会由中国淀粉工业协会木薯淀粉专业委员会、中国食品土畜进出口商会和泰国木薯淀粉协会共同主办。来自泰国、越南、柬埔寨、老挝等国家和国内的专家、企业代表参加了大会，会议期间还开展了木薯产销对接洽谈、木薯行情研讨，以及参观广西农垦农产品电子交易市场等。

（6）为了推动玉米淀粉和淀粉糖期货上市工作，中国淀粉工业协会受大连商品交易所委托，完成了“玉米淀粉和淀粉糖期货对我国淀粉和淀粉糖行业影响”课题的研究。课题研究的主要内容：一是淀粉和淀粉糖国内外行业现状；二是现货市场情况（包括生产、消费、贸易流通、品质检验、价格波动等）；三是上市淀粉和淀粉糖期货对行业和企业的意义；四是对淀粉和淀粉糖期货设计的建议等。通过研究，为采用先进的营销模式、创建行业市场平台奠定了基础。

五、行业发展趋势

目前，我国玉米实际加工量已接近 5 000 万 t，产值近 2 000 亿元，上交税金约 50 亿元。不仅为食品、医药、饲料、纺织、造纸等工业的发展提供了有力的支撑，同时推动了农产品加工产业链的延伸，提高了农产品的附加值，带动了农民种粮的积极性，凸显出了多方共赢的显著成效。但是也应看到面临的新形势和新挑战：一是发展速度逐渐放缓。2013 年我国淀粉总产量增长是 2.34%，与前几年相比增幅出现了较大的回落。说明伴随我国经济进入增速放缓的发展转型期后，淀粉加工业也随之进入了增长的重要转折期。对此，企业必须要有充分的思想准备，要适应增速放缓外部环境的变化，把精力放在转方式、调结构和产业升级上。二是生产要素成本不断增加，行业利润降低。淀粉加工业不是高附加值的产业，所以为了能在逐渐压缩的利润空间中得到正常的发展，企业必须把开发高附加值产品、提升产业链价值、提高产出水平、降低综合成本作为重要的突破口。三是中低档产品比例过高，部分产品出现结构性过剩。部分产品产能过剩，说明创新努力不足，盲目跟风，同质化严重。企业必须加快供给能力的升级，以适应和满足多层次社会生活需要和现代食品工业发展的需要。四是技术指标提升空间有限。通过引进国外可以利用的先进技术、装备和管理，发挥后发优势，推进了我国淀粉加工业生产要素的快速提升，如山梨醇等产品不仅产量达到世界第一，而且成了净出口国。为此，企业必须加快自主研发，实现全方位创新，提高企业竞争力。

（中国淀粉工业协会　董延丰）

制　糖　工　业

一、制糖期基本情况

我国有15个省、自治区产糖，沿边境地区分布，主产糖区集中在我国北部、西北部和西南部。甘蔗糖产区主要分布在广西、云南、广东、海南及邻近省、自治区；甜菜糖产区主要分布在新疆、黑龙江、内蒙古及邻近省、自治区。2013/2014年度制糖期全国食糖总产量中，甘蔗糖占93.4%，甜菜糖占5.6%。我国的食糖生产销售年度为10月1日至翌年的9月30日，开榨时间由北向南各不相同。甜菜糖厂一般在9月底或10月初开机生产；甘蔗糖厂中，湖南省10月底或11月初开榨，广西、广东、海南等省、自治区11月中或12月初开榨，云南省12月底或次年1月初开榨。2013/2014年度制糖期自2013年9月29日新疆中粮屯河昌吉糖业分公司正式开机生产，至2014年5月27日云南孟定糖厂最后一个停机，历时241天，比上制糖期少生产37天。截至2014年9月，全国共有开工制糖生产企业（集团）为48个，开工糖厂为260个。其中，甜菜糖生产企业（集团）为5个，糖厂为31个；甘蔗糖生产企业（集团）为43个，糖厂为229个；另有炼糖企业为11个。本制糖期食糖产量超过61万t的企业集团已经发展到10个，占全国食糖总产糖量的67.9%。

2013/2014年度制糖期，全国共生产食糖为1 331.8万t。其中优级和一级白砂糖为1 247.3万t，精制糖为6.1万t，绵白糖为31.1t，赤砂糖和红糖为33.5万t，原糖及其他13.8万t。本制糖期，全国糖料种植面积为1 780.6khm²，同比减少4.0%。其中，甘蔗种植面积为1 626.0khm²，同比减少0.4%；甜菜种植面积为154.5khm²，同比减少30.5%。甘蔗品种目前仍以台糖系列和粤糖系列为主，两大系列品种占总种植面积的87.4%；其他品种约占总种植面积的12.6%。甜菜主要种植品种仍以原种引进为主，甜菜品种主要以德国KWS系列、比利时安地系列、瑞士先正达系列为主，占甜菜总种植面积的74.5%。2013/2014年度制糖期食糖产量、播种面积、开工糖厂数见表1。

表1　2013/2014年度制糖期全国糖料播种面积、食糖产量基本情况

地　区	糖料播种面积（khm²）	产糖量（万t）	开工糖厂数（个）
全国累计	**1 780.6**	**1 331.8**	**260**
甘蔗糖合计	**1 625.9**	**1 257.2**	**229**
广　东	146.7	118.5	29
其中：湛江	116.7	104.5	22
广　西	1 031.3	855.8	102
云　南	360.1	230.6	73
海　南	67.1	41.7	17
福　建	1.4	0.9	1
其　他	19.3	9.7	7
甜菜糖合计	**154.7**	**74.6**	**31**
黑龙江	33.3	3.0	5
新　疆	62.6	44.9	14
内蒙古	36.7	17.0	5
其　他	22.1	9.7	7

2013/2014年度制糖期全国糖料收购价较上制糖期相比，甘蔗收购价、甜菜收购价均有所下降。甘蔗平均收购价格（地头价，不含运输及企业对农民各种补贴费用等，下同）为435.0元/t，每吨同比减少34.0元，甜菜平均收购价格为478.0元/t，每吨同比减少11.0元。2013/2014年度制糖期全国制糖行业主要技术指标：甘蔗平均单产为67.2t/hm²，甜菜平

均单产为45.8t/hm²。甘蔗平均含糖分为13.6%，甜菜平均含糖分为15.1%。甘蔗产糖率为11.8%，甜菜产糖率为12.1%。

二、市场概况

（一）国内食糖市场

2013/2014年度制糖期全国食糖产量为1 331.8万t，较上制糖期增加25.0万t，同比增长1.9%。其中，甘蔗糖产量为1 257.2万t，较上制糖期增加58.8万t，同比增长4.9%；甜菜糖产量为74.6万t，较上制糖期减少33.9万t，同比降低31.2%。本制糖期全国食糖消费量为1 480.0万t，比上制糖期增加90.0万t，同比增长6.5%；年人均食糖消费量为10.9kg。食糖消费结构基本稳定，食糖消费总量中民用消费为36.0%，工业消费比例为64.0%。2013/2014年度制糖期，中国糖业协会食糖价格指数为4 838.0元/t，较上制糖期下跌815.0元/t；工业累计销售平均价格为4 633.0元/t，较上制糖期下跌899.0元/t。本制糖期全国制糖行业销售收入为589.0亿元，同比减少171.0亿元；实现利税总额−69.5亿元（其中利润−97.6亿元），同比减少75.7亿元；农民种植糖料收入同比减少39.0亿元。2013/2014年度制糖期行业运行特征：

（1）加工糖料量下降，食糖产量增加　2013/2014年度制糖期，加工糖料量为11 275.0万t，较上制糖期减少37.0万t；食糖产量为1 331.8万t，较上制糖期增加25.0万t。

（2）食糖消费创历史新高　2013/2014年度制糖期食糖替代品产量增长放缓，食糖消费量达到1 480.0万t，较上制糖期增加90.0万t，增长6.5%。

（3）国际食糖市场价格大幅下跌，食糖进口量增加，工业库存大幅上升　2013/2014年度制糖期纽约原糖价格震荡下跌，最低跌破31美分/kg，食糖进口继续维持较高水平，配额外进口食糖明显增加；全国食糖工业库存191.4万t，比上一个制糖期增加137.0万t。

（4）国内食糖价格大幅下跌，行业经济效益继续下滑　国内食糖价格连续第三个制糖期大幅下跌，产区南宁食糖现货报价由期初最高5 640.0元/t左右，最低跌破4 000.0元/t。全行业亏损规模扩大，经济效益继续下降，亏损额达到97.6亿元，较上制糖期增加2.2倍。农民种植糖料收入较上制糖期减少39.0亿元。

（5）国家宏观调控力度进一步加强　制糖企业临时储存300万t国产糖政策，严厉打击食糖走私专项活动等宏观调控措施，对于均衡市场供求、缓解企业资金压力、维护市场秩序、保持食糖市场运行基本稳定起到积极作用。

（二）国际食糖市场综述

2013/2014年度制糖期，国际食糖价格震荡下跌。国际食糖市场连续第四个制糖期保持产需过剩，纽约原糖期货价格自制糖期初的42美分/kg附近震荡下跌，至2014年9月中旬创出29美分/kg的近5年新低，随后泰国现货库存问题解决和巴西产糖比例下调，大幅反弹，制糖期末报收于34美分/kg。2013/2014年度制糖期，纽约原糖价格波动区间34～45美分/kg，比上一个制糖期有所扩大。如果以2011/2012年度制糖期的最高价格80美分/kg为起点，纽约原糖价格已经连续三个制糖期下跌，下跌时间持续42个月。展望2014/2015年度制糖期，全球食糖供求形势尚受到诸多不确定因素影响。产量方面，前期干旱天气导致巴西和泰国食糖产量波动，印度糖厂财务困境和农民糖料款拖欠问题影响该国食糖生产，全球食糖产量是增加还是减少存在变数。消费方面，得益于经济增长和人口增加尤其是新兴市场食品和饮料需求增长，普遍认为全球食糖消费将保持增长，增速在2.0%左右。时至2014年10月，主流机构对2014/2015年度制糖期全球食糖产需平衡预期还存在较大分歧。例如，国际糖业组织（ISO）预期2014/2015年度制糖期，巴西食糖产量将减少，印度、欧盟（28国）和俄罗斯等国食糖产量将增加，全球食糖产量18 375万t（原糖值），较上制糖期增加102.0万t，同比增长0.6%；预期消费量18 244万t，较上制糖期增加370.0万t，同比增长2.1%；全球食糖产需过剩131.0万t，比上一年制糖期减少269.0万t，连续第五个制糖期过剩；期末库存消费比42.3%，比上一个制糖期下降1.3个百分点。而英国Czarnikow公司和瑞士Kingsman公司等主流分析机构则预期2014/2015年制糖期全球食糖产需缺口将分别达5.0万t和166.0万t。总体而言，主流机构普遍预期2014/2015年度制糖期全球食糖产需过剩量将进一步收窄甚至食糖产需有可能出现缺口，因此国际食糖价格将可能摆脱低迷、回归其价值中枢波动。但是，作为美元计价货币的国际食糖价格还将会受到美元走强压力。

（三）食糖进出口贸易

2013/2014年度制糖期截至2014年8月底，我国累计进口食糖365.9万t，累计出口食糖4.4万t，本制糖期食糖净进口量较上制糖期有所增长。2005—2014年我国食糖进出口贸易情况分别见表2、表3。

表 2 2005—2014 年我国食糖进口与贸易方式统计 单位：万 t

年 份	合 计	一般贸易	来料加工	进料加工	保税仓库进出境货物	边 贸	其 他
2005	138.97	85.04	5.67	41.29			6.97
2006	136.54	99.30	3.50	20.72	12.93		0.09
2007	119.34	99.18	1.59	13.28	5.22		0.07
2008	77.99	61.91	1.97	8.89	3.67		1.55
2009	106.45	83.02	0.17	9.93	12.77		0.56
2010	176.61	163.91	0.87	10.89	0.04	0.07	0.83
2011	291.94	276.68	0.97	13.27	0.06		0.96
2012	374.72	360.86	0.99	12.55	0.04		0.28
2013	454.59	434.86	1.30	14.77			3.66
2014	203.91	163.79	0.59	6.96	32.55		0.02

注：2014 年度统计数字截至 8 月底。

表 3 2005—2014 年全国食糖出口与贸易方式统计 单位：万 t

年 份	合 计	一般贸易	来料加工	进料加工	保税仓库进出境货物	边 贸	其 他
2005	35.83	2.21	4.16	29.11			0.35
2006	15.45	2.49	3.06	9.61			0.29
2007	11.05	2.24	2.8	5.98			0.03
2008	5.84	1.76	2.15	1.51			0.42
2009	6.39	2.21	0.9	3.15			0.13
2010	9.43	5.65	0.91	1.99		0.25	0.63
2011	5.94	1.79	0.99	2.17		0.03	0.96
2012	4.71	1.64	0.93	1.87		0.02	0.25
2013	4.78	1.48	1.06	1.71		0.02	0.51
2014	3.22	1.02	0.73	1.39			0.08

注：2014 年度统计数字截至 8 月底。

三、行业工作

（1）2013/2014 年度制糖期全国食糖产销工作会议暨全国食糖、糖蜜酒精订货会于 2013 年 11 月 1～2 日在昆明市召开。会议通过相互交流、分组讨论，总结了 2012/2013 年度制糖期各产区食糖产销工作，通报了 2013/2014 年度制糖期各产区糖料种植及产量预计情况；分析研究了 2013/2014 年度制糖期全国糖料生产及食糖产销形势，对新制糖期食糖供求平衡、产销工作、政府调控工作提出建议；通报了新制糖期国家对食糖行业宏观调控的思路和原则；分析和展望了我国经济运行态势和全球食糖形势。

（2）《绵白糖》等 28 项制糖行业国家（行业）标准审定会于 2013 年 12 月 6 日在广州市召开。会上，评审专家认真听取了各项标准的编制说明，仔细审查了各项标准的正文条款，一致通过《绵白糖》等 25 项标准；原则通过《制糖企业良好操作规范》，并建议进一步修改完善；暂缓通过《蜂蜜冰片糖》和《白砂糖中酸性絮凝物的测定》标准。会议建议全国制糖标准化技术委员会秘书处对通过的 25 项标准和原则通过的 1 项标准，作适当修改完善后尽快报国家标准化管理委员员会、工业和信息化部批准实施。

（3）中国糖业协会于 2014 年 2 月 20 日在北京召开了“全国大型用糖食品企业（集团）座谈会”。会上各大型用糖食品企业代表汇报了 2013 年的食糖采购和消费情况、淀粉糖等替代品的使用情况以及

2014年预期，针对当前市场形势下企业用糖问题进行了广泛交流，并对国家宏观调控提出了意见和建议。

（4）受工业和信息化部委托，中国糖业协会于2014年2月26日至3月2日组织专家组，按照工业和信息化部《关于对2013年糖精生产计划执行情况进行检查的通知》要求，对3家国家定点糖精企业的年度生产计划执行情况进行了检查。检查组建议地方主管部门按照国家有关规定，继续加强对属地企业的监督检查，加大对违规行为的处罚力度；加强对行业技术进步工作的引导，加快行业污染治理改造步伐，促进糖精行业的结构重组工作。

（5）“2013/2014年度制糖期广西食糖交易会暨中国糖业协会商业流通会员座谈会”于2014年3月18日在广西南宁召开。国家有关部委领导及广西壮族自治区有关领导作了重要讲话，会议介绍了2013/2014年度制糖期的全国食糖产销情况和行业宏观调控政策，分析了2013年国内食品工业运行情况及2014年发展趋势。会议期间，工商企业还探讨了流通领域中存在的问题及对策，并展开了交易洽谈。

（6）“原糖进口加工企业（集团）座谈会”于2014年3月19日在南宁召开。会议决定，根据《中国糖业协会章程》和民政部有关规定，成立中国糖业协会原糖加工委员会，并通过了《原糖进口加工企业（集团）自律公约》。同时，会议要求全行业目前正面临着较为严峻的生产经营困难，呼吁各企业要遵纪守法、诚信经营、自我约束、精诚协作，共同维护国内食糖市场秩序的稳定，保障食糖有序供给，促进行业持续健康发展。4月18日，“原糖进口加工委员会第一次主任工作会议”在山东日照召开。会议认真审议并通过了《原糖进口加工企业（集团）自律公约实施细则》。8月15日，“原糖进口加工委员会第二次工作会议”在大连市召开。会上经过充分讨论与协商，一致同意积极配合国家有关部门完成对国内食糖市场的宏观调控。

（7）中国轻工业联合会分别于2014年3月10日和3月30～31日在广州和南宁组织召开了“十二五”国家科技支撑计划“制糖生产过程节能与清洁生产关键技术及示范”项目所属的“制糖生化助剂开发及应用”“糖厂热能集中优化及控制系统”“烟道气余热利用及半碳法制糖工艺”及“节水降耗闭合循环用水处理系统”四个课题验收会。专家组先后考察了示范工程生产现场，听取了课题情况汇报并进行质询和讨论，认为四个课题均完成了任务书规定的考核内容和目标，一致同意通过验收。

（8）工业和信息化部消费品司于2014年4月15日组织召开了《食品工业发展报告（2013年度）》编写工作会议。中国糖业协会作为参编单位之一，承担了《制糖行业现状分析》等相关内容的编写工作。

（9）中国糖业协会于2014年5月13日在北京召开了“中国糖业政策与宏观调控研讨会”。会议期间，与会专家、学者、企业代表等作了相关报告，分别从宏观策略、区域发展战略和政策建议等角度系统分析了糖业存在困难和问题，探讨了破解思路和方法，并提出了政策建议。

（10）“中国糖业协会四届五次理事长工作会议”于2014年5月14日在北京召开。会议听取并审议了协会秘书处工作报告，研究讨论了糖业目标价格管理和补贴政策，并就协会秘书处下年度重点工作进行了安排和部署。会议重点讨论并通过了协会秘书处提交的相关决议、决定，还研究并通过了协会副理事长调整、增补及其他有关事宜。

（11）“中国糖业杂志编委会工作会议”于2014年5月14日在北京召开。会议听取了《中国糖业》杂志创刊以来的工作汇报，讨论了《中国糖业》杂志内容及发展方向。会议决定，《中国糖业》继续坚持原有办刊定位的同时，丰富内容，增强可读性，加强政策引导性，透视行业问题，积极反映行业呼声。

（12）国家发展和改革委员会于2014年7月14～15日在昆明召开了“2014年主产区糖料价格工作交流会”。会议主要讨论了2014/2015年度制糖期糖料有关情况和食糖产销形势，并对2014/2015年度制糖期糖料价格政策安排提出意见及相关建议。

（13）为了进一步做好食糖信息统计工作，更好地为会员和政府宏观调控提供服务，“中国糖业协会全国信息员工作会议”于2014年7月23日在重庆市召开。会议对下阶段如何完善协会信息体系建设提出了工作思路和总体要求，并对如何提升信息工作质量、效率等进行了广泛的交流和讨论。

（14）“中国糖业协会四届五次理事扩大会”于2014年8月16日在大连市召开。会上，全国各主产省、自治区糖业协会负责人汇报了2013/2014年度制糖期产销情况、2014/2015年度制糖期产销预期和对国家宏观调控的意见和建议。大会审议并通过了《关于通过中国糖业协会工作报告的决议》《关于变更中国糖业协会副理事长人选的决议》《关于设立中国糖业协会原糖进口加工委员会的决议》《关于原糖进口加工企业（集团）自律公约的决议》《关于召开中国糖业协会第五次全国会员代表大会的决议》。

（中国糖业协会　胡志江　王让梅）

蔬菜加工业

一、基本情况

（一）资源情况

我国是世界上最大的蔬菜生产国和消费国，2013年加大了新一轮“菜篮子工程”实施力度，创建标准化示范县639个。2013年蔬菜生产种植面积、总产量实现同步增长，全国蔬菜种植面积为20 899.4 khm^2，同比增长2.7%；全年蔬菜总产量73 512.0万t，同比增长3.7%，创历史新高。据农业部统计，2013年全国蔬菜种植面积较上年增加546.9khm^2，产量增加2 628.9万t。2013年播种面积最多的6省依次为：山东1 832.9 khm^2，河南1 745.8khm^2，江苏1 354.9 khm^2，广东1 306.9 khm^2，湖南1 283.7 khm^2，四川1 276.0 khm^2；全国蔬菜总产量排名前6位的省依次为：山东9 658.2万t，河北7 902.1万t，河南7 112.5万t，江苏5 237.8万t，四川3 910.7万t，湖南3 603.5万t。设施蔬菜得到快速发展。

（二）加工业概况

2013年我国蔬菜加工业平稳增长，加工比例和产业化水平不断提高，加工工艺和设备越来越先进，产品多样化、资源利用合理化态势明显，逐步形成了净菜加工、蔬菜贮运保藏、蔬菜脱水、蔬菜罐藏、蔬菜腌制、蔬菜汁加工、蔬菜速冻以及蔬菜深加工等门类齐全的蔬菜加工产业体系。在传统加工腌制蔬菜的基础上，开发脱水蔬菜、蔬菜汁、蔬菜调味品、蔬菜酱、蔬菜功能性食品及鲜切加工产品，仍是今后蔬菜加工企业应予以重视的发展方向。但还要看到，蔬菜加工产业技术发展不均衡，整体技术和装备水平不高，初加工等商品化处理设施及技术薄弱，脱水蔬菜耗能严重，自动化程度低，农业残留、蔬菜生产与加工废弃物等问题依然突出。

2013年，我国蔬菜加工业规模以上企业约10 000多个，消耗鲜菜为9 200万t，加工产量4 500万t，加工率为14.9%。国家级农产品加工业出口示范企业中的112个蔬菜加工企业发挥了技术创新、示范带动、规范市场的作用。例如，生产腌制蔬菜的涪陵榨菜集团，生产番茄酱的中粮屯河、新中基、新疆天业，生产速冻蔬菜的浙江海通，生产脱水蔬菜的山东省临沂大林等企业，在蔬菜加工业中的领军作用十分明显。按营业收入排序，2013年度中国蔬菜加工企业收入排名10强依次为：青岛万福集团股份有限公司、重庆市涪陵榨菜集团股份有限公司、福建龙和食品实业有限公司、潍坊开发区华裕实业有限公司、巨野县佳农果蔬有限公司、聊城市新星农工贸实业公司、四川省资阳市汇洋实业有限责任公司、锦州百合食品有限公司、锦州百通食品集团有限公司、莱芜万兴果菜食品加工有限公司。其中，青岛万福集团股份有限公司位居首位，2013年实现销售收入59.6亿元。公司现拥有总资产15.5亿元，拥有5万t大型低温冷藏库、万吨恒温保鲜库及先进的生产加工设备，建起了拥有0.27万hm^2的蔬菜种植基地。

2013年，农业部、财政部联合下发了《2013年扶持“菜篮子”产品生产项目实施指导意见》，计划2013年创建涵盖加工功能的蔬菜标准园500个。2013年中央财政安排5亿元转移支付资金，采取“先建后补”的方式扶持农户和合作社建设马铃薯贮藏窖、蔬菜贮藏库和蔬菜烘干房三大类设施。实施区域为河北等13个省、自治区及新疆建设兵团的197个县（市、区、旗、团场）。本年度全国农机购置补贴机具中与蔬菜加工业相关的机具主要有蔬菜烘干机、简易保鲜储藏设备、蔬菜清洗机等。

（三）加工业布局

我国蔬菜加工业已形成两大明显的区域布局。一是以腌制蔬菜和鲜切蔬菜为主的区域布局。形成了重庆涪陵为中心的川渝地区和杭州湾地区两大榨菜产业集群区，其中四川泡菜产区生产泡渍与调味泡菜、辣椒豆瓣调味菜等。围绕北京、上海、广州形成了一般鲜切蔬菜的消费市场并带动了相关加工业的快速发展。二是以外贸为拉动的蔬菜加工区域布局。形成包括东南沿海、西北内陆和东北沿边三个出口蔬菜重点区域。其中，东南沿海区域包括山东、福建、浙江、广东、广西、江苏、辽宁、河北、天津、上海等省、自治区、直辖市114个出口蔬菜基地县，主要品种为大蒜、生姜、大葱、蘑菇、香菇、芦笋、花椰菜、菜豆、牛蒡、山药等新鲜、速冻蔬菜和特色加工蔬菜。西北内陆区域包括新疆、甘肃、宁夏、山西、内蒙古、陕西等省、自治区31个蔬菜出口基地县，主要产品为番茄酱、番茄汁、胡萝卜汁、芦笋罐头和脱水菜等加工产品。东北沿边区域包括黑龙江、吉林、内蒙古等省、自治区16个出口蔬菜基地县，主要品种为番茄、洋葱、黄瓜、青花菜、结球甘蓝、胡萝卜、甜椒等保鲜蔬菜。

二、国内外市场概况

（一）国内市场

蔬菜品种多、种植面广且季节波动明显，价格易受外部因素影响。蔬菜价格高峰一般在春节附近，春节后季节性回落，6月降至谷底，第3季度再开始反弹。根据农业部监测，2013年我国28种蔬菜的平均批发价格为3.7元/kg，同比高出8.2%，多数月份均高于2012年同期水平。2013年秋季受高温干旱和暴雨等灾害天气影响，蔬菜价格连续3个月回涨，年末受节日消费拉动价格表现坚挺。蔬菜价格保险是我国保险领域的一次重要创新，继2011年上海率先推出蔬菜价格保险后，2013年已在上海、北京、江苏、四川等省、直辖市开展试点并取得一定成效，山东、安徽等省也在酝酿和筹备中。蔬菜价格保险的深入探索和推进，将对蔬菜价格调控政策产生积极的影响。

（二）国际市场

2013年蔬菜出口相比2012年的低迷呈现回升趋势，但未达到2011年的历史最高水平。全年出口蔬菜961.2万t，同比增长2.8%；出口额115.9亿美元，同比增长15.8%。进口蔬菜20.8万t，同比减少6.2%；进口额4.2亿美元，同比增长1.7%。贸易顺差111.6亿美元，同比增长16.4%。我国蔬菜出口市场已经覆盖150多个国家和地区，主要出口市场仍为东亚及东南亚地区，山东、黑龙江、广东、江苏、福建为主要出口省份。

三、质量管理与标准化工作

（一）质量管理

按照国务院办公厅《2013年食品安全重点工作安排》、农业部《2012年农产品质量安全监管工作要点》和《2013年农产品质量安全专项整治方案》的精神，以甲胺磷等禁用高毒农药和克百威等限用农药为重点产品，以大中城市蔬菜生产基地和全国蔬菜重点县为重点区域，以农药经营单位、生产企业和合作社为重点单位，以农药生产经营单位非法添加未经登记有效成分特别是高毒农药行为，农产品生产单位违规使用未经登记农药，特别是蔬菜等鲜食农产品违规使用高毒农药行为为重点违法行为开展专项整治行动。

2013年农业部组织开展了4次农产品质量安全例行监测，共监测全国153个大中城市5大类产品103个品种87项参数，抽检样品38 984个，其中蔬菜一季度、二季度、三季度和四季度监测合格率分别为95.1%、96.7%、97.8%、96.8%，全年监测平均合格率96.6%，蔬菜质量安全水平总体稳定。本年度蔬菜质量安全监管突出了以下特点：源头管控，全产业链监管，以蔬菜作为产品重点环节，严格执法查处、落实责任。

工业和信息化部于2013年发布了《食品质量安全信息追溯体系建设试点工作实施方案》，旨在促进全国食品工业建成统一的质量安全可追溯体系。加强危害分析与关键控制点（HACCP）、良好农业规范（GAP）、良好卫生规范（GHP）、良好作业规范（GMP）、标准操作规程（SOP）等先进理念在蔬菜加工先进企业中开始实施。生鲜蔬菜的品质检测也从营养品质检测和安全卫生品质检测两个方向规范。提出蔬菜发展“三品一标”（即无公害产品、绿色产品、有机食品和地理标志农产品）是推进农业标准化进程的关键性基础工作。农业部2013年度全国名特优新农产品目录正式发布，确定了蔬菜类117个产品、159家生产单位的全国名特优新农产品。

（二）标准化工作

为尽快建立并完善农产品加工标准体系，农业部下发《2014—2018年农产品加工（农业行业）标准体系建设规划》，旨在解决标准缺失、滞后的问题，要求在2012年蔬菜加工行业标准82项的基础上，安排制定蔬菜加工标准12项（产品标准2项、管理标准8项、基础标准2项）。2013年废止了NY 5001—2007《无公害食品　葱蒜类蔬菜》等标准，当年有关部门发布的蔬菜标准共38项，其中国家标准2项，农业行业标准30项，林业行业标准1项，内贸行业标准5项（见表1）。

表1　2013年有关部门发布的蔬菜加工相关标准情况

标准号	标准名称	标准号	标准名称
GB/T 30382—2013	辣椒	NY/T 2502—2013	植物测试指南　芋
GB/T 30383—2013	生姜	NY/T 2503—2013	植物测试指南　菊芋

（续）

标准号	标准名称	标准号	标准名称
NY/T 2320—2013	干制蔬菜贮藏导则	NY/T 2504—2013	植物测试指南　瓠瓜
NY/T 2376—2013	农产品等级规格　姜	NY/T 2505—2013	植物测试指南　姜
NY/T 2426—2013	植物测试指南　茄子	NY/T 2506—2013	植物测试指南　水芹
NY/T 2427—2013	植物测试指南　菜豆	NY/T 2494—2013	植物测试指南　紫苏
NY/T 2429—2013	植物测试指南　甘薯	NY/T 2507—2013	植物测试指南　茼蒿
NY/T 2430—2013	植物测试指南　花椰菜	NY/T 2471—2013	番茄品种鉴定技术规程　Indel 分子标记法
NY/T 2432—2013	植物测试指南　芹菜	NY/T 2472—2013	西瓜品种鉴定技术规程　SSR 分子标记法
NY/T 2436—2013	植物测试指南　豌豆	NY/T 2473—2013	结球甘蓝品种鉴定技术规程　SSR 分子标记法
NY/T 2495—2013	植物测试指南　山药	NY/T 2474—2013	黄瓜品种鉴定技术规程　SSR 分子标记法
NY/T 2496—2013	植物测试指南　芦笋	NY/T 2475—2013	辣椒品种鉴定技术规程　SSR 分子标记法
NY/T 2497—2013	植物测试指南　荠菜	NY/T 2476—2013	大白菜品种鉴定技术规程　SSR 分子标记法
NY/T 2498—2013	植物测试指南　茭白	NY/T 2477—2013	百合品种鉴定技术规程　SSR 分子标记法
NY/T 2500—2013	植物测试指南　魔芋	NY/T 2327—2013	农作物种质资源鉴定评价技术规范　芋
NY/T 2501—2013	植物测试指南　丝瓜	NY/T 2532—2013	蔬菜清洗机耗水性能测试方法
LY/T 2134—2013	薇菜干	SB/T 11029—2013	瓜类蔬菜流通规范
SB/T 10966—2013	芦笋流通规范	SB/T 11030—2013	瓜类贮运保鲜技术规范
SB/T 10967—2013	红辣椒干流通规范	SB/T 11031—2013	块茎类蔬菜流通规范

四、行业活动

（1）“第十四届中国（寿光）国际蔬菜科技博览会”于2013年4月20日—5月30日在寿光举行。本届菜博会由农业部、商务部和山东省人民政府等13个单位主办，30多个驻华大使馆、外商协会、国际组织参与协办。展区面积为45万 m^2，会期为40d，共吸引了20多个国家、地区和国内28个省、自治区、直辖市的2 000多个企业、近万名客商前来参展参会、投资洽谈，总人数达到216万人次。集中签约了44个重点项目，签约额为372亿元，实现各类贸易额162亿元。

（2）“2013年中国蔬菜新优品种博览会暨中国蔬菜产业高峰论坛”于2013年6月16～20日在上海浦东召开。大会由中国园艺学会等主办。大会通过田间展示和室内展览相结合，集中展示国内外最具特色的18个类别1 577个蔬菜新优品种。美国、荷兰等国的35个种业企业、国内198个科研院所、政府相关部门和企业等1 000多人参加了会议。高峰论坛全面探讨了我国蔬菜产业发展的产前、产中、产后问题。

（3）“第五届蔬菜规模化高效育苗技术经验交流会”于2013年3月15～17日在北京举行，会议由中国园艺学会等五单位联合举办。与会专家分别就集约化育苗日光温室结构性能优化、蔬菜育苗穴盘等六大方面作了报告，对解决当前育苗产业关键问题、推动蔬菜集约化育苗高效发展具有现实意义。育苗技术相关的科研、推广以及企业的190余人参加会议。

（4）“2013年中国（北京）国际果蔬、加工技术及物流展览会”于2013年11月28～30日在北京举办，主办单位为中国果品流通协会等。参展商168个，澳大利亚、西班牙等17个国家组团参展，中国台湾及大陆20多个果蔬主产区展出了各具特色的果蔬产品。果蔬采后处理设备、物流设备和检验检疫设备、包装、保鲜技术也亮相展会。

（5）“2013年中国国际种业博览会暨第四届广西东盟蔬菜新品种展示交流会”于2013年5月28～30日在南宁举办，国内外知名育种单位和企业送来参展品种1 821个，包括了瓜类、茄果类、豆类、甘蓝类、白菜类和根菜类等。展示交流会由农业部贸促中心等联合主办。美国、德国、东盟等20个国家和地区的500余个企业参加展览展示。此次活动不仅充分发挥了广西与东盟良好合作的区位优势，而且成功实现了优势互补。

（6）“2013年中国果蔬采后产业大会”于2013年11月27日在北京举行，会议由中国果蔬贮藏加工技术研究中心等5家主办，立足果蔬采后全产业链，着力搭建果蔬采后行业综合交流的新平台。会议邀请了专家从果蔬贮藏保鲜、冷链物流、精深加工、综合利用、质量控制与安全追溯等各个层面进行专题报告，160余人参加了大会。

（7）“第七届果蔬加工产业与学科发展研讨会暨果蔬加工技术对接会”于2013年12月4～6日在北京举行。会议由农业部农产品加工局主办，主题为果蔬加工领域基础研究、技术开发与产业应用。主管部门、高校、科研机构和加工龙头企业200余人参加了大会。

（山东省农机机械科学研究院　李寒松）

茶叶加工业

一、我国茶叶在世界上的地位

根据国际茶叶委员会统计，在过去的10年间，全世界茶叶产量以年均4.08%的速度增长，动力主要来自生产率的提高和种植面积的扩大；而茶叶消费则以年均3.81%的速度增长。2013年，世界茶叶种植、生产和消费均保持上升趋势。2013年，世界茶叶总产量为481.9万t，较上年增长6.43%。其中，我国茶叶总产量为185万t，占世界总产量的38.4%，居世界第一位。世界茶叶出口量为186.5万t，其中我国茶叶出口量为33.2万t，占世界总出口量的17.8%，仅次于肯尼亚，为世界第二位。世界茶叶的消费量为457.4万t，较上年增长4.29%。红茶仍然是全球主流消费的茶类，绿茶消费继续呈上升趋势。其中，我国茶叶消费量为130万t，占世界总消费量的28.42%，居世界第一位。

二、我国茶叶生产情况

尽管我国西南地区和长江中下游地区，分别遭遇严重春旱和伏旱，但2013年全国茶叶生产继续增产增收，茶园面积和茶叶总产量继续超历史，茶叶总产值也首次突破千亿元大关。下面，根据国家统计局统计数据进行分析。

（一）茶园面积

2013年，我国茶园面积和开采面积统计见表1。从表1可以看出，我国茶园面积和开采面积仍处于上升趋势，全国茶园面积为2 468.8khm²，较上年增长188.9 khm²，增幅为8.3%；开采面积为1 857.2 khm²。特别是贵州、湖北等省增长较快，我国茶园面积前5位的省份仍然是云南、四川、湖北、贵州和福建。

表1　2013年我国茶园面积统计

省　份	茶园总面积（khm²）		同比增加（khm²）		2013年采摘面积（khm²）
	2012年	2013年	绝对数	同比增长（%）	
全国总计	2 279.9	2 468.8	188.9	8.3	1 857.2
山　西	0.1	0.0	0.0	−9.8	0.0
江　苏	34.0	34.0	−0.1	−0.2	28.4
浙　江	183.0	184.0	1.0	0.5	167.9
安　徽	149.7	155.3	5.6	3.8	135.0
福　建	221.5	232.3	10.8	4.9	205.7
江　西	65.5	72.6	7.1	10.8	55.0
山　东	20.8	22.7	1.9	9.3	15.7
河　南	87.6	97.7	10.1	11.5	79.0
湖　北	260.1	291.8	31.6	12.2	205.4
湖　南	108.8	115.5	6.6	6.1	91.1
广　东	41.8	44.2	2.4	5.7	41.6
广　西	55.6	62.9	7.3	13.1	53.5
海　南	1.0	1.2	0.2	21.8	1.0
重　庆	35.1	35.9	0.9	2.5	22.6
四　川	266.6	284.0	17.5	6.6	203.1
贵　州	251.5	313.2	61.7	24.5	145.9
云　南	389.7	400.6	10.9	2.8	327.7
西　藏	0.2	0.2	0.1	37.5	0.1
陕　西	97.1	109.7	12.6	13.0	74.0
甘　肃	10.2	10.8	0.6	5.9	4.5

统计表明，2013 年我国无公害茶园面积达到 1 640khm²，较上年增长 130 khm²，增幅为 8.6%；我国有机茶园面积为 150 khm²，较上年增长 10 khm²，增幅为 6%；我国高产优质的无性系良种茶园面积为 1 350 khm²，增长为 130 khm²，增幅为 10.6%，占全国茶园总面积的比重由上年的 50.7% 上升到 52.5%。

（二）茶叶产量

2013 年，我国及各产茶省、自治区、直辖市茶叶总产量统计见表 2。2013 年，我国干毛茶产量为 192.4 万 t，较上年增长 13.4 万 t，增幅为 7.5%。其中，除浙江、江苏、海南因受灾减产外，其他省、自治区、直辖市几乎全部增产，增产较多的产茶省份有云南、福建、贵州、湖北和湖南等。

表 2 2013 年我国茶叶产量统计

省 份	茶叶产量（万 t）		同比增加（万 t）	
	2012 年	2013 年	绝对数	同比增长（%）
全国总计	**179.0**	**192.4**	**13.5**	**7.5**
江 苏	1.5	1.4	−0.2	−9.8
浙 江	17.5	16.9	−0.6	−3.6
安 徽	9.5	10.1	0.6	5.8
福 建	32.1	34.7	2.6	8.1
江 西	3.9	4.3	0.4	11.5
山 东	1.3	1.6	0.2	18.1
河 南	5.1	5.6	0.5	8.8
湖 北	20.7	22.2	1.5	7.2
湖 南	13.5	14.6	1.1	7.9
广 东	6.3	7.0	0.7	10.6
广 西	4.9	5.4	0.5	9.2
海 南	0.1	0.1	0.0	0.0
重 庆	3.1	3.4	0.3	9.1
四 川	21.0	22.0	0.9	4.4
贵 州	7.4	8.9	1.5	20.2
云 南	27.2	30.2	3.0	11.1
西 藏	0.0	0.0	0.0	0.0
陕 西	3.5	4.1	0.5	15.5
甘 肃	0.1	0.1	0.0	0.0

2013 年，在我国茶叶总产量中，为六大茶类增产表现均衡。随着市场需求的变化，绿茶和乌龙茶产量增幅下降，2013 年我国绿茶产量为 131 万 t，较上年增长 5.0%；乌龙茶产量为 24 万 t，较上年增长 7.5%。而黑茶、红茶、白茶和黄茶的增幅则较大，红茶产量为 16 万 t，较上年增长 18.1%；黑茶产量为 9 万 t，较上年增长 19.0%；白茶产量为1.2 万 t，较上年增长 20.6%；黄茶产量为 4 万 t，较上年增长 30.6%；其他茶产量为 11 万 t，较上年增长 12.4%

（三）茶叶产值

据农业部门发布的信息，2013 年我国干毛茶总产值达到 1 106.2 亿元，较上年增长 123.8 亿元，增幅为 12.6%。其中，贵州增加 26.1 亿元，福建增加 18.3 亿元，四川增加 15 亿元，云南增加 13.4 亿元，河南增加 12 亿元。按茶园面积计算，公顷产值为 42 885元，每公顷提高 2115 元，增幅为 14.4%；按茶园采摘面积计算，公顷产值为 56 865 元，每公顷提高 2 100 元，增幅为 3.8%。农业部门的统计还表明，2013 年我国名优茶和大宗茶产量双双增长。其中，名优茶产量为 84.9 万 t，较上年增长 6.3 万 t，增幅为 8.0%；大宗茶产量为 104 万 t，较上年增长 5.2 万 t，增幅为 5.3%。由于中央严令控制公费消费，名优茶价格明显下降，大宗茶价格适度上升，使全国名优茶产值增幅减缓、大宗茶增幅加快。2013 年，我国名优茶总产值为 791 亿元，较上年增长 69.6 亿元，增幅为 9.6%；我国大宗茶总产值为 315 亿元，较上年增长 54.2 亿元，增幅为 20.7%。名优茶与大宗茶产量分别占茶叶总产量的 45%和 55%，与上年基本持平。而名优茶产值占 71.5%，较上年下降 1.9%；大宗茶产值占 28.5%，较上年上升 1.9%。

三、存在主要问题

当前茶叶生产中存在的突出问题有三个：

（1）我国茶园面积继续盲目扩大　2013 年全国增加新茶园为 130 khm²，为近 5 年来增加最多的一年，使未开采茶园达到 6 111.6 khm²，也是创历史最高水平，按目前采摘面积平均公顷产 975kg 计算，3 年后即年产干毛茶为 61.8 万 t，是 2012 年全国茶叶总产量的 1/3，将对整个茶叶市场形成巨大的冲击力。

（2）我国茶叶平均单产水平继续下降　按茶园面积计算，我国平均公顷产茶叶 732kg，同比下降 3kg；按采摘面积计算，我国平均公顷产茶叶 972kg，在 2012 年下降 39kg 的基础上，又下降 18kg。形成这两个问题的主要原因是一些地方重规模、轻质量，重扩大面积、轻提高单产和品质。

（3）我国茶叶生产劳动力匮乏　目前茶叶生产用工特别是采茶用工愈来愈紧张，鲜叶在树上采不下的现象已十分普遍，已成为茶产业发展的最大瓶颈。改革茶类结构，减少高档茶并增加大众消费的优质茶生产，推行机械化采摘，乃必行之路。

四、茶叶市场

（一）茶叶内销

据中国茶叶流通协会开展的全国性分茶类报告显示，2013 年我国茶叶在外销市场保持稳定的同时，内销市场的巨大消费能力依然是拉动茶叶经济发展的主要因素。2013 年的内销市场，板块轮动迹象依旧明显，小品种的茶类纷纷发力，黑茶、白茶、黄茶成为消费热点。黑茶价格涨幅最大，云南普洱茶价格飙升，个别品种价格涨幅高达 80%～150%；湖南黑茶、广西六堡茶、四川藏茶也越来越受到消费者的欢迎。红茶消费市场依然红火，其中以正山小种、祁门红茶、坦洋工夫等辨识度高的传统红茶产品为主流，但增幅减缓。与此同时，绿茶、乌龙茶的消费增幅则进一步减缓。由于礼品茶、团购茶销售量骤减，高端茶消费量和价格持续回调，适合于大众消费中档茶的消费量增多，低档茶减少，故以市场价格为区隔的产品分布逐步形成橄榄型。

（二）茶叶出口

据海关统计，2013 年 1～12 月，我国茶叶出口量为 32.6 万 t，出口金额约 12.6 亿美元，平均单价 3 920 美元/t，分别较上年上长 3.92%、19.64% 和 15.13%。其中，绿茶出口量为 26.4 万 t，金额约 9.3 亿美元，平均单价为 3 526 美元/t，较上年分别上长 6.37%、23.40% 和 16.01%；红茶出口量为 3.3t，较上年下降 8.29%金额约 1.3 亿美元，平均单价为 3 904 美元/t，较上年分别上长 8.02% 和 17.78%；乌龙茶出口量为 1.7 万 t，较上年下降 1.92%金额约 8 748 万美元，平均单价为 5 135 美元/t，较上年分别上长 9.56% 和 11.71%；花茶出口量为 6 856t，较上年下降 6.3%金额约 5 518 万美元，平均单价 8 048 美元/t，较上年分别上长 7.04% 和 14.32%；普洱茶出口量为 4 513 万 t，金额约 4 331 万美元，平均单价为 9 597 美元/t，较上年分别上长 5.26%、19.57 和 13.60%。绿茶、普洱茶出口量较上年增长，其他茶类量减价增，绿茶在茶叶出口量中所占份额逐年增加。

2013 年，我国茶叶出口量超过万吨的国家有 10 个，包括摩洛哥、乌兹别克斯坦、美国、毛里塔尼亚、日本、俄罗斯、阿尔及利亚、多哥、塞内加尔和德国。摩洛哥长期稳居首位，占我国茶叶出口量的 20%，是我国茶叶出口行业的风向标。日本是我国茶叶出口的传统市场，但已从第二位退居第五位，出口量连年下降。需求低迷、农残壁垒和中日政治关系不稳定是重要制约因素。欧盟是世界主要茶叶消费地区，但是我国茶叶迄今未能占据主要市场份额，严格的农残标准和茶叶消费习惯差异是主要原因。

2013 年，我国茶叶出口贸易格局继续保持稳定，但也未取得明显突破。一是出口市场仍以欠发达国家和地区为主。2013 年我国茶叶出口至 125 个国家和地区，其中 70 个为欠发达国家和地区。二是出口产品结构仍以大宗散装原料茶为主。受我国茶叶企业实力水平限制，向国际市场输出的多为散装、贴牌和低附加值的大宗茶，企业利润微薄，市场开发积极性弱，不愿投入更多。此外，如欧洲国家消费习惯、对茶叶功能认知程度，也是重要影响因素。当前，南美是我国茶叶值得开发的大市场，因为我国与南美国家关系稳定，贸易合作紧密，经济往来密切，茶叶市场开拓正逢其时。

五、茶事动态

（1）《食品中农药最大残留限量》（GB2763－2012）于 2013 年 3 月 1 日开始正式实施，涉及茶叶中的农药残留 25 项。过去茶叶中农药残留分布在 8 个标准中，新标准则统一了茶叶安全限量指标，消除了标准间的重复和冲突，适应性更强，便于操作。

（2）国务院于 2012 年 7 月批复同意浙江省组建中国茶叶拍卖交易服务有限公司，2013 年 4 月 3 日在该公司筹建的中国茶叶拍卖交易服务中心举行了首场茶叶拍卖会。参拍茶叶为西湖龙井茶，拍卖结果来自杭州市西湖名胜风景区的西湖龙井茶，平均成交价为 12 200 元/kg；来自西湖区龙坞产区的西湖龙井茶，平均成交价为 6 000 元/kg。

（3）农业部于 2013 年 4 月 23 日下发了《关于促进茶叶生产持续健康发展的意见》，明确提出要在稳定茶园面积的同时，加强老茶园改造，推广绿色防治技术，提高单产，提高效益，促进茶叶生产持续健康发展。

（4）工业和信息化部下达了《2013 年第三批行业标准制修订计划》，其中包括制修订的茶叶机械标准项目 10 项。新制定的 3 项标准为茶叶鲜叶分级机、茶叶色选机、茶叶理条机；需修订的 7 项标准为扁形茶炒制机、茶叶烘干机、茶叶炒干机、茶叶抖筛机、茶叶滚筒杀青机、扁形茶成套加工设备、茶叶机械术语。计划下达后，浙江省农机标准化技术委员会、浙江省农业机械协会和浙江省农业机械化局组织浙江、安徽有关科研单位、高校和茶机生产企业，组成了每个制修订标准的起草工作组，完成标准起草。此后将完成起草的标准草案发往有关单位征求意见，并召集会议对意见进行汇集、分析，在此基础上进行了标准草案修改，已形成标准送审稿和报批稿。

(5) 农业部于 2013 年 7 月 4 日发布了第 1963 号“关于废止 132 项无公害食品农业行业标准的公告”。其中，废止标准中涉及茶叶的有 3 项标准，包括《无公害食品　饮用菊花》(NY 5119—2004)、《无公害食品　窨茶用茉莉花》(NY 5122—2004)、《无公害食品　茶叶》(NY 5244—2004)。建议执行《无公害食品　饮用菊花》(NY 5119—2004)、《无公害食品窨茶用茉莉花》(NY 5122—2004) 之规定，可参照《绿色食品　代用茶》(NY/T 2140—2012)；执行《无公害食品　茶叶》(NY 5244—2004) 之规定，可参照《绿色食品　茶叶》(NY/T 288—2012)。

（中国农业科学院茶叶研究所　权启爱）

蜂产品加工业

一、基本情况

我国是世界养蜂大国。2013 年，世界蜂群总量 8 103 万群，中国大陆 890 万群，占世界总量近 11.0%；同比 2012 年 887 万群，略有增长 0.34%；同比 2009 年，农业部统计数据 820 万群，增长了 7.9%。2013 年，蜂群存养量在 100 万群以上的省、自治区、直辖市为四川和浙江；50 万群以上的为黑龙江、云南、广东、广西、湖北、重庆、安徽、河南、湖南；10 万群以上的为陕西、吉林、江苏、北京、辽宁、山西、甘肃；其他省、自治区、直辖市如新疆、海南、西藏、宁夏、上海、天津、青海等不足 10 万群。

我国是世界蜂产品生产大国和出口大国。2013 年，全球蜂蜜总产量约 160 万 t，我国蜂蜜产量约 45 万 t，同比增长 4.6%，居世界首位，占世界的 28%；蜂蜜出口 12.5 万 t，同比增长 13.4%；创汇 2.5 亿美元，同比增长 14.7%，再创历史新高。我国蜂王浆产量 3 000t，同比下降 10%以上，但仍居世界首位，全球 90%蜂王浆来自于我国。蜂花粉产量约 6 000t，同比基本持平。蜂胶产量 300～400t，同比基本持平，均居世界首位。

二、生产与销售

(一) 蜂蜜

1. 蜂蜜生产　2013 年，虽然受洋槐、荞麦、椴树、荔枝、龙眼等影响，全国大宗蜂蜜歉收；但油菜蜂蜜、柑橘蜂蜜、荆条蜂蜜等生产情况总体良好，同比产量增产，涨幅达 18%～60%，致使年总产量有所增加。据不完全统计，2013 年全国蜂蜜产量 45 万 t，同比增长 4.6%。其中，2013 年油菜蜜主产地如四川、湖北、安徽等省早春气候干旱，降水量偏少，气温上升较快，油菜开花时间提前，盛花期缩短，部分蜂农繁育蜂群不及时，致使油菜蜂蜜的生产受影响。但是，同比 2012 年油菜蜂蜜的总产量仍收获颇丰，同比产量有所增长，最大长幅达 18%。而青海油菜蜂蜜减产。柑橘蜜主产地江西、浙江、湖南、四川等省气温适宜，降水量较常年偏少，利于柑橘开花流蜜，促进柑橘蜂蜜丰收，同比产量有所增长，最高升幅近 20%。荆条蜜主产地湖北、山西、山东等省荆条蜂蜜产量也优于上年，平均群产产量达 25kg，同比增长 60%以上。葵花蜜主产地东北、内蒙古、新疆等地，葵花生长良好，葵花流蜜期气候适宜，单产产量达 40～65 kg；新疆及西北等棉花主产区棉花流蜜，棉花蜜单产高达 80kg。中蜂蜂蜜生产形势看好，年年呈上升趋势，2013 年中蜂蜂蜜再获得增产。其他五味子、黄连、山花蜂蜜的生产情况也较好，产量同比有所增长。

2. 蜂蜜国内外市场

(1) 蜂蜜收购市场 据中国养蜂学会不完全统计，2013 年蜂蜜价格涨跌互现，因不同品种价格有所差异。普通油菜蜜收购价为 6 000～6 500 元/t，同比下降 10%；品质好的油菜蜜收购价达 10 000 元/t，同比基本持平；荆条蜜原料收购价为 8 000～10 000 元/t，同比下降近 15%；柑橘蜜原料收购价 12 000～14 000元/t，同比基本持平；向日葵蜜原料收购价格 7 000～8 000 元/t；山花蜜收购价 12 000～13 000 元/t，同比基本持平。洋槐蜜、荔枝蜜、龙眼蜜等由于减产价格上涨。洋槐蜜原料收购价高达 17 000～22 000元/t，同比略有上涨；荔枝蜜、龙眼蜜原料收购价 13 000～14 000 元/t，同比上浮 10%。特种蜂蜜由于产量小，价格基本与往年保持一致，浮动不大。枸杞蜜原料收购价为 15 000～20 000 元/t，同比持平；枇杷蜜原料收购价 28 000～30 000 元/t，同比略有上升。全国中蜂蜂蜜大部分蜂农在本地直接零售，原料中蜂蜜价格60～180元/kg，同比持平。

（2）蜂蜜国内市场　据中国养蜂学会主办的“2014全国蜂产品市场信息会”不完全统计，2013年，国内蜂蜜消费量约33.8万t，人均消费量达250g，同比增长20%。

（3）蜂蜜国际市场　据海关数据，2013年我国蜂蜜出口12.5万t，同比增长13.4%；创汇2.5亿美元，同比增长14.7%，再创历史新高。2013年我国蜂蜜主要出口日本、英国、比利时、西班牙、波兰、德国、荷兰、泰国、葡萄牙、意大利、南非、新加坡、法国、保加利亚、沙特阿拉伯、澳大利亚、摩洛哥、马来西亚、丹麦、中国香港等65个国家和地区（出口量前20位国家和地区见表1）。

表1　2013年我国蜂蜜出口前20位国家和地区

单位：kg、美元、美元/kg

序号	国家和地区	出口情况			同比增长（%）		
		数量	金额	单价	数量	金额	单价
1	日　本	30 789 396	70 333 344	2.284	5.74	12.04	5.96
2	英　国	22 069 838	38 377 996	1.739	26.58	23.58	−2.37
3	比利时	20 716 730	40 555 528	1.958	22.08	18.99	−2.53
4	西班牙	10 353 132	19 170 615	1.852	48.09	53.24	3.48
5	波　兰	6 826 728	12 301 750	1.802	69.86	71.87	1.19
6	德　国	5 978 782	11 898 005	1.990	27.61	27.23	−0.30
7	荷　兰	4 748 368	8 661 953	1.824	−0.79	−4.52	−3.75
8	泰　国	4 412 930	7 866 435	1.783	4.72	4.56	−0.16
9	葡萄牙	2 395 400	4 297 619	1.794	−45.37	−44.49	1.61
10	意大利	1 807 860	3 391 678	1.876	−9.11	−6.16	3.25
11	南　非	1 785 980	3 079 060	1.724	−29.40	−29.44	−0.07
12	新加坡	1 185 138	2 636 240	2.224	−4.36	−0.83	3.70
13	法　国	1 177 400	2 287 439	1.943	−29.22	−24.36	6.87
14	保加利亚	1 035 300	1 904 693	1.840	399.30	415.55	3.25
15	沙特阿拉伯	1 026 442	1 854 302	1.807	79.58	51.96	−15.38
16	澳大利亚	960 102	1 867 373	1.945	−16.26	−14.51	2.09
17	摩洛哥	908 350	1 605 068	1.767	−16.22	−5.88	12.34
18	马来西亚	725 475	1 771 063	2.441	−60.21	−52.95	18.26
19	丹　麦	710 500	1 345 781	1.894	150.00	166.00	6.40
20	中国香港	641 562	1 719 332	2.680	15.55	25.44	8.55
	其　他	1 174 127	2 449 442	2.086	73.68	−72.79	3.40
	合　计	**124 900 772**	**246 549 739**	**1.974**	**13.38**	**14.65**	**1.12**

（二）蜂王浆

我国是蜂王浆生产大国和出口大国，世界90%以上的蜂王浆来自于我国。长期以来，我国蜂王浆市场主要以国内市场为主，兼顾出口。然而，2013年，与往年有所不同，国际市场创历史新高，首次超出国内市场。

1. 蜂王浆生产　根据中国养蜂学会不完全统计，2013年春季，由于收购价位的刺激，蜂农生产蜂王浆热情高涨，使得春浆产量同比增长20%～30%；第二季度，由于蜂王浆出口下滑，蜂王浆收购价格大幅度下降，影响了蜂农生产蜂王浆的积极性，导致蜂王浆产量也随之下降；后期蜂王浆价格虽略有回升，但仍是低价范畴，蜂农利润微薄，严重影响后期蜂王浆生产，致使全国蜂王浆年总产量下滑，年总产量约3 000t，同比减产10%以上。

2. 蜂王浆国内市场　据中国养蜂学会不完全统计，2013年春季，蜂王浆收购旺季，蜂王浆原料市场继续攀升。江西油菜浆见面价135～140元/kg，湖北、安徽、江苏油菜浆见面价132～137元/kg，陕西油菜浆见面价140～145元/kg。春季蜂王浆收购价继续攀升，高达150～160元/kg。第二季度，由于蜂王浆出口下滑，出口企业处观望、停滞状态，蜂王浆收购价格大幅度下降，跌至90元/kg；后期蜂王浆的收购价格稍有回升，但涨幅不大，收购价约100元/kg。这也是导致蜂王浆减产的主要原因。据不完全统计，2013年全国蜂王浆市场跌落较大，全年销量约2 800t，其中国内市场销量约1 200t，同比减少35%以上，下跌幅度空前。

3. 蜂王浆国际市场　据海关数据，2013年蜂王浆国际市场销量显增长趋势，蜂王浆出口量首次超过国内市场，出口比例空前，首创蜂王浆出口历史新高。2013年，我国蜂王浆主要出口国日本，占出口总额40%；除此之外还有美国、法国、比利时、西班牙、泰国、德国、意大利、乌拉圭、土耳其、澳大利亚、新西兰、印度尼西亚等国，全年蜂王浆出口总量达1 620t，同比增长2.60%，创汇5 182万美元。其中，出口蜂王浆干粉264t，同比增长3.1%，创汇2 431万美元；出口鲜浆809t，同比增长18.5%，创汇2 359万美元（见表2）；出口蜂王浆制剂379t，同比下降40.9%，创汇392万美元。

表2 2013年我国鲜蜂王浆出口情况

单位：kg、美元、美元/kg

序号	国家和地区	出口情况			同比增长（%）	
		数量	金额	单价	数量	金额
1	日　本	327 365	11 422 960	34.89	40.6	47.6
2	法　国	130 600	3 201 734	24.52	3.1	−11.7
3	比利时	73 036	1 960 170	26.84	61.5	44.9
4	西班牙	65 800	1 603 509	24.37	96.4	68.8
5	泰　国	60 700	1 329 097	21.90	0.3	−13.0
6	美　国	38 050	1 107 026	29.09	−0.3	6.2
7	德　国	24 008	638 007	26.57	9.1	−0.8
8	土耳其	12 900	223 078	17.29	−7.9	−15.1
9	乌拉圭	12 300	237 800	19.33	7.0	−2.2
10	意大利	10 000	260 881	26.09	25.0	32.4
	其　他	54 162	1 605 445	29.64		
	总　计	**808 921**	**23 589 707**	**29.16**	**18.5**	**18.8**

关于蜂王浆制品，因开发滞后，仍是原有180余种蜂王浆保健食品和近30种的蜂王浆药品，新批号制品不多。

（三）蜂花粉

据中国养蜂学会及全国蜂产品市场信息会不完全统计，2013年我国蜂花粉产量与市场销量基本与上年持平。

1. 蜂花粉生产　2013年我国蜂花粉产量主要以大宗油菜花粉、茶花粉、杂花粉为主。油菜花粉主要产区有青海、甘肃、新疆、内蒙古、四川、辽宁、湖北、江西、安徽等；茶花粉主产区有四川、江西、安徽、浙江、江苏等。此外，还有荷花、玉米、柳树、荞麦、五味子花粉等。全年蜂花粉总产量约6 000t，与上年持平。

2. 蜂花粉国内市场　2013年蜂花粉价格整体和2012年持平，油菜花粉收购价21～28元/kg，杂花粉20～23元/kg，茶花粉28～34元/kg，同比基本持平。2013年蜂花粉的国内销量约3 000t，主要品种为油菜花粉、茶花粉、荷花粉以及杂花粉。

3. 蜂花粉国际市场　据海关统计，2013年我国出口蜂花粉总量为1 472 t，同比下降8.1%。其中亚洲775t，北美洲357t，拉丁美洲245t，欧洲71t。出口创汇686万元，同比下降14.4%。韩国依旧是我国出口蜂花粉大国，出口615t，占总出口额的41.8%；其次是美国325.4t，墨西哥126t。三国合计1 066.4t，占我国蜂花粉出口总额的72.5%。2013年，我国对希腊和加拿大的出口数量倍增，同比增长分别为100%和672.5%，金额同比增长分别为64.9%和607.6%（见表3）。

表3 2013年我国蜂花粉出口情况　单位：kg、美元、美元/kg

序号	国家及地区	出口情况			同比增长（%）	
		数量	金额	单价	数量	金额
1	韩　国	615 300	2 786 267	4.53	8.3	−5.9
2	美　国	325 377	1 384 501	4.26	14.7	10.9
3	墨西哥	126 000	520 857	4.13	−44.0	−45.2
4	阿根廷	73 000	309 454	4.24	47.5	23.9
5	乌拉圭	41 000	188 279	4.59	41.4	31.9
6	日　本	36 012	239 484	6.65	7.9	0.6
7	希　腊	32 000	134 140	4.19	100.0	64.9

（续）

序号	国家及地区	出口情况			同比增长（%）	
		数量	金额	单价	数量	金额
8	加拿大	31 704	168 647	5.32	672.5	607.6
9	马来西亚	31 059	285 817	9.20	15.1	−0.5
10	叙利亚	24 650	107 728	4.37	0.0	0.0
	其　他	136 055	731 497	5.38	—	—
	总　计	**1 472 157**	**6 856 671**	**4.66**	**−8.1**	**−14.4**

关于蜂花粉制品，目前我国有蜂花粉药品约20余种，保健食品约100种，化妆品5种。

（四）蜂胶

据中国养蜂学会不完全统计，2013年我国蜂胶生产与市场基本情况与上年相差不大。2013年，我国蜂胶毛胶的总产量300～400t，与上年基本持平，主要用于国内市场，供不应求。蜂胶原料收购价格因胶量不同而异。2013年收购价格120～400元/kg，平均价格260元/kg，基本与上年持平，略有下降。蜂胶产品国内消费市场基本与上年持平。目前，市场上的蜂胶保健食品约有200余种，蜂胶药品5种，化妆品近40种（其中，只有2种是国产，其他皆为国际品牌）。

（五）蜂蜡

据不完全统计，2013年全年蜂蜡总产量约8 000t，同比增长30%。蜂蜡市场主要以出口为主，德国一直是我国蜂蜡出口的主市场，出口数量与日俱增。2013年我国蜂蜡出口德国约2 096t，同比增长55.6%；创汇约1 225万美元，同比增长7.0%。出口美国约1 523t，创汇约1 011万美元（见表4）。

表4　2013年我国蜂蜡出口情况

单位：kg、美元、美元/kg

序号	国家及地区	出口情况			同期比（%）	
		数量	金额	单价	数量	金额
1	德　国	2 096 036	12 257 732	5.85	55.6	47.0
2	美　国	1 523 189	10 107 302	6.64	114.3	94.3
3	法　国	893 000	5 183 458	5.80	24.7	24.3
4	荷　兰	613 000	3 634 226	5.93	48.8	45.1
5	西班牙	474 000	1 977 589	4.17	33.9	25.0
6	阿尔及利亚	469 600	1 198 561	2.55	30.1	34.4
7	希　腊	438 800	1 810 662	4.13	6.0	−0.4
8	韩　国	396 868	3 457 794	8.71	−17.7	−11.5
9	英　国	338 425	2 160 056	6.38	28.3	27.0
10	意大利	268 500	1 559 892	5.81	38.8	34.5
	其　他	1 410 614	7 006 243	4.97		
	总　计	**8 922 032**	**50 353 515**	**5.64**	**25.7**	**24.4**

（六）蜂产品化妆品

蜂产品化妆品是我国蜂产品加工业之弱项，国际蜂产品化妆品看好我国市场之空缺，日益抢占我国市场。2013年，已有国际蜂产品化妆品近100个品种占领了我国市场。

三、科技工作

（1）“免移虫蜂王浆生产设备及技术”课题研究已基本完成，进入中试阶段。

（2）“机械化取浆设备与技术”课题研究已完成研制取浆机具，进入初试阶段。

（3）“优质蜜蜂种质资源和蜂产品生产加工技术引进、创新与利用”项目，获农业部农牧渔业丰收二等奖。

（4）“蜂王浆高产机理与蜂王浆生化特征研究”课题，获北京市科技进步二等奖。

（5）国家蜂产业体系共申请专利21项，其中发明专利21项。授权专利20项，其中发明专利11项，实用新型专利9项。

(6) 全国新建“全国蜂产品安全与标准化生产基地”3个，共建“蜜蜂之乡”2个。

(7) 中国农业科学院蜜蜂研究所授权发明专利1项，专利名称为“一种油菜蜂花粉提取物及其应用”，专利号为ZL 201010295791.7。

四、质量管理与标准化工作

(一) 质量管理

2013年，全国各地质检监管部门加强了对蜂产品的监管和抽检，主要针对蜂蜜，同时增加了对花粉、王浆和蜂蜜制品的监管与抽检。2013年共抽检602批次，其中农业部抽检252批次，抽检数量显著增加，总抽检合格率从2012的87%的合格率上升为95%，合格率连续有所提高。检测依据为《食品安全国家标准 蜂蜜》(GB 14963—2011)、《蜂王浆》(GB 9697—2008) 等国家标准。

2013年下半年，农业部办公厅发文要求开展蜂产品兽药残留监控检测，包括氯霉素、磺胺类、氟喹诺酮类、硝基咪唑类、硝基呋喃类代谢物、四环素类共计6种(类)，药物品种42个。农业部检测中心抽检了河南、浙江和四川三省36个蜂场的样品，完成了42批氟喹诺酮类残留检测，6批样品超标；42批四环素类残留检测，3批样品超标；42批硝基呋喃类代谢物残留检测，3批样品超标；42批氯霉素、磺胺类及硝基咪唑类残留检测，均未检出超标样品。总体情况，抗生素合格率有所提高，达到了95.4%。

(二) 标准化工作

(1) 2013年发布标准4项，包括：《蜂花粉》(GB/T 30359—2013)、《蜜蜂种质资源评价规范》(NY/T 2364—2013)、《出口蜂蜡中碳氢化合物检验方法》(SN/T 0621—2013) 和《良好农业规范 第27部分：蜜蜂控制点与符合性规范》(GB/T 20014.27—2013)。

(2) 2013年标准立项2项，包括：《蜂胶中阿替匹林C的测定方法》(2013GH—1—015) 和《雄蜂蛹冻干粉》(2013GH—1—012)。

(3) 2013年审定标准2项，包括：《蜂蜡中二十八烷醇、三十烷醇的测定 气相色谱法》和《蜂蜜中脯氨酸的测定 液相色谱法》。

五、行业管理与重大活动

(1) 农业部部长韩长赋于2013年5月主持召开“促进养蜂产业持续健康发展”专题会议，重点做好四项工作：一是研究出台扶持养蜂业发展的政策，对蜂农进行补贴，将蜂农养殖机械纳入农机购置补贴范畴，提高养蜂业机械化水平；二是探索建立蜜蜂授粉示范基地，大力推广蜜蜂授粉增产技术；三是加强蜂产品质量安全监管，推进标准化养殖认证；四是加强养蜂科研攻关力度，争取在良种繁育、疫病控制、饲养管理技术等方面取得新进展。

(2) 农业部农产品质量安全中心于2013年10月组织专家对蜂产品申报农产品地理标志进行了评审，崇阳野桂花蜜符合《农产品地理标志管理办法》保护条件，农业部拟准予登记，并将依法实施保护。

(3)“第十届海峡两岸蜜蜂与蜂产品学术研讨会暨首届全国蜂产业高峰论坛”于2013年11月在扬州召开。会议由中国养蜂学会主办，扬州大学和江苏省蜂业协会承办，海峡两岸蜂业界专家、学者、企业家及两岸10余所高校的师生共计200多人出席了会议。

(中国农业科学院蜜蜂研究所 陈黎红 徐明)

食用菌加工业

在我国政府一系列方针政策的指导和扶持下，食用菌产业迎来了前所未有的良好发展机遇。现今全国已建立有数千个食用菌种植村、数百个食用菌种植基地县，工厂化生产食用菌也逐步形成规模和趋向成熟。生产及加工技术的进步，带动了食用菌消费量的增长，专业化的食用菌交易市场应运而生，完善了食用菌流通环节，促进了国内乃至国际贸易量的提升。

一、基本情况

(一) 产量产值

1. 产量 据对26个省、自治区、直辖市(不含内蒙古、重庆、西藏、宁夏、台湾，与2012年相比，增加了安徽、海南和陕西3个省的数据) 统计调查，2013年度全国食用菌产量、产值均呈现增长态势，

2013年全国食用菌总产量达3 169.7万t。其中，参与2012年统计调查的23个省、自治区、直辖市的2013年产量为3 035.0万t，比2012年增长了7.4%。产量排在前10位的省份分别为：河南473.7万t，山东412.5万t，黑龙江286.5万t，江苏233.4万t，福建231.6万t，河北209.7万t，四川160.0万t，湖北135.6万t，浙江134.2万t，吉林131.2万t。年产量在100万t以上的还有：辽宁121.17万t，广西120.3万t，江西100.0万t。年产量在50万～100万t的省有：湖南、广东、陕西和安徽等4个省。全国各省、自治区、直辖市总产量整体处于平稳上升趋势，与2012年相比，增长幅度最大的有甘肃、云南和上海，分别增长了48.0%、42.5%和39.9%。

2. 产值　2013年，全国食用菌总产值达2 017.9亿元。其中，参与2012年统计调查的23个省、自治区、直辖市的2013年产值为1 908.1亿元，比2012年增长了7.7%。从全国食用菌产值分布情况看，2013年年产值超过100亿元的省、自治区有河南、山东、黑龙江、福建、河北、江苏、湖北、浙江和广西，50亿～100亿元的省份有吉林、云南、辽宁、广东、江西、湖南、四川、安徽和陕西。

（二）出口创汇

1. 出口量　据中国海关统计，2013年我国食用菌出口数量为51.2万t，与2012年相比增长了7.1%。出口量排名前三位的省份依次为：湖北45.8万t，福建24.0万t，广东21.2万t。

2. 创汇　2013年，我国食用菌创汇26.9亿美元，比2012年增长了54.7%。创汇排名前三的省份依次为：湖北9.0亿美元，河南7.1亿美元，福建6.9亿美元。

二、科研、新产品、新技术

（1）以工厂化恒温育菇代替大田种菇，1月份成都市大邑县引进的世界最先进的食用菌栽培方式首次获得成功。该县工厂化恒温栽培双孢菇项目第一期24座恒温菇房实现出菇，并一举创造了相当于大田蘑菇97倍的产值。为实现2014年3月全部恒温菇房投产的目标，目前第二期48座菇房又进行了建设。计划投资1.2亿元的该项目，于3月进行了第一期24座恒温菇房的建设，如今全面实现投产。1m^{2}出菇产量达到了25.0kg，按照每千克8元的市场价以一年种植6次计算，一间菇房的出菇年产值可达到72.0万元，按一间菇房不到0.4亩计，也就是说工厂内亩平产值达180.0多万元，产值是同等面积的大田蘑菇约97倍。项目主要引进荷兰蘑菇种植的先进技术，德国的先进堆料、发酵机械设备，美国的优质菌种。同时，还对解决秸秆禁烧的老大难问题有了新探索，每年将解决约0.3万hm^{2}稻田、麦田农作物秸秆1万余t。同时可解决务工人员300人，农民务工收入可达900.0万元。

（2）人工种植天麻一直是云南省云龙县重点推广的技术之一，但由于一直采用传统的无性繁殖技术，因此一直处于产量低、效益低的状况。云龙职中教师张永芳经过几年的摸索，1月份成功用有性繁殖杂交技术培育出仔种，并已经试种成功。据介绍，采用这种技术种植天麻产量高、效益好，每平方米投资为150.0元，产量在10.0kg～15.0kg，产值为400.0元以上。

（3）中华全国供销合作总社食用菌工程技术研究中心落户云南省晋宁县，该项目投资总额为1.2亿元，为云南省食用菌高效生产技术产业示范工程。该项目建设内容有菌种选育生产中心、现代工厂化栽培车间、食用菌精深加工车间、冷链物流仓储中心、信息中心、批发交易市场及配套设施。项目由云南云菌科技集团实施，该集团是集科研、生产、加工、销售为一体的食用菌产业科技集团公司，旗下有“李玉院士工作站”、云南省食用菌产业技术创新联盟、云南省食用菌工程技术中心，特别是中华全国供销合作总社昆明食用菌研究所，作为我国唯一的部级直属食用菌专业科研机构，多年来积累了众多科研成果，拥有云南省食用菌专业、创新团队。

（4）由福建宁德市古田食用菌产业管理局、福建农林大学菌物研究中心等单位共同起草的《银耳菌种生产技术规范》和《银耳生产技术规范》两项国家标准，于2月27日正式发布。两项标准分别对银耳菌种和银耳的场所设施、生产工艺和采收管理等各项具体要求和技术内容进行了规定，特别明确了银耳菌种和银耳与其他食用菌产品在生产上的差异，能较好地满足我国银耳菌种和银耳生产实际需要，具有针对性强、指导性高、适用面广等特点。该标准填补了我国银耳产业在生产技术标准上的空白，对促进我国银耳菌种和银耳质量的提高、良种的使用推广以及银耳产业的持续健康发展具有重要作用。

（5）国家质检总局于2月28日公布了最新一批32个获国家地理标志产品保护的地方特产，其中霍山灵芝是霍山产品，这也是该县第5个国家地理标志产品。近年来，为加快实施品牌战略，提升国家地理标志保护产品品牌价值，促进农民增收、农业增效，该县进一步加大了生态资源保护力度，成立了灵芝产业协会，为灵芝的有序开发提供了强有力保障。

(6) 南京农业大学(灌南)食用菌产业研究院于4月9日正式注册成立。该研究院将依托南京农业大学的人才和技术优势,紧密结合灌南县农业综合开发项目区的食用菌产业特色和发展需求,以该县的食用菌产业及食品深加工产业的关键、共性、核心技术需求为主导,广泛开展技术研发、成果转化及项目产业化,大力培育和发展创新型科技企业,构建政产学研用紧密结合的科技创新创业载体。随着产业规模的不断壮大,该县农业综合开发项目区的食用菌产业也遭遇了发展瓶颈,迫切需要在产业技术研发、质量检测、技术服务、产品深加工以及物流配送等方面加快突破。此次灌南县与南京农业大学合作,主要是围绕该县农业综合开发项目区里的食用菌这一特色主导产业,开展食用菌产业技术的研发、科技成果示范与转化、技术培训等方面合作,将有力促进该县食用菌品种的创新,加快食用菌技术成果的转化,提高食用菌产品的附加值,全面提升灌南食用菌的产业层次。

(7) TCDC(南南合作)国际食用菌技术培训班于5月13~16日在福建省古田县举办。来自尼泊尔、伊拉克、越南等14个国家的学员参加了为期4天的培训。古田县是全国著名的食用菌生产大县,被科学技术部确定为"国际食用菌培训交流基地",被亚太地区食用菌培训中心确认为"TCDC(南南合作)国际食用菌技术培训基地"之一。南南合作即发展中国家间的经济技术合作,由于大部分发展中国家分布在南半球或北半球的南部,因而发展中国家间的经济技术合作被称为"南南合作",是促进发展的国际多边合作不可或缺的重要组成部分,是发展中国家自力更生、谋求进步的重要渠道,也是确保发展中国家有效融入和参与世界经济的有效手段。

(8) 首家"中国航天级食用菌研究所"于6月21日在长春市高榕生物科技有限公司成立,为航天技术转换为民用技术开辟了新的食用菌合作领域。中国航天基金会理事长张建启中将、中国食用菌协会秘书长何海龙、上海雪榕生物科技有限公司董事长兼总裁杨勇萍、吉林省人大常委会副主任王守臣出席授牌揭牌仪式并致辞,中国航天基金会秘书长张玉江少将等出席仪式。

(9) 国家食用菌产业技术体系广西产业技术升级座谈会于8月10日在南宁召开。中国工程院李玉院士、国家食用菌产业技术体系首席张金霞及多名国内著名食用菌专家、广西食用菌产业技术创新团队功能专家、试验站长及团队成员参加了座谈会。座谈会由广西食用菌产业技术创新团队首席刘斌主持。会上主要针对广西食用菌产业发展及侧耳类食用菌病虫害防控技术、桑枝木耳节本高效栽培新技术、双孢蘑菇省力化规模栽培技术、广西野生食用菌资源开发利用等问题进行了交流探讨。各位专家结合广西的实际情况和研究经验对广西食用菌产业发展过程中遇到的问题发表了各自的观点。

(10) 通江仿野生银耳林荫栽培在小通江河流域四川省通江县涪阳镇、陈河乡、草池乡三个乡镇取得成功。通江仿野生银耳林荫栽培模式,是银耳科研所技术人员通过近几年大量探索和科研攻关的创新栽培模式,是把银耳重新从田间种植转移到山上植被好、空气质量好、无污染、早阳坡的林荫下种植,采用无毒薄膜和树枝夹膜建设耳室,充分利用大自然条件来控温、控湿、防治病虫害,达到纯天然、有机、绿色的目的,保证通江银耳独特的品质,并且银耳产量也能得到大幅度提升。

(11) 由河北省承德市平泉县承担的国家星火计划项目"科技特派员食用菌产业创业链技术创新体系建设与运行"于10月28日通过专家组验收。该项目以科技特派员创新创业为目标,引导科技特派员根据食用菌等产业实际在产业链的各个节点经常性地开展工作,引导、带动企业和农户应用新技术,开发新产品,促进食用菌产业提质增效,农民增收。项目实施两年来,在平泉县建立了"中国农业科学院食用菌工程中心河北分中心",采用引进、野生驯化、杂交育种等手段选育了食用菌新品种14个,集成推广栽培新技术5项,制定了食用菌无公害标准化生产技术规程6项,开创了"公司+农户工厂化栽培食用菌"的新模式。累计生产滑子菇、香菇、平菇3 160万袋,竹荪6.1万m^2,草菇4.2万m^2,总产量达到4 190.0万kg,产值为1.7亿元,农民纯效益1 401.2万元,栽培污染率由原来的10%以上下降到0.7%。建立了70余人的科技特派员队伍,培训技术骨干1 150人,培训菇农2.1万人次。

三、食用菌行业企业状况分析

为掌握全国食用菌行业企业综合实力与经营发展情况,更好地推动全国食用菌产业又好又快的发展,经调研,截至2014年8月31日总共回收问卷175份,其中有效样本数121份,占样本企业总数的69.1%。

(一) 创办企业时间

企业成立时间是考察食用菌行业企业稳定性的重要指标,本次调查按照对国民经济发展有重大影响的事件,将行业企业成立时间分为1991年之前、

1992—2000年、2001—2007年、2008年至今四个阶段，划分依据是1992年邓小平南方谈话推动了我国市场经济进一步发展，2001年我国加入世贸组织内外贸经济快速发展，2008年我国应对美国“次贷危机”提出的“四万亿计划”增加了市场货币存量。从调研结果来看，我国食用菌行业企业普遍较为年轻。

(1) 1991年之前成立的企业仅有广东林中宝食用菌有限公司1个，占样本企业总数的1%。该企业创立于1980年3月28日，企业年龄34年，是改革开放后成立第一批食用菌行业企业。通过企业上报材料了解到，广东林中宝食用菌有限公司30余年食用菌经营的经验在于：一是重视市场培养。该公司创建了食用菌餐饮店，并以此为窗口传播食菌文化，结合当前的“绿色”潮流，首创食用菌“百菇宴”、“食疗同源养生保健套餐”、特色旅游专线—林中宝百菇园生态旅游基地。通过与消费者之间互动，即传播了食用菌文化、料理方式，也提升了客户忠诚度。二是重视食用菌加工产品开发。该公司与广州中山大学药物开发中心携手合作，先后研制开发出灵芝系列保健食品以及食药用菌系列产品等200多种品种。不少产品还获得了广东省名牌产品。除此之外，还有结合自身优势开发出了功能保健菌汤料、食药用菌浸泡酒、珍稀食药用菌（新鲜、干品）礼品装、珍稀食药用菌种等，提高了食用菌产品的附加值。

(2) 1992—2000年成立的食用菌行业企业占样本企业总数的23%，大多是行业内资深企业。如上海荣生物科技股份有限公司、湖北森源生态科技股份有限公司、如意情集团股份有限公司、江西仙客来生物科技有限公司等。特别需要指出的是这个时期成立的食用菌行业企业以浙江省籍居多，共有7个，占到这个时期成立的样本企业总数的31.8%。这主要是由于改革开放之后，东南沿海地区市场意识较为先进，加之当时我国代料栽培主要是香菇、木耳为主的木腐菌，而浙江南部、福建西北部地区拥有较为丰富的阔叶林资源，为食用菌生产提供了良好的发展环境。其中浙江省粮油食品进出口股份有限公司、浙江省磐安县安康土特产有限公司是我国最早从事鲜香菇出口的企业。1989年浙江省粮油食品进出口股份有限公司接到日本超市订单，当年对日出口1t鲜香菇，开创了我国鲜香菇对日出口的先河。

(3) 2001—2007年成立的食用菌行业企业占到样本企业总数的33%。2001年我国加入世贸组织，出口环境大大改善，国内需求旺盛，食用菌企业数量快速增加、企业规模不断扩张，但是竞争日益激烈，利润率不断下降，以研发、生产食用菌高附加值加工品的企业开始登上舞台。据此次调研结果显示，这个时期单纯从事食用菌初级产品生产的样本企业占总量的50%，而兼营有食用菌食品生产的样本企业有马鞍山市安康菌业有限公司、福建绿宝食品集团有限公司、福建仙芝楼生物科技有限公司、江苏鸿丰果蔬食品有限公司等15个，从事保健品生产的有河南泌阳县鑫发食用菌有限责任公司、河南三明食品有限公司、江苏安惠生物科技有限公司、上海大山合菌物科技股份有限公司等6个，饮品生产的有金珠满江农业有限公司等5个，从事化妆品生产的有河南世纪香食用菌开发有限公司、江苏安惠生物科技有限公司2个，药品生产的有安发（福建）生物科技有限公司1个。

(4) 2008年至今样本企业占到总数的43%。2007年源于美国的“次贷危机”对全球虚拟经济造成了毁灭性的冲击，全球范围的经济危机也从太平洋东岸传递了我国。在中央的正确领导下，我国出台了“四万亿计划”，市场整体上资金充裕，形成了对农业领域的跨界投资热潮。这个时期新兴食用菌行业企业数量超过其他任何时期，而且呈现出以下两个特点：一是产品集中。主要投资易于工厂化生产的杏鲍菇、金针菇、蟹味菇、双孢蘑菇等产品。据调研结果显示，这个时期从事杏鲍菇生产的新建企业占样本企业总数的28%，主要有绿源永乐（北京）农业科技发展有限公司、江苏丰收菇业公司、连云港丽沙食用菌有限公司、陕西杨凌天和生物科技有限责任公司、四川省蜀珍菌业有限公司等。另外，从事双孢蘑菇的企业占26%，金针菇16%，蟹味菇2%。二是产地集中。分地区新兴企业中，山东省籍企业占到总数的14%，江苏省籍企业为12%。两省都是我国的农业大省，拥有丰富的稻草、棉籽壳资源，并且两省政府都从发展地方经济、推动循环农业的角度出发，从各个层面对食用菌产业的发展给予了较大支持。

（二）企业产品状况分析

调研从经营产品种类以及产品形态的两个视角，对当前我国食用菌行业企业的经营特点进行了分析。

1. 经营产品种类　在121个样本企业中，经营最多的食用菌品种是香菇，占样本企业总数的29.8%；其次是工厂化栽培的金针菇、杏鲍菇和双孢蘑菇，分别占样本企业总数的24.8%、22.3%和18.2%；再次是灵芝13.2%，木耳12.4%，秀珍菇、虫草、蟹味菇7.4%，平菇5.8%，白灵菇、猴头菇、茶树菇5.0%，姬菇4.1%，姬松茸3.3%，灰树花、野生菌、其他食用菌占2.5%，草菇、绣球菇、滑子蘑、各占1.7%；最后，从事菌种、菌棒、菌资生产的样本企业各占 3.3%，机械设备生产企业占 2.5%。

食用菌种类繁多，分别具有不同的消费曲线，食用菌行业企业在产品种类的选择上呈现出两种模式。第一种模式只经营一种品种的专业型经营模式。这类企业占样本企业总数的 47%，所选择品种主要为：一是市场接受程度较高。易于生产的香菇（占 12.3%）、金针菇（占 12.3%）和杏鲍菇（占 10.5%）。这类食用菌可以通过规模化生产，降低固定资本投入，并且市场受众较多，足以消耗企业供给。而金针菇、杏鲍菇的工业化生产专业性强，虽然投资较高但是消费者比较集中，也易于专业化生产。二是附加价值较高的产品。如灵芝（占 7.0%），耐储存、基本上是用于食品、饮品、保健品原料加工。三是加工原料用产品。如双孢蘑菇、木耳占 3.5%，鸡腿菇、灰树花、秀珍菇、蟹味菇、绣球菇、野生菌分别占 1.8%。这类产品消费规模相对较小，经营风险相对较高，一般生产企业都拥有足够市场资源或者自身拥有加工工厂，可以有效规避市场风险。四是食用菌关联设备。如专业从事菌资生产或者专用设备制造分别占 1.8%。第二种模式是综合型经营模式。调研结果显示，同时经营两类食用菌的企业占样本企业总数的 20%，3 种占 15%，4 种占 7%，5 种占 6%，6 种占 3%，7 种占 2%。这些企业大多是经销商或者加工厂商出身，或者为了满足下游市场的需求，或者为了稳定原料供给，或者试图通过多品种循环生产提高培养基的有效利用，降低生产成本。

2. 分产品形态　此次调研将食用菌产品形态分为食用菌产品（粗加工的干品或者鲜品）、保健品、食品（进行加工后包装销售）、药品、化妆品和饮品（酒、饮料）等 6 个选项。其中，保健品和药品是指已经获得健字号或者药准字号的产品。另外，食品和饮品本质上都属于食品，但是在形态上进行了区分。随着加工技术难度，风险程度的提升，所拥不同形态产品的样本企业比例呈递减趋势。即从事简单的食用菌产品经营的食用菌行业企业占样本企业总数的 91.7%，高居榜首，相对复杂的食品经营企业占 36.4%。而技术难度更大保健品占 15.7%，饮品占 5.8%，化妆品占 2.5%，药品占 0.8%。其中，药品开发时间长，风险大；投入的费用少则数百万，多则上千万，而且审批费用经常要达到三、四百万元，有时几年时间批文下不来。然而，“食健字”食用菌产品申报难度要小一些，但一个批号也需要几十万元，且审报期限需要两年以上，有一定的门槛；“食准字”是地方批文，几千元也能批，企业参入门槛较低，拥有企业数量相对较多。

3. 产品种类与产品形态的关系

（1）不同产品形态食用菌经营情况　从产品种类与产品形态的关系来看，经营食品类食用菌产品的 44 个（占 36.4%）企业中，经销香菇的占 27.3%，杏鲍菇占 22.7%，金针菇占 20.5%，木耳占 11.4%，秀珍菇、茶树菇占 9.1%，鸡腿菇、姬菇占 6.8%，草菇、猴头菇、白灵菇、蟹味菇占 4.5%，平菇、灰树花、绣球菇、鸡纵等野生菌各占 2.3%。产品形态主要以蘑菇粉冲剂、饼干、腌制食品、罐头、蘑菇酱等即食食品为主。另外，灵芝占 18.2%，虫草占 15.9%，两者产品形态较为类似，以代用茶居多，也有部分企业生产料包。双孢蘑菇产品形态相对单一，鲜食较少，多数用做清水罐头加工。经营保健品的 19 个（占 15.7%）行业企业中，经销香菇保健品的企业占 26.7%，产品形态主要是多糖、粉末胶囊；灵芝占 21.1%，产品形态较为丰富，主要有超细粉、灵芝破壁孢子粉、灵芝破壁孢子粉胶囊、孢子油等；虫草占 10.5%，主要以菌粉为主；木耳、灰树花等食用菌保健品的产品形态比较简单，主要是菌粉、多糖。经营饮品的 7 个（占 5.8%）行业企业都以灵芝、虫草产品为主，产品形态非常单一，都是灵芝酒、虫草酒等酒类产品。经营化妆品的行业企业仅有 3 个，分别是广东粤微食用菌技术有限公司、河南世纪香食用菌开发有限公司、江苏安惠生物科技有限公司。近年来，通过科学实验证明食用菌中含有的β-葡聚糖、裂褶菌多糖、香菇嘌呤、灵芝酸和麦角硫因等成分在抗炎症、防紫外线和抗氧化等方面具有重要的作用，并且在美容和抗衰等方面有一定的功效。但是，开发成本较高，市场受众较少，真正上市销售的食用菌化妆品还比较少。经营药品的只有 1 个，既安发（福建）生物科技有限公司。

（2）食用菌企业的专业化经营情况　从企业综合经营程度来看，经营某一类特定形态产品的食用菌行业企业占到样本企业总数的 56%、经营两类以上不同形态产品的企业占 44%，其中：经营 2 类产品的占 37%，3 类、4 类各占 3%，5 类以上产品的仅有 1 个，占样本企业总数的 1%。也就说专业企业数量多于综合企业。专业企业中以经营食用菌产品的居多，加工品较少。由此可见我国食用菌行业企业大多数还停留在产品附加值较低原料生产阶段。综合企业有两种不同的经营模式，一种模式是生产型企业的产业链后移。即原本从事食用菌栽培、生产的行业企业，将产业链后移，依托货源优势开发出相关食用菌的食品、饮品或者保健品，提高产品的附加值。另一模式是加工企业的产业链前延。即食用菌加工企业为了确保稳定的货源，建立稳定的供货基地。拥有栽培技术的企业大多选择自建基地的方式，而缺乏过硬的生产技术的加工企业则通过与农民或者农民专业合作社合作的方式，与菇农建立起稳定的供销关系，通过供应菌资、保证产品回收的方式维系双方利益最大化。特别需要指出的是本次调研中仅有江苏安惠生物科技有限公司经营的产品形态覆盖了除药品以外的5类产品，是本次调研中产业链最长、产品种类最为丰富的行业企业。江苏安惠生物科技有限公司成立于2002年10月，是中国食用菌行业十大龙头企业和国家高新技术企业。该公司从成立以来一直注重食用菌加工技术开发，近年来，还以生物技术为依托，采用水、醇、酶综合提取技术提取食药用菌的高效活性成分，并按“君臣佐使”的复方配伍理论生产出了30多款“百菌健”系列健康产品，深受广大消费者的喜爱。目前，安惠公司已先后在日本、泰国、马来西亚和北美等地开设了海外分公司，推动企业进一步向国际化发展。

（3）企业类别划分 依据食用菌行业企业在食用菌生产经营过程中所能承担的功能，将企业属性划分为生产＋种植型、加工＋流通型、设备生产型、科研技术服务型和其他五种类型。以低附加值的食用菌生产＋种植型企业占到样本企业总量的81.0％，加工＋流通型企业占50.4％，科研技术服务型占22.3％，设备生产型占3.3％，其他类型占5.8％。从专业化角度来看，此次调研中，仅从事食用菌生产，或者承担食用菌生产中产前农资供应、产中技术指导或产后销售、加工功能中特定一项功能的专业型企业达到68个，占样本企业总数的56.2％。其中，生产＋种植型企业占专业型企业总数的73.5％（50个），加工＋流通型占19.1％（13个），设备生产型企业占2.9％（2个），科研技术服务型企业占1.5％（1个），其他类型占2.9％（2个）。另外，综合型企业有53个，占样本企业总数的43.8％，其中具备两种功能的行业企业占样本企业总数的26.4％，3类占15.7％，4类占1.7％。

总体来看，社会分工是人类从事各种劳动的社会划分及其独立化、专业化的必然趋势，然而从此次调研结果来看，食用菌专业型企业虽然占样本企业总数的一半以上，但是样本企业中仍有大量的综合型企业存在。一方面说明我国食用菌市场对于专业分工还缺乏一定的外部动力，另一方面也说明了企业实力还相对较弱，还不能完全通过专业分工经营实现自立发展。

四、行业工作

（一）召开了“中国食用菌协会常务理事（扩大）会议并举办相关活动”

2013年3月25日，中国食用菌协会在广州召开了“第五届第三次常务理事（扩大）会议”。张祥茂会长代表理事会向大会作了《认真贯彻落实十八大精神，扎实工作，为更好地服务“三农”做贡献》的工作报告，报告回顾总结了中国食用菌协会2012年的工作，并对2013年工作做出部署。大会通过了《中国食用菌协会会员管理办法》《关于名誉会长、名誉副会长、副会长、常务理事、理事调整的建议》等议案，宣读了《关于成立中国食用菌协会创新发展模式研究课题组的说明》。会议提出了中国食用菌协会和行业要跟上时代发展的步伐，努力提高服务、管理水平，推动我国食用菌产业健康发展。会议期间还召开了中国食用菌协会第二届专家委员会、中国食用菌协会市场流通专业委员会和工厂化专业委员会成立大会，以及《食用菌安全广州宣言》新闻发布会等活动。

（二）召开了“2013年全国食用菌产业化推进大会暨第二届全国食用菌专业合作社会议”

2013年9月27日，中国食用菌协会在山东省邹城市召开了“2013年全国食用菌产业化推进大会暨第二届全国食用菌专业合作社会议”，中国食用菌协会会长、国际蘑菇学会副主席张祥茂、中华全国供销合作总社社团管理部部长李殿平、农业部经管司副司长贾广东、山东省农业厅副厅长王登启、中国食用菌协会常务副会长高茂林、中国食用菌协会副会长李尚元、中国食用菌协会秘书长何海龙、济宁市农委主任李逢记、邹城市委书记张胜明、韩国农产品协会会长李春信等相关领导、嘉宾出席了开幕式。大会的召开对促进生产、拉动消费、加强工贸结合、扩大对外交流合作起到了积极的促进作用。大会共吸引了北京、河北、四川、黑龙江、新疆等地120多个农业龙头企业参展，102个大型超市参与购销洽谈，并与26个企业达成合作协议，合同成交额达8.4亿元，充分体现了大会的社会效益和经济效益。

（三）召开了“全国食用菌循环经济产业化建设现场推进会”

2013年5月7日，在福建漳州召开了“全国食用菌循环经济产业化建设现场推进会”。中国食用菌协会会长、国际蘑菇学会副主席张祥茂，农业部农村经济研究中心党组书记、副主任陈建华，中国食用菌协会秘书长何海龙、福建省漳州市副市长黄浦江、福建省漳州市农业局局长卢民松、福建省食用菌协会会长陈传明、福建省食用菌技术推广站站长林远崇、福建省农业科学院农业生物资源研究所所长王泽生等领导嘉宾140多人参加了会议。大会介绍了农田秸秆菌业循环生产技术、杏鲍菇废菌渣循环利用等多项食用菌循环生产技术，为食用菌产业循环利用技术的推广提供了理论依据。

（四）召开了“食用菌工厂化产业发展交流会暨工厂化专业委员会第一届一次会议”

2013年5月19日，“中国食用菌工厂化产业发展交流会暨工厂化专业委员会第一届一次会议”在北京京西宾馆召开。中央农村工作领导小组办公室副主任唐仁健，中国食用菌协会会长、国际蘑菇学会副主席张祥茂，中华全国供销合作总社社团管理部部长李殿平，中国人民解放军张彦欣将军、高雷将军，国家发展和改革委员会农经司副司长方言，农业部农业产业化办公室常务副主任黄连贵，中国食用菌协会秘书长何海龙，以及中国食用菌协会副会长、常务理事，工厂化专业委员会会长、副会长等200多人出席了会议。中国食用菌协会会长、国际蘑菇学会副主席张祥茂致词，中华全国供销合作总社社团管理部部长李殿平讲话，唐仁健副主任、方言副司长、黄连贵副主任作了报告。这次会议为食用菌产业发展搭建了一个了解政策、广泛交流合作的平台，参会代表积极献计献策，推动全国食用菌工厂化产业健康、有序发展。

（五）召开了“全国食用菌行业2013年度统计工作会议”

为加强与省级协会的联系与合作，进一步完善行业统计工作，2013年12月3日，中国食用菌协会在京召开了“全国食用菌行业2013年度统计工作会议”，中国食用菌协会常务副会长高茂林、副会长李尚元、秘书长何海龙，以及各省、自治区、直辖市的食用菌协会和农业、供销、科研部门代表30余人参加了会议。常务副会长高茂林作了全国食用菌统计工作报告，回顾了协会统计工作情况，提出了要加强基础统计工作，确保数据真实可靠，做好数据分析、预测，为食用菌行业决策服务。会议还邀请了中华全国供销合作总社经济发展部对统计工作中的问题进行了讲解，并对23个统计工作突出单位进行了表彰。

（六）召开了“食用菌文化专业委员会成立大会暨首届中国食用菌文化发展研讨会”

2013年12月4日，在北京科技大学会议中心召开了“食用菌专业委员会成立大会暨首届中国食用菌文化发展研讨会”，中国食用菌协会会长、国际蘑菇学会副主席张祥茂、常务副会长高茂林、副会长李尚元、秘书长何海龙、著名菌类民俗专家陈士瑜、著名菌物学家卯晓岚等领导嘉宾及各地方委员候选代表、各主产基地县代表等70人参加会议。会议选举产生了食用菌文化专业委员会第一届委员会，曹佐金同志当选为主任委员。会议听取了《食用菌文化发展规划》，并对未来三年食用菌文化专业委员会的工作进行了部署。会议邀请了中国传媒大学文化产业研究院副院长谢伦灿、清华大学教育基金会股权投资总监方宗凯做了主题演讲，为食用菌文化产业发展开辟了新的思路。会议期间还举办了《百菌百诗》新书发布会，该书是协会发展食用菌文化的重要成果，受到了行业内的一致好评。

（七）在全国各地共举办八次“小蘑菇大产业健康万里行活动”

由中国食用菌协会与江苏安惠生物科技有限公司联合举办的“小蘑菇大产业健康万里行活动”共开展了八次活动，分别在陕西西安和汉中、浙江杭州、山西长治、黑龙江佳木斯、北京市北京大学、山东龙口和滨州等召开了“小蘑菇大产业健康万里行活动”。这项活动的开展，宣传了食用菌产品绿色、环保、健康的形象，促进了群众了解食用菌、消费食用菌，拉动了各地食用菌的消费。

（八）加强社会宣传，推广健康理念

2013年，中国食用菌协会在积极开展业务活动的同时，不断拓展食用菌的社会宣传工作，在加强原有的中国食用菌协会网站、全国食用菌信息杂志宣传的基础上，进一步加强协会的宣传工作，建立了会员QQ群，及时了解协会会员的情况和需求，通过短信平台向会员发送协会活动信息，密切与协会会员的关系。同时，加强与北京卫视《养生堂》栏目、北京电视台生活频道《生活2013》栏目、中央广播电台《“三农”中国看市场》栏目、中央人民广播电台《香港之声粤动经济》栏目等多家媒体合作，开拓全国食用菌消费市场，宣传正确的食用菌消费观念，推广联合国粮农组织倡导的“一荤、一素、一菇”的健康生活理念，为食用菌产业的健康发展而不懈努力。

（中国食用菌协会　戚俊）

乳制品制造业

一、基本情况

（一）生鲜乳生产

2013年，全国生鲜乳产量出现下降，全年奶类产量为3 649.5万t，同比减少5.8%。其中，牛奶产量为3 531.4万t，同比减少5.7%；其他奶类产量为118.1万t，同比减少10.4%。牛奶产量前五位省、自治区为内蒙古、黑龙江、河北、河南和山东，其中内蒙古产量为767.3万t，占全国的21.7%。其他奶类生产方面，陕西、河南、内蒙古、山东、河北等省、自治区产量较高，其中陕西产量为47.5万t，同比增长0.3%，占全国的40.2%。从牛奶生产增长情况看，传统奶业大省普遍减产，其中以内蒙古产量减少最多，减少142.9万t，同比减少15.7%；另外，还有上海、重庆、黑龙江、北京、浙江、山东等6省、自治区牛奶产量同比减少超过5%；山西、贵州、西藏、安徽等4省、自治区增长5.0%以上，其中山西产量86.2万t，同比增长7.8%。奶类、牛奶产量前五位省、自治区情况分别见表1、表2。

表1 2013年全国奶类总产量前五位省、自治区情况

地区	产量（万t）	同比增长（%）	占全国比例（%）
全国总计	**3 649.5**	**−5.8**	**100.0**
内蒙古	778.6	−16.3	21.3
黑龙江	522.5	−7.5	14.3
河北	465.7	−2.8	12.8
河南	328.8	−0.5	9.0
山东	281.2	−4.4	7.7

资料来源：国家统计局。

表2 2013年全国牛奶产量前五位省、自治区情况

地区	产量（万t）	同比增长（%）	占全国比例（%）
全国总计	**3531.4**	**−5.7**	**100.0**
内蒙古	767.3	−15.7	21.7
黑龙江	518.2	−7.4	14.7
河北	458.0	−2.6	13.0
河南	316.4	0.1	9.0
山东	271.4	−4.4	7.7

资料来源：国家统计局。

（二）经济运行状况

2013年，乳制品行业继续保持平稳增长，但增长速度有所减缓，根据国家统计局月报数据，全国规模以上乳制品企业（即年主营业务收入2 000万元及以上工业企业）有658个。其中，内资企业562个，占企业总数的85.4%；港澳及台商投资企业18个，占企业总数的2.7%；外商投资企业78个，占企业总数的11.9%。

2013年全国规模以上企业实现产品销售收入2 831.6亿元，同比增长14.2%。其中，内资企业1 832.0亿元，同比增长16.1%，占全行业的64.7%；港澳及台商投资企业100.3亿元，同比增长15.7%，占全行业的3.5%；外商投资企业899.4亿元，同比增长10.3%，占全行业的31.8%。

2013年全行业累计流动资产净值平均余额1 109.9亿元，同比增长19.1%；资产合计2 056.9亿元，同比增长16.7%。其中，不同类型企业资产合计分别为：内资企业1 301.9亿元，同比增长19.6%，占全行业的63.3%；港澳及台商投资企业89.7亿元，同比增长0.8%，占全行业的4.4%；外商投资企业665.3亿元，同比增长13.7%，占全行业的32.3%。

2013年全国乳制品企业负债合计1 116.5亿元，同比增长15.5%；资产负债率54.3%，比2012年降低0.6个百分点。其中，内资企业负债669.6亿元，同比增长15.5%；负债率51.4%，同比降低1.8个百分点。港澳及台商投资企业负债35.0亿元，同比增长−24.9%；负债率39.0%，同比降低13.3个百分点。外商投资企业负债411.9亿元，同比增长21.0%；负债率61.9%，同比升高3.7个百分点。

2013年全行业利税总额为293.9亿元，同比增长11.6%，增速比2012年降低8个百分点。其中，利润180.1亿元，同比增长12.7%，增速比2012年降低9个百分点；税金113.7亿元，同比增长9.8%，利润占利税的比重为61.3%。内资企业利税总额为178.4亿元，同比增长18.1%。其中，利润117.9亿元，同比增长25.8%；税金60.5亿元，同比增长5.6%；利润占利税总额的比重为66.1%。港澳及台商投资企业利税总额为15.8亿元，同比增长

30.2%，其中，利润7.7亿元，同比增长16.3%；税金8.1亿元，同比增长47.0%；利润占利税总额的比重为48.9%。外商投资企业利税总额为99.7亿元，同比减少0.5%。其中，利润54.5亿元，同比减少8.3%；税金45.2亿元，同比增长10.8%；利润占利税总额的比重为54.7%。

2013年全行业成本费用利润率为6.7%，比2012年降低0.1个百分点。其中内资企业6.8%，同比提高0.5个百分点；港澳及台商投资企业8.1%，同比降低0.1个百分点；外商投资企业6.4%，同比降低1.4个百分点。

2013年全行业亏损企业91个，企业亏损率为13.8%。其中，内资企业67个，占内资企业总数的11.9%；港澳及台商投资企业7个，占港澳及台商投资企业总数的38.9%；外商投资企业17个，占外商投资企业总数的21.8%。

2013年，乳制品产量前五省、自治区乳制品产量1 280.6万t，占全国的47.5%，占比较上年降低2.8个百分点。液体乳产量前五省、自治区液体乳产量1 129.3万t，占全国的48.4%，占比较上年降低1.9个百分点。乳粉产量前五省、自治区合计生产乳粉116.2万t，占全国的73.1%，占比较上年增加4.3个百分点。2013年全国规模以上企业乳制品、液体乳、乳粉产量及产量前五位省、自治区情况分别见表3、表4、表5。

表3 2013年全国乳制品产量前五位省、自治区情况

地　区	产量（万t）	同比增长（%）	占全国比例（%）
全国总计	**2 698.0**	**5.2**	**100.0**
内蒙古	300.9	−7.7	11.2
河　北	298.1	9.1	11.1
山　东	274.7	−7.9	10.2
黑龙江	213.7	9.9	7.9
河　南	193.1	6.9	7.2

资料来源：国家统计局月报数。

表4 2013年全国液体乳产量前五位省、自治区情况

地　区	产量（万t）	同比增长（%）	占全国比例（%）
全国总计	**2 336.0**	**7.0**	**100.00**
河　北	274.4	10.1	11.8
内蒙古	273.0	−0.2	11.7
山　东	231.6	−9.6	9.9
河　南	188.6	22.8	8.1
陕　西	161.8	3.9	6.9

资料来源：国家统计局月报数。

表5 2013年全国乳粉产量前五位省、自治区情况

地　区	产量（万t）	同比增长（%）	占全国比例（%）
全国总计	**158.9**	**6.8**	**100.0**
黑龙江	60.5	25.2	38.1
内蒙古	25.2	−11.5	15.9
陕　西	19.8	30.3	12.5
浙　江	5.4	9.7	3.4
湖　南	5.3	−28.2	3.3

资料来源：国家统计局月报数。

（三）产业结构

2013年，据中国乳制品工业协会对100个会员单位（销售收入占全行业的91.7%）的统计，在乳粉类产品中，全脂乳粉占24.3%，全脂加糖乳粉占4.4%，脱脂乳粉占1.1%，婴幼儿乳粉占56.0%，中老年乳粉占6.0%，调味乳粉占2.0%，其他乳粉占6.2%。

2013年，根据中国乳制品工业协会统计数据，全国奶油类产品产量约5.4万t；干酪产量约2.2万t，其中原干酪约占27.3%，再制干酪约占72.7%；炼乳产量约19.6万t，其中甜炼乳约占83.0%，无糖炼乳约占17.0%。全国液体乳产品构成为：巴氏杀菌乳约占10.3%，灭菌乳约占40.1%，调制乳约占30.7%，发酵乳约占18.9%。

（四）大型骨干企业

根据中国乳制品工业协会统计，2013年，行业销售收入前十位的企业为内蒙古伊利实业集团股份有限公司、内蒙古蒙牛乳业（集团）股份有限公司、杭州娃哈哈集团有限公司、光明乳业股份有限公司、旺旺控股有限公司、维维集团股份有限公司、雀巢（中国）有限公司、黑龙江省完达山乳业股份有限公司、贝因美婴童食品股份有限公司、美赞臣营养品（中国）有限公司。前十位企业销售收入总计1 754.9亿元，占全国规模以上企业总销售收入的62.0%，比2012年降低了1.5个百分点；完成利税总额272.1亿元，占全国的92.6%；利润总额171.8亿元，占全国的95.4%；乳制品产量前十位企业总产量1221.8万t，占全国的45.3%，同比提高1.5个百分点；液体乳产量前十位的企业总产量达1 191.3万t，占全国的51.0%，同比提高了0.6个百分点。

二、市场状况

（一）生鲜乳收购价格

2013年，奶牛饲养成本继续升高，牛肉价格上涨，造成奶牛饲养的比较效益明显降低，小规模养殖户加速退出。另外，我国大部分地区遭受了夏季持续的高温侵袭，炎热的天气使得奶牛产奶量减少，存栏量降低，生鲜乳供应出现紧张，价格大幅增长。根据农业部对河北、河南、山东、山西、黑龙江、辽宁、新疆、内蒙古、陕西、宁夏等10个主产省生鲜乳价格监测情况，1月份价格为3.40元/kg，至12月份已上涨到4.12元/kg，上涨了21.2%（全年变化情况见表6）。

表6 2013年农业部监测10个主产省生鲜乳月平均价格情况

单位：元/kg

月 份	1月	2月	3月	4月	5月	6月
月平均价格	3.40	3.42	3.42	3.43	3.45	3.50
月 份	7月	8月	9月	10月	11月	12月
月平均价格	3.55	3.61	3.70	3.81	3.98	4.12

数据来源：农业部监测数据。

（二）乳制品价格

2013年，随着国内生鲜乳等原料价格的快速上涨，多数乳品生产企业年中相应地提高了乳制品的出厂和零售价格。根据国家统计局监测数据，2013年12月，消费乳制品价格同比增长10.7%，较2012年增速提高5个百分点，比同期食品价格上涨幅度高6.6个百分点。

（三）乳制品进出口

1. **进口** 2013年乳制品进口继续维持高速增长，其中液体乳类产品继续迅猛增长。

2013年1～12月，我国乳制品累计进口159.2万t，货值51.9亿美元，同比分别增长39.0%和61.3%；乳制品的平均进口价格同比增长16.1%，其中乳粉的平均进口价格增长24.6%。其他乳制品（乳糖、零售包装婴幼儿乳粉、干酪素、乳清蛋白粉等）累计进口23.5万t，货值19.6亿美元，同比分别增长20.3%和34.3%。进口乳制品中，乳粉、乳清粉、液体乳、奶油、干酪等进口量较大。其中，乳粉进口85.4万t，同比增长49.1%；乳清粉进口43.4万t，同比增长14.7%。进口增速上，液体乳继续保持高速增长，同比增长96.8%（见表7）。

2013年进口的其他乳制品中，乳糖类产品8.4万t，同比增长4.7%；货值1.4亿美元，同比增长−7.1%。零售包装婴幼儿乳粉12.3万t，同比增长34.2%；货值14.8亿美元，同比增长41.0%（见表8）。

表7 2013年乳制品进口情况

产品名称		数量（t）	同比增长（%）	金额（万美元）	同比增长（%）
液体乳		184 567	96.8	23 440	97.5
乳粉	脱脂乳粉	770 274	45.4	315 263	75.9
	全脂乳粉	92 724	94.6	45 127	211.0
	调味乳粉	9 413	21.7	3 639	40.7
	合 计	**854 416**	**49.1**	**358 473**	**85.8**
炼 乳		9 265	68.0	2 088	65.9
酸 乳		10 241	29.7	4 014	61.4
乳清粉		434 070	14.7	85 045	13.7
奶 油		52 301	8.2	22 612	15.6
干 酪		47 316	21.9	23 104	23.8
乳品合计		**1 592 175**	**39.0**	**518 777**	**61.3**

数据来源：中国海关。

表8 2013年其他乳制品进口情况

产品名称	数量（t）	同比增长（%）	金额（万美元）	同比增长（%）
乳糖类	83 539	4.7	14 484	−7.1
零售包装婴幼儿乳粉	122 793	34.2	147 795	41.0
酪蛋白类	12 535	0.5	13 864	11.9
白蛋白类	16 112	39.2	19 758	51.5
合 计	**234 978**	**20.3**	**195 901**	**34.3**

数据来源：中国海关。

从进口来源看，新西兰是我国最大的乳制品进口来源地，其次是美国、德国和法国。其中，液体乳主要来源于德国、新西兰、法国和澳大利亚，进口量分别为7.7万t、3.3万t、2.7万t和2.2万t，占液体乳总进口量的86.2%；乳粉主要来源于新西兰、美国、澳大利亚和德国，进口量分别为68.7万t、5.5万t、2.8万t和1.6万t，占乳粉总进口量的92.0%；乳清粉主要来自于美国、法国、阿根廷和荷兰，进口量分别为20.7万t、6.1万t、3.7万t和2.8万t，占乳清粉总进口量的76.7%；乳糖主要来自于美国，进口量为6.5万t，占乳糖总进口量的78.5%；零售包装婴幼儿乳粉主要来自荷兰、法国、新西兰、新加坡和丹麦，分别进口2.5万t、2.3万t、2.0万t、1.6万t和1.1万t，占零售包装婴幼儿乳粉总进口量的76.8%。

2. **出口** 2013年，我国大部分地区出现奶源紧张状况，乳制品生产成本快速上升，国际竞争力下降，乳制品出口有所萎缩。

2013年1～12月份，共出口乳制品3.6万t，同比减少19.7%；出口金额5 702万美元，同比减少30.8%。其他乳制品累计出口2 777t，同比减少42.3%；货值2 425万美元，同比减少19.0%。出口产品中，以液体乳、乳粉、炼乳为主。其中，液体乳为最大出口乳制品，共出口 2.6 万 t，同比减少 4.8%；炼乳出口形势较好，出口 4 477t，同比增长 20.2%；乳粉出口降幅较大，出口 3 318t，同比减少 65.8%（见表 9、表 10）。

表 9 2013 年乳制品出口情况

产品名称		数量（t）	同比增长（%）	金额（万美元）	同比增长（%）
液体乳		25 960	−4.8	2 365	2.3
乳粉	脱脂乳粉	359	4.0	149	−10.4
	全脂乳粉	1 000	−83.3	347	−83.3
	调味乳粉	1 958	−41.7	1 126	−35.4
	合 计	**3 318**	**−65.8**	**1 622**	**−59.3**
炼 乳		4 477	20.2	947	31.6
酸 乳		515	−2.0	50	1.0
乳清粉		839	19.5	355	147.8
奶 油		825	−67.9	277	−65.5
干 酪		119	−70.4	85	−62.2
乳品合计		**36 052**	**−19.7**	**5 702**	**−30.8**

数据来源：中国海关。

表 10 2013 年其他乳制品出口情况

产品名称	数量（t）	同比增长（%）	金额（万美元）	同比增长（%）
乳糖类	325	10.4	199	29.9
零售包装婴幼儿乳粉	438	13.0	299	−17.1
酪蛋白类	1 794	−56.3	1 559	−35.5
白蛋白类	220	604.6	367	519.2
合 计	**2 777**	**−42.3**	**2 425**	**−19.0**

数据来源：中国海关。

2013 年 1～12 月份，全国进出口乳制品数量逆差 155.6 万 t，货值逆差 51.3 亿美元，分别比上年度增长 41.3%和 63.7%；进出口其他乳制品数量逆差 23.2 万 t，货值逆差 19.3 亿美元，分别比上年度增长 21.9%和 35.5%。

三、行业动态

（一）行业投资与并购

2013 年，受生鲜乳供应和企业发展的需要，大型企业纷纷加快了自有奶源建设，加强了对国内牧业公司和企业的投资并购活动。其中，2013 年 5 月，蒙牛乳业收购现代牧业 26.92%股权。2013 年 6 月，蒙牛乳业并购雅士利。2013 年 9 月，伊利股份投资辉山乳业，成为辉山乳业的投资者，投资金额 5 000 万美元（约 3.1 亿元人民币）。2013 年 11 月，蒙牛乳业投资原生态牧业，认购原生态价值 6 000 万美元股份。2013 年 12 月，合生元收购长沙营可营养品有限公司（原南山贝慧）100%股权。

另外，国内企业继续寻求进行国外投资，继光明、澳优、圣元、鹏欣集团等通过海外并购或直接建厂等方式向海外投资后，雅士利、伊利也于 2013 年开始向外发展。2013 年 4 月，新西兰批准雅士利在新西兰投资建厂的申请。项目拟投资 11 亿元人民币（2.12 亿新西兰元）兴建乳粉加工厂，生产成品和半成品乳粉，包括基粉，工厂年产能约 5.2 万 t。2013 年 4 月，伊利在新西兰建设的年产 4.7 万 t 婴幼儿配方乳粉项目得到批准，项目总投资 11.03 亿元，预计将于 2014 年 6 月份投产。

（二）推进婴幼儿乳粉质量安全

2013 年，国家食品药品监督管理总局、工业和信息化部等九部门制定了《关于进一步加强婴幼儿配方乳粉质量安全工作的意见》（国办发〔2013〕57 号），以此为基础，国家食品药品监督管理总局参考药品良好生产规范，组织制定并发布了《婴幼儿配方乳粉生产许可审查细则（2013 版）》、《关于贯彻婴幼儿配方乳粉生产许可审查细则严格生产许可工作的通知》（食药监食监一〔2013〕253 号）等文件，继 2010 年后再次提高了婴幼儿乳粉企业的生产许可要求，国内所有婴幼儿乳粉生产企业将按照新的要求进行生产许可证的重新审核，国内婴幼儿乳粉生产企业的技术装备水平、产品质量保障能力等得到进一步提高。

（三）协会工作

1. 促进奶源基地建设 2013 年 11 月 15～16 日，为了促进国内奶源基地建设的规模增长和水平提高，提升乳制品原料的质量和安全水平，保证行业的健康发展，中国乳制品工业协会在辽宁省沈阳市召开会议，研讨推进乳品企业奶源基地建设工作，会议认为企业必须改变目前奶源基地发展的模式，鼓励企业要大力发展自有奶源，以企业自有奶源来满足乳制品生产加工，争取用 3～5 年时间实现奶源基本自给目标。同时，中国乳制品工业协会奶源基地建设专业委员会正式成立，该委员会是在协会秘书处领导下的非常设的机构，主要工作为组织研究、推广奶源基地建设创新模式；组织开展牧场科学规划、建设和奶牛养殖技术培训工作；为会员单位提供研发技术咨询服务；开展国际间的交流与合作；编辑出版有关方面的科普资料。

2. 行业年会 2013 年 9 月 13～15 日，中国乳制品工业协会“第十九次年会暨第十三次乳品技术精品展示会”在福州市召开。来自中外乳业及相关行业的企业家、专家、经济学家以及参展商和代表约 4 000 人参加了会议。会议以“安全、责任、信誉”为主题，全面分析了国内外乳制品行业的发展形势，总结了一年来行业在艰难的发展环境下所取得的成绩，探讨了严格全产业链控制以保障产品质量安全的措施。工业和信息化部党组成员、总工程师朱宏任在会上提出乳制品行业要做好六个方面的工作：第一，着力把握机遇和挑战，保障行业健康发展。要科学认识和把握当前及未来我国乳制品工业发展面临的诸多机遇和挑战，认真贯彻国务院的系列部署，全面落实乳制品有关政策措施，顺应市场经济的规律准则，努力保持乳制品行业平稳健康发展。第二，着力增强责任意识，保障产品质量安全。着力提高自有可控奶源比例，加快生产技术装备改造升级，积极推行良好操作规范（GMP），切实提升质量安全水平。第三，着力夯实发展基础，保障提升整体素质。围绕改进管理、提高素质，继续完善标准体系建设，支持条件成熟的企业整合品牌资源，创建知名品牌，加快培育有影响力的国产婴幼儿配方乳粉品牌。第四，着力推动兼并重组，保障优化产业结构。以提升行业内在质量为目标，通过严格行业准入条件和实施GMP改造，促进生产要素向重点区域和优势企业集中，加快培育一批具有自主品牌和较强国际竞争力的大型乳制品企业集团。第五，着力推进诚信建设，保障机制长效运行。督促企业进一步完善内部质量控制和质量可追溯体系，推动实施新版HACCP和GMP管理，推进规模以上企业全部建立诚信管理体系。第六，着力发挥协会作用，保障行业自律自强。行业协会要积极组织企业开展以质量承诺为主要内容的自律活动，引导企业自觉承诺并履行质量责任，自觉接受社会监督，树立“诚实守信，质量第一，有责必负”的行业新风，充分发挥咨询服务、反映诉求、规范发展、国际交流等方面的作用。会议提出了2014年度行业的五项重点工作：第一，采用多种形式继续加大奶源基地建设，扩大自有奶源比例。第二，加大产品结构调整步伐。第三，强化企业管理，履行企业社会责任。第四，加大宣传力度，重树消费者信心。第五，进一步加强质量管理，保障产品质量安全。另外，会议还组织了论坛等专业交流活动，论坛专场包括：“中国乳业经济发展国际高峰论坛”“全球乳业市场、新资源及技术发展论坛”“婴儿配方粉科学与法规标准国际论坛”“化验室传统与快速检测技术讲座”以及“GEA乳制品技术研讨会”。

（中国乳制品工业协会　岳增君）

烟草加工业

2013年，烟草行业坚持稳中求进的工作总基调，以提高经济增长的质量和效益为中心，继续围绕“卷烟上水平”基本方针和战略任务，全面抓好各项工作，保持了生产经营良好发展态势，实现了“三个稳中有为”，即烟叶生产稳中有为、卷烟产销稳中有为、税利总额稳中有为；做到了“五个扎实推进”，即执行中央八项规定和反腐倡廉建设扎实推进、党的群众路线教育实践活动扎实推进、经济运行调控工作扎实推进、专卖打假和规范管理扎实推进、科技创新和技改工作扎实推进。

一、基本情况

烟叶生产实现了连续16年稳定发展，烤烟收购计划调控有效，烟叶生产基础设施投入和建设力度持续加大，全程机械化作业稳步推进，烟农专业合作社有序发展，现代烟草农业建设成为老少边穷地区富民强县、惠及子孙的德政工程。全行业主动适应市场环境变化，及时采取一系列有效措施，保持了卷烟产销协调发展、重点品牌良好发展的势头，年初确定的“税利保持10%左右增长”的目标顺利实现。2013年行业实现税利9 559.86亿元，新增910.47亿元，同比增长10.53%。其中，上缴税金（不含企业所得税）6 810.61亿元，增加598.71亿元，同比增长9.64%。2013年全年上缴财政总额8 161.22亿元，新增近1 000亿元，同比增长13.90%。其中，上缴国有资本收益295.68亿元，上缴专项税后利润400亿元，为国家财政增收做出了特殊贡献。

二、科研、新产品、新技术

主要体现在：一是大力实施创新驱动发展战略，加强行业科技创新体系建设，推进重大战略性课题和科技重大专项研究。绘制完成全球第一套也是唯一的一套烟草全基因组图谱，在国际上率先掌控烟草核心基因信息资源。二是高度重视烟草产品质量安全，持续降低卷烟有害成分含量，国产卷烟焦油量加权平均值为10.6mg/支，下降0.3mg/支；卷烟危害性指数加权平均值为 8.7，同比持平。三是不断强化知识产权管理，全行业获得授权烟草技术类专利 2 962 件，同比增长 46.0%，其中发明专利 515 件，同比增长 2.6%。四是持续提高行业工艺技术装备水平和综合配套能力，国家烟草专卖局、中国烟草总公司全年批复各类技术改造项目 98 个，投资总额 386 亿元；“超高速卷接包机组研制”重大专项引进技术样机顺利通过鉴定，国产卷接包机组成功实现由高速向超高速的跨越。五是加快信息化重点项目建设，正式启动行业数据中心项目，实施统计数据下行服务，数据资源的开发应用和信息共享得到加强。

三、国内外市场概况

（一）国内市场概况

2013 年全国种植烤烟 139.47 万 hm^2，同比减少 1.73 万 hm^2；收购烤烟 2 531.5 万 kg，同比减少 208 万 kg。烟农收入持续增加，全国烤烟收购均价 24.6 元/kg，提高 3.1 元/kg；烟农种烟收入 623 亿元，在收购总量减少 208 万 kg 的情况下，仍增长 6.0%。上、中等级烟叶比重持续增加，达到 97.0%，提高近 3 个百分点，优化结构工作取得明显成效。基地单元持续增加，全年新建基地单元 122 个，累计建设基地单元 461 个，其中特色优质烟叶开发基地单元 146 个。卷烟的“532”、“461”品牌培育成效卓著，主要特点是“两个基本稳定、三个不断提高”。两个基本稳定是卷烟产量基本稳定，卷烟销量基本稳定。三个不断提高：一是卷烟销售收入不断提高，全年批发销售收入 12 480.4 亿元，同比增长 8.5%。二是卷烟单箱收入不断提高，全国平均达到 2.5 万元，同比增长 7.3%。三是单箱税利不断提高，全国平均达到 1.8 万元（其中：工业 1.3 万元、商业 0.5 万元），增长 7.72%。全年卷烟工业企业销售收入成本率为 24.06%，略有下降；工商企业三项费用率分别为 7.21%和 7.33%，均略有下降；行业重点费用支出 93.44 亿元，同比降低 21.4%。

（二）国外市场概况

1. 烟叶　目前全世界约有 120 多个国家和地区种植烟叶。2013 年，我国以外世界烟叶生产总体保持增长态势，其中烤烟产量 203.9 万 t，同比增长 3.5%；白肋烟产量 64.8 万 t，同比增长 22.3%；香料烟产量 24.8 万 t，同比增长 12.7%；晾晒烟产量 11.9 万 t，同比下降 0.8%。从烤烟生产区域看，中北美和加勒比地区产量 22.6 万 t，同比下降 3.0%。其中美国产量 19.5 万 t，同比下降 4.4%；南美产量 70.1 万 t，同比增长 0.6%，巴西产量 60.5 万 t，同比增长 0.8%。欧洲和原独联体国家产量 12.9 万 t，同比下降 1.5%。非洲和中东产量 37.3 万 t，同比增长 12.3%。亚太地区产量 61.1 万 t，同比增长 5.7%。从白肋烟生产区域看，中北美和加勒比地区产量 10.9 万 t，同比下降 0.9%。其中美国产量 8.1 万 t，同比下降 5.8%；南美产量 14.2 万 t，同比增长 3.6%，巴西产量 9.5 万 t，同比增长 11.8%。欧洲和原独联体国家产量 4.2 万 t，同比下降 4.5%。非洲和中东产量 25.5 万 t，同比增长 61.4%。亚太地区产量 10.0 万 t，同比增长 23.5%。

2. 卷烟　卷烟是最主要的烟草制品，目前约占世界烟草制品总量的 80%。2013 年，我国以外世界合法卷烟销量为 6 760 万箱，同比下降 3.0%。有关机构估计 2013 年世界非法卷烟销量约为 780 万箱，占市场总销量的比重达 10.3%。在合法卷烟销量中，东欧、中东和非洲销量 2 370 万箱，同比下降 3.6%；亚洲销量（不含我国）2 364 万箱，与上年持平；欧盟销量 965 万箱，同比下降 7.5%。从卷烟销量较大的国家和地区来看，俄罗斯制定实施了非常严厉的控烟措施，全面推行公共场所禁烟，严格约束烟草企业营销行为，明确要求烟草制品标签印制健康警示图片，导致卷烟销量明显下滑，全年销售 684.0 万箱，比上年下降 7.6%。印度尼西亚近年来卷烟销量持续增长，但 2013 年增速明显回落，全年销售 616.6 万箱，同比增长 1.9%，增速回落 6.3 个百分点。美国延续多年持续下滑势头，全年卷烟销量 546.6 万箱，同比下降 4.3%。日本卷烟销量近年来在波动中趋于下降，全年销售 385.2 万箱，同比下降 2.0%。印度虽然是人口大国和烟草消费大国，但卷烟占全部烟草制品的比重仅为 15%左右，全年卷烟销量约 234 万箱，比上年略有增长。土耳其卷烟销量在上年增长 8.8%的基础上出现了回落，全年销售 183.4 万箱，同比下降 7.6%。韩国卷烟销量稳中有降，全年销售 176.8 万箱，同比下降 1.0%。菲律宾对卷烟开征“罪恶税”，卷烟价格大幅提高，卷烟销量大幅下滑，全年销售 172.6 万箱，同比下降 15.6%。乌克兰受严厉控烟措施的影响，全年销售 150.2 万箱，同比下降 10.0%。欧盟 28 个成员国卷烟市场整体呈现较快下滑态势，其中德国销售 159.2 万箱，同比下降 4.6%；意大利销售 148.0 万箱，同比下降 6.0%；西班牙销售 95.4 万箱，同比下降 10.8%；法国销售 95.0 万箱，同比下降 7.8%；波兰销售 93.2 万箱，同比下降 10.6%；英国销售 76.0 万箱，同比下降 7.3%。在其他一些有代表性的国家和地区中，埃及销售 160 万箱，同比增长 2.5%；阿根廷销售 85.2 万箱，同比下降 1.8%；墨西哥销售 69.2 万箱，同比增长 3.0%；我国台湾销售 68.0 万箱，同比下降 2.9%；阿尔及利亚销售 62 万箱，同比增长 47.6%。

（三）主要烟草公司发展情况

1. 菲莫国际公司（Philip Morris International Inc.） 世界第一大跨国烟草公司，总部设在美国纽约，营运中心设在瑞士洛桑，共有 53 个烟草制造厂，员工总数 87 000 多人，2013 年末资产总额 381.7 亿美元，产品销往 180 多个国家和地区。2013 年，菲莫国际为加强对烟叶原料的控制，与希腊政府签署协议约定在 2013—2015 年对希腊香料烟的采购量比前 3 年增加 20%，与西班牙农业部签署协议约定 2013 年购买 33%以上的西班牙烟叶并在未来两年持续增加采购量。为加强对新兴市场的控制，投资 7.03 亿美元购买墨西哥子公司 20%的股份并实现了 100%控股，投资 6.25 亿美元购买阿联酋 AITA 公司 49%的股份，投资 1.74 亿美元在印尼扩建两家卷烟厂。为加强对销售网络的控制，投资 7.5 亿美元购买俄罗斯最大的烟草分销商大都会公司（Megapolis）20%的股份。为加快进军新型烟草制品市场，与奥驰亚集团签署战略合作协议，共同推进风险改良烟草制品的商业化。为巩固提升在目标市场的占有率，继续聚集重点区域和重点品牌，持续加大市场拓展力度，不断推进产品创新、营销创新和管理创新。全年菲莫国际共销售卷烟 1 760.3 万箱，同比下降 5.1%。其中在亚洲市场销售 602.6 万箱，同比下降 7.7%；在东欧、中东和非洲市场销售 592.8 万箱，同比下降 2.4%；在欧盟市场销售 370.2 万箱，同比下降 6.5%；在拉美和加拿大市场销售 194.6 万箱，同比下降 1.4%。在公司的重点品牌中，"万宝路（Marlboro）"销量 582.2 万箱，同比下降 3.5%；"蓝星（L&M）"销量 190.0 万箱，同比增长 1.4%；"邦德街（Bond Street）"销量 89.8 万箱，同比下降 4.2%；"百乐门（Parliament）"销量 89.4 万箱，同比增长 2.9%。在卷烟销量下降的同时，公司其他烟草制品（OTP）在 2013 年增长了 4.9%，其中在欧盟市场销售 215 亿支，同比增长 6.7%。全年实现销售收入 800.3 亿美元，同比增长 3.4%；缴纳税收 488.1 亿美元，同比增长 6.1%；实现利润 137.7 亿美元，同比下降 2.7%。

2. 英美烟草公司（British American Tobacco） 世界第二大跨国烟草公司，总部设在英国伦敦。公司创建于 1902 年，长期以来对世界烟草产业有着重要影响，其许多战略举动具有一定的"风向标"意义。目前，公司在 39 个国家设有 44 个烟草制造厂，雇员总数 56 363 人（2012 年数据），2013 年末资产总额 419.6 亿美元（按 1 美元＝0.64 英镑换算）。2013 年，英美烟草继续加大对发展中国家卷烟市场投资力度，与缅甸 IMU 公司达成协议，计划陆续投资 5 000 万美元合资建立一家卷烟厂；投资 2 300 万欧元完成对罗马尼亚卷烟厂的扩建；由中国烟草与英美烟草共同投资在香港设立的中烟英美烟草国际有限公司正式投入运营。同时，英美烟草全力开拓新型烟草制品和电子烟市场，继续支付 2 500 万美元完成收购 CN 创新公司，在英国成功推出 Vype 品牌电子烟。全年销售卷烟 1 352 万箱，比上年下降 2.7%；销售其他烟草制品 270 亿支，比上年下降 3.6%。从卷烟销售市场布局看，在亚太市场销售 394 万箱，同比增长 4.8%；在美洲市场销售 268 万箱，同比下降 5.6%；在西欧市场销售 238 万箱，同比下降 7.8%；在东欧、中东和非洲市场销售 452 万箱，同比下降 3.8%。4 个"全球驱动品牌"销量 474 万箱，同比增长 1.9%。其中"登喜路（Dunhill）"销量 108 万箱，同比增长 9.7%；"波迈（Pall Mall）"销量 174 万箱，同比增长 4.4%；"健牌（Kent）"销量 130 万箱，同比下降 2.9%；"好彩（Lucky Strike）"销量 62 万箱，同比下降 6.5%。从 2014 年起，公司把"乐富门（Rothmans）"品牌增加为"全球驱动品牌"，该品牌 2013 年销量 52 万箱，比上年增长 21.7%。虽然卷烟销量出现下降，但由于卷烟结构不断提高，全年公司实现销售收入 720.9 亿美元，同比增长 0.7%；缴纳税收 482.7 亿美元，同比增长 0.8%；实现利润 86.3 亿美元，同比增长 2.9%。

3. 日本烟草公司（Japan Tobacco Inc.） 自 1999 年收购雷诺烟草公司国际业务、2007 年收购加莱赫烟草集团后，日本烟草公司一直保持世界第三大跨国烟草公司的地位，目前在 70 多个国家和地区设有烟草制品生产经营机构，烟草制品销往 120 多个国家和地区。2013 年共有烟草制品制造厂 39 个，其中卷烟厂 31 个，6 个在日本，25 个在境外；烟草业务雇员 35 440 人，其中本国雇员 11 043 人，境外雇员 24 397 人。除烟草业务外，公司还经营药品、饮料和食品业务，2013 年末资产总额（含非烟资产）为 394.2 亿美元（按 1 美元＝97.73 日元换算）。为推进烟草业务扩张，2013 年日本烟草继续推进并购整合，3 月份完成对埃及陨石水烟公司（Nakhla）的收购，12 月份宣布投资 7.5 亿美元购买俄罗斯大都会公司（Megapolis）20%的股份（菲莫国际同时购买了该公司 20%的股份）；大力强化品牌建设和产品创新，在国际市场上全力巩固提升 8 个"全球旗舰品牌"的市场地位，在日本市场推出 13 个新卷烟产品，公司主打品牌"柔和七星（Mild Seven）"更名为"Mevius"后正式投放市场；全力进军新型烟草制品领域，在日本市场推出了 4 款不同香味的“零度时尚（Zero-style)”无烟气烟草制品，继续推进“普鲁木(Ploom)”尼古丁过滤产品研发，并在日本、韩国、奥地利和意大利积极开展商业化运作。全年销售卷烟 1 065.8 万箱，比上年下降 3.7%，但细切烟丝销量增长了 18.4%。在卷烟总销量中，国内市场销售 233.0 万箱，同比下降 0.5%；国内市场占有率为 60.5%，同比提高 1.0 个百分点。国际市场销售 832.8 万箱，同比下降 4.6%，其中在原独联体国家市场销售 370.4 万箱，同比下降 6.2%；在西欧和南欧销售 121.8 万箱，同比下降 2.9%；在北欧和中欧销售 100.8 万箱，同比增长 1.0%；在其他国家和地区销售 239.6 万箱，同比下降 5.3%。8 个“全球旗舰品牌”销量 533.2 万箱，同比下降 0.8%。其中，“云丝顿（Winston)”销量 280.8 万箱，同比增长 0.7%；“乐迪（L&D)”销量 89.8 万箱，同比下降 0.4%；“骆驼（Camel)”销量 79.2 万箱，同比下降 2.7%；“七星（Mevius)”销量 36.6 万箱，同比下降 3.0%（包括日本市场在内，2013 年“七星”销量为 158 万箱）。全年烟草业务销售收入 639.6 亿美元，同比增长 1.0%；缴纳税收和相关费用 465.9 亿美元，同比下降 0.5%；实现利润 63.9 亿美元，同比增长 8.2%。非烟业务销售收入 43.2 亿美元，同比增长 0.2%；实现利润 1.7 亿美元，同比下降 15.7%。

4. 帝国烟草公司（Imperial Tobacco Group PLC）世界上历史最悠久的烟草公司之一，其烟草业务可追溯到 1876 年。通过 20 世纪末期以来几次大规模并购后，帝国烟草迅速成长为世界第四大跨国烟草公司。公司总部设在英国的布里斯托尔，员工总数35 000多人，设有 46 个烟草制造厂，2013 年末资产总额 443.6 亿美元（按 1 美元＝0.64 英镑换算），产品销往 160 多个国家和地区。最近几年，帝国烟草发展速度明显放缓，特别是卷烟销量持续下降。为克服困难、重振雄风，2013 年公司在继续实施全系列烟草制品发展战略的同时，对品牌和市场战略进行了重大调整，综合考虑增长潜力、盈利状况、竞争优势等因素，将品牌划分为“成长品牌”和“专业品牌”两大类，其中“成长品牌”包括“大卫·杜夫（Davidoff)”“金高卢（Gauloises Blondes)”“威斯（West)”等 10 个品牌，主要集中在卷烟产品上；“专业品牌”包括“时尚（Style)”“金弗吉尼亚（Golden Virginia)”“鼓牌（Drum)”等 11 个品牌，主要集中在细切烟丝、雪茄、鼻烟上。将目标市场划分为“成长市场”和“回升市场”，其中“成长市场”主要包括美国、俄罗斯、沙特、中国等，“回升市场”主要包括德国、西班牙、阿尔及利亚、斯洛文尼亚等。根据不同的品牌定位和市场定位，公司着力实施更加精细化的营销和管理。全年销售卷烟 532.2 万箱，同比下降 9.0%；销售细切烟丝 455 亿支，同比增长 3.2%。包括雪茄、鼻烟等各种烟草制品在内，全年共销售 633.6 万箱，比上年下降 7.2%。其中“成长品牌”销售 257.6 万箱，同比增长 2.8%；“成长市场”销售 227.0 万箱，同比下降 6.5%；“回升市场”销售 406.6 万箱，同比下降 7.6%。全年烟草业务销售收入 326.0 亿美元，同比下降 1.3%；缴纳税收 213.6 亿美元，同比下降 1.6%；实现利润 29.5 亿美元，同比增长 30.5%（调整后利润为 46.8 亿美元，同比增长 0.5%）。除烟草业务外，帝国烟草还经营物流业务，2013 年物流业务净收入 13.3 亿美元，同比下降 2.5%；实现利润 1.1 亿美元，同比下降 8.0%。

四、行业管理

1. 持续深入开展卷烟打假　发挥与公安部门联合打假长效机制作用，在源头治理、打击非法拼装倒卖烟机、打击原辅材料供应链方面取得重大突破。全国查处案值 5 万元以上假烟案件 2 998 起，收缴制假烟机 433 台，查获假烟 15.5 万件；依法拘留 7 476 人、追究刑事责任 4 960 人。烟草打私成果再创新高，查获走私案值和涉嫌偷逃税额分别增长 1.4 倍、3.4 倍。

2. 切实加强内部规范管理　加大对真烟非法流通的监管力度，严格落实规范“两烟”生产经营行为各项纪律要求，对个别存在不规范经营行为地市局（公司）的主要领导给予了严肃处理。认真贯彻落实《烟草企业采购管理规定》，扎实推进办事公开、民主管理，强化制度程序硬约束，有效发挥董事会把关作用，公开招标工作取得新进展。全行业工程投资、物资采购和服务采购（含宣传促销）实施公开招标项目占比 60.24%、金额占比 82.82%。

3. 增强生产运行调控　增加适销对路品牌和规格的生产，适度增加四、五类卷烟生产，保障农村市场供应；从严控制工业调出，适当减少年底备货数量，对存销比偏高、价格波动较大的品牌和规格采取限产限调措施，合理控制库存，保持价格坚挺。同时，切实加强安全生产，深入开展安全生产大检查。切实加强企业基础管理，在开展“管理创一流”活动基础上，全面推进精益管理，注重管理手段和方法创新，推动企业向管理要效益。

4. 行业现代终端建设迈上新台阶　近年来，行业由认识到实践、由试点到推广、由破题到解题，基本确立了现代终端经营模式。在行业上下的共同努力下，现代终端建设取得了重大突破，奠定了面向消费者的现代卷烟营销体系的基础。2013 年全国卷烟营销网络建设现场会提出，要围绕建设国际一流现代卷烟营销网络目标，全面推进现代终端建设。年初，国家烟草专卖局下发了《国家烟草专卖局关于推进企业精益管理的意见》，推动行业企业推行精益管理，这是提升企业管理水平的需要，也是行业发展转型和挖掘行业发展潜力的需要。2013 年全国烟草行业企业管理现场会提出，要围绕思考、谋划、实践“三大课题”，全面推进精益管理。要导入精益思想，推行精益方法，建立精益组织，形成精益流程，实现精益目标。

（郑州烟草研究院　王英元）

酿　酒　工　业

一、基本情况

（一）总体经济状况

据国家统计局数据，2013 年我国酿酒行业总产量 7 511.88 万 kL，同比增长 4.86%。其中，饮料酒产量 6 600.33 万 kL，同比增长 4.52%；发酵酒精产量 911.55 万 kL，同比增长 7.40%。全行业完成销售收入 8 453.21 亿元，同比增长 9.42%；实现利润 1 062.11亿元，同比增长 0.17%；上交税金总额达 858.39 亿元，同比增长 0.47%。酒类及相关产品进出口总额 44.66 亿美元，同比下降 4.16%。

1. 白酒行业　2013 年全国规模以上白酒企业累计产量 1 226.20 万 kL，同比增长 7.05%，增速比上年同期回落 11.5 个百分点；累计完成销售收入 5 018.01亿元，同比增长 11.22%，增速比上年同期回落 15.6 个百分点；实现利润 804.87 亿元，同比下降 1.92%，增速比上年同期下降 50.44 个百分点。

2. 啤酒行业　2013 年全国规模以上啤酒企业总产量为 5 061.54 万 kL，同比增长 4.59%，增速与上年同期相比提高 1.53 个百分点；累计完成销售收入 1 814.08 亿元，同比增长 9.27%；实现利润 125.81 亿元，同比增长 21.48%。

3. 葡萄酒行业　2013 年全国规模以上葡萄酒企业累计产量 117.83 万 kL，同比下降 14.59%，增速与上年同期相比下降 31.49 个百分点；完成销售收入 408.17 亿元，同比下降 8.52%；累计实现利润 43.81 亿元，同比下降 20.06%。全年进口瓶装葡萄酒 27.90 万 kL，增速 4.70%，增速与年初的 38.27.%相比回落超过 33 个百分点；进口散装葡萄酒 8.91 万 kL，同比下降 26.71%。

4. 发酵酒精行业　2013 年规模以上发酵酒精企业累计产量 911.55 万 kL，同比增长 7.40%；完成销售收入 830.35 亿元，同比增长 7.55%；实现利润 41.62 亿元，同比增长 0.98%。

5. 黄酒行业　全国规模以上黄酒企业 87 家，2013 年完成销售收入 153.91 亿元，同比增长 12.23%；实现利润 17.12 亿元。同比增长 16.34%。

6. 其他行业　2013 年其他行业累计完成销售收入 228.68 亿元，同比增长 15.46%；实现利润 28.87 亿元，同比增长 13.76%。

（二）区域经济状况

我国酿酒主产区包括四川、山东、河南、广东、江苏五省，这五个省酿酒总产量占到全国酿酒总产量的 43.35%，利润合计占到全国酿酒行业利润总额的 1/2。2013 年，五省酿酒行业合计实现利润 524.62 亿元，同比下降 8.28%。其中，以白酒生产大省著称的四川省为例，2013 年酿酒行业实现利润 261 亿元，同比下降 14.30%。另外一个白酒产销大省的江苏省，2013 年酿酒行业实现利润 114.46 亿元，同比下降 2.49%。山东省，其白酒、啤酒、葡萄酒产销量均保持行业领先地位，受到白酒放缓、葡萄酒下降的影响，2013 年山东省酿酒行业实现利润 89.8 亿元，同比下降 2.49%。河南省的白酒、啤酒和葡萄酒行业发展相对均衡，2013 年该省酿酒行业实现利润 49 亿元，同比增长 12.49%。广东省是传统的啤酒产销大省，2013 年广东省酿酒行业实现利润 10.53 亿元，同比增长 1.57%。可以看出，以盛产白酒为主的四川省、江苏省 2013 年行业利润均发生下降；以盛产啤酒为主的广东省 2013 年行业利润保持微增；而作为白酒、啤酒、葡萄酒的主产区，2013 年山东省行业利润也出现了下降。

（三）产业规模经济状况

行业中出现了大型企业利润下滑，中小型企业保持增长现象。在高端消费不足的情况下，行业企业应积极加快转变发展方式，调整产品结构和经营结构，从过度追求高档酒的生产，向适应大众消费需求的中低端酒转型。这个观点，在部分生产高端名酒的大型企业中得到印证，从业人数2 000人及以上的大型酒企2013年实现利润735亿元，同比下降4.61%；而以生产面向大众消费的中小型企业仍在保持增长态势，其中中型企业（从业人数300～2 000人以下）实现利润132亿元，同比增长13.06%，增速较2012年提高2.13个百分点；小型企业（从业人数300人以下、销售额3 000万元以下、资产总额4 000万元以下）实现利润196亿元，同比增长12.71%，增速比上年下降36.54个百分点。

（四）进出口贸易

2013年我国饮料酒及发酵酒精进出口贸易总额35.77亿美元，同比下降5.79%。其中，出口贸易总额6.17亿美元，同比下降14.18%；进口贸易总额28.60亿美元，同比下降3.64%。进口贸易总额增速和出口贸易总额增速较2012年同期均有大幅下滑。特别是作为进口主力军的葡萄酒产品，2013年受到行业整体下滑、消费需求不足，进口额同比下降1.91%，增速比2012年同期减少10.68个百分点。其中规格在2L及以上包装的葡萄酒，进口量同比下降了26.74%。值得注意的是，国内需求不景气的情况下，2013年各酒种进出口贸易也出现颓势，饮料酒及发酵酒精贸易总额整体下滑，仅啤酒实现增长。据中国酒业协会分析认为，最主要的原因是行业整体下滑、消费需求不足。

（五）2014年预测

2013年我国酿酒行业已整体进入调整期，从以上经济运行数据显现出当年酿酒行业增长速度，已处于持续下滑阶段，这与多年来整体高增长的形势形成反差，全行业逐渐实现从外延式高速扩张模式转变为内敛式中速增长模式。2014年是全行业“理性变革、力求稳健”的一年，行业调整将持续纵深，自身问题需逐步消化，但发展不会出现大逆转或衰退，而是保持一段时间的中低速增长。全行业将面临着空前严峻的压力挑战，也面临着发展提升的重大机遇，在内外因加速变革的作用下，产业结构、产品结构的调整将进一步加快，行业进入转型升级的发展时期。其中，白酒行业预测：价格体系继续动荡调整，高、中、低档产品价格将重新定位并趋稳；受宏观经济影响和其他酒类产品冲击，销量增速仍将放缓；中低端产品市场竞争加剧；流通环节将进一步调整，企业与经销商之间的矛盾仍待缓解；企业结构方面，将尝试混合经济体制，激发行业动力。啤酒行业预测：产能稳定，利润稳步增长，市场竞争充分；新增产能减速并将集中于中西部地区，投资趋于理性；市场对中高端产品需求加大；产品个性化、品牌文化附加值逐步加强。葡萄酒行业预测：市场低迷的情况短期内不会很快改变，培养我国葡萄酒自身文化特点，让消费者接受葡萄酒产品需要一定时间，但消费区域会从东部逐渐向西部和其他地区扩张，市场还能扩大；需增加佐餐酒的比例，凸显产品的个性化特点；与进口葡萄酒的竞争将会更加激烈，需要我们在思维、理念、模式等方面有根本性转变，做实产业。

二、科技工作

（一）科学技术奖励情况

1. *评奖活动*　2013年度“中国酒业协会科学技术奖项目评审会”于2013年11月21日在北京召开，会议由中国酒业协会副理事长兼秘书长王琦主持。中国酒业协会奖励办公室在2013年度共收到54个酿酒企业及相关单位申报的68个项目，经过评审委员会专业组专家对申报项目进行了评审、评审委员会审议、奖励委员会审定和中国酒业协会批准以及网站公示等环节，授予24个项目荣获“2013年度科学技术奖”荣誉称号。其中，“五塔二级差压蒸馏技术在优级食用酒精生产过程中的应用”与“电子自旋共振和实时荧光定量PCR技术在纯生啤酒中的研究及应用”荣获两个一等奖；“我国啤酒酿造过程中碳足迹评价体系的开发及应用”“啤酒风味稳定性综合评价体系和调控技术的研究与应用”等8个项目荣获二等奖；“白酒数字化酿造工艺综合管控系统”“现代生物制曲技术的研究及应用”等14个项目荣获三等奖。

2. *颁奖活动*　为进一步推进酿酒行业科学技术创新，激励广大科技工作者勇攀科技高峰，促进科技成果转化，中国酒业协会于2013年4月22日在“中国酒业协会第四届理事会第九次（扩大）会议”期间，举行“2013年度中国酒业协会科学技术奖颁奖活动”，对荣获2013年度中国酒业协会科学技科学技术进步奖的一等奖、二等奖和三等奖的项目完成单位进行颁奖。此次颁奖活动，极大地激励了大家继续创新的决心，以创造出更多的科技成果，为推动我国酿酒行业科技与经济发展做出新贡献。

（二）成果鉴定情况

（1）中国酒业协会技术委员会于2014年8月11日组织有关专家在浙江绍兴对会稽山绍兴酒股份有限公司完成的“黄酒酿造自动化控制系统研发与应用”、“黄酒生麦曲自动化生产系统技术及应用”及“黄酒自动化压滤系统及应用”等项目进行了科技成果鉴定。鉴定会由中国酒业协会主持。与会领导与鉴定委员会专家对项目现场进行了考察，听取了项目组汇报的工作报告、技术报告、检测报告和应用报告，并对项目中的一些关键技术等内容进行了细致询问，同时提出了一些建设性意见。经鉴定委员会讨论和评议，形成鉴定意见，认为“黄酒酿造自动化控制系统研发与应用”项目对黄酒生产传统工艺和机械化大罐发酵过程理化及微生物动态变化进行研究，首创了“黄酒三边发酵理论”，突破了黄酒发酵的传统理论，优化了自动化发酵工艺参数，为黄酒酿造提供了新的研究方向；该项目还首次实现了黄酒酿造生产过程的机械化、自动化和信息化，奠定了黄酒从传统生产方式向信息化和智能化酿造转型升级的基础，对黄酒行业的技术进步具有重大推动作用。“黄酒生麦曲自动化生产系统技术及应用”项目的实施，首创了黄酒生麦曲自动化生产装备及控制系统，改变了传统生麦曲生产方式，提高了生麦曲品质和生产效率，降低了劳动强度，实现了清洁生产，填补了国内空白。“黄酒自动化压滤系统及应用”项目紧密结合生产实际，根据黄酒酿造特点和物料性质，对传统压滤装备进行改造升级，实现了黄酒压榨工序的全密闭式自动控制生产，突破了压榨过程的效率瓶颈，在行业中具有较强的示范作用。其中“黄酒酿造自动化控制系统研发与应用”“黄酒生麦曲自动化生产系统技术及应用”两个项目成果达到国际先进水平，“黄酒自动化压滤系统及应用”项目成果达到国内领先水平，鉴定委员会一致同意通过鉴定。

(2) 中国酒业协会技术委员会于 2014 年 10 月 21 日组织有关专家对华润雪花啤酒（中国）有限公司完成的“啤酒产品包装外观质量的综合研究及应用”和“企业资源计划管理系统和销售分销管理系统在啤酒产业链管理中的开发应用”项目进行了科技成果鉴定。鉴定会由中国酒业协会主持。与会领导与鉴定委员会专家听取了项目组汇报的工作报告、技术报告、检测报告和应用报告，并对项目中的一些关键技术等内容进行了细致询问，同时提出了一些建设性意见。经鉴定委员会讨论和评议，形成鉴定意见，认为项目完成单位通过对啤酒包装标胶、标签以及纸箱等外观质量内容的综合研究，建立了啤酒产品包装外观质量管理体系和评价体系，能及时反应各个环节的质量问题，及早发现包装材料存在的质量隐患，有效地保证了生产的连续性和质量的稳定性；在企业资源计划管理系统和销售分销管理系统的研究项目中，首次在啤酒行业将 ERP 管理系统和 DMS 系统结合，在保证基础数据一致的前提下，将企业管理延伸到经销商以及终端客户，并且通过 DMS 的网上订单功能，实现了经销商自助下单，提高了订单准确率，降低了企业管理沟通成本，从而实现了啤酒行业信息化系统上下贯通，使啤酒企业更好地满足了顾客和市场需求，提高了行业的现代化管理水平。鉴定委员会一致同意通过鉴定，并认为这两个项目均达到了国际先进水平。

三、质量管理与标准化工作

（一）质量管理

国家食品药品监督管理总局于 2013 年 11 月 28 日下发了《关于进一步加强白酒质量安全监督管理工作的通知》，通知要求在严格落实白酒生产企业主体责任和从源头保障白酒质量安全方面，一是严格依照法律法规、食品安全标准和生产许可条件组织生产；二是切实控制白酒中塑化剂污染；三是不得使用非食品原料生产白酒；四是严禁超范围超限量使用食品添加剂；五是加强白酒出厂检验；六是严格规范白酒标签；七是建立质量安全授权人制度。在强化监督监管和严厉打击违法违规行为方面，一是强化生产许可；二是加强监督检查；三是开展监督抽检和风险监测；四是严厉打击违法违规行为。在完善目标措施和落实监管责任方面，一是明确目标任务；二是强化社会监督；三是加强检查督导。

（二）标准化工作

2013 年 4 月 16 日，商务部［2013］21 号公告颁布了《酒类行业流通服务规范》(SB/T 11000—2013) 标准，于 2013 年 11 月 1 日全国实施。本标准的核心内容规定了酒类流通的术语和定义，界定了酒类流通的范围和流程，提出了销售全过程的质量控制重点，对宣传推介以及服务规范提出了要求，因此对规范酒类行业的流通服务具有积极意义。本标准的技术内容符合行业实际和酒类产品流通服务的要求，对促进酒类行业的健康发展，将起到很好的推动作用。本标准具有较强的可操作性，技术内容达到国内先进水平。主要内容包括术语和定义、经营、服务、流通信息、酒类商品保护、宣传、监督与评价等。

四、行业工作

(1) 中国酒业协会于 2014 年 4 月 22～23 日在北京召开了“第四届理事会第九次（扩大）会议”。本届理事（扩大）会议主要内容包括：审议并通过第四届理事会 2013 年度工作报告，提出并通过第四届理事会成员调整意见，颁发 2013 年度“中国酒业协会科学技术奖”“诺玛科杯第二届全国葡萄酒品酒职业技能竞赛决赛奖”“五一劳动奖章”等奖项；举办

“2014中国国际酒与社会论坛暨中国酒业公益战略行动启动仪式”，召开各分支机构理事（扩大）会议和专题论坛等。本届会议内容丰富，对宏观经济政策环境、酿酒行业面临的形势、未来行业的出路探索等方面进行了全面研判，对酿酒行业未来发展提出了建设性的意见，在一定程度上起到推动行业发展的作用。与会代表一致认为，本届理事会内容紧跟行业热点，材料丰富，充实，形式新颖，充分显示了行业的团结和发展的信心。

（2）由中国酒业协会主办的“中国白酒3C计划”启动会议于2013年8月20日在北京召开，会议由中国酒业协会副秘书长兼白酒分会秘书长宋书玉主持。中国酒业协会理事长王延才指出，“中国白酒3C计划”是涉及白酒技术提升、规范经营、科学发展和产业安全的一个全方位的系统工程。“3C计划”的实施，就是要通过规范行业的生产经营，净化市场流通，提高许可准入门槛，树立行业良好形象，构建和谐的公众关系，科学产品标准体系，推动产业诚信体系建设等措施，进一步确保白酒产业的健康发展。工业和信息化部消费品工业司王黎明司长指出，“中国白酒3C计划”倡导的品质诚实、服务诚心、产业诚信，抓住了白酒行业的核心，是目前白酒行业在深度调整时期必须面对、必须解决的重中之重。“3C计划”把白酒产品的技术提升统一到产业决策部署上来，把产业和谐发展建立在行业诚信管理体系建设和践行企业社会责任的基础上，把科学发展贯彻落实到整体计划中，是非常难能可贵的。当前，我国白酒产业正在从传统手工业向现代化工业转型，白酒产业进入深入调整时期，在这个关键时期由协会提出“中国白酒3C计划”，是非常及时和必要的。国家食品药品监督管理总局食监一司副司长陈传意指出，食品安全是关乎国计民生的头等大事，近一年多来发生的涉及白酒的质量安全问题，值得整个白酒行业警示。将进一步规范食品生产许可准入制度，同时要求行业提高自律、诚信，“中国白酒3C计划”提出的白酒年份酒准入设想非常契合实际，将全力支持中国酒业协会做好这项工作。会上，宋书玉秘书长对“中国白酒3C计划”做了详细介绍，江南大学、中国食品发酵工业研究院、标准化中心、中国农业大学分别就“3C计划”中不同的科研课题进行了解读。最后，签订“中国白酒3C计划”合作协议。

（3）为了更好地开展中国保健酒联盟的下步工作，规范联盟内部的工作流程，“中国保健酒联盟2013年度工作会议”于2013年10月24日在北京召开。此次会议的召开，主要是对联盟秘书处前期完成的工作进行专题讨论修正，共同探讨联盟下一步的工作思路和方向。根据《议程》，会议以汇报和讨论的方式，联盟成员共同商讨了联盟未来发展相关的几项工作内容，大家各抒己见，共同为联盟未来出谋献策。按照联盟工作推进计划，联盟秘书处目前已经完成制订了《保健酒联盟章程实施细则》《保健酒联盟短期计划及中长期规划》等文件，并组织劲牌公司保健酒技术部完成了《保健酒技术》一书的编撰工作，同时为了掌握目前国内保健酒市场的现状，组织调查了全国保健酒市场品牌的相关情况，第一次获得了较为全面的国内保健酒企业信息。据了解，“中国保健酒联盟”成立暨揭牌仪式于2013年5月8日在劲牌公司举行，成立保健酒联盟目的不在于保健酒联盟本身，而是将它作为一个台阶，通过行业企业的共同努力，使保健酒跻身于中国的第六大酒种。通过保健酒联盟，促使保健酒行业专业化发展，促进技术交流，推动保健酒产业的持续、健康、有序发展。

（4）中国酒业协会于2013年12月10日在北京组织召开了“酿酒行业职业技能鉴定工作会议”。中国酒业协会副理事长兼秘书长王琦做“加强人才队伍建设，提高酿酒行业综合发展实力”的工作报告，全国25个省、自治区、直辖市酒业协会和院校有关人员参加了会议。王琦秘书长对21个酿酒行业职业技能鉴定站和各省份酒业协会及有关院校的鉴定工作情况进行了全面总结。五年以来，酿酒行业已经有12 481人经过系统的专业理论知识培训学习，通过了由各鉴定站组织的鉴定考试，取得了国家职业技能资格证书。其中，中高级别的酿酒师、品酒师、技师占到了80%以上，现在都成为企业的技术骨干。协会10多年来在酿酒行业内开展培训鉴定工作，使国家认可的职业资格证书制度在企业和从业者中得到逐步认识和重视，成为协会培养建立专业人才队伍的基础和保障。王琦秘书长在报告中提出了下一步工作要求：一是各鉴定站要坚持服务的思想，为企业人才培养提供最大的支持；二是鉴定工作人员要专职、专业，坚持规范操作；三是积极与当地相关部门协调、沟通，及时解决职业资格证书持证人员的实际问题；四是加大宣传酿酒行业特有工种职业资格证书的社会认知程度，提高从业者的专业水平；五是对在鉴定工作中成绩优异的协会将给予表彰和奖励；六是对于存在问题的将采取必要措施，以保证鉴定工作持续健康进行。

（本文由中国酒业协会提供资料，本编辑部付涛汇总整理）

蚕丝加工业

一、基本情况

（一）蚕桑生产

1. *产量* 据国家茧丝绸协调办公室统计，2013年全国桑园面积84.7万hm^2，同比增长0.6%；蚕种发种量1 655.4万张，同比减少1.0%；蚕茧产量64.8万t，同比减少1.0%；综合均价60.02元/kg，同比上升12.5%，创历史新高。

2. *资源分布* 从2013年主要省份蚕茧生产情况来看，广西作为蚕茧生产第一大省份，蚕茧产量继续保持稳步增长，全年蚕茧产量27.1万t，占全国蚕茧总产量的41.8%，同比增长5.9%。东部沿海蚕茧主产区江苏、浙江、广东、山东均出现不同程度下降，其中江苏同比下降18.1%，广东同比下降18.8%，其余地区蚕茧产量基本持平。

（二）加工量、产值、利税、固定资产投资

据国家统计局对392个规模以上缫丝绢纺企业统计，2013年生丝产量13.7万t，同比增长3.5%。其中，有42个绢丝企业绢丝产量11 921t，同比下降2.4%；有265个规模以上织绸企业绸缎产量93 579万m，同比下降1.7%；有95个蚕丝被企业蚕丝被产量2 279万条，同比下降19.7%。总体来看，2013年，全行业主营业务收入1 276.0亿元，同比增长13.1%；利润71.9亿元，同比增长13.9%。其中，缫丝加工实现利润40.3亿元，同比增长7.4%；丝织加工实现利润27.3亿元，同比增长17.5%；丝印染加工实现利润4.3亿元，同比增长81.2%。2013年全行业利润继续实现稳定增长，但增速较2012年同期下降了16个百分点。从其他经济指标看：1～12月丝绢纺织及精加工行业亏损企业亏损总额2.0亿元，同比下降15.46%；企业存货145.9亿元，同比增长4.4%；企业营业费用同比增长17.2%。统计数据显示，虽然亏损企业亏损总额同比下降了15个百分点，但企业库存压力仍然存在并有所增长，加上各种成本费用上升较快，造成了下半年行业利润增速的持续下滑。

2013年，在“中央技术改造专项资金”的支持下，多家企业加大装备技术改造力度，不断提升企业管理质量和水平。杭州中江纺织机械有限公司、杭州天峰纺织机械有限公司开发的新一代桑/柞蚕智能缫丝机迈出重要步伐，不仅能进一步减少挡车工数量，而且能降低原料消耗，具有人均产量高、性能稳定、智能化程度高等特点。山东日照海通、江苏苏丝成功地实现了老厂整体搬迁，全新的厂房和设备使老企业重新焕发了青春。浙江、安徽、陕西等一批企业引进无梭织机，实现了装备的更新换代和产业链条的升级，这些都为企业今后发展奠定了基础。

二、新技术、新成果

1. *“丝胶回收与综合利用关键技术及产业化”项目荣获2013年国家科技进步二等奖* 丝胶回收与综合利用关键技术及产业化项目成功地从蚕丝废水中回收丝胶，从而制取高纯度易溶丝胶粉，将丝胶化废为宝。一方面可有效防止丝胶污水对环境的污染，另一方面降低丝胶的生产成本，为丝胶在食品、医药、生物材料、纺织品后整理等领域的应用创造极为有利的条件，为茧丝绸业带来巨大的经济效益。该项目进行的丝胶回收、制备高纯度易溶性丝胶粉，开发的新产品应用于养殖的饲料、日化用品及羊绒的涂层，在国内外首次实现了产业化，可有效防止脱胶废水对环境污染，充分利用丝胶这一宝贵的天然蛋白质，化废为宝，经济和社会效益显著。

2. *两对蚕桑新品种通过审定* 由浙江省农业科学院蚕桑研究所育成的桑蚕新品种“浙凤1号”和“华菁×平72”在第45次农作物品种审定会议上通过审定。浙凤1号是以降低蚕种生产成本为目标的浙江省首个中丝量单交新品种，原名“雌29×卵36”，于2007年育成，2008—2012年完成新品种实验室、农村试验。该品种具有发育整齐、茧形大、茧丝质优的特点，蚕种生产成本较常规品种可降低20%以上。适宜在浙江省各蚕区饲养，尤其在环境、叶质较好的季节和区域更能发挥其优势。“华菁×平72”是浙江省首个多丝量雄蚕品种，于2008年育成，2009—2012年完成新品种实验室、农村试验。该品种具有发育整齐，体形大，茧型匀整，茧丝质优的特点，浙江省各蚕区均可饲养，尤宜在环境、叶质条件较好的季节和区域饲养。

3. *家蚕、桑树基因组被破解推动我国“栽桑养*

蚕”传统产业新变革　作为国家863计划“特色林木功能基因组研究与应用”的子项目之一，由西南大学联合浙江省农业科学院、广东省农业科学院、中国林业科学研究院和深圳华大基因研究院等单位的专家，历时3年完成了桑树基因组研究。这也意味着，自从2003年世界上第一张家蚕基因组框架图在该实验室绘制完成后，桑树的基因组也在这里被“破解”。这项研究在科学上取得了一系列重要发现：一是确证了桑树染色体基数为7，这是百余年来对桑树学科发展最重要的贡献之一。二是首次探明了桑树基因的进化速度大约是蔷薇目其他物种的3倍。除了桑树外，苹果、葡萄、桃、李、杏等都属于蔷薇目，而桑树基因的进化速度是它们的3倍，意味着桑树具有广泛的适应性和抗逆性，可以在沙漠等恶劣的环境下生长，而桑树可以生长的地方标志着也可以适合家蚕的养殖，对推动一些地方的养殖业项目、扩大农民增收有一定指导意义。另外，通过对桑树基因的进化速度的研究，也可以延伸到蔷薇目其他物种的研究上，对于像苹果、葡萄等果树的种植和改良，以及生态治理等也有推动作用。三是在家蚕的血淋巴和丝腺中鉴定出5个预测的桑树来源miRNA，这进一步加深了对植物-植食性昆虫之间适应性进化的理解，说明它们在分子水平上存在相互作用。

4. 蚕蛹蛋白纤维纱线开发成功　蛋白PC中含有18种氨基酸，每种氨基酸的含量都在15mg/g以上，其中丝氨酸、苏氨酸、色氨酸、酪氨酸等对人体皮肤十分有益，可保持肌肤表皮细胞活性，延缓肌肤氧化衰老。而纤维的皮芯结构又能保证氨基酸与皮肤充分接触，最大限度地发挥呵护肌肤的特殊功效。蚕蛹蛋白纤维虽然具有不少优良特性，但也存在可纺性较差的缺点。因此，在产品开发过程中，重点研究了蚕蛹蛋白纤维的预处理工艺，通过多次对比试验，有效地改善了纤维的可纺性，保证了纺纱过程的顺利进行，成功开发了蚕蛹蛋白纤维纯纺和蚕蛹蛋白与莫代尔、POREL混纺纱线，而且同配比、同纱支纱线的质量在条干CV值、粗节、棉结和单纱强力等各方面都大大优于同行水平。该纱线可用于生产高档服装面料、T恤、内衣、床上用品等产品，目前已有厂家采用蚕蛹蛋白纤维纯纺纱开发了高档针织内衣。蚕蛹蛋白产品保留了真丝织物的优点，又克服了真丝织物娇嫩、色牢度差、易缩、易皱、易泛黄、遇强碱易脆损等缺陷，产品柔软细腻、透气舒适、亲肤美肤、环保健康、染色绚丽，具有较好的市场前景。

5. 茧丝资源综合利用产业化水平不断提升　生物酶解技术处理蚕蛹蛋白、超临界萃取技术提取蛹油、纳米技术改造蚕丝蛋白、低温超微技术加工处理桑叶粉、基因工程开发生产病毒生物反应器和人工合成抗菌肽等方面研究日趋成熟，产业化应用逐步扩大。天然彩色茧、蚕丝人造皮肤、家蚕基因、桑树基因研究等相关技术已经达到或接近国际先进水平。除传统缫丝绢纺服装产业外，一批新兴产业渐露头角。桑果饮料、桑果醋、桑叶茶、桑枝地板、蚕蛹虫草、蚕蛹油、蚕蛾酒、蚕蛾口服液、蚕丝蛋白化妆品等新产品已在广东、四川、陕西、辽宁等20个省、自治区、直辖市规模化生产并相继投放市场，进一步延长了传统桑蚕业加工链条，产品附加值成倍增长，成为提升丝绸行业综合效益的重要方向。

6. 新材料、新品种、新工艺开发成果显著　苏州大学通过桑蚕品种杂交选配培育的超细纤度家蚕新品种，其茧丝纤度可以达到1D左右，粒茧丝长可达1 300～1 500m，属国内首创；四川省丝绸科学研究院采用自主开发的桑皮脱胶工艺技术和设备，可实现桑皮纤维制备全流程机械连续化生产；浙江嘉欣丝绸和浙江理工大学共同研发的超标准生丝加工工艺，高于国家生丝标准最高等级6A级，可大幅度提高生丝及其产品的质量；江苏鑫缘茧丝绸集团应用表面改性技术和新型纳米材料制备技术开发的多功能重磅真丝面料，提高了真丝面料的实用性和功能性；金富春集团公司开发的真丝弹力纤维面料，改变了传统真丝面料易皱、易变形的缺点，成为法国香奈儿等10多个世界顶级成衣品牌的首选面料。同时，真丝数码仿真彩色织造、超小浴比染色、计算机智能测配色连缸染色、喷雾染色、数码喷墨印花等先进节能技术得到大面积推广应用，行业节能减排水平不断提高。

7. 丝绸生产主要装备研发取得新突破　浙江理工大学与杭州中江纺织机械有限公司、杭州天峰纺织机械有限公司研发的新一代桑/柞蚕智能缫丝机，可大幅降低挡车工数量，具有人均产量高、性能稳定、智能化程度高等特点，产品达到国际先进水平。四川省丝绸科学研究院采用全新煮茧工艺技术路线、PLC程控技术研发的SR-3020型减压自动煮茧机，具有工艺流程短、煮茧质量好、工艺调整方便、自动化程度高、节能降耗显著等特点。山东日发纺织机械公司开发的智能化高档真丝剑杆织机其售价仅是进口机型的70%左右，设备性能达到或接近国外进口设备水平。我国自主研发的丝绸生产装备不断升级，必将促进世界各国丝绸生产水平的提升。

三、国内外市场概况

（一）国内市场

2013年，目前国内宏观经济稳中向好，在国家

"搞活流通、扩大消费"等一系列的政策作用下，丝绸、家纺类产品供需基本平衡，国内消费市场价格走势也相对平稳。根据中国丝绸营销网络管理系统监测的50个监测企业数据显示，2013年丝绸企业内销额48.0亿元，同比增长3.5%，国内市场规模正在逐步扩大。从销售品种看，家纺类产品仍占据了丝绸企业销售额的半壁江山，而真丝绸缎类和真丝服装类在当年的内销额各有增减。据统计，2013年我国家纺类产品年内销额21.8亿元，同比增长4.5%，占内销额比重的45.4%；真丝绸绸缎类年内销额13.8亿元，同比增长4.6%，占内销额比重的28.7%；真丝服装类年内销额6.3亿元，同比下降3.6%，占内销额比重的13.2%；丝绸服饰类年内销额4.7亿元，同比增长4%，占内销额比重的9.9%；其他丝绸制品年内销额1.4亿元，同比增长2.9%，占内销额比重的2.9%。

（二）国外市场

据海关统计，2013年全国真丝绸商品出口35.4亿美元，同比增长3.0%。丝类产品出口14 954.8t，同比下降10.4%；出口金额6.7亿美元，同比增长3.14%。真丝绸缎出口数量16 771.4万m，同比下降23.8%；金额9.7亿美元，同比下降9.4%。其中，坯绸出口数量12 770.32万m，同比下降21.4%；出口金额6.5亿美元，同比下降13.7%。丝绸服装及制品出口19.0亿美元，同比增长10.7%。其中，真丝绸服装出口31 768.96万件，同比增长4.5%；金额13.1亿美元，同比增长10%。全国真丝绸商品出口主要呈现以下特征：一是丝绸商品出口金额小幅增长。2013年，我国真丝绸商品出口总额为35.4亿美元，同比增长3个百分点。从真丝绸商品出口金额同比情况看，前三个季度表现相对较好，但第四季度走势明显疲软。二是真丝绸服装出口冲高回落。2013年上半年，真丝绸服装出口数量和出口金额同比实现较大幅度增长。出口数量最大增长幅度达88.4%。5月份以后，真丝绸服装出口数量和金额走势冲高回落。截至12月底，同比仅分别增长4.5%和10.0%。真丝绸服装出口单价降幅收窄，平均单价4.1美元，同比增长5.4%。三是主要省份出口普遍下降。根据2013年真丝绸商品出口金额各省市排名情况分析，6个出口主要省份中除浙江实现增长2.0%外，江苏下降1.7%，广东下降12.6%，上海下降5.9%，四川下降16.2%，山东下降6.15%，普降格局非常明显，广东和四川出口下降幅度为近年来罕见。福建、江西、青海、安徽四个省的真丝绸商品出口金额同比分别增长30.9%、315.7%、5.8%和33.2%，但由于这几个省2012年出口金额基数较低，尚不足以拉动整个行业出口实现大的增长。四是主销市场出口下滑明显。根据主销国家和地区出口金额情况分析，国内真丝绸商品传统主销市场出口下滑明显，其中出口美国59 366.40万美元，同比下降6.4%；出口印度32 281.47万美元，同比下降13.1%。部分丝绸出口二线市场实现小幅上扬，对意大利、日本、中国香港和阿联酋出口分别增长2.3%、5.1%、5.8%和16.6%。

四、质量管理与标准化工作

1. *四项丝绸行业标准发布* 2013年10月23日，工业和信息化部发布公告（2013年 第52号），批准丝绸标准4项，包括《桑蚕紬丝 》（FZ/T 42006—2013）、《染色桑蚕绢丝》（FZ/T 42012—2013 ）、《桑蚕落绵绢丝》（FZ/T 42013—2013）、《蚕丝壁绸》（FZ/T 43027—2013）等，实施日期为2014年3月1日。

2. *丝绸国际标准化迈出新步伐* 2013年1月，《生丝电子检测实验方法》国际标准询问草案以85%的投票率获得ISO/TC38通过。中国丝绸协会组织项目组专家开展了大量的生丝电子检测补充试验，完成了标准草案及相关试验报告的编写。10月中旬，中国丝绸协会组织项目组专家参加了在土耳其召开的ISO/TC38年会，会议对标准草案进行了投票，批准该项目进入批准阶段。目前ISO组织对该项国际标准正在发起最后一轮投票，如获通过预计2014年5月正式出版。该项国际标准的制定，对提升我国丝绸在国际标准话语权具有历史性的意义。

3. *"全国丝绸标准化技术委员会2013年会暨标准审定会"召开* "全国丝绸标准化技术委员会2013年会暨标准审定会"于2013年7月3～6日在福建召开。来自浙江、江苏、上海、北京、安徽、山东、辽宁、四川、广东、广西等省、自治区、直辖市丝绸工业企业、外贸公司、检验检疫机构、高等院校的代表参加了会议。会议介绍了丝绸产品质量现状及国家抽检情况，介绍了（GB 5296.4—2012）《消费品使用说明 第4部分：纺织品和服装》国家标准，审定并通过了《生丝/氨纶包缠丝》《桑蚕绢纺原料》《无氨高弹桑蚕丝针织绸》《锦纶窗纱织物》等四项行业标准。

4. *《桑蚕种检验检疫技术规程》等三项广西地方标准通过审定* 2013年11月6日，由广西壮族自治区质量技术监督局组织的《桑蚕种检验检疫技术规程》等三项广西地方标准审定会在南宁召开。会议审定并通过了由自治区农业厅提出，广西蚕业技术推广总站起草的《桑蚕种质量》、《桑蚕微粒子病病原鉴定技术规程》和《桑蚕种检验检疫技术规程》三项广西地方标准。标准规范了广西桑蚕种质量检验检疫的项目及方法，规范了桑蚕微粒子病病原鉴定方法，为开展桑蚕微粒子病检疫和病原鉴定提供检测依据，对提高桑蚕种质量，促进广西蚕业持续健康稳定发展具有重要意义，专家组一致同意三项标准通过审定。

五、行业管理

1. 商务部等八部委出台《关于进一步促进茧丝绸行业健康发展的意见》　为了保证我国茧丝绸行业能够持续稳定、健康良性发展，2013 年 12 月，商务部、国家发展和改革委员会、科技部、工业和信息化部、财政部、农业部、人民银行、税务总局等八部门共同出台了《关于进一步促进茧丝绸行业健康发展的意见》，以支持茧丝绸行业转型升级，加快推进我国由丝绸大国向丝绸强国的转变。意见指出，以提高蚕桑收入、提升加工水平、增加产品附加值为基础，实现行业经济总量的持续增长；以打造东部先进技术和文化创意优势产业集群、发展中西部规模化生产基地为基础，促进优势企业做大做强，实现产业结构的优化升级；以打造具有民族特色和国际影响力的企业和品牌为基础，实现丝绸文化和民族品牌的传承发展；以建立企业为主体、农工商和产学研用相结合的产业创新和服务体系为基础，实现关键共性技术和装备的提升突破。《意见》出台了五项政策措施，包括加大财政扶持力度、完善投融资机制、加快技术创新与人才培养、提升行业管理水平、加强组织领导。

2. 中国纤维检验局部署加强蚕丝被质量监管　2013 年初，中国纤维检验局下发《关于进一步加强蚕丝被质量监督管理的通知》，要求各地：一是严格按照《产品质量法》和《絮用纤维制品质量监督管理办法》等法律法规的要求，加大对蚕丝被质量安全监控，加强风险排查，建立完备的信息监控预警制度，及时掌握安全动态和舆情动向，认真梳理生产企业基本情况及产品质量状况，遇有重要情况及时报告、及时处置。二是严格按照蚕丝被标准（GB/T 24252—2009）所规定的质量要求，切实加强对蚕丝含量、质量等级、内在质量要求、使用说明、名称及标注等方面质量监督检查，杜绝不合格产品流入市场，防止侵害消费者合法权益行为发生。三是运用多种形式，广泛开展安全教育，充分利用“质量月”等时机广泛宣传蚕丝被的质量技术标准、使用须知、鉴别方法、注意事项等，引导企业自律和合法经营，引导广大消费者提高鉴别使用能力。

3. 蚕茧收购质量监督检查工作　为保持茧丝市场供求总体平衡，维护收购秩序稳定，保护蚕农利益，确保茧丝绸行业平稳有序发展，商务部、工商总局印发了《关于做好 2013 年蚕茧生产与收购管理工作的通知》。通知要求各有关部门要高度重视蚕茧收购工作，切实加强蚕茧收购管理，维护正常收购秩序。各级工信、工商行政管理部门要对从事鲜茧收购的经营者进行全面清理，严把市场主体准入关，未取得鲜茧收购资格的单位和个人，一律不得经营鲜茧收购业务；各级工商行政管理部门要加大市场巡查和执法力度，积极配合各级工信、商务等部门维护蚕茧收购市场秩序；建立毗邻市、县工商部门区域监管协作机制，加强协调沟通，严厉查处无照收购、超范围收购蚕茧行为；严禁已取得经营资格的单位以租借、转让等方式，为未取得经营资格的单位提供蚕茧收购活动；在蚕茧收购期间，各地、各相关部门开展了联合执法和专项检查，严厉打击无证经营，全国共出动检查车辆 1 500（车）次，先后对 700 多起无证收购蚕茧、压级压价和滥收毛脚茧行为进行了查处，杜绝了大规模的蚕茧大战、短斤少两和给蚕农“打白条”的现象发生，确保了蚕茧收购秩序总体平稳，切实维护了广大蚕农的利益。

4. 中国丝绸协会做好行业研究与分析工作　根据中国纺织工业联合会的工作要求，中国丝绸协会完成了纺织工业“十二五”发展规划（丝绸行业）中期评估工作，对 2012—2013 年期间行业发展脉络进行了梳理，提出了下一阶段行业发展重点任务的建议。结合国家统计局、中国海关数据及全国茧丝绸生产统计数据。完成编写《2012 年中国丝绸行业发展报告》（白皮书），每个季度按时发布茧丝绸行业经济运行分析报告，做好行业经济分析和预警。

5. 强化信息统计服务，引导行业健康发展　一是发挥行业门户网站的窗口作用。“中国茧丝绸网”作为协会开展工作的重要平台，也是企业了解行业资讯的重要窗口。秘书处安排专人做好网站日常维护和信息更新，每天搜集发布国内外行业最新政策资讯，为企业了解行业动态提供参考。秘书处还多次通过网站开展行业调查，四川、江苏、广东等省企业及行业协会为网站投稿，宣传报道企业动向，受到了国内外多家报刊网络媒体的广泛关注。二是加强全国茧丝绸生产统计系统建设．截止到 2013 年 2 月，系统注册企业 545 个，每月上报数据企业超过 200 个，基本涵盖各省份茧丝绸生产主要企业。

6. 加强行业标准化工作，驱动产业创新发展　一是完善行业技术标准体系。全国丝绸协会秘书处圆满完成了《丝绸行业“十二五”技术标准体系建设建设方案》的研究编制工作，理清了标委会的工作领域。截止到 2013 年底，丝绸行业共有国家标准 22 项，行业标准 23 项，基本涵盖了丝绸行业的大部分产品，标准结构更趋合理。二是加快产业急需标准建设。针对行业新产品标准缺失和标龄过长的问题，按照国家标准委和工业和信息化部 2011—2012 年标准工作计划的要求，先后完成了《丝绸机织物疵点术语》1 项国家标准、《丝绸壁绸》等 3 项行业标准的报批工作，《桑蚕绢纺原料》等四项行业标准制修订工作；组织企业圆满完成了商务部下达的《丝绸缫丝企业生产管理规范》行业流通标准的制定任务。

（中国农业科学院蚕业研究所　梁培生）

饲料加工业

一、基本情况

2013 年，我国工业饲料总产量为 19 340.0 万 t，超过美国成为世界第一饲料生产大国。全年饲料生产和销售受生猪、禽肉等主要畜产品消费低迷因素影响，和前几年相比增幅减速，不同的饲料种类与发展速度出现不同的特点，全年整体发展情况表现在如下诸多方面。

（一）商品饲料总产量略降

2013 年全国商品饲料总产量 19 340.0 万 t，同比下降 0.6%。其中，配合饲料产量为 16 308.0 万 t，同比下降 0.3%；浓缩饲料产量为 2 398.0 万 t，同比下降 2.8%；添加剂预混合饲料产量为 634.0 万 t，同比增长 2.3%。配合饲料、浓缩饲料、添加剂预混合饲料产量占总产量比重分别为 84.3%、12.4%、3.3%，与 2012 年比，配合饲料占总产量比重提高 0.2 个百分点，浓缩饲料下降 0.3 个百分点，添加剂预混合饲料提高 0.1 个百分点。配合饲料、浓缩饲料、添加剂预混合饲料三者比例为 25.7∶3.9∶1.0，上年度为 26.4∶4.0∶1.0。

（二）饲料工业产值、营业收入增速放缓

2013 年全国饲料工业总产值和总营业收入分别为 7 381.0 亿元、7 158.0 亿元，同比分别增长 4.4%、4.2%，2012 年同比增长幅度分别为 11.4% 和 11.9%。其中，商品饲料工业总产值为 6 784.0 亿元，同比增长 5.0%；饲料添加剂总产值为 535.0 亿元，同比下降 3.3%；饲料机械设备总产值为 62.0 亿元，同比增长 9.0%。商品饲料工业总营业收入为 6 587.0 亿元，同比增长 4.9%；饲料添加剂总营业收入为 507.0 亿元，同比下降 5.4%；饲料机械设备总营业收入为 64.0 亿元，同比增长 14.6%。

（三）饲料企业总数量继续减少

1. 饲料企业行政许可情况　饲料生产企业审查合格证：2013 年总数为 9 788 个，同比减少 1 276 个；新发 84 个，同比减少 705 个；换发 105 个，同比增加 6 个；变更 86 个，同比减少 373 个；注销 691 个，同比增加 150 个。

（1）添加剂预混合饲料生产许可证　2013 年总数为 2 416 个，同比减少 318 个；新发 79 个，同比减少 170 个；换发 62 个，同比减少 261 个；变更 21 个，同比减少 42 个；注销 87 个，同比减少 105 个。

（2）饲料添加剂生产许可证　2013 年总数为 1 083个，同比减少 373 个；新发 59 个，同比减少 110 个；换发 25 个，同比减少 206 个；变更 6 个，同比减少 49 个；注销 26 个，同比减少 90 个。

（3）动物源性饲料产品生产企业安全卫生合格证　2013 年总数为 660 个，同比减少 150；新发 8 个，同比减少 90 个；换发 16 个，同比减少 13 个；变更 0 个，同比持平；注销 61 个，同比减少 6 个。

2. 饲料企业数量　2013 年全国各经济类型饲料企业总数为 14 079 个（见表 1），同比减少 1 228 个，同比下降 8.0%。其中，国有企业为 194 个，同比减少 24 个，同比下降 11.0%；集体企业为 74 个，同比减少 32 个，同比下降 30.2%；私营企业为 7 409 个，同比减少 722 个，同比下降 8.9%；联营企业为 281 个，同比减少 11 个，同比下降 3.8%；股份制企业为 5 465 个，同比减少 366 个，同比下降 6.3%；港澳

表 1　2009—2013 年按企业登记类型统计企业数量表

单位：个

年份	登记类型总数	其中					
		国有	集体	私营	港澳台	外商	其他
2013	14 079	194	74	13 155	136	272	248
2012	15 307	218	106	14 254	148	287	294
2011	15 354	221	122	14 153	173	332	353
2010	15 061	235	185	13 739	178	321	403
2009	14 709	265	203	13 458	154	305	324

台企业为136个，同比减少12个，同比下降8.1%；外商企业为272个，同比减少15个，同比下降5.2%；其他企业为248个，同比减少46个，同比下降15.6%。

2013年按产品类型统计的企业总数为16 454个（见表2）。其中，饲料加工企业（包含精料补充料生产企业数量）为10 113个，同比减少745个，同比下降6.9%；预混合饲料企业为2 971个，同比减少96个，同比下降3.1%；饲料添加剂为1 377个，同比减少63个，同比下降4.4%；单一饲料为1 941个，同比减少73个，同比下降3.6%；饲料机械为52个，同比减少11个，同比下降17.5%。

表2　2009—2013年按企业登记类型统计企业数量表

单位：个

年份	企业总数	饲料加工企业	预混合饲料企业	饲料添加剂企业	单一饲料企业	动物源性饲料企业	饲料机械企业
2013	16 454	10 113	2 971	1 377	1 941		52
2012	17 442	10 858	3 067	1 440	2 014		63
2011	18 527	10 915	3 173	1 396	2 000	986	57
2010	18 296	10 843	3 235	1 425	1 777	950	66
2009	18 553	12 291	3 316	1 377	1 508		61

（四）猪饲料、反刍饲料持续增长

从产品结构看，配合饲料、添加剂预混合饲料所占比重略有提高，浓缩饲料所占比重下降。从近3年的统计数据看，配合饲料延续了比重持续提高的势头；从品种看，2013年的增长主要以猪饲料为主。

从品种总量看，2013年，猪饲料产量为8 411.0万t，同比增长8.9%；蛋禽饲料产量为3 035.0万t，同比下降6.0%；肉禽饲料产量为4 947.0万t，同比下降10.3%；水产饲料产量为1 864.0万t，同比下降1.5%；反刍动物饲料产量为795.0万t，同比增长2.6%；其他饲料产量为288.0万t，同比下降9.2%。

从类别看，在配合饲料中，猪配合饲料总产量为6 629.0万t，同比增长10.6%；蛋禽配合饲料为2 425.0万t，同比下降6.9%；肉禽配合饲料为4 619.0万t，同比下降9.7%；水产配合饲料为1 833.0万t，同比下降1.3%；精料补充料为559.0万t，同比增长5.1%；其他配合饲料为243.0万t，同比下降7.9%。

在浓缩饲料中，猪浓缩饲料总产量为1 407.0万t，同比增长1.8%；蛋禽浓缩饲料为470.0万t，同比下降4.2%；肉禽浓缩饲料为282.0万t，同比下降17.8%；水产浓缩饲料为7.2万t，同比下降26.9%；反刍动物浓缩饲料为210.0万t，同比下降2.0%；其他浓缩饲料为22.0万t，同比下降16.1%。

在添加剂预混合饲料中，猪添加剂预混合饲料总产量为375.0万t，同比增长7.6%；蛋禽添加剂预混合饲料为139.0万t，同比增长3.8%；肉禽添加剂预混合饲料为46.0万t，同比下降15.5%；水产添加剂预混合饲料为24.0万t，同比下降6.4%；反刍动物添加剂预混合饲料为26.0万t，同比下降4.3%；其他添加剂预混合饲料为22.0万t，同比下降15.7%。

（五）产业集中度越来越高

1. 各省、自治区、直辖市饲料发展情况　2013年，东部地区（北京、天津、河北、上海、江苏、浙江、福建、山东、广东、海南、辽宁）饲料总产量为9 943.0万t，占全国饲料总产量的51.4%；中部地区（山西、安徽、江西、河南、湖北、湖南、黑龙江、吉林）饲料总产量为5 582.0万t，占全国饲料总产量的28.9%；西部地区（内蒙古、广西、重庆、四川、贵州、云南、陕西、甘肃、青海、宁夏、新疆）饲料总产量为3 816.0万t，占全国饲料总产量的19.7%；与2012年相比，东部地区下降2.7%，中部地区增长1.4%，西部地区增长2.2%。从增长幅度看，2013年增长速度最快的省份是青海、湖北、江西、广西、贵州，分别增长28.7%、13.6%、13.4%、11.2%、9.2%；江苏、福建、湖南、四川、上海、重庆同比涨幅分别为5.1%、4.8%、3.0%、2.6%、0.4%、0.3%，其他19省、自治区、直辖市饲料产量均呈不同幅度下降。

2. 饲料产量大省情况　2013年，我国超过千万吨省份已达8个，分别为广东2 251.0万t，同比下降3.5%；山东2 067.0万t，同比下降4.0%；河南1 288.0万t，同比下降2.4%；辽宁1 285.0万t；同比下降3.1%；河北1 145.0万t，同比下降3.3%；湖南1 076.0万t，同比增长3.0%；四川1 028.0万t，同比增长2.6%；广西1 016.0万t，同比增长11.2%。以上8省产量达11 156.0万t，占全国总产量的57.7%。从增长幅度看，以上8省2013年同比平均增长幅度为0.1%，略高于全国总体增长水平。2013年，全国饲料加工企业生产综合情况见表3。

表3 2013年全国饲料加工企业生产综合情况

地 区	饲料总价值（亿元）	饲料营业收入（亿元）	总产量（万t）	配合饲料（万t）	浓缩饲料（万t）	预混合饲料（万t）
全国总计	6 784.4	6 587.4	19 340.1	16 307.9	2 398.5	633.7
北京	113.7	120.3	269.4	180.2	39.0	50.1
天津	98.4	99.2	260.7	168.6	64.4	27.7
河北	376.1	342.8	1 145.3	932.3	198.2	14.8
山西	93.2	93.0	287.9	196.7	86.4	4.8
内蒙古	88.7	88.2	295.2	203.1	87.5	4.6
辽宁	453.7	446.6	1 285.4	913.6	350.4	21.5
吉林	77.6	77.6	465.6	312.2	148.8	4.7
黑龙江	201.1	180.2	677.8	334.7	316.1	27.1
上海	59.9	59.4	155.2	117.1	14.7	23.4
江苏	386.7	348.2	976.7	913.6	35.2	27.8
浙江	241.8	226.9	555.0	533.4	6.4	15.2
安徽	119.7	142.7	488.7	453.9	22.6	12.2
福建	237.5	209.7	773.1	718.7	24.9	29.4
江西	250.6	242.6	665.8	584.8	23.6	57.4
山东	900.5	870.2	2 066.8	1866.5	126.8	73.6
河南	348.6	349.0	1 288.3	1062.9	195.2	30.2
湖北	232.4	225.6	631.2	590.7	27.8	12.7
湖南	401.2	391.5	1 076.3	948.8	64.4	63.1
广东	763.9	763.2	2 250.6	2158.0	35.5	57.1
海南	66.4	63.8	204.4	201.1	0.3	2.9
广西	308.3	306.3	1 015.9	977.6	26.9	11.4
重庆	70.9	70.2	201.5	175.0	23.9	2.6
四川	404.6	403.4	1 027.9	902.2	95.0	30.7
贵州	35.5	35.1	84.6	52.5	32.1	0.1
云南	177.6	160.8	374.9	273.1	96.8	5.0
陕西	158.0	155.8	441.5	259.4	164.3	17.7
甘肃	44.5	43.5	135.1	85.5	48.9	0.7
青海	3.2	2.7	12.9	12.6	0.1	0.2
宁夏	13.5	12.9	70.6	43.0	26.1	1.6
新疆	56.4	55.9	155.8	135.9	16.2	3.7

3. 大型集团企业及规模单产企业情况　2013年，全国排前30位的饲料企业（集团）[包括该企业在国内分（子）公司] 总产量为9 738万t，占全国饲料总产量的50%，比2012年提高5个百分点。其中，年产百万吨的饲料企业（集团）为25个；年产10万t以上的企业（指单厂）为460个，同比增加49个，饲料产量8 152万t，占全国饲料产量的42.0%，比2012年提高5个百分点。

（六）饲料添加剂产量小幅增长

2013年，饲料添加剂产品总量为798.9万t，同比增长4.0%。其中，原饲料添加剂Ⅰ型为758.5万t，同比增长7.4%；Ⅱ型为34.8万t，同比下降43.0%；混合型饲料添加剂为5.6万t，同比增长786.7%。

1. 氨基酸　2013年总产量为150.4万t，同比增长12.8%。其中，蛋氨酸2013年产量为4.7万t，同比增长198.6%；赖氨酸2013年产量为108.5万t（含65%赖氨酸），同比下降7.2%；苏氨酸2013年产量为21.2万t，同比增长22.4%；色氨酸2013年产量为1.9万t，同比增长652.1%（宁夏增长1.6万t）。

2. 维生素　2013年总产量为73.9万t，同比下降6.6%。原Ⅰ型为69.1万t，同比增长5.1%；Ⅱ型为4.2万t，同比下降68.5%（浙江下降10.4万t）。

3. 矿物元素及其络合物　2013 年总产量为 460.6 万 t，同比下降 5.7%。其中原Ⅰ型为 448.9 万 t，同比下降 2.5%；Ⅱ型为 11.6 万 t，同比下降 58.3%。

4. 酶制剂　2013 年总产量为 9.1 万 t，同比增长 14.1%。

5. 抗氧化剂　2013 年总产量为 4.6 万 t，同比下降 11.3%。

6. 防腐防霉制剂　2013 年总产量为 22.6 万 t，同比增长 311.5%。

7. 微生物　2013 年总产量为 10.8 万 t，同比增长 5.8%。

8. 其他类添加剂　2013 年总产量为 66.7 万 t，同比增长 75.0%。

（七）大宗饲料原料消费总量增长

2013 年，大宗原料消费总计为 18 720 万 t，同比增长 1.6%。其中，玉米为 9 725 万 t，同比增长 6.3%；小麦为 2 220 万 t，同比下降 9.2%；豆粕为 3 466 万 t，同比增长 0.6%；棉籽粕为 679 万 t，同比下降 8.4%；菜籽粕为 591 万 t，同比下降 3.0%；其他饼粕为 475 万 t，同比增长 9.0%；磷酸氢钙为 278 万 t，同比增长 13.8%；其他为 1 285 万 t，同比增长 28.7%。

（八）饲料机械设备生产总量增长

2013 年，饲料加工机械设备生产总量为 28 142 台套，同比增加 1 316 台套，同比增长 4.9%。其中，成套机组为 1 636 台套，同比减少 270 台套，同比下降 14.2%；单机为 26 506 台，同比增加 1 586 台，同比增长 6.4%。在成套机组中，时产大于 10t 的设备为 1 024 台套，时产小于 10t 的设备为 612 台套。在单机设备中，粉碎机为 8 783 台，同比增加 244 台，同比增长 2.9%；混合机为 7 468 台，同比增加 231 台，同比增长 3.2%；制粒机为 8 080 台，同比减少 58 台，同比下降 0.7%；其他单机为 2 175 台，同比增加 1 169 台，同比增长 116.2%台（江苏省增加 1 000 台）。

（九）饲料行业从业人数继续下降

2013 年，饲料企业年末职工人数为 61.4 万人，同比下降 8.1%。大专以上学历的职工人数为 23.4 万人，占职工总人数的 38.1%。其中，博士 1 966 人，同比下降 4.5%；硕士 8 279 人，同比下降 0.3%；大学本科 79 694 人，同比增长 8.0%；大学专科 144 473 人，同比下降 15.4%；其他学历 379 599人，同比下降 5.7%。技术工种 65 981 人，同比下降 4.6%。

二、行业运行特点

（一）饲料产量前低后高、总体持平略降

据重点跟踪企业近 3 年生产情况显示，从总产量月度走势规律情况看，2011 年、2012 年各年度产量高峰期出现在七八月份，年初和年末月份则处于相对低谷，呈“倒 V”走势。2013 年则不同，8 月份之前饲料产量同比下降非常明显，单月同比下降幅度在 10.0%以上，进入 9 月份以后才有所缓解和回升，形成前低后高走势。这主要与消费环境和养殖行情密切相关。年初生猪价格持续下跌，猪粮比连续 5 个月跌至盈亏平衡线以下，至 7 月份，生猪价格同比才略有回升，8 月起猪粮比重回盈亏平衡线以上，养殖积极性开始恢复，四季度肉类产品消费进入旺季，以及养殖户对春节消费的期待，饲料产量止跌回升。

（二）饲料产品结构出现适应性调整

2013 年，饲料产品类别同比呈现“一平一降一增长”特点，即配合饲料持平，浓缩饲料下降，添加剂预混合饲料增长。由于行情低迷和部分原料价格走低，饲料产品结构和近两年比略有调整，主要表现在配合饲料的涨幅趋缓，而近两年一直处于萎缩之势的浓缩饲料下降的速度有所缓和，添加剂预混合饲料为饲料产量的亮点。主要原因包括：一是畜产品价格持续低迷，加上从农户手中直接购买原料价格相对较低，散养户为降低成本，更多地选择预混合饲料和适当选择浓缩饲料；二是随着大规模农场的发展，为了提高养殖水平，在饲料方面也选择了适合本农场的自配饲料，因此推动了添加剂预混合饲料的产量；三是相对盈利空间较高的添加剂预混合饲料受到企业普遍关注；四是部分企业提高预混合饲料比例和调低浓缩饲料配比用量的新现象；五是由于行情低迷，规模养殖户偏向阶段性购买预混料生产自配料等，对预混合饲料的增长有直接关联因素。

（三）禽饲料产量受重创

除 2012 年末“速成鸡”事件后续影响以及春节后肉类消费需求下降外，2013 年 3 月底爆发人感染“H7N9 流感”疫情，导致禽饲料遭受重创。据重点跟踪企业统计，4～5 月不同规模企业的禽饲料产量全线下跌外，人感染“H7N9 流感”造成禽类产品价格剧降，禽肉大量积压冷冻、部分养殖户退出、父母代鸡大量损失、存栏减少，直至 12 月份禽饲料产量仍然没有恢复。2013 年，蛋禽饲料、肉禽饲料产量累计同比仍然下降。

（四）发展区域呈“东降中稳西增长”趋势

从 1～3 季度产量来看，我国产量超过千万吨的

7个省份中，广东、山东、河北、河南累计同比均有下降，分别下降3.2%、15.1%、6.1%和4.1%；辽宁、湖南和四川呈现增长，分别增长6.4%、5.6%和7.4%。从不同区域看，西南同比涨幅最大，为4.3%，华中、华南和东北同比涨幅在3%左右，西北地区同比增长1.2%，华北、华东地区同比分别下降5.7%和2.1%。区域内对产量增长贡献较大的省份主要为广西、四川、湖南，分别同比增长15.7%、7.6%、5.6%；主要拉低省份为山东、河北，分别同比下降15.1%和6.1%。

（五）企业运营成本持续加大，利润空间进一步压缩

从10个饲料上市公司前三季度公告看，营业成本和“三费”均呈上涨趋势，净资产收益率显示下降。前三季度10个上市饲料公司营业成本合计1 018.7亿元，同比增长2.6%，比总营业收入增幅低0.6个百分点。“三费”中，2013年与2012年同期相比的销售费用增幅均在19.0%～22.0%之间，财务费用超出上年的4.7%。2013年前三季度销售费用、管理费用、财务费用分别占营业成本的3.5%、3.2%、0.7%，2012年三者同期比重为3.0%、2.7%、0.5%，2011年为3.0%、2.7%、0.6%。2013年、2012年、2011年前三季度的销售费用、管理费用、财务费用的“三费”加和占总营业收入比重分别为6.8%、5.8%、5.7%。数据显示，三费比重逐年增高，综合经营费用的上涨，人工、电力、煤气等综合成本的居高不下，玉米、豆粕等饲料原料价格普遍高位运行以及企业的原料成本支出随之上涨等因素是导致企业经营成本、费用增加的主要原因。成本上涨，收益下降，均不利好企业盈利，利润空间进一步缩小。

（六）全国饲料质量安全状况保持持续稳定向好的趋势

农业部数据监测显示，2013年饲料质量卫生指标合格率处于较高水平，商品饲料产品合格率为96.0%，比2012年提高0.3个百分点；饲料中禁用物质检出率为0，没有发现非法使用瘦肉精、苏丹红等禁用物质的情况；饲料添加剂使用进一步规范，国产饲料添加剂合格率97.1%；抽检进口饲料添加剂合格率91.0%，不规范使用添加剂问题得到明显遏制。从监测结果看，饲料产品合格率进一步提高，总体继续稳定向好。但是，配合饲料和浓缩饲料产品粗蛋白指标不合格、添加剂预混合饲料产品造假等问题仍较突出。虽然我国的饲料安全工作不断加强，饲料产品的质量水平不断提高，但是从目前来看，我国的饲料质量安全问题还远没有解决。饲料产品在生产、流通和使用中仍存在着一些质量安全隐患。确保饲料安全也是近几年农业部一直强调的工作重点，目前饲料行业管理方面的制度正在不断完善，新的制度、新的标准也在不断推出，以保障饲料和养殖产品质量安全。

（七）企业整合升级，战略蓄积与扩张势头不减

行业企业努力寻求并着手进行战略升级。因市场低迷，各企业纷纷借机调整自身发展模式。一批企业着手进行设备改造升级，建立标准化生产方法，来满足新的饲料法规对饲料生产条件的要求，并形成企业发展新的竞争力；一批企业进行联合重组，普遍是3～5个小型企业进行联营联合，以达到企业规模化、管理规范化，共同来求生存求发展；一批企业进行外延式扩展，尤其是大型企业，在资源节约、规模角度以及疾病控制和项目的可操作性等综合因素驱动下，看好生猪养殖业，加大对猪饲料投入力度，并扩大生猪产业链建设，推动了饲料行业的转型和提升，大企业对现代化养猪业投资规模之大为历年之最。

（八）大型企业的扩张步伐加快

行业企业一系列的改造、重组、收购、外延，都在助推着行业整合速度的提高，形成了有利于行业长期健康发展的竞争格局。2013年9月25日，国家发展和改革委员会公布了《全国牛羊肉生产发展规划（2013—2020年）》，要求各地培育壮大产业化龙头企业，大力发展“公司+农户”等生产模式，推进产业化经营。10月8日，国务院常务会议审议通过《畜禽规模养殖污染防治条例（草案）》，提升了养殖业准入门槛，对推动畜牧业转型升级、推行规模化、标准化养殖具有重要意义。由于政府的政策导向和对农业产业化龙头企业的政策扶持，企业全产业链发展、规模化养殖已是大势所趋。

三、质量管理与标准化工作

（1）中华人民共和国农业部公告第1773号文件《饲料原料目录》2013年1月1日起开始实施。今后包括单一饲料、添加剂预混合饲料、浓缩饲料等在内的商品饲料将全部实行生产许可管理制度。商品饲料行政审批工作得到进一步规范，实现了饲料生产三证合一，饲料生产企业行政审批统一为《饲料生产许可证》；进一步提高了饲料生产企业准入门槛，对各类饲料生产企业应具备的条件做出了明确规定；更加严格了饲料生产企业原料、添加剂的使用管理。

（2）中华人民共和国农业部第2045号公告发布《饲料添加剂品种目录（2013）》（简称《目录（2013）》），自2014年2月1日起正式实施。凡生产、经营和使用的营养性饲料添加剂和一般饲料添加剂，均应属于《目录（2013）》中规定的品种。凡《目录（2013）》外的物质拟作为饲料添加剂使用，应按照《新饲料和新饲料添加剂管理办法》的有关规定，申请并获得新产品证书。饲料添加剂的生产企业需办理生产许可证和产品批准文号。生产源于转基因动植物、微生物的饲料添加剂，以及含有转基因产品成分的饲料添加剂，应按照《农业转基因生物安全管理条例》的有关规定进行安全评价，获得农业转基因生物安全证书后，再按照《新饲料和新饲料添加剂管理办法》的有关规定进行评审。

(3) 国家质量监督检验检疫总局和国家标准化管理委员会于 2013 年 10 月 10 日发布了新修订的《饲料标签》（GB10648－2013）。《饲料标签》与《饲料卫生标准》两个强制性国家标准是饲料行业两个重要的基础性标准，作为行业管理部门的重要抓手，在规范饲料行业生产经营秩序、提高产品质量和安全水平方面发挥着至关重要的作用。修订后的标准在技术内容方面进一步完善了标准的适用范围，增加了饲料、饲料原料、饲料添加剂等术语的定义和标签中“不得标示具有预防或者治疗动物疾病作用的内容”的规定；增加了饲料添加剂、微量元素预混合饲料和维生素预混合饲料应标明推荐用量及注意事项的规定等。贯彻实施好《饲料标签》强制性国家标准，是促进饲料标签规范化、标准化的有效措施，也是规范饲料生产经营行为、维护市场秩序、保护生产经营使用者合法权益的重要手段，更是贯彻实施饲料条例和相关规定的重要举措，对保障饲料和养殖产品安全、促进饲料工业健康发展意义重大。

(4) 农业部办公厅《关于贯彻落实〈国务院关于取消和下放一批行政审批项目的决定〉的通知》（农办办〔2013〕50 号），要求“设立饲料添加剂、添加剂预混合饲料生产企业审批”项目自 2013 年 11 月 8 日起下放至省级人民政府饲料管理部门。饲料添加剂和添加剂预混合饲料生产企业审批权的下放，是权利更是责任。农业部令 2013 年第 5 号修订《饲料和饲料添加剂生产许可管理办法》，修订后的《办法》规定：饲料和饲料添加剂生产许可证由省级人民政府饲料管理部门（以下简称“省级饲料管理部门”）核发。省级饲料管理部门可以委托下级饲料管理部门承担单一饲料、浓缩饲料、配合饲料和精料补充料生产许可申请的受理工作。省级饲料管理部门设立饲料和饲料添加剂生产许可证专个审核委员会，负责本行政区域内饲料和饲料添加剂生产许可的技术评审工作。

(5) 2013 年 12 月 27 日农业部第 11 次常务会议审议通过的《进口饲料和饲料添加剂登记管理办法》自 2014 年 7 月 1 日起施行，《饲料质量安全管理规范》自 2015 年 7 月 1 日实施。随着新《饲料和饲料添加剂管理条例》《饲料质量安全管理规范》等一系列规范性文件的出台、完善和实施，行业监管、企业发展都面临着新的目标与挑战，这一系列法律法规的出台，充分体现出国家规范饲料行业的决心。

四、行业发展趋势

(一) 饲料行业适应性发展形势，整体寻求新的突破

2012 年的“健美猪”“速成鸡”影响还没完全消除，2013 年 3 月底又发生了“黄浦江死猪”与人感染“H7N9 流感”事件。畜牧养殖行业严重受创，作为与畜牧养殖业息息相关的上游产业——饲料业也未能幸免，加上我国宏观经济增速放缓，饲料总产量和销售额被动减少。而消费者对肉食品消费信心的下降，更是对饲料养殖形成了极大压力，各饲料企业普遍感到了“倒春寒”。低迷的行情，正是考验企业实力和应对能力的时刻，上市饲料公司纷纷在各自的发展战略框架下，更明确定位和及时调整发展战略、战术，有效提升企业发展能力和管理水平。上市公司是行业的领头军，在他们的带动下，我国饲料行业不断实现新的突破，在有效提升现代化管理，精耕细作中全面寻找并提升新的利润增长点。

(二) 整个行业对危机事件理性有效应对，行业成熟度大幅提高

在连续的食品安全事件的打击下，人们对畜产品质量安全产生恐慌心理，畜产品消费和饲料生产受到严重打压，行业产业链上下游多个环节产生连锁反应，饲料生产及饲料消费、行业经营等都受到影响，企业业绩急剧下滑，其中华东、华南地区农牧企业亏损最重。危机时刻见真功，疫情发生期间，行业上下并没有自乱阵脚，而是高度重视，有效应对。2013 年 4 月 7 日，农业部印发《动物 H7N9 禽流感紧急监测方案》，全面强化疫情排查和病毒监测，并及时处置突发情况。5 月 21 日，在瑞士日内瓦召开的世界卫生大会专门聚焦“H7N9 流感”，我国对该疫情的应对赢得了各界肯定。同时，各大集团企业多次召开专题会议研究，在技术体系和管理、销售等方面部署应对措施，并第一时间客观公布事件对企业的不利影响，让投资者更加放心。危机处理方式也更加理性和及时，全面有效的应对措施让行业危机最小化。建立企业预警机制、成立应急基金，呼吁政府及相关部门出台优惠政策给予适当补助，减少企业亏损；正确、科学看待疫情，从而培育传递正能量的舆论环境，避

免影响市场消费。

（三）饲料原料价格波动呈常态化，国际、国内市场因素影响更加明显

饲料原料价格波动多年来一直是饲料产品价格变化的主要因素，国际、国内市场化成为决定性因素。如2009年之前玉米均价稳定在1.7元/kg左右；自2010年开始大幅上涨至2.0元/kg，涨幅16.9%；2011年上涨至2.3元/kg；2012年涨至2.5元/kg；到了2013年玉米价格虽有所回落，但仍处于高位，2013年玉米均价为2.4元/kg，年均上涨幅度近10个百分点。豆粕方面，2006年以前豆粕年均价稳定在2.4元/kg左右；2007—2008年豆粕价格开始大幅上涨，达到3.6元/kg，涨幅达47.9%；2009—2011年价格在3.4元/kg左右的高位区间呈现波动起伏行情；2012年上涨至3.7元/kg；2013年豆粕价格延续上涨行情，1～12月累计均价已涨到4.2元/kg，创下历史高位。豆粕价格波幅比玉米更多了不确定性，这与大豆豆粕主要依赖进口有关。2013年，我国共进口大豆6 337.5万t，同比增长8.5%。进口豆粕1.7万t，同比下降63.3%。全球大豆供应和需求炒作继续主导市场，杂粕供给减少导致豆粕消费量增长明显，现货价格居高不下，进口量已达历史同期最高水平。大宗饲料原料和饲料添加剂市场的持续变化，将给中小型企业的原料采购带来压力和考验，规避原料价格波动的不利影响，以原料风险管理来推动产业进步迫在眉睫。

（四）行业转型升级进入关键性阶段

2014年我国饲料行业转型升级将进入关键性阶段，饲料生产企业以调结构、促转型、提升级为主题。主要表现为：一是与养殖新技术结合的饲料产品研发和饲料产品本身的核心技术开发；二是生产自动化与生产技术信息化的有效结合；三是饲料企业全球国际化视野的进一步拓宽；四是企业融资的有效运作，将助力企业跨越式发展；五是区域性集中布局的核心效应与重点城市品牌效应的再次结合；六是企业横向与纵向产业的扩张，与物流储运的有效链接，以及降低生产企业与直接消费者间的运行成本，必将带来企业利润新的增长点。

（五）饲料行业整体运行进入相对高成本时代

从用工成本、环保约束、土地成本和社会物价总体升高等因素来看，2014年饲料产品成本继续升高的可能性比较大。一是饲料成本。玉米方面，预计2013年我国玉米产量达到2.2亿t，比上年增长4.6%，连续第四年增产。但在国家定向收储、进口转基因玉米退货、玉米需求增长（饲用、食用、工业用途）的刺激下，2014年玉米价格可能偏强势运行。豆粕方面，由于受美国种植成本和畜禽存栏水平较高影响，豆粕价格可能保持高位。二是用人成本。由于人口红利逐渐消失，社会各个行业都在面临转型，畜牧业也不例外，用人成本刚性增长的势头不可逆转，熟练技术工人仍会比较缺乏。据统计数据显示，2013年一线城市的人工成本升幅8%，2014年将更高。其次，还受环保约束、社会物价水平等支撑上涨因素影响。虽然美国启动量化宽松政策有可能会有大宗农产品温和下调的期待，但从目前总体情况看，企业整体运行及产品成本将持续上涨可能性较大。

（六）饲料市场仍然有广阔的发展空间

世界经济面临转型期，我国经济也面临转型挑战。2013年上半年中国经济发展速度明显放缓，饲料行业同样面临经济结构和发展战略调整问题，饲料产量增速减缓，企业利润进一步挤压。但从行业形势看，随着国家宏观经济结构的调整，从第三季度开始，经济逐渐回暖，行业和企业也基本适应了国家经济结构调整的步伐和节奏。纵观当前大环境、大政策、大市场，我国饲料行业仍有很大发展空间和机遇。

（1）从宏观环境看，随着我国经济增长，人民生活水平提高，城市化进程加快，饲料行业仍有广阔的发展空间。随着农村城镇化、大中型城市全域城市化、市民的增加以及人口的增长，对动物蛋白的直接需求和相关动物产品的刚性需求，给我国畜牧饲料行业带来了广阔的发展空间。党的十八届三中全会提出的“市场在资源配置中起决定性作用”的重大理论突破，将进一步协调处理好市场和政府的关系，使市场竞争更加有序充分，优胜劣汰和产业升级调整步伐将进一步加快，促进行业持续健康稳定发展。

（2）从行业发展政策来看，国家一系列与饲料行业管理有关的政策法规相继出台，既规范了行业行为，也提高了行业准入门槛和行业整体素质，逐步淘汰一批落后产能，进一步加快企业生产能力和管理水平的提高，更有利于一批规模实力较强的大型饲料企业聚集性发展。

（3）从企业发展看，企业是行业发展的主力军。近年来，我国饲料企业已具备了适应形势发展的需要、对突发事件的有效处置。我国大型饲料企业的产量规模快速提升，行业企业大有一种蓄势待发、放眼全球的趋势。

（4）从市场需求变化看，下游养殖规模化进程加快和散养户快速退出必将给饲料行业带来新的格局上的变化。同时，伴随着2013年《畜禽规模养殖污染防治条例》的出台，部分不达标的中小生猪养殖场被拆除关停，而此前已对污染防治投入较多的大型养殖企业的竞争优势将明显上升，必将更有利于大型养殖企业尤其是上市公司的发展壮大。伴随着规模化进程的加快、饲料产品结构的变化，企业的发展格局、战略都将有大的调整，发展空间会更加广阔。

总之，无论政策还是市场，均对提升饲料行业整体竞争力前景利好。在农业经济政策逐渐调整、行业政策日趋完善、企业战略性发展加快以及市场容量的进一步扩大等四重因素的共同促进下，我国饲料行业必将迎来更广阔的发展空间。

（中国农业科学院饲料研究所 刁其玉）

水产品加工业

一、基本情况

（一）生产情况

据《中国渔业统计年鉴》显示，2013 年我国水产品总产量为 6 172.00 万 t，比上年增长 4.47%，占世界水产品总产量的 38.00%左右。其中，海水产品产量 3 138.83 万 t，占总产量的 50.85%，同比增长 3.48%；淡水产品产量 3 033.18 万 t，占总产量的 49.15%，同比增长 5.53%。在国内渔业生产中，鱼类产量 3 631.97 万 t，甲壳类产量 639.58 万 t，贝类产量 1 380.36 万 t，藻类产量 189.33 万 t，头足类产量 66.43 万 t，其他产量 129.14 万 t。总产量中，养殖产量 4 541.68 万 t，占我国水产品总产量的 73.58%，占全球养殖水产品总量的 65.00%左右；捕捞产量 1 630.32 万 t，占水产品总产量的 26.42%，占全球捕捞总量的 18%左右。

（二）水产品加工

1. *生产规模* 2013 年，我国水产品加工企业 9 774个，比 2012 年增加 68 个，同比增长 0.70%。年加工能力为 2 745.31 万 t，同比增长 4.07%。水产品加工业冷库 9 046 座，同比增长 2.39%。其中，冻结能力为 65.96 万 t/d，同比增长 11.99%；冷藏能力为 488.87 万 t/次，同比增长 8.28%；制冰能力为 23.24 万 t/d，同比下降 5.29%。

2. *加工产量与产值* 2013 年，我国水产品加工总量为 1 954.02 万 t，同比增长 2.44%。淡水加工产品为 362.98 万 t，同比增长 5.52%；海水加工产品 1 591.03 万 t，同比增长 1.77%。冷冻水产品 1 229.98万 t，同比增长 4.68%。其中冷冻品 588.82 万 t，同比增长 4.52%；冷冻加工品 641.15 万 t，同比增长 4.83%。鱼糜制品及干腌制品产量为 290.64 万 t，同比增长 6.29%。其中鱼糜制品 132.68 万 t，同比增长 13.26%；干腌制品为 157.95 万 t，同比增长 1.07%。藻类加工制品为 98.99 万 t，同比下降 2.37%。罐制品为 37.49 万 t，同比增长 5.49%。鱼粉产量为 99.55 万 t，同比下降 49.02%。鱼油制品产量为 7.70 万 t，同比增长 27.91%。其他水产加工品 189.68 万 t，同比增长 57.05%。2013 年，我国水产品加工总产值 3 435.60 亿元，同比增长 9.15%。

二、科研、新产品、新技术

1. *化工用鲜海带高效预处理和褐藻胶提取工艺改进方法* 由中国水产科学研究院黄海水产研究所发明申报的“化工用鲜海带高效预处理和褐藻胶提取工艺改进方法”获国家发明专利授权，专利号 ZL201010239733.2。采用本方法将海带原料进行高效预处理，可省去海带原料浸泡环节，节约水资源，在后续生产时可实现固色消化环节一体化，同时大大缩短固色和消化时间，最后得到褐藻胶产品的黏度与得率均没有受到影响。

2. *大菱鲆调味片的制作方法* 由中国水产科学研究院黄海水产研究所申报的“大菱鲆调味片的制作方法”获国家发明专利授权，专利号 ZL201010124523.9。本方法是在有效保留大菱鲆营养成分的前提下，提高了大菱鲆产品的风味，工艺简单易行，食用方便，保质期可达 2 年。本发明生产的产品，肉质细嫩、味鲜美，营养丰富，深受消费者喜爱，可获得较好的经济效益。

3. *一种盐渍海蜇皮加工方法* 由中国水产科学研究院黄海水产研究所申报的“一种盐渍海蜇皮加工方法”获国家发明专利授权，专利号 ZL201110276543.2。本发明在继承传统盐渍海蜇皮三矾加工工艺的基础上进行了改进，以硫酸锌替代部分明矾，降低了明矾用量。加工成的盐渍海蜇皮产品中铝的残留量大大降低，提高了产品安全性，同时盐渍海蜇皮产品品质与传统工艺基本一致。

4. *扇贝抗氧化肽纳米脂质体及其制备方法* 由中国水产科学研究院黄海水产研究所申报的“扇贝抗

氧化肽纳米脂质体及其制备方法”获国家发明专利授权，专利号 ZL201110029749.5。

5. *掺糖干海参的鉴别方法* 由中国水产科学研究院黄海水产研究所发明的“掺糖干海参的鉴别方法”获得国家发明专利授权，专利号为 ZL201110398598.0。该发明建立了一种掺糖干海参的鉴定方法。基于海参中的多糖与蛋白结合且不溶于高浓度的乙醇水溶液的原理，先利用高浓度的乙醇，在一定温度水浴下震荡提取海参中掺加的外源性糖，此时海参自身的多糖不会被提取出来，因而能够很好地区分海参内源性多糖和外来掺加的糖；再利用优化的苯酚硫酸法对提取出的总糖含量进行测定。该鉴定方法所用仪器价廉、检验用样品量少、操作简便、灵敏度高，能快速、准确地测定干海参中外源性总糖，为检测、鉴定掺糖干海参提供了有效的技术手段和科学的检测方法。

6. *一种基于计算机视觉的淡干海参复水可视化监控方法* 由中国水产科学研究院渔业机械仪器研究所发明的“一种基于计算机视觉的淡干海参复水可视化监控方法”2013 年已获得国家发明专利授权，专利授权号：ZL200910047140.3。本申请公开了一种基于计算机视觉的淡干海参复水自动监控方法。本申请使用摄像机实时采集海参复水的图像，传输给计算机对图像进行分析处理，通过拟合海参复水体型变化的模拟曲线，以此判断海参复水是否达到复水要求。

7. *千岛湖鲟鱼肉熏制精加工技术取得突破* 由中国水产科学研究院东海水产研究所主持、杭州市千岛湖鲟龙科技股份有限公司承担的“鲟鱼肉熏制精加工技术及设备引进”项目（948 项目）建设取得突破，顺利完成了第一次工厂化大规模生产，共生产出约 0.5t 熏制鲟鱼片，产品的风味和质量已接近国际优质水平。该项目主要目标是通过引进并在国外先进的鲟鱼肉熏制精加工技术和设备的基础上，建立适合我国国情的鲟鱼肉工厂化熏制生产加工工艺，解决我国鲟鱼肉产品附加值不高的问题。项目引进了国际先进的摩擦发烟式冷热熏制试验系统，并在此基础上自主研发了鱼肉熏制前处理、冷热熏制加工、熏制后包装贮存等一系列工艺技术，初步制订鲟鱼肉加工质量标准，试制了不同类型的鲟鱼肉冷熏、热熏产品，研究了鲟鱼肉熏制品品质变化的规律。

三、国内外市场运行情况

（一）国内贸易

2013 年全国水产品批发市场运行平稳，交易活跃，价格稳定。水产品综合平均价格整体高于上年同期。从各月价格走势来看，春节期间（2 月份）价格涨幅较大，环比上涨 6.07%，节后迅速回落，第二、三季度价格平稳上涨，第四季度有所回落。海水产品价格持续高位运行，月度间波动较大。淡水产品价格总体呈平稳上涨态势，月度间波动不大。据对全国 80 个水产品批发市场成交价格情况统计，2013 年水产品批发市场综合平均价格 20.95 元/kg，同比上涨 6.79%。其中，海水产品综合平均价格 37.95 元/kg，同比上涨 6.18%；淡水产品综合平均价格 14.60 元/kg，同比上涨 7.39%。另据对可比的 47 个水产品批发市场的成交情况统计，2013 年水产品成交量 744.10 万 t，同比增长 5.44%；成交额 1 366.98 亿元，同比增长 9.02%。

（二）进出口贸易

2013 年我国水产品出口克服了世界经济尚未完全摆脱低迷局面、贸易壁垒增多、国内生产成本增加以及人民币升值等不利因素影响，实现较快增长，水产品出口额首次突破 200 亿美元，再创历史新高，连续 12 年位居全球首位。据海关数据统计，2013 年我国水产品进出口总量 812.9 万 t，进出口总额 289 亿美元，同比分别增长 2.58%和 7.12%。其中，出口量 395.9 万 t，出口额 202.6 亿美元，同比分别增长 4.15%和 6.74%；进口量 417.03 万 t，进口额 86.38 亿美元，同比分别增长 1.13%和 8.00%。贸易顺差 116.3 亿美元，同比增长 5.8%。

1. *一般贸易出口持续向好，来进料加工贸易形势低迷* 2013 年水产品一般贸易出口量 263.78 万 t，出口额 146.74 亿美元，同比分别增长 4.98%和 10.17%。对虾、罗非鱼、贝类、鳗鱼、淡水小龙虾、大黄鱼等名优养殖水产品作为一般贸易主要出口品种。水产品来进料加工贸易出口量 117.1 万 t，出口额 53.6 亿美元，同比分别增加 3.1%和下降 1.4%，来进料加工贸易出口额占水产品出口总额比重为 26.4%，比上年同期下降了 2.2 个百分点，较 2008 年下降了 10.8 个百分点。其中，进料加工出口量 92.53 万 t，出口额 40.02 亿美元，同比分别增加 7.53%和 0.87%；来料加工出口量 24.54 万 t，出口额 13.53 亿美元，同比分别减少 10.83%和 7.68%。

2. *主要出口市场格局继续调整，日韩市场持续低迷* 日本依然位列我国出口市场首位，但受日本内需疲弱、日元贬值等因素影响，我对日出口量、额双降。在韩国市场持续低迷，同时相关输韩产品在我国内销售情况较好的情况下，对韩国出口量、额继续下降，韩国已从我第四大出口市场滑落至第六。美国和欧盟市场呈现恢复性增长，出口额同比分别增长 8.43%和 3.13%，占出口总额的 15.8%和 11.2%。

对香港、东盟及我国台湾省出口额同比分别增长15.72%、11.83%和16.75%，三个市场出口额之和占出口总额的29.7%，为弥补日、韩方面缺口，拉动我国水产品出口总体保持增长起到了积极作用。

3. 福建赶超山东成为出口第一大省，广东、湖北出口增幅较大 福建、山东、广东、辽宁、浙江、海南、广西、江苏等沿海省份仍是我国水产品主要出口省份，出口额之和占全国水产品出口总额的93.47%。其中，福建省赶超山东首次跃居我国水产品出口省份首位。山东省作为来进料加工贸易大省，受欧美日等发达国家经济不景气，尤其是近邻日本内需疲弱、日元贬值等因素影响，出口量、额均有所下降，未能保住出口第一大省的位置。广东省出口增长较快，辽宁出口稳步增长，海南、江苏出口量减额增。内陆省份中，在淡水小龙虾出口量、额双增的推动下，湖北省实现出口较快增长。

4. 来进料加工原料进口持续增加，鱼粉进口量额双降，国内食用水产品进口量额齐增 2013年我国水产品进口量417.03万t，进口额86.38亿美元，同比分别增长1.13%和8.00%。其中来进料加工原料进口量156.6万t，进口额31.2亿美元，同比分别增长11.5%和7.8%。鱼粉进口量、额双降，进口量97.6万t，进口额16.72亿美元，同比分别减少21.65%和1.09%。供国内食用水产品进口继续保持较快增加，进口量92.8万t、进口额27.9亿美元，同比分别增长20.6%和28%。

（三）市场需求分析及预测

总的看来，受生产成本推动和资源制约影响，2014年大宗淡水产品和捕捞产品价格仍将保持稳中有升的基本态势。国家"八项规定，六项禁令"对高档餐饮业的影响还在逐步显现，预计今后高档水产品价格将会持续低迷。同时，下半年大宗淡水产品将集中养成出池，上市量将持续增加，价格环比应该会逐步回落。但同时我们也看到，影响水产品价格的另一关键性因素生产成本逐年增加，受其推动，2014年水产品综合平均价格和2013年相比仍将有一定幅度的上涨。

四、质量管理与标准化工作

（一）《冻熟对虾》行业标准3月正式实施

《冻熟对虾》(SC/T 3120—2012) 标准被正式批准发布为中华人民共和国农业行业标准，自2013年3月1日起实施。《冻熟对虾》标准由中国水产流通与加工协会牵头组织制定，中国水产科学研究院黄海水产研究所、浙江省海洋开发研究院、中国水产科学研究院南海水产研究所、浙江跃腾水产食品有限公司、舟山市越洋食品有限公司、湛江恒兴水产科技有限公司、旭骏水产（湛江）有限公司参与标准起草。该标准主要规定了冻熟对虾产品的要求、试验方法、检验规则、标识、包装、贮存、运输等内容，适用于以南美白对虾、日本对虾、斑节对虾、中国对虾、长毛对虾、墨吉对虾、刀额新对虾等为原料，经挑选、清洗、蒸煮、速冻、包装制成的冻熟对虾。其他品种的冻熟虾可参照执行本标准。《冻熟对虾》标准的实施弥补了冻熟虾产品无标可依的空白。标准发布实施后，可作为产品质量仲裁的依据，有利于规范我国消费市场上冻熟对虾产品的质量，保证消费者的利益；还将引导市场有序竞争和发展，提高行业的准入门槛，保护正规品牌企业的利益，对整个对虾行业起到一个良性规范的作用。

（二）安徽省颁布首个冷冻淡水鱼糜加工地方标准

安徽省质量技术监督局颁布的《冷冻淡水鱼糜加工技术规程》于2013年1月26日起开始实施。该标准由安徽明光永言水产（集团）有限公司和合肥工业大学两家单位共同起草。标准主要规定了冷冻淡水鱼糜加工术语、基本要求、加工、包装、冻结、贮藏、运输及生产记录等内容，适用于以鲜、活及冷冻鱼为原料，经采肉、漂洗、精滤、脱水和冻结等加工而成冷冻淡水鱼糜的生产，同时其他动物性水产品原料生产的冷冻鱼糜也可参照执行。

（三）《仿刺参基因识别检验方法》省级地方标准

由大连市提出的《仿刺参基因识别检验方法》地方标准顺利通过由辽宁省质监局组织的专家鉴定，并将面向全省发布实施。仿刺参捕捞后一般即被解剖去脏、水煮和晒干，制成冻品或干品出售，使得辨别海参种类的许多外部形态学特征丢失，给消费者选择和鉴别带来很大难度。依据《仿刺参基因识别检验方法》，只需提取微量的海参核酸材料就能进行检测，可准确判定不同地域产地的海参种内特异性，达到了国际同类技术的先进水平。经对各地域养殖的海参及深加工产品的检测，结果表明，该标准适用于推广应用。

（四）水产品中甲醛的风险评估与控制技术研究

2013年7月24日，中国水产科学研究院黄海水产研究所主持完成的"水产品中甲醛的风险评估与控制技术研究"成果通过了鉴定。该研究系统地开展了水产品的甲醛含量调查分析，在国际上首次进行了水产品中甲醛风险评估，提出了水产品中甲醛限量建议值；通过分析水产品中内源性甲醛产生的原因以及养殖水产品的甲醛残留变化规律，提出了从养殖到加工全过程的水产品中甲醛的控制技术，为降低水产品中甲醛含量，保证消费者的食用安全提供了技术支持；制定了《水产品中甲醛的测定方法》（SC/T 3025—2006）行业标准，为水产品中甲醛的监控提供了有效的检测方法；制定的《绿色食品 鱼》（NY/T 842—2012）行业标准，为绿色食品认证工作提供了技术准则。

（五）水产品及其制品中三价铝的测定方法

由中国水产科学研究院黄海水产研究所尚德荣副研究员等发明的“水产品及其制品中三价铝的测定方法”获国家发明专利授权，专利号：ZL201110456752.5。该发明专利研究出高效液相色谱—电感耦合等离子体质谱联用（HPLC-ICP-MS）形态分析技术测定水产品及其制品中三价铝的方法。该方法选用的阳离子交换色谱柱对不同形态铝的吸附能力不同，由流动相将其依次洗脱，洗脱的溶液进入电感耦合等离子质谱仪测定，从而给出了水产品及其制品中的铝更为完整的生物学特性。该实验条件选择合理，检测数据准确可靠，不受浸提时间和温度影响，从形态角度准确测出水产品及其制品中三价铝的含量。

五、行业管理

（一）农业部继续开展海水贝类产品卫生监测工作

为加强我国海水贝类生产区域管理，努力确保贝类产品消费安全，推动贝类产品出口贸易持续健康发展，农业部决定2013年继续开展海水贝类产品卫生监测和生产区域划型工作。按照《划型工作要求》，已确定类型的海水贝类生产区域不再列入2013年度划型区域范围。相关省级渔业主管部门应结合本辖区水产品质量安全监测计划，定期对该类区域海水贝类产品开展卫生监测。根据定期监测结果，生产区域类型需要调整的，由省级渔业主管部门自行调整，并报农业部渔业局备案，抄送中国水产科学研究院质标中心。

（二）加强水产企业诚信建设

为树立水产行业诚信经营的良好形象，受商务部、国资委委托，2013年1月份中国水产流通与加工协会顺利完成第3批水产行业信用评价工作，共有9个被评为AAA级企业，2个被评为AA级企业。

（三）组编出版《中国鲨鱼产业报告》

为了科学、公平、公正地评价鲨鱼的开发与利用，确保产业的稳定发展，中国水产流通与加工协会组织专家对中国鲨鱼的捕捞、加工和贸易等全产业链情况进行了深入的调研，在此基础上结合联合国粮农组织公布的国际贸易数据及国际公开发布的研究材料，编写了《中国鲨鱼产业报告》，于2013年5月由中国农业出版社正式出版，这是首份全面阐述我国鲨鱼产业的公开文献。《中国鲨鱼产业报告》共分七章，在客观分析了全球及中国近海鲨鱼资源分布和捕捞状况、鲨鱼产品贸易及加工利用、鲨鱼饮食文化和鲨鱼产品营养成分的基础上，介绍了鲨鱼资源国际养护和管理措施及其进展，并对当前国内外有关鲨鱼保护的各种观点进行了评价，阐明了对鲨鱼保护有关观点的看法，提出了鲨鱼可持续开发利用的建议，以期对正确认识鲨鱼保护问题，科学管理鲨鱼渔业，促进鲨鱼可持续利用提供参考。

（四）举办专业研讨会，研讨产业热点问题

1. 第五届中国对虾产业发展研讨会 2013年4月中旬召开了“第五届中国对虾产业发展研讨会”，来自泰国、印度、印度尼西亚、马来西亚和厄瓜多尔等国同业人士参会。会议主要围绕对虾贸易、病害、营销及美国反补贴调查等方面展开交流与合作，会议同期还起草了对虾主产国联合备忘录。本届研讨会在探讨共同应对国际贸易壁垒，传播产业发展新理念，寻求符合我国国情的对虾发展模式上发挥了重要作用。目前研讨会已经成为东亚地区对虾产业最有影响力的专题活动，备受包括中国、泰国、越南、印度尼西亚和印度等重要生产国的关注，在带动产业可持续发展方面起到了很好的推动作用。

2. 首届中国海洋生物资源高效利用发展研讨会 2013年5月在山东青岛召开“首届中国海洋生物资源高效利用发展研讨会”，参会规模达到近300人。来自欧盟、加拿大、日本、泰国及国内的专家作了海洋生物新技术、新产品的主题报告，充分展示了海洋生物产业发展的前景，为政府、专家、企业及国内外同行间搭建起了一个交流沟通的平台，为促进我国海洋生物资源可持续发展起到了一定的推动作用。

3. 第二届中国鱼粉鱼油产业大会 2013年7月初在山东荣成召开了“第二届中国鱼粉鱼油产业大会”，来自各地鱼粉鱼油生产加工企业、饲料企业、贸易商、科研院所、相关行业代表及主管部门人员等300余人参加会议。本届大会以“产业整合，挑战与机遇”为主题，就国际、国内鱼粉鱼油产业发展趋势、海洋资源保护、鱼粉鱼油生产加工设备工艺及技术检验、饲料企业经营策略等方面进行了探讨。参会的近百家鱼粉鱼油企业共同签订发布《中国鱼粉鱼油产业可持续发展倡议书》，倡导加强行业自律，促进鱼粉鱼油产业可持续发展。

4. 第二届中国海参产业发展峰会 2013年7月份在大连成功召开了“第二届中国海参产业发展峰

会”。来自国内海参苗种、养殖、加工、贸易企业、主管部门、有关水产科研机构、院校及媒体近260位代表出席了会议。本次会议内容涵盖了海参苗种、养殖、加工贸易、质量安全、市场行情及经济分析等海参全产业链的所有环节，为综合了解我国海参产业发展现状，提高业内共识，反映业界呼声，加强技术交流，帮助政府部门制定切实有利于产业发展的政策提供了一个难得的交流平台。参会的百家企业签署了《中国海参产业可持续发展倡议书》，倡导加强全产业链的技术标准管理，诚信经营，坚持推行标准化作业，保护生态，遏制填海，养护资源，促进海参产业的健康可持续发展。

5. 国际水产品可持续发展大会　2013年11月在大连中国国际渔业博览会主会场召开“国际水产品可持续发展大会”。来自美国、德国、挪威、爱尔兰、加拿大、新西兰、日本、秘鲁、新加坡等国家的6个国际组织和5个驻华机构、海外企业代表以及国内的水产品生产、加工、贸易企业，主管部门、科研院所和媒体代表共计250余人参加会议。本次大会以“中国在水产品全球化中的重要地位”为主题，通过了解全球渔业发展现状及趋势，为水产企业的长足发展探讨出路，共同推动世界水产行业的可持续发展。此次大会针对水产品可持续发展的内涵进行了多领域多层次的延伸，传播产业发展新理念，对中国水产业可持续转型及全球渔业可持续发展起到了领航作用。

（中国水产流通与加工协会　陈丽纯）

林产品加工业

一、经济林、竹、油茶及花卉产业

2013年，新造经济林面积为123.37万hm^2，比2012年增长12.05%。各类经济林产品总量达到1.48亿t。水果产量为12 661万t，比2012年增长3.55%。其中，苹果、柑橘和梨分别为3 377万t、2 717万t和1 710万t；干果产量为1 089万t，比2012年增长10.34%。林产饮料产品的产量为185万t，比2012年增长0.66%；林产调料产品的产量为60万t，比2012年增长2.35%；林产工业原料产量为187万t，比2012年增长4.68%；木本油料产量为185万t，其中油茶籽的产量占95.95%；竹笋干、食用菌等森林食品产量为328万t；木本药材的产量为139万t。2013年大径竹产量为18.77亿根，比2012年增长14.16%。其中，毛竹为11.46亿根，其他直径在5cm以上的大径竹为7.31亿根。村及村以下各级组织和农民生产竹材为12.83亿根，占全部竹材产量的68.37%。2013年，油茶籽产量为178万t，比2012年增长2.82%；油茶产业产值达420亿元，比2012年增长8.45%。2013年，花卉种植面积为104.25万hm^2，比2012年增长7.58%；花卉种植业产值达到1 627亿元。切花、切叶为182亿支，盆栽植物为54亿盆，观赏苗木为124亿株，草坪4.73亿m^2。具有一定规模的花卉市场近4 200个，花卉企业4.49万个。其中，大中型花卉企业为9 000多个，花卉从业人员为432万人，花农为137万户。控温温室面积和日光温室面积分别为5 997万m^2和19 066万m^2。

二、木材生产及林产工业

1. 木材产量略有增长　2013年，全国商品材总产量为8 438.50万m^3，比2012年增长3.22%。从木材产品结构看，原木产量为7 836.90万m^3，比2012年增加4.57%；薪材产量为601.60万m^3，比2012年减少11.59%。从木材生产单位看，林业系统内生产的木材为1 952.20万m^3，比2012年增长4.19%，占全部木材产量的23.13%；系统外企、事业单位采伐自营林地的木材为410.67万m^3，同比增长2.14%，占全部木材产量的4.87%；乡（镇）集体企业及单位生产木材产量为715.04万m^3，同比增长12.75%，占全部木材产量的8.47%；村及村以下各级组织和农民个人生产的木材为5 360.59万m^3，同比增长1.81%，占全部木材产量的63.53%。

2. 锯材产量持续增长　全年锯材产量为6 297.60万m^3，比2012年增长13.10%。

3. 人造板产量保持增长　全年人造板总产量为25 559.91万m^3，比2012年增长14.43%。在全部人造板产量中，胶合板为13 725.19万m^3，比2012年增长24.99%，占全部人造板产量的53.70%；纤维板为6 402.10万m^3，比2012年增长10.37%，占全部人造板产量的25.05%，其中中密度纤维板产量为5 394.53万m^3；刨花板产量为1 884.95万m^3，比

2012年减少19.77%，占全部人造板产量的7.37%；其他人造板为3 547.67万m^3（细木工板占59.71%），比2012年增长10.70%，占全部人造板产量的13.88%。从分省、自治区、直辖市情况看，人造板生产主要集中在东、中部地区，山东、江苏、广西、安徽、河南、河北6省、自治区产量均超过1 000万m^3，6省、自治区人造板产量共计18 773.87万m^3，占全国人造板总产量的73.45%。

4. 木竹地板产量恢复增长　2013年，全部木竹地板产量为6.89亿m^2，比2012年增长14.06%。在木竹地板产量中，实木地板为1.31亿m^2，占全部木竹地板产量的19.06%；实木复合地板为2.58亿m^2，占全部木竹地板产量的37.45%；强化木地板（浸渍纸层压木质地板）为1.70亿m^2，占全部木竹地板产量的24.68%；竹地板为0.81亿m^2，占全部木竹地板产量的11.80%；包括软木地板、集成材地板等其他木地板为0.48亿m^2。木竹地板产量最大的省份是江苏省，产量达到1.55亿m^2。

5. 木制家具产量　2013年，全国木制家具总产量为23 646.35万件，比2012年减少1.05%。

6. 木浆产量　2013年，纸和纸板总产量为10 110万t，比2012年减少1.37%；纸浆产量为7 651万t，比2012年减少2.75%，其中木浆产量为882万t，比2012年增长8.89%。

7. 林化产品产量出现下降　2013年，全国松香类产品产量为164.23万t，比2012年增长16.48%，其中松香产量为142.43万t，同比增长30.45%；松节油产量为17.95万t，同比增长12.24%；栲胶产量为8 403t，同比增长21.33%；紫胶产量为4 955t，同比增长151.40%。

三、木材产品市场供给与消费

（一）木材产品供给

木材产品市场供给由国内供给和进口两部分构成。国内供给包括商品材、农民自用材和农民烧柴、木质纤维板和刨花板；进口包括原木、锯材、单板、人造板、家具、木浆、木片、纸和纸制品、废纸及其他木质林产品。2013年木材产品市场总供给为52 247.42万m^3，比2012年增长5.57%。

1. 商品材　2013年，全国商品材产量为8 438.50万m^3，比2012年增长3.22%。其中，原木产量为7 836.89万m^3，比2012年增长4.57%；薪材（不符合原木标准的木材）为601.60万m^3，比2012年下降11.59%。

2. 农民自用材和烧柴　根据测算，农民自用材和烧柴折合木材供给量为4 550.67万m^3，其中农民自用材为1 624.39万m^3，农民烧柴为2 926.28万m^3。

3. 木质纤维板和刨花板　2013年，木质纤维板产量为6 253.26万m^3，比2012年增长9.90%；木质刨花板产量为1 858.35万m^3，比2012年下降20.12%。木质纤维板和刨花板折合木材供给14 043.39万m^3，扣除与薪材产量的重复计算部分，木质纤维板和刨花板相当于净增加木材供给13 953.15万m^3。

4. 进口　2013年，我国木质林产品进口折合木材为24 943.46万m^3，其中原木为4 515.94万m^3，锯材（含特形材）为3 128.19万m^3，单板和人造板为317.28万m^3，纸浆及纸类（木浆、纸和纸板、废纸和废纸浆、印刷品）为15 071.33万m^3，木片为1 648.28万m^3，家具、木制品及木炭为262.44万m^3。

5. 其他　2013年，上年库存、超限额采伐等形式形成的木材供给为361.63万m^3。

（二）木材产品消费

木材产品市场消费由国内消费和出口两部分构成。国内消费包括工业与建筑用材消费、农民自用材和烧柴消费；出口包括原木、锯材、单板、人造板、家具、木浆、木片、纸和纸制品、废纸及其他木质林产品。2013年木材产品市场总消费为52 247.42万m^3，比2012年增长5.57%。

1. 工业与建筑用材消费　据国家统计局和有关部门统计，按相关产品木材消耗系数推算，2013年我国建筑业与工业用材折合木材消耗量为39 985.05万m^3，比2012年增长5.78%。其中：建筑业用材（包括装修与装饰）为16 283.62万m^3，比2012年增长13.50%；家具用材（指家具的国内消费部分，出口家具耗材包括在出口项目中）为6 100.53万m^3，比2012年下降0.78%；造纸业用材为15 031.42万m^3，比2012年增长1.59%；煤炭业用材为1 032.42万m^3，比2012年下降2.96%；车船制造、铁路、化工、化纤等其他部门用材为1 537.05万m^3，比2012年增长6.33%。

2. 农民自用材和烧柴　根据产量测算，农民自用材消耗量为1 624.39万m^3，农民烧柴消耗量为2 926.28万m^3。由于农民自用材消耗中有很大一部分用于农民建房，约合1 461.95万m^3，扣除这部分与建筑用材消耗的重复计算后，农民自用材和烧柴消耗量为3 088.72万m^3。

3. 出口　2013年，我国木质林产品出口折合木材为9 173.65万m^3。其中，原木为1.31万m^3，锯材（含特型材）为109.14万m^3，单板和人造板为

3 210.00万 m^3，纸浆及纸类（木浆、纸和纸板、废纸和废纸浆、印刷品）为 2 404.45 万 m^3，家具为 3 161.46万 m^3，木片、木制品和木炭为 287.29 万 m^3。

（三）木材产品市场供需的特点

2013 年，我国木材产品市场供需的主要特点表现为：木材产品总供求增速回升，其中国内实际供求和进口同步较快增长，出口小幅扩大；原木与锯材产品总体价格水平与进口价格水平在波动中小幅上涨，但进口价格的波幅明显大于总体价格的波幅。

1. 木材产品总供给较快增长，进口增速略高于国内供给增速　从国内供给看，2013 年尽管薪材、刨花板产量等木材产品产量大幅减少，但木质纤维板、农民自用材和烧柴产量大幅增加的同时，原木产量也有所增加，国内木材产品实际供给增长 5.04%；从进口看，一方面废纸、纸和纸板等产品进口下降的同时，原木、锯材、木片等产品进口量大幅度增长、木浆进口小幅增加，木材产品进口总量增长 6.16%。

2. 木材产品总消费较大幅度回升，国内消费增幅明显高于出口增幅　2013 年，虽然国内消费的家具用材微幅下降，造纸用材的需求小幅扩大，但房地产销售快速增长，带动建筑和装修用材消耗大幅增加，木材产品国内消费增长 6.00%；同时，随着欧美经济的缓慢复苏，国际市场对木质林产品的需求有所回升，在主要出口木质林产品中，除纤维板出口大幅下降外，家具出口微幅增加，胶合板出口小幅增长，纸和纸板出口大幅扩大，木材产品出口总规模增长 3.59%。

3. 原木与锯材产品总体价格水平与进口价格水平在波动中小幅上涨，但进口价格的波幅明显大于总体价格的波幅　2013 年，木材产品（原木与锯材）总体价格水平表现出持续小幅上扬的特点，除 7 月和 10 月下降外，其他月份呈现持续上涨的趋势，但涨跌幅度相对较小，分别在 3.10%和－2.20%以内。进口木材产品价格表现出波动周期短、幅度相对较大、趋势上涨的特点，涨跌持续期只有 1～2 个月，波动幅度分别在 5.37%和－4.14%以内，但除 2 月、6 月和 11 月外，其他月份的波动幅度在 3%以内。

四、主要林产品进出口

1. 林产品进出口贸易较快增长，且出口增速快于进口增速，重现贸易顺差；在全国商品进出口贸易中，林产品出口所占比重微升，进口所占比重进一步下降　2013 年，林产品进出口贸易总额为 1 285.43 亿美元，比 2012 年增长 6.55%，增幅回升 6.30 个百分点。其中，林产品出口为 644.55 亿美元，比 2012 年增长 9.82%，增速提高 3.18 个百分点，高于全国商品出口 7.85%的增长速度，占全国商品出口额的 2.92%，比 2012 年提高了 0.06 个百分点；林产品进口为 640.88 亿美元，比 2012 年增加 3.45%，增幅扩大 8.58 个百分点，低于全国商品出口 7.26%的增长速度，占全国商品进口额的 3.29%，比 2012 年下降了 0.12 个百分点。林产品贸易顺差为 3.67 亿美元。

2. 林产品进出口贸易中木质林产品仍占绝对比重，但其出口占比略有下降、进口占比明显回升　2013 年，林产品进出口贸易总额中，木质林产品占 69.57%，比 2012 年提高了 1.96 个百分点。其中，林产品出口额中，木质林产品占 74.81%，比 2012 年下降了 0.38 个百分点；林产品进口额中，木质林产品占 64.30%，比 2012 年提高了 3.87 个百分点。

3. 林产品贸易以亚洲、北美洲和欧洲市场为主，但非洲市场份额不断扩大；出口市场中，亚洲的份额明显回升，非洲份额微幅提高，其他洲的份额不同程度下降；进口市场中，亚洲的份额明显下降，欧洲的份额略有下降，其他洲的份额不同程度提高　从主要贸易伙伴看，美国、日本仍为主要的出口市场，进口市场则以美国、东南亚地区、加拿大为主，但进出口贸易的市场集中度略有下降。2013 年，林产品出口总额中各洲所占份额依次为：亚洲为 45.78%，北美洲为 24.86%，欧洲为 17.84%，非洲为 4.29%，拉丁美洲为 3.62%，大洋洲为 3.60%，与 2012 年相比，亚洲和非洲的份额分别提高了 2.91 和 0.26 个百分点，北美洲、欧洲和拉丁美洲的份额分别下降了 1.08、1.53 和 0.57 个百分点；林产品进口总额中各洲所占份额分别为：亚洲为 41.39%，北美洲为 21.19%，欧洲为 19.24%，拉丁美洲为 7.99%，大洋洲为 6.94%，非洲为 3.25%，与 2012 年相比，亚洲和欧洲的份额分别下降了 2.31 和 0.52 个百分点，北美洲、拉丁美洲、大洋洲和非洲的份额分别提高了 0.95、0.44、1.28 和 0.16 个百分点。从主要贸易伙伴看，前 5 位出口贸易伙伴依次是美国、日本、中国香港、英国和马来西亚，占 45.79%的市场份额，比 2012 年下降了 0.08 个百分点。其中，美国和日本的份额分别下降了 0.74 和 0.87 个百分点，中国香港的份额提高了 1.24 个百分点；前 5 位进口贸易伙伴分别为美国、泰国、印度尼西亚、加拿大和马来西亚，集中了 49.52%的市场份额，比 2012 年下降了 1.92 个百分点，其中印度尼西亚和马来西亚的份额分别下降了 2.05 和 1.39 个百分点。

（国家林业局发展规划与资金管理司　刘建杰　于百川　姜喜麟）

农作物秸秆加工业

一、基本情况

2013年，我国粮食总产达到60 193.8万t，比上年增加1 235.8万t，同比增长2.1%，再创历史新高，粮食总产量实现历史罕见的“十连增”。作为粮食生产附属产物的秸秆，产量也达到历史新高。如何有效地利用秸秆，避免焚烧秸秆造成环境污染，实现秸秆经济效益、社会效益和生态效益，成为农作物秸秆加工业的关键问题。在国家及各级政府的共同努力下，2013年我国秸秆综合利用效果显著，各地根据实际需要重点推广了保护性耕作、秸秆快速腐熟还田、秸秆养畜、秸秆生物反应堆等技术，投资建立了秸秆直燃发电、秸秆沼气、秸秆气化、秸秆成型燃料等秸秆利用技术项目，综合利用效果显著。

（一）主要成就

1. 保护性耕作技术推广有了新的突破　保护性耕作技术可有效地改善土壤结构，提高土壤有机质含量，减少水分蒸发，增强蓄水保墒保肥能力。2013年，农业部投入引导资金2 500万元，新建示范县33个，续建示范县71个，保护性耕作面积突破7 731.36khm^2，比上年增加1 280.09khm^2，同比增长幅度达到19.84%，增幅显著。目前，全国秸秆粉碎还田机69.81万台，比2012年增加4.27万台，秸秆机械化粉碎还田面积达到36 998.30khm^2，为保护性耕作技术的推广提供了保证。

2. 秸秆养畜发展形势喜人　秸秆养畜是推动种养殖业有机结合、发展农业循环经济的关键环节，是保障动物性食品供给、降低粮食安全压力的必然选择，是治理秸秆焚烧的长效手段，是促进农民增收、实现秸秆综合利用的有效手段。2013年，秸秆捡拾打捆机保有量2.25万台，青饲料收获机保有量3.26万台，秸秆捡拾打捆面积2 219.24 khm^2，比2012年增长513.02 khm^2，同比增幅30.03%；机械化青贮秸秆9 073.33万t。

3. 秸秆能源化利用技术发展迅速　被称为第四能源的秸秆等农林废弃物已经被称作“生物质能资源”，是我国秸秆利用发展趋势。目前，我国秸秆的能源化利用主要有秸秆发电、秸秆沼气、秸秆气化、秸秆压块、秸秆制乙醇等技术。截至2013年底，除青海、宁夏、西藏外，全国已经有28个省、自治区、直辖市开发了生物质能发电项目。全国累计核准容量达到12 226.21MW，其中并网容量7 790.01MW，占核准容量的63.72%。生物质发电累计并网容量排在前十位的企业依次是凯迪、国能、国电、光大国际、上海城投、中节能、深圳市能源环保、广东粤电、河北建设、创冠。

（二）存在问题

2013年我国秸秆利用虽然在保护性耕作技术、秸秆养畜、秸秆能源化利用技术等方面取得了好的成就，但是由于政策、资金、技术及认识等方面的差距，致使我国秸秆利用仍然存在突出的问题。

1. 焚烧秸秆现象屡禁不止，危害大　秸秆焚烧不但产生细颗粒物PM2.5、颗粒物PM10，而且产生一氧化碳、二氧化碳、氮氧化物、多环芳烃、二噁英等污染物。在明火或闷烧等不同条件下，焚烧1kg秸秆产生的污染物可以从几克到几十克不等。2013年，北京、上海、南京、东北三省等地出现了由于秸秆焚烧，加重了雾霾现象，西安、石家庄、天津等地空气雾霾指数接近或达到500，污染严重。

2. 秸秆焚烧数量大　近几年随着雾霾现象严重，各地都将秸秆焚烧作为控制雾霾的一项手段，投入大量的物力和材料控制秸秆焚烧。但是，秸秆焚烧数量仍然没有明显好转。据卫星监控数据，2012年与2010年相比，火点数增加了33%，2013年比2010年增加了10%，火点数增长趋势没有得到明显遏制。

3. 收储运体系不完善　秸秆分散、体积大、密度较低，缺乏配套的收集、运输机械设施，尤其是在粮食主产省，秸秆量大，茬口时间紧，劳动力少，收割以后难以及时清理，收集储运成本较高，加之服务体系尚未建立，服务市场难以形成，制约了秸秆综合利用的发展。

4. 收集机械价格较高　一次性投资大，季节性强，作业时间短，机械利用率低，影响了农民购机的积极性。

（三）成效显著的地区

在各级政府的指导下，全国各地加大了秸秆综合利用工作的力度，秸秆利用普遍取得了良好的效果，天津、江苏、陕西等地区农作物秸秆综合利用效果较为突出。

1. 天津　为了落实天津市“一号工程”，市农委颁布了“天津市加快推进秸秆禁烧和综合利用实施方案”，提出了总体目标及开展的主要工作。2013 年，农作物秸秆总面积达到 40.54 万 hm^2，年产秸秆量约 270.5 万 t，主要农作物秸秆综合利用率达到 76.6%。其中，小麦秸秆综合利用率达到 69.5%，以粉碎还田为主；玉米秸秆综合利用率达到 85%，以粉碎还田及饲料化利用为主；水稻秸秆综合利用率达到 40.1%，以打捆收集作造纸等工业原料为主；棉花秸秆综合利用率达到 74.1%，以收集作燃料和发电为主。

2. 陕西　陕西省按照“综合统筹，板块推进，面上示范，整体提升”思路和还关中一片蓝天的总体目标，各级政府累计投入 2 亿多元，创建了 57 个秸秆综合利用禁烧区和百个万（千）亩机械化利用示范田、示范基地，建设秸秆机械化综合利用合作社 120 多个；玉米秸秆加工利用企业和加工户达 3 000 多户，带动秸秆机械化加工农户 18 000 户。通过举办培训班、召开现场会、讲座和新闻媒体宣传等多种形式，示范引导农民应用秸秆机械化综合利用技术，使全省小麦、玉米秸秆机械化综合利用面积超过 150 万 hm^2，机械化综合利用水平达到 65%，比 2002 年提高了 40%，其中重点禁烧区达到 95%以上。

3. 江苏　2013 年，为了贯彻落实江苏省人大常务委员会《关于促进农作物秸秆综合利用的决定》精神，省财政安排 3.4 亿元，全年完成秸秆机械化还田面积 173.33 万 hm^2，综合利用率超过 85%。其中，镇江市秸秆综合利用率 96.75%，扬州市综合利用率达到 96.55%，南京市综合利用率为 86.5%。

二、新产品和新技术

秸秆利用技术是秸秆综合利用发展瓶颈之一，国家以及各级政府为了解决秸秆焚烧带来的问题及秸秆利用率偏低等问题，组织开展了一系列技术研究项目，在秸秆生物质利用、秸秆造纸、秸秆收集等方面取得了新的成就，有力地推动了农作物秸秆的综合利用，提高了农作物秸秆的经济价值和社会价值。

（1）武汉凯迪公司利用自主研发的生物质能化学热分解与费托合成技术，建立的万吨级生物质燃油生产线于 2013 年 1 月 20 日在武汉正式投产。该生产线将秸秆等农林废弃物加工转化为航油、汽油和柴油，供飞机、汽车使用。该技术可以将 4.3t 的秸秆转化成 1t 生物燃油，内含有 3 种成分，50%为生物柴油、50%为生物航空油和生物汽油。

（2）江苏金沃公司研制的国内首条挤压机械制浆生产线于 2013 年 4 月正式交付印度尼西亚的一家公司，打破了国外垄断的局面。该技术将秸秆转化为优质纸浆，且转化数量较大，一套 5 万 t 的设备一年可消耗近千公顷的秸秆。此外，排放的污水经过循环处理后还能得到综合利用，实现了无污染，具有环保节能的特点。

（3）由交通运输部公路科学研究院、大连大成鑫鑫贸易有限公司共同研制的植物基非氯环保型融雪剂材料开发及应用技术，于 2013 年 6 月 15 日通过了鉴定，认为该成果总体达到国际领先水平，且已在多地高速公路上成功应用。该技术以玉米秸秆等为原料，采用独有生物化工技术生产，不含氯等有害成分，对路面无腐蚀，对植物生长无危害。而且融雪性能是传统融雪剂的 2～5 倍，使用后 24h 内不再结冰。尤其在－15℃以下的低温地区，传统融雪剂往往失效，该产品却仍能够高效地融雪、融冰。

（4）中国农业科学院南京农业机械化研究所通过深入调研和多轮方案论证，创新性提出解决全秸秆覆盖地机械化免耕播种技术方案。该技术自 2012 起在江苏、安徽、山东、河南、河北 5 省进行了麦茬全秸秆覆盖地机械化免耕播种花生、大豆、玉米等适应性试验与示范，累计试验示范面积 33.33hm^2，破解了现有免耕设备存在的入土部件挂草、壅堵和架种、晾种等技术难题。据悉，传统的夏播时节，对联合收获机作业后秸秆直接抛洒地面形成的全秸秆覆盖地，需先将前茬秸秆清理干净，再旋耕整地后播种，耗工耗资，耽误农时。该所研发的这项技术投入使用后，将有效缓解并最终解决此种状况。

（5）由河北滦南县鑫万达机械制造有限公司申报的 2013 年度国家农业科技成果转化项目“收获粉碎式捡拾秸秆压捆机中试与示范”，2013 年 9 月获科技部批准，目前产品正在全县试点推广。该机械通过对捡拾揉搓机构、压缩机构、打捆机构等关键技术的研究及优化配置，能完成田间秸秆的收割、捡拾、揉搓、压缩、打捆等一体化作业，不但适用于玉米、高粱、棉花等秸秆的收获捡拾作业，更换捡拾设备后还可以实现牧草的捡拾压捆作业，有广泛的推广应用前景。

（6）江苏省农业机械管理局组织有关专家，对南通市棉花机械有限公司、南通市农机化技术推广中心等单位联合承担的江苏省农机三新工程项目“秸秆捡拾覆盖播种联合作业机械研究开发”，于 2013 年 11 月 29 日进行了验收与成果鉴定。项目组研制开发了一种新型的秸秆捡拾覆盖播种联合作业机，该机能一次性完成秸秆捡拾、切草、播种、施肥、化除施药和开畦沟等作业，能够将前茬作物秸秆均匀抛撒于播种后的田面，具有对土壤保温、保湿、抑制杂草生产和提高土壤肥力等作用，有利于解决秸秆田间焚烧，减少环境污染，促进农业可持续发展。该联合作业机设计新颖、技术先进，秸秆捡拾覆盖播种联合作业技术填补国内空白，达到国内领先水平。

(7) 中国石油对吉林石化研究院承担的“玉米秸秆生产燃料乙醇关键技术开发”项目，于 2013 年 12 月 19 日进行了中期评估。该项目在预处理技术与混合糖发酵生产乙醇工程菌株构建上开展了多项创新，突破玉米秸秆生产燃料乙醇工艺中的技术瓶颈，提高过程经济性，形成具有行业竞争力、环境友好的产业化技术。项目完成实验室规模秸秆预处理装置设计及安装，建立了秸秆预处理过程副产物检测和表征方法，构建 7 株木糖代谢、重组酿酒酵母工程菌株等多项阶段性成果，并在国内率先建立了溶剂—表面活性剂（有机酸—表面活性剂—NMMO）的组合预处理体系。

(8) 由河南省科学院能源研究所有限公司、北京奥科瑞丰新能源股份有限公司等单位承担的“农业废弃物成型燃料清洁生产技术与整套设备”项目获 2013 年国家科技进步二等奖。项目是将农作物秸秆、农业加工剩余物等农业废弃物高效清洁转换为可替代煤炭的成型燃料。首次全面系统地进行了农业废弃物的干燥、粉碎、成型特性和机理的研究，研发出多种具有国内领先水平的成熟高效、可单独使用的农业废弃物干燥设备、粉碎设备和成型设备等关键设备。近三年，此研究项目在北京、河南、安徽、河北、山东、浙江、江苏、吉林等地建成了大规模生产基地，已生产成型燃料 185 万 t，可替代一次常规能源折标煤 95 万 t，实现销售收入 10.85 亿元。更值得一提的是，通过收购农业废弃物原料，为当地农民实现新增收入 2.8 亿元，新增就业 9 200 人。

三、政策促进与行业管理

秸秆综合利用的提高，不仅需要各级政府大力支持，还需要社会各种力量的鼎力支持。国家及各地政府在政策制定、举办召开的各种活动中都倾注了相当的关注，在产业政策支持、科研开发支持等方面都采取了重大举措，保障了秸秆产业的良好发展。

(1) 由国务院发展研究中心资源与环境政策研究所主办，中国自然资源学会政策研究专业委员会协办的“十二五循环型农业发展暨农作物秸秆综合利用政策研讨会”，于 2013 年 1 月 19 日在北京召开。来自国务院发展研究中心、全国人大、国家发展和改革委员会、农业部、商务部、中国人民大学、北京林业大学等相关部门的官员学者出席了会议。与会的各界专家就推进秸秆的循环综合利用、发展循环型农业、提高资源利用效率、保护生态环境等发表了有益的见解和建议。

(2)“山东省保护性耕作现场观摩会”于 2013 年 6 月 5 日在菏泽市召开。与会人员一同观摩了牡丹区高庄镇兴业农机示范园保护性耕作麦田，察看了玉米免耕宽幅播种现场，并就搞好保护性耕作技术推广进行了交流和探讨。省农机局有关领导和专家对菏泽市推广保护性耕作技术取得的成绩给予充分肯定，要求各县区学习菏泽研发新型机具、建设示范基地、促进农机农艺结合的经验做法。

(3) 江苏省农机局和省财政厅于 2013 年 6 月 7 日出台了《江苏省农作物秸秆机械化还田推进工作绩效考核办法（试行）》，明确了关键考核指标内容，提出了“县级自查、市级考核和省级抽查”逐级考核形式，考核采取量化评分和定性评价相结合方式进行，分四个等次实行百分制评分，强调了考核结果与下年度指标安排直接挂钩。

(4) 国家发展和改革委员会、农业部、环保部于 2013 年 5 月 14 日联合发布了《关于加强农作物秸秆综合利用和禁烧工作的通知》，强调了要充分认识秸秆综合利用和禁烧工作重要性和紧迫性，指出了要加强组织领导和加大政策支持力度，明确了要按照有关标准开展秸秆综合利用，提出要强化禁烧监管和加强舆论宣传，建立农作物秸秆综合利用协调机制，形成了共同推进秸秆综合利用的良好工作格局，保证秸秆综合利用和禁烧工作取得一定成效。

(5) 农业部于 2013 年 8 月 22～23 日在甘肃兰州召开了“全国畜禽标准化规模养殖暨秸秆养畜现场会”，系统总结畜禽标准化规模养殖和秸秆养畜工作取得的成效，交流各地好经验好做法，部署下一阶段重点工作。农业部副部长于康震强调，要认真落实中央关于加快发展牛羊肉生产指示精神，下大力气推进肉牛肉羊标准化规模养殖，推广秸秆养畜模式，确保牛羊肉基本自给。

(6) 由全国工商联新能源商会、中国低碳经济发展促进会主办，吉林省发展和改革委员会承办的“生物质产业发展长春论坛”于 2013 年 9 月 24 日在吉林省长春市举办，两院院士石元春教授，以及中国农业大学、中国低碳经济促进会、国家发展和改革委员会能源研究所、瑞典农业大学、欧盟生物质标准委员会委员等 80 位新能源领域知名专家参加论坛，对新能源领域发展战略及趋势做了详细的分析及大胆的预测。会上就生物柴油的产业现状及发展对策进行深入的剖析，对生物柴油的优点、发展生物柴油的意义、我国生物柴油产业研究发展现状及所遇到的“瓶颈”制约进行了研讨，并对我国生物柴油产业的发展提出具体建议，得到了与会专家的共识及好评。

（7）“江苏省秋季秸秆机械化还田新技术新机具演示会”于2013年11月6日在如皋市召开，有来自江苏、山东等10个知名农机企业的15个品种农机产品进行了现场演示，演示效果较好，得到了来自江苏各地的参观者一致好评。

（8）由天津市农委农机办组织的“天津市秸秆综合利用机具现场演示会”于2013年11月20日在北辰区双街镇上蒲口村召开，天津市农委、市财政、市农机办等部门领导出席会议，全市12个区县农业、农机部门领导及管理人员，农机合作社及农机大户、种粮大户、养牛大户约300人到现场观看了机具演示。现场会有来自天津、北京、河北、山东、上海等省、直辖市的11个企业4大类18个型号的秸秆综合利用机具，在水稻和玉米田里分别进行了现场作业，展示了秸秆粉碎、捡拾收集、压捆、裹包速腐等环节的作业性能。

（天津市农业机械与农业工程学会　辛永波　宋樱　胡伟）

食品与包装机械制造业

2013年，我国食品和包装机械行业仍面临不少风险和挑战，不平衡、不协调、不可持续问题依然突出，企业生产经营成本上升和创新能力不足的问题并存。但全行业积极贯彻中央“加强民生保障，提高人民生活水平”要求，立足内部挖潜，创新发展模式，改善品种质量，淘汰落后产能，努力化解成本压力，不断扩大赢利空间，经济运行状况持续保持良好态势。

一、经济运行情况

（一）工业产值情况

据中国食品和包装机械工业协会统计，2013年我国食品和包装机械行业完成工业总产值2 950.00亿元，同比增长18.00%，超过全国机械工业当年增长率（13.80%）。与此同时，该行业规模以上企业增长速度均为18.00%以上，为拉动食品和包装机械行业健康运行发挥了重要作用。其中，食品机械工业产值为1 386.10亿元，同比增长20.53%；包装机械工业产值为1 563.90亿元，同比增长15.84%（见表1）。

表1　2013年我国食品和包装机械工业总产值情况

单位：亿元

总产值	2012年	2013年	同比增长（%）
食品和包装机械工业总产值	2 500.00	2 950.00	18.00
其中：食品机械工业产值	1 150.00	1 386.10	20.53
包装机械工业产值	1 350.00	1 563.90	15.84

由表1分析看出，2013年我国食品和包装机械经济运行大体表明三种态势：一是总体发展速度持续增长。由于企业注重内部挖潜、淘汰落后产能、化解成本压力等，推进了该行业发展速度快速提升，增长率由2012年的13.64%上升到2013年的18.00%，较2012年上升了4.36个百分点。二是政策性扶持力度加大。2013年，中央和地方财政继续加大对农产品初级加工机械（包括清洗、分级、烘干、储藏、保鲜和一次性加工机械等）的扶持力度，推进了食品机械发展速度持续增长。其中，食品机械2013年的增长率由2012年的16.16%提高到2013年的20.53%，上升了4.37个百分点。三是包装机械发展速度保持正增长，上升4.27个百分点。与食品机械相比，包装机械具有适应面广的特点，它不仅可以在食品行业中使用，而且还可以在其他行业中使用，这也是导致包装机械难以在产业政策上得到财政支持的重要原因。

（二）进出口情况

据海关统计，2013年我国食品和包装机械进出口额73.97亿美元，同比增长8.38%（见表2）。其中，进口额为39.38亿美元，同比增长0.25%；出口额为34.59亿美元，同比增长19.40%。食品机械进出口额为27.10亿美元，同比增长18.13%，包装机械进出口额为46.87亿美元，同比增长3.44%。

1. 进口情况　在进口额中，2013年食品机械进口额为11.95亿美元，占食品和包装机械进口额的30.35%，同比增长12.42%；包装机械进口额为27.44亿美元，占食品和包装机械进口额的69.65%，同比增长－4.22%。进口的食品机械产品中，进口额较大的依次为烟草加工机械 255 554.40 千美元，同比增长 53.39%；水过滤、净化机械 198 253.00 千美元，同比增长－6.76%；饮料加工机械 141 177.20 千美元，同比增长－3.80%；屠宰和肉类加工机械 128 381.10 千美元，同比增长 13.23%；饮食加工机械 116 455.80 千美元，同比增长 7.93；糕点和面条加工机械 97 576.10 千美元，同比增长 16.13；糖果和巧克力加工机械 65 933.6 千美元，同比增长－1.90%。进口的包装机械产品中，进口额较大的依次为打包和热缩包装机械 781 338.50 千美元，同比增长 2.88%；饮料及液体食品灌装机械 393 798.50 千美元，同比增长－11.81%；其他灌装和包装机械 314 145.50 千美元，同比增长 58.01%；纸和纸板制造机械 191 221.90 千美元，同比增长－22.21%；全自动或半自动电阻焊接机械 173 266.70 千美元，同比增长－8.99%；容器装封、贴标及包封机械 154 554.70千美元，同比增长－19.75%；纸和纸板整理机械 112 870.60 千美元，同比增长－16.67%。

2. 出口情况　在出口额中，食品机械出口额为 15.15 亿美元，占食品和包装机械出口总额的 43.80%，同比增长 23.07%；包装机械出口额为 19.44 亿美元，占食品和包装机械出口总额的 56.20%，同比增长 16.69%。出口的食品机械产品中，出口额较大的依次为水过滤、净化机械 314 396.60千美元，同比增长 47.32%；饮料加工机械 197 442.40 千美元，同比增长 11.61%；饮食加工机械 170 824.20 千美元，同比增长 3.63%；糕点和面条加工机械 131 755.5 千美元，同比增长 10.54%；酿酒机械 97 643.30 千美元，同比增长 54.78%；屠宰和肉类加工机械 84 249.70 千美元，同比增长 7.37%；制糖机械 83 708.4 千美元，同比增长 193.84%；糖果和巧克力加工机械 59 002.0 千美元，同比增长 66.28%；面包和饼干加工机械 58 758.70 千美元，同比增长 17.28%。出口的包装机械产品中，出口额较大的依次为打包和热缩包装机械 371 961.8千美元，同比增长 1.14%；灌装和包装机械 243 552.00 千美元，同比增长 34.07%；包装容器加工机械 206 300.40 千美元，同比增长 97.93%；纸浆制品、纸制品和纸板制品加工机械 203 487.00 千美元，同比增长 12.05%；饮料及液体食品灌装机械 189 227.30 千美元，同比增长－8.26%；容器装封、贴标及包封机械 126 728.00 千美元，同比增长 29.19%；纸或纸板整理机械 87 043.30 千美元，同比增长 15.04%；纸浆、纸和纸板制品模制成型机械 75 745.10 千美元，同比增长 0.59%；全自动或半自动电阻焊接机械 73 415.00 千美元，同比增长 30.86%。

表 2　2013 年我国食品和包装机械进出口情况

单位：亿美元

进出口额	2012 年	2013 年	同比增长（%）
食品和包装机械进出口额	68.25	73.97	8.38
其中：食品机械进口额	10.63	11.95	12.42
包装机械进口额	28.65	27.44	－4.22
食品机械出口额	12.31	15.15	23.07
包装机械出口额	16.66	19.44	16.69

由表 2 分析看出，我国食品和包装机械进出口贸易表明了三种情况：一是进出口贸易整体提升。2013 年由于技术水平和产品质量提升，不断开拓国外市场，极大地促进了食品和包装机械进出口贸易整体提升。进出口额由 2012 年的 68.25 亿美元上升到 73.97 亿美元，同比上升 14.69 个百分点。二是进口贸易小幅上升。2013 年由于食品和包装机械行业技术水平提升，一大批产品质量好、技术含量高、适应能力强的食品和包装机械不断投放市场，导致进口贸易与 2012 年基本持平，小幅提升，进口额由 2012 年的 39.28 亿美元上升到 2013 年的 39.38 亿美元，同比增长 0.25%。三是出口贸易增长较快。2013 年由于食品和包装机械行业不断加大技术创新力度，一批技术含量高的拳头产品不断参与国际市场竞争，导致出口贸易增长较快。出口额由 2012 年的 28.97 亿美元增长到 2013 年的 34.59 亿美元，同比增长 19.40%。

二、科研、新产品与新技术

（1）由中机康元公司自主研发的“SLZ-30 型双螺杆高含油油料榨油机”，于 2013 年 3 月 8 日通过了中国机械工业联合会组织召开的成果鉴定会。鉴定委员会由中国粮油学会、中国粮油学会油脂分会、安徽省粮食局、中国农业科学院农产品加工研究所、中谷集团、北京古船油脂有限责任公司、国家粮食科学研究院等专家组成。“SLZ-30 双螺杆高含油油料榨油机”的研发，针对我国现有榨油机压榨高含油料存在的压榨困难、产量低等问题及市场急需，通过采用“喂料—排油—输送—预榨—压榨”的一体化设计，创新开发了双螺杆榨油机防滑排油喂料系统、立式榨螺排列结构、饼厚在线调整机构、半浸入式扭矩分配器等，提高了加工不同高含油料的适应性和设备的可靠稳定性，经国内多家油厂实际运行，具有结构新颖、工艺适应性好、运行平稳、能耗低等特点，整体技术水平为国内领先。

(2) 围绕我国粮食加工技术研究起步晚、应用面窄和设备产量小、关键部件寿命短、自动化程度低、适应能力差等问题，科学技术部于 2013 年 4 月 25 日启动了“主食工业化关键技术与装备及其产业化示范”“大宗粮食绿色加工技术与产品”等国家科技支撑计划项目，对螺杆组合、腔体结构、节能运行、自动化控制、原料适用性等方面进行了深入的研究，突破了粮食加工挤压技术瓶颈，使双螺杆挤压系列设备具备了节能、环保、节约、安全、灵活的优势，实现了挤压技术向早餐谷物、休闲食品、组织蛋白、营养杂粮米等领域延伸，使我国挤压技术与装备在食品加工行业上了新的台阶。在蛋白质加工方面，开展了有关食品包装专用蛋白膜材料开发研究工作，采用高效提取分离技术和生物酶技术生产出一种高溶解性的大米蛋白产品，首次在中试中通过物理法和酶法相结合制备高溶解性的大米蛋白；建立了提高蛋白质溶解性的改性技术，提高蛋白质乳化活性和乳化稳定性的改性技术；研究了常温方便米饭工艺及性质，确定了常温方便米饭（炒饭）的生产工艺参数；研究了常温方便米饭的质构特性、方便炒饭储藏过程中的回生特性变化以及方便炒饭质构与回生特性的关联性；研究了低温储藏过程中方便米饭的理化食味品质，优化了常温及低温方便米饭的工艺，建立了方便米线原料指标，建立了原料与加工参数、产品质量之间的联系，初步形成“原料—加工—产品”质量控制指标。

(3) 食品装备产业技术创新战略联盟于 2013 年 4 月 27 日组织召开了“食品包装关键技术装备及材料研发与示范”的课题执行研讨会。该课题是“十二五”国家科技支撑计划项目“食品包装与冷链物流关键技术研究与产业化示范”的子课题。研讨会上主要汇报了前期研究工作，座谈研讨课题技术研究方案及下一步工作。“十二五”国家科技支撑计划项目“食品包装关键技术装备及材料研发与示范”课题共设三个研究任务，分别由中国包装和食品机械有限公司、哈尔滨商业大学和北京化工大学负责实施，实施期为 2011—2014 年。该课题围绕我国食品包装过程中需求量大、应用面广、市场急需及国内空白的食品包装领域的关键技术，重点开展食品包装材料与容器、食品包装技术与装备以及食品物流包装和品质监控技术与装备研究开发并进行产业化示范。会上，各任务单位研究人员针对前期研究情况、技术关键及难点、协同研究、经费管理和使用等进行了座谈研讨，提出了下一步具体工作方案及计划进度，并就推进研究成果应用为相关领域新技术新产品研发提供基础支撑等提出意见和建议。

(4)“十二五”国家 863 计划现代农业技术领域“食品新酶创制及生物加工关键技术研究及创新应用”项目推进会，于 2013 年 7 月 6 日在哈尔滨顺利召开。科学技术部农村科技司王喆副司长、农村中心蒋丹平副主任以及黑龙江省科技厅有关领导应邀参会。项目牵头单位东北农业大学以及 40 余个课题承担单位和参加单位等 60 余位主要研究人员参加了此次推进会。项目首席专家和课题负责人分别对项目总体情况和课题实施进展进行了介绍，与会专家围绕项目目标与任务、研究内容、研究进展、下一步工作思路、存在问题及解决方法等进行了交流和讨论。项目将以食品新酶创制为核心、生物加工为主体、创新应用为主导，通过突破食品酶分子改良及定向进化与新酶创制、酶分子高效催化与转化技术等技术，创制能够定向水解、转苷和异构的新型糖酶制剂和新型蛋白加工用酶，创新性地应用于碳水化合物、油脂、蛋白质的生物加工和对大宗发酵食品、酿造产业的改造升级，以温和的生物加工工艺替代传统的化学工艺实现食品的安全、高效和清洁生产，显著降低资源和能源消耗。

(5)“马铃薯加工特性研究与品质评价技术”课题成果鉴定会，于 2013 年 7 月 26 日在北京召开。鉴定委员会由中国农业大学工学院、中国农业大学食品学院、中国农业科学院农产品加工所、北京林业大学、北京农学院、中国农业科学院蔬菜花卉研究所等专家组成，鉴定会由中国机械工业联合会科技工作部副主任温顺如主持。“马铃薯加工特性研究与品质评价技术”课题来源于公益性行业（农业）科研专项“大宗农产品加工特性研究与品质评价技术”，由中国农业机械化科学研究院与中国农业科学院蔬菜花卉研究所共同承担。课题首先针对我国马铃薯加工专用品种研究不足、制约加工制品品质等问题，研究了马铃薯种质资源基础加工特性以及马铃薯加工制品评价方法，对于推动马铃薯产业升级具有重要意义。课题组共收集了国内外广泛种植的 225 个马铃薯品种，开展了感官品质、营养成分和加工特性等方面的研究，建立了马铃薯品种基础数据资源库和加工应用信息平台，为马铃薯品种筛选和分类加工提供了基础数据。另外，课题采用近红外检测技术，建立了马铃薯加工品质的快速检测方法；对薯片、薯条、雪花全粉的加工适宜性进行了研究，建立了马铃薯品种特性和产品品质对应的评价模型和评价体系，并进行了示范应用。鉴定委员会一致认为：课题首次建立了马铃薯加工品质评价技术体系，为马铃薯育种及其加工利用提供了重要的理论依据和技术支持，具有创新性，达到国内领先水平。

三、质量管理与标准化工作

(一) 质量管理

2013年，国家质检总局组织了对食品和包装机械产品质量监督抽查，并就抽查不合格产品和生产企业进行了有效处理。主要抽查结果如下：

1. 饲料粉碎机产品质量国家监督抽查　2013年国家质量监督检验检疫总局组织抽查了河北、辽宁、山东、湖南、广西、四川等6省、自治区49个企业生产的49批次饲料粉碎机产品。本次抽查依据《饲料粉碎机试验方法》(GB/T 6971—2007)、《农林拖拉机和机械、草坪和园艺动力机械　使用说明书编写规则》(GB/T 9480—2001) 等标准规定的要求，对饲料粉碎机产品的安全要求、生产率、吨料电耗、噪声、轴承温升、锤片（扁齿）质量、锤片（扁齿）硬度、安全标志、使用说明书中安全注意事项等9个项目进行了检验。本次抽查49批次饲料粉碎机产品全部符合标准的规定，产品合格率为100%。

2. 厨房机械产品质量国家监督抽查　2013年国家质量监督检验检疫总局组织抽查了河北、江苏、浙江、山东、广东等5省41个企业生产的44批次厨房机械产品，包括豆浆机、食品加工器、搅拌器、离心式榨汁机、食物混合器等5个种类。本次抽查依据《家用和类似用途电器的安全　第1部分：通用要求》(GB 4706.1—2005)、《家用和类似用途电器的安全　厨房机械的特殊要求》(GB 4706.30—2008)、《家用和类似用途电器的安全　液体加热器的特殊要求》(GB 4706.19—2008) 等标准的要求，对厨房机械产品的对触及带电部件的防护、输入功率和电流、发热、工作温度下的泄漏电流和电气强度、耐潮湿、泄漏电流和电气强度、非正常工作（不包括第19.11.4条的试验)、稳定性和机械危险、机械强度、结构（不包括第22.46条的试验)、内部布线、电源连接和外部软线、外部导线用接线端子、接地措施、螺钉和连接以及电气间隙、爬电距离和固体绝缘等16个项目进行了检验。抽查发现有3批次产品不符合标准的规定，涉及发热、非正常工作、输入功率和电流、稳定性和机械危险项目，产品合格率为93.2%。

3. 自动电饭锅产品质量国家监督抽查　2013年国家质量监督检验检疫总局组织抽查了上海、浙江、广东等3省、直辖市60个企业生产的60批次自动电饭锅产品。本次抽查依据《家用和类似用途电器的安全　第1部分：通用要求》(GB 4706.1—2005)、《家用和类似用途电器的安全　液体加热器的特殊要求》(GB 4706.19—2008)、《自动电饭锅能效限定值及能效等级》(GB 12021.6—2008) 等标准的要求，对自动电饭锅产品的对触及带电部件的防护、输入功率和电流、发热、工作温度下的泄漏电流和电气强度、耐潮湿、泄漏电流和电气强度、非正常工作（不包括第19.11.4条的试验)、机械强度、结构（不包括第22.46条的试验)、内部布线、电源连接和外部软线、外部导线用接线端子、接地措施、螺钉和连接、能效限定值以及电气间隙、爬电距离和固体绝缘等16个项目进行了检验。抽查发现有7批次产品不符合标准的规定，涉及非正常工作、对触及带电部件的防护、发热、耐潮湿、能效限定值、电气间隙、爬电距离和固体绝缘项目，产品合格率为88.3%。

4. 商用电热食品加工设备产品质量国家监督抽查　2013年国家质量监督检验检疫总局组织抽查了北京、上海、江苏、浙江、山东、广东等6省、直辖市60个企业生产的60批次商用电热食品加工设备产品，包括商用电开水器、商用电热铛、商用电炸炉、商用电蒸锅、商用电烤炉、商用电炉灶等6个种类。本次抽查依据《家用和类似用途电器的安全　通用要求》(GB 4706.1—1992)、《家用和类似用途电器的安全　第1部分：通用要求》(GB 4706.1—2005)、《家用和类似用途电器的安全　商用电深油炸锅的特殊要求》(GB 4706.33—2008)、《家用和类似用途电器的安全　商用电强制对流烤炉、蒸汽炊具和蒸汽对流炉的特殊要求》(GB 4706.34—2008)、《家用和类似用途电器的安全　商用电开水器和液体加热器的特殊要求》(GB 4706.36—1997)、《家用和类似用途电器的安全　商用单双面电热铛的特殊要求》(GB 4706.37—2008)、《家用和类似用途电器的安全　商用电烤炉和烤面包炉的特殊要求》(GB 4706.39—2008)、《家用和类似用途电器的安全　商用电炉灶、烤箱、灶和灶单元的特殊要求》(GB 4706.52—2008) 等标准的要求，对商用电热食品加工设备产品的标志和说明，对触及带电部件的防护、输入功率和电流、工作温度下的泄漏电流和电气强度、非正常工作、稳定性和机械危险、机械强度、结构、内部布线、电源连接和外部软线、外部导线用接线端子、接地措施、螺钉和连接以及电气间隙、爬电距离和固体绝缘等15个项目进行了检验。抽查发现有4批次产品不符合标准的规定，涉及标志和说明、对触及带电部件的防护、输入功率和电流、泄漏电流和电气强度、非正常工作、结构、电源连接和外部软线、接地措施项目，产品合格率为93.3%。

(二) 标准化工作

1. 加大标准制修订力度　2013年，国家标准化管理委员会、工业和信息化部、农业部和商务部共发布食品机械、包装机械标准共 50 项，其中国家标准 8 项，农业行业标准 1 项，机械行业标准 32 项，内贸行业标准 9 项。这些标准中，制定标准 36 项，修订标准 14 项，涵盖了大米加工机械、屠宰和肉类加工机械、榨油机械、干燥机械、分离机械、过滤机械、搅拌机械以及其他食品和包装机械。

2. 加强标准制修订指导　2013 年，机械工业食品机械标准化技术委员会和全国食品包装机械标准化技术委员会加强标准制修订指导，组织企业积极参加标准立项答辩工作，广泛开展标准项目调查研究，认真听取各方意见和建议，高度重视标准起草、征求意见和审查工作，力求将存在的问题解决在标准报批之前。

3. 认真做好标准报批工作　2013 年，机械工业食品机械标准化技术委员会和全国食品包装机械标准化技术委员会，按照国家标准化管理委员会、工业和信息化部和中国机械工业联合会的标准报批要求，加大标准报批工作力度，严格控制标准报批关，对照标准报批新要求、新模板做好标准报批材料的修改工作。本年度共完成食品和包装机械报批项目 33 项，其中食品机械行业标准 23 项，包装机械行业标准 6 项，包装机械国家标准 3 项，食品机械国家标准 1 项。

四、主要行业活动

1. 举办“第四届中国国际粮油食品机械及包装机械博览会”　由中国粮油学会油脂分会、中国粮油学会食品分会、中国营养学会、中国食品和包装机械工业协会联合指导，永红国际展览（北京）有限公司承办的“第四届中国国际粮油食品机械及包装机械博览会”，于 2013 年 10 月 29～31 日在北京召开。来自国内外 200 多个粮油食品机械制造商参加了博览会，专业观众及配套展会商家高达 20 000 人次。中粮工程（张家口）、谷立方、布勒（中国）、牧羊集团、大东机械、郑州四维、河南华泰、方圆绿洲、万通机械、国粮仓储、金星压辊、中机康元、皇冠友谊、沧州众志、湘粮机械、海航机械、郑州成立、久超粮机、迅捷光电、泰禾光电、广州尚乘、燕山中岛、江苏迈安德、旭立德机械、中州粮机、海福德机械、郑州远洋等知名企业参加了博览会。展出面积13 000 m^2。中国粮油学会常务副理事长、油脂分会会长王瑞元先生应邀出席了开幕式并做了重要讲话。他说：本届博览会为大家搭建一个学习交流、展示交易和广交朋友、建立友情的发展平台。通过产品展示，宣传企业形象，提高产品品牌知名度，促进产销企业之间的衔接；通过发展论坛，共商发展大计，促进产业健康发展。展出的食品机械包括饮料机械、酒类加工机械、乳制品机械、灌装机械、冷饮设备、肉类加工机械、罐头加工机械、果蔬机械、糖果机械、豆制品机械、休闲食品机械等；展出的包装机械包括自动包装机、真空充气包装机、颗粒/粉末自动包装机、填充机械、裹包机械、袖罩包装机、捆扎打包机械、复合软包机械、自动码垛机械贴标机械等；展出的粮食机械包括米面食品加工设备、全自动粉皮生产线、挂面生产线、擀面皮机、面条设备、油炸即食（速食）面生产线、碾米成套设备、大米精选机、白米抛光机等；展出的油脂机械包括榨油机、精炼油设备、成套浸出设备、成套色拉油设备、食用油过滤脱色机、滤油机、脱皂机、脱水机、轧胚机、混合机、离心机、剥壳机、破碎机等。

2. 举办“第三届亚洲食品装备论坛”　由中国食品和包装机械工业协会和中国食品科学技术学会食品机械分会共同主办的“第三届亚洲食品装备论坛暨中国食品和包装机械工业协会五届四次理事会和中国食品科学技术学会食品机械分会二届四次理事会”，于 2013 年 11 月 12 日在北京举行，大会主题为“食品装备安全与自动化控制”。大会由中国食品和包装机械工业协会秘书长楚玉峰主持，中国食品和包装机械工业协会副理事长许仲祥致开幕词，农业部农产品加工局张天佐局长发表重要演讲。来自国内外业界专家、教授、学者和企业界知名人士等 300 多人参加论坛。论坛邀请了行业专家就“中国农产品加工及包装技术的发展”“中国面制品装备技术的发展”“提高乳品加工装备智能化，增强核心技术竞争力”“传统食品工业化创新技术研究与实践”“农产品产地商品化处理技术与智能装备”“食品加工及包装行业机器人的应用与发展”“食品加工新技术与装备”“二次包装生产线现状及发展”等专题进行了演讲。

3. 举办“第十三届中国国际食品加工和包装机械展览会”　由中国包装和食品机械有限公司、中国食品和包装机械工业协会及北京华港展览有限公司共同主办的“第十三届中国国际食品加工和包装机械展览会”，于 2013 年 11 月 13～15 日在北京举行。这届展览会共有来自 17 个国家和地区的 312 个企业参展，并得到了意大利食品生产加工和保鲜机械与设备制造商协会、意大利自动包装机械制造协会、英国加工与包装机械协会、荷兰食品加工和包装机械制造商协会、韩国包装机械协会、日本食品机械工业会、中国台湾地区食品及制药机械工业同业工会及国内其他食品加工和包装机械同行的支持，展出面积20 000m^2，其中国外展出面积超过 4 000m^2，规模均为历届之最。展出企业中，大部分企业都是行业的领跑者。肉类、面食机械企业有汉普、晓进、吉祥、好烤克、小康等，饮料机械企业有粤东、百冠、铭慧、中亚等，包装机械及配套企业有元享、南联、金荣、永创、龙强等，国外知名企业有莫迪维克、郎诺、马多、查维斯、威博等。展品范围包括面制品生产设备、果蔬保鲜加工设备、豆制品加工设备、糖果加工设备、油脂加工设备、乳品加工设备、屠宰与肉类加工设备、冰淇淋生产设备、调味品加工设备、烘焙设备、真空油炸设备、CIP系统及清洗消毒设备、杀菌设备、真空包装设备、纸浆模塑设备、纸箱纸板设备、收缩充填包装机、捆扎打包机、制瓶制罐设备、啤酒饮料灌装封盖设备、碳酸饮料混合设备、装卸箱及码垛设备、造粒吹模机组、塑料制袋机等。

（本文由中国食品和包装机械工业协会提供数据，由本编辑部王国扣编写）

棉花加工与机械制造业

一、棉花生产

根据国家统计局数据，2013 年我国棉花播种面积为 4 346khm^2，同比增长－7.30%；单位面积产量为 1 449kg/ hm^2，同比增长－0.62%；总产量为 629.9 万 t，同比增长－7.86%。产量较大的省、自治区依次为新疆、山东、湖北、河北、安徽、江苏、湖南、河南等地，约占全国总产量的 93.73%（见表 1）。

表 1　2013 年我国棉花主产区生产情况

主产区	播种面积（khm^2）	单　产（kg/hm^2）	总 产 量（万 t）	同比增长（%）	占全国比例（%）
新　疆	1 718	2 047	351.8	－0.59	55.85
山　东	673	923	62.1	－11.03	9.86
湖　北	416	1 106	46.0	－15.60	7.30
河　北	483	946	45.7	－18.97	7.26
安　徽	285	881	25.1	－14.63	3.98
江　苏	155	1 349	20.9	－5.00	3.32
湖　南	160	1 241	19.8	－21.12	3.14
河　南	187	1 016	19.0	－26.07	3.02

二、棉花加工检验

（一）加工规模与检验数量

根据新体制棉花公证检验机构统计，2013 年我国棉花加工企业为 1 789 个，同比增长－0.94%；加工检验包数为 3 268.25 万包，同比增长 2.67%；加工检验吨数为 740.97 万 t，同比增长 2.81%（见表 2）。在加工检验包数中，主要加工检验品种为锯齿细绒棉，此外新疆还有皮辊细绒棉和长绒棉。棉花加工企业主要分布在新疆、山东、湖北、河北、湖南、安徽、甘肃、河南、江西、江苏、天津、陕西、浙江、山西等省、自治区、直辖市。

表 2　2013 年我国棉花加工检验情况

产　地	加工企业数（个）	同比增长（%）	加工检验包数（万包）	同比增长（%）	加工检验吨数（万 t）	同比增长（%）
全　国	1 789	－0.94	3 268.25	2.67	740.97	2.81
新疆（地方）	589	6.70	1 348.45	5.00	305.88	5.18
新疆建设兵团	198	3.66	725.90	5.15	164.60	5.32
山　东	312	3.11	346.67	5.63	78.47	5.63

（续）

产　地	加工企业数（个）	同比增长（%）	加工检验包数（万包）	同比增长（%）	加工检验吨数（万 t）	同比增长（%）
湖　北	132	持平	281.50	9.76	63.73	9.73
河　北	217	－11.07	193.63	－25.80	43.85	－25.72
湖　南	55	10.00	84.94	6.25	19.33	6.38
安　徽	58	－15.94	55.64	－17.17	12.61	－17.09
甘肃	50	－1.96	48.84	2.56	11.06	2.69
河　南	50	－13.79	44.54	－5.58	10.09	－5.52
江　西	28	持平	43.21	19.93	9.83	20.17
江　苏	48	－20.00	41.72	6.32	9.46	6.41
天　津	33	13.79	32.53	10.27	7.36	10.51
陕　西	7	持平	10.60	44.81	2.42	45.78
浙　江	2	持平	6.73	10.14	1.52	9.35
山　西	10	－9.09	3.36	18.31	0.76	18.75

（二）加工机械

2013 年，我国棉花加工机械累计总产量为 35 873台，同比增长 5.95%。其中，河北产量 1 416 台，同比增长 7.19%；辽宁产量 2 697 台，同比增长 4.05%；江苏产量 1 783 台，同比增长－40.47%；山东产量 27 602 台，同比增长 10.74；陕西产量 1 443台，同比增长 12.03%；新疆产量 932 台，同比增长 26.8%。棉花加工机械主要包括棉花烘干机、清棉机、轧花机、剥绒机、打包机、棉籽榨油机等，以及用于棉花下脚料回收利用、物料输送、通风除尘、安全防火等的辅助设备。

三、棉花收购

（一）收购储存

根据中国棉花协会棉农合作分会对 13 个主产棉省、自治区、直辖市 2 766 户棉农检测，黄河流域市场冷清，长江流域进度较快，交售价格环比继续回落，但仍高于上年。截至 2013 年 12 月底，全国棉农平均交售进度 87.5%，同比减慢 3.8 个百分点；当月棉农籽棉平均交售价格 7.93 元/kg，同比上涨 1.2%，环比下降 0.4%。各主产区收购情况如下：

（1）黄河流域虽然价格较高，但下跌幅度较大，棉农惜售与企业慎收同时存在，交售进展缓慢。截止 12 月底，交售进度为 65.2%，较上年同期减缓了 14 个百分点，三个主产省中，仅山东达到七成，河北超过六成，河南刚刚过半。棉农籽棉月平均交售价格为 8.04 元/kg，环比下降 3.2%，同比上涨 3.3%。

（2）长江流域棉区受天气条件影响，棉花采摘较往年提前，加之后期价格合适，棉农存棉较少，交售进度较快，12 月底交售已基本完成，进度快于上年同期，但部分棉区受灾，棉花质量下降，交售价格低于上年同期。截至 12 月底，全流域平均交售进度为 96%，较上年加快 3.4 个百分点，其中湖北、湖南和安徽都超过 98%，江西超过 90%，江苏由于北部部分棉农有存棉习惯，进度不足 90%。全流域籽棉月平均交售价格为 7.74 元/kg，环比下跌 1.3%，同比下跌 2.6%。

（3）新疆棉区 11 月底棉花采摘交售已基本结束，12 月棉花加工企业陆续停止加工或进入加工后期，交储也进入尾声。个别棉农和棉贩还存有少量籽棉，一部分是由于颜色级偏低或水分较大，没人收购，另一部分是囤积的高等级籽棉。

（二）收购加工

根据中国棉花协会棉花加工分会对 13 个主要产棉省、自治区、直辖市的 150 个 400 型棉花加工企业检测，截止 2013 年 12 月，全国已累计收储近 500 万 t，七成左右棉花入储，籽棉收购进入后期。其中新疆棉区收购基本收尾，上市籽棉数量、质量双双下降，价格下跌；内地存棉相对较多，收购持续进行，各地收购量和价格涨跌不一。棉花加工企业交储总体顺畅，随着棉籽价格趋于稳定，经营状况也略有好转。主要收购特点如下：

1. 收购价格涨跌不一　2013 年全国 400 型加工企业 12 月标准级籽棉收购均价 8.53 元/kg，环比下跌 0.25 元/kg，跌幅 2.85%。其中新疆棉区收购处于尾期，上市籽棉量少质差，收购价格下跌较为明显，月均价格 8.47 元/kg，环比下跌 3.86%；黄河流域存棉相对较多，收购进度较慢，收购价格小幅下跌，月均价格为 8.38 元/kg，环比下跌 0.36%；长江流域棉区受湖北、湖南和江西三省放宽收储标准政策影响，市场有所激活，收购价格小幅上涨，月均价格 8.42 元/kg，环比上涨 1.32%。

2. 收购进度差异明显 12 月底，新疆、甘肃两省、自治区监测加工企业已全部结束了籽棉收购工作；长江流域部分产棉省受灾，一些棉花不能满足交储条件，部分加工企业停收等待相关政策出台，当月下旬有关部门明确适当降低受灾严重的三个省收储标准，市场重新启动，截至月底还有近 70%的加工企业仍在收购；黄河流域前期加工企业不积极、棉农惜售情绪较重，收购进度迟缓，还有三成以上棉花没有入市，年底随着春节临近，棉农对后期价格上涨期望值减小，加工企业经营状况略有好转，市场稍显活跃，超过 60%的监测加工企业仍在收购。

3. 棉籽价格稳中有涨 12 月底，由于临近两节，市场对棉油、棉粕等棉籽的副产品需求有所增加，带动棉籽销售价格稳中有涨。全国棉籽月均价格 2.50 元/kg，环比微涨 0.02 元/kg。其中，新疆月均价 2.22 元/kg，环比上涨 0.05 元/kg；黄河流域月均价 2.67 元/kg，环比微涨 0.01 元/kg；长江流域月均价格 2.62 元/kg，环比微涨 0.01 元/kg。

4. 收储标准提高、价格上涨 2013 年度国家对收储棉花提出了更高的质量标准要求，企业收购严格按收储标准执行，严把质量关，收购价格高开高走，9 月标准级月均收购价格达到 8.71 元/kg，同比提高 0.28 元/kg。进入收购旺季的 10 月，月均收购价格高涨到 9.09 元/kg，同比上涨了 0.55 元/kg。11 月的月均收购价格也维持 8.78 元/kg 的高位。据监测，400 型棉花加工企业 2013 年度标准级籽棉收购均价为 8.72 元/kg，同比上涨 0.23 元/kg，涨幅 2.7%，棉农利益得到有效保护，收益有所提高。受不同采摘期籽棉质量差异的影响，收购价格波动幅度大，最高和最低每千克相差 0.77 元。

5. 400 型企业成为收购主渠道 由于只有具有 400 型加工资格的棉花加工企业可以直接交储，多数 200 型加工企业没有开工或转为 400 型加工企业的收购站点，2013 年是 400 型加工企业入市比例最高的一年（见表 3)。据统计，92.7%以上的棉花加工企业开秤收购。

表 3 2010—2013 年度监测企业入市数量

年 度	监测企业数（个）	开秤企业数（个）	占监测企业率（%）
2010	132	102	77.3%
2011	152	136	89.5%
2012	150	138	92.0%
2013	150	139	92.7%

6. 棉花加工企业收入稳中有增 2013 年度籽棉收购价格以上涨为主，400 型棉花加工企业标准级籽棉收购均价为 8.72 元/kg，同比上涨 0.23 元/kg，涨幅 2.7%。棉籽销售价格全年上涨，年度销售均价 2.54 元/kg，同比上涨 0.36 元/kg，涨幅 16.5%。棉籽销售价格上涨减轻了收购成本，企业入市更加积极，多数企业通过放量收购获得利润。从公检数据可以看出，1 789 个棉花加工企业送检达 740.9 万 t，平均送检量 4 100 多 t，创近几年新高，棉花加工企业的收入有所增长。

（三）棉花进口

根据国家质量监督检验检疫总局统计，2013 年我国进口棉花数量较 2012 年同期相比大幅减少，全国出入境检验检疫机构共计检验进口棉花 15 041 批次，进口量 416.22 万 t，货值共计 84.71 亿美元；较 2012 年批次减少 18.76%，重量减少 21.16%，货值减少 32.73%（见表 4)。

表 4 2013 年我国进口棉花情况

年 份	批 次	重量（万 t）	货值（亿美元）
2013	15 041	416.22	84.71
2012	18 514	527.92	125.93
同比增长（%）	−18.76	−21.16	−32.73

2013 年我国进口棉花主要集中在沿海的山东、江苏、上海、广东、河北等地，进口棉花排名前十位的省、自治区、直辖市见表 5。进口棉花来源地为美国、印度、澳大利亚、乌兹别克斯坦、巴西等 55 个国家和地区。

表 5 2013 年我国进口棉花排名前十位的地区

序 号	地 区	批 次	重量（t）	货值（万美元）
1	山 东	5 443	1 641 634	333 451
2	江 苏	3 245	1 073 483	211 860
3	上 海	1 739	351 805	72 171
4	广 东	750	212 909	42 374
5	河 北	569	201 275	43 030
6	新 疆	543	33 809	6 773
7	湖 北	505	124 921	25 978
8	河 南	447	72 682	15 402
9	浙 江	425	133 043	26 227
10	天 津	412	125 671	26 566

四、质量指标和标准化工作

（一）质量指标

2013/2014 年度新体制棉花细绒棉公证检验指标结果如下：

1. *颜色级* 从 2013/2014 年度新体制棉花检验情况来看，西北内陆棉区的棉花颜色级指标最好，白棉占到总量的 97.66%，新疆、甘肃、陕西等西部省份颜色级指标低于国家收储标准的棉花均占其本省份总量的 1% 以内。黄河流域棉区颜色级指标介于西北内陆棉区和长江流域棉区水平之间，其中陕西该指标明显优于平均水平；长江流域棉区颜色级指标最低，湖北、湖南两省更是因为自然灾害，淡点污棉占本省棉花比例分别达到 7.10% 和 11.34%，远高于 1.19% 的全国平均值。为此，在收购晚期，国家放宽了对湖北、湖南、江西三省的入储质量标准指标。

2. *轧工质量* 2013/2014 年度国家收储的质量控制标准要求轧工质量在 P2 及以上。从 2013/2014 年度新体制棉花检验情况来看，新疆棉的轧工质量明显高于全国平均水平。内地省份中，天津、河南、安徽的轧工质量较好。由于机采棉加工方式的不同，新疆兵团棉花中轧工质量为差的比例明显高于其他省份和全国平均水平。

3. *长度* 2013/2014 年度，全国新体制棉花细绒棉逐包检验平均长度（对各棉包进行逐包抽样检验，各样品检测长度值的算术平均值）为 28.37mm；长度级加权平均值（对各棉包进行逐包抽样检验，实测长度后计其长度级，各长度级级值与该长度级占总检验量的比率乘积之和）为 27.92mm。从各产棉省份棉花逐包检验平均长度看，江苏棉花长度最长，达到 29.00mm；其次是陕西、河北；山东、新疆的情况也较好，略高于全国平均水平；河南、山西、甘肃略低于全国平均水平；长江流域的湖南、湖北、安徽、江西等省份的逐包检验平均长度明显低于全国平均水平，特别是江西，仅达到 27.60mm；黄河流域棉区各产棉省份棉花平均长度有显著回升，特别是山东、河北两省，逐包检验平均长度较上一年度增长超过 1mm。对比近 5 个年度的数据，2013/2014 年度我国棉花长度指标已连续 3 年下降，逐包检验平均长度和长度级加权平均值均降至 5 年来的最低水平。

4. *马克隆值* 2013/2014 年度，全国新体制棉花细绒棉马克隆值级 A 级占比为 29.97%，较上年度下降 1.38 个百分点；C1 档和 C2 档占比分别为 1.77% 和 3.97%，分别较上年度上升 0.92 和 2.14 个百分点。各产棉省份中，甘肃、陕西的棉花马克隆值级最好，A 级棉比率均超过半数；山东、新疆次之，高于全国平均水平；河北、河南与全国水平相当；安徽、浙江棉马克隆值级不及全国大部分产棉省份；江西棉的 C2 档占到 80%以上，虽较上年有所好转，但平均马克隆值仍高出正常范围，棉纤维细度过大、成熟过度问题突出，马克隆值级不及其他产棉省份。对比近 5 个年度的数据，2013/2014 年度马克隆值指标有明显下降，主要表现在，马克隆值 A 级的占比显著降低，比近 5 年平均水平尚低 3.12 个百分点；马克隆值 C2 级的占比显著增多，比近 5 年平均水平增加了 9.38 个百分点。其中，黄河流域棉区各省份马克隆值 C2 档棉花增加最为明显，河北、山东两省马克隆值 C2 档棉花占本省总量比例分别增加了 8.8 和 13.4 个百分点，山西、天津两省更是增加了 31.3 和 40.1 个百分点。

5. *断裂比强度* 2013/2014 年度，全国新体制棉花细绒棉平均断裂比强度值 27.99cN/tex，略低于上年，下降了 0.13cN/tex，已连续两年下降，为 5 年来最低水平。各产棉省份中，江苏、江西棉花断裂比强度最强；其次是河北、山东和山西棉花，且比上一年度有显著上升；湖北、甘肃棉断裂比强度较差，且已连续两年下降，陕西棉断裂比强度很差，且较上一年度有大幅下降；全国最主要产棉区新疆棉断裂比强度近 3 年来逐年下降，成为拉低棉花断裂比强度全国平均值的主要原因。对比近 5 个年度的数据，2013/2014 年度断裂比强度指标有所下降，中等占比减少，差及以下占比大幅增加。断裂比强度平均值下降的主要原因是由于产量占全国产量一半以上的新疆棉断裂比强度值大幅下降，低于其他所有产棉省份。

6. *长度整齐度指数* 2013/2014 年度，全国新体制棉花细绒棉平均长度整齐度指数为 82.41%，比上年度平均值低 0.07%，比近 5 年平均水平低 0.12%。长度整齐度指数为很高和高的棉花占比最多的省份是山西；其次是甘肃和江苏；浙江、江西、陕西、河北、新疆地方的棉花在平均长度整齐度指数以及高和很高占比上均高于全国平均水平；河南、安徽、新疆兵团棉花中，长度整齐度指数为低和很低的占比明显多于其他省份。各产棉地区中，甘肃、山西、江苏平均长度整齐度指数最好，且山西棉花该指标已连续两个年度稳步回升；河北、山东与平均水平持平，但已连续两个年度稳步回升；江西棉花该指标虽高于全国平均水平，但已连续两个年度连续降低；安徽、湖北棉花该项指标较差，且连续两年逐年下降；新疆兵团和河南棉花该项指标最差，明显低于全国平均水平，且连续两年下降。对比近5个年度的数据，2013/2014年度长度整齐度指数为中等的占比已连续3年明显回升，但高和很高的占比连续3年降低；平均长度整齐度指数已连续3年下降，降至5年来的最低水平。

7. 综合评价　2013/2014年度全国新体制棉花细绒棉综合质量有所下降。从颜色和轧工质量来看，颜色级以白棉和淡点污棉为主，白棉2级和白棉3级占比最多，淡点污棉主要集中在淡点污2级。其中，长江中下游地区受气候影响棉花颜色呈乳白色，略带棉花本色黄，淡点污棉占比较高。轧工质量主要集中在中，占80%以上；除新疆外，各省份轧工质量为中的棉花占比均占到90%以上的绝对多数，占比最多的达到99.9%。从纤维长度来看，平均长度与平均长度整齐度指数两项指标均连年下降，至5年来最低水平。其中，长度指标主要体现在30mm以上的棉花显著减少；长度整齐度指数指标表现在中等的占比虽然连续3年明显回升，但高和很高的占比连续3年下降。从纤维内在品质来看，马克隆值指标较上年度水平下降非常显著，断裂比强度指标略有下降，但平均断裂比强度降至5年来最低水平。其中，马克隆值主要表现在A级占比明显减少，C2档过成熟棉占比大大增加；平均断裂比强度降低的主要原因是新疆棉该项指标较差，并连续下降。同时，检验结果也显示出，各省份棉花各指标的波动有所加剧，表明棉花质量的一致性下降。总体来说，国棉综合质量有所下滑。

（二）标准化工作

(1)《棉籽质量等级》(GB/T 29885—2013) 国家标准于2013年11月12日发布，于2014年4月11日实施。本标准规定了棉籽的术语和定义、质量分级要求、检验方法以及包装、储存和运输的要求；本标准适用于经加工脱绒后，供生产食用、饲用棉籽油和棉籽蛋白的商品棉籽。棉籽质量等级分为一级、二级、三级、四级、五级和级外共六个等级。

(2)《棉花加工工艺系统安装及制作通用技术条件》(GB/T 30358—2013) 国家标准于2013年12月31日发布，于2014年6月22日实施。本标准规定了棉花加工工艺系统中设备、平台、钢梯、防护栏杆、风机、除尘器、盖板、螺旋输送机、管网、法兰、支吊架的安装及制作的技术要求，并给出了安装及制作工程验收的要求。本标准适用于棉花加工企业工艺系统的安装、制作以及工程验收。

(3)《染色棉》(GB/T 29887—2013) 国家标准于2013年11月12日发布，于2014年4月11日实施。本标准规定了染色棉的技术要求、试验方法以及包装和标志、运输、贮存要求；本标准适用于加工、贸易、仓储和使用的染色棉。

(4)《棉包回潮率试验方法　微波法》(GB/T 29886—2013) 国家标准于2013年11月12日发布，于2014年1月11日实施。本标准规定了采用微波测定棉包回潮率的方法；本标准适用于回潮率在3%～13%的成包的细绒棉和长绒棉。

(5)《籽棉烘干机》(JB/T 7317—2013) 机械行业标准于2013年4月25日发布，于2013年9月1日实施。本标准规定了籽棉烘干机的型号、技术要求、试验条件、性能试验、生产试验、试验报告、检验规则及标志、包装与运输；本标准适用于利用直接传热方式烘干籽棉的塔式（搁板式）、滚筒式、脉冲-搁板组合式、脉冲-滚筒组合式的籽棉烘干机。

(6)《锯齿轧花机　第3部分：肋条》(JB/T 7884.3—2013) 机械行业标准于2013年4月25日发布，于2013年9月1日实施。本部分规定了锯齿轧花机肋条的型式、技术要求、检验方法、检验规则、标志、包装与贮存；本部分适用于锯齿轧花机肋条。

(7)《锯齿轧花机　第4部分：阻壳肋条》(JB/T 7884.4—2013) 机械行业标准于2013年4月25日发布，于2013年9月1日实施。本部分规定了锯齿轧花机阻壳肋条的型式、技术要求、检验方法、检验规则、标志、包装与贮存；本部分适用于锯齿轧花机阻壳肋条。

(8)《棉花加工机械　第1部分：锯片》(JB/T 7886.1—2013) 机械行业标准于2013年4月25日发布，于2013年9月1日实施。本部分规定了棉花加工机械锯片的型式与基本尺寸、技术要求、检验规则、标志、包装与贮存；本部分适用于锯齿轧花机和锯齿剥绒机的锯片。

(9)《棉花加工机械　第2部分：隔圈》(JB/T 7886.2—2013) 机械行业标准于2013年4月25日发布，于2013年9月1日实施。本部分规定了棉花加工机械隔圈的产品分类、技术要求、检验方法、检验规则、包装与贮存；本部分适用于棉花加工机械隔圈。

(10)《棉花加工机械　第3部分：毛刷》(JB/T 7886.3—2013) 机械行业标准于2013年4月25日发布，于2013年9月1日实施。本部分规定了棉花加工机械毛刷的型式、技术要求、检验规则及标志、包装与贮存；本部分适用于棉花加工机械的毛刷。

五、行业活动

(1) 全国棉花加工标准化技术委员会于2013年11月22日在河南郑州召开了《棉花加工企业基本技术条件》《棉花加工技术规程》《机采棉加工技术规范》《棉花包装　聚酯捆扎带》《棉花加工术语》等国家标准研讨会。参加会议的有郑州棉麻工程技术设计研究所、安徽财经大学、邯郸金狮棉机有限公司、山东天鹅棉业机械股份有限公司、南通棉花机械有限公司和南通御丰塑钢包装有限公司的专家以及标准起草小组成员。会议由全国棉花加工标准化技术委员会秘书长胡春雷主持。会上，各起草单位按照起草预备会制定的《标准制修订任务阶段安排表》要求，进行了阶段性研究成果总结与汇报。与会专家对标准进行了认真讨论，与起草单位成员开展细致的交流，一致认为，棉花加工行业的标准应该充分体现出技术先进、资源利用充分、保护环境、安全生产等特点。与会代表对讨论的征求意见标准草案逐一达成共识。

(2) 由中华全国供销合作总社提出、全国棉花加工标准化技术委员会归口的《机采棉加工技术规范》国家标准起草预备会，于2013年9月7日在北京召开。会议邀请到中国棉花协会副秘书长杨照良、中国纤维检验局研究员熊宗伟、全国棉花交易市场副总经理徐延毅、新疆兵团农机局局长丁卫东和新疆兵团农八师机采棉加工领导小组组长冯绍斌参加会议。参与标准讨论的专家分别来自郑州棉麻工程技术设计研究所、安徽财经大学、新疆农业科学研究院、新疆西部银力棉业公司和有关棉机企业。会上，各位领导和专家对《机采棉加工技术规范》国家标准初稿进行了深入和细致的讨论，各抒己见，积极提供在机采棉加工方面的宝贵经验和建议。通过讨论，正式组建了标准起草小组，梳理和搭建了标准框架，分配了对标准中重要参数的研究任务。

(3)《棉花加工工艺系统安装及制作通用技术条件》国家标准发布预备会，于2013年8月10日在新疆乌鲁木齐召开。会议由阿克苏长龙棉机有限责任公司、石河子开发区银彩棉业机械有限公司、奎屯文峰棉机工贸有限公司、五家渠东润棉机有限责任公司、启东市供销机械有限公司等5个标准起草单位和全国近20个棉机安装企业共同发起，新疆维吾尔自治区、兵团发改委和农业局有关领导出席会议。会上，标准起草小组对标准制定的目的和意义做了深入的阐述，简要回顾了标准的起草过程，对标准中涉及的安全、环保等指标和重要技术参数做了详细解读。参会有关领导对该标准给予了高度的评价，认为该标准将提高棉机安装企业的整体技术水平，为棉花加工企业工艺系统安装招投标与合同签订提供了切实可行的参考依据，为工艺系统安装验收提供了理论支持。

(4) 由中华全国供销合作总社提出、全国棉花加工标准化技术委员会归口的《棉花加工工艺系统安装及制作的通用技术条件》国家标准，经过反复认证和不断完善、多次征求行业专家意见，于2013年7月6日通过专家审定。参加专家审定会议的领导有中华全国供销合作总社、中国棉花协会棉花加工分会领导，评审专家来自北京商业机械研究所、中国标准化研究院、农业部农业机械试验鉴定总站、中国纺织机械器材工业协会、安徽财经大学、郑州棉麻加工机械质量监督测试中心、伊犁伊欣棉业有限责任公司和北京中棉机械成套设备有限公司等。审定会上，专家对该项标准给予了高度认可和评价。这项标准的实施填补了我国棉花加工行业在安装领域的空白，开启了棉花加工业标准研究的新领域。通过实施标准化，可节约棉花加工企业10%左右的动力成本，并且使得安装企业的安装行为得以规范，安装水平得以提升，安装市场秩序得以净化。

(5) 由中国棉花协会棉花加工分会组织召开的"2013年棉花包装技术交流会"于2013年6月29日在北京召开。出席会议的领导来自中国棉花协会、中国棉花协会棉花加工分会、全国棉花交易市场、参加会议的代表和专家分别来自全国棉花加工标准化技术委员会、北京中棉机械成套设备有限公司、南通御丰塑钢包装有限公司、上海自立塑料包装有限公司、常州远东塑料机械有限公司和泰州市高能包装材料厂等单位。会议主题词为"质量、服务、诚信、自律"。会上，充分肯定了棉花包装用聚酯捆扎带的包装质量和优势，并占据了70%以上的市场份额。棉花包装是棉花行业的重要组成部分，棉花包装材料生产企业在创效益的同时，应具备社会责任感，为棉花行业尽一份力量。棉花包装材料生产企业之间更要有"竞合"的意识，不仅要竞争，更要合作，只有行业整体的质量水平上了一个台阶，才能提高市场对聚酯捆扎带的认可度。

(6)"2013中国国际棉花会议"于2013年6月6日在青岛召开，会议由中国棉花协会、全国棉花交易市场和农业部农村经济研究中心主办。会议主题为"信心、转型、共赢"。来自17个国家和地区的近千名专家学者、管理人员、棉花纺织业者围绕这个主题，就当前农产品贸易与宏观政策、棉花与纺织形势等进行了深入的交流，共同谋划中国和世界棉业的未来发展之路。中华全国供销合作总社、中国棉花协会、山东省政府、中国农业大学等领导出席开幕式。开幕式由中国棉花协会常务副会长高芳主持，山东省赵润田副省长致欢迎辞。中国棉花协会会长周声涛做了题为“树立信心，加快转型，促进棉花产业链和谐共赢”的主旨发言。政府有关部门、研究机构和企业专家对中国农产品贸易、棉花市场调控、对外贸易等与棉花行业有关的经济环境、政策导向等进行了解读，并分析了棉花和纺织的供需形势及发展趋势。

（本文由中国棉花协会棉花加工分会岳淮和本编辑部王国扣合作编写）

第三部分

政策法规及重要文件

饲料质量安全管理规范

（农业部令 2014年第1号 2014年1月13日）

第一章 总 则

第一条 为规范饲料企业生产行为，保障饲料产品质量安全，根据《饲料和饲料添加剂管理条例》，制定本规范。

第二条 本规范适用于添加剂预混合饲料、浓缩饲料、配合饲料和精料补充料生产企业（以下简称企业）。

第三条 企业应当按照本规范的要求组织生产，实现从原料采购到产品销售的全程质量安全控制。

第四条 企业应当及时收集、整理、记录本规范执行情况和生产经营状况，认真履行年度备案和饲料统计义务。有委托生产行为的，委托方和受托方应当分别向所在地省级人民政府饲料管理部门备案。

第五条 县级以上人民政府饲料管理部门应当制定年度监督检查计划，对企业实施本规范的情况进行监督检查。

第二章 原料采购与管理

第六条 企业应当加强对饲料原料、单一饲料、饲料添加剂、药物饲料添加剂、添加剂预混合饲料和浓缩饲料（以下简称原料）的采购管理，全面评估原料生产企业和经销商（以下简称供应商）的资质和产品质量保障能力，建立供应商评价和再评价制度，编制合格供应商名录，填写并保存供应商评价记录：

（一）供应商评价和再评价制度应当规定供应商评价及再评价流程、评价内容、评价标准、评价记录等内容；

（二）从原料生产企业采购的，供应商评价记录应当包括生产企业名称及生产地址、联系方式、许可证明、文件编号（评价单一饲料、饲料添加剂、药物饲料添加剂、添加剂预混合饲料、浓缩饲料生产企业时填写）、原料通用名称及商品名称、评价内容、评价结论、评价日期、评价人等信息；

（三）从原料经销商采购的，供应商评价记录应当包括经销商名称及注册地址、联系方式、营业执照注册号、原料通用名称及商品名称、评价内容、评价结论、评价日期、评价人等信息；

（四）合格供应商名录应当包括供应商的名称、原料通用名称及商品名称、许可证明文件编号（供应商为单一饲料、饲料添加剂、药物饲料添加剂、添加剂预混合饲料、浓缩饲料生产企业时填写）、评价日期等信息。企业统一采购原料供分支机构使用的，分支机构应当复制、保存前款规定的合格供应商名录和供应商评价记录。

第七条 企业应当建立原料采购验收制度和原料验收标准，逐批对采购的原料进行查验或者检验：

（一）原料采购验收制度应当 规定采购验收流程、查验要求、检验要求、原料验收标准、不合格原料处置、查验记录等内容；

（二）原料验收标准应当规定原料的通用名称、主成分指标验收值、卫生指标验收值等内容，卫生指标验收值应当符合有关法律法规和国家、行业标准的规定；

（三）企业采购实施行政许可的国产单一饲料、饲料添加剂、药物饲料添加剂、添加剂预混合饲料、浓缩饲料的，应当逐批查验许可证明文件编号和产品质量检验合格证，填写并保存查验记录；查验记录应当包括原料通用名称、生产企业、生产日期、查验内容、查验结果、查验人等信息；无许可证明文件编号和产品质量检验合格证的，或者经查验许可证明文件编号不实的，不得接收、使用；

（四）企业采购实施登记或者注册管理的进口单一饲料、饲料添加剂、药物饲料添加剂、添加剂预混合饲料、浓缩饲料的，应当逐批查验进口许可证明文件编号，填写并保存查验记录；查验记录应当包括原料通用名称、生产企业、生产日期、查验内容、查验结果、查验人等信息；无进口许可证明文件编号的，或者经查验进口许可证明文件编号不实的，不得接收、使用；

（五）企业采购不需行政许可的原料的，应当依据原料验收标准逐批查验供应商提供的该批原料的质量检验报告；无质量检验报告的，企业应当逐批对原料的主成分指标进行自行检验或者委托检验；不符合原料验收标准的，不得接收、使用；原料质量检验报告、自行检验结果、委托检验报告应当归档保存；

（六）企业应当每3个月至少选择5种原料，自行或者委托有资质的机构对其主要卫生指标进行检测，根据检测结果进行原料安全性评价，保存检测结果和评价报告；委托检测的，应当索取并保存受委托检测机构的计量认证或者实验室认可证书及附表复印件。

第八条 企业应当填写并保存原料进货台账，进货台账应当包括原料通用名称及商品名称、生产企业或者供货者名称、联系方式、产地、数量、生产日期、保质期、查验或者检验信息、进货日期、经办人等信息。进货台账保存期限不得少于2年。

第九条 企业应当建立原料仓储管理制度，填写并保存出入库记录：

（一）原料仓储管理制度应当规定库位规划、堆放方式、垛位标识、库房盘点、环境要求、虫鼠防范、库房安全、出入库记录等内容；

（二）出入库记录应当包括原料名称、包装规格、生产日期、供应商简称或者代码、入库数量和日期、出库数量和日期、库存数量、保管人等信息。

第十条 企业应当按照"一垛一卡"的原则对原料实施垛位标识卡管理，垛位标识卡应当标明原料名称、供应商简称或者代码、垛位总量、已用数量、检验状态等信息。

第十一条 企业应当对维生素、微生物和酶制剂等热敏物质的贮存温度进行监控，填写并保存温度监控记录。监控记录应当包括设定温度、实际温度、监控时间、记录人等信息。监控中发现实际温度超出设定温度范围的，应当采取有效措施及时处置。

第十二条 按危险化学品管理的亚硒酸钠等饲料添加剂的贮存间或者贮存柜应当设立清晰的警示标识，采用双人双锁管理。

第十三条 企业应当根据原料种类、库存时间、保质期、气候变化等因素建立长期库存原料质量监控制度，填写并保存监控记录：

（一）质量监控制度应当规定监控方式、监控内容、监控频次、异常情况界定、处置方式、处置权限、监控记录等内容；

（二）监控记录应当包括原料名称、监控内容、异常情况描述、处置方式、处置结果、监控日期、监控人等信息。

第三章 生产过程控制

第十四条 企业应当制定工艺设计文件，设定生产工艺参数。工艺设计文件应当包括生产工艺流程图、工艺说明和生产设备，生产工艺应当至少设定以下参数：粉碎工艺设定筛片孔径，混合工艺设定混合时间，制粒工艺设定调质温度、蒸汽压力、环模规格、环模长径比、分级筛筛网孔径，膨化工艺设定调质温度、模板孔径。

第十五条 企业应当根据实际工艺流程，制定以下主要作业岗位操作规程：

（一）小料（指生产过程中，将微量添加的原料预先进行配料或者配料混合后获得的中间产品）配料岗位操作规程，规定小料原料的领取与核实、小料原料的放置与标识、称重电子秤校准与核查、现场清洁卫生、小料原料领取记录、小料配料记录等内容；

（二）小料预混合岗位操作规程，规定载体或者稀释剂领取、投料顺序、预混合时间、预混合产品分装与标识、现场清洁卫生、小料预混合记录等内容；

（三）小料投料与复核岗位操作规程，规定小料投放指令、小料复核、现场清洁卫生、小料投料与复核记录等内容；

（四）大料投料岗位操作规程，规定投料指令、垛位取料、感官检查、现场清洁卫生、大料投料记录等内容；

（五）粉碎岗位操作规程，规定筛片锤片检查与更换、粉碎粒度、粉碎料入仓检查、喂料器和磁选设备清理、粉碎作业记录等内容；

（六）中控岗位操作规程，规定设备开启与关闭原则、微机配料软件启动与配方核对、混合时间设置、配料误差核查、进仓原料核实、中控作业记录等内容；

（七）制粒岗位操作规程，规定设备开启与关闭原则、环模与分级筛网更换、破碎机轧距调节、制粒机润滑、调质参数监视、设备（制粒室、调质器、冷却器）清理、感官检查、现场清洁卫生、制粒作业记录等内容；

（八）膨化岗位操作规程，规定设备开启与关闭原则、调质参数监视、设备（膨化室、调质器、冷却器、干燥器）清理、感官检查、现场清洁卫生、膨化作业记录等内容；

（九）包装岗位操作规程，规定标签与包装袋领取、标签与包装袋核对、感官检查、包重校验、现场清洁卫生、包装作业记录等内容；

（十）生产线清洗操作规程，规定清洗原则、清洗实施与效果评价、清洗料的放置与标识、清洗料使用、生产线清洗记录等内容。

第十六条 企业应当根据实际工艺流程，制定生产记录表单，填写并保存相关记录：

（一）小料原料领取记录，包括小料原料名称、领用数量、领取时间、领取人等信息；

（二）小料配料记录，包括小料名称、理论值、实际称重值、配料数量、作业时间、配料人等信息；

（三）小料预混合记录，包括小料名称、重量、批次、混合时间、作业时间、操作人等信息；

（四）小料投料与复核记录，包括产品名称、接收批数、投料批数、重量复核、剩余批数、作业时间、投料人等信息；

（五）大料投料记录，包括大料名称、投料数量、感官检查、作业时间、投料人等信息；

（六）粉碎作业记录，包括物料名称、粉碎机号、筛片规格、作业时间、操作人等信息；

（七）大料配料记录，包括配方编号、大料名称、配料仓号、理论值、实际值、作业时间、配料人等信息；

（八）中控作业记录，包括产品名称、配方编号、清洗料、理论产量、成品仓号、洗仓情况、作业时间、操作人等信息；

（九）制粒作业记录，包括产品名称、制粒机号、制粒仓号、调质温度、蒸汽压力、环模孔径、环模长径比、分级筛筛网孔径、感官检查、作业时间、操作人等信息；

（十）膨化作业记录，包括产品名称、调质温度、模板孔径、膨化温度、感官检查、作业时间、操作人等信息；

（十一）包装作业记录，包括产品名称、实际产量、包装规格、包数、感官检查、头尾包数量、作业时间、操作人等信息；

（十二）标签领用记录，包括产品名称、领用数量、班次用量、损毁数量、剩余数量、领取时间、领用人等信息；

（十三）生产线清洗记录，包括班次、清洗料名称、清洗料重量、清洗过程描述、作业时间、清洗人等信息；

（十四）清洗料使用记录，包括清洗料名称、生产班次、清洗料使用情况描述、使用时间、操作人等信息。

第十七条　企业应当采取有效措施防止生产过程中的交叉污染：

（一）按照“无药物的在先、有药物的在后”原则制订生产计划；

（二）生产含有药物饲料添加剂的产品后，生产不含药物饲料添加剂或者改变所用药物饲料添加剂品种的产品的，应当对生产线进行清洗；清洗料回用的，应当明确标识并回置于同品种产品中；

（三）盛放饲料添加剂、药物饲料添加剂、添加剂预混合饲料、含有药物饲料添加剂的产品及其中间产品的器具或者包装物应当明确标识，不得交叉混用；

（四）设备应当定期清理，及时清除残存料、粉尘积垢等残留物。

第十八条　企业应当采取有效措施防止外来污染：

（一）生产车间应当配备防鼠、防鸟等设施，地面平整，无污垢积存；

（二）生产现场的原料、中间产品、返工料、清洗料、不合格品等应当分类存放，清晰标识；

（三）保持生产现场清洁，及时清理杂物；

（四）按照产品说明书规范使用润滑油、清洗剂；

（五）不得使用易碎、易断裂、易生锈的器具作为称量或者盛放用具；

（六）不得在饲料生产过程中进行维修、焊接、气割等作业。

第十九条　企业应当建立配方管理制度，规定配方的设计、审核、批准、更改、传递、使用等内容。

第二十条　企业应当建立产品标签管理制度，规定标签的设计、审核、保管、使用、销毁等内容。产品标签应当专库（柜）存放，专人管理。

第二十一条　企业应当对生产配方中 添加比例小于0.2%的原料进行预混合。

第二十二条　企业应当根据产品 混合均匀度要求，确定产品的最佳混合时间，填写并保存最佳混合时间实验记录。实验记录应当包括混合机编号、混合物料名称、混合次数、混合时间、检验结果、最佳混合时间、检验日期、检验人等信息。企业应当每6个月按照产品类别（添加剂预混合饲料、配合饲料、浓缩饲料、精料补充料）进行至少1次混合均匀度验证，填写并保存混合均匀度验证记录。验证记录应当包括产品名称、混合机编号、混合时间、检验方法、检验结果、验证结论、检验日期、检验人等信息。混合机发生故障经修复投入生产前，应当按照前款规定进行混合均匀度验证。

第二十三条　企业应当建立生产设备管理制度和档案，制定粉碎机、混合机、制粒机、膨化机、空气压缩机等关键设备操作规程，填写并保存维护保养记录和维修记录：

（一）生产设备管理制度应当规定采购与验收、档案管理、使用操作、维护保养、备品备件管理、维护保养记录、维修记录等内容；

（二）设备操作规程应当规定开机前准备、启动与关闭、操作步骤、关机后整理、日常维护保养等内容；

（三）维护保养记录应当包括设备名称、设备编号、保养项目、保养日期、保养人等信息；

（四）维修记录应当包括设备名称、设备编号、维修部位、故障描述、维修方式及效果、维修日期、维修人等信息；

（五）关键设备应当实行“一机一档”管理，档案包括基本信息表（名称、编号、规格型号、制造厂家、联系方式、安装日期、投入使用日期）、使用说明书、操作规程、维护保养记录、维修记录等内容。

第二十四条 企业应当严格执行国家安全生产相关法律法规。生产设备、辅助系统应当处于正常工作状态；锅炉、压力容器等特种设备应当通过安全检查；计量秤、地磅、压力表等测量设备应当定期检定或者校验。

第四章 产品质量控制

第二十五条 企业应当建立现场质量巡查制度，填写并保存现场质量巡查记录：

（一）现场质量巡查制度应当规定巡查位点、巡查内容、巡查频次、异常情况界定、处置方式、处置权限、巡查记录等内容；

（二）现场质量巡查记录应当包括巡查位点、巡查内容、异常情况描述、处置方式、处置结果、巡查时间、巡查人等信息。

第二十六条 企业应当建立检验管理制度，规定人员资质与职责、样品抽取与检验、检验结果判定、检验报告编制与审核、产品质量检验合格证签发等内容。

第二十七条 企业应当根据产品质量标准实施出厂检验，填写并保存产品出厂检验记录；检验记录应当包括产品名称或者编号、检验项目、检验方法、计算公式中符号的含义和数值、检验结果、检验日期、检验人等信息。产品出厂检验记录保存期限不得少于2年。

第二十八条 企业应当每周从其生产的产品中至少抽取5个批次的产品自行检验下列主成分指标：

（一）维生素预混合饲料：两种以上维生素；

（二）微量元素预混合饲料：两种以上微量元素；

（三）复合预混合饲料：两种以上维生素和两种以上微量元素；

（四）浓缩饲料、配合饲料、精料补充料：粗蛋白质、粗灰分、钙、总磷。

主成分指标检验记录保存期限不得少于2年。

第二十九条 企业应当根据仪器设备配置情况，建立分析天平、高温炉、干燥箱、酸度计、分光光度计、高效液相色谱仪、原子吸收分光光度计等主要仪器设备操作规程和档案，填写并保存仪器设备使用记录：

（一）仪器设备操作规程应当规定开机前准备、开机顺序、操作步骤、关机顺序、关机后整理、日常维护、使用记录等内容；

（二）仪器设备使用记录应当包括仪器设备名称、型号或者编号、使用日 期、样品名称或者编号、检验项目、开始时间、完毕时间、仪器设备运行前后状态、使用人等信息；

（三）仪器设备应当实行“一机一档”管理，档案包括仪器基本信息表（名称、编号、型号、制造厂家、联系方式、安装日期、投入使用日期）、使用说明书、购置合同、操作规程、使用记录等内容。

第三十条 企业应当建立化学试剂和危险化学品管理制度，规定采购、贮存要求、出入库、使用、处理等内容。化学试剂、危险化学品以及试验溶液的使用，应当遵循 GB/T 601、GB/T 602、GB/T 603 以及检验方法标准的要求。企业应当填写并保存危险化学品出入库记录，记录应当包括危险化学品名称、入库数量和日期、出库数量和日期、保管人等信息。

第三十一条 企业应当每年选择5个检验项目，采取以下一项或者多项措施进行检验能力验证，对验证结果进行评价并编制评价报告：

（一）同具有法定资质的检验机构进行检验比对；

（二）利用购买的标准物质或者高纯度化学试剂进行检验验证；

（三）在实验室内部进行不同人员、不同仪器的检验比对；

（四）对曾经检验过的留存样品进行再检验；

（五）利用检验质量控制图等数理统计手段识别异常数据。

第三十二条 企业应当建立产品留样观察制度，对每批次产品实施留样观察，填写并保存留样观察记录：

（一）留样观察制度应当规定留样数量、留样标识、贮存环境、观察内容、观察频次、异常情况界定、处置方式、处置权限、到期样品处理、留样观察记录等内容；

（二）留样观察记录应当包括产品名称或者编号、生产日期或者批号、保质截止日期、观察内容、异常情况描述、处置方式、处置结果、观察日期、观察人等信息。

留样保存时间应当超过产品保质期1个月。

第三十三条 企业应当建立不合格品管理制度，

填写并保存不合格品处置记录：

（一）不合格品管理制度应当规定不合格品的界定、标识、贮存、处置方式、处置权限、处置记录等内容；

（二）不合格品处置记录应当包括不合格品的名称、数量、不合格原因、处置方式、处置结果、处置日期、处置人等信息。

第五章　产品贮存与运输

第三十四条　企业应当建立产品仓储管理制度，填写并保存出入库记录：

（一）仓储管理制度应当规定库位规划、堆放方式、垛位标识、库房盘点、环境要求、虫鼠防范、库房安全、出入库记录等内容；

（二）出入库记录应当包括产品名称、规格或者等级、生产日期、入库数量和日期、出库数量和日期、库存数量、保管人等信息；

（三）不同产品的垛位之间应当保持适当距离；

（四）不合格产品和过期产品应当隔离存放并有清晰标识。

第三十五条　企业应当在产品 装车前对运输车辆的安全、卫生状况实施检查。

第三十六条　企业使用罐装车运输产品的，应当专车专用，并随车附具产品标签和产品质量检验合格证。装运不同产品时，应当对罐体进行清理。

第三十七条　企业应当填写并保存产品销售台账。销售台账应当包括产品的名称、数量、生产日期、生产批次、质量检验信息、购货者名称及其联系方式、销售日期等信息。销售台账保存期限不得少于2年。

第六章　产品投诉与召回

第三十八条　企业应当建立客户投诉处理制度，填写并保存客户投诉处理记录：

（一）投诉处理制度应当规定投诉受理、处理方法、处理权限、投诉处理记录等内容；

（二）投诉处理记录应当包括投诉日期、投诉人姓名和地址、产品名称、生产日期、投诉内容、处理结果、处理日期、处理人等信息。

第三十九条　企业应当建立产品召回制度，填写并保存召回记录：

（一）召回制度应当规定召回流程、召回产品的标识和贮存、召回记录等内容；

（二）召回记录应当包括产品名称、召回产品使用者、召回数量、召回日期等信息。

企业应当每年至少进行1次产品召回模拟演练，综合评估演练结果并编制模拟演练总结报告。

第四十条　企业应当在饲料管理部门的监督下对召回产品进行无害化处理或者销毁，填写并保存召回产品处置记录。处置记录应当包括处置产品名称、数量、处置方式、处置日期、处置人、监督人等信息。

第七章　培训、卫生和记录管理

第四十一条　企业应当建立人员培训制度，制订年度培训计划，每年对员工进行至少2次饲料质量安全知识培训，填写并保存培训记录：

（一）人员培训制度应当规定培训范围、培训内容、培训方式、考核方式、效果评价、培训记录等内容；

（二）培训记录应当包括培训对象、内容、师资、日期、地点、考核方式、考核结果等信息。

第四十二条　厂区环境卫生应当符合国家有关规定。

第四十三条　企业应当建立记录管理制度，规定记录表单的编制、格式、编号、审批、印发、修订、填写、存档、保存期限等内容。除本规范中明确规定保存期限的记录外，其他记录保存期限不得少于1年。

第八章　附　　则

第四十四条　本规范自2015年7月1日起施行。

进口饲料和饲料添加剂登记管理办法

（农业部令　2014年第2号　2014年1月13日）

第一条　为加强进口饲料、饲料添加剂监督管理，保障动物产品质量安全，根据《饲料和饲料添加剂管理条例》，制定本办法。

第二条　本办法所称饲料，是指经工业化加工、制作的供动物食用的产品，包括单一饲料、添加剂预混合饲料、浓缩饲料、配合饲料和精料补充料。本办法所称饲料添加剂，是指在饲料加工、制作、使用过程中添加的少量或者微量物质，包括营养性饲料添加剂和一般饲料添加剂。

第三条 境外企业首次向中国出口饲料、饲料添加剂，应当向农业部申请进口登记，取得饲料、饲料添加剂进口登记证；未取得进口登记证的，不得在中国境内销售、使用。

第四条 境外企业申请进口登记，应当委托中国境内代理机构办理。

第五条 申请进口登记的饲料、饲料添加剂，应当符合生产地和中国的相关法律法规、技术规范的要求。生产地未批准生产、使用或者禁止生产、使用的饲料、饲料添加剂，不予登记。

第六条 申请饲料、饲料添加剂进口登记，应当向农业部提交真实、完整、规范的申请资料（中英文对照，一式两份）和样品。

第七条 申请资料包括：

（一）饲料、饲料添加剂进口登记申请表；

（二）委托书和境内代理机构资质证明：境外企业委托其常驻中国代表机构代理登记的，应当提供委托书原件和《外国企业常驻中国代表机构登记证》复印件；委托境内其他机构代理登记的，应当提供委托书原件和代理机构法人营业执照复印件；

（三）生产地批准生产、使用的证明，生产地以外其他国家、地区的登记资料，产品推广应用情况；

（四）进口饲料的产品名称、组成成分、理化性质、适用范围、使用方法；进口饲料添加剂的产品名称、主要成分、理化性质、产品来源、使用目的、适用范围、使用方法；

（五）生产工艺、质量标准、检测方法和检验报告；

（六）生产地使用的标签、商标和中文标签式样；

（七）微生物产品或者发酵制品，还应当提供权威机构出具的菌株保藏证明。

向中国出口本办法第十三条规定的饲料、饲料添加剂的，还应当提交以下申请资料：

（一）有效组分的化学结构鉴定报告或动物、植物、微生物的分类鉴定报告；

（二）农业部指定的试验机构出具的产品有效性评价试验报告、安全性评价试验报告（包括靶动物耐受性评价报告、毒理学安全评价报告、代谢和残留评价报告等）；申请饲料添加剂进口登记的，还应当提供该饲料添加剂在养殖产品中的残留可能对人体健康造成影响的分析评价报告；

（三）稳定性试验报告、环境影响报告；

（四）在饲料产品中有最高限量要求的，还应当提供最高限量值和有效组分在饲料产品中的检测方法。

第八条 产品样品应当符合以下要求：

（一）每个产品提供 3 个批次、每个批次 2 份的样品，每份样品不少于检测需要量的 5 倍；

（二）必要时提供相关的标准品或者化学对照品。

第九条 农业部自受理申请之日起 10 个工作日内对申请资料进行审查；审查合格的，通知申请人将样品交由农业部指定的检验机构进行复核检测。

第十条 复核检测包括质量标准复核和样品检测。检测方法有国家标准和行业标准的，优先采用国家标准或者行业标准；没有国家标准和行业标准的，采用申请人提供的检测方法；必要时，检验机构可以根据实际情况对检测方法进行调整。检验机构应当在 3 个月内完成复核检测工作，并将复核检测报告报送农业部，同时抄送申请人。

第十一条 境外企业对复核检测结果有异议的，应当自收到复核检测报告之日起 15 个工作日内申请复检。

第十二条 复核检测合格的，农业部在 10 个工作日内核发饲料、饲料添加剂进口登记证，并予以公告。

第十三条 申请进口登记的饲料、饲料添加剂有下列情形之一的，由农业部依照新饲料、新饲料添加剂的评审程序组织评审：

（一）向中国出口中国境内尚未使用但生产地已经批准生产和使用的饲料、饲料添加剂的；

（二）饲料添加剂扩大适用范围的；

（三）饲料添加剂含量规格低于饲料添加剂安全使用规范要求的，但由饲料添加剂与载体或者稀释剂按照一定比例配制的除外；

（四）饲料添加剂生产工艺发生重大变化的；

（五）农业部已核发新饲料、新饲料添加剂证书的产品，自获证之日起超过 3 年未投入生产的；

（六）存在质量安全风险的其他情形。

第十四条 饲料、饲料添加剂进口登记证有效期为 5 年。饲料、饲料添加剂进口登记证有效期满需要继续向中国出口饲料、饲料添加剂的，应当在有效期届满 6 个月前申请续展。

第十五条 申请续展应当提供以下资料：

（一）进口饲料、饲料添加剂续展登记申请表；

（二）进口登记证复印件；

（三）委托书和境内代理机构资质证明；

（四）生产地批准生产、使用的证明；

（五）质量标准、检测方法和检验报告；

（六）生产地使用的标签、商标和中文标签式样。

第十六条　有下列情形之一的，申请续展时还应当提交样品进行复核检测：

（一）根据相关法律法规、技术规范，需要对产品质量安全检测项目进行调整的；

（二）产品检测方法发生改变的；

（三）监督抽查中有不合格记录的。

第十七条　进口登记证有效期内，进口饲料、饲料添加剂的生产场所迁址，或者产品质量标准、生产工艺、适用范围等发生变化的，应当重新申请登记。

第十八条　进口饲料、饲料添加剂在进口登记证有效期内有下列情形之一的，应当申请变更登记：

（一）产品的中文或外文商品名称改变的；

（二）申请企业名称改变的；

（三）生产厂家名称改变的；

（四）生产地址名称改变的。

第十九条　申请变更登记应当提供以下资料：

（一）进口饲料、饲料添加剂变更登记申请表；

（二）委托书和境内代理机构资质证明；

（三）进口登记证原件；

（四）变更说明及相关证明文件。

农业部在受理变更登记申请后10个工作日内作出是否准予变更的决定。

第二十条　从事进口饲料、饲料添加剂登记工作的相关单位和人员，应当对申请人提交的需要保密的技术资料保密。

第二十一条　境外企业应当依法在中国境内设立销售机构或者委托符合条件的中国境内代理机构销售进口饲料、饲料添加剂。境外企业不得直接在中国境内销售进口饲料、饲料添加剂。

第二十二条　境外企业应当在取得饲料、饲料添加剂进口登记证之日起6个月内，在中国境内设立销售机构或者委托销售代理机构并报农业部备案。前款规定的销售机构或者销售代理机构发生变更的，应当在1个月内报农业部重新备案。

第二十三条　进口饲料、饲料添加剂应当包装，包装应当符合中国有关安全、卫生的规定，并附具符合规定的中文标签。

第二十四条　进口饲料、饲料添加剂在使用过程中被证实对养殖动物、人体健康或环境有害的，由农业部公告禁用并撤销进口登记证。饲料、饲料添加剂进口登记证有效期内，生产地禁止使用该饲料、饲料添加剂产品或者撤销其生产、使用许可的，境外企业应当立即向农业部报告，由农业部撤销进口登记证并公告。

第二十五条　境外企业发现其向中国出口的饲料、饲料添加剂对养殖动物、人体健康有害或者存在其他安全隐患的，应当立即通知其在中国境内的销售机构或者销售代理机构，并向农业部报告。境外企业在中国境内的销售机构或者销售代理机构应当主动召回前款规定的产品，记录召回情况，并向销售地饲料管理部门报告。召回的产品应当在县级以上地方人民政府饲料管理部门监督下予以无害化处理或者销毁。

第二十六条　农业部和县级以上地方人民政府饲料管理部门，应当根据需要定期或者不定期组织实施进口饲料、饲料添加剂监督抽查；进口饲料、饲料添加剂监督抽查检测工作由农业部或者省、自治区、直辖市人民政府饲料管理部门指定的具有相应技术条件的机构承担。进口饲料、饲料添加剂监督抽查检测，依据进口登记过程中复核检测确定的质量标准进行。

第二十七条　农业部和省级人民政府饲料管理部门应当及时公布监督抽查结果，并可以公布具有不良记录的境外企业及其销售机构、销售代理机构名单。

第二十八条　从事进口饲料、饲料添加剂登记工作的相关人员，不履行本办法规定的职责或者滥用职权、玩忽职守、徇私舞弊的，依法给予处分；构成犯罪的，依法追究刑事责任。

第二十九条　提供虚假资料、样品或者采取其他欺骗手段申请进口登记的，农业部对该申请不予受理或者不予批准，1年内不再受理该境外企业和登记代理机构的进口登记申请。提供虚假资料、样品或者采取其他欺骗方式取得饲料、饲料添加剂进口登记证的，由农业部撤销进口登记证，对登记代理机构处5万元以上10万元以下罚款，3年内不再受理该境外企业和登记代理机构的进口登记申请。

第三十条　其他违反本办法的行为，依照《饲料和饲料添加剂管理条例》的有关规定处罚。

第三十一条　本办法自2014年7月1日起施行。农业部2000年8月17日公布、2004年7月1日修订的《进口饲料和饲料添加剂登记管理办法》同时废止。

农产品质量安全突发事件应急预案

（农业部　2014年1月14日修订）

一、总　则

1.1　编制目的

建立健全应对农产品质量安全突发事件运行机制，有效预防、积极应对农产品质量安全突发事件，提高应急处置工作效率，最大限度地减少农产品质量安全突发事件的危害，保障公众健康、生命安全和产业健康发展，维护正常的社会经济秩序。

1.2　编制依据

根据《中华人民共和国突发事件应对法》《中华人民共和国食品安全法》《中华人民共和国农产品质量安全法》《国家突发公共事件总体应急预案》《国家食品安全事故应急预案》《农业部农业突发公共事件应急预案管理办法》等法律、法规和预案，制定本预案。

1.3　事件分级

本预案所称农产品质量安全突发事件，是指因食用农产品而造成的人员健康损害或伤亡事件。按照《国家食品安全事故应急预案》的分级办法，农产品质量安全突发事件相应分为四级：即Ⅰ级、Ⅱ级、Ⅲ级、Ⅳ级。事件等级的评估核定，由县级以上农业行政主管部门会同有关部门依照有关规定进行。

1.4　适用范围

本预案适用于Ⅰ级农产品质量安全突发事件处置，指导全国农产品质量安全突发事件应对工作。

1.5　处置原则

在国务院的统一领导下，按照《国家食品安全事故应急预案》，各级农业行政主管部门在当地政府和上级农业行政主管部门领导和指导下，根据职责分工，依法开展工作。

（1）以人为本　把保障公众健康和生命安全作为应急处置的首要任务，最大限度减少农产品质量安全突发事件造成的健康损害和人员伤亡。

（2）统一领导　按照“统筹安排、协调配合、分级负责、属地管理”的农产品质量安全应急管理体制，建立快速反应、协同应对的农产品质量安全突发事件应急机制。

（3）科学评估　有效使用风险监测、风险评估和预测预警等科学手段；充分发挥专业队伍的作用，提高应对农产品质量安全突发事件的水平和能力。

（4）预防为主　坚持预防与应急相结合，常态与非常态相结合，做好应急准备，落实各项防范措施，防患于未然。建立健全日常管理制度，加强农产品质量安全风险监测、评估和预警；加强宣教培训，提高公众自我防范和应对农产品质量安全突发事件的意识和能力。

二、组织指挥体系与职责任务

农产品质量安全突发事件发生后，县级以上农业行政主管部门对事件进行分析评估，核定级别，开展处置。Ⅰ级事件发生后，根据要求和工作需要，农业部成立农产品质量安全突发事件应急处置指挥领导小组（以下简称“应急处置指挥领导小组”），统一领导和指挥事件应急处置工作。Ⅱ级、Ⅲ级、Ⅳ级事件发生后，省、市（地）、县级农业行政主管部门在地方政府领导下，成立相应应急处置指挥机构，统一组织开展应急处置。

2.1　应急处置指挥领导小组设置

全国性的农产品质量安全突发事件应急处置总指挥由农业部主管农产品质量安全监管工作的副部长担任，成员单位根据农产品质量安全突发事件的性质、范围、业务领域和应急处置工作的需要确定，包括：办公厅、人事劳动司、产业政策与法规司、农村经济体制与经营管理司、市场与经济信息司、发展计划司、财务司、国际合作司、科技教育司、种植业管理司、农业机械化管理司、畜牧业司、兽医局、农垦局、农产品加工局、渔业渔政管理局、农产品质量安全监管局、驻部监察局、农产品质量安全中心、绿色食品发展中心、科技发展中心等单位以及事件发生地省级农业行政主管部门。

全国性的农产品质量安全突发事件应急处置指挥领导小组办公室设在农产品质量安全监管局，办公室主任由局长担任，成员由应急处置指挥领导小组成员单位主管领导或主管处（室）负责同志担任。

地方农业行政主管部门应急处置指挥领导小组和日常办事机构的设置，由县级以上农业行政主管部门确定。

2.2 应急处置指挥领导小组职责

在国家食品安全事故应急处置指挥部的统一领导下，负责Ⅰ级农产品质量安全突发事件的应急处置工作。主要是协助有关部门和地方政府采取措施，对农产品质量安全突发事件开展应急处置工作。

2.3 应急处置指挥领导小组办公室职责

应急处置指挥领导小组办公室承担应急处置指挥领导小组的日常工作，主要是负责贯彻落实应急处置指挥领导小组的各项部署，组织实施事件应急处置工作。

2.4 应急处置指挥领导小组成员单位职责

各成员单位在应急处置指挥领导小组统一领导下开展工作，加强对事件发生地人民政府有关部门工作的督促和指导。

2.5 应急处置工作小组组成和职责

农产品质量安全突发事件应急预案启动后，各工作小组及其成员应当根据预案规定的职责要求，服从应急处置指挥领导小组的统一指挥，立即按要求履行职责，及时组织实施应急处置措施，并随时将处理情况报告应急处置指挥领导小组办公室。

2.5.1 事件调查组

调查事件发生原因，做出调查结论，评估事件影响，提出事件防范意见。

2.5.2 事件处置组

组织协调当地政府职能部门实施应急处置工作，依法组织实施行政监督、行政处罚，监督封存、召回问题农产品，严格控制流通渠道，监督相应措施的落实，及时移送相关案件，依法追究责任人责任。

2.5.3 专家技术组

负责为事件处置提供技术支持，综合分析和评价研判，查找事件原因和评估事件发展趋势，预测事件后果及造成的危害，为制定现场处置方案提供参考。

三、预测预警和报告评估

3.1 预测预警

农业部建立农产品质量安全预测预警制度。农产品质量安全监管局负责农产品质量安全监测工作的综合协调、归口管理和监督检查，通过风险评估、风险监测，及时发现存在问题隐患，提出防控措施建议。

3.2 事件报告

农业部建立健全农产品质量安全突发事件报告制度，包括信息报告和通报，以及社会监督、舆论监督、信息采集和报送等。

3.2.1 责任报告单位和人员

(1) 农产品种植、养殖、收购、贮藏、运输单位和个人。

(2) 农产品质量安全风险评估、检验检测机构和科研院所。

(3) 农产品质量安全突发事件发生单位。

(4) 地方各级农业行政主管部门和相关机构。

(5) 其他单位和个人。

任何单位和个人对农产品质量安全突发事件不得瞒报、迟报、谎报或者授意他人瞒报、迟报、谎报，不得阻碍他人报告。

3.2.2 报告程序

遵循自下而上逐级报告原则，紧急情况可以越级上报。鼓励其他单位和个人向农业行政主管部门报告农产品质量安全突发事件的发生情况。发生Ⅰ级、Ⅱ级农产品质量安全突发事件时，省级农业行政主管部门应当在2个小时内向农业部农产品质量安全监管局报告。

(1) 农产品质量安全突发事件发生后，有关单位和个人应当采取控制措施，第一时间向所在地县级人民政府农业行政主管部门报告；收到报告的部门应当立即处理，报告同级人民政府和上级农业行政主管部门，同时通报同级食品安全监管和卫生行政主管部门。

(2) 发生Ⅲ级事件时，市（地）级农业行政主管部门应当及时报告同级人民政府和省级农业行政主管部门，并同时通报同级食品安全监管和卫生行政主管部门。

(3) 发生Ⅱ级及以上事件时，省级农业行政主管部门应当及时报告省级人民政府，2小时内报告农业部。

(4) 农业部在接到Ⅱ级及以上事件报告后，由部应急处置指挥领导小组办公室（农产品质量安全监管局）及时通报办公厅和对口业务司局，按程序及时向部应急处置指挥领导小组报告，并及时通报国家食品安全事故应急处置指挥部。

3.2.3 报告要求

事件发生地农业行政主管部门应尽可能报告事件发生的时间、地点、单位、危害程度、伤亡人数、事件报告单位及报告时间、报告单位联系人员及联系方式、事件发生原因的初步判断、事件发生后采取的措施及事件控制情况等，如有可能应当报告事件的简要经过。

3.2.4 通报

农产品质量安全突发事件发生后，有关部门之间应当及时通报。

农业部接到Ⅰ级、Ⅱ级农产品质量安全突发事件报告后，应当及时与事件发生地农业行政主管部门沟通，并将有关情况按程序通报相关部门，上报国务院；有蔓延趋势的，还应向相关地区的农业行政主管部门通报，加强预警预防工作。

3.3 事件评估

农产品质量安全突发事件评估是为了核定农产品质量安全突发事件级别和确定应采取的措施。评估内容包括：事件农产品可能导致的健康危害及所涉及的范围，是否已造成健康损害后果及严重程度；事件的影响范围及严重程度；事件发展蔓延趋势等。

3.4 级别核定

事发地上一级农业行政主管部门应当及时会同事发地人民政府和相关部门，根据事件评估结果核定事件级别。

四、应急响应

4.1 分级响应

按照《国家食品安全事故应急预案》，农产品质量安全突发事件的应急响应分为四级。Ⅰ级响应，由农业部报国家食品安全事故应急处置指挥部同意后启动实施；Ⅱ级响应，由省级农业行政主管部门在省级人民政府的领导下，成立事件处置指挥机构统一指挥处置，农业部加强指导、协调和督促。Ⅲ级、Ⅳ级响应，分别由市（地）、县级农业行政主管部门在同级人民政府的领导下组织实施，上级农业行政主管部门加强指导。

4.2 指挥协调

（1）农业部应急处置指挥领导小组指挥协调农产品质量安全突发事件应急预案Ⅰ级响应；提出应急行动原则要求，协调指挥应急处置行动。

（2）农业部应急处置指挥领导小组办公室指挥协调相关司局向农业部应急处置指挥领导小组提出应急处置重大事项决策建议；派出有关专家和人员参加、指导现场应急处置指挥工作；协调、组织实施应急处置；及时向应急处置指挥领导小组报告应急处置行动的进展情况；指导对受威胁的周边危险源的监控工作，确定重点保护区域。

4.3 紧急处置

现场处置主要依靠事发地的应急处置力量。农产品质量安全突发事件发生后，事发责任单位和当地人民政府及相关部门应当按照应急预案迅速采取措施，控制事态发展。

4.4 响应终止

农产品质量安全突发事件隐患或相关危险因素消除后，突发事件应急处置即终止，应急处置队伍撤离现场。随即应急处置指挥领导小组办公室组织有关专家进行分析论证，经现场评价确认无危害和风险后，提出终止应急响应的建议，报应急处置指挥领导小组批准宣布应急响应结束。

五、后期处置

5.1 善后处置

各级农业行政主管部门在同级人民政府的领导下，负责组织农产品质量安全突发事件的善后处置工作，包括人员安置、补偿，征用物资补偿，污染物收集、清理与处理等事项。尽快消除事件影响，妥善安置和慰问受害和受影响人员，恢复正常秩序，保证社会稳定。

5.2 总结报告

Ⅰ级、Ⅱ级农产品质量安全突发事件善后处置工作结束后，省级农业行政主管部门应当及时总结分析应急处置过程，提出改进应急处置工作的建议，完成应急处置总结报告，报送农业部应急处置指挥领导小组办公室。

六、应急保障

6.1 信息保障

农业部建立农产品质量安全突发事件信息报告系统，由农业部应急处置指挥领导小组办公室委托农业部农产品质量安全中心负责农产品质量安全突发事件信息的收集、处理、分析和传递等工作。

6.2 技术保障

农产品质量安全突发事件的技术鉴定工作必须由有资质的专业技术机构承担。

6.3 物资保障

农产品质量安全突发事件应急处置所需设施、设备、物资和资金，由同级人民政府财政解决。

七、监督管理

7.1 奖励与责任

对在农产品质量安全突发事件应急处置工作中有突出贡献或者成绩显著的单位、个人，给予表彰和奖励。对农产品质量安全突发事件应急处置工作中有失职、渎职行为的单位或工作人员，根据情节，由其所在单位或上级机关给予处分；构成犯罪的，依法移送司法部门追究刑事责任。

7.2 宣教培训

各级农业行政主管部门应当加强对农产品生产经营者和广大消费者的农产品质量安全知识培训，提高风险防范意识。农产品质量安全突发事件应急处置培训工作采取分级负责的原则，由各级农业行政主管部门按年度组织实施。

八、附　　则

8.1 预案管理与更新

与农产品质量安全突发事件处置有关的法律法规和职能职责及相关内容作出调整时，要结合实际及时修订与完善本预案。地方农业行政主管部门可以参照本预案，制订地方农产品质量安全突发事件应急预案。地方农产品质量安全突发事件应急预案对农产品质量安全突发事件的分级应当与本预案相协调一致。

8.2 演习演练

县级以上农业行政主管部门应当定期组织开展农产品质量安全突发事件应急演习演练，检验和强化应急准备和应急响应能力，并通过演习演练，不断完善应急预案。

8.3 预案解释和实施

本预案由农业部负责解释，自印发之日起施行。

关于加强农产品质量安全全程监管的意见

（农业部　农质发［2014］1号　2014年1月23日）

近年来，各级农业部门全力推进农产品质量安全监管工作，取得了积极进展和成效，农产品质量安全保持总体平稳、逐步向好的态势。但是由于现阶段农业生产经营仍较分散，农业标准化生产比例低，农产品质量安全监管工作基础薄弱，风险隐患和突发问题时有发生，确保农产品质量和食品安全的任务十分艰巨。在新一轮国务院机构改革和职能调整中，强化了农业部门农产品质量安全监管职责，农产品质量安全监管链条进一步延长，任务更重、责任更大。为贯彻落实中央农村工作会议精神和《国务院关于地方改革完善食品药品监督管理体制的指导意见》（国发［2013］18号）、《国务院办公厅关于加强农产品质量安全监管工作的通知》（国办发［2013］106号）要求，各级农业部门要把农产品质量安全工作摆在更加突出的位置，坚持严格执法监管和推进标准化生产两手抓、“产出来”和“管出来”两手硬，用最严谨的标准、最严格的监管、最严厉的处罚、最严肃的问责，落实监管职责，强化全程监管，确保不发生重大农产品质量安全事件，切实维护人民群众“舌尖上的安全”。现就有关问题提出如下意见。

一、工作目标

（一）工作目标　通过努力，用3～5年的时间，使农产品质量安全标准化生产和执法监管全面展开，专项治理取得明显成效，违法犯罪行为得到基本遏制，突出问题得到有效解决；用5～8年的时间，使我国农产品质量安全全程监管制度基本健全，农产品质量安全法规标准、检测认证、评估应急等支撑体系更加科学完善，标准化生产全面普及，农产品质量安全监管执法能力全面提高，生产经营者的质量安全管理水平和诚信意识明显增强，优质安全农产品比重大幅提升，农产品质量安全水平稳定可靠。

二、加强产地安全管理

（二）加强产地安全监测普查　探索建立农产品产地环境安全监测评价制度，集中力量对农产品主产区、大中城市郊区、工矿企业周边等重点地区农产品产地环境进行定位监测，全面掌握水、土、气等产地环境因子变化情况。结合全国污染源普查，跟进开展农产品产地环境污染普查，摸清产地污染底数，把好农产品生产环境安全关。

（三）做好产地安全科学区划　结合监测普查，加快推进农产品产地环境质量分级和功能区划，以无公害农产品产地认定为抓手，扎实推进农产品产地安全生产区域划分。根据农产品产地安全状况，科学确定适宜生产的农产品品种，及时调整种植、养殖结构和区域布局。针对农产品产地安全水平，依法依规和有计划、分步骤地划定食用农产品适宜生产区和禁止生产区。对污染较重的农产品产地，要加快探索建立重金属污染区域生态补偿制度。

（四）**加强产地污染治理** 建立严格的农产品产地安全保护和污染修复制度，制定产地污染防治与保护规划，加强产地污染防控和污染区修复，净化农产品产地环境。会同环保、国土、水利等部门加强农业生产用水和土壤环境治理，切断污染物进入农业生产环节的链条。推广清洁生产等绿色环保技术和方法，启动重金属污染耕地修复和种植结构调整试点，减少和消除产地污染对农产品质量安全危害。

三、严格农业投入品监管

（五）**强化生产准入** 依法规范农药、兽药、肥料、饲料及饲料添加剂等农业投入品登记注册和审批管理，加强农业投入品安全性评价和使用效能评定，加快推进小品种作物农药的登记备案。强化农业投入品生产许可，严把生产许可准入条件，提升生产企业质量控制水平，严控隐性添加行为，严格实施兽药、饲料和饲料添加剂生产质量安全管理规范。

（六）**规范经营行为** 全面推行农业投入品经营主体备案许可，强化经营准入管理，整体提升经营主体素质。落实农业投入品经营诚信档案和购销台账，建立健全高毒农药定点经营、实名购买制度，推动兽药良好经营规范的实施。建立和畅通农业投入品经营主渠道，推广农资连锁经营和直销配送，着力构建新型农资经营网络，提高优质放心农业投入品覆盖面。

（七）**加强执法监督** 完善农业投入品监督管理制度，加快农药、肥料等法律法规的制修订进程。着力构建农业投入品监管信息平台，将农业投入品纳入可追溯的信息化监管范围。建立健全农业投入品监测抽查制度，定期对农业投入品经营门店及生产企业开展督导巡查和产品抽检。严格农业投入品使用管理，采取强有力措施严格控肥、控药、控添加剂，严防农业投入品乱用和滥用，依法落实兽药休药期和农药安全间隔期制度。

（八）**深入开展农资打假** 在春耕、“三夏”、秋冬种等重要农时季节，集中力量开展种子、农药、肥料、兽药、饲料及饲料添加剂、农机、种子种苗等重要农资专项打假治理，严厉打击制售假冒伪劣农资“黑窝点”，依法取缔违法违规生产经营企业。进一步强化部门联动和信息共享，建立假劣农资联查联办机制，强化大案要案查处曝光力度，震慑违法犯罪行为。深入开展放心农资下乡进村入户活动。

四、规范生产行为

（九）**强化生产指导** 加强对农产品生产全过程质量安全督导巡查和检验监测，推动农产品生产经营者在购销、使用农业投入品过程中执行进货查验等制度。政府监管部门和农业技术推广服务机构要强化农产品安全生产技术指导和服务，大力推进测土配方施肥和病虫害统防统治，加大高效低毒低残留药物补贴力度，进一步规范兽药、饲料和饲料添加剂的使用。

（十）**推行生产档案管理** 督促农产品生产企业和农民专业合作社依法建立农产品质量安全生产档案，如实记录病虫害发生、投入品使用、收获（屠宰、捕捞）、检验检测等情况，加大对生产档案的监督检查力度。积极引导和推动家庭农场、生产大户等农产品生产经营主体建立生产档案，鼓励农产品生产经营散户主动参加规模化生产和品牌创建，自觉建立和实施生产档案。

（十一）**加快推进农业标准化** 以农兽药残留标准制修订为重点，力争三年内构建科学统一并与国际接轨的食用农产品质量安全标准体系。支持地方农业部门配套制定保障农产品质量安全的质量控制规范和技术规程，及时将相关标准规范转化成符合生产实际的简明操作手册和明白纸。大力推进农业标准化生产示范创建，不断扩大蔬菜水果茶叶标准园、畜禽标准化规模养殖场、水产标准化健康养殖场建设规模和整乡镇、整县域标准化示范创建。稳步发展无公害、绿色、有机和地理标志农产品，大力培育优质安全农产品品牌，加强农产品质量认证监管和标志使用管理，充分发挥“三品一标”在产地管理、过程管控等方面的示范带动作用，用品牌引领农产品消费，增强公众信心。

五、推行产地准出和追溯管理

（十二）**加强产地准出管理** 因地制宜建立农产品产地安全证明制度，加强畜禽产地检疫，督促农产品生产经营者加强生产标准化管理和关键点控制。通过无公害农产品产地认定、“三品一标”产品认证登记、生产自查、委托检验等措施，把好产地准出质量安全关。加强对产地准出工作的指导服务和验证抽检，做好与市场准入的有效衔接，实现农产品合格上市和顺畅流通。

（十三）**积极推行质量追溯** 加快建立覆盖各层级的农产品质量追溯公共信息平台，制定和完善质量追溯管理制度规范，优先将生猪和获得“三品一标”认证登记的农产品纳入追溯范围，鼓励农产品生产企业、农民专业合作社、家庭农场、种养大户等规模化生产经营主体开展追溯试点，抓紧依托农业产业化龙头企业和农民专业合作社启动创建一批追溯示范基地

（企业、合作社）和产品，以点带面，逐步实现农产品生产、收购、贮藏、运输全环节可追溯。

（十四）规范包装标识管理 鼓励农产品分级包装和依法标识标注。指导和督促农产品生产企业、农民专业合作社及从事农产品收购的单位和个人依法对农产品进行包装分级，推行科学的包装方法，按照安全、环保、节约的原则，充分发挥包装在农产品贮藏保鲜、防止污染和品牌创立等方面的示范引领作用。指导农产品生产经营者对包装农产品进行规范化的标识标注，推广先进的标识标注技术，提高农产品包装标识率。

六、加强农产品收贮运环节监管

（十五）加快落实监管责任 按照国务院关于农产品质量和食品安全新的监管职能分工，抓紧对农产品收购、贮藏、保鲜、运输环节监管职责进行梳理，理清监管边界，消除监管盲区。加快制定农产品收贮运管理办法和制度规范，抓紧建立配套的管控技术标准和规范。探索对农产品收贮运主体和贮运设施设备进行备案登记管理，推动落实农产品从生产到进入市场和加工企业前的收贮运环节的交货查验、档案记录、自查自检和无害化处理等制度，强化农产品收贮运环节的监督检查。

（十六）加强“三剂”和包装材料管理 强化农产品收贮运环节的保鲜剂、防腐剂、添加剂（统称“三剂”）管理，制定专门的管理办法，加快建立“三剂”安全评价和登记管理制度。加大对重点地区、重点产品和重点环节“三剂”监督检查。强化对农产品包装材料安全评估和跟踪抽检。推广先进的防腐保鲜技术、安全的防腐保鲜产品和优质安全的农产品包装材料，大力发展农产品产地贮存保鲜冷链物流。

（十七）强化畜禽屠宰和奶站监管 认真落实畜禽屠宰环节质量安全监管职责，严格生猪定点屠宰管理，督促落实进场检查登记、肉品检验、“瘦肉精”自检等制度。强化巡查抽检和检疫监管，严厉打击私屠滥宰、屠宰病死动物、注水及非法添加有毒有害物质等违法违规行为。严格屠宰检疫，未经检验检疫合格的产品，不得出场销售。加强婴幼儿乳粉原料奶的监督检查。强化生鲜乳生产和收购运输环节监管，督促落实生产、收贮、运输记录和检测记录，严厉打击生鲜乳非法添加。

（十八）切实做好无害化处理 加强病死畜禽水产品和不安全农产品的无害化处理制度建设，严格落实无害化处理政策措施。指导生产经营者配备无害化处理设施设备，落实无害化处理责任。对于病死畜禽水产品、不安全农产品和假劣农业投入品，要严格依照国家有关法律法规做好登记报告、深埋、焚烧、化制等无害化处理工作。

七、强化专项整治和监测评估

（十九）深化突出问题治理 深入开展专项整治，全面排查区域性、行业性、系统性风险隐患和“潜规则”，集中力量解决农兽药残留超标、非法添加有毒有害物质、产地重金属污染、假劣农资等突出问题。严厉打击农产品质量安全领域的违法违规行为，加强农业行政执法与刑事司法的有效衔接，强化部门联动和信息共享，建立健全违法违规案件线索发现和通报、案件协查、联合办案、大要案奖励等机制，坚持重拳出击、露头就打。

（二十）强化检验监测和风险评估 细化各级农业部门在农产品检验监测方面的职能分工，不断扩大例行监测的品种和范围，加强会商分析和结果应用，确保农产品质量安全得到有效控制。强化农产品质量安全监督抽查，突出对生产基地（企业、合作社）及收贮运环节的执法检查和产品抽检，加强检打联动，对监督抽检不合格的农产品，依托农业综合执法机构及时依法查处，做到抽检一个产品、规范一个企业。大力推进农产品质量安全风险评估，将“菜篮子”和大宗粮油作物产品全部纳入评估范围，切实摸清危害因子种类、范围和危害程度，为农产品质量安全科学监管提供技术依据。

（二十一）强化应急处置 完善各级农产品质量安全突发事件应急预案，落实应急处置职责任务，加快地方应急体系建设，提高应急处置能力。制定农产品质量安全舆情信息处置预案，强化预测预警，构建舆情动态监测、分析研判、信息通报和跟踪评价机制，及时化解和妥善处置各类农产品质量安全舆情，严防负面信息扩散蔓延和不实信息恶意炒作。着力提升快速应对突发事件的水平，做到第一时间掌握情况，第一时间采取措施，依法、科学、有效进行处置，最大限度地将各种负面影响降到最低程度，保护消费安全，促进产业健康发展。

八、着力提升执法监管能力

（二十二）加强体系队伍建设 加快完善农产品质量安全监管体系，地县两级农业部门尚未建立专门农产品质量安全监管机构的，要在2014年底前全部建立，依法全面落实农产品质量安全监管责任。依托农业综合执法、动物卫生监督、渔政管理和“三品一标”队伍，强化农产品质量安全执法监督和查处。对乡镇农产品质量安全监管服务机构，要进一步明确职能，充实人员，尽快把工作全面开展起来。按照国务院部署，大力开展农产品质量安全监管示范县（市）创建，探索有效的区域监管模式，树立示范样板，全方位落实监管职责和任务。

（二十三）强化条件保障 把农产品质量安全放在更加突出和重要的位置，坚持产量与质量并重，将农产品质量安全监管纳入农业农村经济发展总体规划，在机构设置、人员配备、经费投入、项目安排等方面加大支持力度。加快实施农产品质检体系建设二期规划，改善基层执法检测条件，提升检测能力和水平。强化农产品质量安全风险评估体系建设，抓紧编制和启动农产品质量安全风险评估能力建设规划，推动建立国家农产品质量安全风险评估机构，提升专业性和区域性风险评估实验室评估能力，在农产品主产区加快认定一批风险评估实验站和观测点，实现全天候动态监控农产品质量安全风险隐患和变化情况。

（二十四）加强属地管理和责任追究 各级农业部门要系统梳理承担的农产品质量安全监管职能，将各项职责细化落实到具体部门和责任单位，采取一级抓一级，层层抓落实，切实落实好各层级属地监管责任。抓紧建立健全考核评价机制，尽快推动将农产品质量安全监管纳入地方政府特别是县乡两级政府绩效考核范围。建立责任追究制度，对农产品质量安全监管中的失职渎职、徇私枉法等问题，依法依纪严肃查处。

（二十五）加大科普宣传引导 依托农业科研院所和大专院校广泛开展农产品质量安全科普培训和职业教育，探索建立和推行农产品生产技术、新型农业投入品对农产品质量安全的影响评价与安全性鉴定制度。加强与新闻宣传部门的统筹联动和媒体的密切沟通，及时宣传农产品质量安全监管工作的推进措施和进展成效。加快健全农产品质量安全专家队伍，充分依托农产品质量安全专家和风险评估技术力量，对敏感、热点问题进行跟踪研究和会商研判，以合适的方式及时回应社会关切。加强农产品质量安全生产指导和健康消费引导，全面普及农产品质量安全知识，增强公众消费信心，营造良好社会氛围。

（二十六）加强科技支撑 强化农产品质量安全学科建设，加大科技投入，将农产品质量安全风险评估、产地污染修复治理、标准化生产、关键点控制、包装标识、检验检测、标准物质等技术研发纳入农业行业科技规划和年度计划，予以重点支持。要通过风险评估，找准农产品生产和收贮运环节的危害影响因子和关键控制点，制定分门别类的农产品质量安全关键控制管理指南。加快农产品质量安全科技成果转化和优质安全生产技术的普及推广。

（二十七）强化服务指导 依托农产品质量安全风险评估实验室、农产品质量安全研究机构等技术力量，鼓励社会力量参与，整合标准检测、认证评估、应急管理等技术资源，建立覆盖全国、服务全程的农产品质量安全技术支撑系统和咨询服务平台，全面开展优质安全农产品生产全程管控技术的培训和示范，构建便捷的优质安全品牌农产品展示、展销、批发、选购和咨询服务体系。

（二十八）推进信息化管理 充分利用“大数据”“物联网”等现代信息技术，推进农产品质量安全管控全程信息化。强化农业标准信息、监测评估管理、实验室运行、数据统计分析、“三品一标”认证、产品质量追溯、舆情信息监测与风险预警等信息系统的开发应用，逐步实现农产品质量安全监管全程数字化、信息化和便捷化。

当前和今后一个时期，确保农产品质量安全既是农业发展新阶段的重大任务，也是农业部门依法履职的重大责任。各级农业行政主管部门要切实负起责任，勇于担当，加强组织领导，积极与编制、发改、财政、商务、食药等部门加强协调配合，加快建立农产品质量与食品安全监管有机衔接、覆盖全程的监管制度，以高度的政治责任感和求真务实的工作作风，全力抓好农产品质量安全监管工作，不断提升农产品质量安全整体水平，从源头确保农产品生产规范和产品安全优质，满足人民群众对农产品质量和食品安全新的更高要求。

特色农产品区域布局规划（2013—2020）

（农业部 农计发［2014］1号 2014年1月28日）

我国《特色农产品区域布局规划》是《优势农产品区域布局规划》的重要补充，是优化我国农业生产力布局的重要指导性文件。《优势农产品区域布局规划》的实施，对于形成大宗作物产业带、提高产业化水平、保障国家粮食安全发挥了重要作用。《特色农产品区域布局规划》是发挥资源比较优势、形成优质特色农产品产区、推进农业综合开发、促进农民增收的重要抓手。2007年《特色农产品区域布局规划（2006—2015）》发布以来，取得了重要进展，为促进农业农村经济发展和农民持续增收打下了坚实基础。

随着工业化、城镇化和农业现代化的快速推进，特色农产品新品种、新产品、新品牌大量涌现，生产的专业化、规模化、标准化、市场化水平越来越高，特色农产品的品种品质、技术条件、空间布局、市场竞争力均发生较大变化，迫切需要对《特色农产品区域布局规划（2006—2015）》进行修编，进一步充实调整特色农产品品种范围和优势区布局，完善相关扶持政策，推进产业化进程，切实增加农民收入，推动现代农业发展。

修编后的规划重点发展10类144种特色农产品，结合《全国主体功能区规划》中"七区二十三带"农业战略格局要求，规划了一批特色农产品的优势区，并细化到县。规划期为2013—2020年。

一、《特色农产品区域布局规划（2006—2015）》实施的基本情况

（一）主要成效

自《特色农产品区域布局规划（2006—2015）》发布以来，各级各地农业部门加强规划实施力度，区域特色农产品产业快速发展，农业基础设施建设加强，农业科技成果应用开发加快，重大农业项目支持加大，重点特色农产品优势区基本形成，专业化生产水平进一步提高，建成了一批现代农业产业基地强县，特色农产品的品种、品质结构进一步优化，优势产业带（区）规模化、专业化、市场化水平显著提升，对周边地区的辐射和带动能力明显增强。

1. *区域农业发展格局有新突破* 特色农产品生产的区域化、规模化、专业化水平显著提升，一批新的优势产业区稳步发展壮大，区域资源得到合理高效利用，比较优势进一步巩固，各区域农业主体功能不断强化，分工合理、优势互补、各具特色、协调发展的特色农产品区域布局正在形成。四川省已初步形成川西"稻菜""稻菇"轮作产业带、川西南茶叶产业带、龙门山脉优质红心猕猴桃集中发展区。浙江省基本形成了沿杭州湾加工蔬菜产业区，沿海钜缘青蟹等特色水产养殖带，会稽山脉和天目山脉的香榧、山核桃等特色干果产业区，丘陵山地的杨梅、枇杷、名优茶、食用笋、山茶油等特色农产品产业区，并形成了珍珠、中药材、食用菌、花卉、龟鳖、蛋鸭等特色农产品产业集聚区。云南省初步形成了以滇中、滇东北为主的花卉、中药材产业区，以滇南、滇西南为主的茶叶、咖啡等特色饮料产业区，以滇西、滇西北为主的畜牧、药材产业区，以滇南、滇东南为主的热带水果、中药材产业区。重庆市初步形成了以涪陵、黔江为主的蚕桑产业区，以永川、荣昌为主的笋竹产业带，以九龙坡、北碚为主的花卉苗木产业区。安徽省形成以皖南和皖西为主的蚕茧产业区。陕西省强力实施果业提质增效工程，建成秦岭北麓、渭河以南百万亩猕猴桃优势产业带，面积、产量居世界第一。

2. *现代农业产业体系构建有新发展* 依托现代农业产业技术体系，围绕特色农产品发展，部分高校、科研机构积极开展种质资源收集、整理、培育，推广优良品种和优质高效标准化种养技术，加大现代设施技术在生产中的应用，提高了生产的集约化水平，农产品产量和质量得到了提升。尤其是特色农产品深加工技术、功能性食品的开发，使特色农产品的增值效益十分显著。江苏省的河蟹产业已发展成为全国产值最大的水产品之一，年产值超过200亿元，占全国河蟹产值的60%以上。浙江省的铁皮石斛产业已发展成为全国产销量最大的保健食品之一，产品产值达到20多亿元，占全国铁皮石斛产品产值的80%以上。部分发展良好的特色农产品产业现代经营理念深入人心，现代农业服务业快速发展，农产品产加销、贸工农一体化步伐明显加快。

3. *产业化水平有新提高* 通过特色农产品基地建设的带动，在优势主产区一批龙头企业快速成长，极大带动了当地特色农产品加工和市场拓展，推动了特色农业快速发展。同时，围绕特色农产品开发，形式多样的农民合作组织或协会纷纷建立，形成了基地农户＋合作社（协会）＋龙头企业的基本组织格局。云南的红葡萄酒、啤酒、花卉、茧丝绸、制药、果品等一批龙头企业或名牌产品快速成长。山东省各类果、菜、茶加工企业发展到2 215家，其中国家级龙头企业13家、省级龙头企业180家、较大规模的批发市场567个、农业部鲜活农产品定点批发市场60个。内蒙古油料加工企业104家、加工油料97万吨、加工率达76%。

4. *农产品品质提升有新保障* 随着特色农产品产业发展壮大，各地越来越重视质量监管体系建设。部分地区已初步建立了农产品质量安全标准、监管、执法、检测、追溯"五大体系"，着手组织制定修订省级农业地方标准，成立质量安全监管机构，积极开展无公害农产品产地、绿色食品和有机农产品原料基地的认证。截至2012年底，四川省累计认定无公害

农产品产地面积 4 315 万亩，绿色食品、有机农产品原料基地 1 577 万亩和 411 万亩；累计认证“三品一标”农产品 3 010 个，其中无公害农产品 1 737 个、绿色食品 1 005 个、有机农产品 187 个。甘肃省通过制定蔬菜质量标准体系，推广无公害蔬菜标准化生产技术，建成蔬菜标准化生产基地 420 个、面积 287 万亩、总产量 565 万吨、总产值 71.54 亿元，创建了 10 个国家级、37 个省级无公害蔬菜标准化生产示范基地县，产品质量显著提高。

5. *地理标志产品保护工作有新进展* 地理标志是产品质量和信誉的重要象征。近年来，随着特色农产品的发展，地理标志产品保护的“打造一个品牌，带活一个产业，富裕一方农民”作用得到有效彰显，有力地提升了我国特色农产品在国内和国际市场的竞争力。截至 2012 年，云南省已有 52 种产品成功获得国家工商总局颁发的地理标志证明商标，浙江省获地理标志商标的农产品有 142 个，内蒙古获国家地理标志保护农产品 36 个，四川省农产品地理标志产品（原产地）81 个。

（二）主要问题

1. *产业化水平不高* 目前，多数特色农产品生产还处在粗放、分散经营阶段，产品质量不稳。农民合作组织和行业协会覆盖面小、带动力不强、内部管理不规范、人才短缺，特别是带头人少、抵御市场风险的能力弱等问题依然突出。龙头企业数量少、规模小，主要以原料生产和初级加工为主，深加工、精加工等高附加值产品少，产业链条短，带动能力弱，公司加农户的利益联结机制不完善，带动农户增收能力有限，品牌小而散的状况依然未有较大改观，缺乏整合优势，影响市场竞争力。

2. *产品科技含量低* 支撑特色农产品发展的科技创新和新技术储备不足，应用落后，良种工程及技术推广体系不够完善，一些名特优产品因品种混杂、品质退化、质量下降而面临优势产品失去优势的危险。生产规模小而粗的现象仍然存在，整体上仍以原料出售为主，精深加工技术等后续技术研发落后、能力不足，影响着经济效益的提高。

3. *市场发育滞后* 特色农产品生产销售的国内外市场信息不灵，不能按市场需求生产。特色农产品资源多在边远山区，交通不便，生产资料供应、优良品种繁育、产品销售互相脱节，一些鲜活产品受道路和运输时间的限制，经常出现蔬菜、特色水果因外销滞阻，价格下跌，市场风险明显，挫伤农民积极性。部分特色农产品优质优价难以充分实现，阻碍了生产的发展和市场机遇的抢占。

4. *发展资金缺乏* 近年来，国家不断加大强农惠农富农政策支持力度。但是，国家已有的农业投资主要目标是保供增收，依据农产品优势区域布局来安排项目，丰富百姓的“米袋子”“菜篮子”，而投向特色农产品的资金总量偏小，难以满足发展的需要。政策性金融支持力度不够。政府引导、农民主体、多方参与的特色农产品产业建设的长效机制尚未形成。

5. *部分产品发展过度* 随着人们对特色农业产业增收作用认识程度的不断加深，受到部分农产品价格持续上涨的刺激，有些地方对于发展特色农业积极性空前高涨，对国内外消费市场的理性分析不足，导致部分产业开发过度，比如受茶叶价格不断提高的影响，部分西南山区的地方政府都在大力鼓励发展茶产业。目前我国茶叶消费以内销为主，产量过快上升引起效益下降的可能性增大，一旦市场波动，将对农民收入造成巨大影响。

二、深入推进特色农产品区域布局的战略意义

（一）有利于全面优化农业生产力空间布局

两轮《优势农产品区域布局规划》的颁布实施，对我国各地调整发挥地区比较优势、优化我国大宗农产品区域布局和建立现代农业产业体系发挥了重要作用。在此基础上，进一步选择地域性强、品质优和市场前景好的特色农产品，制定和实施《特色农产品区域布局规划（2013—2020）》，对指导各地充分利用资源比较优势，发展特色农业，引导特色农产品向最适宜区集中，加快培育优势产区，深化全国农业区域专业分工，深化农业结构战略性调整，加快形成科学合理的农业生产力布局具有重大意义。

（二）有利于形成农民收入的新增长点

目前我国特色农产品规模化和集约化开发程度不高，多处于原料型和初加工型生产阶段，附加值低，未能很好地形成“一村一品”优势，影响农业增效、农民增收。推进特色农产品区域化布局，引导特色农产品进一步向优势区集聚，发展适度规模生产，有利于吸引加工企业进入特色农产品产业化经营，带动加工、储藏、运输、营销等关联产业发展，全面提升特色农产品的品质和市场竞争力，加快培育区域特色产业。特别是特色农产品的生产大都为劳动密集型农业，产品的商品价值较高，发展特色农业有利于挖掘农业内部潜力，扩大农村就业，开拓农民增收渠道，形成农民收入的新增长点，实现产业富村，夯实新农村建设的经济基础。

（三）有利于满足市场多样化需求

当前，农业发展进入新阶段，农产品市场需求结

构呈现多元化和优质化趋势。随着城乡居民收入的增长，人们对农产品的营养功能、保健功能和食用安全性等个性化特殊需求旺盛，丰富多样的特色农产品备受市场青睐。优化特色农产品区域布局，加速现代生产要素向优势区定向聚集，有利于用现代高新技术改造传统特色农业，加快优势区现代农业建设，充分挖掘区域特色资源潜力，尽快形成新的特色农产品生产能力，增加优质特色农产品供给，满足日益细分的市场需求，提高人们的生活质量。

（四）有利于提高农业产业市场竞争力

进入21世纪以来，我国农业在更大范围和更高层次上参与国际竞争。从总体上看，我国特色农产品多是劳动密集型，具有较强竞争优势，大力发展特色农业是我国农业参与国际竞争，促进贸易平衡的重要手段。加快推动优势区特色农产品生产基地建设，全面推行标准化生产，提高产品品质，做强做大优势区特色品牌产品，可以将特色资源优势转化为现实的出口竞争优势，扩大出口，优化出口结构，这对于提高农业整体竞争力，广泛参与国际农业竞争具有重要意义。

（五）有利于保护生物多样性

生物多样性不仅为我们提供了食物、纤维、木材、药材和多种工业原料，而且在保持土壤肥力、保证水质以及调节气候等方面也发挥了重要作用。特色农业的关键之点就在于“特”，错综复杂的地形地貌和复杂多样的气候环境，为不同类型的植物提供了不同的生长环境。尊重自然规律，应用现代高新技术，因地制宜地开发和保护地方特色种质资源，有序推进特色农业，有利于更好地维护生物多样性，实现可持续发展。

三、特色农产品发展总体思路

（一）指导思想

以邓小平理论、“三个代表”重要思想、科学发展观为指导，落实“四化同步”的战略部署，以农业增效、农民增收为目标，以“完善布局、突破制约、升级产业”为主线，采取政府引导与市场运作相结合的方式，在产前和产后环节引入工商资本，深度挖掘区域特色资源潜力，加快培育一批 特色明显、类型多样、竞争力强的知名品牌和专业村、专业乡镇，加快培育特色农产品知名品牌和优势产区，打造现代特色农业产业链，逐步形成合理的区域分工和专业化生产格局，拓展国内外市场，做精做强特色农产品产业，实现农民的农业经营收入稳步增长，为社会主义新农村建设奠定产业基础。

（二）基本原则

1. 资源依托原则　发展特色农产品要紧扣区域独特资源与生态条件，突出区域特色和地方特色，将特色农产品生产集中布局在最适宜区内。

2. 市场导向原则　发展特色农产品必须坚持市场导向，既要瞄准现实需要，也要着眼潜在需求，既要占领国内市场，又要开发国外市场。在品种选择上突出品质特色、功能特色、季节特色，满足市场需求的多样化、优质化、动态化要求。

3. 产业开发原则　发展特色农产品着眼于特色农产品产业整体开发和整体竞争力的提高，通过延伸产业链和产业化经营，建立完整的特色农产品产业链，提高特色农产品整体竞争力。

4. 规模适度原则　发展特色农产品必须充分考虑资源与市场的特殊性，组织适度规模生产，以提高生产效率，保持产品自然特性和经济价值。

5. 科技支撑原则　发展特色农产品要以科技进步来保障特色农产品特有的品质，加强种质资源驯化，改造传统生产经营方式，稳定和增强特色产品的品质优势，培育核心竞争力。

6. 生态文明原则　发展特色农产品要防止过度开发，同时兼顾生态环境保护，建设生态文明特色产业村，促进特色农业可持续发展。

（三）产品及其优势区选择

1. 产品选择　规划期内，选择一批特色农产品进行重点培育。产品选择的主要标准：（1）品质特色：产品品质独特，功能特殊，有一定认知度。（2）规模优势：产品具有一定的规模，产业可延伸性强，有进行市场开发的价值。（3）市场前景：目标市场相对明确，现实市场竞争优势明显或具有潜在市场需求。

2. 优势区确定　规划期内，规划一批特色农产品优势产区进行重点扶持。确定优势区的主要依据：（1）生产条件：原产地或区域具备最适宜的自然生态条件，能生产品质优良、风味独特的特色产品。（2）产业基础：有生产传统，技术成熟，相对集中连片，市场半径和市场份额大，具备形成知名品牌、组建区域特色农产品产业体系的基础。（3）区域分工：特色产品发展符合区域分工，有利于发挥比较优势，形成优势互补的农业区域格局。

（四）发展目标

规划期内，重点发展10类144个特色农产品，制定和完善特色农产品有关的国家标准和行业标准，启动建设一批特色农产品标准化生产示范区，建立一批特色农产品原产地保护基地，开发驯化一批特色农产品名优品种，推广一批特色农产品的生产、加工、储藏适用技术，大力扶持特色农产品专业协会和农村合作经济组织，构建特色农产品质检体系、营销体系和信息平台，培育一批知名的特色农产品优势产区，逐步形成一批在国内外公认、拥有自主知识产权的知名品牌。

四、10 类特色农产品区域布局

规划期内，确定特色蔬菜、特色果品、特色粮油、特色饮料、特色花卉、特色纤维、道地中药材、特色草食畜、特色猪禽蜂、特色水产等 10 类特色农产品（见附件 1），重点予以扶持建设，尽快提高这些特色产品的市场竞争力，培植区域特色支柱产业。

（一）特色蔬菜

目前我国蔬菜生产整体上供大于求，存在结构性、季节性、地域性过剩现象，国内外市场竞争日趋激烈。然而，随着人们生活水平的提高和营养保健意识的增强，对蔬菜中的特色菜的需求逐步增加。特色蔬菜因其特有的品质、营养价值及功效，具有广阔的市场空间。但特色蔬菜发展中存在品种混乱、种植分散粗放、产后商品化处理能力差等问题，不能满足市场需求。规划期内重点发展 14 种特色蔬菜。

主攻方向：

（1）加强特色蔬菜良种繁育和推广，发展优质特色蔬菜；

（2）强化特色蔬菜产后处理，积极发展深加工，突出特色蔬菜的功能性开发，延长产业链，提高附加值；

（3）加快特色蔬菜质量标准体系建设，规范行业标准，提升产品市场竞争力，培育名牌产品。

优势区域：

（1）莲藕：江苏北部、浙江区、山东微山、江汉平原、广西中部；

（2）魔芋：秦巴武陵区、云贵川区；

（3）莼菜：江苏太湖区、浙江杭州、湖北武陵山区、重庆石柱、四川雷波；

（4）藠头：鄂湘赣区、云南区；

（5）芋头：浙闽区、山东、桂东北区、云南弥渡；

（6）竹笋：东南区、湖北区、西南区、陕南区；

（7）黄花菜：湘黔区、陕甘区；

（8）荸荠：浙江区、鄂中区、桂东北区、滇西区；

（9）山药：黄淮海区、云贵区、湖北区；

（10）黑木耳：东北区、浙闽区、秦巴伏牛山区、长江中上游地区、桂北区；

（11）银耳：福建区、秦巴山区、黔西北区；

（12）辣椒：东北区、黄淮海区、西南区、湖南区、西北区、海南区；

（13）花椒：西南区、藏东南、陕甘青区；

（14）大料：桂西南区、桂东南区、滇东南区。

发展目标：

到 2020 年，优势区良种覆盖率达到 96%以上，扶持建设一批特菜种植基地，以加工企业为龙头带动产业发展，实现高档蔬菜标准化生产，开发系列特色蔬菜产品，做精做强特菜名牌产品，提高特色蔬菜在国内外市场上的消费空间。

（二）特色果品

特色果品属于劳动和技术密集型农产品，市场竞争优势显著，国内外需求增量大，有着较大的发展空间。近年来我国特色果品快速发展，栽培面积、生产量和人均消费量都不断增加，出口大幅度增长，部分产品供不应求，已形成了一些特色果品产业化生产基地，且有加快发展的良好基础。但同时存在品种退化、品质下降、品种及熟期不合理、上市过于集中、市场压力过大、产业化程度低等问题。规划期内重点发展 25 种特色果品。

主攻方向：

（1）培育优良新品种，增加品种数量，发展早、晚熟品种，提高均衡上市能力；

（2）开展技术示范和技术培训，提高产品品质和商品一致性，加强采后处理和保鲜技术研发，开发新加工产品、开拓新市场；

（3）加强对引进品种和种苗的检疫性病虫害检疫管理工作，强化对重点病虫害的防患；

（4）健全特色果品品质、安全标准和监督、管理机制，加强特色果品产地认证。

优势区域：

（1）葡萄：华北区、东北区、华东区、中南区、西南区、西北区；

（2）特色梨：塔里木盆地北缘（库尔勒香梨）、山东莱阳（莱阳茌梨）、冀中和鲁西北（鸭梨）、冀中（雪花梨）、鲁苏皖黄淮平原（砀山酥梨、丰水）、河南南部（中梨 1 号、黄冠）、吉林延边（苹果梨）、辽宁沿海（南果梨、锦丰梨）、甘肃河西走廊（苹果梨）、京郊（京白梨）、云南中部（翠冠、满天红）；

（3）特色桃：北京产区、河北产区、晋南产区、辽南产区、山东产区、陕甘高原产区、苏浙沪区、鄂北产区、成都产区、皖北产区、滇黔产区、桂北产区、东南产区；

（4）樱桃：河北秦皇岛、辽南、江苏栖霞、山东胶东半岛和泰沂西部、关中一天水产区、青海乐都；

(5) 石榴：河北元氏、安徽怀远、山东枣庄、琼东地区、川滇区、新疆绿洲区；

(6) 杨梅：浙闽大部、云南中东部；

(7) 枇杷：浙闽粤区、湘桂区、四川区、江苏吴中、安徽歙县；

(8) 特色柚：闽粤区、桂东北湘南区、浙江中南部、湖北宣恩；

(9) 猕猴桃：河北坝上、陕西关中、甘肃陇南、渝湘黔区、江西西北部、江苏沿海、川中区、豫西地区；

(10) 特色枣：冀鲁豫平原、黄土高原、甘肃民勤、新疆南部、辽西北区、闽南区、海南区；

(11) 特色杏：冀北山区（仁用杏)、辽西地区（仁用杏)、南疆地区（鲜食杏)；

(12) 特色核桃：云南中西部、晋冀区、青海东部、藏东南、南疆地区、鄂西、山东泰山，浙皖天目山区（山核桃)、辽东南；

(13) 板栗：京津冀区、辽东地区、鲁中低山丘陵、福建北部、鄂皖大别山区、陕南鄂西、云南中部；

(14) 柿子：京冀太行山区、陕甘区、桂北区、湖北罗田；

(15) 香榧：浙江会稽山脉；

(16) 龙眼：粤桂南部、福建沿海、海南、滇西南干热河谷；

(17) 荔枝：粤桂南部、福建沿海、海南、滇西南干热河谷、四川泸州；

(18) 香蕉：海南—雷州半岛、粤西—桂南、桂西南—滇南—滇西南、珠三角—粤东—闽南；

(19) 橄榄：闽粤沿海；

(20) 椰子：海南；

(21) 腰果：海南；

(22) 菠萝：桂西南、闽粤南部、海南东部、滇南和干热河谷；

(23) 芒果：粤桂南部、海南西部、滇南、川滇干热河谷、闽南；

(24) 番木瓜：粤桂南部、滇东南；

(25) 槟榔：海南、闽南。

发展目标：

到 2020 年，培育 80～100 个具有我国独特品质、有市场竞争力的特色果品品种；优化特色果品结构，加强果品采收技术研发；推进标准化生产，形成生产、加工、营销一体化的产业链，培育特色果品著名品牌，扩大国际市场份额。

(三) 特色粮油

我国特色粮油产品种类繁多，品质优良，市场需求增长空间大。特色粮油大部分属于抗旱作物，是我国半干旱地区的主要粮食作物。它不但可以食用，而且可广泛应用于化工和医药等领域，具有很高的营养保健功能和综合利用价值，在国际市场上具有明显的品质优势与价格优势，是我国重要的出口农产品，出口量约占世界出口量的 10%左右。但是，目前我国特色粮油产品生产存在种植粗放、品种混杂、退化严重、加工开发不足、出口市场秩序混乱等突出问题。规划期内重点发展 19 种特色粮油。

主攻方向：

(1) 加强良种繁育与优良品种鉴选，加快优质专用品种推广应用步伐；

(2) 加强出口基地、加工原料基地建设，推广保优节本高产栽培技术，推进生产技术与产品的标准化；

(3) 积极扶持龙头企业，推进产业化经营，开发优质特色粮油系列产品，培育一批名牌产品；

(4) 加强特色粮油产品质量安全管理，建立健全特色粮油相关的质量、技术和环境标准及全程质量安全控制体系。

优势区域：

(1) 芸豆：河北、山西、内蒙古、吉林、黑龙江、山东、重庆、四川、贵州、云南、陕西、甘肃、新疆等地的部分县市；

(2) 绿豆：河北、山西、内蒙古、辽宁、吉林、黑龙江、江苏、安徽、山东、河南、湖北、广西、重庆、四川、贵州、陕西、新疆等地的部分县市；

(3) 红小豆：北京、天津、河北、山西、内蒙古、辽宁、吉林、黑龙江、江苏、山东、湖北、四川、贵州、云南、陕西、甘肃等地的部分县市；

(4) 蚕豆：河北、江苏、安徽、湖北、广西、重庆、四川、贵州、云南、陕西、甘肃、青海、宁夏等地的部分县市；

(5) 豌豆：河北、山西、江苏、山东、湖北、广东、重庆、四川、贵州、云南、甘肃、青海、宁夏等地的部分县市；

(6) 豇豆：大兴安岭南麓地区；

(7) 荞麦：河北、山西、内蒙古、安徽、广西、重庆、四川、贵州、云南、西藏、陕西、甘肃、宁夏等地的部分县市；

(8) 燕麦：河北、山西、内蒙古、吉林、四川、贵州、云南、甘肃、宁夏等地的部分县市；

(9) 青稞：四川、云南、西藏、甘肃、青海等地的部分县市；

(10) 谷子：河北、山西、内蒙古、辽宁、吉林、黑龙江；

(11) 糜子：河北、山西、内蒙古、辽宁、吉林、黑龙江、陕西、甘肃、宁夏等地的部分县市；

(12) 高粱：河北、山西、内蒙古、辽宁、吉林、黑龙江、山东、湖北、重庆、四川、贵州、陕西、甘肃、新疆等地的部分县市；

(13) 薏苡：浙江、广西、贵州、云南等地的部分县市；

(14) 啤酒大麦：内蒙古、黑龙江、江苏、安徽、河南、云南、陕西、甘肃、新疆等地的部分县市；

(15) 啤酒花：甘肃、新疆等地的部分县市；

(16) 芝麻：吉林、江苏、安徽、福建、江西、河南、湖北、陕西、新疆等地的部分县市；

(17) 胡麻：河北、山西、内蒙古、陕西、甘肃、宁夏、新疆等地的部分县市；

(18) 向日葵：山西、内蒙古、辽宁、吉林、黑龙江、新疆等地的部分县市；

(19) 木本油料：浙江、湖北、湖南、贵州等地的部分县市。

发展目标：

到 2020 年，培育 100 个以上特色粮油名牌产品，优势区产品优质率达到 96%以上；建成一批专用化生产基地，满足国内外细分市场的品质、规格需求。提高加工转化率，加强即食性食品研发，创造新的消费热点，增加市场占有份额，扩大出口规模。

(四) 特色饮料

茶叶、咖啡是风靡世界的无酒精特色饮料。我国茶文化历史悠久，茶种资源丰富，有一批地方特色明显的名茶。但茶叶原产地保护力度不够，茶农缺乏必要的技术指导，产品质量安全生产技术和保证体系不健全等问题突出。我国云南和海南是世界高档咖啡豆适宜种植区，近年咖啡加工技术不断进步，咖啡国内消费需求和出口稳步增长。主要问题是咖啡园建设质量不高，品种混杂，生产技术和管理跟不上，精深加工和规模化程度不高，出口企业无序竞争，直接影响国际市场竞争力。规划期内重点发展 5 种特色饮料。

主攻方向：

茶叶：改良茶树品种，稳步推进良种化进程；改善茶叶种植环境，加强茶树病虫害监控；全面推广茶叶标准化生产，加强初制茶厂改造与加工环境整治，确保茶叶优质安全。整合品牌，形成产业聚集。

咖啡：推广优良品种，提高单产；建立优质咖啡种植园和精品咖啡脱壳加工厂；研发咖啡深加工新产品，建立咖啡交易中心，做强咖啡品牌。

优势区域：

(1) 红茶：皖南、滇西、赣西北、粤桂部分县、福建；

(2) 乌龙茶：闽西北、闽南、粤东、粤西；

(3) 普洱茶：滇西南；

(4) 绿茶：江苏、浙江、安徽、江西、福建、河南、湖北、湖南、广东、广西、海南、重庆、四川、贵州、云南、陕西、甘肃等地的部分县市；

(5) 咖啡：云南西南部、广东雷州半岛、海南北部。

发展目标：

到 2020 年，优势区全面实现标准化生产，控制农药和重金属残留；加大资源原产地保护和新产品研发力度，扶持一批加工型龙头企业，改善加工工艺；整合品牌，规范市场；中西部优势区创建一批特色饮料地域性名牌，提高区域产品的认知度。

(五) 特色花卉

花卉消费正在由集团消费和节假日消费向家居日常消费发展，市场前景广阔。20 世纪 90 年代以后，世界花卉贸易额每年以 10%的速度递增。世界花卉生产格局正在由发达国家向资源较丰富、气候适宜、劳动力和土地成本低的发展中国家转移，这为我国花卉业的发展提供了良好的机遇。我国花卉产业已具雏形，具备进一步发展的基础。目前存在的主要问题是，种质资源保护不够，缺乏专利品种，品种结构不合理，生产方式落后，花卉市场建设滞后。规划期内重点发展 4 类特色花卉。

主攻方向：

(1) 研发新品种和申请专利。

(2) 加强鲜切花的保鲜、盆栽花卉的栽培与繁殖等关键技术研发。

(3) 引进国外先进种球繁育、产后加工保鲜、质量及病毒检测等技术，以及温室成套设备和采后处理生产工艺线等。

(4) 建立和完善鲜切花行业标准。

(5) 加强市场体系建设，建立发达的花卉供销网络。

优势区域：

(1) 鲜切花：云南中部、浙江东北部；

(2) 种球花卉：福建漳州、青海东部、滇西北和滇东北、甘肃中部、辽宁凌源；

(3) 盆栽花卉：福建沿海、浙江中北部、广东珠江三角洲、江苏如皋、辽宁海城、天津东丽；

(4) 园林花卉：湖北、河南。

发展目标：

到 2020 年，努力培育一批具有自主知识产权的特色花卉新品种，优化品种结构；建立技术推广和培训体系，实现产业升级，初步形成科研与生产互动互惠的研发机制；建设规范的花卉拍卖市场。

（六）特色纤维

我国特色纤维在世界占有重要的地位，茧丝和麻类两类特色纤维的生产总量居于世界前列。其中蚕茧和丝产量均占 世界生产总量 80%左右，是主导世界茧丝价格走势的茧丝绸原料大国；我国苎麻产量世界第一，出口量占世界苎麻出口的 95%；亚麻、红麻和黄麻产量世界第二。同时，我国特色纤维在国际市场上具有较强的质量和价格竞争优势，是我国极为重要的出口创汇产品。目前存在的主要问题是，桑园分散，缺乏方便适用的蚕茧质量检测技术，国际市场的强烈影响和出口企业的无序竞争造成蚕茧收购价格波动比较大；麻类优质品种比重低，剥麻设备简陋，劳动强度大，综合利用能力低，麻类加工导致环境污染严重。规划期内重点发展 4 种特色纤维。

主攻方向：

蚕茧：控制规模，调整布局，蚕桑“西进”；强化基础设施建设，推行标准化生产，建设优质高产稳产蚕桑新基地；推广优良桑、抗寒桑树新品种，蚕新品种和省力化养蚕等优质蚕茧生产技术，提高桑茧生产水平及质量，增加蚕农收入。

麻类：积极培育优质麻类新品种，提高优质品种覆盖率；研制剥麻设备，降低麻农劳动强度，提高剥麻效率和纤维质量。增加产品种类，提高产品的附加值。大力发展特色纤维（麻类）替代森林造纸，建立综合开发利用技术体系，提高麻类综合利用水平，减轻环境污染。

优势区域：

（1）蚕茧：广西中部、川东南、渝东南、云南、苏北、浙江中北部和西部、鄂北、粤西粤北、陕甘南部、皖南（桑蚕）；豫南、东北地区（柞蚕）；

（2）苎麻：湘鄂赣、川东—渝中南地区、桂北地区；

（3）亚麻：黑龙江、新疆伊犁、甘肃中东部；

（4）剑麻：华南南部。

发展目标：

到 2020 年，综合开发利用特色纤维资源，发展集约高效生态型特色纤维业，形成生产—纺织—贸易—体化的产业体系，增强产业国际竞争力，全面提高优势区特色纤维生产的经济效益和生态效益。

（七）道地中药材

随着大众健康意识的快速提升和国际社会对中国传统中药的认同和接受，我国中药材产业的发展赢得了良好的发展空间，中药材产品市场需求不断增长。中药材市场竞争力强，发展潜力大，在国际贸易中的份额逐年上升。目前存在的主要问题是，道地药材品种退化严重。种植组织化、产业化程度和科技含量较低。市场监管不力，伪劣药材产品充斥市场。中药材品种繁多，不同品种的需求量差异明显，市场价格年际波动很大。规划期内重点发展 25 种中药材。

主攻方向：

（1）推动中药材产品原产地认证工作，加强野生地道药材资源保护。

（2）规范中药材栽培和产地加工技术，保证中药材质量。

（3）降低农药残留和重金属对环境和药材的污染，保证中药材安全。

（4）加快对中药材病虫害发生发展规律及防治技术的研究。

优势区域：

（1）三七：桂西南、滇东南；

（2）川贝母：川西、藏东、甘肃南部；

（3）天麻：云贵川、秦巴山区、武陵山区、皖西；

（4）怀药：河南焦作；

（5）杜仲：秦巴山区、武陵山区、大娄山区、湖南中东部部分县市；

（6）枸杞：宁蒙河套地区、新疆精河、青海中西部；

（7）黄芪：内蒙古中东部、辽宁东部、吉林长白山、黑龙江北部、川西北、山东半岛、陕西中部、甘肃南部、青海东部；

（8）人参：长白山；

（9）丹参：天津蓟县、四川中江和青川、湖北孝感、甘肃南部；

（10）林蛙：长白山及大小兴安岭、辽西个别县市；

（11）鹿茸：辽宁北部、吉林中南部、黑龙江中南部；

（12）当归：滇西北、甘肃南部；

（13）罗汉果：桂东北；

（14）北五味子：东北区；

（15）浙贝母：浙江中部；

（16）川芎：四川成都；

（17）金银花：河南新乡、山东平邑、四川巴中、广西忻城；

（18）白术：贵州松桃县、河北安国市、河南、浙江；

（19）藏药：藏区；

（20）甘草：黑龙江西南部、新疆中西部；

（21）黄芩：河北、山东；

（22）桔梗：河北安国、鲁中地区、豫南—鄂北；

（23）细辛：辽宁东部；

(24) 龙胆草：辽宁东部、黑龙江西南部；

(25) 山茱萸：豫西、浙西北。

发展目标：

到 2020 年，建设一批优质道地中药材生产基地；大幅度提高优势区中药材标准化、产业化和组织化水平；建立中药材原产地种源基地保护区。

(八) 特色草食畜

近年来，我国特色畜禽产品消费需求增长迅速，牛、羊和驴等特色草食畜发展前景广阔。

(1) 特色牛：延边牛、郏县红牛、复州牛、湘西黄牛、牦牛等优秀地方牛品种均具有肉质好、味道鲜美独特、感官好等特点，近些年市场需求快速增加。目前存在的主要问题是：生长速度慢，优质种牛群体规模小，肉牛生产和深加工技术落后于发达国家，牛肉在国际市场上缺乏竞争力，高档牛肉产量低，质量及档次不能满足市场需求，大部分依赖进口。

(2) 特用羊：在纺织产品出口拉动下，国产细羊毛市场需求逐步增加。我国羊绒衫占国际市场份额的75%左右，原绒产量占全球产量的 80%。藏系绵羊毛具有弹性大、拉力强和光泽度高的特点，是纺织地毯的上等原料。滩羊是在特定生态环境条件下育成的独特名贵裘皮用绵羊品种。目前存在的主要问题是：特用羊品种退化，优质种羊规模小，舍饲技术不完善；羊绒和羊毛剪毛机械化程度低，产品混装混卖，质量及档次结构不能适应市场需求。

(3) 驴：随着人们生活水平的快速提高，对驴肉、阿胶的市场需求越来越大，部分优良地方驴品种的肉用、药用和乳用等多功能价值日渐凸显。目前存在的主要问题是：优质种驴规模小，驴肉及其产品深加工技术落后，高档驴肉产量低，质量及档次低，不能满足市场需求。

(4) 兔：兔肉肉质细嫩、味美香浓、久食不腻，营养价值、药用价值都很高。

(5) 鹿：鹿全身都是宝，可以开发出多种药品、滋补保健品、食品、化妆品和优质的有基肥，其医疗保健价值尤其显著。规划期内重点发展 22 种特色草食畜。

主攻方向：

特色牛：①加强优良地方牛品种原产地保种场、保护区建设，保护与开发相结合，遏制能繁母牛养殖数量下降趋势。②开发地方牛品种高档牛肉和牛肉制品，促进特色产品精深加工发展。③推广专业化育肥新技术，提高饲草料资源利用率。④因地制宜开展人工种草，建设饲草料储备和防灾减灾设施，稳定生产能力。⑤规范饲养技术，严格投入品和屠宰加工监管，确保牛肉和牛肉制品产品质量安全。

特用羊：①建设原种场、扩大种羊规模，提高个体繁殖性能和产肉、产毛（绒）和羊毛（绒）品质。②推广牧＋舍饲养殖技术，控制存栏、提高母畜、加快周转、增快出栏，保护草地，缓解草畜矛盾。③加快建设机械化剪毛和毛、绒分级等基础设施。④建立滩羊保护区。

特色驴：①加强优良地方驴品种原产地保种场、保护区建设，进行本品种选育，品系繁育，保护与开发相结合。②培育壮大一批带动能力强的养殖、屠宰加工龙头企业，提升标准化、规模化、产业化发展水平。③开发高档驴肉产品、阿胶产品等，促进特色产品精深加工发展，完善产业链条，强化品牌创建。

优势区域：

(1) 牦牛：青藏高原、南疆中部；

(2) 延边牛：东北三省东部；

(3) 渤海黑牛：山东北部；

(4) 郏县红牛：河南中西部；

(5) 复州牛：辽宁南部；

(6) 湘西黄牛：湖南湘西北地区；

(7) 奶水牛：广西、云南；

(8) 德州驴：鲁北平原；

(9) 关中驴：陕西关中平原；

(10) 晋南驴：山西南部；

(11) 广灵驴：山西东北部；

(12) 泌阳驴：河南南部；

(13) 福建黄兔：福建西南、福建东北；

(14) 闽西南黑兔：福建西南部；

(15) 九嶷山兔：湖南南部；

(16) 吉林梅花鹿：吉林省；

(17) 东北马鹿：东北三省东部地区、内蒙古赤峰；

(18) 细毛羊：新疆天山北坡及南坡地带、内蒙古中东部、甘肃祁连山区、青海中部；

(19) 绒山羊：西藏西部、内蒙古中西部、辽东半地区、辽西地区、新疆准噶尔盆地和塔里木盆地周边、青海柴达木；

(20) 藏系绵羊：青藏高原等藏区；

(21) 滩羊：宁夏中部、甘肃中部；

(22) 奶山羊：陕西中部、胶东半岛、四川中部。

发展目标：

到 2020 年，健全和完善良种繁育、动物防疫、市场信息等支撑体系。建立新型的草地生态畜牧业发展机制。发展畜产品精深化加工，形成一批与国际标准接轨、具有较强竞争力的加工企业。创建 10 个特色草食畜产品名牌。

（九）特色猪禽蜂

我国猪禽肉市场供需基本平衡，但特色肉类需求增长势头强劲，发展潜力大，市场前景看好。金华猪皮薄、骨细、肉嫩，是腌制金华火腿的原料；乌金猪肌肉发达，瘦肉比例高，是腌制“云腿”的原料；香猪体型矮小、肉质香嫩、皮薄骨细、早熟、乳猪无腥味，是加工制作高质量肉制品的原料；藏猪体型小、皮薄、瘦肉率高，风味独特。我国特色优质禽种质资源丰富，自然放养的地方优质地方鸡销售市场不断扩大，鹅、鸭等特色水禽正成为禽肉生产新的增长点；地方肉鸽品种有石岐鸽、塔里木鸽，石岐鸽肉质鲜嫩多汁，肉味鲜美，耐粗易养；塔里木鸽血、肉均可入药，具有治疗关节炎、风湿等疾病的功效。我国是世界蜂产品生产和出口大国，国内消费量日渐增加，50%蜂产品用于出口，蜂王浆产量占世界 90%。目前存在的主要问题是，品种杂乱，缺乏系统选育，品质参差不齐；生产模式落后，缺乏综合防疫设施，滥用和盲目用药现象严重；生产规模偏小，加工产品开发不足。规划期内重点发展 11 种特色产品。

主攻方向：

（1）实施原产地保护，保护与开发相结合。

（2）进行特色品种的保种与提纯。

（3）改进养殖方式，扩大生产规模，建立标准化生产示范区，提高疫病监控水平，增强产业开发，形成产业链。

（4）建设原产地保种场、保护区，保护与开发相结合。

（5）进行特色品种的选育与提纯。

（6）扩大生产规模，建立标准化生产示范区，增强产业开发，形成产业链。

（7）推进特色产品及其副产品精深加工发展，强化品牌创建，完善产业链。

优势区域：

（1）金华猪：浙江中西部、江西东北部；

（2）乌金猪：云贵川乌蒙山和大小凉山地区；

（3）香猪：黔东南、桂西北；

（4）藏猪：西藏东南部、云南西北部、四川西部、甘肃南部；

（5）滇南小耳猪：滇西边境山区；

（6）八眉猪：陕西泾河流域、甘肃陇东、青海东部；

（7）太湖猪：江苏、浙江和上海交界的太湖流域；

（8）优质地方鸡：北京、山西、辽宁、黑龙江、上海、浙江、安徽、福建、江西、山东、河南、湖北、湖南、广东、广西、海南、重庆、四川、贵州、云南、西藏、陕西、青海、新疆等地的部分县市；

（9）特色水禽：长江中下游区、东南沿海区、西南区、黄淮海区、东北松花江区；

（10）特色肉鸽：新疆塔里木盆地西部（塔里木鸽）、广东中南部、珠江三角洲地区（石岐鸽）；

（11）特色蜂产品：东北区（包括吉林和黑龙江 2 省）、中南区（包括河南、湖北、湖南、广东、广西、海南 6 省、自治区）、华东区（包括江苏、浙江、安徽、江西、福建、山东 6 省）、西北区（包括陕西、甘肃、青海、宁夏和新疆 5 省、自治区）、西南地区（包括重庆、四川、云南和西藏 4 省、自治区、直辖市）和华北区（包括北京和河北 2 省、直辖市）。

发展目标：

到 2020 年，建立规范化的保种、繁育基地，实施标准化生产，开展系统的保种选育，挖掘精深加工潜力，发展特色肉产品及其他制品，打造知名品牌。

（十）特色水产

随着城乡居民消费水平的提高，国内特色水产的消费呈现大众化之势，其市场需求会逐步增加。鲍鱼、海胆、蟹、海参等特色水产，因味道鲜美、营养丰富而备受称誉，在国内外市场上十分畅销。目前存在的主要问题是，优良苗种覆盖率偏低，养殖标准化程度低，人工配给饲料的使用率低，养殖环境恶化，病害发生频繁，病害检测和防治技术滞后，养殖产业链条短，深加工比例较小，产业化与组织化程度低。规划期内重点发展 15 种特色水产。

主攻方向：

（1）加强苗种繁育与养殖技术研究，提高产品品质。

（2）实施标准化养殖，建设安全生产基地。

（3）合理控制养殖规模与密度，改善养殖生态环境。

（4）提高相关病害监测、防控水平，确保水产品食用安全。

（5）扶持养殖和加工龙头企业，提高养殖加工比例与产业化水平。

优势区域：

（1）鲍鱼：辽宁、山东、福建、广东、海南等地沿海；

（2）海参：辽宁、河北、山东、江苏、福建等地沿海；

（3）海胆：辽宁、山东、广东等地沿海；

（4）珍珠：江苏、浙江、安徽、江西、湖北、湖南、广东、广西、海南等地的部分县市；

(5) 鳜鱼：江苏、浙江、安徽、江西、湖北、湖南、广东等地的部分县市；

(6) 鲟鲟鱼：北京、河北、山西、辽宁、黑龙江、山东、湖北、四川、贵州、云南、甘肃、青海等地的部分县市；

(7) 长吻鮠：江苏、安徽、江西、湖北、广东、重庆、四川等地的部分县市；

(8) 青虾（学名为日本沼虾）：江苏、浙江、安徽、江西、山东、湖北的部分县市；

(9) 锯缘青蟹：浙江、福建、广东、广西、海南等地沿海；

(10) 黄颡鱼：辽宁、黑龙江、江苏、浙江、安徽、江西、湖北、湖南、四川等地的部分县市；

(11) 黄鳝：江苏、安徽、江西、湖北、湖南、四川等地的部分县市；

(12) 乌鳢：江苏、浙江、安徽、江西、山东、湖北、湖南、广东等地的部分县市；

(13) 鲶鱼：辽宁、江苏、安徽、江西、山东、湖北、湖南、广东、广西、四川等地的部分县市；

(14) 龟鳖：河北、江苏、浙江、江西、山东、河南、湖北、湖南、广东等地的部分县市；

(15) 海蜇：辽宁、河北、山东、江苏等地的沿海地区。

发展目标：

到 2020 年，全面推行健康养殖和绿色加工，有效预防和控制重大养殖病害，提高产品产量和质量，建设一批特色水产品健康养殖示范区，培育一批加工贸易型龙头企业，巩固国际市场的地位，扩大出口。

五、特色农产品发展的建设重点

从强化关键薄弱环节入手，推进特色农产品区域布局，重点突破五大优先领域，整体打造区域特色农产品产业体系，全面提升特色农产品品质和市场竞争力，实现可持续发展。

（一）特色农产品品种选育

目前，我国现有农业育种投入主要面向大宗农产品，对特色农产品关注少，栽培品种以自选自留自用为主，特色农产品优种率低，影响特色资源的开发利用。应加快建立特色农产品品种繁育体系，把优良品种（种子、种苗、种球、种畜）作为提升特色农产品市场竞争力的先导措施。

1. 特色农产品品种保护　加强特色农产品品种资源基因原生地保护，收集名、特、稀农产品品种资源，建设品种资源库，并进行品种提纯、复壮，保持特色农产品的优良品质特性，支撑特色农业可持续发展。

2. 特色农产品品种创新　在地方特色农产品品种保护的基础上，加大野生资源的驯化和品种创新工作力度，培育特色农产品新品种，为特色农产品发展提供品种资源储备，满足市场多样化、优质化需求。

3. 特色农产品良种繁育　建立特色农产品种苗繁育基地，重点强化基础设施，发展多种形式的种苗生产供应体系，保障特色农产品的种苗供给，大幅度提高良种覆盖率。

（二）特色农产品生产

1. 特色农产品生产示范区建设　在优势产区内选建一批特色农产品生产示范区，着力改善生产基础设施条件，保护生态环境。加强良种推广、病虫害防控和技术服务。推广标准化生产技术，通过产业化带动和辐射作用，促进产品集聚，提高市场竞争力，形成区域特色名牌产品。

2. 草地生态畜牧业生产基地建设　创新草地生态牧场建设，整合牦牛、藏羊、草地等生产资料，按生产组配套棚圈、配种点、划区围栏，发展特色草食畜适度规模经营，推进绿色、有机畜产品生产，在草原牧区形成畜牧业生产和草地资源保护协调发展的格局。

（三）特色农产品标准化

我国农产品标准化建设起步晚，特别是对具有明显地理区域特征的特色农产品缺乏保护措施与扶持力度，特色农产品市场比较混乱，缺乏统一的生产标准和技术规程，影响了产品质量和市场扩大。需要通过加快标准制定、标准化示范，全面提高我国特色农产品标准化生产水平。

1. 特色农产品标准制定与完善　加快制定和完善 10 类特色农产品的国家标准和行业标准，鼓励企业制定企业标准。建立一套适合我国国情、符合国际惯例的特色农产品生产和品质标准体系，对特色农产品生产、加工进行规范化管理。

2. 特色农产品的品质监控　建设和完善特色农产品质量监控体系，加强对特色农产品生产的监督、管理，提高检测水平和服务能力。建设特色农产品的质量认证体系，规范生产各环节管理。

（四）特色农产品技术创新与推广

特色农产品生产和加工缺乏科技支撑，新产品、新品种研发不足，科技推广和技术服务不到位，产品特而不优，影响市场竞争力和特色资源的有效开发。要大力推进特色农产品生产和加工技术的研发，加强农民技术培训。

1. 特色农产品生产技术研发　加强特色农产品优质品种生产技术和设施的研发，着力解决特色种养业生产中的关键技术。重点推广优质特色新品种及配套技术。

2. *特色农产品加工、储藏技术研发*　用高新技术改造传统加工技术，开发特色农产品加工、储藏与保鲜等新工艺和新设备，加强特色农产品小型加工机械的研制，建立具有地方和民族特色的加工技术体系。

3. *特色农产品生产技术培训*　开展特色农产品技术培训，培养特色农产品生产的技术能手，让优势区农户掌握特色农产品生产技术和科学管理模式。

（五）特色农产品加工

目前，我国特色农产品加工转化率低、集中度不高、精深度不足，影响特色农产品的多重增值。为此，要大力发展特色农产品加工业，延伸产业链，提高特色农产品附加值。

1. *特色农产品传统加工*　发展具有地方和民族特点的特色农产品传统加工业，保持和发扬特色传统加工工艺，突出加工产品的独特品质和风味，拓展特色农产品市场空间。

2. *特色农产品精深加工*　立足于现有加工业的技术改造，着力提高特色农产品的科技含量和精深加工能力。大力开发特色农产品的营养、保健和药用等多功能，满足市场均衡化、多样化需求，最大限度挖掘特色农产品的增值潜力。

（六）特色农产品营销

目前，特色农产品市场流通不畅，营销手段落后，产品分级包装、保鲜储运薄弱，成为影响产品顺畅销售和市场竞争力的重要因素。要搞好特色农产品产销衔接，提高农民组织化程度，促进特色农产品流通，实现产品 增值和产业增效。

1. *建设特色农产品专业市场*　通过农民合作组织，建立特色农产品产地分级包装以及配套发展保鲜储运设施。按照统筹规划、合理布局的原则，建设特色农产品产地集散中心及交易区。在有条件的地区，针对不同产品特性，推行产品拍卖、连锁经营、统一配送和电子商务等现代交易方式，建立农产品物流体系。

2. *建设特色农产品市场信息平台*　整合特色农业信息资源，健全农产品信息网络，建立公益性特色农产品信息平台，定期发布市场、生产、加工、科技和政策法规等相关信息，实现特色农产品生产、技术、供求等相关信息的共享，为企业和农户的经营活动提供服务。

3. *推进特色农产品精品建设*　整合现有特色农产品中的优质资源，培育发展一批优质、高端的精品，实现优质优价和满足中高档消费人群的消费，以高效益引导标准化生产，促进产业做大做强。

4. *培育知名特色品牌*　增强经营主体商标意识，鼓励有条件的企业或行业协会注册特色农产品商标。整合现有品牌资源，培育辐射带动力强、经济效益高的名牌特色农产品。规范特色农产品评比管理工作，加强品牌宣传，争创“中国名牌”和“中国驰名商标”，发挥品牌效应，提高特色农产品市场认知度和美誉度。通过组织企业到境外参加产品展览和推介会等方式，支持特色农产品走出国门，拓展国际市场空间，广泛参与国际竞争。

六、促进特色农产品区域布局的保障措施

（一）加强规划引导

各级有关部门要加强调查研究，摸清实际情况，准确认识和把握特色农产品发展客观规律，进一步统一思想，提高认识，把推进特色农产品区域化布局，作为建设社会主义新农村的一项重要措施。各地区要从当地实际出发，充分发挥规划的宏观指导作用，找准发展特色农产品的切入点，形成各具特色的发展模式，打造区域特色产业。要加强对国有农场特色产品发展的指导，使其成为所在区域发展特色农产品的重要力量。在推进特色农产品区域化布局过程中，要充分尊重农民意愿，不搞强迫命令，不急于求成，坚持市场取向，依靠产业政策，加快引导和推动。

（二）创新发展机制与政策

1. *创新特色农产品发展机制*　建立特色农产品信贷保障机制，鼓励政府、企业和社会资金合作建立针对农户和中小企业的多种担保组织和基金，解决农户和中小企业的贷款难问题。积极探索建立政府引导、农民投保、企业参与、合作保险、市场运作的特色农产品保险机制，防范和化解特色农业发展的自然风险和市场风险。

2. *完善特色农产品发展扶持政策*　已经制定和实施的支农惠农政策，要尽可能把扶持区域特色产业、发展“一村一品”纳入其中，并逐步规范化。根据特色农产品的特点和发展实际需要，尽快制定相应的专项扶持政策。

（三）加大投入力度

利用农业部现有项目和资金渠道，进一步加大对特色农产品发展的倾斜支持力度，重点扶持特色农产品的良种繁育、新产品研发、技术创新、市场建设、原产地维护和生产示范等关键环节。各省（自治区、直辖市）要加强沟通协调和工作宣传，引导各部门资金加大投入，广泛吸引金融资本、企业资本、社会资

本支持当地特色农产品发展。整合各类涉农资金，严格项目监管，提高资金使用效率，及时发挥投资效益。

（四）发展新型农业经营主体

加快培育种养大户、家庭农场、农民合作社、农业产业化龙头企业等新型经营主体，推进特色农产品发展专业化生产、集约化经营和社会化服务。要根据新型经营主体的不同特性，加强分类指导，实行差别化扶持政策，因地制宜明确界定各类主体的规范标准、登记办法，制定出台相应倾斜政策。着力扶持建立特色农产品农民合作组织，努力促进农民合作社规范化建设，不断增强农民合作社市场竞争能力，提高农民的市场主体地位。支持农业产业化龙头企业在优势区建设特色农产品生产、加工和出口基地，充分发挥企业的引领带动作用，与农民建立稳定的产销关系。通过发展订单农业等多种形式，在农业产业化龙头企业、中介组织和农民合作组织（基地）之间建立稳定的利益联结机制，让农户更多分享加工销售收益。

（五）建立健全法律法规体系

借鉴国际先进管理经验，尽快制定特色农产品原产地保护方面的法律、法规，保护提高特色产品的知名度，保证质量和特色。建立和完善特色农产品产地认证体系，实行原产地标识制度和产品质量追溯制度，引导促进优质特色农产品地理标识商标注册，制定地理标识产品生产技术规程和产品标准，规范地理标识使用和管理，维护原产地生产经营者的合法权益。加强生物多样性保护，建立濒危特色物种资源保护区和珍稀动植物品种繁育基地，实施严格保护制度，防止外来生物物种入侵，确保特色农产品发展的生态安全。

各地特色农产品丰富多样，一些地方品种未能纳入本规划。各地区可依据本规划，从当地实际出发，抓紧研究制定适合本地的特色农产品发展规划。

附件：特色农产品区域布局表（略）

中国食物与营养发展纲要(2014—2020)

（国务院　国办发［2014］3号　2014年1月28日）

近年来，我国农产品综合生产能力稳步提高，食物供需基本平衡，食品安全状况总体稳定向好，居民营养健康状况明显改善，食物与营养发展成效显著。但是，我国食物生产还不能适应营养需求，居民营养不足与过剩并存，营养与健康知识缺乏，必须引起高度重视。为保障食物有效供给，优化食物结构，强化居民营养改善，特制定本纲要。

一、总体要求

（一）指导思想

以邓小平理论、“三个代表”重要思想、科学发展观为指导，顺应各族人民过上更好生活的新期待，把保障食物有效供给、促进营养均衡发展、统筹协调生产与消费作为主要任务，把重点产品、重点区域、重点人群作为突破口，着力推动食物与营养发展方式转变，着力营造厉行节约、反对浪费的良好社会风尚，着力提升人民健康水平，为全面建成小康社会提供重要支撑。

（二）基本原则

坚持食物数量与质量并重：实施以我为主、立足国内、确保产能、适度进口、科技支撑的国家粮食安全战略。在重视食物数量的同时，更加注重品质和质量安全，加强优质专用新品种的研发与推广，提高优质食物比重，实现食物生产数量与结构、质量与效益相统一。

坚持生产与消费协调发展：充分发挥市场机制的作用，以现代营养理念引导食物合理消费，逐步形成以营养需求为导向的现代食物产业体系，促进生产、消费、营养、健康协调发展。

坚持传承与创新有机统一：传承以植物性食物为主、动物性食物为辅的优良膳食传统，保护具有地域特色的膳食方式，创新繁荣中华饮食文化，合理汲取国外膳食结构的优点，全面提升膳食营养科技支撑水平。

坚持引导与干预有效结合：普及公众营养知识，引导科学合理膳食，预防和控制营养性疾病；针对不同区域、不同人群的食物与营养需求，采取差别化的干预措施，改善食物与营养结构。

（三）发展目标

食物生产量目标：确保谷物基本自给、口粮绝对安全，全面提升食物质量，优化品种结构，稳步增强食物供给能力。到 2020 年，全国粮食产量稳定在 5.5 亿 t 以上，油料、肉类、蛋类、奶类、水产品等生产稳定发展。

食品工业发展目标：加快建设产业特色明显、集群优势突出、结构布局合理的现代食品加工产业体系，形成一批品牌信誉好、产品质量高、核心竞争力强的大中型食品加工及配送企业。到 2020 年，传统食品加工程度大幅提高，食品加工技术水平明显提升，全国食品工业增加值年均增长速度保持在 10%以上。

食物消费量目标：推广膳食结构多样化的健康消费模式，控制食用油和盐的消费量。到 2020 年，全国人均全年口粮消费 135kg、食用植物油 12kg、豆类 13kg、肉类 29kg、蛋类 16kg、奶类 36kg、水产品 18kg、蔬菜 140kg、水果 60kg。

营养素摄入量目标：保障充足的能量和蛋白质摄入量，控制脂肪摄入量，保持适量的维生素和矿物质摄入量。到 2020 年，全国人均每日摄入能量 9 196～9 614kJ，其中，谷类食物供能比不低于 50%，脂肪供能比不高于 30%；人均每日蛋白质摄入量 78g，其中，优质蛋白质比例占 45%以上；维生素和矿物质等微量营养素摄入量基本达到居民健康需求。

营养性疾病控制目标：基本消除营养不良现象，控制营养性疾病增长。到 2020 年，全国 5 岁以下儿童生长迟缓率控制在 7%以下；全人群贫血率控制在 10%以下，其中，孕产妇贫血率控制在 17%以下，老年人贫血率控制在 15%以下，5 岁以下儿童贫血率控制在 12%以下；居民超重、肥胖和血脂异常率的增长速度明显下降。

二、主要任务

（一）构建供给稳定、运转高效、监控有力的食物数量保障体系

稳定耕地面积，加快高标准农田建设，积极调整农业结构，提高粮食等重要农产品综合生产能力。大力发展畜牧业，提高牛肉、羊肉、禽肉供给比重。大力发展海洋经济，保障水产品供应。广辟食物资源，因地制宜发展杂粮、木本粮油等生产。大力发展农产品储藏、保鲜等产地初加工。积极推进物联网等信息技术应用，加强市场网络和配送服务体系建设，加快形成安全卫生、布局合理的现代食物市场流通体系。加强农产品数量安全智能分析与监测预警，健全中央、地方和企业三级食用农产品收储体系，增强宏观调控能力。更加积极地利用国际农产品市场和农业资源，有效调剂和补充国内食物供给。

（二）构建标准健全、体系完备、监管到位的食物质量保障体系

建立最严格的覆盖全过程的食物安全监管制度，健全各类食物标准，落实地方政府属地管理和生产经营主体责任，规范食物生产、加工和销售行为。加快推进原料标准化基地建设，集中创建一批园艺作物标准园、畜禽养殖标准化示范场、水产标准化健康养殖示范场和农业标准化示范县。完善投入品管理制度，加强农产品质量安全监管，推进农产品质量安全监管示范县创建活动。推进食物生产、加工和流通企业诚信制度建设，加大对失信企业惩处力度，增强企业诚信经营意识。加强食物安全信息共享与公共管理体系建设，健全快速反应机制，加强应急处置，强化舆论监督和引导。

（三）构建定期监测、分类指导、引导消费的居民营养改善体系

建立健全居民食物与营养监测管理制度，加强监测和信息分析。对重点区域、重点人群实施营养干预，重视解决微量营养素缺乏、部分人群油脂摄入过多等问题。开展多种形式的营养教育，引导居民形成科学的膳食习惯，推进健康饮食文化建设。

三、发展重点

（一）重点产品

1. *优质食用农产品*　全面推行食用农产品标准化生产，提升“米袋子”和“菜篮子”产品质量。大力发展无公害农产品和绿色食品生产、经营，因地制宜发展有机食品，做好农产品地理标志工作。积极培育具有地域特色的农产品品牌，严格保护产地环境。

2. *方便营养加工食品*。加快发展符合营养科学要求和食品安全标准的方便食品、营养早餐、快餐食品、调理食品等新型加工食品，不断增加膳食制品供应种类。强化对主食类加工产品的营养科学指导，加强营养早餐及快餐食品集中生产、配送、销售体系建设，推进主食工业化、规模化发展。发展营养强化食品和保健食品，促进居民营养改善。加快传统食品生产的工业化改造，推进农产品综合开发与利用。

3. *奶类与大豆食品*　扶持奶源基地建设，强化奶业市场监管，培育乳品消费市场，加强奶业各环节衔接，推进现代奶业建设。充分发挥我国传统大豆资源优势，加强大豆种质资源研究和新品种培育，扶持国内大豆产业发展，强化大豆生产与精深加工的科学研究，实施传统大豆制品的工艺改造，开发新型大豆食品，推进大豆制品规模化生产。

（二）重点区域

1. 贫困地区　采取扶持与开发相结合的方式，提高贫困地区居民的食物消费水平。创新营养改善方式，合理开发利用当地食物资源。动员社会各界参与扶贫开发，采取营养干预措施，实现贫困人口食物与营养的基本保障和逐步改善。

2. 农村地区　加快农村经济社会发展，增加农民收入。加强农村商贸与流通基础设施建设，将城镇现代流通业向广大农村地区延伸，推进"万村千乡"市场工程，开拓农村食物市场，方便农村居民购买食物。

3. 流动人群集中及新型城镇化地区　改善外来务工人员的饮食条件，加强对在外就餐人员及新型城镇化地区居民膳食指导，倡导文明生活方式和合理膳食模式，控制高能量、高脂肪、高盐饮食，降低营养性疾病发病率。

（三）重点人群

1. 孕产妇与婴幼儿　做好孕产妇营养均衡调配，重点改善低收入人群孕妇膳食中钙、铁、锌和维生素A摄入不足的状况，预防中高收入人群孕妇因膳食不合理而导致的肥胖、巨大儿等营养性疾病。大力倡导母乳喂养，重视农村地区6个月龄至24个月龄婴幼儿的辅食喂养与营养补充，加强母乳代用品和婴幼儿食品质量监管。

2. 儿童青少年　着力降低农村儿童青少年生长迟缓、缺铁性贫血的发生率，做好农村留守儿童营养保障工作。遏制城镇儿童青少年超重、肥胖增长态势。将食物与营养知识纳入中小学课程，加强对教师、家长的营养教育和对学生食堂及学生营养配餐单位的指导，引导学生养成科学的饮食习惯。强化营养干预，加大蛋奶供应，保障食物与营养需求。

3. 老年人　研究开发适合老年人身体健康需要的食物产品，重点发展营养强化食品和低盐、低脂食物。开展老年人营养监测与膳食引导，科学指导老年人补充营养、合理饮食，提高老年人生活质量和健康水平。

四、政策措施

（一）全面普及膳食营养和健康知识

加强对居民食物与营养的指导，提高全民营养意识，提倡健康生活方式，树立科学饮食理念。研究设立公众"营养日"。开展食物与营养知识进村（社区）入户活动，加强营养和健康教育。发布适宜不同人群特点的膳食指南，定期在商场、超市、车站、机场等人流集中地发放。发挥主要媒体对食物与营养知识进行公益宣传的主渠道作用，增强营养知识传播的科学性。加大对食物与营养事业发展的投入，加强流通、餐饮服务等基础设施建设。

（二）加强食物生产与供给

全面落实"米袋子"省长负责制和"菜篮子"市长负责制，强化地方人民政府的食物安全责任。加大对食用农产品生产的支持力度，保护农民发展生产的积极性。加大对食物加工、流通领域的扶持力度，鼓励主产区发展食物加工业，支持大中城市食品加工配送中心建设，发展共同配送、统一配送。加强农业生态环境保护，有效治理面源污染。支持到境外特别是与周边国家开展互利共赢的农业生产和进出口合作。

（三）加大营养监测与干预

开展全国居民营养与基本健康监测工作，进行食物消费调查，定期发布中国居民食物消费与营养健康状况报告，引导居民改善食物与营养状况。加大财政投入，改善老少边穷地区的中小学校和幼儿园就餐环境。

（四）推进食物与营养法制化管理

抓紧进行食物与营养相关法律法规的研究工作，适时开展营养改善条例的立法工作。针对食物与营养的突出问题，依法规范食物生产经营活动，开展专项治理整顿，营造安全、诚信、公平的市场环境。创新食物与营养执法监督，提高行政监管效能。弘扬勤俭节约的传统美德，形成厉行节约、反对浪费的良好社会风尚。

（五）加快食物与营养科技创新

针对食物、营养和健康领域的重大需求，引导企业加大食物与营养科技投入，加强对食物与营养重点领域和关键环节的研究。加强对新食物资源开发和食物安全风险分析技术的研究，在科技创新中提高食物安全水平。加强食物安全监测预警技术研究，促进食物安全信息监测预警系统建设。深入研究食物、营养和健康的关系，及时修订居民膳食营养素参考摄入量标准。

（六）加强组织领导和咨询指导

由农业部、卫生计生委牵头，发展改革委、教育部、科技部、工业和信息化部、财政部、商务部、食品药品监管总局、林业局等部门参加，建立部际协调机制，做好本纲要实施工作。继续发挥国家食物与营养咨询委员会的议事咨询作用，及时向政府提供决策咨询意见。省级人民政府要根据本纲要确立的目标、任务和重点，结合本地区实际，制定当地食物与营养发展实施计划。

食品安全风险交流工作技术指南

（国家卫生计生委　国卫办食品发［2014］12号　2014年1月28日）

为指导卫生计生系统承担食品安全相关工作的机构和人员科学、有效地开展风险交流工作，制定本《指南》。

一、概念及基本原则

食品安全风险交流，是指各利益相关方就食品安全风险、风险所涉及的因素和风险认知相互交换信息和意见的过程。食品安全风险交流工作以科学为准绳，以维护公众健康权益为根本出发点，贯穿食品安全工作始终，服务于食品安全工作大局。开展食品安全风险交流坚持科学客观、公开透明、及时有效、多方参与的原则。

二、基础条件

（一）组织机构与人员　应当明确各级食品安全相关机构开展风险交流的职责与任务，并确定机构内风险交流的归口管理部门（人员），建立机构内部统一领导、各相关部门（人员）参与的工作机制，有条件的食品安全相关机构应当配备风险交流的专职人员。

（二）风险交流专家库　风险交流专家库的主要作用是为风险交流工作提供科学建议与策略支持，并根据需要参与风险交流相关活动。专家库成员应当涵盖食品安全、医学、社会学、心理学、传播学、公共关系和法律等领域。

（三）人员培训　食品安全相关机构应当开展多种形式的风险交流技能培训，培养风险交流人才队伍。培训内容包括食品安全基础知识、风险交流基础理论与技巧、媒体沟通原则与技巧、危机处理技巧、公共关系和心理学基本理论等。

（四）经费保障　风险交流经费应当纳入工作预算，以确保涉及食品安全政策、食品安全标准解读与宣贯、科普宣教与培训、食品安全舆情监测与应对、有关食品安全的突发公共卫生事件处理等方面的风险交流工作顺利进行。

三、基本策略

（一）了解利益相关方需求　食品安全风险交流中的利益相关方包括食品生产经营者、食品安全监管部门、食品行业协会、相关研究机构、学者、消费者、媒体和其他社会团体等。应当根据不同的利益相关方的不同需求，采取不同的风险交流策略，以提高针对性、有效性。

（二）制订计划和预案　制订风险交流年度计划，并为重点风险交流活动配套具体实施方案。针对食品安全事件应当制订相应的风险交流预案，并进行预案演练。主管行政部门统筹协调所属食品安全相关机构的风险交流活动。

（三）加强内外部协作　建立健全机构内以及与上下级机构的信息通报与协作机制，与有关机构或部门建立信息交换和配合联动机制，通过有效的沟通协调达成共识，提高风险交流有效性。

（四）加强信息管理　建立通畅的信息发布和反馈渠道，完善信息管理制度。明确信息公开的范围与内容，明确信息发布的人员、权限以及发布形式，确保信息发布的准确性、一致性。

四、舆情监测与应对

（一）基本策略　制定预案，分级响应；客观公正，科学合理；快速反应，及时报告；综合判断，灵活处置。

（二）舆情的主要来源　互联网是舆情的主要来源，包括门户网站、食品安全相关机构网站、论坛、博客、微博、微信等。广播、电视、报纸、投诉举报、公众信息咨询等也可以作为重要舆情来源。

（三）舆情监测与应对的主要内容

1. 开展舆情监测，搜集舆情信息及利益相关方诉求。

2. 舆情研判，内容包括舆情定性、分析舆情敏感因素、传播特征及趋势、可能存在的炒作或恶意竞争因素等。筛选出的重点舆情可进行技术分析，提出应对建议，必要时召集相关领域专家进行专题研究。

3. 拟定有针对性的风险交流口径，并通过适宜的形式、时机和渠道发布信息。

4. 跟踪舆论反应，适时对应对措施进行调整和修正。

五、科普宣教中的风险交流

（一）主要内容

1. 食品安全基本知识的科普宣传。

2. 食品安全法律法规及食品安全标准的解读与宣贯。

3. 食品安全典型事件、案例等的解读分析。

（二）主要形式

1. 制作和散发各种形式的科普载体，包括文字与音像制品，如折页、展板、光盘等；日常生活用品，如购物袋、台历、冰箱贴等；网络及新媒体载体，如网络音视频、动画、短信、手机报等。

2. 公众活动，如机构开放日、专家街头咨询、社区讲座、培训或座谈、科普展览、情景模拟、名人代言等。

（三）针对不同利益相关方的风险交流策略

1. 针对政府相关机构，科普宣教的重点是食品安全法律法规、食品安全风险分析的基本理论和方法、食品安全标准、风险监测、评估相关知识、食源性疾病报告防治知识等，适宜的形式包括科普载体、培训、座谈等。

2. 针对食品企业和行业协会，科普宣教的重点是食品安全法律法规标准、食品安全风险分析的基本理论和方法、食品安全标准、风险监测、评估相关知识、食品安全基本常识、食品安全典型案例、事件解读分析等，适宜的形式包括科普载体、培训、专家咨询等。

3. 针对媒体，科普宣教的重点是食品安全法律法规体系、食品安全风险分析的基本理论和方法、食品安全标准、风险监测、评估相关知识、食品安全基本常识、合理膳食等，适宜的形式包括讲座、座谈、小组讨论、科普载体等。

4. 针对一般公众，科普宣教的重点是食品安全基本常识、食品安全典型案例警示教育、合理膳食等，适宜的形式包括公众活动、科普载体尤其是实物载体、网络及新媒体载体等。

六、政策措施发布实施过程中的风险交流

（一）主要内容

1. 解释政策措施制定的背景和依据。

2. 解释政策措施的目的与意义。

3. 对政策措施的具体条款作出解释说明。

4. 对发布后出现的认识误区进行解释说明。

（二）主要工作形式

政策措施的解读一般可以配套相关解读材料，也可以对特定群体采取培训、讲座等形式，还可以利用媒体进行重点内容解读。

（三）针对不同利益相关方的风险交流策略

政策制定的背景、依据、目的和意义要对所有利益相关方进行解释说明，不同利益相关方有不同的侧重点。

1. 针对政府相关机构，政策措施的解读重点是如何落实，如何与相关法律法规衔接等，可采取的形式包括文件传达、手册、光盘、座谈、培训等。

2. 针对食品企业和行业协会，政策措施的解读重点是对各项条款的解释说明，包括与以往政策措施的差异，与相关法律法规的关系，以及生产经营行为需要作出的调整和改变等，可采取的形式包括手册、书籍、光盘、培训、专家咨询等。

3. 针对媒体和公众，政策措施的解读重点是相关条款相对以往政策措施的改进之处，下一步的工作思路，政府在加强食品安全管理方面的决心和承诺等，可采取的形式包括媒体通气会、公众活动、座谈等。

七、食品安全标准的风险交流

食品安全标准是食品安全风险管理的措施之一，应当围绕《食品安全国家标准管理办法》等相关规定的要求，以程序公开透明为重点，做好相关风险交流工作。

（一）主要内容

1. 国内外食品安全标准体系。

2. 食品安全标准制定、修订的原则和程序。

3. 食品安全标准的制定、修订背景及依据。

4. 食品安全标准的制定、修订过程及进展信息。

5. 食品安全标准的条款解释。

6. 国际标准相关内容。

（二）主要形式

食品安全标准相关的风险交流可以采取的形式主要包括：标准配套问答、媒体采访、标准宣贯培训、

折页、手册、新闻稿、光盘、公众活动、新媒体传播等。

（三）针对不同利益相关方的风险交流策略

我国食品安全标准体系、食品安全标准制定、修订的原则和程序等通用内容要向所有利益相关方进行解释说明，除此之外，不同利益相关方亦有不同的侧重点。

1. 针对政府相关机构特别是监管部门，食品安全标准的风险交流重点包括食品安全标准具体条款的解释、如何监督标准执行以及监管过程中的反馈意见等，也需要引导监管者正确理解食品安全标准在整个食品安全管理中的地位与作用。

2. 针对食品企业和行业协会，食品安全标准的风险交流重点包括食品安全标准的制定、修订过程及进展信息、具体条款的解释、如何有效执行以及执行过程中的反馈意见等。

3. 针对媒体和公众，食品安全标准的风险交流重点包括增强食品安全标准制定、修订过程的透明度、解释国际标准相关内容及与我国标准的异同等。

八、食品安全风险评估的风险交流

食品安全风险评估是风险管理的科学依据，做好配套风险交流工作可以增进各方对政策措施的理解，推进政策措施顺利施行。应当按照食品安全风险评估有关规定的要求，以评估过程和评估结果为交流重点，加强风险评估项目风险交流的计划性和主动性。

（一）主要内容

1. 风险评估的原则、框架和管理体系。
2. 风险评估项目的立项背景、依据和必要性。
3. 风险评估的方法、模型等技术信息。
4. 风险评估项目的进展。
5. 风险评估的结果解释。
6. 食品安全风险管理的建议。

（二）主要工作形式

食品安全风险评估相关的风险交流可以采取的形式主要包括：发布风险评估结果及配套问答、向食品安全监管机构的通报、学术界交流、公众活动、出版物等。

（三）针对不同利益相关方的风险交流策略

1. 针对政府相关机构特别是监管部门，风险交流的重点包括风险评估基本理念、食品安全风险评估项目的立项背景、依据、必要性、项目的进展和食品安全风险管理建议等，可通过书面形式报告、通报。

2. 针对食品企业和行业协会，风险交流的重点包括食品安全风险评估的程序和管理体系，食品安全风险评估项目的立项背景、依据、必要性、项目的进展和风险评估结果的解释，针对性食品安全风险管理建议等，可采取业界座谈、专业刊物撰文等形式进行，也可通过行业协会组织宣贯。

3. 针对媒体和公众，风险交流的重点包括食品安全风险评估项目的立项背景、依据、必要性、项目的进展，食品安全风险评估的结果解释和答疑，针对性的消费建议等，可采取公众活动、新闻稿、新闻通气会等形式进行。

九、风险交流的评价

食品安全相关机构可通过对程序、能力及效果的评价，总结经验教训，完善和提高风险交流工作水平。

程序评价是优先开展的评价，主要评价各项工作程序是否有效运转，内外部协调协作是否顺畅等，可用于对预案的验证。能力评价主要评价相关人员的风险交流技能、组织协调能力和存在的不足等。效果评价主要评价信息是否有效传达，以及各利益相关方的总体满意度等。

风险交流评价的主要方式包括预案演练、案例回顾、专家研讨、小组座谈，以及问卷调查等。

国家粮油标准研究验证测试机构管理暂行办法

（国家粮食局　国粮办发［2014］33号　2014年2月13日）

第一条　为推进粮油标准化工作，加强国家粮油标准研究验证测试机构管理，规范国家粮油标准研究验证测试机构行为，根据《中华人民共和国食品安全法》《粮食流通管理条例》《中华人民共和国标准化法实施条例》等法律法规及《国家粮食质量检验监测机构管理暂行办法》的有关规定，制定本办法。

第二条 国家粮油标准研究验证测试机构（以下简称“标准验证机构”）是指承担国家粮食行政管理部门的标准质量管理部门委托的粮油标准研究、科学性验证和分析测试等任务的机构。

标准验证机构由国家粮食行政管理部门根据工作需要，从现有院校、科研院所、国家粮食质量监测机构和大中型企业质检单位中择优确定。

第三条 标准验证机构分为国家粮油标准研究验证测试中心和国家粮油标准验证工作站两类，实行统一命名挂牌。国家粮油标准研究验证测试中心按“国家粮油标准研究验证测试中心＋依托单位简称”命名，国家粮油标准验证工作站按“国家粮油标准验证工作站＋依托单位简称”命名。标准验证机构按照机构名称标牌样式（详见附件），自行制作机构名称标牌。

第四条 国家粮食行政管理部门的标准质量管理部门（以下简称标准质量管理部门）具体负责国家粮油标准研究验证测试体系建设和业务指导工作。标准验证机构的原隶属关系不变，人、财、物管理关系不变，业务上接受标准质量管理部门的指导，并优先承担国家粮油标准化方面的工作。

第五条 标准验证机构应当具备下列基本条件：

（一）独立法人。院校、科研院所和大中型企业的标准验证机构属于非独立法人的，须经所属法人单位同意。

（二）有相应工作经费来源，可保证标准研究验证测试工作的正常开展。

（三）通过资质认定且在有效期内。

（四）具有与承担的粮油标准研究验证测试任务相适应的硬件条件，仪器设备达到国家粮食质量检验监测机构的相关要求；技术人员具有较强的标准研究和检验检测能力；实验办公条件能满足工作需要，并具有一定的扩展余地。

（五）具有与承担的粮油标准研究验证测试任务相适应的质量管理体系。

第六条 标准验证机构应当具备下列能力：

（一）国家粮油标准研究验证测试中心：能够承担或参与国家、行业标准和国际标准的研究、制修订、验证工作；能够开展粮油物理指标、化学指标、品质指标、食品安全指标和相关产品性能的分析测试工作；能够独立开展粮油标准的后评估工作；能够组织开展粮油标准的培训和推广工作。

（二）国家粮油标准验证工作站：能够参与国家、行业标准的制修订和验证工作；开展粮油物理指标、化学指标、品质指标和部分食品安全指标的分析测试；能够参与粮油标准的后评估工作；能够组织开展本区域的粮油标准培训和推广工作。

第七条 标准验证机构应当履行下列职责：

（一）承担或参与粮油国家标准、行业标准和技术规范的研究、制修订、验证、测试分析工作，并提出修改标准的意见和建议。

（二）承担或参与 CAC、ISO 等国际标准的研究、起草和环形测试，提出修改标准的意见和建议；对质量安全突发性事件提出应急技术标准或技术措施。

（三）开展粮油标准的培训、推广和后评估工作。

（四）协助粮食行政管理部门制订粮油标准化工作制度，做好标准化方面法律法规和方针政策的宣传贯彻工作。

（五）协助国家粮食行政管理部门制订国家和行业粮油标准制修订计划，提供决策咨询和技术支持。

（六）协助当地标准化管理部门开展粮油地方标准体系建设，积极承担地方标准和地理标志标准的制修订工作。

（七）指导和协助企业开展标准化工作，为制订企业标准提供技术帮助。

第八条 标准验证机构应当履行下列义务：

（一）标准验证机构实行检验机构、检验人员负责制，对出具的研究、验证和测试报告负责。

（二）按照国家有关法律、法规、政策、标准和相关规定开展标准研究验证测试工作，并及时向国家粮食行政管理部门报告有关工作情况和重大事项。出具的研究验证测试报告应客观、公正、及时，相关研究素材和资料档案应妥善保管，并做到随时备查，可以溯源。

（三）履行数据资料保密义务，未经委托方同意，不得擅自公开或者向他人提供研究验证测试数据。

（四）不得从事可能影响研究验证测试公正性的经营活动或其他业务。

第九条 标准验证机构可优先获得标准质量管理部门下达的粮油标准研究、制修订、科学性验证、标准后评估和分析测试等任务。

第十条 实行定期能力评审制度。标准质量管理部门定期组织对标准验证机构的能力评审。具体参照《国家粮食质量检验监测机构管理暂行办法》中监督评审办法执行。标准质量管理部门定期组织标准验证机构的能力比对考核。

第十一条 标准验证机构应于每年 12 月末之前向标准质量管理部门报送年度工作总结。应及时通报领导班子成员和办公地址变更以及机构资质变化等重要情况。

第十二条 国家粮食行政管理部门为命名挂牌的标准验证机构颁发《国家粮油标准研究验证测试机构证书》（以下简称机构证书），并予以公告。机构证书有效期为3年。标准验证机构在机构证书有效期满前3个月，须报上级主管部门或省级粮食行政管理部门同意，向标准质量管理部门提出换证申请。标准质量管理部门根据申请机构完成任务、机构自身建设和能力评审结果等情况，确定是否延续命名。准予延续的，核发新的机构证书。标准验证机构的性质、资质、办公场地、检验能力等发生重大变化的，必须重新审核。

第十三条 国家粮食行政管理部门为标准验证机构颁发"国家粮油标准研究验证测试机构"专用印章。专用印章应当在机构证书有效期内使用。标准验证机构应制定专用印章使用规定。专门登记专用印章使用情况，严格审批程序，注明使用事项、时间、经办人和审批人等。专用印章的使用登记应长期保存。

第十四条 标准验证机构名称和专用印章仅用于国家粮食行政管理部门委托的标准研究验证测试工作，不得用于其他工作和业务。

第十五条 标准验证机构存在下列情形之一的，国家粮食行政管理部门将要求限期整改，直至撤销命名挂牌名称并收回机构证书和专用印章。

（一）能力评审不合格的；

（二）研究验证测试数据出现较大错误造成严重影响的；

（三）出具虚假报告的；

（四）能力比对考核连续两年出现不满意结果的；

（五）管理不规范，效率低下，未履行职责义务的；

（六）违规使用标准验证机构名称和专用印章的；

（七）违规开展影响研究验证测试结果公正性业务活动的；

（八）发生严重泄密事件的；

（九）其他违规行为造成严重后果的。

资质认定失效的不再认定为标准验证机构。

第十六条 本办法自印发之日起施行。

附件：国家粮油标准研究验证测试机构名称标牌样式（略）

关于进一步加强农产品市场体系建设的指导意见

（商务部等 商建发［2014］60号 2014年2月27日）

各省、自治区、直辖市、计划单列市及新疆生产建设兵团商务、发展改革、财政、国土资源、住房城乡建设、交通运输、农业、人民银行、国资、银监、保监、质监部门：

近年来，我国农产品市场体系建设取得长足发展，在服务"三农"、保障和改善民生方面发挥了重要作用。但总体上看，我国农产品市场体系依然薄弱，流通成本高、流通效率低的问题仍然突出。为加快建设高效畅通、安全规范、竞争有序的农产品市场体系，现提出如下意见：

一、指导思想、基本原则和发展目标

（一）指导思想 深入贯彻党的十八届三中全会和中央农村工作会议精神，落实中央1号文件部署，处理好政府和市场的关系，厘清中央与地方事权。把增强公益性、高效性和稳定性作为农产品市场体系建设的主线，加快完善促进市场公平交易和提高流通效率的制度建设，着力健全符合统一大市场要求的体系架构和内在机制，集成流通科技进步的新型驱动力，切实发挥市场配置资源的决定性作用并更好地发挥政府作用。

（二）基本原则

——加强规划。坚持立足当前和着眼长远相结合，综合考虑人口布局、交通和用地条件、流通设施基础，统筹规划农产品集散地、销地、产地批发市场建设，完善各具特色的区域农产品市场网络，优化农产品市场结构和布局。

——推动创新。立足实际，借鉴发达国家经验，不断创新发展理念，集聚技术、项目和要素，推进农产品流通方式创新、管理创新和组织制度创新。

——体现公益。在市场化运作基础上，加大政府投入力度，建立公益性保障机制，增强农产品市场公益性功能，发挥市场服务宏观调控的积极作用。

——协调发展。坚持以批发市场为中心，促进各类农产品市场协调有序发展。健全产销衔接机制，促进农产品市场与农业生产、城镇化建设的统筹协调发展。

（三）发展目标 利用5～10年时间，健全统一大市场基础机制，优化农产品市场体系架构，提升农产品市场功能，规范农产品市场秩序，初步建立起以功能集聚的农产品批发市场为中心，以绿色便捷的农产品零售市场为基础，以高效规范的电子商务等新型市场为重要补充，有形和无形市场相结合、产地和销地市场相匹配的，统一开放、竞争有序、制度完备、业态多元、互动高效的中国特色农产品市场体系。

二、加强农产品市场规制

（一）加强立法工作 出台《农产品市场管理条例》，明确农产品批发市场基础性公共设施地位，规范农产品市场投资主体资格和市场交易行为，为农产品市场运营管理和公益化发展提供法律保障。鼓励地方加快出台地方性农产品市场法规，将农产品零售市场作为新建小区的公益配套建设纳入城市控制性详规，将农产品产地集配中心和田头市场纳入村镇规划。

（二）加强规划指导 加快制订全国农产品市场发展规划，建立商务、发改、农业、国土、住建等多部门联动的规划协调落实机制。地方要加快制订与国家规划相衔接的本地区农产品市场规划。坚持优化整合存量、适度控制增量的原则，结合本地区人口规模和布局、既有农产品市场基础、服务半径、资源禀赋、产业结构、产销区分布和交通条件等因素，合理布局流通设施。在我国优势农产品产业带和集中生产基地，规划建设一批全国性、区域性和农村田头等产地市场。鼓励按照特大城市双核或一主一副，大中型城市确保一个的标准，培育一批全国性批发市场，根据市场规模和发展需求辅以适量区域性批发市场。

三、优化农产品市场体系架构

（一）完善农产品市场骨干网络 在全国重要流通节点和优势农产品区域，推动农产品批发市场或物流中心升级改造，提升市场功能，加快打造一批具有国内外影响力的农产品集散中心、价格形成中心、物流加工配送中心和国际农产品展销中心。重点加强综合集配中心、冷藏储运、废弃物处理和信息化等流通基础设施建设。建设销地综合性加工配送中心、产地集配中心和田头市场，提升农产品流通“最后一公里”和上市“最初一公里”组织化水平。

（二）推动零售市场多元化发展 硬化细化“菜篮子”市长负责制，将农产品市场规划建设落实情况纳入考核机制。鼓励城市建立与市场发展相适应的菜市场管理机构。改进产销区域联动制度，以区域保障为主，搞活品种调剂流通，优化“菜篮子”供应保障模式。积极发展菜市场、便民菜店、平价商店、社区电商直通车等多种零售业态，推动连锁经营。鼓励将新建小区的菜市场作为公益性配套设施纳入建设规划。

（三）积极稳妥推进公益性农产品市场建设 建设改造一批长期稳定提供成本价或微利公共服务，具有稳定市场价格、保障市场供应和食品安全等功能的公益性农产品市场。推进农产品市场公益性功能建设，对享受政策扶持的农产品市场，逐步建立农产品市场发挥公益性功能的刚性约束机制。完善国有企业业绩考核机制，支持国有企业参与公益性农产品市场建设。以竞争性择优方式支持有条件的城市开展公益性农产品市场试点，在体制机制、法规政策、规划建设、市场监管等方面先行先试，总结成功经验，逐步向全国推广。

四、培育农产品现代流通主体

（一）增强市场培育现代流通企业能力 创新农产品批发市场服务模式，搭建多层次的生产性及生活性服务平台，增强市场服务及培育现代批发商及相关企业的能力，促进各类流通主体协同发展。加快培育农产品综合加工配送企业和第三方冷链物流企业。鼓励市场与批发商合作共建农产品流通产业链，建立市场培育和稳定现代批发商的长效机制。鼓励有条件的农产品批发市场积极培育农产品批发商联合体，提高流通组织化程度。

（二）促进新型流通主体发展 鼓励有条件的主产区省份探索推行农产品委托交易，通过地方立法或政策引导，建立发展委托交易的体制和机制，促进农民合理分享流通增值收益。加快培育专业大户、家庭农场、农民合作社、农民经纪人队伍、经销商、农产品批发市场经营管理者、农产品流通企业及市场流通服务企业在内的流通主体队伍，支持新型流通主体充分利用农产品批发市场平台，拓宽委托交易的渠道，提高主体在市场中的竞争地位与竞争能力。鼓励主销区省份建立产销合作基金，支持批发商与农民合作社加强合作，发展订单农业。

五、推动农产品流通创新

（一）大力发展农产品电子商务　把农产品电子商务作为重要战略制高点，积极开展农产品电子商务示范培育工作。积极发展县域服务驱动型、特色品牌营销型等多元化的农产品电子商务模式。支持农产品批发市场依托场内加工配送中心或依托产地集配中心和田头市场，开展线上线下相结合的产销一体化经营。加强农产品电子商务服务平台建设，深入推进农村商务信息服务，力争在重点地区、重点品种和重点环节率先突破。

（二）建设互联互通的信息化体系　开展农产品批发市场信息化提升工程，完善信息化管理系统，推广电子结算系统。依托农产品批发市场及多种类型农产品流通主体，整合各类涉农信息服务资源，构建覆盖生产、流通、消费的全国公共信息服务平台和多层次的区域性信息服务平台，促进农产品流通节点交易数据的互联互通和信息共享。建立、编制、发布农产品交易指数、价格指数和统计数据。支持引导农产品市场积极参与农产品流通追溯体系建设，实现来源可追、去向可查、责任可究。

（三）提高农产品冷链流通率　支持农产品产地预冷、初加工、储存设施建设，将具有公益性质的农产品冷链设施列入流通基础设施指导目录。培育重点品种农产品冷链物流集散中心，形成一批具有集中采购和跨区域配送能力的农产品低温配送和处理中心。开展农产品冷链示范工程，支持流通企业整合上游生产和下游营销资源，促进农产品冷链与供应链、物联网、互联网的协同发展。

（四）提升流通标准化水平　强化农产品流通标准体系建设，重点推进等级及包装标识标准化。支持龙头企业结合品牌建设推进产品标准化。鼓励农产品批发市场设立标准化销售专区。支持农产品仓储、转运设施和运输工具标准化改造。鼓励应用射频、卫星定位系统等现代信息技术，提高市场装备水平。推动绿色循环技术标准化应用，提升农产品市场节能减排水平。支持农产品批发市场开展环境及质量体系认证。

六、加强农产品市场监督管理

（一）建立农产品市场信用体系　加强农产品批发市场信用体系建设，提供农产品市场信用认证和信用信息查询服务，实现全国性农产品批发市场信用信息共享。依法征集市场主体开展交易、经营产品质量、违法违规处理情况及其他信用信息，形成“黑名单”和“红名单”制度，引导经销商诚信守法经营。

（二）完善农产品市场监管体系　将农产品市场体系建设作为发展现代农业、促农增收的重要领域，综合运用自律、经济、行政、法律等手段建立多部门联动的市场监管工作机制，着力清除农产品市场壁垒，重点打击通过不正当竞争抢占市场和垄断、控制市场交易等行为。对在农产品市场体系建设方面有显著成绩的单位和个人，按照国家有关规定给予奖励。建立农产品批发市场信息披露制度，加大安全审查和跟踪力度。建立完善投诉举报机制，充分发挥媒体、群众等社会力量的监督作用，打造“社会防火墙”。

（三）发挥行业协会作用　将行业协会作为加强和改善农产品市场行业管理的重要支撑，指导行业协会健全各项自律性管理制度。加大政府向行业协会购买公共服务力度，支持行业协会参与行业调查统计、公共信息服务、产销衔接促进和标准化推进等工作。发挥行业协会优势，推进农产品市场国际交流与合作。

七、完善政策支持体系

（一）创新财政投入方式　有条件的地方要整合财政涉农资金，探索采取政府回购、政府股权投资、建立基金等方式，支持公益性农产品市场建设，引导带动银行、保险等社会资本加大对公益性农产品市场建设的投入力度。鼓励将公建配套等多种国家投入作价入股。

（二）落实完善税收政策　落实完善有利于农产品市场和批发商发展的税收政策。对于专门经营农产品的批发市场、农贸市场使用的房产、土地，按规定享受税收支持政策。对于使用电子结算的农产品批发市场及批发商，符合税法规定小型微利企业条件的，享受相关企业所得税优惠政策。

（三）加大金融支持力度　加强宏观信贷政策指导，鼓励银行业金融机构创新开展农产品仓储设施抵押、订单、仓单质押贷款等多种信贷产品和“农产品流通企业＋农产品批发市场＋专业大户”等供应链融资模式，拓宽农产品市场抵押担保范围。支持大型银行业金融机构通过银团融资等方式促进农产品市场建设和农产品流通企业发展。积极支持融资担保公司对农产品批发市场及商户提供担保增信服务，培育优质农产品流通主体。联通农产品批发市场电子结算系统与银行结算系统，并鼓励对农产品批发市场商户银行卡刷卡手续费采取优惠措施。

（四）加大用地保障力度 在土地利用总体规划和城乡规划中统筹安排农产品批发市场用地规模、布局，优先保障符合农产品市场发展规划的市场用地供应。支持利用工业企业旧厂房、仓库和存量土地资源兴办农产品市场。在符合规划和用途管制前提下，鼓励农村集体经济组织依法以集体经营性建设用地使用权入股、联营等形式与其他单位、个人共同兴办农产品市场。

（五）加大运输保障力度 保障农产品运输的便利性，继续执行对整车合法装载运输鲜活农产品车辆免收车辆通行费的政策。利用科技手段提高鲜活农产品运输车辆检测效率，严厉打击假冒等违法行为，确保绿色通道的高效便捷通行。保障鲜活农产品配送车辆在城区便利通行和停靠。鼓励使用专用运输车辆进行鲜活农产品运输。

2014 年农产品质量安全专项整治方案

（农业部　农质发［2014］8 号　2014 年 2 月 28 日）

根据中央农村工作会议和全国农业工作会议精神，按照《国务院办公厅关于加强农产品质量安全监管工作的通知》（国办发［2013］106 号）要求，在巩固已有整治成果的基础上，2014 年农业部将继续开展农产品质量安全专项整治，保持高压严打态势，从源头上确保广大人民群众“舌尖上的安全”。实施方案如下：

一、总体目标

严格按照《农产品质量安全法》等有关法律法规和最高人民法院、最高人民检察院《关于办理危害食品安全刑事案件适用法律若干问题的解释》《关于办理非法生产、销售、使用禁止在饲料和动物饮用水中使用的药品等刑事案件具体应用法律若干问题的解释》，以农产品质量安全执法为主题，围绕农产品质量安全突出问题和薄弱环节，实行最严格的监管、最严厉的处罚，强化执法监管，严查大案要案，严厉打击非法生产、销售、使用农业投入品和非法添加有毒有害物质等危害农产品质量安全的违法违规行为，查办一批大案要案，端掉一批黑窝点，严惩一批违法犯罪分子，公布一批典型案例。农产品质量安全执法能力进一步提升，案件查处率达到 100%，举报受理率达到 100%，形成农产品质量安全监管全民参与、社会共治的良好局面。农产品质量安全存在的突出问题和隐患得到有效遏制，农产品质量安全水平稳中有升，努力确保不发生重大农产品质量安全事件。

二、整治任务

（一）农药及农药使用专项整治行动

1. *整治重点* 在农药市场监管上，以农药产品质量和标签监督抽查为重点，严厉打击生产经营假冒伪劣农药、非法添加隐性农药成分、捆绑销售未经登记农药的行为，确保农药产品质量，净化市场秩序；在农药使用管理上，以蔬菜、水果、茶叶、中药材等鲜食农产品生产用药为重点，严厉打击违法使用甲胺磷等禁用农药及克百威、氧乐果、水胺硫磷、灭多威、三氯杀螨醇等限用农药的行为。

2. *主要措施* 一是强化农药质量管理。充分利用农药成分监测技术、农药执法信息平台，强化市场监督抽查，深入生产企业进行重点抽查，依法查处非法添加隐性农药成分、生产经营假劣农药等违法行为。二是强化农药经营管理。大力推进高毒农药定点经营，在全国范围内积极推进高毒农药定点经营示范县和示范门店创建。积极探索经营许可或备案管理制度，鼓励发展直供直销、连锁配送等现代营销体系。三是加强农药残留监测。进一步完善农药合理使用准则和农药残留标准体系。落实生产经营主体科学使用农药、确保农产品质量安全的第一责任，组织有关检测机构加强蔬菜、水果、茶叶专业化、规模化生产基地（标准园）的农药残留监测。同时探索低毒生物农药补贴机制。四是加强农药使用管理。加大农药安全合理使用培训和指导力度，利用各种资源大力培训农民和病虫害防治专业服务组织人员。重点监督检查病虫害统防统治组织、农民专业合作社、种植大户、标准园创建等施药现场和用药记录档案，确保农药安全合理使用，保障农产品质量安全和生态环境安全。

此项行动由种植业司牵头负责，部属各相关单位参加。

（二）“瘦肉精”专项整治行动

1. *整治重点* 在饲料生产经营环节，以生猪、肉牛和肉羊育肥用饲料产品为重点，严厉打击饲料生产中非法添加“瘦肉精”和非法经营含“瘦肉精”饲料的行为。在养殖环节，以生猪、肉牛、肉羊为重点，锁定问题多发地区，严厉打击养殖场（户）饲喂“瘦肉精”的行为。在收购贩运环节，严厉打击兜售“瘦肉精”、教唆养殖场（户）使用“瘦肉精”、收购贩运含“瘦肉精”活畜和贩运过程中使用“瘦肉精”的行为。

2. *主要措施* 一是开展饲料生产经营环节整治。督促饲料生产企业全面贯彻落实新的饲料法规体系，严格执行原料进厂把关、产品出厂检验、问题产品召回及报告等制度，继续开展《饲料质量安全管理规范》示范创建；加强饲料经营门店监督检查，督促建立健全购销台账，严禁销售“三无”饲料产品和拆包、分装饲料；完善饲料中“瘦肉精”等禁用物质抽检制度，加强新型非法添加物隐患排查。二是开展养殖环节整治。督促养殖场（小区）完善养殖档案，建立活畜养殖安全承诺制度和出栏保证制度；加强养殖场户日常监督检查和“瘦肉精”抽检，对确证含有“瘦肉精”的涉案线索及时移送公安机关。加强养殖场户宣传教育培训，“瘦肉精”有关法律法规要进村入户，让养殖户深知使用“瘦肉精”就是违法犯罪，提高质量安全责任意识，掌握风险防控方法。三是开展收购贩运环节整治。会同有关部门加强对收购贩运企业（合作社、经纪人）和活畜交易市场的监督管理，督促建立证明材料查验制度和收购贩运活畜交易记录制度；探索通过备案形式管理活畜收购贩运人员，要求其做出不兜售、不教唆使用“瘦肉精”和不收购贩运含“瘦肉精”活畜的承诺；已办理工商营业执照的收购贩运企业（合作社、经纪人），要及时向有关部门通报监管信息；省际动物卫生监督检查站加强查验过往运载活畜车辆，发现问题要及时处理。

此项行动由畜牧业司牵头负责，有关司局及部属各相关单位参加。

（三）生鲜乳违禁物质专项整治行动

1. *整治重点* 突出奶牛主产省、奶牛养殖大县和奶牛养殖重点区域，以婴幼儿配方乳粉奶源安全为重点，严厉打击生鲜乳生产、收购和运输过程中各类违法添加行为，重点治理非法收购生鲜乳、倒买倒卖不合格生鲜乳、恶意争抢奶源的行为，严打非法收购运输“黑窝点”。

2. *主要措施* 一是严格审查奶站和运输车资质条件。重点对婴幼儿配方乳粉企业奶源的奶站和运输车的资质进行重新审核，建档立案，重点监管。二是强化奶站和运输车日常监管。重点对奶站和运输车标准化管理、生鲜乳质量检验、不合格生鲜乳处理、安全制度落实等方面进行监督检查，对不符合条件的要停业整顿，经整顿仍不合格的，坚决予以取缔。三是加大生鲜乳质量安全抽检力度。监测抽检覆盖所有奶站和运输车，监测指标覆盖国家公布的所有违禁添加物。组织开展婴幼儿配方乳粉奶源质量安全专项监测，加大抽检密度，增加抽检频次。四是严厉打击违法违规行为。监测与执法联动，行政与司法衔接，对生鲜乳生产、收购和运输过程中的违法违规行为，发现一起，查处一起，绝不手软。五是督促奶站和运输车经营主体落实质量安全首要责任，加强监督检查。省、市、县签订“生鲜乳质量安全责任状”，明确奶站、运输车监管责任人，落实监管责任。

此项行动由畜牧业司牵头负责，部属各相关单位参加。

（四）兽用抗菌药专项整治行动

1. *整治重点* 在兽药生产经营上，严厉打击生产销售禁用兽药、假劣兽药以及不按兽药国家标准违规生产的行为，特别是擅自改变组方、违规添加禁用兽药、人用药品或其他药物的违法行为。严肃查处无兽医处方擅自销售兽用处方药行为。在兽药使用上，以兽用处方药的使用为重点，严厉打击超剂量超范围用药、违规使用原料药、不执行休药期、无兽医处方使用兽用处方药等违法行为。

2. *主要措施* 一是整治和规范生产环节。重点加大不按兽药国家标准违规生产行为的监管力度，特别是对擅自改变组方、违规添加禁用兽药、人用药品或其他药物违法行为的打击力度。将监督抽检、日常监管中发现违规添加组方外其他成分的企业列为重点监管对象，实施动态跟踪，依法严肃查处其违法行为。加大力度排查地下制售假兽药“黑窝点”，及时捣毁制假黑窝点。对跨省作案的，及时将有关情况通报涉案省份，确保案件有效查处。二是整治和规范经营环节。重点规范兽用抗菌药，特别是兽用处方药的经营活动，加大假劣兽用抗菌药查处力度，对非法产品一律清缴销毁，追根溯源，立案调查，及时处理，并将查处情况通报标称企业所在地省级兽医主管部门。严肃查处无兽医处方擅自销售兽用处方药行为。开展兽用抗菌药标签说明书的清理整顿，依法查处增加产品有效成分、扩大适应症、改变用法用量等擅自改变标签说明书内容的违法行为。三是整治和规范使用环节。重点加强兽用抗菌药，特别是兽用处方药的使用监管，加大督查指导和巡查工作力度，严厉打击超剂量超范围用药、违规使用原料药、不执行休药期、无兽医处方使用兽用处方药等违法行为。

此项行动由兽医局牵头负责，部属各相关单位参加。

（五）畜禽屠宰专项整治行动

1. *整治重点* 围绕生猪私屠滥宰的高发时段和地域，严厉打击生猪私屠滥宰行为，收购和屠宰病死畜禽行为，注水或注入其他物质行为，宰前使用“瘦肉精”的行为，特别是以增重为目的使用沙丁胺醇的违法行为。

2. *主要措施* 一是切实做好生猪定点屠宰许可管理工作。严格执行生猪定点屠宰的准入条件和标准，加强小型屠宰场点设置的管理。严肃查处生猪定点屠宰厂（场）出借、转让定点证书和标志牌的违法行为，一经发现，报请设区的市级人民政府取消其定点屠宰资格。二是落实屠宰环节质量安全监管职责。督促落实进场检查登记、肉品检验、“瘦肉精”自检等制度。严厉打击定点屠宰厂（场）收购、屠宰病死猪，注水或注入其他物质行为，宰前使用“瘦肉精”的行为，特别是以增重为目的使用沙丁胺醇的违法行为。三是严厉打击生猪私屠滥宰。加强重要节假日期间，城乡结合部、私屠滥宰专业村（户）和肉食品加工比较集中区域的巡查，严厉查处私屠滥宰、冒用或者使用伪造定点屠宰证书或标志牌的违法行为，取缔私屠滥宰窝点，没收涉及的肉品和屠宰工具。强化行政执法与刑事司法衔接，涉嫌犯罪的及时移交公安机关查处。

此项行动由兽医局牵头负责，部属各相关单位参加。

（六）水产品违法添加禁用物质专项整治行动

1. *整治重点* 围绕国内市场销售的大宗品种和出口主要品种，以水产品养殖企业、获“三品一标”认证的水产品养殖场、健康养殖示范场、出口水产品原料备案场为重点，严厉打击养殖者违法使用硝基呋喃类药物、孔雀石绿等违禁物质的行为。

2. *主要措施* 一是加强产地水产品质量安全监测。以硝基呋喃类代谢物、孔雀石绿、氯霉素等违禁物质添加为重点，针对市场上大众消费的主要品种和主要出口品种，开展产地水产品质量安全监督抽查和风险监测。对监督抽检不合格的水产品坚决依法查处，发现一起、查处一起，决不手软。二是引导落实养殖生产者质量安全主体责任。督促水产品养殖企业、获“三品一标”认证的水产品养殖场、健康养殖示范场、出口水产品原料备案场（区）完善生产记录、用药记录、销售记录等档案，强化养殖场（户）质量安全法律法规宣传教育培训，提高生产者质量安全责任意识，掌握风险防控方法，使生产者不敢、不能、不想生产不合格的水产品。三是加强水产品质量安全日常监管。推动渔政机构建立健全日常执法监管机制，加强养殖场户日常监督检查。进一步强化检打联动，提高质量安全执法工作制度化和规范化水平。严厉打击养殖者违法使用硝基呋喃类药物、孔雀石绿等违禁物质以及原料药和不执行休药期等违法行为。

此项行动由渔业局牵头负责，部属各相关单位参加。

（七）农资打假专项治理行动

1. *整治重点* 以种子、农药、肥料、兽药、饲料和饲料添加剂、农机等产品为重点，围绕春耕、三夏、秋冬种等重点农时，在农资主产区、小规模经营聚集区、区域交界处等重点区域，突出农资批发市场、专业市场、集散地、运销大户和乡村流动商贩，严厉打击无证照生产经营、制假售假等违法违规行为。

2. *主要措施* 一是开展源头治理。加强生产许可把关，严禁降低标准审批。全面清查农资生产经营主体，进一步建立健全农资生产经营主体档案。重点督促生产企业严格执行产品质量管理制度，依法严肃查处无证生产或擅自受托生产等违法行为。二是加强市场监管。对农资经营门店开展日常巡查并做好检查记录，全面掌握、纠正和查处各类区域性、行业性风险隐患。针对突出问题，科学制订并实施农资产品监督抽查计划，强化地、县两级的作用，加大监督抽查力度。加强检打联动，实现检测与查处的“无缝衔接”，健全监督抽查检验结果的通报、反馈、共享机制。三是严查大案要案。积极拓展案源渠道，认真研究违法行为的新特征和新方式，准确把握违法分子制售假劣农资的特点，做好线索的排查梳理。深挖假劣农资制售源头，按照“五不放过”的原则，采取挂牌督办、集中办案等形式严查大案要案。及时曝光典型案例，充分发挥司法震慑作用。四是推进信用体系建设。开展农资企业诚信评价，建立农资生产经营主体诚信档案，实行分类监管，探索完善守信褒奖、失信惩戒机制，让守信者处处受益、失信者寸步难行。强化农资生产经营企业责任意识，督促企业建立健全产品质量保证、进销货台账、索证索票、优质服务承诺等制度，规范农资生产经营行为。五是强化宣传服务。推进放心农资连锁经营和配送，畅通农资销售主渠道，扩大放心优质农资产品的覆盖面。加强指导服务，充分利用技术优势，做好农资信息的收集、发布、技术咨询等各项服务工作，满足农民对农资信息的多样化需求。

此项行动由农产品质量安全监管局牵头负责，有关司局及部属各相关单位参加。

三、重大活动安排

2月：组织召开全国农资打假专项治理行动电视电话会议，全面部署2014年农资打假工作，启动春季行动（农产品质量安全监管局牵头负责）。

3月：召开全国农产品质量安全监管工作会议，部署全年农产品质量安全监管工作，落实监管任务（农产品质量安全监管局牵头负责）。组织2014年"放心农资下乡进村宣传周"，举办放心农资下乡进村现场咨询活动，加大农资打假宣传力度，普及识假辨假知识，积极营造打假护农保春耕的良好氛围（农产品质量安全监管局牵头负责）。组织召开兽用抗菌药专项整治行动座谈会，部署落实整治任务（兽医局牵头负责）。

3～6月：组织开展天然橡胶种苗基地实地调查和种苗质量抽查，确保胶农用上良种良苗（农垦局负责）。

4月：组织开展"菜篮子"产品主产县农产品质量安全专题培训班，切实提高基层监管能力（农产品质量安全监管局牵头负责）。

5月：组织开展上半年养殖场（户）"瘦肉精"跨省拉网监测，督促各地强化抽检把关和隐患排查（畜牧业司牵头负责）。

6月：组织开展农产品质量安全宣传周活动，提高全社会的质量安全意识（农产品质量安全监管局牵头负责）。

6～8月：组织开展农资打假夏季百日行动，切实保障"三夏"生产和农产品质量安全（农产品质量安全监管局牵头负责）。

7月：召开农产品质量安全基层监管现场会，交流各地在农产品质量安全监管工作中的好经验、好做法。公布上半年查办的农产品质量安全大案要案，震慑违法犯罪分子（农产品质量安全监管局牵头负责）。

7～8月：组织工作组到农药生产使用大省及蔬菜水果茶叶生产重点省（区、市），深入农药生产企业、经营门店、田间地头、管理机构等开展农药执法督导检查（种植业司牵头负责）。

9月：组织开展农产品质量安全专项整治督导检查，督促各地落实整治任务（农产品质量安全监管局牵头负责）。组织开展下半年养殖场（户）"瘦肉精"跨省拉网监测，督促各地强化抽检把关和隐患排查（畜牧业司牵头负责）。

10～11月：组织开展农资打假秋冬季行动，保障秋冬季农业生产顺利进行（农产品质量安全监管局牵头负责）。

2015年1月：公布一批农产品质量安全大案要案，震慑违法犯罪分子。召开农产品质量安全监管工作会议，以2014年农产品质量安全整治为重点，总结全年农产品质量安全监管工作，对大要案查办得力的集体和个人予以通报表扬，部署2015年工作（农产品质量安全监管局牵头负责）。

四、工作要求

（一）强化责任落实

各地农业部门要把农产品质量安全专项整治纳入重要议事日程，加大监管、检测、执法等工作经费投入，加强工作力量，切实落实农产品质量安全监管责任。各地要根据实际情况，尽快制定有针对性的工作方案，重点要突出，措施要有力，任务要细化，要求要明确，确保各项工作落到实处。要加大督导检查力度，督促各地落实方案的各项要求，对重点地区和重点案件实施现场指导、督查督办，切实指导各地开展工作。

（二）加强检查和监测

各地农业部门要结合地方实际，围绕整治重点和苗头性问题，有针对性地开展风险隐患排查，及时发现各类区域性、行业性风险隐患及"潜规则"问题。对于发现的问题隐患，要及时预警，主动设防，防患于未然。在此基础上，要加强巡查和执法检查，不给违法违规行为留有生存的空间。要制订科学有效的监测计划，坚持例行监测与监督抽查相结合，切实加大监测力度，及时发现问题。

（三）加大执法办案力度

各地农业部门要将农产品质量安全监管执法纳入农业综合执法范围，系统梳理有关法律法规，切实加大行政执法力度，重拳出击、露头就打。对于发现的违法违规行为，要做到有案必查、查必到底，查不清源头的决不放过。根据有关法律法规和司法解释，涉嫌违法犯罪的，一律移送司法机关追究刑事责任。要完善大要案查处工作机制，采取挂牌督办、集中办案等形式，查办一批大案要案，严惩一批违法犯罪分子，曝光一批典型案例，充分发挥司法震慑作用。对于大要案查办得力的集体和个人，农业部将给予通报表扬，充分调动各地工作的积极性。各地要充分发挥社会监督的作用，鼓励人民群众监督举报，积极拓宽案源线索。

（四）加强协调配合

各地农业部门要加强系统内的协调配合，形成监管合力。要着力突出源头治理，加强与工信、工商、食药等部门的协调配合，采取综合措施防止违禁化学物质及禁用药物流入种植养殖领域。对于食用农产品从产地到进入批发市场、零售市场或生产加工企业前这一环节的监管职能，要与食药部门做好衔接；对于畜禽屠宰监管职能尚未划转到位的，要加强与商务部门的衔接，及时向当地政府汇报，确保整治任务落实到位。案件查处过程中，要强化省际间的联合执法，建立案件会商、抽检结果共享、信息通报交流等制度，产地、销地衔接配合更加紧密，形成执法合力。

（五）健全长效机制

各地农业部门要将集中整治和日常监管工作有机结合起来，注重总结整治工作中的好经验、好做法，充分发挥地方的主动性和创造性，在准出准入、质量追溯、诚信管理等方面，积极探索行之有效的监管制度机制，切实提高农产品质量安全监管效能。要加强农产品质量安全培训，指导生产者科学合理使用农业投入品。加大专项整治成效的宣传，适时曝光典型案例，形成强大宣传声势，营造良好的社会舆论氛围。

（六）强化信息报送

建立固定的整治信息报送机制。常规信息（附表1）实行季报制度，2014年4、7、10月和2015年1月的15日前报送前一阶段整治的统计信息；案件信息（附表2）实行月报制度，每月的15日前报送案件查处信息，大案要案（移送司法机关的案件）要报送详细案情。各省级农业部门要切实做好信息统计报送工作，责任要落实到人，请于3月14日前确定一名同志作为信息联络员，并将其姓名、单位、职务、工作电话、手机、电子邮箱报送我部农产品质量安全监管局。

附表1：2014年农产品质量安全专项整治情况统计表（略）

附表2：2014年农业部门查办案件统计表（略）

关于进一步加强农村食品市场监管工作的通知

（国务院食品安全办公室等　食安办［2014］7号　2014年3月13日）

各省、自治区、直辖市食品（食品药品）安全委员会办公室、食品药品监督管理局、工商行政管理局，新疆生产建设兵团食品安全办、食品药品监督管理局：

为切实保障农村地区食品消费安全，针对农村食品市场存在的突出问题和食品安全风险隐患，按照标本兼治、先行治标、重在治本的总体要求，加强农村食品市场日常监管，实施综合治理，严厉打击生产经营假冒伪劣食品行为，夯实农村食品市场监管基础，构建长效监管机制。现就有关要求通知如下：

一、针对农村食品市场突出问题，组织开展专项整治执法行动

各地要结合本地实际，自2014年4月开始，根据当地食品药品监管机构改革情况，按照在机构改革期间工作不断、力度不减的要求，针对农村食品市场存在的假冒和仿冒知名品牌、滥用食品添加剂、销售过期食品，以及制售无生产厂家、无生产日期、无保质期、无食品生产许可、无食品标签的“五无”食品等突出问题，以城乡结合部、校园及其周边、旅游景区、自然村，以及其他问题易发、多发区域为重点区域，以批发市场、集贸市场、农村庙会和集市、农村中小食品生产企业和小作坊、食杂店、小餐饮为重点场所，以群众日常大宗消费食品、儿童食品，以及当地民俗特色食品等为重点品种，集中执法力量、集中时间组织食品药品监管、工商行政管理等相关监管部门开展专项整治执法行动，打好保障农村食品安全“攻坚战”，有效净化农村食品市场环境。

（一）集中开展食品生产经营主体清理规范行动

对生产经营条件不符合食品安全标准和相关要求，或在许可核准地址以外的场所生产、加工、储存、销售食品的生产经营者，依法规范一批、清理一批、查处一批，重点取缔无证无照生产经营食品的“黑窝点”。

（二）集中开展食品经营者进货查验和查验记录落实情况整治行动　对拒不落实食品进货查验和查验

记录制度，或购入和销售无合法来源或无质量合格证明文件食品的经营者，要责令停业整改并依法从重从严查处，直至吊销食品流通许可证。

（三）集中开展打击农村食品市场侵权仿冒违法行为整治行动 各地工商行政管理部门要会同食品药品监管等部门集中组织开展专项整治行动，严厉打击侵犯他人注册商标专用权，擅自使用知名食品特有的名称、包装、装潢，擅自使用与知名食品近似的名称、包装、装潢，销售侵权、仿冒食品，以及印制食品假商标等违法行为。

（四）集中开展打击农村生产经营劣质食品违法整治行动 整治期间，各地食品药品监管部门要结合计划性食品安全监督抽检和风险监测工作，重点加大对肉及肉制品、乳制品、米面等粮食制品、豆制品、糖果、饮料、调味品，以及当地民俗、特色食品，特别是主要面向儿童的食品的食品安全监督抽检和风险监测工作力度，对发现的不符合食品安全标准和要求的食品及其生产经营者，要强化食品安全监管部门跨地区、跨部门的协同协作，深查细究，做到查明原因、分清责任、重点打击、源头治理。同时，要加大对食品生产经营者的执法监督检查工作力度，重点打击超范围、超限量使用食品添加剂和违法添加非食用物质的“两超一非”违法行为，以及使用劣质原料生产或加工制作食品、经营腐败变质或超过保质期的食品等违法行为。

（五）严厉打击违法犯罪行为 各地相关监管部门要本着依法、及时、从严、从重的原则，加大对整治中发现的食品违法案件查办力度，对其中的大要案件要挂牌督办、限期办结，决不能轻易忽视任何一条违法线索、放过任何一款不安全食品、纵容任何一种违法行为。同时，要加强行政执法和刑事司法的有效衔接，对涉嫌食品犯罪的线索，相关监管部门要依法及时移交公安机关，协调公安机关迅速组织力量调查处理。对重大、复杂案件提前介入，实施挂牌督办。

（六）巩固整治成果 各地、各监管部门要结合整治行动，以媒体报道和群众投诉举报或反映为线索，深入排查食品安全风险隐患和突出问题，掌握当地农村地区食品问题多发、易发的重点区域、重点业态、重点场所、重点单位和重点问题，并建立重点整治台账。对发现的问题食品，及时查清进货渠道和生产源头，依法严厉查处。对目前能够解决的问题要立即着手解决，决不能放任、纵容。对长期性、复杂性问题，要在总结整治经验和做法的基础上，探索建立有针对性的长效整治和监管机制，保持高压态势，打好食品安全整治“持久战”。

二、着力规范农村食品生产经营行为，加大农村食品日常监管力度

各地要突出农村食品市场的重点区域、重点业态、重点场所、重点单位、重点问题，突出监管重点，加强农村食品市场日常监管，规范农村食品生产经营行为。

（一）进一步强化对农村食品生产行为的日常监管 一是严格食品企业生产许可管理。各地食品药品监管部门要依法严格审查食品企业生产许可条件，对不具备与生产品种、数量相适应的设施设备等生产条件的，一律不得予以许可。二是严格对食品生产企业的监督管理。各地食品药品监管部门要加大对食品生产企业的现场监督检查工作力度，着重检查食品生产企业原辅料进货把关，生产过程，食品添加剂的储存、使用、管理，食品标签标识管理，以及出厂检验和记录等制度落实情况，督促食品生产企业依法组织生产、落实质量安全主体责任。三是强化农村食品生产加工小作坊生产经营活动的监管。各地要结合当地实际，强化组织领导，明确部门监督管理责任，对农村食品生产加工小作坊要摸清底数、予以登记，纳入监管；同时，督促食品生产加工小作坊改善生产条件，鼓励集中生产，引导其规范发展。

（二）进一步强化对农村食品经营行为的日常监管 一是严把农村食品市场经营主体准入关。各地食品药品监管、工商行政管理等部门要全面核查清理农村食品经营的主体资格，及时查处无证无照经营食品违法行为。二是严格监督食品经营者履行法定责任和义务。各地食品药品监管部门要监督食品经营者认真落实进货查验和查验记录制度，严把进货关、销售关和退市关，确保食品可追溯；同时，要监督食品经营者自律自查自清，切实做到不进、不存、不销假冒、仿冒、劣质、过期变质等问题食品。

（三）强化对农村餐饮服务的日常监管 一是要严格餐饮服务许可管理。各地食品药品监管部门要严格许可审核，确保农村地区餐饮服务单位满足餐饮食品基本条件和要求。二是要规范餐饮服务行为。各地食品药品监管部门要加大监督检查力度，严格规范餐饮服务单位加工操作行为，严禁使用非食用物质加工制作食品；严格规范餐饮服务单位非自产食品销售行为，严禁销售假冒、仿冒、劣质酒水、饮料等食品。三是要强化量化分级管理。各地食品药品监管部门要加大农村地区餐饮服务单位量化分级动态管理力度，提高动态等级评定的覆盖面。

（四）强化对农村地区高风险、重点食品的监督抽检和风险监测 各地食品药品监管部门要结合当地实际，针对农村食品市场的特点和存在的突出质量安全问题，以与农村地区群众日常生活消费关系密切、监督检查中发现问题较多、消费者投诉举报较为集中、社会反映突出的食品为重点品种，有针对性地组织开展食品安全监督抽检和风险监测工作，加大对农村地区或面向农村地区生产的食品的监督抽检和风险监测力度，强化对农村地区高风险、重点食品的监督抽检和风险监测，并依法及时处置和查处监督抽检和风险监测中发现的问题食品，增强发现问题的靶向性，提高解决问题的及时性，严防问题食品再次流入市场。

三、立足社会共治，打牢农村食品安全监管基础

（一）强化基层政府和组织的作用 各地要进一步明确农村地区乡镇等基层政府、村委会、居委会等基层组织和基层食品安全协管员队伍的工作职责，建立相应的工作保障机制，充分发挥基层政府、各监管部门基层组织、公安派出所，以及食品安全协管员队伍的作用，强化对农村集镇、乡村举办的食品交易会、大集、庙会食品摊点监管，将乡村流动食品商贩纳入监管范围，多方发现食品违法犯罪线索，延伸监管触角、完善健全食品安全监管网络。

（二）强化食品安全宣传教育 各地要将农村地区食品安全知识宣传教育作为国民教育项目抓紧、抓好。要结合农村食品消费特点，充分利用新闻媒体、互联网、乡村农民图书室、广播站、文化站、乡村中小学等渠道，通过发布食品安全风险提示、公布典型案例、印发食品安全宣传册或挂画等方式，普及食品安全法律法规、假冒伪劣食品鉴别、消费维权等方面的知识，倡导安全、理性、科学消费观念，引导农村消费者综合考虑食品价格、质量、安全等因素，理性消费，引导广大农村消费者积极参与食品安全工作，鼓励其成为食品安全的志愿监督员、信息员，自觉抵制、举报假冒伪劣食品，不断打压假冒伪劣食品在农村的生存空间。

（三）强化社会监督 各地要加大有奖举报工作机制推进力度，提高全社会举报食品违法犯罪行为的积极性，并充分发挥“12331”“12315”等投诉举报热线作用，进一步畅通投诉举报渠道，对消费者投诉要及时回应，依法处理，对有关农村食品安全的举报线索，要及时核查，做到件件有结果，事事有回音。各地食品安全办和各监管部门要加强与新闻媒体的合作，充分发挥舆论监督作用，对媒体报道反映的相关信息，要积极回应。对查处的制售假冒伪劣食品典型案例，要适时曝光，有效震慑违法犯罪分子。

（四）强化部门协作配合 各地食品安全办要加强组织协调，食品药品监管部门要加强与教育行政、农业行政、商务、工商行政管理、旅游等部门的协作配合，进一步加强对“农家乐”、旅游景区餐饮服务单位、学校食堂和食品配送企业，以及农村集体聚餐活动的监管，引导和鼓励正规品牌食品生产企业进农村、占市场，推进建立健全农村食品统一配送网络，加大农村食品统一配送的覆盖面，努力形成县、乡、村“三位一体”的食品流通网络，疏堵结合、扶优治劣。

（五）强化农村基层食品安全监管执法能力建设 各地在食品药品监管体制改革过程中，要进一步强化基层、夯实基础建设，依据食品安全监管需要，结合地方实际情况，充实壮大基层执法队伍，强化基层执法力量，强化基层监管干部食品安全监管业务知识培训，将执法装备、设备和经费保障向基层倾斜，为提高农村基层监管执法提供坚实的组织保障、人员保障和物质保障，加强基础保障建设，切实提升监管执法能力和水平。特别是要加大对偏远农村、山区食品安全监管基层基础建设的政策、经费、培训等方面支持力度。

四、加强组织领导和督查检查，确保工作落实到位

（一）加强组织领导，落实监管责任 各地要在加快推进市县食品药品监管体制改革中，尽快建立健全乡镇食品安全监管机制，明确乡镇食品安全工作责任，着力构建基层政府统筹管理、属地负责、部门履职、联防联控的农村食品安全工作机制。食品药品机构改革尚未完成的地方，各相关食品安全监管部门要继续履行好食品安全监管职责。机构改革已经到位的地方，相关监管部门要依法履行好食品市场监管职责。各地食品安全办要认真分析研究农村市场存在的突出问题，细化监管任务，明确监管责任，强化部门间、地区间的协调协作，追根溯源，综合治理，增强监管合力。

（二）加强督促检查，落实工作措施 为确保工作成效，各地和各有关部门要深入基层、深入食品生产经营单位，采取飞行检查等方式，加强督促检查，一级抓一级，层层抓落实，确保各项工作落到实处，取得实效。对责任不落实、监管不作为、情况不报告、问题不解决的单位和工作人员，要严肃追究

责任。

各地食品安全办要于2014年6月30日前和11月30日前，分别将2014年上半年和全年本省（自治区、直辖市）农村食品市场监管工作情况数据统计表和书面总结向国务院食品安全办报告。要重点总结农村食品市场整治和监管措施、做法和经验、典型案例，分析主要问题，提出构建长效监管机制的意见建议。各省（自治区、直辖市）食品药品监管局、工商行政管理局也要同时分别向食品药品监管总局和工商总局报告情况。

关于加强重点食品监管和综合治理工作的指导意见

（国家食品药品监管总局 食药监［2014］33号 2014年4月24日）

各省、自治区、直辖市食品药品监督管理局，新疆生产建设兵团食品药品监督管理局：

为全面落实总局2014年重点工作部署，切实抓好重点食品生产监管，科学防范食品安全风险，着力提升监管工作的针对性和有效性，推动构建更加严格的覆盖全过程的监管制度体系，更好地维护食品安全，促进食品产业健康持续发展，现就加强重点食品生产监管和综合治理工作提出以下意见。

一、工作目标和内容

（一）工作目标 当前和今后一个时期，通过加强重点食品安全监管、深入开展专项整治、改进监管方式方法、完善监管制度机制等工作，推动各地整顿规范一批重点食品行业，严厉打击一批食品生产违法违规行为，着力解决一批人民群众反映强烈的食品安全突出问题，大力提高执法权威，提振全社会食品安全信心。通过重点食品监管和综合治理，督促广大企业严格落实食品安全主体责任，不断提升食品生产企业质量安全管理水平；着力规范基层监管人员的监管行为，不断提升基层食品生产监管人员的工作能力和服务水平；探索建立更加严格的覆盖全过程的监管制度体系，建立健全食品安全监管网络，不断提升食品安全监管整体合力，推动形成食品安全社会共治工作格局。

（二）工作内容 总局确定把婴幼儿配方乳粉、婴幼儿配方食品、乳制品、肉制品、白酒、饮料、食用植物油、食品添加剂等8类食品作为2014年生产加工环节食品监管的重点品种。各地要在此基础上，结合地方实际和区域特色食品特点，确定本地区需要重点治理的食品品种，深入分析存在的突出问题及其原因，扎实做好重点食品安全监管和专项整治工作，有效防范安全风险，着力消除各类隐患，切实守住不发生区域性、系统性食品安全问题的底线。

二、工作措施

加强重点食品安全监管和综合治理工作，要综合运用行政许可、监督检查、监督抽检、风险监测、行政执法等手段，督促企业落实主体责任，从原辅料采购、过程控制、检验检测、出厂放行等各个环节入手，改进企业生产条件，切实从源头上保障食品安全。

（一）严格制度建设 要以制度建设为抓手，结合机构改革过渡期实际，认真做好食品安全规章、规范性文件的梳理工作，为立、改、废工作做好充分准备，探索建立一套行之有效的重点食品安全监管制度、方法和措施，从制度层面解决好监管什么和如何监管的问题。结合《中华人民共和国食品安全法》和《食品生产许可管理办法》《食品添加剂生产监督管理办法》《食品生产企业监督检查办法》等制修订工作，突出以制度规范重点食品生产监管工作，积极探索食品生产企业风险分级分类监管办法，科学确定重点食品企业的风险等级，细化监管措施。从重点食品生产企业抓起，积极探索在重点食品企业推动建立食品质量安全授权制度和质量安全追溯体系。以最严的监管制度，强化对重点食品、重点食品生产企业的规范和监管。要制定基层日常监管工作规范，形成监管工作手册或业务指导书，明确监管项目、检查内容、工作流程和责任要求，为基层日常监管提供依据和制度保障，不断提升基层监管工作制度化、规范化水平。

（二）严格行政许可 要充分发挥行政许可在维护食品安全中的重要作用，进一步严格重点食品的准入条件，提升准入门槛，严禁受理不符合国家产业政策规定的生产许可申请。要科学制修订重点食品生产许可审查细则，认真落实生产许可制度，严格标准要求、严格审查流程、严格规范审查行为，从严审查企业资质条件，切实把住生产准入关口，及时准确公布获得许可的企业名录和产品信息。达不到许可条件和审查要求的，一律不予许可。完善市场退出机制，对检查中发现的停产、转产企业，及时注销许可；对不能持续满足获证准入条件或整改后仍达不到审查要求的企业，依法撤销许可；对规模较小、条件较差、管理混乱的企业，推动地方政府予以综合治理、优胜劣汰，促进食品产业规模化、科学化发展。

（三）严格监督检查 要加大对重点食品企业的监督检查力度，建立健全重点食品企业质量安全信用档案和动态监管信息数据库，彻底摸清本地区重点食品企业底数和基本情况，梳理分析存在的共性问题和“潜规则”，形成科学的生产环节食品安全分析报告，定期报送地方政府和上级业务主管部门。切实加强对获证重点食品企业的证后监管，监督企业持续满足获证生产条件，严格按照标准组织生产，严格按照许可的品种范围生产食品。督促企业加强质量管控，实行原辅料和包装材料等供应商审核评估，严格落实原辅料进厂查验、生产过程控制、产品出厂批批检验和全过程记录制度。对重点食品生产的重要环节和关键节点要加严监管、全面掌控，重点检查企业原辅料进货记录、环境卫生、生产工艺、质量控制，以及是否存在“两超一非”情况等。要切实加强对重点食品生产加工小作坊的监管，彻底摸清底数，在地方政府的统一领导下，严格小作坊登记管理制度，加大小作坊监督检查力度，严防发生区域性食品安全问题。

（四）严格监督抽检 要加大对重点食品的监督抽检力度，结合总局监督抽检计划，科学确定本地监督抽检品种，增加重点食品抽检频次和市场采样量，扩大抽检的覆盖面，全面分析检验数据反映的本地食品安全风险，为日常监管和行政执法提供技术支撑。要突出白酒中塑化剂、含油脂类食品中塑化剂、植物油中苯并芘、乳制品中三聚氰胺，以及食品中重金属、农药残留量、食品添加剂等危及人体健康安全的关键指标为重点，依法组织开展重点食品的国家和省级监督抽检，依法公布监督抽检结果，逐步形成抽检信息共享机制。要切实抓好监督抽检后处理工作，对监督抽检中发现的安全问题，依法从严处置。

（五）严格风险管理 要牢固树立风险意识，科学运用风险管理的技术、方法和手段，科学防范食品安全风险，确保对食品安全风险做到早发现、早研判、早预警、早处置。加强重点食品安全风险排查和隐患治理，加大对重点食品的风险监测力度，特别是对高风险高敏感性的食品要实施重点监测、跟踪监测、持续监测，对监测到的问题和可能发生的风险，及时向地方政府通报风险情况，向社会发布风险预警。探索建立以预防为主的风险管理机制，建立完善重点食品突发事件应急处置预案，适时开展问题食品追溯和召回应急演练，不断提升应急处置能力和水平。

（六）严格行政执法 要坚持依法行政、严格执法，保持高压态势，严惩重处各类食品安全违法行为，重点打击无证生产、超范围生产、滥用标签标识、假冒伪劣等违法行为，做到发现一起查处一起，绝不手软，绝不姑息，该处罚的坚决处罚，该移交司法机关的坚决移交，严禁以罚代管、以罚代刑。针对重点食品存在的突出问题，组织开展专项执法打假，对形成区域性问题的重点食品要组织开展区域整治，对危害较大、影响范围较广的重点食品违法案件，要提请公安机关及早介入、联合执法。严格食品召回、退市和销毁管理制度，防止过期食品等不合格食品回流到食品生产环节。要充分发挥社会监督、群众监督和舆论监督作用，及时处理群众投诉举报，联合有关部门共同打击食品生产违法犯罪行为。

三、工作要求

各地要切实加强组织领导，有序开展本地区重点食品监管和综合治理工作。

（一）细化监管方案 总局原则上不再下发单一食品品种的专项整治方案，已经下发的要结合本指导意见抓好落实。各地要合理确定本地区需要加严监管的重点食品品种，有针对性地制定切实可行的工作方案，细化提出重点食品的监管任务和具体措施，因时因地开展综合治理和专项整治工作，确保方案能落实、措施可操作、整治见成效。

（二）明确责任分工 各地要结合本地实际，明确重点食品生产监管的目标要求、责任部门和工作时限。要切实发挥组织领导作用，抓好组织协调和业务指导，注重创新监管方式方法，着力推进重点食品监管工作提质增效。总局将加强科学统筹，实施分类指导，整体推进重点食品监管任务落实。

（三）加强督促检查 各地要把重点食品生产监管摆上重要议事日程，纳入年度工作安排，定期听取有关工作情况汇报，准确掌握重点食品监管工作情况，研究解决监管中存在的突出问题和薄弱环节。要切实加强对重点食品监管工作的督促指导、日常检查和年终考核，并将考核结果作为对各级监管机构和监管人员综合考核评价的重要内容。

（四）总结工作经验　各地要注重总结工作经验、选树先进典型，及时总结报送加强重点食品监管的做法、经验和成效。总局将适时组织交流研讨，开展相关制度研究，推动构建重点食品生产监管和综合治理的制度规范和长效机制。

食品药品行政处罚程序规定

（国家食品药品监管总局令　第3号　2014年4月28日）

第一章　总　　则

第一条　为规范食品药品监督管理部门行使行政处罚权，保护公民、法人和其他组织的合法权益，根据《中华人民共和国行政处罚法》（以下简称《行政处罚法》）、《中华人民共和国行政强制法》（以下简称《行政强制法》）、《中华人民共和国食品安全法》、《中华人民共和国药品管理法》等有关法律法规，制定本规定。

第二条　食品药品监督管理部门对违反食品、保健食品、药品、化妆品、医疗器械管理法律、法规、规章的单位或者个人实施行政处罚，应当遵照本规定。

第三条　食品药品监督管理部门实施行政处罚，遵循公开、公平、公正的原则，做到事实清楚、证据确凿、程序合法、法律法规规章适用准确适当、执法文书使用规范。

第四条　公民、法人或者其他组织对食品药品监督管理部门给予的行政处罚，享有陈述、申辩权；对行政处罚不服的，有权依法申请行政复议或者提起行政诉讼。

第五条　食品药品监督管理部门建立行政处罚监督制度。

上级食品药品监督管理部门对下级食品药品监督管理部门实施的行政处罚进行监督。上级食品药品监督管理部门对下级食品药品监督管理部门作出的违法或者不适当的行政处罚决定，责令其限期改正；逾期不改正的，依法予以变更或者撤销。

第二章　管　　辖

第六条　行政处罚由违法行为发生地的食品药品监督管理部门管辖。

第七条　县（区）、市（地、州）食品药品监督管理部门依职权管辖本行政区域内的食品药品行政处罚案件。省、自治区、直辖市食品药品监督管理部门依职权管辖本行政区域内重大、复杂的食品药品行政处罚案件。国家食品药品监督管理总局依职权管辖应当由自己实施行政处罚的案件及全国范围内发生的重大、复杂的食品药品行政处罚案件。省、自治区、直辖市食品药品监督管理部门可以依据法律法规和规章，结合本地区实际，规定本行政区域内级别管辖的具体分工。

第八条　县级以上食品药品监督管理部门可以在法定权限内委托符合行政处罚法第十九条规定条件的组织实施行政处罚。受委托的组织应当在委托范围内，以委托部门的名义作出具体行政行为。委托部门应当对受委托组织的行政处罚行为及其相关的行政执法行为进行指导和监督，并对该行为的后果承担法律责任。

第九条　县级食品药品监督管理部门在乡镇或者区域设置的食品药品监督管理派出机构，依照法律法规和规章的规定，行使行政处罚权。

第十条　对当事人的同一违法行为，两个以上食品药品监督管理部门均有管辖权的，由先行立案的食品药品监督管理部门管辖。对管辖权有争议的，应当协商解决；协商不成的，报请共同的上一级食品药品监督管理部门指定管辖。

第十一条　上级食品药品监督管理部门认为必要时可以直接查处下级食品药品监督管理部门管辖的案件，也可以将自己管辖的案件移交下级食品药品监督管理部门查处。

下级食品药品监督管理部门对本部门管辖的案件由于特殊原因不能行使管辖权的，可以报请上级食品药品监督管理部门管辖或者指定管辖。

第十二条　上级食品药品监督管理部门接到管辖争议或者报请指定管辖请示后，应当在10个工作日内作出指定管辖的决定，并书面通知下级部门。

第十三条 食品药品监督管理部门发现案件不属于本部门管辖的，应当及时移送有管辖权的食品药品监督管理部门或者相关行政管理部门处理。受移送的食品药品监督管理部门应当将案件查处结果及时函告移送案件的食品药品监督管理部门；认为移送不当的，应当报请共同的上一级食品药品监督管理部门指定管辖，不得再次移送。

第十四条 食品药品监督管理部门在查处案件时，发现违法行为涉嫌犯罪的，应当按照《行政执法机关移送涉嫌犯罪案件的规定》的要求，及时移送同级公安机关。公安机关决定立案的，食品药品监督管理部门应当自接到公安机关立案通知书之日起3日内将涉案物品以及与案件有关的其他材料移交公安机关，并办结交接手续；对涉案的查封扣押物品，还应当填写查封扣押物品移交通知书，并书面告知当事人。

第十五条 食品药品监督管理部门办理行政处罚案件需要其他地区食品药品监督管理部门协助调查、取证的，应当出具协助调查函。协助部门一般应当在接到协助调查函之日起15个工作日内完成相关工作；需要延期完成的，应当及时告知提出协查请求的部门。

第十六条 依法应当吊销食品药品行政许可证或者撤销批准证明文件的，由原发证或者批准的食品药品监督管理部门决定。食品药品监督管理部门查处违法案件，对依法应当吊销许可证或者撤销批准证明文件的，在其权限内依法实施行政处罚的同时，应当将取得的证据及相关材料报送原发证、批准的食品药品监督管理部门，由原发证、批准的部门依法作出是否吊销许可证或者撤销批准证明文件的行政处罚决定。需由国家食品药品监督管理总局撤销批准证明文件的，由省、自治区、直辖市食品药品监督管理部门报国家食品药品监督管理总局决定。

原发证、批准的部门依法作出吊销许可证和撤销批准证明文件的行政处罚决定，依照本规定进行。

第三章　立　案

第十七条 食品药品监督管理部门应当对下列事项及时调查处理：

（一）在监督检查及抽验中发现案件线索的；

（二）公民、法人或者其他组织投诉、举报的；

（三）上级机关交办或者下级机关报请查处的；

（四）有关部门移送或者经由其他方式、途径披露的。

符合立案条件的，应当在7个工作日内立案。

第十八条 立案应当符合下列条件：

（一）有明确的违法嫌疑人；

（二）有违法事实；

（三）属于食品药品监督管理行政处罚的范围；

（四）属于本部门管辖。

符合立案条件的，应当报分管负责人批准立案，并确定2名以上执法人员为案件承办人。

第十九条 办案人员有下列情形之一的，应当自行回避；当事人也有权申请其回避：

（一）是本案的当事人或者当事人的近亲属；

（二）与本案有直接利害关系；

（三）与本案当事人有其他关系，可能影响案件公正处理的。

办案人员的回避由食品药品监督管理部门分管负责人决定，负责人的回避由部门其他负责人集体研究决定。

回避决定做出前，被申请回避人员不得擅自停止对案件的调查处理。

第四章　调查取证

第二十条 食品药品监督管理部门进行案件调查时，执法人员不得少于2人，并应当出示执法证件。首次向案件当事人收集、调取证据的，应当告知其有申请办案人员回避的权利。被调查人或者有关人员应当如实回答询问并协助、配合调查，及时提供依法应当保存的票据、凭证、记录等相关材料，不得阻挠、干扰案件的调查。办案过程中涉及国家秘密、商业秘密和个人隐私的，执法人员应当保守秘密。

第二十一条 执法人员进行现场调查时，应当制作笔录。笔录应当注明执法人员身份、证件名称、证件编号及调查目的。执法人员应当在笔录上签字。笔录经核对无误后，被调查人应当在笔录上逐页签字或者按指纹，并在笔录上注明对笔录真实性的意见。笔录修改处，应当由被调查人签字或者按指纹。

第二十二条 办案人员应当依法收集与案件有关的证据。证据包括书证、物证、视听资料、证人证言、当事人陈述、检验报告、鉴定意见、调查笔录、电子数据、现场检查笔录等。立案前调查或者检查过程中依法取得的证据，可以作为认定事实的依据。

第二十三条 调取的证据应当是原件、原物。调取原件、原物确有困难的，可以由提交证据的单位或者个人在复制品上签字或者加盖公章，并注明“此件由×××提供，经核对与原件（物）相同”的字样或者文字说明。

第二十四条　在中华人民共和国领域外形成的证据，应当说明来源，经所在国公证机关证明，并经中华人民共和国驻该国使领馆认证，或者履行中华人民共和国与证据所在国订立的有关条约中规定的证明手续。境外证据所包含的语言、文字应当提供经具有翻译资质的机构翻译的或者其他翻译准确的中文译文。在中华人民共和国香港特别行政区、澳门特别行政区和台湾地区形成的证据，应当按照有关规定办理证明手续。

第二十五条　在证据可能灭失或者以后难以取得的情况下，经分管负责人批准，可以先行登记保存，并向当事人出具先行登记保存物品通知书。先行登记保存期间，当事人或者有关人员不得损毁、销毁或者转移证据。

第二十六条　食品药品监督管理部门对先行登记保存的证据，应当在7日内作出以下处理决定：

（一）需要采取证据保全措施的，采取记录、复制、拍照、录像等证据保全措施后予以返还；

（二）需要检验、检测、检疫、鉴定的，送交检验、检测、检疫、鉴定；

（三）依法应当予以没收的，作出行政处罚决定，没收违法物品；

（四）需要查封、扣押的，依法采取查封、扣押措施；

（五）违法事实不成立，或者违法事实成立但依法不应当予以查封、扣押或者没收的，解除先行登记保存措施。逾期未作出处理决定的，应当解除先行登记保存。

第二十七条　食品药品监督管理部门在案件调查时，经分管负责人批准可以依法采取查封、扣押等行政强制措施，执法人员应当向当事人出具查封、扣押决定书。情况紧急，需要当场采取查封、扣押措施的，执法人员应当在查封扣押后24小时内向分管负责人报告，并补办批准手续。分管负责人认为不应当采取行政强制措施的，应当立即解除。

第二十八条　食品药品监督管理部门实施先行登记保存或者查封、扣押时，应当通知当事人到场，并在现场检查笔录中对采取的相关措施情况予以记载。对查封、扣押的场所、设施或者财物，应当使用盖有本部门公章的封条就地或者异地封存，当事人不得擅自启封。对先行登记保存或者查封、扣押的物品应当开列物品清单，由执法人员、当事人或者有关人员签字或者加盖公章。

第二十九条　查封、扣押的场所、设施或者财物应当妥善保管，不得使用、损毁或者擅自转移、处置。对容易腐烂、变质的物品，法律法规规定可以直接先行处理的，或者当事人同意先行处理的，经食品药品监督管理部门分管负责人批准，在采取相关措施留存证据后可以先行处理。

第三十条　查封、扣押的期限不得超过30日；情况复杂的，经食品药品监督管理部门分管负责人批准，可以延长，但延长的期限不得超过30日。作出延长查封、扣押期限决定后应当及时填写查封扣押延期通知书，书面告知当事人，并说明理由。对物品需要进行检验、检测、检疫或者鉴定的，应当填写检验（检测、检疫、鉴定）告知书。查封、扣押的期间不包括检验、检测、检疫或者鉴定的期间。符合行政强制法第二十八条规定的，应当解除查封、扣押。

第三十一条　执法人员在调查取证过程中，要求当事人在笔录或者其他材料上签名、盖章或者以其他方式确认，当事人拒绝到场，拒绝签名、盖章或者以其他方式确认，或者无法找到当事人的，应当由两名执法人员在笔录或者其他材料上注明原因，并邀请有关人员作为见证人签字或者盖章，也可以采取录音、录像等方式记录。

第三十二条　执法人员调查违法事实，需要抽取样品检验的，应当按照有关规定抽取样品。检验机构应当在规定时限内及时进行检验。

第三十三条　案件调查终结后，案件承办人应当撰写调查终结报告，简易程序除外。调查终结报告内容包括：当事人基本情况、案由、违法事实及证据、调查经过等；拟给予行政处罚的，还应当包括所适用的依据及处罚建议。

第三十四条　食品药品监督管理部门进行案件调查时，对已有证据证明有违法行为的，应当出具责令改正通知书，责令当事人改正或者限期改正违法行为。

第五章　处罚决定

第一节　一般程序

第三十五条　承办人提交案件调查终结报告后，食品药品监督管理部门应当组织3名以上有关人员对违法行为的事实、性质、情节、社会危害程度、办案程序、处罚意见等进行合议。合议应当根据认定的事实，提出予以处罚、补充证据、重新调查、撤销案件或者其他处理意见。

第三十六条　食品药品监督管理部门在作出处罚决定前应当填写行政处罚事先告知书，告知当事人违法事实、处罚的理由和依据，以及当事人依法享有的陈述、申辩权。食品药品监督管理部门应当充分听取当事人的陈述和申辩。当事人提出的事实、理由或者证据经复核成立的，应当采纳。食品药品监督管理部门不得因当事人申辩而加重处罚。

第三十七条 食品药品监督管理部门在作出责令停产停业、吊销许可证、撤销批准证明文件、较大数额罚款、没收较大数额财物等行政处罚决定前，应当告知当事人有要求举行听证的权利。当事人要求听证的，应当按照法定程序组织听证。较大数额罚款的标准，按照地方性法规、地方政府规章等有关规范性文件的规定执行。

第三十八条 拟作出的行政处罚决定应当报食品药品监督管理部门负责人审查。食品药品监督管理部门负责人根据不同情况，分别作出如下决定：

（一）确有应受行政处罚的违法行为的，根据情节轻重及具体情况，作出行政处罚决定；

（二）违法行为轻微，依法可以不予行政处罚的，不予行政处罚；

（三）违法事实不能成立的，不得给予行政处罚；

（四）违法行为已构成犯罪的，移送公安机关。

第三十九条 对情节复杂或者重大违法行为给予较重的行政处罚，应当由食品药品监督管理部门负责人集体讨论决定。集体讨论决定的过程应当有书面记录。重大、复杂案件标准由各省、自治区、直辖市食品药品监督管理部门根据实际确定。

第四十条 食品药品监督管理部门作出行政处罚决定，应当制作行政处罚决定书。

行政处罚决定书应当载明下列事项：

（一）当事人的姓名或者名称、地址；

（二）违反法律、法规或者规章的事实和证据；

（三）行政处罚的种类和依据；

（四）行政处罚的履行方式和期限；

（五）不服行政处罚决定，申请行政复议或者提起行政诉讼的途径和期限；

（六）作出行政处罚决定的食品药品监督管理部门名称和作出决定的日期。行政处罚决定中涉及没收食品药品或者其他有关物品的，还应当附没收物品凭证。行政处罚决定书应当盖有作出行政处罚决定的食品药品监督管理部门的公章。

第四十一条 除依法应当予以销毁的物品外，食品药品监督管理部门对依法没收的非法财物，经分管负责人批准，依照行政处罚法第五十三条规定予以处理。处理的物品应当核实品种、数量，并填写清单。

第二节 简易程序

第四十二条 违法事实确凿并有法定依据，对公民处以50元以下、对法人或者其他组织处以1000元以下罚款或者警告的行政处罚的，可以当场作出行政处罚决定。

第四十三条 执法人员当场作出行政处罚决定的，应当向当事人出示执法证件，填写预定格式、编有号码并加盖食品药品监督管理部门公章的当场行政处罚决定书。当场行政处罚决定书应当当场交付当事人，当事人签字或者盖章签收。

第四十四条 执法人员当场作出的行政处罚决定，应当在7个工作日以内报所属部门备案。

第六章 送 达

第四十五条 行政处罚决定书应当在宣告后当场交付当事人；当事人不在场的，应当在7日内依照本章规定，将行政处罚决定书送达当事人。行政处罚决定书由承办人直接送交当事人签收。受送达人是公民的，本人不在时，交其同住成年家属签收；受送达人是法人的，应当由其法定代表人签收；受送达人是其他组织的，由其主要负责人签收。受送达人有代理人的，可以送交其代理人签收。受送达人应当在送达回执上注明收到日期并签字或者盖章。签收日期即为送达日期。

第四十六条 受送达人或者其同住成年家属拒收行政处罚决定书的，送达人可以邀请有关基层组织或者所在单位人员到场并说明情况，在送达回执上注明拒收事由和日期，由送达人、见证人签字或者盖章，将行政处罚决定书留在受送达人的住所，即视为送达。

第四十七条 直接送达有困难的，可以委托就近的食品药品监督管理部门代为送达或者邮寄送达。邮寄送达的，回执注明的收件日期即为送达日期。国家食品药品监督管理总局作出的撤销食品药品批准证明文件的行政处罚，交由当事人所在地的省、自治区、直辖市食品药品监督管理部门送达。

第四十八条 受送达人下落不明，或者依据本章规定的其他方式无法送达的，公告送达。自发出公告之日起60日即视为送达。公告送达，可以在受送达人原住所地张贴公告，也可以在报纸、电视等刊登公告。公告送达，应当在案卷中载明公告送达的原因和经过。

第七章 执行与结案

第四十九条 行政处罚决定书送达后，当事人应当在处罚决定的期限内予以履行。当事人确有经济困难，可以提出延期或者分期缴纳罚款的申请，并提交书面材料。经案件承办人员审核，确定延期或者分期缴纳罚款的期限和金额，报分管负责人批准后执行。

第五十条　当事人对行政处罚决定不服，申请行政复议或者提起行政诉讼的，行政处罚不停止执行，但行政复议或者行政诉讼期间决定或者裁定停止执行的除外。

第五十一条　作出罚款和没收违法所得决定的食品药品监督管理部门应当与收缴罚没款的机构分离。除按规定当场收缴的罚款外，执法人员不得自行收缴罚没款。

第五十二条　依据本规定当场作出行政处罚决定，有下列情形之一的，执法人员可以当场收缴罚款：

（一）依法给予 20 元以下罚款的；

（二）不当场收缴事后难以执行的。

第五十三条　在边远、水上、交通不便地区，食品药品监督管理部门及其执法人员依照本规定作出处罚决定后，当事人向指定的银行缴纳罚款确有困难的，经当事人提出，执法人员可以当场收缴罚款。

第五十四条　食品药品监督管理部门及其执法人员当场收缴罚款的，应当向当事人出具省、自治区、直辖市财政部门统一制发的罚款收据。执法人员当场收缴的罚款，应当自收缴罚款之日起 2 日内交至食品药品监督管理部门；食品药品监督管理部门应当在 2 日内将罚款缴付指定的银行。

第五十五条　当事人在法定期限内不申请行政复议或者提起行政诉讼，又不履行行政处罚决定的，食品药品监督管理部门应当向人民法院申请强制执行。食品药品监督管理部门申请人民法院强制执行前应当填写履行行政处罚决定催告书，书面催告当事人履行义务，并告知履行义务的期限和方式、依法享有的陈述和申辩权，涉及加处罚款的，应当有明确的金额和给付方式。加处罚款的总数额不得超过原罚款数额。当事人进行陈述、申辩的，食品药品监督管理部门应当对当事人提出的事实、理由和证据进行记录、复核，并制作陈述申辩笔录、陈述申辩复核意见书。当事人提出的事实、理由或者证据成立的，食品药品监督管理部门应当采纳。履行行政处罚决定催告书送达 10 个工作日后，当事人仍未履行处罚决定的，食品药品监督管理部门可以申请人民法院强制执行，并填写行政处罚强制执行申请书。

第五十六条　行政处罚决定履行或者执行后，办案人应当填写行政处罚结案报告，将有关案件材料进行整理装订，归档保存。

第八章　附　　则

第五十七条　本规定中的期限以时、日计算，开始的时和日不计算在内。期限届满的最后一日是节假日的，以节假日后的第一日为届满的日期。法律、法规另有规定的除外。

第五十八条　本规定中的“以上”“以下”“以内”，均包括本数。

第五十九条　各省、自治区、直辖市食品药品监督管理部门可以根据本行政区域实际制定本规定的实施细则。

第六十条　国家食品药品监督管理总局负责制定行政处罚所适用的文书格式范本。各省、自治区、直辖市食品药品监督管理部门可以参照文书格式范本，制定本行政区域行政处罚所适用的文书格式并自行印制。

第六十一条　本规定自 2014 年 6 月 1 日起施行。2003 年 4 月 28 日公布的《药品监督行政处罚程序规定》（原国家食品药品监督管理局令第 1 号）同时废止。

2014 年食品安全重点工作安排

（国务院　国办发〔2014〕20 号　2014 年 4 月 29 日）

2013 年，各地区、各有关部门按照国务院的统一部署，加快推进食品安全监管体制改革，进一步强化日常监管，深入开展食品安全专项整治，严惩重处食品安全违法犯罪，食品安全风险隐患得到控制，全国食品安全形势总体趋稳向好。但制约我国食品安全的深层次矛盾依然存在，群众反映强烈的突出问题仍时有发生。为贯彻落实党的十八届三中全会、中央经济工作会议、今年《政府工作报告》精神及国务院关于食品安全工作的有关部署要求，保障人民群众“舌尖上的安全”，现就 2014 年食品安全重点工作作出如下安排：

一、深入开展治理整顿，着力解决突出问题

（一）开展食用农产品质量安全源头治理 严格农业投入品管理，严格推行高毒农药定点经营和实名购买制度，规范兽用抗菌药、饲料及饲料添加剂的生产经营和使用，促进农药、化肥科学减量使用。严厉打击使用禁用农兽药、非法添加“瘦肉精”和孔雀石绿等违禁物质的违法违规行为。加大土地和水污染治理力度，重点治理农产品产地土壤重金属污染、农业种养殖用水污染、持久性有机物污染等环境污染问题，努力切断污染物进入农田的链条。加强食用农产品质量安全监管，重点把好产地准出和市场准入关口。

（二）深入开展婴幼儿配方乳粉专项整治 规范生鲜乳收购与奶站经营管理，严格生鲜乳检验检测和运输监管，督促企业加强自建自控奶源建设与管理，进一步加强婴幼儿配方乳粉国家监督抽检，及时公布抽检结果。严禁以委托、贴牌、分装方式生产婴幼儿配方乳粉，严禁用同一配方生产不同品牌乳粉和使用牛、羊乳（粉）以外的原料乳（粉）生产婴幼儿配方乳粉。加强对企业持续保持许可条件、生产过程记录、产品检验情况的检查。加强乳制品流通监管，严格执行进货查验和查验记录制度，进一步规范网络销售婴幼儿配方乳粉行为。加强进口婴幼儿配方乳粉监管和抽检，公布进口婴幼儿配方乳粉生产企业、进口商及产品名录。依法严厉打击非法添加非食用物质、超范围超限量使用食品添加剂、无证生产经营、假冒知名品牌以及走私乳粉和乳清粉等违法行为，及时公布违法违规单位“黑名单”。

（三）开展畜禽屠宰和肉制品专项整治 落实病死畜禽收集处理属地管理责任，进一步规范病死畜禽无害化处理工作。依法严惩收购加工病死畜禽、出售未经肉品检验或经肉品检验不合格的肉制品等违法违规行为。加强对生猪屠宰定点企业、牛羊屠宰企业的规范管理，加强对肉制品生产加工企业的监督检查，严禁毛皮动物胴体及其他未经检验检疫动物肉品流入市场。加大对活禽交易市场的监督检查力度，督促活禽经营者严格按照有关规定对病死禽进行无害化处理。

（四）开展食用油安全综合治理 依法严厉打击非法收购、运输、加工餐厨废弃油脂，利用动物内脏、化工原料提炼、制售动物油脂，以次充好、以假充真、以不合格植物油冒充合格食用油等违法违规行为。深入推进餐厨废弃物资源化利用和无害化处理，从源头斩断“地沟油”非法利益链，形成疏堵结合的良性运行机制。加强对进口食用油品的检验，对进口食用植物油生产企业开展境外检查，防止不符合安全标准和质量标识标准油品流入国内市场。

（五）开展农村食品安全专项整治 加大对农村地区、城乡结合部、小作坊聚集村等重点区域的食品安全整治力度，重点治理小卖部、小超市、流动摊贩、批发市场销售假冒伪劣、“三无”食品等违法行为。着力提升农村食品安全消费意识。规范农村红白喜事集体用餐申报，加强对农村餐饮服务单位人员健康、场地环境、清洗消毒的管理，确保集体用餐安全。

（六）开展儿童食品、学校及周边食品安全专项整治 严格规范儿童食品经营许可准入条件、经营者责任义务，督促落实进货查验、索证索票制度，依法严厉查处校园周边销售低价劣质食品行为。制定中小学生营养餐管理规范，严格学生营养餐配送单位资质筛选和招投标，依法严厉查处加工销售不合格食品行为。严格对学校食堂人员卫生、原材料、加工流程的规范管理，防止食源性细菌污染，严防学生集体食物中毒事件发生。

（七）开展超过保质期食品、回收食品专项整治 严格落实食品生产经营者主体责任，督促食品生产经营者及时自查清理超过保质期食品并采取停止经营等措施，主动将该食品清退出市场；对退市的超过保质期食品和回收食品设立专门区域保存并加贴醒目标签，防止与正常食品混淆或再行销售。依法严厉打击违法违规经营和使用超过保质期食品和回收食品的行为，禁止使用超过保质期食品和回收食品作为原料生产加工食品，禁止采取更改生产日期、保质期或者改换包装等方式销售超过保质期食品和回收食品。规范对超过保质期食品和回收食品的处置，严格依照有关法律法规要求，监督食品生产经营者对超过保质期食品和回收食品进行无害化处理或销毁，防止超过保质期食品和回收食品回流餐桌。

（八）开展“非法添加”和“非法宣传”问题专项整治 严厉打击生产环节非法添加、使用非食品原料、超范围超限量使用食品添加剂等违法行为，坚决取缔“黑窝点”、“黑作坊”和“黑工厂”。完善《食品中可能违法添加的非食用物质名单》，加快名单范围内物质检测方法的研究和认定，加大对名单范围内物质的监测抽检力度。继续加大对食品广告虚假宣传的查处力度，严厉整治生产销售粗制滥造、冒用品牌、虚假标识等假冒伪劣问题。进一步巩固和扩大保健食品打“四非”（非法生产、非法经营、非法添加和非法宣传）阶段性成果，坚决防止问题反弹。

（九）开展网络食品交易和进出口食品专项整治　严厉查处通过互联网销售“三无”食品、不符合安全标准食品、未经检验检疫进口食品等违法违规行为。严格规范网络食品经营者及网络食品交易平台服务提供者责任和义务，探索建立网络食品交易监管制度。加强进出口食品安全监管，加强各口岸单位资源共享、情报互通，形成口岸监管合力。以粮食、食糖、食用油、肉类等为重点，依法严厉打击走私和逃避监管等违法犯罪行为。

二、加强监管能力建设，夯实监管工作基础

（一）全面深化食品安全监管体制改革　完善从中央到地方直至基层的食品安全监管体制，健全乡镇食品安全监管派出机构和农产品质量安全监管服务机构，加强村级协管员队伍建设。进一步落实食品安全属地管理职责，强化市县两级监管职责，将农产品质量安全监管执法纳入农业综合执法范围，加快推进生猪定点屠宰监管职责调整到位。充分发挥各级食品安全综合协调机构作用，强化综合协调能力建设，完善协作配合机制。加快建立食用农产品产地准出与市场准入有效衔接机制。

（二）加强基层执法力量和规范化建设　强化基层监管技术支撑，推进食品生产经营者电子化管理和数据库建设，提高监管水平。提升基层执法队伍综合素质和业务能力，培养懂技术、通法律、善调查的基层执法干部队伍。加强基层执法规范化建设，健全基层监管责任制，明确基层监管机构岗位职责，规范工作流程。

（三）强化食品安全风险监测评估　继续加强食品安全风险监测体系及其能力建设，建立和完善全国食源性疾病监测与报告网络，强化监测结果统一汇总分析。组织实施国家食品和食用农产品安全风险监测年度计划，开展收购和库存粮食质量安全的监测与抽查，加强对食品相关产品生产过程和制成品的全面监测。修订食品安全风险监测和评估相关管理规定，规范监测、评估工作管理，强化监测、评估结果应用。科学规范开展食品安全风险交流、预警工作，健全工作体系和机制，加强专业化人员队伍建设。研究制定国家食品安全和农产品质量安全风险评估工作规划，实施风险评估项目，做好食品安全隐患的应急风险评估工作。加强总膳食研究、食物消费量调查等基础数据库建设。继续做好新食品原料、食品添加剂新品种、食品相关产品新品种的安全性审查工作。

（四）加快食品安全检验检测能力建设　加强食用农产品和食品快检、溯源技术和预警系统的研发和推广应用，进一步提高食品安全检测技术水平。实施食品安全检（监）测能力建设规划，加快县乡食品、农产品质量安全检测体系建设，加强基层食品安全检测能力建设，提高一线监管执法队伍技术水平。推进县级食品安全检验检测资源整合以及农产品质量安全检验检测资源整合。加强检验检测机构资质认定和监督管理工作，充分共享检验检测结果，减少重复检验检测。创造有利于第三方食品安全检验检测机构发展的环境，鼓励向第三方检验检测机构购买服务。

（五）推进食品安全监管工作信息化　落实《国家食品安全监管体系“十二五”规划》，推进食品安全监管信息化工程建设，充分利用现代信息技术，提高监管效能。鼓励各地加大资金支持，开展试点建设，推动数据共享。加快食品安全监管统计基础数据库建设，提高统计工作信息化水平。推进食品安全信息惠民行动计划，利用物联网、溯源、防伪、条码等技术，实施信息惠民工程。

（六）建立健全“餐桌污染治理体系”　开展联合调研，总结推广地方经验，探索建立健全符合国情、科学完善的“餐桌污染治理体系”，建设食品放心工程。

三、完善法规标准，加强制度建设

（一）制修订一批食品安全法律法规　推动抓紧修订《中华人民共和国食品安全法》，制定食品生产经营许可管理办法、食品标识监督管理办法、食品添加剂生产监督管理办法、食源性疾病管理办法、进出口食品安全条例、食品相关产品安全监督管理办法等配套法规规章制度。加快《农药管理条例》《生猪屠宰管理条例》等法规的修订工作。推动地方抓紧研究制定出台食品生产加工小作坊、食品摊贩管理的地方性法规。根据新的监管体制要求，对原有部门规章进行清理整合。地方各级人民政府要重点针对芽菜、活禽、保健食品、餐厨废弃物等监管的空白和盲点，明确监管部门职责和工作要求，抓紧研究完善监管制度。

（二）建立食品原产地可追溯制度和质量标识制度　加快建立“从农田到餐桌”的全程追溯体系，研究起草重要食用农产品追溯管理办法，稳步推进农产品质量安全追溯、肉菜流通追溯、酒类流通追溯、乳制品安全追溯体系建设。完善食品质量标识制度，规范“无公害农产品”“绿色食品”“有机产品”“清真食品”等食品、农产品认证活动和认证标识使用，规

范转基因食品标识的使用，提高消费者对质量标识与认证的甄别能力。

（三）清理整合一批食品安全国家和地方标准 加快食品安全标准清理整合工作，制定公布新的食用植物油、蜂蜜、粮食、饮用水、调味品等重点食品国家标准，对食品污染物、食品添加剂使用等重点标准开展跟踪评价。完善食品安全标准管理制度，规范标准制定流程，做好标准宣传培训、信息公开和咨询答复。加强食品安全标准研究、起草单位和专业队伍建设，提高食品安全标准工作能力和工作效率。

四、落实企业主体责任，推动社会共治

（一）探索建立企业首负责任制和惩罚性赔偿机制 在婴幼儿配方乳粉、白酒生产企业试点“食品质量安全授权”制度，通过企业授权质量安全负责人，对原料入厂把关、生产过程控制和出厂产品检验质量安全负责。鼓励企业通过提升自有检验能力或委托检验等方式加强对产品质量的控制。鼓励企业实施良好农业规范（GAP）、良好生产规范（GMP），建立危害分析和关键控制点（HACCP）体系，以及建立和完善食品安全事故报告、员工健康管理、培训教育管理、食品生产经营操作规范等制度。探索建立“谁生产谁负责、谁销售谁负责”的企业首负责任制和食品质量安全惩罚性赔偿机制。

（二）推动重点产业转型升级发展和食品品牌建设 大力扶持农业规模化、标准化生产，推进园艺作物标准园、畜禽规模养殖、水产健康养殖等创建活动。推动肉、菜、蛋、奶、粮等大宗食品生产基地建设，引导小作坊、小企业、小餐饮等生产经营活动向食品加工产业园区集聚。加快婴幼儿配方乳粉企业良好生产规范实施，严格行业准入和许可制度，采取多种方式推进婴幼儿配方乳粉企业兼并重组，积极鼓励一批基础好、管理优、潜力大的婴幼儿配方乳粉企业做优做强。加强食品品牌建设，保护和传承食品行业老字号，发挥其质量管理示范带动作用，用品牌保证人民群众对食品质量安全的信心。

（三）研究建立食品安全责任强制保险制度 制订出台关于开展食品安全责任强制保险试点工作的指导意见，确定部分重点行业、重点领域试点食品安全责任强制保险制度，充分发挥保险的风险控制和社会管理功能，建立政府、保险机构、企业和消费者多方互动共赢的激励约束机制。

（四）加强食品安全领域诚信体系建设 落实国务院食品安全办等八部门《关于进一步加强道德诚信建设推进食品安全工作的意见》，完善诚信管理法规制度，全面建立各类食品生产经营单位的信用档案，完善诚信信息共享机制和失信行为联合惩戒机制，探索通过实施食品生产经营者“红黑名单”制度促进企业诚信自律经营。建立统一的食品生产经营者征信系统，研究和推进将食品安全信用评价结果与行业准入、融资信贷、税收、用地审批等挂钩，充分发挥其他领域对食品安全失信行为的制约作用。

（五）落实食品安全违法行为有奖举报制度 地方各级人民政府要设立食品安全举报奖励专项资金，适度扩大奖励范围，对提供有效线索、经查证属实的，要及时兑现奖励。对举报违法制售、使用食品非法添加物等严重违法犯罪问题的举报人，以及违法生产经营单位内部举报人员，适当提高奖励额度。严格执行举报保密制度，依法严惩对举报人打击报复的行为。

五、严格监管执法，严惩违法犯罪行为

（一）持续保持打击违法犯罪高压态势 将危害最为严重、人民群众反映最为强烈、整治最为迫切的食品安全领域违法犯罪行为作为打击重点，依据《中华人民共和国刑法》《最高人民法院、最高人民检察院关于办理危害食品安全刑事案件适用法律若干问题的解释》等法律及司法解释予以严惩重处。

（二）进一步促进行政执法与刑事司法的无缝衔接 加强行政监管部门与公安机关在案件查办、信息通报、技术支持、法律保障等方面的配合，形成打击食品违法犯罪的合力。开放食品安全信息平台接入口，实现公安机关与行政监管部门信息共享，探索公安机关提前介入涉嫌食品安全犯罪案件的评估与应对。建立联合挂牌督办制度，对挂牌督办的大要案件，要依法从重从严查处。

（三）强化公安机关专业打击力量 地方各级人民政府要根据食品药品监管体制改革要求，加强食品安全犯罪侦查队伍建设，明确机构和人员专职负责打击食品安全犯罪。地方各级食品安全综合协调机构要协调有关部门尽快明确技术鉴定机构、涉案问题食品处置办法，积极协调有关方面为公安机关提供技术支持等。

六、强化监测预警，科学防范应对突发事件

（一）加强信息收集和舆情监测 建立健全食品安全重大信息报告工作机制，地方各级食品药品监管部门获知相关重大敏感信息后，应及时向上级主管部

门报告和向相关部门通报；必要时，直接向国务院食品安全办报告。建立舆情监测预警制度，动态捕捉社会关注热点，及时核查分析反映问题，及时发出预警信息，实现敏感舆情早发现、早报告、早处理。

（二）加强应急能力建设　编制并实施食品安全应急体系规划，加快推进应急管理体系建设，健全各级应急管理机构。完善应急管理机制，加快应急处置装备、应急物资储备和应急队伍建设。加强应急预案建设，做好应急管理工作的指导、培训和演练，加快提升防范预警、应急响应、应急检验、应急评估等应急核心能力。

（三）妥善应对处置突发事件　加强和完善多部门共同参与的突发事件应对协调联动机制，明确和落实部门相关处置职责。加快研究制订食品安全事故调查处理办法，规范事故调查处理程序。加强和完善突发事件快速反应机制，迅速组织开展现场控制、安全评估、事件调查、信息发布等应急措施，妥善处置突发事件。

七、加强宣传教育，正确引导舆论

（一）做好食品安全科普宣传工作　落实《食品安全宣传教育工作纲要（2011—2015年）》，深入开展“食品安全宣传周”活动，充分发挥科研院所、社会团体和专家作用，加强食品安全社会共治宣传，引导消费者理性认知食品安全风险，提高风险防范意识。加大对食品生产经营诚信自律典型、监管执法先进人物的宣传报道力度，发挥其示范引领作用。

（二）建立健全食品安全信息发布制度　加强与媒体的机制性沟通，完善食品安全工作新闻发言人制度，定期举办新闻发布会，主动介绍食品安全工作重大方针政策、重要领域专项整治情况，及时向社会通报阶段性成果，科学有序发布消费安全提示。

（三）加强食品安全热点问题舆论引导　积极回应群众高度关注的热点问题，自觉接受新闻媒体和舆论监督。开展“网上专家热线”“网上问政”“与网民互动”“有奖知识竞答”等活动，满足公众食品安全信息需求。对舆论中存在的质疑、误解主动发声，做好澄清和解疑释惑工作，及时回应公众关切，合理引导公众预期。对造谣传谣的违法行为给予严厉打击。

八、狠抓责任落实，搞好协调联动

（一）开展食品安全城市、农产品质量安全示范县创建工作　在省会城市、计划单列市等城市及有条件的“菜篮子”产品主产县开展创建试点。以创建活动为抓手，通过示范带动，推动地方政府落实监管责任、创新监管举措，提升食品安全整体保障水平和群众满意度。

（二）完善部门间、区域间协调联动机制　继续完善部门间信息通报、联合执法、隐患排查、事件处置、宣传教育以及行政执法与刑事司法衔接等协调联动机制。积极鼓励区域间建立风险隐患信息交流、跨地区大案联合查处、行业产业带动升级、重大问题协同研究等工作机制，推动形成维护食品安全的强大合力。

（三）强化督查考评，严格责任追究　各地要将食品安全工作纳入地方政府民生工程，加大投入支持力度。将食品安全纳入地方政府年度综合目标、社会管理综合治理考核内容，考核结果作为综合考核评价地方政府领导班子和相关领导干部的重要依据，进一步落实食品安全属地管理责任。加强对农产品质量和食品安全工作的考核评价，完善考核评价指标体系，逐级健全督查考评制度。建立严格的责任追究制度，依法依纪追究重大食品安全事件中责任人的失职渎职等责任。

食品安全国家标准整合工作方案

（国家卫生计生委　国卫办食品函［2014］386号　2014年5月7日）

根据《食品安全法》及其实施条例和《国务院关于加强食品安全工作的决定》，为落实《国家食品安全监管体系“十二五”规划》和《食品安全国家标准“十二五”规划》关于食品标准清理整合的工作任务，特制定本方案。

一、工作目标

截至2015年年底，完成食用农产品质量安全标准、食品卫生标准、食品质量标准以及行业标准中强制执行内容的整合工作，基本解决现行标准交叉、重复、矛盾的问题，形成标准框架、原则与国际食品法典标准基本一致，主要食品安全指标和控制要求符合国际通行做法和我国国情的食品安全国家标准体系。

二、工作原则

（一）确保安全，以保障公众身体健康为宗旨 严格按照《食品安全法》对食品安全标准和食品安全标准整合的要求，以保障食品安全和公众身体健康为宗旨，确保标准内容涵盖与人体健康密切相关的食品安全要求。

（二）科学合理，以风险评估为基础 坚持科学制定标准原则，优化食品安全标准体系框架，细化各类标准的整合原则和操作方案，以风险监测数据和风险评估结果为基础，保证食品安全标准内容的科学合理。

（三）注重实用，科学借鉴国际管理经验 注重标准的实用性，符合人民群众不断增长的食品安全需求，兼顾行业发展和监管需要，科学借鉴国际标准和管理经验，提高标准的可操作性。

（四）公开透明，鼓励各方积极参与 注重发挥现有标准管理机构、行业组织和科研机构等单位的作用，拓宽参与渠道和范围，及时、主动公开标准工作信息，鼓励社会各方参与，广泛听取意见，保障公众的知情权和监督权。

三、工作任务

根据食品标准清理结果，按照“整体推进、先易后难、重点优先”的要求，以现行《食品中污染物限量》《食品中致病菌限量》《食品添加剂使用标准》《食品营养强化剂使用标准》《食品中农药最大残留限量》《食品中兽药最大残留限量》《预包装食品标签通则》等食品安全国家标准为基础，按照食品安全标准体系框架和各类食品安全国家标准目录开展食品安全国家标准整合工作。

（一）食品原料及产品安全标准 按照食品安全基础标准的食品品种、分类和食品原料及产品的安全标准目录，整合现行食品原料及产品标准。一是以食品安全基础标准尚未覆盖的食品安全指标、食品安全相关的质量指标等内容为重点，科学设置食品产品安全标准指标。二是取消缺乏科学依据的指标。三是完善食品分类术语和特征的标准，与食品安全基础标准相配套。

（二）食品添加剂和营养强化剂质量规格标准 根据《食品添加剂使用标准》《食品营养强化剂使用标准》规定的品种，整合现行食品添加剂、食品营养强化剂、食品用香料和加工助剂质量规格标准。

（三）营养与特殊膳食食品标准 按照营养与特殊膳食类食品标准目录，整合现行营养与特殊膳食类食品标准，涵盖婴幼儿配方食品、特殊医学用途膳食类食品和其他特殊人群的营养要求。

（四）食品相关产品标准 按照食品相关产品分类和食品相关产品安全标准目录，整合现行食品容器、包装材料和其他食品相关产品标准，形成食品相关产品的基础标准和产品标准。

（五）食品生产经营过程的卫生要求标准 按照食品生产经营过程的卫生要求标准目录，整合现行生产经营规范类食品标准。一是以《食品生产通用卫生规范》和食品流通、餐饮环节的通用规范为基础，制定重点食品类别的生产过程食品安全要求。二是兼顾食品安全监管实际需要，形成与食品产品安全标准和通用安全标准相配套的生产经营过程的卫生要求标准。三是制定重点危害因素的控制指南，针对食品行业特点，为食品企业提供操作性强的技术指导。

（六）检验方法与规程标准 按照各类检验方法与规程标准目录，构建与食品安全标准限量指标要求相配套的检验方法与规程标准体系。

1. *理化检验方法* 以食品安全指标为依据，注重不同检验方法的使用情况和普及程度，整合现行国家标准、行业标准中的理化检验方法标准，与食品安全标准的限量要求相配套，具体包括一般成分、元素、污染物、毒素、放射性物质、添加剂、营养强化剂等的检验方法标准。

2. *微生物检验方法* 以微生物种类为依据，整合现行国家标准、行业标准中的微生物检验方法标准，与食品安全标准的微生物限量要求相配套。具体包括致病菌、指示菌培养基和试剂要求、样品处理等标准。

3. *毒理学检验方法和评价程序* 补充完善毒理学实验要求，满足食品安全性毒理学评价的需要。具体包括一般要求、急性毒性、慢性毒性、致癌、致畸、致突变、生殖发育毒性等标准。

4. *寄生虫检验方法* 以寄生虫种类为依据，整合现行国家标准、行业标准中的寄生虫检验方法标准，包括含（致病）寄生虫食品的种类、检验方法和样品处理等。

（七）农药兽药残留限量和检测方法标准的整合方案 另行制定。

四、工作进度安排

（一）制订食品安全国家标准整合工作实施计划，细化标准整合工作方案，明确标准整合任务承担单位和工作进度要求。（2014年1月至4月）

（二）落实食品安全国家标准整合工作任务，按照各类食品安全国家标准整合工作重点，开展标准整合工作，2014年底完成50%以上工作任务，2015年完成标准整合工作任务。（2014年5月至2015年10月）

（三）按程序履行整合后的食品安全国家标准报批程序，公布新的食品安全国家标准体系目录和标准文本。（2014年11月至2015年12月）

五、组织管理和保障措施

（一）加强组织领导 按照原卫生部等8部门《食品安全国家标准"十二五"规划》要求，落实各部门食品安全标准协调配合工作机制，会商食品安全国家标准整合工作中的重大问题，协调落实食品标准清理整合意见。成立食品安全国家标准整合工作领导小组，研究部署食品安全国家标准整合工作，协调解决重大问题，加强协调配合和部门会商。各省级卫生计生行政部门要支持和协调本地区承担有关食品安全国家标准整合项目的食品安全技术机构，加快工作进度，按时完成工作任务。

（二）强化组织保障 成立食品安全国家标准整合工作专家组，由食品安全国家标准审评委员会各分委员会3～5名专家组成，负责审议食品安全国家标准整合工作目录、各类标准整合原则和工作要求，指导相关单位做好标准整合工作。国家食品安全风险评估中心（食品安全国家标准审评委员会秘书处）承担标准整合的日常技术工作和专家组工作，组织专家组研究标准整合工作的重大技术问题。承担标准整合工作的单位要加强组织领导，切实落实整合工作任务，确保工作质量和进度。

（三）加强经费保障 做好标准整合工作财政经费保障，积极争取相关财政经费投入。承担标准整合工作的单位要严格经费管理，确保经费合理合规使用。

（四）配备专门人才队伍 国家食品安全风险评估中心要配备必要的专业技术人员负责标准整合日常工作。承担标准整合工作的单位要配备足够的人才队伍，专职做好食品标准整合工作。对标准整合工作成绩突出的单位和个人，我委将予以通报和表扬。

（五）确保工作质量和进度 对调整文本格式等转化为食品安全国家标准的，要加快审查和报批工作进度；对整合中需要修订个别指标的标准，要按照科学性和可操作性原则，充分研究和借鉴国际组织和发达国家食品安全标准，广泛听取意见，及时研究处理；对于修订整合难度较大的，要认真调研和科学评估，对确需作为新食品安全标准立项的，要及时提出立项建议。国家食品安全风险评估中心和整合工作专家组要加强技术指导和效果评估，督促相关单位按计划完成整合工作，提高工作效率和工作质量。

（六）做好信息公开工作 按照食品安全标准工作的公开、透明要求，公开食品安全国家标准整合工作进展，广泛征求社会各方意见和建议，鼓励社会各方参与。食品安全风险评估中心和整合工作专家组要发挥专业优势，对公众关注的问题进行解疑释惑，普及食品安全标准知识，加强饮食健康科普宣传，及时回应热点事件，为标准整合工作营造良好的社会氛围。

关于促进粮油加工业节粮减损的通知

（国家粮食局等 国粮展［2014］81号 2014年5月7日）

各省、自治区、直辖市粮食局、工业和信息化主管部门、质量技术监督局：

为落实中共中央办公厅、国务院办公厅《关于厉行节约反对食品浪费的意见》（中办发［2014］22号）精神，国家粮食局、工业和信息化部、国家质量监督检验检疫总局决定，采取更加有效的措施推进粮油加工业节粮减损，大幅度减少粮油加工环节的损失浪费，大力改善粮油品质，有效提高副产物综合利用率。

一、完善粮油加工标准体系，引导和规范企业适度加工

国家质量监督检验检疫总局、国家标准化管理委员会会同工业和信息化部、国家粮食局在2014年抓紧启

动制修订大米、留胚米等产品国家标准和产品能耗定额标准、粮油机械标准、生产操作规程等。通过制定和实施安全、优质、营养、健康的粮油加工标准，规范产品开发、工艺流程、生产组织等，最大限度地保留粮油中固有的营养成分，减少过度加工，促进国民健康。

各地粮食、质量技术监督部门要做好标准的贯彻实施，引导粮油加工企业按国家标准和标样适度加工，合理控制加工精度，提高产品质量，保障食品安全；鼓励和引导粮油加工企业制定实施符合营养全、口感好、品质高、损耗低的粮油产品生产技术规范和企业标准；对大米过度抛光、食用油过度精炼等突出问题，要从工程建设、设备制造、工艺流程等方面采取有效措施加以解决。如：采取低破碎、节能型的碾米新技术装备，降低碎米率，提高整米率，降低单位产品能耗，控制稻谷加工企业安装和使用两道以上抛光设备，限制对大米加工多次抛光，借鉴发达国家经验引导稻谷加工企业逐步减少乃至取消使用抛光机；调整食用油烟点、色泽等指标，促进节油节能降耗。

各地粮食部门要配合有关部门探索开展产品能耗、操作规范等达标备案管理，每年对本地规模以上粮油加工企业进行一次产品粮耗、能耗达标和加工精度抽查。对于不达标的企业，要督促其整改。要加强中小型粮油加工企业的标准宣贯工作，粮食部门通过提供培训、检验监测等技术服务，增强贯彻国家标准和行业标准的基础能力。

二、加大粮油加工节粮技改支持力度，鼓励开发生产新产品

各地工业和信息化主管部门会同粮食部门加大对粮油加工企业节粮技改支持力度，鼓励企业在生产、流通、加工、消费全程推广节粮减损新设施和新技术、新工艺、新材料、新设备，推进粮油加工节粮节能节水等重大关键技术的产业化和应用示范，明显提高成品粮油出品率和副产物综合利用率。

支持粮油加工营养健康新产品开发和成果转化。鼓励企业采用先进适用节粮技术装备改造生产线，促进产品升级换代，支持加工开发生产优质专用米、留胚米、免淘米、速煮糙米、专用粉、预拌粉、专用油、木本食用油等既营养健康又节约粮食的新产品。推动全谷物及杂粮食品等营养健康新产品开发及产业化。鼓励企业加工生产小包装成品粮油和粮油食品，方便城乡居民适量消费。大力推进主食产业化，延长口粮加工产业链。强化加工企业质量安全检测能力建设。推进粮油产品品牌化，以消费者的营养健康为导向，培育一批质量安全可靠、市场竞争力强的名牌产品。

支持粮油加工副产物规模化综合利用。鼓励大型企业开展米糠、稻壳、麸皮、麦胚、玉米皮、玉米胚、玉米芯等副产物的综合利用，做到吃干榨尽。支持玉米、大豆深加工食品和薯类新产品开发，提升深加工产品层次和技术水平，提高产出率。推进大型高效低耗节粮节能智能化粮油加工成套装备产业化。

三、大力推进结构调整，加快发展节约型粮油加工产业

鼓励粮油加工企业兼并重组。各地工业和信息化主管部门、粮食部门应高度重视培育壮大粮油加工龙头企业，合理引导企业兼并重组，促进生产要素向优势企业集聚，培育一批装备工艺先进、管理规范、节粮节能效果显著的骨干企业，支持发展粮油知名品牌和核心竞争力，发挥对发展节约型粮油加工的引领带动作用。努力为中小粮油加工企业创造良好的生产经营环境，同时要加强引导和规范，改变粮油加工业小、散、弱的状况，支持中小粮油加工企业做优做强。

加快淘汰落后工艺、落后设备和落后产品，减少粮耗能耗。落实国务院关于化解产能严重过剩矛盾的指导意见，建立全社会粮油加工业产能、产量、用粮量等统计监测预警机制。同时，要与环保、工商、质量技术监督、食品药品监管等部门加强合作，强化节粮节能节水、环保、安全、技术等标准的约束作用，健全防范和化解初加工产能过剩长效机制、优胜劣汰市场化退出机制。

根据粮油生产、消费和加工等布局，重点培育一批技术先进、环保达标、管理规范、辐射能力强的粮油加工业循环经济示范企业或园区，构建粮油加工业循环经济产业链。引导加工企业向粮油加工园区集聚，促进上、下游关联企业专业化协作配套，使之成为粮油产业化发展的新型载体。

四、加强节粮减损宣传，引导粮油科学加工和健康消费

国家粮食局组织编印《粮油营养健康常识》等科普知识读本，继续会同有关部门广泛深入开展面向不同消费群体的爱粮节粮活动，加强爱粮节粮主题征文动漫征集成果应用，组织开展“节约一粒粮”公益宣传活动，培养全社会树立讲营养、重健康的粮油消费理念。各级粮食部门要借助媒体宣传倡导科学节约型粮油加工方式，认真贯彻新的粮油加工标准，推动企

业采用节粮节能、绿色低碳的生产经营方式。通过电视、互联网、手机短信等渠道，以及全国粮食科技活动周、食品安全宣传周、科普活动日、展会等各种平台，推介适度加工保留营养成分等科学节粮知识，引导消费者选择适度加工的粮油产品，改变过度追求“亮、白、精”消费误区，形成科学健康的消费习惯。

开展粮油加工节粮减损示范企业创建活动。中国粮食行业协会研究制定节粮减损示范企业创建标准和评选办法，引导创建一批稻谷、小麦、食用植物油、玉米深加工、主食产业化等加工节粮减损示范企业，通过每年“世界粮食日”暨“全国爱粮节粮宣传周”“放心粮油宣传日”等活动，宣传示范企业和典型经验，发挥对行业的引导作用。粮食部门要对粮油加工环节中损失浪费行为依法进行监管，情节严重的依法追究法律责任，并向社会曝光。努力使发展节约型粮油加工成为全行业的自觉行动。

国家食品药品基本建设项目管理办法

（国家食品药品监管总局 食药监办财［2014］98号 2014年5月14日）

第一章 总 则

第一条 为加强总局基本建设项目管理，规范建设行为，确保工程质量，提高决策水平和投资效益，根据国家固定资产投资和基本建设项目管理的有关要求，结合总局实际情况，制定本办法。

第二条 本办法适用于总局机关和直属单位新建、改扩建、维修改造、购建等基本建设项目的申请、批准、实施和监督管理。

第三条 基本建设项目管理坚持执行国家有关法律、法规和政策规定，坚持勤俭办事业、保证重点、兼顾一般，坚持遵循基本建设管理工作程序、充分发挥投资效益的原则。

第四条 基本建设项目由总局规划财务司归口管理，负责按国家有关要求具体承办基本建设项目申报、审核、审批、监督检查等工作。总局基建办按有关要求负责总局机关项目的编制和组织实施工作，直属单位负责本单位项目的编制和组织实施工作。大型建设项目可由总局或直属单位组成专门机构负责项目实施和管理。

第二章 项目申报审批

第五条 基本建设项目应按程序履行审批手续，包括审批项目建议书、可行性研究报告、初步设计。总投资500万元以下的项目和单纯采购项目，可根据项目特点和实际需要适当合并简化程序。

第六条 申请基本建设项目立项，项目单位应组织编制项目建议书。主要对拟建项目的必要性进行论证，包括项目建设的必要性、拟建地点、建设内容、拟建规模、投资估算、资金筹措以及经济、社会、环境效益分析等。

第七条 项目建议书批准后，项目单位应组织编制可行性研究报告。主要对拟建项目的可行性进行论证，包括项目概况、建设的必要性、规划选址及建设条件、规模及内容、工程技术方案、环境影响评价、消防、职业安全卫生和节能评估、投资估算及资金来源、经济和社会效益分析、建设周期和工程进度安排等。

第八条 项目可行性研究报告批准后，项目单位应组织编制初步设计文件。项目初步设计文件根据项目可行性研究报告内容和审批意见，以及有关建设标准、规范、定额进行编制，主要包括设计说明、图纸、主要设备材料用量表和投资概算等。项目初步设计文件批准后，应进行施工图设计。

第九条 项目建议书可委托具备相应资质的机构进行编制，具有编制能力的项目单位也可自行编制。项目的可行性研究报告、初步设计、施工图设计必须委托具备相应资质的机构进行编制。

第十条 项目单位应将编制完成的项目建议书、可行性研究报告和初步设计（概算）文件报送总局。总局审批权限内的项目，由总局规划财务司委托具备相应资质的工程咨询机构进行评审。总局规划财务司根据评审意见提出项目审批建议，经总局批准后办理批复文件。总局审批权限外的项目，由总局规划财务司提出建议，经总局批准后报国家发展改革委或国家机关事务管理局审批。

第十一条 总局建立基本建设项目储备库。各直属单位应按照国家规划、政策和有关规定，做好基本建设项目前期工作，并于每年3月底前向总局规划财务司提出今后拟申请中央预算内投资的项目名单和有关情况，总局规划财务司统筹平衡后纳入基本建设项目储备库。

第十二条 已纳入项目储备库的项目，总局规划财务司按照中央预算内投资支持方向和总局投资控制数，并区分轻重缓急提出基本建设项目年度投资计划申请建议，报总局批准后按要求申报。

第三章 项目实施和监管

第十三条 实行基本建设项目法人责任制。项目单位要加强管理，明确项目负责人，具体负责项目建设期间各项工作的决策和管理工作。

第十四条 项目负责人应对项目建设过程中的有关情况和需求比较了解，熟悉咨询、监理事务、合同管理、相关法律等知识和技能。

第十五条 执行基本建设项目招投标制。项目单位应按照《中华人民共和国招标投标法》《中华人民共和国政府采购法》等有关管理规定，以及总局采购和招标管理有关规定对工程勘察、设计、监理、施工、材料设备采购等进行招标。

第十六条 各类建设项目，包括项目的勘察、设计、施工（某些不适宜招标的特殊工程除外）、监理以及与工程建设有关的重要原材料、设备等的采购，达到下列标准之一的，必须进行招标：

（一）施工单项合同估算价在 200 万元人民币以上的；

（二）重要的设备、材料等货物的采购，单项合同估算价在 100 万元人民币以上的；

（三）勘察、设计、监理等服务的采购，单项合同估算价在 50 万人民币以上的；

（四）单项合同估算价低于第（一）、（二）、（三）项规定的标准，但项目总投资额在 3 000 万元人民币以上的。使用财政性资金进行建设的项目，应当公开招标。

第十七条 执行基本建设项目工程监理制。项目单位应按有关规定选择有相应资质的监理单位。

第十八条 实行基本建设项目合同管理制。凡发生委托行为的，必须签订委托合同，用于明确和约束双方行为。要严格依据《中华人民共和国合同法》和总局合同管理有关规定，执行法定程序，使用标准合同文本。项目单位应根据工程项目签订的各项合同和工程洽商协议等，及时与施工等单位进行工程结算。

第十九条 严格基本建设项目资金管理。项目单位在基本建设财务管理中应单独建账、独立核算、专人管理，专款专用，不得挤占挪用项目建设资金。违反规定使用项目资金的，按照《财政违法行为处罚处分条例》《基本建设财务管理规定》（财建［2002］394 号）等，追究有关单位及其责任人的责任。

第二十条 项目建设期间发生调整变更事项，涉及项目变更的，必须有设计变更通知单；涉及概预算调整、投资追加等事项的，应上报总局批准。自行提高建设标准、管理不善造成超概算投资的，由项目单位自行负责。

第二十一条 项目单位可委托有资质的中介机构进行全过程项目管理。总局规划财务司可委托有关单位或有资质的中介机构对项目实施情况、资金使用管理等组织监督检查。

第二十二条 实行项目建设情况报告制度。项目单位应于每年 6 月和 12 月将项目进展情况、资金使用情况、存在问题以及下一步工作安排等报总局规划财务司。

第四章 竣工验收和交付使用

第二十三条 项目建成后，及时编制竣工决算。竣工决算由竣工决算报表和决算说明书两部分组成。其中，决算报表包括：竣工财务决算审批表、建设项目概况表、竣工财务决算表、项目交付使用资产明细表等。决算说明书包括：建设项目概况、会计财务及财产物资债权债务清偿情况、项目建设中需要说明的事项以及存在问题和建议等。竣工决算按国家有关规定进行审批。

第二十四条 项目单位应按照国家档案管理的有关规定，将工程来往批件、技术资料和施工图纸进行整理并及时归档保存。主要包括：建设项目立项、上报批复文件、施工技术资料、设备材料、财务资料、运行技术准备、科研及技术项目涉外文件等。

第二十五条 项目建成后，项目单位应及时组织设计、施工、工程监理等有关单位进行单项工程验收，并按有关规定办理项目竣工验收备案手续。项目单位在完成项目单项验收后，应报请项目审批部门组织竣工验收，或由项目审批部门委托组织竣工验收。

第二十六条 建设项目竣工验收合格后，应及时组织基建、财务、行政等部门办理固定资产移交手续，交付使用。

第五章 附 则

第二十七条 自筹资金建设项目适用本办法。

第二十八条 利用中央基建投资建设的信息化项目适用本办法，同时应符合国家电子政务工程建设项目管理有关规定。

第二十九条 本办法由国家食品药品监督管理总局规划财务司负责解释。

第三十条 本办法自发布之日起施行。《国家食品药品监督管理局直属单位基本建设项目管理办法》(国食药监办〔2007〕137号)同时废止。

关于加快发展大众化餐饮的指导意见

(商务部 商服贸函〔2014〕265号 2014年5月27日)

大众化餐饮是满足群众日常生活必需餐饮服务的重要服务业态，主要包括早餐、快餐、团餐、特色正餐、地方小吃、社区餐饮、外卖送餐、美食广场、食街排挡、农家乐以及相配套的中央厨房、配送、网络订餐等服务形式。目前，我国大众化餐饮已占餐饮市场的80%。随着城乡居民收入水平提高、生活节奏加快以及消费观念的改变，大众化餐饮呈现出巨大的发展潜力和市场空间。加快发展大众化餐饮，是厉行勤俭节约、反对铺张浪费，推动餐饮业回归理性消费的客观要求，是优化餐饮业发展结构、引导高端餐饮转型、提升餐饮业发展水平的有效途径，是保障和改善人民生活、扩大内需、促进就业的现实需要。我国大众化餐饮仍存在着业态种类不够丰富、食品安全保障能力较弱、创新能力不足、服务质量亟待提升、现代化水平有待提高等矛盾和问题，需要着力解决。为加快发展大众化餐饮，现提出如下意见：

一、总体要求

(一) 指导思想 深入贯彻落实党的十八大和十八届二中、三中全会精神，坚持发挥市场配置资源的决定性作用和政府的调节作用，坚持以人为本、服务民生的基本原则，以厉行餐饮节约、反对食品浪费为方向，以法规标准和规划为保障，着力推动餐饮业转变发展方式，优化发展结构，创新发展模式，提升服务质量，增强发展动力，形成方便快捷、卫生安全、经济实惠、营养健康的大众化餐饮服务体系，满足人民群众日益增长的餐饮服务需求。

(二) 基本原则

坚持以人为本 顺应人民群众对餐饮服务的新期待，按照餐饮业遏制铺张浪费、实现转型发展的新要求，丰富大众化餐饮产品，保障餐饮食品安全，发展营养健康餐饮，使人民群众得到满意的餐饮服务。

坚持突出重点 围绕社区、商务区、人口流动集中地区等重点区域建设大众化餐饮服务网络，满足不同层次的餐饮服务需求。

坚持分类指导 针对大众化餐饮的不同特点，统筹协调，分类指导，着力解决市场薄弱环节和企业发展中面临的突出矛盾和问题，营造良好发展环境。

(三) 发展目标 调动社会资本参与大众化餐饮服务体系建设的积极性，推动高端餐饮加快转型，实现餐饮业科学发展。力争用5年左右的时间，使餐饮行业现代化水平大幅提高，行业诚信体系初步形成，服务质量明显改善，国际交流合作更加深入，大众化餐饮服务体系更为健全，大众化餐饮占全国餐饮市场的比重提高到85%以上，总体发展水平与人民群众餐饮消费需求基本相适应。

二、构建大众化餐饮服务体系

(一) 健全大众化网络 鼓励高端餐饮企业发展大众化餐饮网点，推动餐饮业转型发展。引导餐饮企业在社区、学校、医院、办公集聚区、商圈建设餐饮网点，推动餐饮服务便利化发展。支持机关事业单位食堂和宾馆饭店的餐厅向社会开放，推动餐饮服务的社会化发展。鼓励有条件的城市根据消费需求建设美食街、特色食品街等，推动餐饮业的集聚式发展。

(二) 发展大众化消费 引导餐饮企业根据不同群体的消费需求，合理搭配食材，提供健康、营养、适口的餐饮产品。鼓励餐饮企业开发中低档家常菜肴和地方特色食品，调整高中低档菜品的比例，降低人均消费标准，优先供应大众化餐饮服务品种。加快发展面向老年人、中小学生、病人等特定消费群体的餐饮服务。大力发展社区餐饮、外卖送餐服务，满足社区居民、办公集聚区工薪阶层的餐饮需求。规范食街排挡，满足进城务工人员餐饮需求。引导餐饮企业发展与商务餐饮、婚寿宴、家庭聚餐、旅游团餐等细分市场相适应的业态，满足不同层次的大众化餐饮需求。

(三) 提高大众化供应能力 鼓励餐饮企业建设中央厨房，完善统一采购、统一加工、统一配送体系。支持企业建立原材料生产基地和采购基地，做好农餐对接。支持企业建设、改造食品加工车间和流水生产线，实现餐饮加工工业化和产品生产标准化。支持企业建设冷链与配送系统，配置冷藏、冷冻设施和冷链配送车辆，增强配送能力，向企业的连锁门店，以及机关食堂、学校、医院、便利店、超市等配送餐饮食品。

（四）创新大众化服务模式 鼓励餐饮企业创新服务模式，开展线上线下融合，实现实体店与互联网、移动通信以及微博、微信等社交媒体的合作，发展线上预订、营销、团购、外卖、餐厅索引和评价服务，开发移动支付功能，线下与快递公司合作，及时提供送餐上门服务，完善售后服务的在线服务模式，实现企业经营的网络化。鼓励餐饮企业发展外卖成品和半成品餐、外烩等服务，改造传统生产工艺，改进烹饪技艺。

三、提升大众化餐饮发展水平

（一）提高管理水平 鼓励餐饮企业建立信息化管理系统，完善管理流程，增强管理能力，实现管理信息化。建立餐饮业职业经理人制度，鼓励专业人才参与餐饮企业管理。支持行业组织和餐饮企业加强人才培训，提高行业从业人员的管理能力和服务水平。加强校企合作，建立各层次的餐饮人才保障机制。

（二）加强诚信建设 推进餐饮企业信用制度建设，建立服务质量考核和服务满意评价体系，完善企业信用记录，鼓励符合条件的第三方信用评估服务机构建设数据库，规范开展企业信用评价。加强信用监督和管理，建立黑名单发布制度，建立健全守信激励和失信惩戒机制。推进诚信经营示范建设，树立诚信经营典型，弘扬诚信文化，努力营造良好的社会消费环境。

（三）强化餐饮服务安全 结合行业管理职能，配合相关监管部门做好餐饮食品安全工作。引导餐饮企业认真贯彻执行有关食品安全的法律法规，做好餐饮食品安全宣传教育。配合卫生监督管理部门加强对餐饮服务场所的卫生监管，建立健全餐饮经营卫生规范。配合有关部门做好餐饮场所燃气安全专项治理工作，按照要求切实落实好商务主管部门的工作职责，组织餐饮场所开展燃气使用安全自查工作，主动消除隐患，督促餐饮企业与合法供气企业签订安全供用气合同。鼓励餐饮企业进行厨房卫生系统改造。

（四）发展健康餐饮 加强餐饮业从业人员营养搭配和膳食平衡知识的普及和培训，推广膳食结构多样化的健康消费模式，全面提高行业营养知识水平。加强营养早餐和快餐食品集中生产、配送、销售体系建设，推动健康餐饮科学发展。鼓励健康营养型餐厅发展，通过宣传健康饮食知识，合理搭配营养菜肴赢得市场。

（五）加强国际交流合作 加快餐饮国际化进程，鼓励通过参加国际烹饪比赛、国际美食节等活动吸收国外先进的餐饮经营理念和技术，提升中餐国际竞争力。借鉴国外餐饮企业科学管理、节约集约、绿色环保方面的成熟经验和做法，创新商业模式，完善服务方式，增强餐饮企业可持续发展能力。引导有实力的餐饮企业“走出去”，开拓国际餐饮市场。进一步推动将“中华烹饪”纳入世界非物质文化遗产名录。

四、贯彻厉行节约反对浪费要求

（一）建立长效机制 贯彻落实中央八项规定和《中共中央办公厅 国务院办公厅印发〈关于厉行节约反对食品浪费的意见〉的通知》（中办发［2014］22号）精神，加强组织保障，明确分管领导，完善工作制度。强化厉行节约的监督和约束机制，推进厉行节约各项措施制度化、规范化、长效化。加强督促检查，层层落实，推动厉行节约工作的常态化管理。

（二）完善工作制度 会同有关部门研究建立餐饮企业反对食品浪费的奖惩制度。鼓励企业对消费者在餐饮消费中注重节约、减少浪费的行为给予奖励。规范餐饮企业促销活动，鼓励企业在确保食品安全和市场经营秩序的前提下，打折销售临近保质期的食品。

（三）树立节约理念 引导餐饮企业切实做好国内公务接待、会议、培训等公务活动的用餐服务，按照快捷、健康、节约的要求提供简餐和标准化饮食，主要提供家常菜和不同地域通用食品，科学合理安排菜饭数量。鼓励餐饮企业建立提醒提示制度，在店堂、菜单、餐桌等醒目位置使用餐饮节约有关标识；推行商务餐分餐制，发展可选择套餐，多提供小份菜；倡导一料多菜、一菜多味，物尽其用，避免浪费食材；提高餐饮品质，制作合理膳食搭配菜单，配置不同规格盛具，为消费者提供科学的饮食建议；餐后主动帮助打包，不设置最低消费，对节约用餐的消费者给予表扬和鼓励。

（四）建设节约型餐饮 鼓励餐饮企业在食品生产、流通、消费的各个环节，自觉节能、节水、节材、节地，加强资源综合利用；推广使用节能型设备，采用环保技术，减少使用一次性餐具和用具。餐饮企业不得随意处置餐厨废弃物，应按规定由具备条件的企业进行资源化利用。

五、保障措施

（一）加强组织领导 各地商务主管部门要将发展大众化餐饮作为落实中央精神、推动餐饮行业转型发展的一项重要任务，长期坚持不懈地抓紧抓好。要加强组织领导，结合实际情况，提出本地区加快发展大众化餐饮的目标任务和工作方案。推动把发展大众化餐饮作为本地服务业发展规划的重点，认真研究推动大众化餐饮发展的政策措施，统筹做好对餐饮业的宏观指导，为大众化餐饮创造良好的法制环境、政策环境和舆论环境。

（二）健全法规标准体系 各地商务主管部门要结合本地区大众化餐饮业发展的实际情况出台有关实施办法。健全大众化餐饮标准体系，加大标准的实施力度。有条件的地区要建立餐饮业标准化培训、推广、示范中心。

（三）完善促进政策 各地商务主管部门要在认真落实《国务院关于深化流通体制改革加快流通产业发展的意见》（国发［2012］39号）的基础上，结合实际，创新改革措施，支持大众化餐饮发展。要将大众化餐饮网点纳入社区商业网点配置的内容，健全大众化餐饮服务网络。要会同有关部门，加快制订支持大众化餐饮发展的财政、税收、金融政策，清理不合理收费，减轻企业负担，营造良好发展环境。

（四）发挥行业协会作用 各地商务主管部门要支持行业协会在加强行业自律、维护企业利益、加强业务交流、倡导餐饮节约、推广先进技术以及人员培训等方面开展工作。行业协会要深入研究市场，加强统计分析工作，积极用好统计数据，及时掌握大众化餐饮发展动态，总结大众化餐饮发展情况和出现的问题，帮助企业解决困难，协力推动大众化餐饮的健康发展。

（五）做好宣传推广 各地商务主管部门要不断总结发展大众化餐饮的成功经验和做法，借助新闻媒体，推广先进经验，加强典型引导，在全社会营造支持大众化餐饮发展的良好氛围。

绿色食品标志许可审查程序

（农业部绿色食品管理办公室等　农绿认［2014］9号　2014年5月28日）

第一章　总　　则

第一条 为规范绿色食品标志许可审查工作，根据《绿色食品标志管理办法》，制定本程序。

第二条 中国绿色食品发展中心（以下简称“中心”）负责绿色食品标志使用申请的审查、核准工作。

第三条 省级农业行政主管部门所属绿色食品工作机构（以下简称“省级工作机构”）负责本行政区域绿色食品标志使用申请的受理、初审、现场检查工作。地（市）、县级农业行政主管部门所属相关工作机构可受省级工作机构委托承担上述工作。

第四条 绿色食品检测机构（以下简称“检测机构”）负责绿色食品产地环境、产品检测和评价工作。

第二章　标志许可的申请

第五条 申请人应当具备下列资质条件：

（一）能够独立承担民事责任。如企业法人、农民专业合作社、个人独资企业、合伙企业、家庭农场等，国有农场、国有林场和兵团团场等生产单位；

（二）具有稳定的生产基地；

（三）具有绿色食品生产的环境条件和生产技术；

（四）具有完善的质量管理体系，并至少稳定运行一年；

（五）具有与生产规模相适应的生产技术人员和质量控制人员；

（六）申请前三年内无质量安全事故和不良诚信记录；

（七）与绿色食品工作机构或检测机构不存在利益关系。

第六条 申请使用绿色食品标志的产品，应当符合《中华人民共和国食品安全法》和《中华人民共和国农产品质量安全法》等法律法规规定，在国家工商总局商标局核定的绿色食品标志商标涵盖商品范围内，并具备下列条件：

（一）产品或产品原料产地环境符合绿色食品产地环境质量标准；

（二）农药、肥料、饲料、兽药等投入品使用符合绿色食品投入品使用准则；

（三）产品质量符合绿色食品产品质量标准；

（四）包装贮运符合绿色食品包装贮运标准。

第七条 申请人至少在产品收获、屠宰或捕捞前3个月，向所在省级工作机构提出申请，完成网上在线申报并提交下列文件：

（一）《绿色食品标志使用申请书》及《调查表》；

（二）资质证明材料。如《营业执照》《全国工业产品生产许可证》《动物防疫条件合格证》《商标注册证》等证明文件复印件；

（三）质量控制规范；

（四）生产技术规程；

（五）基地图、加工厂平面图、基地清单、农户清单等；

（六）合同、协议，购销发票，生产、加工记录；

（七）含有绿色食品标志的包装标签或设计样张（非预包装食品不必提供）；

（八）应提交的其他材料。

第三章 初次申请审查

第八条 省级工作机构应当自收到第七条规定的申请材料之日起10个工作日内完成材料审查。符合要求的，予以受理，向申请人发出《绿色食品申请受理通知书》，执行第九条；不符合要求的，不予受理，书面通知申请人本生产周期不再受理其申请，并告知理由。

第九条 省级工作机构应当根据申请产品类别，组织至少两名具有相应资质的检查员组成检查组，在材料审查合格后45个工作日内组织完成现场检查（受作物生长期影响可适当延后）。

现场检查前，应提前告知申请人并向其发出《绿色食品现场检查通知书》，明确现场检查计划。

现场检查工作应在产品及产品原料生产期内实施。

第十条 现场检查要求

（一）申请人应当根据现场检查计划做好安排。检查期间，要求主要负责人、绿色食品生产负责人、内检员或生产管理人员、技术人员等在岗，开放场所设施设备，备好文件记录等资料。

（二）检查员在检查过程中应当收集好相关信息，作好文字、影像、图片等信息记录。

第十一条 现场检查程序

（一）召开首次会议：由检查组长主持，明确检查目的、内容和要求，申请人主要负责人、绿色食品生产负责人、技术人员和内检员等参加。

（二）实地检查：检查组应当对申请产品的生产环境、生产过程、包装贮运、环境保护等环节逐一进行严格检查。

（三）查阅文件、记录：核实申请人全程质量控制能力及有效性，如质量控制规范、生产技术规程、合同、协议、基地图、加工厂平面图、基地清单、记录等。

（四）随机访问：在查阅资料及实地检查过程中随机访问生产人员、技术人员及管理人员，收集第一手资料。

（五）召开总结会：检查组与申请人沟通现场检查情况并交换现场检查意见。

第十二条 现场检查完成后，检查组应当在10个工作日内向省级工作机构提交《绿色食品现场检查报告》。省级工作机构依据《绿色食品现场检查报告》向申请人发出《绿色食品现场检查意见通知书》，现场检查合格的，执行第十三条；不合格的，通知申请人本生产周期不再受理其申请，告知理由并退回申请。

第十三条 产地环境、产品检测和评价

（一）申请人按照《绿色食品现场检查意见通知书》的要求委托检测机构对产地环境、产品进行检测和评价。

（二）检测机构接受申请人委托后，应当分别依据《绿色食品 产地环境调查、监测与评价规范》（NY/T 1054）和《绿色食品 产品抽样准则》（NY/T 896）及时安排现场抽样，并自环境抽样之日起30个工作日内、产品抽样之日起20个工作日内完成检测工作，出具《环境质量监测报告》和《产品检验报告》，提交省级工作机构和申请人。

（三）申请人如能提供近一年内绿色食品检测机构或国家级、部级检测机构出具的《环境质量监测报告》，且符合绿色食品产地环境检测项目和质量要求的，可免做环境检测。经检查组调查确认产地环境质量符合《绿色食品 产地环境质量》（NY/T 391）和《绿色食品 产地环境调查、监测与评价规范》（NY/T 1054）中免测条件的，省级工作机构可做出免做环境检测的决定。

第十四条 省级工作机构应当自收到《绿色食品现场检查报告》、《环境质量监测报告》和《产品检验报告》之日起20个工作日内完成初审。初审合格的，将相关材料报送中心，同时完成网上报送；不合格的，通知申请人本生产周期不再受理其申请，并告知理由。

第十五条 中心应当自收到省级工作机构报送的

完备申请材料之日起 30 个工作日内完成书面审查，提出审查意见，并通过省级工作机构向申请人发出《绿色食品审查意见通知书》。

（一）需要补充材料的，申请人应在《绿色食品审查意见通知书》规定时限内补充相关材料，逾期视为自动放弃申请；

（二）需要现场核查的，由中心委派检查组再次进行检查核实；

（三）审查合格的，中心在 20 个工作日内组织召开绿色食品专家评审会，并形成专家评审意见。

第十六条　中心根据专家评审意见，在 5 个工作日内做出是否颁证的决定，并通过省级工作机构通知申请人。同意颁证的，进入绿色食品标志使用证书（以下简称证书）颁发程序；不同意颁证的，告知理由。

第四章　续展申请审查

第十七条　绿色食品标志使用证书有效期 3 年。证书有效期满，需要继续使用绿色食品标志的，标志使用人应当在有效期满三个月前向省级工作机构提出续展申请，同时完成网上在线申报。

第十八条　标志使用人逾期未提出续展申请，或者续展未通过的，不得继续使用绿色食品标志。

第十九条　标志使用人应当向所在省级工作机构提交下列文件：

（一）第七条第（一）、（二）、（五）、（六）、（七）款规定的材料；

（二）上一用标周期绿色食品原料使用凭证；

（三）上一用标周期绿色食品证书复印件；

（四）《产品检验报告》（标志使用人如能提供上一用标周期第三年的有效年度抽检报告，经确认符合相关要求的，省级工作机构可做出该产品免做产品检测的决定）；

（五）《环境质量监测报告》（产地环境未发生改变的，申请人可提出申请，省级工作机构可视具体情况做出是否做环境检测和评价的决定）。

第二十条　省级工作机构收到第十九条规定的申请材料后，应当在 40 个工作日内完成材料审查、现场检查和续展初审。初审合格的，应当在证书有效期满 25 个工作日前将续展申请材料报送中心，同时完成网上报送。逾期未能报送中心的，不予续展。

第二十一条　中心收到省级工作机构报送的完备的续展申请材料之日起 10 个工作日内完成书面审查。审查合格的，准予续展，同意颁证；不合格的，不予续展，并告知理由。

第二十二条　省级工作机构承担续展书面审查工作的，按《省级绿色食品工作机构续展审核工作实施办法》执行。

第二十三条　因不可抗力不能在有效期内进行续展检查的，省级工作机构应在证书有效期内向中心提出书面申请，说明原因。经中心确认，续展检查应在有效期后 3 个月内实施。

第五章　境外申请审查

第二十四条　注册地址在境外的申请人，应直接向中心提出申请。

第二十五条　注册地址在境内，其原料基地和加工场所在境外的申请人，可向所在行政区域的省级工作机构提出申请，亦可直接向中心提出申请。

第二十六条　申请材料符合要求的，中心与申请人签订《绿色食品境外检查合同》，直接委派检查员进行现场检查，组织环境调查和产品抽样。

环境由国际认可的检测机构进行检测或提供背景值，产品由检测机构进行检测。

第二十七条　初审及后续工作由中心负责。

第六章　申诉处理

第二十八条　申请人如对受理、现场检查、初审、审查等意见结果或颁证决定有异议，应于收到书面通知后 10 个工作日内向中心提出书面申诉并提交相关证据。

第二十九条　申诉的受理、调查和处置

（一）中心成立申诉处理工作组，负责申诉的受理；

（二）申诉处理工作组负责对申诉进行调查、取证及核实。调查方式可包括召集会议、听取双方陈述、现场调查、调取书面文件等；

（三）申诉处理工作组在调查、取证、核实后，提出处理意见，并通知申诉方。

申诉方如对处理意见有异议，可向上级主管部门申诉或投诉。

第七章　附　　则

第三十条　本程序由中心负责解释。

第三十一条　本程序自 2014 年 6 月 1 日起施行。原《绿色食品认证程序（试行）》、原《绿色食品续展认证程序》、原《绿色食品境外认证程序》同时废止。

推动婴幼儿配方乳粉企业兼并重组工作方案

（国务院 国办发［2014］28号 2014年6月6日）

婴幼儿配方乳粉质量安全既是重大民生问题，也是重大经济和社会问题。近年来，各地区、各有关部门认真贯彻党中央、国务院的决策部署，加强婴幼儿配方乳粉企业清理整顿，强化监管，淘汰了一批奶源无保障、生产技术落后的企业，婴幼儿配方乳粉产业结构得到了改善，质量安全总体水平不断提升，但行业集中度不高、自主品牌竞争力不强、消费者对国产品牌缺乏信心等问题依然突出，影响产品质量安全的因素仍然存在。为深入贯彻党的十八大和十八届二中、三中全会精神，进一步规范市场秩序，推动企业兼并重组，优化产业结构，提升质量效益，促进婴幼儿配方乳粉产业健康发展，根据《国务院关于进一步优化企业兼并重组市场环境的意见》（国发［2014］14号），制订本工作方案。

一、工作目标和基本原则

（一）工作目标

1. *产业发展质量和竞争力不断提升* 按照新型工业化的要求，推动婴幼儿配方乳粉企业规范化、规模化、现代化，提高产品质量安全保障水平。

2. *产业结构进一步优化* 充分发挥市场机制作用，引导生产要素向优势企业和重点区域集中，加快形成具有较强国际竞争力的大型婴幼儿配方乳粉企业集团。

到2015年底，争取形成10家左右年销售收入超过20亿元的大型婴幼儿配方乳粉企业集团，前10家国产品牌企业的行业集中度达到65%；到2018年底，争取形成3～5家年销售收入超过50亿元的大型婴幼儿配方乳粉企业集团，前10家国产品牌企业的行业集中度超过80%。

（二）基本原则

1. *坚持市场运作、依法规范* 遵循市场经济规则，发挥市场在资源配置中的决定性作用，促进企业公平竞争和优胜劣汰。规范政府行政行为，依法实施行业准入、强化日常监管，完善统一开放、竞争有序的市场体系。

2. *坚持企业主导、政府引导* 有效调动企业积极性，尊重企业自主决策，由企业自愿参与兼并重组。发挥政府引导和促进作用，完善企业兼并重组服务管理体系，取消限制企业兼并重组和增加企业负担的不合理规定，营造有利于企业兼并重组的政策环境。

3. *坚持统筹协调、分类指导* 强化规划政策导向，突出质量安全保障，发挥区域资源优势，实施分类指导，推动形成结构合理的产业布局和规范有序的市场格局。

4. *坚持综合施策、确保稳定* 完善和落实相关产业、财税、金融、土地等政策，妥善处理企业兼并重组中资产债务处置、职工安置等问题，依法维护各相关主体合法权益，确保社会和谐稳定。

二、范围和条件

（一）兼并重组范围

在我国境内依法取得婴幼儿配方乳粉生产资质的乳制品企业。

（二）兼并重组主体资格

1. 以生鲜乳为主要原料生产婴幼儿配方乳粉，且所用奶源全部来自企业自建自控奶源基地；

2. 婴幼儿配方乳粉生产工艺先进，严格实施危害分析与关键控制点体系、良好生产规范，产品质量安全可靠；

3. 企业资产质量良好，负债结构合理，盈利能力较强。

三、工作重点和任务

（一）完善产业政策和准入标准 修订完善《乳制品工业产业政策（2009年修订）》和《粉状婴幼儿配方食品良好生产规范》（GB 23790—2010），参照药品生产管理措施制定婴幼儿配方乳粉生产许可审查细则，进一步严格婴幼儿配方乳粉行业准入标准、良好生产规范及生产许可条件，提高对婴幼儿配方乳粉奶源基地建设、生产加工布局、技术装备更新、环境条件控制、质量安全保障等方面的要求。

（二）严格企业生产资质管理　根据食品安全法及其实施条例、乳品质量安全监督管理条例和婴幼儿配方乳粉生产许可审查细则的规定，严格新开办婴幼儿配方乳粉生产企业资质审核和现有企业食品生产许可证到期换证审核，对不符合产业政策和生产资质条件的企业，不得发放生产许可证。严格实施粉状婴幼儿配方食品良好生产规范，加强对企业持续保持许可条件、执行良好生产规范情况的监督检查，对未能持续保持许可条件、不符合良好生产规范要求的企业，实行限期停产整改，整改后仍不符合要求的，取消其婴幼儿配方乳粉生产资质。

（三）采取多种方式推动企业兼并重组　鼓励符合生产资质条件的企业以资产和品牌为纽带，通过企业并购、协议转让、联合重组、控股参股等多种方式，开展婴幼儿配方乳粉企业兼并重组。鼓励通过《粉状婴幼儿配方食品良好生产规范》（GB 23790—2010）达标认证的企业兼并未通过达标认证的企业。充分发挥行业大型骨干企业的引领带动作用，鼓励开展跨地区、跨所有制兼并重组，实施强强联合、兼并改造中小型企业。引导具有品牌、技术、特色资源和管理优势的中小型企业以并购、产业联盟等多种方式做优做强。推动有实力的企业走出去，参与全球资源整合与经营，提升国际化经营能力。兼并重组后的婴幼儿配方乳粉企业，要实现资本、组织、生产、经营、品牌等方面的整合。支持企业通过兼并重组淘汰落后产能，企业关停或自愿退出婴幼儿配方乳粉生产领域的，按兼并重组的相关政策予以支持。

（四）规范企业兼并重组行为　严格依照有关法律法规和政策，妥善处置企业兼并重组的债权债务关系，保护职工、债权人和投资者的合法权益。规范国有资产处置，防止国有资产流失。依法维护金融债权，保障金融机构合法权益。加强上市公司和非上市公司信息披露，严厉查处内幕交易等违法违规行为。完善并落实兼并重组企业职工安置政策，积极稳妥解决职工劳动关系和社会保险关系接续、拖欠职工工资等问题，促进下岗失业人员再就业，保障职工合法权益。加强反垄断和反不正当竞争执法，依法制止垄断行为，保障市场公平竞争。充分发挥社会中介机构法律咨询、资产评估、产权交易、独立审计、债权债务清算、再就业培训等服务作用，发挥行业协会等社会团体、工会组织在信息沟通、产业联盟培育、行业自律管理、企业与职工诉求反映等方面的作用，促进和谐稳定。

（五）支持兼并重组企业奶源基地建设　婴幼儿配方乳粉企业兼并重组后要加快配套奶源建设，大力发展企业自建牧场，确保企业生产所用奶源全部来自自建自控奶源基地。严格实施《奶牛标准化规模养殖生产技术规范（试行）》，加快奶牛场圈舍、挤奶厅和质量检测设施标准化改造。加快高产优质苜蓿示范基地建设，促进苜蓿基地与婴幼儿配方乳粉企业奶牛养殖基地相配套，提高奶牛养殖水平。促进上下游企业整合产业链，实现“奶源基地——生产加工——市场销售”一体化经营。

四、政策保障

（一）简化审批手续　优化婴幼儿配方乳粉企业兼并重组相关审批流程，强化部门联动，推行并联式审批，避免互为前置条件。企业兼并重组涉及的生产许可、工商登记、资产权属证明等变更手续，从简限时办理。婴幼儿配方乳粉企业转产兴办符合国家产业政策的其他产业项目的，要在办理相关行政审批手续等方面为其提供便捷服务。

（二）落实税收优惠政策　婴幼儿配方乳粉企业在兼并重组过程中，从事符合财政部、税务总局规定条件的重组业务所取得的收益或资产评估增值，按规定享受企业所得税递延纳税待遇；涉及的契税、土地增值税和印花税，按现行税收政策规定予以减征或免征。企业将全部或部分实物资产以及与其相关联的债权、债务和劳动力一并转让给其他单位和个人的，按现行税收政策规定不予征收营业税和增值税。

（三）加大财政资金投入　中央财政安排工业转型升级资金，对婴幼儿配方乳粉企业特别是通过良好生产规范达标认证的企业实施兼并重组予以适当支持。淘汰不符合国家质量要求的落后产能，可享受现行淘汰落后产能中央财政奖励政策。中央财政安排技术改造基建资金，优先支持兼并重组婴幼儿配方乳粉企业特别是大型企业集团的技术改造。合理安排国有资本经营预算资金，引导国有企业实施兼并重组。利用现有中央财政关闭小企业资金渠道，调整使用范围，帮助兼并重组企业安置职工、转型转产。对采取有效措施稳定职工队伍的企业给予稳定岗位补贴，所需资金从失业保险基金中列支。各有关地方要安排相应资金，支持解决本地区婴幼儿配方乳粉企业兼并重组中的突出问题。

（四）加大金融支持力度　引导商业银行在风险

可控的前提下积极稳妥开展并购贷款业务。银行业金融机构对兼并重组企业实行综合授信，改善对企业兼并重组的信贷服务。鼓励证券公司、资产管理公司、股权投资基金以及产业投资基金以多样化融资方式向企业提供金融支持。

（五）发挥资本市场作用　鼓励婴幼儿配方乳粉企业利用资本市场开展兼并重组，符合条件的企业可以通过发行股票、企业债券、非金融企业债务融资工具、可转换债等方式为兼并重组融资。允许符合条件的企业以发行优先股、定向发行可转换债券及其他金融创新方式作为兼并重组的支付手段。对上市公司发行股份实施兼并事项，不设发行数量下限，兼并非关联企业不再强制要求作出业绩承诺。非上市公众公司兼并重组，不实施全面要约收购制度。鼓励企业探索运用新的融资工具筹集资金，拓宽兼并重组融资渠道，提高资本市场兼并重组效率。

（六）落实土地管理政策　婴幼儿配方乳粉企业兼并重组涉及的划拨土地符合划拨用地目录的，经有批准权的人民政府批准，可继续以划拨方式使用。涉及的原生产经营性划拨土地，经省级以上人民政府批准，可以作价出资（入股）方式处置，土地处置涉及的企业名单在同级工业和信息化部门网站向社会公示。企业兼并重组涉及土地转让、改变用途的，国土资源、住房城乡建设部门在依法依规的前提下，加快办理相关用地和规划手续。政府土地储备机构有偿收回企业因兼并重组退出的土地，按规定支付给企业的土地补偿费可用于企业安置职工、偿还债务等支出。

五、工作要求

充分发挥企业兼并重组工作部际协调小组的作用，工业和信息化部、发展改革委、财政部、国土资源部、人民银行、税务总局、工商总局、银监会、证监会等成员单位和住房城乡建设部、农业部、食品药品监管总局要切实履行职责，密切协调配合，加强对地方和企业的指导和服务，督促落实各项鼓励扶持政策，及时研究解决婴幼儿配方乳粉企业兼并重组工作中的重大问题。要清理市场分割、地区封锁等限制，落实跨地区机构企业所得税分配政策，协调解决企业兼并重组跨地区利益分享问题，消除跨地区兼并重组障碍。监察机关要依法加强监督，严肃查处政府机关工作人员在兼并重组工作中失职渎职、违纪违法问题。

各有关省（区、市）人民政府要根据当地实际，建立健全组织协调机制，加强对婴幼儿配方乳粉企业兼并重组工作的领导和服务，及时出台和落实地方配套政策，协调解决兼并重组工作中遇到的问题。各地特别是黑龙江、陕西、广东、内蒙古等省份的工业和信息化部门要会同相关部门，对辖区内婴幼儿配方乳粉生产布局和企业结构等情况进行调查摸底，并根据当地奶源条件和经济社会发展状况，统筹协调资源整合与兼并重组的关系，有序引导和支持企业兼并重组，有关工作进展情况及时报送工业和信息化部。

附件：工作任务分工表（略）

绿色食品检查员注册管理办法

（农业部绿色食品管理办公室等　农绿认［2014］12号　2014年7月11日）

第一章　总　　则

第一条　为加强绿色食品检查员的管理，提高检查员队伍整体素质和业务水平，促进绿色食品事业持续健康发展，根据《绿色食品标志管理办法》，制定本办法。

第二条　绿色食品检查员（以下简称检查员）是指经中国绿色食品发展中心（以下简称中心）核准注册的从事绿色食品材料审查和现场检查的人员。

第三条　中心对检查员实行统一注册管理，检查员的注册专业分为种植、养殖和加工。

第四条　绿色食品检查员分为两个级别：检查员和高级检查员。检查员是指符合本办法相应要求，能够对申请材料实施审查或对申请企业实施现场检查的人员。高级检查员是指符合本办法相应要求，并具有丰富的材料审查和现场检查的经验，能够对申请绿色食品企业实施现场检查或对申请材料实施审查的人员。

第五条　检查员的来源包括各级绿色食品工作机构的专职工作人员、大专院校、科研机构、行业协会的专家和学者。检查员不得来源于生产企业。

第二章 注册要求

第六条 申请注册的检查员应当具备下列条件：

(一) 个人素质

1. 热爱绿色食品事业，对所从事的工作有强烈的责任感；

2. 能够正确执行国家有关方针、政策、法律及法规，掌握绿色食品标准及有关规定；

3. 具有良好观察能力和业务能力，并能根据客观证据做出正确的判断；

4. 具有良好口头和书面表达能力，能够客观全面地表述概念和意见；

5. 具有履行检查员职责所需的保持充分独立性和客观性的能力，具有有效开展审查和检查工作所需的个人组织能力和人际交流能力；

6. 身体健康，具有从事野外工作的能力。

(二) 教育和工作经历

申请人应具有国家承认的大学本科以上（含大学本科）学历，至少1年相关专业技术或相关农产品质量安全工作经历；或具有国家承认的大专学历，至少2年相关专业技术或相关农产品质量安全工作经历。

申请人所学专业为非相关专业的，本科学历申请人至少4年相关专业技术或相关农产品质量安全工作经历；大专学历申请人至少5年相关专业技术或相关农产品质量安全工作经历。

具有相关专业中级以上（含中级）技术职称视为符合教育和工作经历。

(三) 专业背景

注册种植业检查员应具有农学、园艺、植保、农业环保及相关专业的专业；注册养殖业检查员应具有畜牧、兽医、动物营养或水产及相关专业的专业；注册加工业检查员应具有食品加工、发酵及相关专业的专业。

(四) 培训经历

申请人应完成中心指定的检查员相关课程的培训，并通过中心或中心委托的有关单位组织的各门专业课程的考试，取得《绿色食品培训合格证书》。

(五) 审查和现场检查经历

依据材料审查和现场检查经历对检查员进行分级：

1. 检查员：申请人应在取得《绿色食品培训合格证书》后参加至少2次注册专业类别绿色食品材料审查和现场检查见习，并由所在省级绿色食品工作机构（以下简称省级工作机构）就申请人的能力给出鉴定意见。

2. 高级检查员：申请人应取得检查员级别注册资格1年以上，并至少完成10个相关专业类别绿色食品企业的材料审查和现场检查。

3. 所有材料审查和现场检查经历应在申请注册前3年内获得。

第七条 检查员可以同时注册多个专业。申请扩大专业注册的，应从申请注册检查员开始，还应提供相关专业考试合格证书复印件或其他有效证明材料。

第三章 注册程序

第八条 申请人填写“绿色食品检查员注册申请表”，并附上第十二条要求提交的相关证明材料，经省级工作机构签署推荐意见后，由省级工作机构统一报送中心。申请人应当同时完成网上注册申请。

第九条 申请人应与中心签订“绿色食品检查员责任书”，切实履行检查员职责，认真落实检查员审查和现场检查工作质量第一责任人制度，如有违反将追究其责任。

第十条 申请人与中心签署保密承诺，确保不泄露申请企业商业和技术秘密。

第十一条 申请人应当签署个人声明，声明其保证遵守（或已经遵守）绿色食品检查员行为准则及绿色食品有关规定。

第十二条 申请注册应当提交下列材料：

(一) 初次申请

1. 绿色食品检查员注册申请表
2. 身份证（复印件）
3. 学历证书、职称证书（复印件）
4. 绿色食品培训合格证书（复印件）
5. 绿色食品材料审查/现场检查经历表

(二) 再注册申请

1. 绿色食品检查员注册申请表
2. 身份证（复印件）
3. 绿色食品材料审查/现场检查经历表

(三) 扩大专业申请

1. 绿色食品检查员注册申请表
2. 身份证（复印件）
3. 申请扩大专业的学历或职称证明材料
4. 涉及扩大专业的现场检查/材料审查经历证明材料

第十三条 中心对申请人提交的申请材料进行核定。

第十四条 中心对符合注册要求的申请人予以注册，并公布名单。

第四章 检查员职责、职权和行为准则

第十五条 检查员依据《绿色食品标志管理办法》及有关法律法规履行下列职责：

（一）对申请企业的材料进行审查，核实申请企业提供的信息、资料是否完整，是否符合绿色食品的有关要求等；

（二）依据注册的专业类别，对申请企业实施现场检查，全面核实申请企业提交申请材料的真实性，客观描述现场检查实际情况，科学评估申请企业的生产过程和质量控制体系是否达到绿色食品标准及有关规定的要求综合评估现场检查情况，撰写检查报告；

（三）完成中心交办的其他审查工作。

第十六条 检查员具有下列职权：

（一）检查申请企业的生产现场、库房、产品包装、生产记录和档案资料等有关情况。根据检查需要，可要求受检方提供相关的证据；

（二）依据绿色食品标准独立地对申请企业申请材料提出审查意见，不受任何单位和个人的干预；

（三）指出申请企业在生产过程中不当行为，并要求其整改；

（四）了解申请企业的产地环境监测情况和产品质量检测情况；

（五）向中心如实报告有关绿色食品工作机构、检测机构和申请企业在相关工作中存在的问题；

（六）向上级绿色食品工作机构提出改进绿色食品工作的建议；

（七）有权向绿色食品工作机构申诉对检查员的各种投诉；

（八）检查员依据注册的级别，具有相应的工作职权：检查员有权对所在省绿色食品申请企业进行材料审查和现场检查；高级检查员有权对所在省、国内其他区域和境外绿色食品申请企业进行材料审查和现场检查。

第十七条 检查员应遵守下列行为准则：

（一）遵守国家有关法律法规、绿色食品规章制度和保密协议；

（二）从事材料审查和现场检查工作应遵循科学、公正、公平的原则；

（三）按照注册专业类别从事材料审查和现场检查工作；

（四）不断学习现场检查所需的专业知识，提高自身素质和现场检查能力；

（五）尊重客观事实，如实记录现场检查或材料审查对象现状，保证材料审查和现场检查的规范性和有效性；

（六）检查员在检查前后 1 年内不得与申请企业有任何有偿咨询服务关系；可以提出生产方面改进意见，但不得收取费用；

（七）不应向申请企业做出颁证与否的承诺；

（八）未经中心书面授权和申请企业同意，不得讨论或披露任何与审查和检查活动有关的信息，法律有特殊要求的除外；

（九）到少数民族地区检查时，应尊重当地文化和风俗习惯；

（十）不接受申请企业任何形式的酬劳；

（十一）不以任何形式损坏中心声誉，并针对违反本行为准则进行的调查工作提供全面合作；

（十二）接受中心的监督管理。

第五章 监督与管理

第十八条 中心统一负责检查员监督管理。省级工作机构负责所辖区域内检查员日常管理工作。

第十九条 检查员注册有效期为 3 年，检查员需在注册期满前 3 个月向中心提出书面再注册申请。超过有效期未提交再注册申请或 3 年内未完成 3 个以上注册专业类别申请企业材料审查和现场检查的，不予再注册。

第二十条 中心建立检查员工作绩效考核评价制度，每年对检查员工作实施绩效考评，对工作业绩突出和表现优秀的检查员，中心给予表彰和奖励。

第二十一条 对违反检查员行为准则，尚未构成严重后果的，中心依据有关情况给予检查员批评、暂停注册资格等处置。在暂停期内，检查员不得从事相关材料审查和现场检查等活动。对于暂停注册资格的检查员，应在暂停期内采取相应整改措施，并经中心验证后，恢复其注册资格。

第二十二条 有下列情况之一者，撤销其检查员资格：

（一）与申请企业合作（或提示申请企业），故意隐瞒申请产品真实情况的；

（二）经核实，在材料审查或现场检查工作中，存在故意弄虚作假行为的，年度绩效考评为零分的；

（三）严重违反检查员行为准则或由于失职、渎职而出现严重质量安全问题的；

（四）严重违反检查员行为准则，对绿色食品事业或中心声誉造成恶劣影响的。

第二十三条 被中心撤销检查员资格的，1 年内

不再受理其注册申请。如再申请注册，须经培训、考试，取得《绿色食品培训合格证书》。

第二十四条　中心就检查员的资格处置情况向绿色食品工作系统及其上级行政主管部门等相关方进行通报。

第二十五条　中心建立绿色食品注册检查员档案，对检查员的培训、考试、考核评价信息及检查员注册、再注册、撤销等管理活动进行存档。

第六章　附　　则

第二十六条　本办法由中心负责解释。

第二十七条　本办法自2014年8月1日起施行。原《绿色食品检查员注册管理办法》（中绿认［2009］60号）同时废止。

附件：绿色食品检查员注册申请表（略）

关于抓好肉类蔬菜中药材流通追溯体系运行管理工作的通知

（商务部　商办秩函［2014］584号　2014年7月22日）

各省、自治区、直辖市、计划单列市及新疆生产建设兵团商务主管部门：

抓好肉类蔬菜中药材流通追溯体系（以下简称追溯体系）运行管理，确保追溯体系持续有效运行，是充分发挥追溯体系作用的关键。各地要切实增强风险防范意识，在认真落实好追溯体系各项建设任务的基础上，采取有效措施强化日常运行管理，确保追溯体系有效运行。现就有关事项通知如下：

一、完善保障机制，夯实追溯体系运行基础

（一）完善配套制度　积极探索制订地方性法规或地方政府规章，完善经营主体进货检查验收、索证索票、购销台账等制度，强化各类市场和经营者追溯管理责任。健全追溯体系运行管理制度，明确管理环节和流程，细化管理责任与要求。完善资产管理制度，明确资产所有权归属、管理、维护及处置等要求，保证国有资产安全完整。

（二）落实管理责任　依托当地人民政府追溯体系建设工作领导小组，建立日常运行管理机制，分解落实管理责任，及时研究解决重大问题。明确运行维护责任主体，保证软硬件有专人维护，发生故障时能及时发现、及时上报、快速响应、快速处理。建立分级培训机制，加强人员培训和业务交流，培育责任心强、业务过硬的运行维护队伍。

（三）强化经费保障　推动将追溯体系运行维护资金列入年度财政预算，建立稳定的经费保障机制，足额落实追溯体系日常运行经费及设备更新升级经费。坚持政府引导、市场化运作，创新政策手段，引导企业和社会资金投入，形成多元的经费投入和保障机制。

二、强化日常管理，落实运行维护责任

（一）加强日常巡查　建立严格的日常巡查制度，安排专人对节点企业进行定期巡查，督促企业和经营者自觉按流程操作使用追溯设备。完善平台监控管理功能，建立有效的数据审核及报送管理机制，全面掌握节点企业数据报送及运行状况，对异常情况及时予以警示并处理。建立有效的故障排查及快速处置机制，保证设备正常运行。

（二）创新运行维护模式　结合当地实际情况，积极探索采用政府购买服务方式，引入专业的第三方运行维护机构，提供全天候的专业化运行维护服务。探索采用视频监控、数字化监控等技术手段，对节点企业和摊位实施远程监控，及时掌握设备运行状态，提高监管效率。

（三）严格考核管理　制订严格的运行考核制度，建立量化考核指标体系，按月对节点企业进行考核，客观评价追溯体系运行成效。加强对系统集成企业、设备供应商及运行维护服务商履约行为管理，督促其严格履行服务承诺，确保服务质量；对于失信严重、服务差的企业，要及时依法追究违约责任。

三、完善激励约束机制，调动企业和经营者积极性

（一）建立奖惩机制 建立与考核结果挂钩的奖惩机制，根据节点企业追溯子系统运行状况，采取相应的奖励或惩戒措施。对于运行较好的，给予必要的经济奖励和政策支持。对于运转不正常的，予以通报批评，责令限期整改；长期达不到运行要求的，及时予以淘汰。

（二）引入契约管理 积极探索采用行政合同等方式，建立市场化的约束机制，明确节点企业在追溯子系统运行维护方面的责任和要求。督促市场开办方将使用追溯子系统写入摊位租赁合同，对不按要求操作使用设备、不按规定刷卡打票、不按要求报送数据的经营户，及时解除租赁合同。

（三）推进协同管理 积极协调工商、质检、食品药品监管等部门，将节点企业追溯子系统使用情况作为开展生产经营许可证管理及计量器具强制检定等工作的重要内容，整合管理资源。加强政策联动，将节点企业追溯子系统运行情况与相关政策安排挂钩，确保形成政策合力。

四、加强宣传引导，形成市场倒逼压力

（一）加大宣传力度 充分利用电视、网络、报纸等媒体，因地制宜开展广泛深入的宣传活动，大力宣传追溯体系的意义、目的、措施和效果，不断扩大追溯体系的社会影响力。结合消费者消费习惯和心理，创新宣传方式和手段，开展有针对性的宣传活动，让消费者自觉接受追溯体系、主动选购可追溯产品。

（二）强化政策引导 在运行维护经费中安排专门资金，探索实行凭票抽奖和价格补贴等政策，吸引消费者主动索票、主动查询，形成对节点企业和经营者的倒逼压力。探索建立保险制度，引进商业保险公司提供质量安全保险，为可追溯肉类蔬菜中药材产品增信，让消费者放心。

（三）发动公众监督 建立公示制度，及时将已建成追溯体系的节点企业名单公之于众，方便消费者查询和监督。开通举报投诉电话，接受消费者举报投诉，及时发现并处理追溯子系统运转不正常的节点企业。建立曝光和消费警示制度，对于追溯子系统长期运行不正常的，及时予以曝光，并发布消费警示信息。

五、加强数据分析利用，不断拓展追溯体系功能

（一）加强数据分析 建立常态化的数据分析制度，围绕市场供求、价格、质量安全等方面，建立科学的统计分析指标体系和分析模型库，开展数据综合分析利用。加强数据分析成果应用，每月编写数据分析报告，为各级领导及相关部门提供决策支持。每月向省级商务主管部门和商务部报送数据综合分析报告，适时报送动态分析报告。

（二）完善服务功能 开通肉类蔬菜中药材追溯信息查询通道，通过智能手机、热线电话、互联网在线查询窗口等方式，面向社会公众提供方便快捷的查询服务。主动向有关政府部门开放信息资源，加快推进与农业、食品药品监管等部门数据共享，扩大追溯数据来源，拓展服务功能和服务领域。

六、加强统筹规划和督促检查

（一）加强统筹规划 各地要切实增强责任意识，将强化日常运行管理作为重中之重，按照规定的时间进度要求（见附件），加强统筹规划。申请考核验收前，要制订专门的运行管理方案，明确工作目标、任务、措施及责任分工，全面部署日常运行管理工作。省级商务主管部门组织考核验收时，要将运行管理方案作为一项重要考核内容；运行管理方案不完善的，要及时督促整改。2014 年 8 月底前，首批肉类蔬菜流通追溯体系试点城市要补报运行管理方案。

（二）加强督促检查 省级商务主管部门要加大对城市追溯体系运行管理工作督导力度，确保落实各项运行管理任务；对于运行管理任务不落实、措施不力、追溯体系运转不正常的，要及时予以督促整改。承担中药材流通追溯体系建设任务的省份，省级商务主管部门作为运行管理第一责任主体，要按照本《通知》要求，采取有效措施强化运行管理，确保追溯体系正常运行。

附件：追溯体系运行管理工作进度要求（略）

绿色食品产品质量年度抽检工作管理办法

（中国绿色食品发展中心 2014 年 9 月 2 日）

第一章 总 则

第一条 为了进一步规范绿色食品产品质量年度抽检（以下简称产品抽检）工作，加强对产品抽检工作的管理，提高产品抽检工作的科学性、公正性、权威性，依据《绿色食品标志管理办法》和《绿色食品检测机构管理办法》，制定本办法。

第二条 产品抽检是指中国绿色食品发展中心（以下简称中心），对已获得绿色食品标志使用权的产品采取的监督性抽查检验。

第三条 所有获得绿色食品标志使用权的企业在标志使用的有效期内，应当接受产品抽检。

第四条 当年的产品抽检报告可作为绿色食品标志使用续展审核的依据。

第二章 机构及其职责

第五条 产品抽检工作由中心制定抽检计划，委托相关绿色食品产品质量检测机构（以下简称"检测机构"）按计划实施，省及市、县绿色食品工作机构（以下简称省级工作机构或各级工作机构）予以配合。

（一）中心的产品抽检工作职责

1. 制定全国抽检工作的有关规定；

2. 组织开展全国的抽检工作；

3. 下达年度抽检计划；

4. 指导、监督和评价各检测机构的抽检工作；

5. 依据有关规定，对抽检不合格的产品做出整改或取消标志使用权的决定，并予以通报或公告。

（二）检测机构的产品抽检工作职责

1. 根据中心下达的抽检计划制定具体组织实施方案；

2. 按时完成中心下达的检测任务；

3. 按规定时间及方式向中心、相关省级工作机构和企业出具检验报告；

4. 向中心及时报告抽检中出现的问题和有关企业产品质量信息。

（三）各级工作机构的产品抽检工作职责

1. 配合中心及检测机构开展产品抽检工作；

2. 向中心提出产品抽检工作计划的建议；

3. 根据中心做出的整改决定，督促企业按时完成整改，并组织验收；

4. 及时向中心报告企业的变更情况，包括企业名称、通信地址、法人代表以及企业停产、转产等情况。

第三章 工作程序

第六条 中心于每年 2 月底前制订产品抽检计划，并下达有关检测机构和省级工作机构。

第七条 检测机构根据抽检计划和产品周期适时派专人赴企业或市场上规范抽取样品，也可以委托相关省级工作机构协助进行，由绿色食品标志监管员规范抽样并寄送检测机构，封样前应与企业有关人员办理签字手续，确保样品的代表性。在市场上抽取的样品，应确认其真实性，检验的产品应在用标有效期内。

第八条 检测机构应及时进行样品检验，出具检验报告，检验报告结论要明确、完整，检测项目指标齐全，检验报告应以特快专递方式分别送达中心、有关省级工作机构和企业各一份。

第九条 检测机构最迟应于标志年度使用期满前 3 个月完成抽检。

第十条 检测机构须于每年 12 月 20 日前将产品抽检汇总表及总结报中心。总结内容应全面、详细、客观，未完成抽检计划的应说明原因。

第四章 计划的制订与实施

第十一条 制订产品抽检计划必须遵循科学、高效、公正、公开的原则，突出重点产品和重点指标，并考虑上年度抽检计划完成情况及当年任务量。

第十二条 检测机构必须承检中心要求检测的项目，未经中心同意，不得擅自增减检测项目。

第十三条 对当年应续展的产品，检测机构应及时抽样检验并将检验报告提供给企业，以便作为续展审核的依据。

第五章 问题的处理

第十四条 产品抽检中发现倒闭、停产、无故拒检或提出自行放弃绿色食品标志使用权的企业，检测机构应及时报告中心及有关省级工作机构。

第十五条 企业对检验报告如有异议，应于收到报告之日起（以收件人签收日期为准）5日内向中心提出书面复议（复检或仲裁）申请，未在规定时限内提出异议的，视为认可检验结果。对检出不合格项目的产品，检测机构不得擅自通知企业送样复检。

第十六条 产品抽检结论为食品标签、感官指标不合格，或产品理化指标中的部分非营养性指标（如：水分、灰分、净含量等）不合格的，中心通知企业整改，企业必须于接到通知之日起一个月内完成整改，并将整改措施和结果报告省级工作机构，省级工作机构应及时组织整改验收并抽样寄送中心定点检测机构检验。检测机构应及时对样品进行检验，出具检验报告，并以特快邮递方式将检验报告分别送达中心和有关省级工作机构各一份。复检合格的可继续使用绿色食品标志，复检不合格的取消其标志使用权。

第十七条 产品抽检结论为卫生指标或安全性指标（如：有害微生物、药物残留、重金属、添加剂、黄曲霉、亚硝酸盐等）不合格的，取消其绿色食品标志使用权。对于取消标志使用权的企业及产品，中心及时通知企业及相关省级工作机构，并予以公告。

第六章 省级工作机构的抽检工作

第十八条 省级工作机构对辖区内的绿色食品质量负有监督检查职责，应在中心下达的年度产品抽检计划的基础上，结合当地实际编制自行抽检产品的年度计划，填写“绿色食品省级工作机构自行抽检产品备案表”，一并报中心备案。中心接到备案材料后十个工作日内，将备案结果书面反馈有关省级工作机构。经在中心备案的抽检产品，其抽检工作视同中心组织实施的监督抽检。

第十九条 省级工作机构自行抽检产品的检验项目、内容，不得少于中心年度抽检计划规定的项目和内容。

第二十条 省级工作机构自行抽检的产品必须在绿色食品定点检测机构进行检验，检测机构应出具正式检验报告，并将检验报告分别送达省级工作机构和企业。

第二十一条 产品抽检不合格的企业，省级工作机构要及时上报中心，由中心做出整改或取消其标志使用权的决定。

第七章 附 则

第二十二条 本办法自颁布之日起施行，原2004年4月22日颁布的《绿色食品产品质量年度抽检工作管理办法》和《绿色食品产品质量年度抽检工作管理办法补充规定》同时废止。

第二十三条 本办法由中国绿色食品发展中心负责解释。

关于加强食用农产品质量安全监督管理工作的意见

（农业部等 农质发［2014］14号 2014年10月31日）

各省、自治区、直辖市及计划单列市农业（农牧、农村经济）畜牧兽医、农垦、农产品加工、渔业厅（局、委、办），食品药品监督管理局；新疆生产建设兵团农业（水产）局、食品药品监督管理局：

为深入贯彻中央农村工作会议精神，认真落实《国务院机构改革和职能转变方案》、《国务院关于地方改革完善食品药品监督管理体制的指导意见》（国发［2013］18号）和《国务院办公厅关于加强农产品质量安全监管工作的通知》（国办发［2013］106号）要求，现就加强食用农产品质量安全监督管理工作衔接，强化食用农产品质量安全全程监管，提出以下意见。

（一）严格落实食用农产品监管职责　食用农产品是指来源于农业活动的初级产品，即在农业活动中获得的、供人食用的植物、动物、微生物及其产品。“农业活动”既包括传统的种植、养殖、采摘、捕捞等农业活动，也包括设施农业、生物工程等现代农业活动。“植物、动物、微生物及其产品”是指在农业活动中直接获得的以及经过分拣、去皮、剥壳、粉碎、清洗、切割、冷冻、打蜡、分级、包装等加工，但未改变其基本自然性状和化学性质的产品。食用农产品质量安全监管体制调整后，《农产品质量安全法》规定的食用农产品进入批发、零售市场或生产加工企业后的质量安全监管职责由食品药品监管部门依法履行，农业行政主管部门不再履行食用农产品进入市场后的相应质量安全监管职责。现行的食用农产品质量安全分段监管，不包括农业生产技术、动植物疫病防控和转基因生物安全监督管理。农业部门根据监管工作需要，可进入批发、零售市场开展食用农产品质量安全风险评估和风险监测工作。

农业、食品药品监管部门要严格执行《食品安全法》《农产品质量安全法》等相关法律法规和各级政府及编制委员会确定的部门监管职责分工，认真履行法定的监管职责。农业部门要切实履行好食用农产品从种植养殖到进入批发、零售市场或生产加工企业前的监管职责；食品药品监管部门要切实履行好食用农产品进入批发、零售市场或生产加工企业后的监管职责，不断提升对食用农产品质量安全的保障水平。省级农业、食品药品监管部门要联合推动市县两级政府抓紧落实食用农产品质量安全属地管理责任，将食用农产品质量安全监管纳入县、乡政府绩效考核范围，建立相应的考核规范和评价机制。每年要组织开展一次食用农产品质量安全监管工作联合督查，切实推动监管责任落实。

（二）加快构建食用农产品全程监管制度　各地农业、食品药品监管部门要在地方政府统一领导下，共同研究解决食用农产品质量安全监管中职能交叉和监管空白问题，进一步厘清监管职责，细化任务分工，消除监管空白，形成监管合力。对于现行法律法规和规章制度尚未完全明确的监管职责和监管事项，要在统筹协调的基础上，提请地方政府因地制宜明确监管部门，出台相应的监管措施，避免出现监管漏洞和盲区。农业部门要依法抓紧完善并落实农业投入品监管、产地环境管理、种植养殖过程控制、包装标识、食用动物及其产品检验检疫等制度规范；食品药品监管部门要研究制定食用农产品进入批发、零售市场或生产加工企业后的管理制度，落实好监管职责。

（三）稳步推行食用农产品产地准出和市场准入管理　农业部门和食品药品监管部门共同建立以食用农产品质量合格为核心内容的产地准出管理与市场准入管理衔接机制。农业部门要抓紧建立食用农产品产地准出制度，因地制宜地按照产品类别和生产经营主体类型，将有效期内“三品一标”质量标志、动植物病虫害检疫合格证明及规模化生产经营主体（逐步实现覆盖全部生产经营主体）出具的食用农产品产地质量检测报告等质量合格证明作为食用农产品产地准出的基础条件；食品药品监管部门要着手建立与食用农产品产地准出制度相对接的市场准入制度，将查验农业行政主管部门认可的作为食用农产品产地准出基础条件的质量合格证明作为食用农产品进入批发、零售市场或生产加工企业的基本条件。农业部门和食品药品监管部门要依托基层执法监管和技术服务机构，加强督导巡查和监督管理，确保产地准出和市场准入过程中的质量合格证明真实、有效。

（四）加快建立食用农产品质量追溯体系　农业部门要按照职责分工，加快建立食用农产品质量安全追溯体系，可率先在“菜篮子”产品主产区推动农业产业化龙头企业、农民专业合作社、家庭农场开展质量追溯试点，优先将生猪和“三品一标”食用农产品纳入追溯试点范围，推动食用农产品从生产到进入批发、零售市场或生产加工企业前的环节可追溯。食品药品监管部门要在有序推进食品安全追溯体系建设的同时，积极配合农业部门推进食用农产品质量安全追溯体系的建设，并通过监督食用农产品经营者建立并严格落实进货查验和查验记录制度，做好与农业部门建设的食用农产品质量安全追溯体系的有机衔接，逐步实现食用农产品生产、收购、销售、消费全链条可追溯。

（五）深入推进突出问题专项整治　农业、食品药品监管部门要针对食用农产品在生产、收购、销售和消费过程中存在的突出问题，有计划、有步骤、有重点地联合开展专项治理整顿。始终保持高压态势，严厉惩处各类违法违规行为。在专项整治和执法监管过程中需要联合行动的，要统筹协调、统一调度和统一行动；在各环节查处的违法违规案件，该移交的要依法按程序及时移交；需要相互配合的，要及时跟进。

（六）加强监管能力建设和监管执法合作　农业、食品药品监管部门要不断推进食用农产品质量安全监管机构和食品安全监管机构的建设与人员配备，并抓紧与编制、发改、财政等部门衔接沟通，加快建立健全基层食用农产品质量安全监管和食品安全监管队伍，将基层监管能力建设纳入年度财政预算和基本建设计划，采取多项措施，着力提高基层食用农产品质量安全和食品安全监管能力。农业、食品药品监管部门要建立食用农产品质量安全监管信息共享制度，定期和不定期互换食用农产品质量安全监管中的相关信息。建立风险评估结果共享制度，加强食用农产品质量安全风险交流合作。建立违法案件信息相互通报制度，密切行政执法的协调与协作。加强应急管理方面的合作，开展食用农产品质量安全（食品安全）突发事件应急处置合作和经验交流。共同建立、完善食用农产品质量安全监管统计制度，强化统计数据共享。可根据需要就食用农产品质量安全和食品安全领域重大问题开展联合调研，为解决食用农产品质量安全和食品安全领域突出问题提供政策建议。

（七）强化检验检测资源共享 各地要按照《国务院办公厅关于印发国家食品安全监管体系“十二五”规划的通知》（国办发［2012］36号）、《国务院办公厅转发中央编办、国家质检总局关于整合检验检测认证机构实施意见的通知》（国办发［2014］8号）、《国务院办公厅关于印发2014年食品安全重点工作安排的通知》（国办发［2014］20号）要求，在地方人民政府的统一领导下，共同做好县级食用农产品质量安全检验检测资源整合和食品安全检验检测资源整合工作，逐步解决基层检验检测资源分散、低水平重复建设、活力不强等问题。当前，根据农业、食品药品监管部门新的职能分工和监管工作需要，由农业部门和食品药品监管部门共同对已经建立的批发、零售市场（含超市、专营店等食用农产品销售单位）食用农产品质量安全检验检测资源（包括机构、人员、设备设施等）实施指导管理。建在市场外的食用农产品质量安全检验检测资源，以农业部门为主进行监督管理和技术指导；建在市场内的食用农产品质量安全检验检测资源，以食品药品监管部门为主进行监督管理和技术指导。农业部门和食品药品监管部门根据食用农产品质量安全监管和食品安全监管工作需要，可共享农业系统和食品药品监管系统建立的农产品质量安全检测机构和食品安全检验机构。

（八）加强舆情监测和应急处置 农业、食品药品监管部门要加强食用农产品质量安全突发事件、重大舆情跟踪监测，建立重大舆情会商分析和信息通报机制，及时联合研究处置突发事件和相关舆情热点问题。两部门要根据科普宣传工作的需要，加强食用农产品质量安全和食品安全科技知识培训和法制宣传。重大节日和节庆期间，要适时联合开展食用农产品质量安全宣传活动，全面普及食品科学知识，指导公众放心消费。

（九）建立高效的合作会商机制 农业部、食品药品监管总局建立部际合作会商机制，成立分别由两部门主管食用农产品质量安全监管工作的部级领导任组长的领导小组，积极推动和明确食用农产品质量安全监管工作的协调与合作事宜。各地要参照农业部和食品药品监管总局的做法，尽快建立两部门合作机制，明确对口的协调联络处（局、办），加强食用农产品质量安全监管工作的协作配合。

食用农产品质量安全监管涉及的品种多、链条长，两部门要在依法依规认真履职的基础上，密切协作、加强配合，构建“从农田到餐桌”全程监管的制度和机制。各地在食用农产品质量安全监管工作中遇到的问题和有关意见、建议，请及时与农业部农产品质量安全监管局和国家食品药品监管总局食品安全监管二司联系。

关于加快特色经济林产业发展的意见

（国家林业局　林造发［2014］160号　2014年11月13日）

各省、自治区、直辖市林业厅（局），内蒙古、黑龙江、大兴安岭森工（林业）集团公司，新疆生产建设兵团林业局，国家林业局各司局、各直属单位：

为深入贯彻落实党的十八大和十八届三中全会精神，加快农村小康社会建设步伐，促进生态林业与民生林业协调发展，推动实现2020年农民收入倍增和林业“双增”目标，现就加快新时期特色经济林产业发展，提出以下意见。

一、新时期发展特色经济林产业的重要意义

经济林是以生产果品、食用油料、饮料、调料、工业原料和药材等为主要目的的林木，是森林资源的

重要组成部分。经济林产业，是集生态、经济、社会效益于一身，融一、二、三产业为一体的生态富民产业，是生态林业与民生林业的最佳结合。我国经济林树种资源丰富、产品种类多、产业链条长、应用范围广，发展经济林产业有利于有效利用国土资源，促进林业"双增"目标早日实现。经济林在集体林中占有较大比重，发展特色经济林的重点在集体林。通过在集体林中大力发展以木本粮油、干鲜果品、木本药材和香辛料为主的特色经济林，有利于挖掘林地资源潜力，为城乡居民提供更为丰富的木本粮油和特色食品；有利于调整农村产业结构，促进农民就业增收和地方经济社会全面发展。同时，对改善人居环境，推动绿色增长，维护国家生态和粮油安全，都具有十分重要的意义。

党中央、国务院对经济林培育与产业发展高度重视，《中共中央 国务院关于加快林业发展的决定》以及中央林业工作会议都明确提出要突出发展名特优新经济林，特别要着力发展板栗、核桃、油茶等木本粮油，加快林业改革发展步伐。国家林业局相继出台一系列扶持政策，将木本粮油等特色经济林纳入"十二五"时期林业发展十大主导产业。各地把发展经济林作为活跃农村经济的特色产业、调整种植业结构的主导产业、推进山区农民脱贫致富的支柱产业来抓，经济林产业发展步伐不断加快。截至 2013 年底，全国经济林种植面积 3781 万公顷，总产量 1.48 亿吨，经济林种植与采集业年产值达到 9240.37 亿元，占到林业第一产业产值的一半以上；全国近千个特色经济林重点县，经济林收入占到当地农民人均纯收入 20%以上，成为农村特别是山区农民收入的重要来源。

当前，林业进入生态林业与民生林业协同发展的崭新阶段。党的十八大将生态文明建设纳入"五位一体"的总体战略布局，提出到 2020 年全面建成小康社会，实现人均收入翻一番的奋斗目标，对经济林建设提出更高要求。因此，适应新形势需要，加快改革创新步伐，加大政策扶持力度，着力解决经济林发展基础薄弱、产业化程度不高、宏观规划指导不力、政策资金投入不足等问题，加快推动经济林产业持续健康发展，为建设生态文明和美丽中国、全面建成小康社会作出新的更大贡献，成为当前乃至今后一段时期经济林建设与发展的紧要任务。

二、把握总体要求

（一）指导思想

以党的十八大和十八届三中全会精神为指导，以推动经济绿色增长和提高农民收入为根本目标，以转变发展方式为主线，坚持生态林业与民生林业协调发展，改善生态与产业富民协同推进，按照"生态建设产业化，产业发展生态化"的总体思路，大力推进布局区域化、种植良种化、生产标准化、经营产业化、服务社会化，做大做强特色经济林产业，为维护国家生态和粮油安全，促进农村全面建成小康社会做出积极贡献。

（二）基本原则

生态优先，统筹发展　妥善处理重大生态修复工程与发展特色经济林产业的关系，坚持以实现生态修复目标为主，协同推进生态建设与绿色富民。组织实施重大生态修复工程，各工程市、县要把改善生态放在首位，但又要兼顾经济效益，充分尊重农民意愿，引导群众科学选择搭配林种、树种。

市场导向，政府扶持　发挥市场对资源配置的决定性作用，充分考虑比较效益，尊重市场规律和群众意愿。发挥政府政策保障和服务职能，建立稳定的政策扶持和资金投入长效机制。

因地制宜，特色发展　按照"生态保护、适地适树、突出特色、规模发展"的基本要求，发挥资源禀赋优势，科学发展适宜树种，优化区域布局，壮大各具特色的经济林产业。

立体发展，提质增效　兼顾生态与民生，围绕充分发挥森林的生态效益和提高林地产出，发挥基层和农民群众首创精神，在发展经济林的同时，选择适生灌木和草本植物，乔灌草科学配置，形成立体性、复合性的种植模式，提高林地利用率、林木培育质量和生态经济效益。

创新机制，社会参与　实施扶优扶强发展战略，大力扶植龙头企业，积极培育种植大户、家庭林场、专业合作社等新型经营主体，推行适度规模经营，探索建立新型经营体系，提升社会化服务水平，营造良好发展环境，广泛调动社会力量参与经济林建设。

（三）主要目标

到 2020 年，初步形成布局合理、特色鲜明、功能齐全、效益良好的特色经济林产业发展格局，实现我国特色经济林资源总量稳步增长，产品供给持续增加，质量水平大幅提高，木本粮油产业发展取得突破，经济林产业综合实力明显提升，富民增收效果显著增强的发展目标。

重点发展具有广阔市场前景、对农民增收带动作用明显的特色经济林，形成一批特色突出、竞争力强、国内知名的主产区，培育一批以特色经济林为当地林业支柱产业，产业集中度较高的重点县；建设一批优质、高产、高效、生态、安全的特色经济林示范基地。

力争到2020年，特色经济林新增种植面积810万公顷，经济林总面积比2010年增加24%，达到4100万公顷；新增产量5000万吨，其中，木本粮食新增1350万吨，木本油料新增1100万吨，总产量比2010年增长40%，达到1.76亿吨，木本油料占国内油料产量比重提高到10%；实现总产值在2010年基础上翻一番，达到1.6万亿元以上；良种使用率达到90%以上，优质产品率达到80%以上；重点县农民来自经济林收入大幅增加，累计提供就业机会40亿个工日。

三、提升生产能力

（一）落实规划建设任务 按照做大做强木本粮油等战略优势产业，巩固优化干鲜果品等传统大宗产品，积极发展区域特色经济林的总体要求，在加快发展以油茶、核桃、红枣、板栗、油橄榄等木本粮油的同时，统筹推进其他特色经济林产业建设，优化主产区、产业带和基地建设布局。认真组织实施《全国优势特色经济林发展布局规划（2013—2020年）》（以下简称《规划》），将建设任务体现在工程与项目中，分解到年度，落实到确定的每个优势特色经济林重点基地县。推广优质丰产栽培技术，实现面积和产量翻番，扩大木本粮油在全国粮油总产中的比重，增强粮油安全保障能力；立足提质增效，加快品种改良和树种、品种结构调整，改进生产方式和栽培模式，推广绿色、有机栽培管理技术，稳定干鲜果品等传统大宗产品的种植面积和生产规模；深入挖掘各地珍稀林木资源，加大种苗繁育和栽培力度，发展区域特色经济林，不断发展壮大特色经济林产业。

（二）提升基地建设水平 按照适地适树、良种栽培、规模种植、科学管理的要求，采取新建与改造相结合，高标准打造一批特色经济林示范基地，带动全国特色经济林建设。加强基地集水节水技术应用和配套基础设施建设，减少水土流失。在山区适度开展整梯田、修道路、建塘坝、栽植防护林等建设，推广集雨窖、小管出流等节水灌溉技术；平原和沙区积极采取微灌、滴灌等节水措施。积极推广应用土壤耕作、有害生物防治、动力修剪等机械，提高机械化程度，降低生产成本。

（三）实施标准化生产 加快制定特色经济林国家、行业和地方技术标准，完善经济林建设标准体系，加大标准化生产技术实施和推广力度。改进传统种植模式，大力推进矮化密植、网架棚架式等现代种植模式；改变传统耕作方式，推广有利于原生植被保护和水土保持的整地措施，全面推行增施有机肥、测土平衡施肥等方法；强化病虫无公害防控，推行生物、物理防治措施，推广安全间隔期用药技术；落实绿色、有机栽培管理措施。

（四）拓宽产业发展领域 充分发挥经济林培育森林、保护生态、营造景观、传承文化等多种功能和独特优势，创新推广以经济林栽培为主的多元发展模式。大力发展与经济林紧密结合的观光采摘、农事体验、休闲游憩等，进一步拓宽经济林产业发展领域，不断提高发展经济林的综合效益。

四、推进产业化经营

（一）培育壮大龙头企业 按照扶优、扶强要求，以提高精深加工、采后分级和冷链贮运能力为重点，进一步完善政策，优化环境，改善服务，活化机制，建设一批类型多样、资源节约、产销一体、效益良好的龙头企业。鼓励各类工商资本、民间资本和其他社会资本投资兴办经济林企业。引导企业完善法人治理结构，建立现代企业制度。积极引导龙头企业向优势产区集中，创建经济林产业化示范基地，培育壮大区域优势主导产业。

（二）积极创建知名品牌 引导各地及龙头企业、专业合作经济组织树立品牌意识，加强质量管理，增加科技投入，积极争创知名品牌，提高竞争实力。支持龙头企业申报驰名商标、名牌产品。鼓励主产区申报名特优经济林地理标志，提高社会知名度。整合同一区域、同类产品的不同品牌，集中打造优势品牌，增强品牌效力。

（三）发展多种流通业态 加大市场基础设施投入，规划建设一批全国性、区域性的产地、集散地特色经济林产品批发市场，推进现有市场的升级改造，提升专业批发市场服务功能。大力发展冷链贮运、连锁经营、产销对接、电子商务等现代物流业和新型营销方式，构建辐射国内外市场的特色经济林产品营销网络。培养经纪人，扩大营销专业队伍。支持举办特色经济林产品展销活动，搭建产业合作、招商引资、经贸洽谈平台，促进产销对接，推动产业发展。

（四）创新生产经营体制 深化集体林权改革，完善配套措施，规范林地流转，促进经济林规模化、专业化、标准化经营。鼓励单户向联户承包、股份合作方向发展，大力发展林农专业合作社、家庭合作林场、股份制林场等林业合作组织。积极推广“公司＋基地＋农户”“公司＋合作经济组织＋农户”等发展模式，提高生产组织化程度。支持组建经济林行业协会、企业联合会和专业协会，充分发挥协会在行业自律、维护权益、信息咨询、技术服务等方面的积极作用。

（五）发展完善订单林业　龙头企业要在平等互利的基础上，与林农、专业合作社签订购销合同，形成稳定的购销关系。加强对订单生产的监管与服务，增强企业与农户的诚信意识，切实履行合同约定。鼓励龙头企业采取承贷承还、信贷担保等方式，缓解生产基地农户资金困难。鼓励龙头企业资助订单农户参加农业保险。引导龙头企业创办或领办各类林业专业合作组织，支持专业合作社和农户入股企业或单独兴办企业。鼓励龙头企业和专业合作社采取股份分红、利润返还等形式，将加工、销售环节的部分收益让利给农户，共享产业化发展成果。

五、构建支撑体系

（一）良种繁育体系　在充分发挥现有良种繁育基地生产能力的基础上，新建和改扩建一批以油茶、核桃、枣、板栗、仁用杏（山杏）、油橄榄等为主的特色经济林木良种壮苗生产基地，保障特色经济林建设的优质种苗供应，全面提升特色经济林良种化水平。坚持科学引种，加大乡土优良品种选育力度，做到引种栽培和选育推广乡土优良树种相结合，在乡土经济林木资源相对集中的区域，建立种质基因库和收集圃。

（二）科技支撑体系　整合科技资源，组建专家技术服务团队，建设产业技术联盟，形成产学研用紧密结合的发展机制。强化科技创新，着力突破良种培育、优质丰产栽培、循环利用、现代信息、林机装备、储藏加工、安全检测等方面的关键技术，加大无公害、绿色和有机产品的开发和推广力度。积极构建各级林业科技推广机构、合作组织、龙头企业和社会力量广泛参与的新型林业科技推广体系。创新培训模式，加强林业科技队伍建设和实用人才培养。

（三）有害生物防控体系　开展病虫害统防统治、联防联治，强化综合防治。支持高等院校、科研院所进行经济林主要病虫害防控技术研究，提升重大病虫害防治技术研发能力。加强基层林业技术推广和主产区病虫害防治组织建设，提高预测预报的准确性、时效性。引导和鼓励农民林业专业合作社、专业技术协会、农村科技带头人等组建病虫害防治专业队伍，为林农提供低成本、便利化的病虫害防治服务，全面提高基层防控能力。加强无公害防治，降低农药污染和残留，提升有害生物防治效果。严格检疫监管，严防危险性病虫害传入和蔓延。

（四）质量安全监管体系　科学布局建设国家、省（自治区、直辖市）、主产区经济林产品质量检测中心（站），尽快构建以经济林主产区为基础，上下协调联动、各级相互补充的质量安全检验检测体系。完善质量安全标准，建立健全相关生产技术规范。强化源头治理，规范加工企业生产投入品使用，确保实现安全、清洁生产。建立协调联动机制，加强与有关部门沟通协调，开展联合执法检查，提高监管能力。落实有奖举报制度，形成全社会参与的质量安全运行机制。

（五）新型社会化服务体系　完善服务体系建设，提高产业服务保障功能，加快构建公益性和经营性服务相结合、专业服务和综合服务相补充的新型林业社会化服务体系。完善信息服务平台建设，基层林业机构要及时准确地向林农提供市场动态、新品种、新技术、病虫害预测预报、气象预报、灾害预警及生产资料供求等信息。鼓励科技人员深入生产一线，推广专家热线、科技特派员等科技推广服务模式，开展多种形式的科技下乡活动。充分发挥龙头企业在构建新型农业社会化服务体系中的重要作用，支持龙头企业围绕产前、产中、产后各环节，为农户积极提供农资供应、农机作业、技术指导、疫病防治、市场信息、产品营销等服务。

六、强化保障措施

（一）加强组织领导　各级林业主管部门要深刻认识新形势下发展经济林产业的重要意义，切实加强领导，将发展经济林产业列入本地生态林业民生林业建设发展重要议程，列入年度重点工作内容。各地要结合实际，抓紧贯彻落实《规划》和本意见，制定切实可行的实施方案，分解落实建设任务和政策措施。加强工作指导，协调服务，督促检查，务实推进工作，及时解决经济林产业发展中的困难和问题。强化各级林业主管部门发展经济林的工作职能，明确专门负责的工作机构，保障工作经费，加强与承担履职任务相适应的队伍建设。

（二）健全工作机制　要坚持从实际出发，因地制宜，突出重点，分类指导，切实推动特色经济林产业发展。各级林业主管部门要根据职责分工，完善内部机构之间的联动与合作机制，强化协作配合，形成工作合力，确保各项措施落到实处，共同推动特色经济林产业发展。

（三）完善政策措施　积极争取对从事木本粮油

生产的农民享受粮食直补、良种补贴、测土配方施肥、农资综合补贴等国家补贴政策。加大各级财政造林补贴、抚育补贴、种苗补贴，以及林业有害生物防治、科研开发和技术推广等专项资金发展经济林的支持力度。将发展经济林统筹纳入退耕还林、防沙治沙、三北防护林等生态工程建设规划和年度计划，安排资金，落实任务。扩大林权抵押贷款规模，创新金融产品和服务，优先满足农户信贷需求。加大对龙头企业，以及家庭林场、林农专业合作组织的信贷扶持。鼓励融资性担保机构积极为发展经济林提供担保服务。积极协调落实农户贷款税收优惠、小额担保贷款贴息等政策。完善森林保险保费补贴政策，提高发展经济林的保费补贴比例。各地要加大政策扶持力度，完善激励机制，对做出突出贡献的企业、合作社和种植大户予以奖补。

（四）积极宣传引导 大力宣传发展经济林对强林富民、保民生、保稳定、维护生态和粮油安全方面的重大作用，广泛宣传国家扶持特色经济林产业发展的政策措施和有关要求，深入宣传经济林产业发展的先进理念、科学方法，以及各地各部门的好经验好做法，树立经济林产业发展的先进典型，营造全社会关心支持经济林产业发展的良好氛围。宣传特色经济林产品在改善膳食、促进健康方面的突出作用，积极倡导绿色消费理念。加大法制宣传力度，营造公平有序的生产经营环境，维护林农、企业和专业合作组织的合法权益，促进经济林产业又好又快发展。

国家农产品质量安全县创建活动方案

（农业部　农质发［2014］15号　2014年11月25日）

为进一步提高农产品质量安全水平，切实保障食品安全和消费安全，根据2014年中央农村工作会议精神和中央1号文件的有关要求，决定开展国家农产品质量安全县创建活动，特制定本方案。

一、创建国家农产品质量安全县的重要意义

农产品质量安全是食品安全的源头，事关人民群众身体健康和生命安全，事关农业农村经济可持续发展和全面建成小康社会目标实现。党中央、国务院高度重视农产品质量安全工作，做出一系列重大部署，采取一系列重要措施。各地区、各部门按照中央要求，不断加大工作力度，取得了积极进展和成效，农产品质量安全状况总体稳定、逐步向好。但是，由于现阶段农业生产经营高度分散，农产品质量安全监管体系和机制尚不健全，特别是基层监管力量十分薄弱，质量安全事件仍时有发生，问题隐患依然存在，形势不容乐观。

农产品质量安全必须从基层抓起。县域是农产品生产和质量安全监管的前沿，创建农产品质量安全县，有利于以点带面推动建立责任明晰、监管有力、执法严格、运转高效的农产品质量安全体系，对于切实保障食品安全、加快转变农业发展方式、推进现代农业发展具有重大意义。

二、指导思想、主要目标和基本原则

（一）指导思想

以邓小平理论、"三个代表"重要思想、科学发展观为指导，深入学习贯彻习近平总书记系列重要讲话精神，深入贯彻落实党的十八大、十八届三中、四中全会和中央农村工作会议精神，把农产品质量安全作为转变农业发展方式、加快现代农业建设的关键环节，按照发展高产、优质、高效、生态、安全农业的要求，以落实地方政府属地管理责任为重点，以健全农产品质量安全体系为核心，以提升农产品质量安全水平和基层监管能力为目标，坚持"产出来"和"管出来"两手硬、标准化生产与执法监管两手抓，在全国"菜篮子"产品主产区，高标准创建一批农产品质量安全县，探索有效的监管模式，实施最严谨的标准、最严格的监管、最严厉的处罚、最严肃的问责，建立覆盖全过程的农产品质量安全监管制度，为基层农产品质量安全工作提供样板，整体提升全国农产品质量安全水平，确保广大人民群众"舌尖上的安全"。

（二）主要目标

——农产品质量安全水平明显提高。生产经营者自律意识全面加强，农产品生产企业和农民专业合作经济组织全面实行标准化生产，农业投入品安全使用，绿色生产技术有效推广，禁用农兽药使用和非法

添加等违法违规行为全面杜绝，“菜篮子”产品抽检合格率达到较高水平，确保不发生重大农产品质量安全事件。

——农产品质量安全制度机制健全完善。投入品监管、产地准出、市场准入、检验监测、质量追溯、预警应急、社会监督等农产品质量安全监管制度健全，生产记录管理、绿色防控等食用农产品全程监管机制完善。

——农产品质量安全监管能力显著加强。农产品质量安全行政监管、综合执法、检验检测体系完善，乡镇监管机构和村级监管员队伍健全，农业投入品和农产品质量安全监管有力、执法到位、服务有效。

——农产品质量安全群众满意度不断提升。农产品质量安全公共服务水平显著增强，公众参与和社会共治水平不断提升，农产品质量安全问题投诉数量明显下降。

（三）基本原则

1. *属地管理，社会共治*　创建县人民政府落实地方政府属地管理责任，充分发挥政府在规划制定、经费投入、体系建设、部门协调、监督考核等方面的主导作用，切实提升农产品质量安全保障水平。统筹利用社会各方力量，引入第三方考核机制，积极引导公众参与，共同监督农产品质量安全。

2. *注重创新，完善机制*　发挥基层特别是创建县的首创精神，突出全程监管理念，支持探索符合实情、富有成效的新举措和新模式，着重构建符合我国农产品产销实际的质量安全监管制度机制。

3. *先行试点，引领带动*　先期开展创建试点，探索有效的模式机制，引领带动各地、各级强化农产品质量安全工作，点面结合，以点带面，逐步推开，推动全国农产品质量安全工作水平整体提升。

4. *科学考核，客观公正*　科学设置质量安全县考核指标，统一规则，统一办法，充分发挥地方的积极性，省级组织考核，确保结果客观真实、公平公正，力戒形式主义，杜绝弄虚作假。

三、重点任务

国家农产品质量安全县创建，要满足人民群众安全消费需求，体现区域“菜篮子”产品主产县的最好水平，对周边地区、本省（自治区、直辖市）乃至全国范围的农产品质量安全工作能起到示范引领作用。重点落实以下八项任务。

（一）全面落实地方政府属地管理责任　县级人民政府要对本地区农产品质量安全负总责，成立由主要领导牵头的农产品质量安全工作领导机构，加强组织协调，明确部门职责，强化保障措施。健全农产品质量安全监管政府考核体系、绩效考核机制和责任追究制度，加大监督检查力度，落实监管责任。农产品质量安全工作纳入政府重要议事日程，在规划制定、力量配备、条件保障等方面加大支持力度，每年制订年度工作计划。建立健全地方财政投入保障机制，将农产品质量安全监管、检测、执法等工作经费纳入县级财政预算，切实加大投入力度，年度增长幅度满足监管工作实际需要，保障监管工作持续有效开展。

（二）依法加强农产品生产经营主体管理　全面落实农产品生产企业、农民专业合作经济组织、畜禽屠宰企业、收购储运企业、经纪人和农产品批发、零售市场等生产经营者的主体责任。加强对农产品生产经营的服务指导和监督检查，督促农产品生产企业和农民专业合作经济组织100％落实生产记录、质量承诺和从业人员培训制度，严格执行禁限用农兽药管理、农兽药休药期（安全间隔期）等规定。督促屠宰企业落实进厂（场）检查登记、肉品品质检验特别是“瘦肉精”检测等制度，严格巡查抽检。督促农产品收购储运企业和批发市场100％建立进货查验、抽查检测、质量追溯和召回等制度。建立农产品生产经营主体监管名录和“黑名单”制度，依法公开生产经营主体违法信息。建立健全病死畜禽和不合格农产品无害化处理的长效机制。

（三）切实强化农业投入品监管　强化农药、兽药、饲料及饲料添加剂等农业投入品市场准入管理，建立生产经营主体监管名录制度，加强生产、经营管理。落实农业投入品生产经营诚信档案及购销台账制度，建立健全高毒农药定点经营、实名购买制度，探索建立农药包装废弃物收集处理体系，严格实施兽药良好生产和经营规范，强化养殖环节自配饲料监管。全面推进放心农资连锁经营和配送，畅通经营主渠道。建设农业投入品监管信息平台，县域内农业投入品100％纳入平台管理。建立农业投入品质量常态化监测制度，定期对县域内主要生产基地、交易市场的投入品开展监督抽查。加强农业投入品使用技术指导，严格执行禁限用农兽药、饲料和饲料添加剂有关规定。严厉打击农业投入品生产环节非法添加行为，取缔无证无照农业投入品生产企业。

（四）扎实开展农产品质量安全监测　制定实施农产品质量安全监测计划，强化农产品质量安全隐患排查，摸清底数，防范风险。组织开展常态化监督抽查，抽检范围覆盖生产基地、销售企业、批发、零售市场及主要农产品，强化检打联动机制，依法严厉查处不合格产品及其生产经营单位。落实乡镇农产品质量安全监管机构职责，开展日常巡查、速测和指导服务等工作。督促农产品生产销售企业和农民专业合作经济组织落实产品自检制度。

（五）严厉打击违法违规行为 全面推行农业综合执法，强化农产品质量安全监管执法。加强农业投入品生产经营和农产品生产、收购储运、屠宰及批发、零售市场等重点环节执法检查，严厉打击制售假劣农资、生产销售使用禁用农兽药、非法添加有毒有害物质、收购销售屠宰病死动物、注水、私屠滥宰、虚假农产品质量安全认证、伪造冒用"三品一标"产品标志等违法违规行为。加大案件查办和惩处力度，加强农业行政执法、食品安全监督执法与刑事司法的有效衔接，建立健全行政执法与刑事司法衔接信息共享平台，建立线索发现和通报、案件协查、联合办案、大要案奖励等机制，严惩违法犯罪行为。对各种违法犯罪行为，及时移送公安机关，案件移送率达到100%。及时曝光有关案件，营造打假维权的良好社会氛围。强化农产品质量安全隐患排查和风险预警，对违法违规的苗头性问题做到"露头就打"，决不姑息。健全应急处置机制，妥善处置突发应急事件，降低负面影响。

（六）全面推进农业标准化生产 坚持绿色生产理念，大力推广质量控制技术，积极推行统防统治、绿色防控、配方施肥、健康养殖和高效低毒农兽药使用，制修订与国家标准、行业标准相适应配套的地方主要农产品生产操作规程，入户率达到100%。鼓励扶持联户经营、专业大户、家庭农场，大力支持发展农民合作组织，提高农业生产组织化程度。加强技术指导和服务，推进标准化生产。加大宣传培训力度，普及相关法律法规和标准知识。加大蔬菜水果茶叶标准园、畜禽养殖标准化示范场、水产标准化健康养殖示范场建设力度。推行农产品质量安全认证，强化证后监管，健全认证补贴奖励机制。积极推进农业品牌化建设，无公害农产品、绿色食品、有机农产品、良好农业规范等获证产品占当地食用农产品生产总量或面积的比重达到40%以上，农产品地理标志登记保护工作有序推进。有效开展产地环境和污染状况监测，加强畜禽养殖粪便污染防治，科学合理调整农业结构和区域布局。

（七）健全农产品质量安全监管体系 明确有部门负责农产品质量安全监管、综合执法、检验检测工作和食品安全监督执法及相关检测工作，加强工作力量，落实保障经费，明确岗位责任，健全管理制度。加强乡镇农产品质量安全监管公共服务能力建设，达到"有职能、有条件、有经费"的要求，充分发挥作用。整合现有资源，配备县乡两级必要的检验检测、执法取证、样品采集、质量追溯等设施设备及交通工具。乡镇农产品质量安全监管公共服务机构以及承担相应职责的农业、畜牧、水产技术推广机构要落实责任，做好农民培训、质量安全技术推广、标准宣传培训、督导巡查、监管措施落实等工作。建立职责任务明确、考核体系完备的村级质量安全监管员队伍，逐步建立村级服务站点。制订县、乡、村三级监管人员专门培训计划，做到全员培训，每名监管人员每年接受农产品质量安全方面的集中专业培训不少于40小时。

（八）完善创新制度机制 充分发挥地方的主动性和创造性，树立全程监管理念，健全产地环境管理、农业投入品监管、生产过程管控、收购储运过程监管、包装标识管理等基本规章制度。因地制宜地建立主要农产品质量安全追溯体系，实现与加工、流通领域追溯体系的衔接。农产品生产企业、农民专业合作经济组织、收购储运企业和农产品批发市、零售市场、加工企业实施以农产品质量合格证明为基础的农产品产地准出、市场准入、诚信管理等监管制度，保障农产品产地准出和市场准入衔接机制有效运行。推行社会共治，发挥行业协会和认证机构的作用，建立举报奖励制度。积极探索建立面向分散农户和收购储运主体的农产品质量安全责任落实机制和管理模式。推进产销衔接，形成一套科学管用的县域农产品质量安全监管制度机制。

四、组织管理

国家农产品质量安全县创建活动采取统一制定考核办法、县市开展创建、省级进行考评、部公布征询意见并命名发牌的方式进行。

农业部负责制定《国家农产品质量安全县考核办法》。"菜篮子"产品主产县人民政府组织开展创建活动，确保各项措施落到实处、取得实效。省级农业行政主管部门会同有关部门组织开展考核，建立以群众满意度、质量安全水平和工作考核为重点的考核制度。农业部按省分配国家农产品质量安全县名额指标，并对考核结果委托第三方机构向社会公布征询意见，无异议的命名为"国家农产品质量安全县"。同时引导和鼓励各省分层次、分步骤组织开展本省（区、市）的创建活动。地市80%的县（区、市）都符合农产品质量安全县要求的，可以整市参加国家级创建。

国家农产品质量安全县的监督管理由农业部和省

级农业行政主管部门共同实施，农业部负责制定《国家农产品质量安全县管理办法》，省级农业行政主管部门负责日常管理。实施动态管理机制，对不符合考核要求或发生重大农产品质量安全事故的，撤销其“国家农产品质量安全县”称号。

2014年启动创建试点活动，选定100个“菜篮子”产品主产县进行试点，期限为2年，探索以县域创建为手段强化农产品质量安全工作的模式和机制，辐射带动各地、各级提升农产品质量安全工作水平，为全面开展创建活动积累经验。2016年，总结试点经验和做法，丰富创建内容，完善创建方案，以后有计划地开展创建活动，整体提升全国农产品质量安全水平。

五、保障措施

（一）加强组织领导　各地要高度重视农产品质量安全县创建工作，加强领导，完善措施，统筹做好农产品质量安全与食品安全的有效衔接，确保农产品质量安全县创建各项工作落到实处。国务院有关部门要加强协调，形成工作合力。省级农业行政主管部门要制定详细的农产品质量安全县创建活动实施方案并报农业部备案，创建工作要精心组织，周密部署，务求实效。

（二）强化监督考核　各地要按照农产品质量安全工作的总体要求，结合本地实际，强化任务落实，坚持高标准、严要求，加强对农产品质量安全县创建活动的规划指导、过程监督和工作考核。在监督考核过程中，要及时研究解决遇到的新情况和新问题，推动农产品质量安全县创建工作健康发展。

（三）加强宣传教育　加大农产品质量安全县创建活动的宣传力度，提高公众认知度和参与度，营造良好的社会氛围。重点总结宣传创建的成效以及典型经验，把农产品质量安全县打造为标准化生产和依法监管的样板区、体现工作成效的展示区、探索监管手段的先行区和各地学习交流的基地，切实发挥农产品质量安全县的功能和作用，整体提升农产品质量安全监管能力和水平。

促进农产品加工业发展现行扶持政策

（农业部办公厅　农办加［2014］22号　2014年12月1日）

党的十六大报告提出：发展农产品加工业，壮大县域经济。2002年国务院办公厅《关于促进农产品加工业发展的意见》（国办发［2002］62号）提出：要加大投入力度，落实税收支持政策，给予相关金融支持。党的十七届三中全会要求：促进农产品加工业结构升级，完善农产品加工业发展税收支持政策。2009年中央1号文件提出：要扶持农业产业化经营，鼓励发展农产品加工，让农民更多分享加工流通增值收益。2010年中央1号文件提出：要推进乡镇企业结构调整和产业升级，扶持发展农产品加工业，扶持农民专业合作社自办农产品加工企业。2012年中央1号文件提出：要支持农民专业合作社兴办农产品加工企业，研究制定支持农产品加工流通设施建设的用地政策，扶持产地农产品加工等配套设施建设，重点对农民专业合作社建设初加工和贮藏设施予以补助。2013年中央1号文件提出：要对示范社兴办农产品加工业给予补助，逐步扩大农产品加工增值税进项税额核定扣除试点行业范围；适当扩大农产品产地初加工补助项目试点范围。2014年中央1号文件提出：支持粮食主产区发展粮食加工业和推进以农产品精深加工为重点的新兴产业技术研发，支持农民合作社兴办农产品加工流通。《农民专业合作社法》第五十二条规定，农民专业合作社享受国家规定的对农业生产、加工、流通、服务和其他涉农经济活动相应的税收优惠。国家有关部门相继出台了一系列具体扶持政策，涵盖财政、税收、金融、投资、保险、科技、用地、用电等各方面，形成合力，推动农产品加工业持续、健康、快速发展。

2014年中共中央办公厅、国务院办公厅印发《关于引导农村土地经营权有序流转发展农业适度规模经营的意见》提出，鼓励农业产业化龙头企业等涉农企业重点从事农产品加工流通和农业社会化服务，带动农户和农民合作社发展规模经营；落实和完善相关税收优惠政策，支持农民合作社发展农产品加工流通；推动供销合作社农产品流通企业、农副产品批发市场、网络终端与新型农业经营主体对接，开展农产品生产、加工、流通服务。

一、财政政策

1. *农产品产地初加工补助政策* 为解决农产品产后损失严重问题，2012年中央财政启动了农产品产地初加工补助项目，每年安排5亿元（2014年增至6亿元）专项资金，采取以奖代补的形式扶持农户和合作社建设贮藏窖、冷藏库和烘干房等初加工设施。

2. *国家农业综合开发项目* 国家农业综合开发资金加强支持农产品加工业发展，从1994年起专门拨出一定比例的资金，设立产业化经营项目，以财政补贴和贷款贴息的方式支持合作组织和涉农企业发展建设农产品生产基地建设。1999年财政部印发《国家农业综合开发项目和资金管理暂行办法》，把农副产品初加工列入综合开发的支持内容，“十一五”期间农业综合开发资金的产业化经营项目投入173亿元，2012年达到36亿元。

3. *国家扶贫开发资金扶持项目* 国家扶贫开发资金大力实施产业扶贫，对贫困地区带动增收效果明显的农产品加工企业给予支持。2004年开始，国务院扶贫办在全国范围内认定国家级扶贫龙头企业，并给予贷款贴息支持。据统计，在扶贫龙头企业中，80%以上都是农产品加工企业。

4. *国家现代农业发展资金项目* 2008年中央财政设立现代农业生产发展资金，把支持农产品加工、推动建立一批集优势产业生产和加工于一体的现代农业企业群体作为一项重要内容，成为支持农产品加工业发展的一项重要资金来源。2008年至2012年期间，中央财政累计安排拨付现代农业发展资金达381亿元。

二、税收政策

1. *农产品加工业增值税优惠* 1995年财政部、国家税务总局印发了《农业产品征税范围注释》（财税［1995］52号），把部分初加工产品也列入农产品范围，通过外购农产品进行加工和销售的企业增值税税率由17%下调到13%。2012年财政部、国家税务总局发布了《关于在部分行业试行农产品增值税进项税额核定扣除办法的通知》（财税［2012］38号），在液体乳及乳制品、酒及酒精、植物油加工行业先行试点，将农产品进项税额扣除率由现行的13%修改为纳税人再销售货物时的适用税率，进一步减轻了农产品加工企业的税收负担。

2. *农产品加工业所得税优惠* 2008年1月实施的《企业所得税法》第27条规定，企业从事农林牧渔业项目所得可以免征、减征企业所得税。《企业所得税法实施条例》作了具体规定，把农产品初加工列为所得税免征范围。2011年财政部、国家税务总局《关于享受企业所得税优惠的农产品初加工有关范围的补充通知》（财税［2011］26号），进一步规范了农产品初加工企业所得税优惠政策，对相关事项进行了细化。

3. *部分进口农产品加工设备免征关税和增值税* 对符合国家高新技术目录和国家有关部门批准引进项目的农产品加工设备，在《国内投资项目不予免税的进口商品目录》所列商品以外的，继续免征进口关税和进口环节增值税。对龙头企业从事国家鼓励类的产业项目，引进国内不能生产的先进加工生产设备，按有关规定免征进口关税和进口环节增值税。

4. *农产品出口退税政策* 2009年财政部、国家税务总局《关于进一步提高部分商品出口退税率的通知》（财税［2009］88号）提出，自2009年6月1日起，罐头、果汁、桑丝等农业深加工产品的出口退税率提高到15%，部分水产品的出口退税率提高到13%，玉米淀粉、酒精的出口退税率提高到5%。

三、金融支持政策

1. *农产品加工业信贷资金支持* 2010年中国银监会办公厅《关于加大农产品生产加工流通信贷资金支持力度的紧急通知》（银监办发［2010］350号）提出：金融机构调整和优化信贷结构，压缩非农贷款，增加支持农产品生产、加工和流通的信贷资金；在农村基层网点开设涉农贷款专柜，建立贷款审批绿色通道，优化授信流程，简化审批环节，缩短审批时间；对从事农产品生产、加工和销售的农户和企业，根据资金需求状况确定信贷投放的时机和额度，科学把控投放进度；按市场原则确定利率水平，合理、灵活运用贷款利率浮动政策，严禁“一浮到顶”。2013年国务院办公厅发布《关于金融支持经济结构调整和转型升级的指导意见》（国办发［2013］67号），提出加大对“三农”领域的信贷支持力度。力争全年“三农”贷款增速不低于当年各项贷款平均增速，贷款增量不低于上年同期水平，支持符合条件的银行发行“三农”专项金融债等。2014年中国银监会办公厅印发《关于做好2014年农村金融服务工作的通知》（银监办发［2014］42号）提出：银行业金融机构要认真贯彻落实中央1号文件精神，着力满足粮食和其他主要农产品生产，加工和流通各环节有效信贷需求。2014国务院办公厅印发《关于金融服务“三农”发展的若干意见》（国办发［2014］17号）提出，对符合“三农”金融服务要求的县域农村商业银行和农村合作银行，适当降低存款准备金率。支持符合监管要求的县域银行业金融机构扩大信贷投放，持续提高存贷比。深入开展涉农信贷政策导向效果评估，对金融机构执行涉农信贷政策情况进行通报、督导，并加强评估结果与货币政策工具等的结合运用，强化对农产品加工信贷支持的政策导向效果。

2. 农产品加工业金融支持产品创新 《中国人民银行关于加大金融创新力度支持现代农业加快发展的指导意见》(银发〔2013〕78号)、《中国人民银行关于做好家庭农场等新型农业经营主体金融服务的指导意见》(银发〔2014〕42号)提出，着力引导银行等金融机构将更多资金投向，满足农产品加工企业、农业产业化龙头企业等新型生产经营主体多元化资金需求；综合运用支农再贷款、差别化存款准备金率、涉农企业票据优先贴现等政策手段引导金融机构加大对农产品加工企业的信贷投入；对资信好的出口型农产品加工企业核定一定的授信额度，用于对外出具投标、履约和预付金保函。农业发展银行开办了粮棉油购销储相关贷款、农业产业化龙头企业贷款、农业小企业贷款、农业科技贷款、农村基础设施建设和农业综合开发贷款等业务，大多数贷款均实行人民银行公布的贷款基准利率。

3. 中小企业融资和骨干企业上市 国家中小企业专项资金，对信用担保机构为中小企业担保给予保费补贴。国务院办公厅《关于促进农产品加工业发展意见》明确，符合股票上市条件和市场开拓能力强的大型农产品加工骨干企业，可申请公开发行股票并上市。2010年中央1号文件再次明确，支持符合条件的涉农企业上市。2014年8月1日，《商业银行服务价格管理办法》正式实施，工商银行、农业银行、中国银行、建设银行、邮政储蓄银行等银行，对融资服务费、贷款承诺费、财务顾问费、资金管理费等二十多项涉及小微企业的收费实行优惠；农业银行免收“三农”客户小额账户服务费、工本费。

四、投资政策

国家发改委会同工信部编制的《食品工业“十二五”发展规划》提出：在东北、长江中下游稻谷主产区，长三角、珠三角、京津等大米主销区以及重要物流节点，大力发展稻谷加工产业园区；支持东北大豆产区建设大豆食品加工基地。提高饲料工业发展水平，积极开发玉米主食、休闲和方便食品；在玉米主产区和加工区，加大兼并重组、淘汰落后的力度。《国务院办公厅关于建立外国投资者并购境内企业安全审查制度的通知》(国办发〔2011〕6号)中要求“外国投资者并购境内关系国家安全的重要农产品企业”时，要提交“安全审查部际联席会议”进行审查。国家发改委在2011年修订的《外商投资产业指导目录》将大米、面粉加工和玉米深加工纳入限制类。

五、保险政策

为引导更多金融资源支持“三农”发展，中央财政相继实施了农业保险保费补贴，县域金融机构涉农贷款增量奖励以及农村金融机构定向费用补贴等奖补政策，惠及农产品加工相关领域。2013年7月，国务院办公厅印发的《关于金融支持经济结构调整和转型升级的指导意见》(国办发〔2013〕67号)提出：扩大农业保险覆盖范围，推广新型险种；建立完善财政支持的农业保险大灾风险分散机制；大力发展出口信用保险，鼓励为企业开展对外贸易和“走出去”提供投资、运营、劳动用工等方面的一揽子保险服务；深入推进科技保险工作；试点推广小额信贷保证保险。

六、科技支持政策

国家有关部门相继在企业技术开发费用所得税前扣除、技术改造国产设备投资抵免所得税、技术创新资助等方面制定了相关政策。支持农产品加工企业申请使用国家有关农业科技专项资金，实施现代农业高技术产业化项目，安排农业科技成果转化资金和国外先进农业技术引进资金。允许各类农业企业和民营农业科技组织申请使用国家有关农业科技的研发、引进和推广等资金，积极发挥农业科技示范场、科技园区、龙头企业和农民专业合作组织在农业科技推广中的作用。鼓励和引导农产品加工企业成为农业科技创新主体。对企业建立农业科技研发中心，国家在财税、金融、技术改造等方面给予扶持。改善农业技术创新的投资环境，发展农业科技创新风险投资。加大农业科技投入，建立农业科技创新基金，重点支持关键领域、重要产品、核心技术的科学研究，强化农业知识产权保护，支持农产品加工企业承担国家科技计划项目。

七、用地优惠政策

《全国土地利用总体规划纲要(2006—2020)》在东北、中部土地利用方向中提出“保障先进装备、精品钢材、石化、汽车和农副产品深加工、高新技术、能源等产业发展和加强基础设施建设等用地，促进现代农业发展和资源枯竭城市转型，提高土地资源综合效益”“合理安排装备制造业、高新技术产业、新型建筑材料、农产品深加工等产业和大型煤炭能源基地、综合交通运输体系建设的用地，适度增加年均新增建设用地规模，促进中部地区崛起”。

八、用电优惠政策

2013年，国家发改委印发了《关于调整销售电价分类结构有关问题的通知》（发改价格［2013］973号），扩大农业生产用电范围，对单个农户及规模化生产的种植业、养殖业及农产品加工用电均执行农业生产电价，明确了农产品初加工用电不再仅局限于农户，而是扩大到所有从事农产品初加工活动的用电。2014年中共中央办公厅、国务院办公厅印发《关于引导农村土地经营权有序流转发展农业适度规模经营的意见》提出，农产品初加工和农业灌溉用电执行农业生产用电价格。

九、小微企业扶持政策

《国务院关于进一步促进中小企业发展的若干意见》（国发［2009］36号）提出，2010年对年应纳税所得额低于3万元（含）的小型微利企业，其所得按50%计入应纳税所得额，按20%的税率缴纳企业所得税。

《国务院关于进一步支持小型微型企业健康发展的意见》（国发［2012］14号）提出：提高小型微型企业增值税和营业税起征点，将小型微利企业减半征收企业所得税政策，延长到2015年底并扩大范围；将符合条件的国家中小企业公共服务示范平台中的技术类服务平台纳入现行科技开发用品进口税收优惠政策范围；自2011年11月1日至2014年10月31日，对金融机构与小型微型企业签订的借款合同免征印花税，将金融企业涉农贷款和中小企业贷款损失准备金税前扣除政策延长至2013年底，将符合条件的农村金融机构金融保险收入减按3%的税率征收营业税的政策延长至2015年年底。2012年将中小企业专项资金总规模由128.7亿元扩大至141.7亿元，以后逐年增加。设立国家中小企业发展基金，中央财政安排资金150亿元，分5年到位，2012年安排30亿元。

2013年国务院办公厅《关于金融支持小微企业发展的实施意见》（国办发［2013］87号）提出，要确保实现小微企业贷款增速不低于各项贷款平均水平，增量不低于上年同期水平；开展知识产权质押、应收账款质押、动产质押、股权质押、订单质押、仓单质押、保单质押等抵质押贷款业务；由地方人民政府参股和控股部分担保公司，以省（区、市）为单位建立政府主导的再担保公司，创设小微企业信贷风险补偿基金；适当放宽创业板市场对创新性、成长性企业的财务准入标准，尽快启动上市小微企业再融资；继续对小微企业免征管理类、登记类、证照类行政事业性收费。

2014年国务院《关于扶持小型微型企业健康发展的意见》（国发［2014］52号）提出，小型微型企业从事国家鼓励发展的投资项目，进口项目自用且国内不能生产的先进设备，按照有关规定免征关税；自工商登记注册之日起3年内，对安排残疾人就业未达到规定比例、在职职工总数20人以下（含20人）的小型微型企业，免征残疾人就业保障金；符合条件的小型微型企业可按规定销售小额担保贷款扶持政策；为小型微型企业免费提供管理指导、技能培训等服务。

2014年4月8日，经国务院批准，财政部和国家税务总局出台小微企业所得税优惠政策，明确应纳税所得额低于10万元企业将减半计征。

十、产业化发展政策

2012年，《国务院关于支持农业产业化龙头企业发展的意见》提出，对龙头企业从事国家鼓励发展的农产品加工项目且进口具有国际先进水平的自用设备，在现行规定范围内免征进口关税。对龙头企业购置符合条件的环境保护、节能节水等专用设备，依法享受相关税收优惠政策。保障龙头企业开展农产品加工的合理用地需求。

中小企业发展专项资金要将中小型龙头企业纳入重点支持范围，国家农业综合开发产业化经营项目要向龙头企业倾斜。农业发展银行、进出口银行等政策性金融机构要加强信贷结构调整，在各自业务范围内采取授信等多种形式，加大对龙头企业固定资产投资、农产品收购的支持力度。鼓励农业银行等商业性金融机构根据龙头企业生产经营的特点合理确定贷款期限、利率和偿还方式，扩大有效担保物范围，积极创新金融产品和服务方式，有效满足龙头企业的资金需求。大力发展基于订单农业的信贷、保险产品和服务创新。鼓励融资性担保机构积极为龙头企业提供担保服务，缓解龙头企业融资难问题。中小企业信用担保资金要将中小型龙头企业纳入重点支持范围。全面清理取消涉及龙头企业的不合理收费项目，切实减轻企业负担，优化发展环境。

食品药品监督管理统计管理办法

（国家食药监管总局令 第10号 2014年12月19日）

第一章 总 则

第一条 为科学、有效地组织实施食品药品监督管理统计工作，规范统计活动，保障统计资料的真实性、准确性、完整性和及时性，充分发挥统计在食品药品监督管理工作中的重要作用，根据《中华人民共和国统计法》《中华人民共和国食品安全法》《中华人民共和国药品管理法》等有关法律法规，制定本办法。

第二条 本办法适用于各级食品药品监督管理部门及其相关直属单位组织实施的统计活动。

第三条 食品药品监督管理统计的基本任务是对食品（含食品添加剂）、保健食品、药品、化妆品、医疗器械等监督管理工作的基本情况进行统计调查、统计分析，提供统计信息和咨询，实行统计监督。

第四条 食品药品监督管理统计工作实行统一管理、分级负责。国家食品药品监督管理总局负责全国食品药品监督管理统计工作的监督管理和组织协调。地方各级食品药品监督管理部门负责本行政区域的食品药品监督管理统计工作。

第五条 各级食品药品监督管理部门应当加强对统计工作的组织领导，健全机构，充实人员，保障工作经费，完善技术装备，确保统计机构和人员有效履行统计职责。

第六条 各级食品药品监督管理部门应当将统计信息化建设纳入信息化建设总体规划，充分应用信息化技术开展统计工作，推进统计信息搜集、处理、传输、共享、存储技术和统计数据库体系的现代化，提高统计工作质量和效率。国家食品药品监督管理总局加强对统计信息化建设的指导和规范。

第七条 食品药品监督管理统计报表填报单位应当依照有关法律、法规、规章和本办法的规定如实填报，不得拒报、迟报、虚报、瞒报，不得伪造、篡改统计资料。

第八条 各级食品药品监督管理部门的统计机构和统计人员对在食品药品监督管理统计工作中知悉的国家秘密、商业秘密和个人信息应当予以保密。

第二章 统计机构和统计人员

第九条 各级食品药品监督管理部门应当明确承担统计职能的机构，设置统计岗位，配备统计人员，并指定统计工作负责人。

第十条 国家食品药品监督管理总局统计机构履行以下职责：

（一）健全统计工作制度，对全国食品药品监督管理统计工作进行管理、指导和监督；

（二）健全全国食品药品监督管理统计指标体系，组织制订全国食品药品监督管理综合性统计调查计划和统计调查方案等，根据工作需要下达统计任务；

（三）编制、公布全国食品药品监督管理统计年报等统计资料；

（四）管理、协调本局各司局及直属单位的专业统计工作，审核本局内设机构及直属单位拟定的专业统计调查方案；

（五）贯彻执行统计法律法规，实施国家统计标准和补充性的食品药品监督管理统计标准；

（六）采集、汇总、管理全国食品药品监督管理统计资料，开展统计分析和统计预测，实行统计监督，提供统计信息和咨询；

（七）指导省、自治区、直辖市食品药品监督管理统计信息系统的建设；

（八）组织国家和省、自治区、直辖市食品药品监督管理部门统计人员的业务培训，并对省、自治区、直辖市食品药品监督管理部门组织开展的统计业务培训给予必要指导。

第十一条 地方各级食品药品监督管理部门的统计机构承担本部门统计职能：

（一）组织和管理本行政区域食品药品监督管理统计工作，执行全国食品药品监督管理统计工作制度；

（二）健全本行政区域食品药品监督管理统计工作制度和统计指标体系，制发本行政区域食品药品监督管理综合性统计调查计划和统计调查方案，管理、指导统计调查工作，监督检查统计工作制度的实施；

（三）编制、公布本行政区域食品药品监督管理统计资料；

（四）管理、协调本部门内设机构及直属单位的专业统计工作，审核本部门内设机构及直属单位拟定的专业统计调查方案；

（五）贯彻执行统计法律法规，实施国家统计标准和补充性的食品药品监督管理统计标准；

（六）采集、汇总、管理本行政区域食品药品监督管理统计资料，开展统计分析和统计预测，实行统计监督，提供统计信息和咨询；

（七）组织本行政区域食品药品监督管理统计信息系统的建设和使用；

（八）组织开展本行政区域食品药品监督管理统计人员的业务培训。

第十二条 各级食品药品监督管理部门应当加强对统计人员的业务培训和职业道德教育，提高统计人员的能力和素质。各级食品药品监督管理部门应当优先从具备统计专业知识的人员中选调和补充统计人员，统计人员上岗前必须参加岗前培训。

第十三条 统计人员应当坚持实事求是，恪守职业道德，对其负责搜集、审核、录入的统计资料与统计调查对象报送的统计资料的一致性负责。统计人员进行统计调查时，有权就与统计有关的问题询问有关人员，要求其如实提供有关情况、资料并改正不真实、不准确的资料。

第三章 统计调查管理

第十四条 国家食品药品监督管理总局统计机构制定全国食品药品监督管理相关统计调查的指标含义、计算方法、分类目录、统计编码以及其他方面的统计标准。

第十五条 各级食品药品监督管理部门应当依法有计划地组织开展食品药品监督管理统计调查。国家食品药品监督管理总局负责统一制定全国食品药品监督管理统计调查项目，报国家统计局备案或者审批。地方各级食品药品监督管理部门负责统一制定本行政区域食品药品监督管理统计调查项目，报同级人民政府统计机构审批或者备案。

第十六条 各级食品药品监督管理部门的内设机构及直属单位根据工作需要申请立项的统计调查项目，应当有充分的理由、明确的目的和资料使用范围，与本部门的职能相一致，且与本部门统计机构的统计调查分工明确，相互协调，不得交叉重复。各级食品药品监督管理部门的内设机构及其直属单位开展统计调查（包括一次性调查、经常性调查、普查等），应当自行制定统计调查方案，报本部门统计机构审核同意后，由该内设机构或者直属单位组织实施。调查完成后，相关统计数据和报告应当及时向本部门统计机构备案。

第四章 统计资料的收集、管理和公布

第十七条 地方各级食品药品监督管理部门负责在本行政区域内依法执行食品药品监督管理统计报表制度。提交上一级食品药品监督管理部门统计机构的统计数据应当严格按照统计报表制度要求逐级生成、填报、审核，并经本单位负责人审定。上一级食品药品监督管理部门统计机构应当对下一级食品药品监督管理部门或者单位提交的统计数据进行审查，确认无误后方可使用；对审查发现的异常数据，应当逐级核实确认。

第十八条 食品药品监督管理统计资料实行分级管理。全国食品药品监督管理统计资料由国家食品药品监督管理总局统计机构统一管理，地方各级食品药品监督管理部门的统计资料由本部门统计机构统一管理。

第十九条 各级食品药品监督管理部门应当按照国家有关规定设置原始记录、统计台账，建立健全统计资料的审核、签署、交接、归档等管理制度。统计资料的审核签署人员应当对其审核、签署的统计资料的真实性、准确性负责。

第二十条 各级食品药品监督管理部门应当按照国家有关规定建立统计资料的保存、管理制度，建立健全统计信息共享机制，强化统计数据整合、数据交换与信息共享。

第二十一条 国家食品药品监督管理总局负责审定、公布和出版全国食品药品监督管理统计资料。省、自治区、直辖市食品药品监督管理部门负责审定、公布和出版本行政区域食品药品监督管理统计资料。

第二十二条 各级食品药品监督管理部门统计调查取得的统计资料，应当依据法律法规及时公开，供社会公众查询。

第五章 监督检查与法律责任

第二十三条 国家食品药品监督管理总局对本局各司局、直属单位及省、自治区、直辖市食品药品监督管理部门统计工作进行监督检查与年度考核。年度考核工作具体办法由国家食品药品监督管理总局统计机构另行制定。省、自治区、直辖市食品药品监督管

理部门对本行政区域食品药品监督管理统计工作进行监督检查与年度考核。

第二十四条 县级以上食品药品监督管理部门及其直属单位的负责人有下列行为之一的，依照《中华人民共和国统计法》第三十七条规定予以处理：

（一）自行修改统计资料、编造虚假统计数据的；

（二）要求统计机构、统计人员或者其他机构、人员伪造、篡改统计资料的；

（三）对依法履行职责或者拒绝、抵制统计违法行为的统计人员打击报复的；

（四）对本部门、本单位发生的严重统计违法行为失察的。

第二十五条 县级以上食品药品监督管理部门及其直属单位有下列行为之一的，对直接负责的主管人员和其他直接责任人员，依照《中华人民共和国统计法》第三十九条规定予以处理：

（一）违法公布统计资料的；

（二）泄露统计调查对象的商业秘密、个人信息或者提供、泄露在统计调查中获得的能够识别或者推断单个统计调查对象身份的资料的；

（三）违反国家有关规定，造成统计资料毁损、灭失的。

第二十六条 县级以上食品药品监督管理部门及其直属单位有下列行为之一的，对直接负责的主管人员和其他直接责任人员，依照《中华人民共和国统计法》第四十一条规定予以处理：

（一）拒绝提供统计资料或者经催报后仍未按时提供统计资料的；

（二）提供不真实或者不完整的统计资料的；

（三）拒绝答复或者不如实答复统计检查查询书的；

（四）拒绝、阻碍统计调查、统计检查的；

（五）转移、隐匿、篡改、毁弃或者拒绝提供原始记录和凭证、统计台账、统计调查表及其他相关证明和资料的。

第六章 附 则

第二十七条 本办法由国家食品药品监督管理总局负责解释。

第二十八条 本办法自2015年2月1日起施行。2001年3月21日公布的《药品监督管理统计管理办法（试行）》同时废止。

加快推进农产品质量安全信用体系建设的指导意见

（农业部 农质发［2014］16号 2014年12月24日）

为贯彻落实《社会信用体系建设规划纲要（2014—2020）》，稳步推进农产品质量安全信用体系建设，努力提高农产品质量安全水平，保障广大人民群众的身体健康和消费安全，现就推进农产品质量安全信用体系建设提出如下意见。

一、推进农产品质量安全信用体系建设的重要意义

民以食为天，食以安为先，农产品是食品的源头，其质量安全备受社会关注，党中央、国务院一直高度重视，做出了一系列重要部署，2014年的中央农村工作会上，习近平总书记对保障农产品质量和食品安全提出了更高的要求。推进农产品质量安全信用体系建设，是强化农产品质量安全监管的重要措施，也是保障人民群众身体健康、促进农业“转方式、调结构”的迫切需要，有利于提高农业生产经营主体的责任意识、诚信意识和自律意识，有利于发挥市场调控作用，有利于提升农产品质量安全监管效能。

当前，我国农产品质量安全信用体系还不健全，一些生产经营者诚信意识淡薄，制假售假、违规使用投入品、非法添加使用禁用物质等问题仍然比较突出，严重损害了广大人民群众的切身利益，打击了消费者的消费信心，也削弱了我国农产品在国际市场上的竞争力，近年来发生的一系列农产品质量安全事件都暴露出农产品质量安全信用缺失问题。加快推进我国农产品质量安全信用体系建设，具有重大而深远的现实意义。

在新的历史条件下，各级农业行政主管部门要充分认识做好农产品质量安全信用体系建设工作的紧迫性和使命感，做好组织、指导、协调和保障工作，积极推进农产品质量安全信用体系建设。

二、指导思想和目标原则

（一）指导思想

全面学习贯彻党的十八大、十八届三中、四中全会精神和习近平总书记系列重要讲话精神，按照《社会信用体系建设规划纲要（2014—2020）》的要求，以信息系统建设和信息记录共享为基础，以农业投入品生产经营企业、农产品生产企业、农民合作社、种养殖大户为重点，以建立守信激励和失信惩戒机制为核心，强化生产经营主体诚信自律，营造诚信守法的良好社会氛围，全面提升农产品质量安全诚信意识和信用水平。

（二）主要目标

到2020年，农产品质量安全信用体系基本建成，重点生产经营主体的信用信息基本实现全覆盖，守信激励和失信惩戒机制有力有效，信用体系在保障农产品质量安全上发挥重要的基础性作用，农产品质量安全水平明显提升，消费者对农产品质量安全的满意度大幅提高。

（三）重点领域

农产品质量安全信用体系建设的重点是农业投入品和农产品两个领域，农业投入品领域的重点是种子、农药、肥料、兽药、饲料等生产经营单位，农产品领域的重点是农产品生产企业、农民合作社、种养殖大户、收购贮运企业、屠宰企业等生产经营单位。

（四）基本原则

1. 统筹规划，突出重点　针对农产品质量安全信用体系建设的长期性、系统性和复杂性，强化顶层设计，立足当前，着眼长远，条块结合，统筹规划，同时突出重点领域、重点环节和重点行为，集中力量，有针对性地组织实施。

2. 部门推动，社会共建　各级农业行政主管部门要积极组织、引导、监督、协调。各行业协会要发挥专业性、指导性强的优势，推动农产品质量安全信用体系建设快速发展。完善市场机制，鼓励和调动社会力量，形成广泛参与、共同推进的建设格局。

3. 健全制度，规范发展　建立健全农产品质量安全信用体系建设的规章制度和标准体系，加强信用信息管理，规范信用服务体系建设，促进上下级农业部门与其他部门的信息共享和互联互通，健全农产品质量安全信用奖惩联动机制，营造诚实、自律、守信、互信的社会信用环境。

4. 积极创新，加快推进　充分发挥基层及各行业协会的首创精神，鼓励和支持探索创新推进信用体系建设的有效措施和模式，不断总结推广，加快我国农产品质量安全信用体系建设步伐。

三、主要任务

（一）深入推进信用信息系统建设

各级农业行政主管部门要在本级政府的统一领导下，利用现有的农业信息化项目，完善、整合农产品质量安全信用信息，与本地统一的信用信息共享平台加强数据对接，及时传送农产品质量安全信用信息，加快构建信用信息共享机制。要以数据标准化和应用标准化为原则，进一步充实完善相关信用信息，实现信用记录电子化存储，推进行业间信用信息互联互通，提高主体信用信息的透明度。

（二）完善信用信息记录

各级农业行政主管部门要把行政处罚、行政许可和监管情况作为信用信息的重点内容，实行信用信息动态管理、专人记录、及时更新，保证所采集信用信息的真实性和及时性，提升信息的严肃性和权威性。要依法做好农产品质量安全领域的征信工作，及时公布农资生产经营主体及产品的审批、撤销、注销、吊销等有关信息。鼓励和指导第三方征信机构、行业协会依法开展征信工作。要在保护商业秘密和数据及时准确的前提下，加强与食品药品、工商、质监、税务、知识产权、商务流通等行业信用信息的交换共享，实现多部门信息联享、信用联评、奖惩联动，逐步形成主体全覆盖的信用信息网络。

（三）强化企业和行业的诚信责任

各级农业行政主管部门要督促生产经营主体落实诚信责任，强化自律意识，实行质量安全承诺制度，严格遵守农产品质量安全相关法律法规，依法建立生产记录和进销货台账，实行索证索票制度，规范生产经营行为，提高自我约束能力，杜绝使用禁用农兽药和非法添加物，严格执行农兽药休药间隔期，建立内部职工诚信考核与评价制度。要深入开展农产品质量安全专项整治，坚决打击失信行为，积极树立诚信风尚。要引导农资和农产品生产经营主体成立行业协会，健全组织体系和治理结构。要督促行业协会加强自律，进一步完善组织章程，制定行业自律规则并监督会员遵守，加强会员诚信宣传教育和培训，在自愿基础上，通过各种方式征集会员的信用信息，积极开展非营利性信用等级评价。

（四）完善信用体系运行机制

一是加强农产品质量安全信用制度建设。各级农业行政主管部门要在已有工作基础上，及时总结经验做法，逐步实现信用体系运行的制度化、规范化。要围绕信用信息采集、动态管理、失信黑名单披露、市场禁入和退出、失信行为有奖举报、跨部门跨地区信用联合奖惩等内容，健全完善规章制度，推进信用信息在采集、共享、使用、公开等环节的规范管理，保障农产品质量安全信用体系有效运行。

二是建立信用信息披露机制。县级以上农业行政主管部门要按照客观、真实、准确的原则，依法披露相对人违法失信和守法诚信等信息。严格执行《农业行政处罚案件信息公开办法》，依法公开行政处罚案件信息。对吊销许可证的行政处罚，要依法注销相关许可证件并予公告，需要吊销营业执照的应当函告工商管理部门。

三是健全守信激励机制。各级农业行政主管部门对诚信守法的生产经营主体实行项目优先、政策倾斜、审批优先、评先评优、先进模范等奖励激励措施，对其在信贷申请、政策咨询、技术服务等方面提供帮助。支持和鼓励有实力、信誉好、讲诚信的名优农资企业、农资服务合作社直接到乡村设立经营网点，提高其市场占有率。树立诚实守信的先进典型，提高其社会声誉，形成品牌效应。

四是完善失信惩戒机制。各级农业行政主管部门在现有行政处罚措施的基础上，加大对失信主体的惩戒力度，建立“黑名单”制度和市场退出机制，逐步使信用状况成为各类准入门槛的基本内容。对失信主体实行重点监管，扩大产品抽检范围，提高抽检频次。对造成恶劣影响的重大失信违法行为，依法从严惩处，并向社会公开曝光，公示失信违法主体，使其丧失信誉，形成强大舆论压力。建立部门间联合惩戒机制，加大惩戒力度，让失信者一处失信，处处受限。要通过惩戒机制使生产经营单位不愿失信、不敢失信、不能失信。各有关行业协会对违规失信的成员，要按照情节轻重实行警告、行业内通报批评、公开谴责、责令退出等惩戒措施，并将相关违法线索报告行政主管部门。

五是建立信用监督机制。各级农业行政主管部门要采取多种方式，强化信用监督，推进社会共治。邀请各级人大代表、政协委员深入到生产经营单位进行明察暗访，提出指导意见，督促整改存在的问题。鼓励广大群众通过政务微博、“12316”举报电话、电子信箱等渠道，监督举报失信违规行为。对媒体曝光的失信违规行为，各地农业行政主管部门要及时调查处理。

（五）努力营造诚信守法的良好氛围

各级农业行政主管部门要把诚信教育与行业管理有机结合，在核发许可证、日常监管等工作中强化对主体的诚信教育和宣传引导。充分利用阳光工程、农村实用人才培训、基层农业技术推广和其他专业培训等途径，加大诚信教育力度。引导农资和农产品生产经营主体树立企业诚信文化理念，提高管理者的诚信文化素质，形成以诚实守信为核心的质量安全文化。充分发挥电视、广播、报纸、网络等媒体的宣传引导作用，树立诚信典范，使全行业学有榜样、赶有目标。重点组织开展“放心农资下乡进村宣传周”、“3·15”消费者权益保护日、“12·4”全国法制宣传日等公益活动，突出诚信主题，努力营造“诚信光荣，失信可耻”的舆论氛围，让诚实守信的意识和观念深入人心。

四、保障措施

（一）强化组织保障

各级农业行政主管部门要高度重视农产品质量安全信用体系建设，强化组织领导，完善制度措施，加快推进本地区、本行业信用体系建设工作。要成立本地区、本行业的农产品质量安全信用体系建设推进工作小组，及时研究有关重大问题，指导、协调、推进本地区、本行业农产品质量安全信用体系建设工作，督促各项建设任务落实到位，确保信用体系建设顺利进行。要充分发挥行业协会的作用，借助其专业性强、组织化程度高、与生产经营者联系紧密的优势，合力推动行业质量安全信用体系建设快速发展。

（二）强化责任落实

各级农业行政主管部门要按照指导意见的总体目标和主要任务，根据职责分工和工作实际，制定《规划纲要》的具体落实方案，作出周密部署安排，确保任务落实到位。要定期对本地区、本行业信用体系建设情况进行总结和考核，及时发现问题并提出改进措施。对农产品质量安全信用体系建设成效突出的地区、行业予以表扬，对推进不力、失信行为多发的地区、行业予以通报。

（三）加大支持力度

各级农业行政主管部门要在国家法律和政策允许的范围内，积极争取本级人民政府对农产品质量安全信用体系建设的资金支持，拓宽经费来源，形成稳定的财政投入渠道，确保农产品质量安全信用体系建设顺利进行。

（四）推动创新激励

各级农业行政主管部门要根据本地区、本行业农业生产和发展实际，结合农产品质量安全县、“三品一标”“三园两场”等项目，把农产品质量安全信用体系建设作为重要内容纳入考核指标和评价体系，积极探索有效的推进模式，充分发挥示范带动作用，整体提升农产品质量安全信用水平。

关于加快木本油料产业发展的意见

（国务院　国办发［2014］68号　2014年12月26日）

各省、自治区、直辖市人民政府，国务院各部委、各直属机构：

木本油料产业是我国的传统产业，也是提供健康优质食用植物油的重要来源。近年来，我国食用植物油消费量持续增长，需求缺口不断扩大，对外依存度明显上升，食用植物油安全问题日益突出。为进一步加快木本油料产业发展，大力增加健康优质食用植物油供给，切实维护国家粮油安全，经国务院同意，现提出以下意见：

一、总体要求

（一）指导思想　以邓小平理论、“三个代表”重要思想、科学发展观为指导，深入贯彻党的十八大和十八届三中、四中全会精神，认真落实党中央、国务院决策部署，充分发挥市场在资源配置中的决定性作用和更好发挥政府作用，以提高供给能力为目标，以完善政策措施为基础，以提高科技水平为支撑，建立健全木本油料种植、加工、流通、消费产业体系，努力提高木本食用油的消费比重，推动木本油料产业持续健康发展。

（二）基本原则　坚持统筹规划，科学布局，突出区域特色；坚持市场导向，政府扶持，促进适度规模发展，提高集约经营水平；坚持依靠科技，积极推广优良品种和新技术，努力实现高产、优质、高效；坚持适地适树，稳步推进，充分利用宜林地、盐碱地、沙荒地，不占耕地尤其是基本农田；坚持创新机制，发挥龙头企业带动作用，将企业和农民利益联结在一起，实现风险共担、利益共享；坚持多元发展，加强市场监管，维护经营秩序，确保产品安全。

（三）总体目标　力争到2020年，建成800个油茶、核桃、油用牡丹等木本油料重点县，建立一批标准化、集约化、规模化、产业化示范基地，木本油料种植面积从现有的1.2亿亩发展到2亿亩，年产木本食用油150万t左右。

二、主要任务

（一）优化木本油料产业发展布局　各有关地区和部门要继续组织实施好《全国油茶产业发展规划（2009—2020）》。各级林业部门要组织开展核桃、油用牡丹、长柄扁桃、油橄榄、光皮梾木、元宝枫、翅果油树、杜仲、盐肤木、文冠果等木本油料树种资源普查工作，查清树种分布情况和适生区域，分树种制定产业发展规划。要把发展木本油料产业与新一轮退耕还林还草、三北防护林建设、京津风沙源治理等国家重大生态修复工程以及地方林业重点工程紧密结合，因地制宜扩大木本油料种植面积。

（二）加强木本油料生产基地建设　抓好木本油料树种良种选育及品种审（认）定，建立健全种质资源收集保存和良种生产供应体系，积极推进良种基地、定点苗木生产基地建设。通过典型示范，全面推行优良品种，积极推广先进适用造林技术，努力提高单产水平，新建一批高产、稳产木本油料生产基地，对现有低产林进行抚育、更新和改造。

（三）推进木本油料产业化经营　积极培育跨地区经营、产供销一体化的木本食用油龙头企业，鼓励企业通过联合、兼并和重组等方式做大做强。支持企业在主产区建立原料林基地和建设仓储物流设施，发展“企业＋专业合作组织＋基地＋农户”等产业化经营模式，建立长期稳定的购销合作关系，引导农民开展标准化和专业化种植。鼓励木本油料林立体种植和综合开发，提高林地利用率和木本油料综合生产能力。支持专业合作组织和农户加强木本油料烘干、仓储等初加工设施设备建设。鼓励企业利用新技术、新工艺，开展精深加工和副产品开发，实现循环发展和综合利用。

（四）健全木本油料市场体系　积极培育统一开放、竞争有序的木本油料产品专业市场。加快建设市场需求信息公共服务平台，健全流通网络，引导产销衔接，降低流通成本，帮助农民规避市场风险。制定木本油料种植、仓储、加工、销售等生产标准，完善油脂产品和相关副产品质量标准及其检测方法。规范木本食用油包装标识管理，保障消费者的知情权和选择权。建立木本食用油质量认证体系，加大生态原产地产品保护认定工作力度，着力培育名牌产品。推动企业提高质量安全管控水平，确保产品绿色、健康、安全、环保。

（五）加强市场监管和消费引导　加强对木本食用油原料生产、加工、储存、流通、销售等环节的监管，严格执行国家标准，强化市场准入管理和质量监督检查，严厉打击制假、售假等违法违规行为，严禁不合格产品进入市场，建立健全产品质量送检、抽检、公示和责任追溯制度。加强木本食用油营养健康知识的宣传教育和普及，通过公益广告、科普读物等形式，倡导消费者合理用油和科学用油，促进形成科学健康的饮食习惯。

三、保障措施

（一）完善多元投入机制　逐步建立以政府投入为引导，以企业和专业合作组织、农民投入为主体的多元化投入机制。国家统筹各类造林投资，加大对木本油料基地建设和良种繁育的扶持力度，带动地方投资和各类社会投资积极参与。中央财政继续整合资金支持木本油料产业发展，支持主产区新建蓄水池、塘坝等水利设施，改善基础设施和生产条件。完善落实产油大县奖补政策。对具备条件的农村贫困地区，可统筹安排财政专项扶贫资金，支持建档立卡贫困村、贫困户发展木本油料产业。

（二）加大金融扶持力度　支持农业发展银行等政策性金融机构加大对木本油料产业扶持力度。鼓励商业性金融机构在风险可控的前提下，针对木本油料产业周期长、投入大等特点，合理确定贷款期限和利率，加大信贷投入。推动金融产品和服务模式创新，大力发展林权抵押贷款、农户小额信用贷款和农户联保贷款，探索开展农村土地承包经营权抵押贷款业务试点。中央财政对符合条件的木本油料产业贷款项目，实行据实贴息。森林保险要逐步覆盖木本油料产业发展，建立生产灾害风险防范机制。各地要积极支持保险机构开展木本油料保险业务，鼓励和引导农民投保。

（三）支持科技研发和推广　强化科技攻关，进一步扶持木本油料良种选育、丰产栽培技术研究，支持引进优良种质资源，在木本油料产业集中的区域建立国家级试点示范基地，通过推广优良高产新品种和配套技术示范，促进规模化、良种化种植。将木本油料采集、烘干、加工及综合利用列入国家科技创新开发项目，并给予重点扶持。积极研发适宜木本油料种植、收获和加工的机械设备，提高生产加工机械化水平。鼓励企业发挥科技创新主体作用，支持企业与科研机构合作，形成科技创新、技术服务、产业开发有机联系的产学研紧密合作体系。建立分级技术培训制度，支持专业合作组织开展木本油料科技推广，提高农民经营管理水平。

（四）加强组织领导　各地区、各有关部门要高度重视木本油料产业发展，进一步健全组织领导体系。地方人民政府要根据当地实际，把木本油料产业发展列入重要议事日程，出台有针对性的配套措施。国家林业局要会同有关部门，加强木本油料产业发展系统性研究，及时解决产业发展中的矛盾和问题，加强督促检查，确保各项政策措施落实到位。

食品安全抽样检验管理办法

（国家食品药品监管总局令　第11号　2014年12月31日）

第一章　总　　则

第一条　为规范食品安全抽样检验工作，加强食品安全监督管理，保障公众身体健康和生命安全，根据《中华人民共和国食品安全法》等法律法规，制定本办法。

第二条　食品药品监督管理部门组织实施食品安全监督抽检和风险监测的抽样检验工作，适用本办法。

第三条　负责组织开展全国性食品安全抽样检验工作，指导地方食品药品监督管理部门组织实施食品安全抽样检验工作。县级以上地方食品药品监督管理部门负责组织本级食品安全抽样检验工作，并按照规定实施上级食品药品监督管理部门组织的食品安全抽样检验工作。

第四条 食品生产经营者应当承担食品安全第一责任人的义务，依法配合食品药品监督管理部门组织实施的食品安全抽样检验工作。

第五条 建立食品安全抽样检验数据库，定期研究分析食品安全抽样检验数据，完善并督促落实相关监督管理制度。县级以上地方食品药品监督管理部门应当加强信息技术建设，按照相关要求及时报送食品安全抽样检验数据。

第六条 食品药品监督管理部门应当按照公开、公平、公正的原则，以发现和查处食品安全问题为导向，依法组织开展食品安全抽样检验工作。

第七条 食品药品监督管理部门应当与承担食品安全抽样检验任务的技术机构（以下简称承检机构）签订委托协议，明确双方权利和义务。

第八条 食品药品监督管理部门可以对承检机构进行监督评价，发现存在检验能力缺陷或者有重大检验质量问题的，应当及时采取有关措施进行处理。

第九条 负责组织制定食品安全抽样检验指导规范。食品检验机构应当依照食品安全抽样检验指导规范开展食品安全抽样检验工作。

第二章 计 划

第十条 食品药品监督管理部门应当按照科学性、代表性的要求，制定覆盖食品生产经营活动全过程的食品安全抽样检验计划，实现监督抽检与风险监测的有效衔接。

第十一条 根据食品安全监管工作的需要，制订全国性食品安全抽样检验年度计划。县级以上地方食品药品监督管理部门应当根据上级食品药品监督管理部门制订的抽样检验年度工作计划并结合实际情况，制定本行政区域的食品安全年度抽样检验工作方案，报上一级食品药品监督管理部门备案。食品药品监督管理部门在日常监督管理工作中可以根据工作需要不定期开展食品安全抽样检验工作。

第十二条 食品安全抽样检验工作计划应当包括下列内容：

（一）抽样检验的食品品种；

（二）抽样环节、抽样方法、抽样数量等抽样工作要求；

（三）检验项目、检验方法、判定依据等检验工作要求；

（四）检验结果的汇总分析及报送方式和时限；

（五）法律、法规、规章规定的其他要求。

第十三条 下列食品应当作为食品安全抽样检验工作计划的重点：

（一）风险程度高以及污染水平呈上升趋势的食品；

（二）流通范围广、消费量大、消费者投诉举报多的食品；

（三）风险监测、监督检查、专项整治、案件稽查、事故调查、应急处置等工作表明存在较大隐患的食品；

（四）专供婴幼儿、孕妇、老年人等特定人群食用的主辅食品；

（五）学校和托幼机构食堂以及旅游景区餐饮服务单位、中央厨房、集体用餐配送单位经营的食品；

（六）有关部门公布的可能违法添加非食用物质的食品；

（七）已在境外造成健康危害并有证据表明可能在国内产生危害的食品；

（八）其他应当作为抽样检验工作重点的食品。

第三章 抽 样

第十四条 食品药品监督管理部门可以自行抽样或者委托具有法定资质的食品检验机构承担食品安全抽样工作。

第十五条 食品检验机构应当建立食品抽样管理制度，明确岗位职责、抽样流程和工作纪律，加强对抽样人员的培训和指导，保证抽样工作质量。食品安全抽样人员应当熟悉食品安全法律、法规、规章和标准等的相关规定。

第十六条 食品安全监督抽检和风险监测抽取样品应当支付费用。

第十七条 食品安全监督抽检的抽样人员在执行抽样任务时应当出示监督抽检通知书、委托书等文件及有效身份证明文件，并不得少于2人。案件稽查、事故调查中的食品安全抽样活动，应当由食品安全行政执法人员进行或者陪同。承担食品安全监督抽检抽样任务的机构和人员不得提前通知被抽样的食品生产经营者。

第十八条 食品安全监督抽检的抽样人员应当核对被抽样食品生产经营者的营业执照、许可证等资质证明文件。食品安全监督抽检的抽样人员可以从食品生产者的成品库待销产品中或者从食品经营者仓库和用于经营的食品中随机抽取样品，不得由食品生产经营者自行提供样品。食品安全监督抽检的抽样数量原则上应当满足检验和复检的要求。

第十九条 风险监测、案件稽查、事故调查、应急处置中的抽样，不受抽样数量、抽样地点、被抽样单位是否具备合法资质等限制。

第二十条　食品安全监督抽检中的样品分为检验样品和复检备份样品。食品安全监督抽检中的样品应当现场封样。复检备份样品应当单独封样，交由承检机构保存。抽样人员应当采取有效的防拆封措施，并由抽样人员、被抽样食品生产经营者签字或者盖章确认。食品安全监督抽检的抽样人员可以通过拍照、录像、留存购物票据等方式保存证据。

第二十一条　食品安全监督抽检的抽样人员应当使用规范的抽样文书，详细记录抽样信息。记录保存期限不得少于2年。食品安全监督抽检的抽样人员应当书面告知被抽样食品生产经营者依法享有的权利和应当承担的义务。被抽样食品生产经营者应当在食品安全抽样文书上签字或者盖章，不得拒绝或者阻挠食品安全抽样工作。

第二十二条　食品安全监督抽检的样品、抽样文书及相关资料应当由抽样人员携带或者寄送至承检机构，不得由被抽样食品生产经营者自行送样和寄送文书。对有特殊贮存和运输要求的样品，抽样人员应当采取相应措施，保证样品贮存、运输过程符合国家相关规定和包装标示的要求，不发生影响检验结论的变化。

第二十三条　抽样人员发现食品生产经营者存在违法行为、生产经营的食品及原料没有合法来源或者无正当理由拒绝接受食品安全抽样的，应当报告有管辖权的食品药品监督管理部门进行处理。

第四章　检　　验

第二十四条　食品安全监督抽检应当采用食品安全标准等规定的检验项目和检验方法。风险监测、案件稽查、事故调查、应急处置等工作中可以采用非食品安全标准等规定的检验项目和检验方法，分析查找食品安全问题的原因。采用非食品安全标准检验方法，应当遵循技术手段先进的原则，并取得国家或者省级食品药品监督管理部门同意。

第二十五条　承检机构接收食品安全监督抽检的样品时，应当查验、记录样品的外观、状态、封条有无破损以及其他可能对检验结论产生影响的情况，并确认样品与抽样文书的记录相符，对检验样品和复检备份样品分别加贴相应标识后，按照相关要求入库存放。对抽样不规范的样品，承检机构应当拒绝接收并书面说明理由，及时向组织或者实施食品安全监督抽检的食品药品监督管理部门报告。

第二十六条　承检机构应当对检验工作负责，按照食品检验技术要求开展检验工作，如实、准确、完整、及时地填写检验原始记录，保证检验工作的科学、独立、客观和规范。承检机构应当自收到样品之日起20个工作日内出具检验报告。食品药品监督管理部门与承检机构另有约定的，从其约定。未经组织监督抽检和风险监测的食品药品监督管理部门同意，承检机构不得分包或者转包检验任务。

第二十七条　食品安全监督抽检的检验结论合格的，承检机构应当自检验结论作出之日起3个月内妥善保存复检备份样品。复检备份样品剩余保质期不足3个月的，应当保存至保质期结束。检验结论不合格的，承检机构应当自检验结论作出之日起6个月内妥善保存复检备份样品。复检备份样品剩余保质期不足6个月的，应当保存至保质期结束。

第二十八条　食品安全监督抽检的检验结论合格的，承检机构应当在检验结论作出后10个工作日内将检验结论报送组织或者委托实施监督抽检的食品药品监督管理部门。食品安全监督抽检的检验结论不合格的，承检机构应当在检验结论作出后2个工作日内报告组织或者委托实施监督抽检的食品药品监督管理部门。

第二十九条　组织的食品安全监督抽检的检验结论不合格的，承检机构除按照相关要求报告外，还应当及时通报抽检地省级食品药品监督管理部门以及标称的食品生产者住所地的省级食品药品监督管理部门。

第三十条　地方食品药品监督管理部门对本辖区食品生产经营者组织或者实施监督抽检的，应当在收到不合格检验报告后及时通知被抽检的食品生产经营者。县、市食品药品监督管理部门在经营环节组织监督抽检的，标称的食品生产者不在县、市食品药品监督管理部门管辖区域的，但在同一省级食品药品监督管理部门管辖区域的，按照抽检地省级食品药品监督管理部门规定的程序和时限通报。县、市食品药品监督管理部门在经营环节组织监督抽检的，标称的食品生产者在其他省级食品药品监督管理部门管辖区域的，应当按照抽检地省级食品药品监督管理部门规定的程序和时限报告抽检地省级食品药品监督管理部门。

第三十一条　地方食品药品监督管理部门组织或者实施监督抽检的检验结论不合格的，抽检地与标称的食品生产者住所地不在同一省级行政区域的，抽检地的省级食品药品监督管理部门应当在收到不合格检验结论后及时通报标称的食品生产者住所地省级食品药品监督管理部门。

第三十二条　抽检地省级食品药品监督管理部门

和标称的食品生产者住所地省级食品药品监督管理部门收到不合格检验结论后，应当按照规定及时通知相关食品生产经营者。

第三十三条 食品安全监督抽检的抽样检验结论表明不合格食品可能对身体健康和生命安全造成严重危害的，食品药品监督管理部门和承检机构应当按照规定立即报告或者通报。县级以上地方食品药品监督管理部门组织的监督抽检，检验结论表明不合格食品含有违法添加的非食用物质，或者存在致病性微生物、农药残留、兽药残留、重金属以及其他危害人体健康的物质严重超出标准限量等情形的，应当逐级报告。案件稽查、事故调查、应急处置中的检验结论的通报和报告，不受本办法规定时限的限制。

第三十四条 被抽检的食品生产经营者和标称的食品生产者可以自收到食品安全监督抽检不合格检验结论之日起5个工作日内，依照法律规定提出书面复检申请，并说明理由。复检机构与复检申请人存在日常检验业务委托等利害关系的，不得接受复检申请。

第三十五条 复检机构应当在同意复检申请之日起3个工作日内按照样品保存条件从初检机构调取样品。复检机构应当在收到备份样品之日起10个工作日内作出复检结论。食品药品监督管理部门与复检机构另有约定的，从其约定。复检申请人应当在复检机构同意复检申请之日起3个工作日内向组织开展监督抽检的食品药品监督管理部门和初检机构提交复检机构名称、资质证明文件、联系人及联系方式、复检申请书、复检机构同意复检申请决定书等材料。

第三十六条 复检申请人原则上应当自提出复检申请之日起20个工作日内向组织或者委托实施监督抽检的食品药品监督管理部门提交复检报告。逾期不提交的，视为认可初检结论。食品药品监督管理部门与复检申请人、复检机构另有约定的，从其约定。

第三十七条 有下列情形之一的，复检机构不得予以复检：

（一）检验结论显示微生物指标超标的；

（二）复检备份样品超过保质期的；

（三）逾期提出复检申请的；

（四）其他原因导致备份样品无法实现复检目的的。

第三十八条 标称的食品生产者对抽样产品真实性有异议的，应当自收到不合格检验结论通知之日起5个工作日内，向组织或者实施食品安全监督抽检的食品药品监督管理部门提出书面异议审核申请，并提交相关证明材料。逾期未提出异议的或者未提供有效证明材料的，视为认可抽样产品的真实性。食品生产者对证明材料的真实性负责，不得提供虚假的证明材料。

第五章 处 理

第三十九条 食品生产经营者收到监督抽检不合格检验结论后，应当立即采取封存库存问题食品，暂停生产、销售和使用问题食品，召回问题食品等措施控制食品安全风险，排查问题发生的原因并进行整改，及时向住所地食品药品监督管理部门报告相关处理情况。食品生产经营者不按规定及时履行前款规定义务的，食品药品监督管理部门应当责令其履行。食品生产经营者在申请复检期间和真实性异议审核期间，不得停止上述义务的履行。

第四十条 地方食品药品监督管理部门收到监督抽检不合格检验结论后，应当及时对不合格食品及其生产经营者进行调查处理，督促食品生产经营者履行法定义务，并将相关情况记入食品生产经营者食品安全信用档案。必要时，上级食品药品监督管理部门可以直接组织调查处理。

第四十一条 国家和省级食品药品监督管理部门应当汇总分析食品安全监督抽检结果，并定期或者不定期组织对外公布。对可能产生重大影响的食品安全监督抽检信息，县、市食品药品监督管理部门发布信息前应当向省级食品药品监督管理部门报告。任何单位和个人不得擅自发布食品药品监督管理部门组织的食品安全监督抽检信息。

第四十二条 食品药品监督管理部门公布食品安全监督抽检不合格信息，包括被抽检食品名称、规格、生产日期或批号、不合格项目，被抽检食品标称的生产者名称、商标、地址，经营者名称、地址等内容。

第四十三条 食品安全风险监测结果发现食品可能存在安全隐患的，国家和省级食品药品监督管理部门可以组织相关领域专家进行分析评价。分析评价结论表明相关食品存在安全隐患的，食品药品监督管理部门可以根据工作需要告知相关食品生产经营者采取控制措施。食品生产经营者接到食品安全风险隐患告知书后，应当立即采取封存库存问题食品，暂停生产、销售和使用问题食品，召回问题食品等措施控制食品安全风险，排查问题发生的原因并进行整改，及时向住所地食品药品监督管理部门报告相关处理情况。食品生产经营者不按规定及时履行前款规定的义务的，食品药品监督管理部门应当责令其履行。

第四十四条 食品安全风险监测结果公布依照有关法律法规的规定执行。

第六章 法律责任

第四十五条 食品生产经营者违反本办法第二十一条的规定，拒绝在食品安全监督抽检抽样文书上签字或者盖章的，由食品药品监督管理部门根据情节依法单处或者并处警告、3万元以下罚款。

第四十六条 食品生产经营者违反本办法第三十八条的规定，提供虚假证明材料的，由食品药品监督管理部门根据情节依法单处或者并处警告、3万元以下罚款。

第四十七条 食品生产经营者违反本办法第三十九条和第四十三条的规定，食品药品监督管理部门责令采取的封存库存问题食品，暂停生产、销售和使用问题食品，召回问题食品等措施，食品生产经营者拒绝履行或者拖延履行的，由食品药品监督管理部门根据情节依法单处或者并处警告、3万元以下罚款。

第四十八条 检验机构有下列情形之一的，食品药品监督管理部门可以向社会公布，并在5年内不得委托其承担抽样检验任务：

（一）非法更换样品、伪造检验数据或者出具虚假检验报告的；

（二）利用抽样检验工作之便牟取不正当利益的；

（三）违反规定事先通知被抽检食品生产经营者的；

（四）擅自发布食品安全抽样检验信息的；

（五）未按照规定的时限和程序报告不合格检验结论的；

（六）有其他违法行为的。

复检机构有本条第一款第一项、第二项、第四项所列情形之一的，食品药品监督管理部门可以商请有关部门将其从复检机构名录中删除。食品检验机构及检验人员非法更换样品、伪造检验数据或者出具虚假检验报告的，检验结论无效。

第四十九条 县级以上地方食品药品监督管理部门未按照规定报告或通报不合格检验结论，造成不良后果的，依照《中华人民共和国食品安全法》的有关规定，对直接负责的主管人员和其他直接责任人员给予相应的行政处分。

第七章 附 则

第五十条 食用农产品进入食品生产经营环节的抽样检验以及保质期短的食品、节令性食品的抽样检验，参照本办法执行。

第五十一条 本办法所称食品安全监督抽检是指食品药品监督管理部门在日常监督检查、专项整治、案件稽查、事故调查、应急处置等工作中依法对食品（含食品添加剂、保健食品）组织的抽样、检验、复检、处理等活动。本办法所称食品安全风险监测是指食品药品监督管理部门系统和持续地收集食品中有害因素的监测数据及相关信息，并进行分析处理的活动。

第五十二条 省、自治区、直辖市食品药品监督管理部门可以结合本地实际情况，根据本办法的规定制定实施细则。

第五十三条 本办法自2015年2月1日起施行。

关于建立健全粮食安全省长责任制的若干意见

（国务院 国发〔2014〕69号 2014年12月31日）

各省、自治区、直辖市人民政府，国务院各部委、各直属机构：

2004年我国全面放开粮食购销市场以来，各地区按照党中央、国务院的决策部署，积极履行粮食生产、流通和储备责任，粮食工作总体情况较好。但是，随着国内粮食生产实现“十一连增”，一些地方存在放松粮食生产、忽视粮食流通、过度依靠中央的现象，自觉承担维护国家粮食安全责任有待进一步加强。为加快构建国家粮食安全保障体系，进一步明确地方政府维护国家粮食安全的责任，现就建立健全粮食安全省长责任制提出以下意见。

一、强化粮食安全意识和责任

（一）切实增强新形势下的粮食安全意识 粮食安全是实现经济发展、社会稳定和国家安全的重要基础。在我国资源环境约束日益加大、粮食供求长期处于紧平衡和国内粮食生产成本快速攀升、粮食价格普遍高于国际市场的情况下，如何确保谷物基本自给、口粮绝对安全，把饭碗牢牢端在自己手上，是必须应对的一个重大挑战。各地区、各部门要充分认识确保粮食安全的极端重要性和复杂性，进一步增强大局意识、责任意识，把保障粮食安全放在经济社会发展的突出位置，作为保障民生工作的基本任务，常抓不懈，毫不动摇。

（二）明确省级人民政府的粮食安全责任 各省（区、市）人民政府必须切实承担起保障本地区粮食安全的主体责任，全面加强粮食生产、储备和流通能力建设。省长（主席、市长）在维护国家粮食安全方面承担的责任是：稳定发展粮食生产，巩固和提高粮食生产能力；落实和完善粮食扶持政策，抓好粮食收购，保护农民种粮积极性；管好地方粮食储备，确保储备粮数量充足、结构合理、质量良好、调用高效；实施粮食收储供应安全保障工程，加强粮食流通能力建设；深化国有粮食企业改革，促进粮食产业健康发展；完善区域粮食市场调控机制，维护粮食市场稳定；健全粮食质量安全保障体系，落实监管责任；大力推进节粮减损，引导城乡居民健康消费。

二、巩固和提高粮食生产能力

（一）坚决守住耕地红线 落实最严格的耕地保护制度，确保现有耕地面积基本稳定、土壤质量不下降。规范耕地占补平衡，严格实行耕地“占一补一”、“先补后占”和“占优补优”。加强耕地质量建设，采取综合措施提高耕地基础地力，提升产出能力。对占用耕地特别是基本农田的，要实行剥离耕作层土壤再利用制度，开展补充耕地土壤改良和培肥。粮食主销区要确立粮食种植面积底线。严格执行政府领导干部耕地和基本农田保护离任审计制度。

（二）加快建设高标准农田 按期完成全国高标准农田建设总体规划确定的建设任务。粮食主产区要切实用好中央财政补助资金，落实配套措施，大规模改造中低产田，把产粮大县建成粮食核心产区，增加粮食产量。粮食主销区和产销平衡区要建设一批旱涝保收、高产稳产的口粮田，稳定和提高粮食自给率。加强农田水利建设，实施农业节水重大工程，解决好农田灌溉“最后一公里”问题，不断提高农业综合生产能力。

（三）提高粮食生产科技水平 将提高粮食单产作为主攻方向，加大财政投入，鼓励引导社会资本参与粮食生产科技创新与推广运用，努力提高科技对粮食生产的贡献率。培育和推广“高产、优质、多抗”粮油品种。大规模开展粮食高产创建和增产模式攻关，集成推广高产、高效、可持续的技术和模式。加快发展农业机械化，强化农机农艺深度融合，实现粮食作物品种、栽培技术和机械装备的集成配套。建立基层农技推广机构和人员绩效考核激励机制。

（四）建立新型粮食生产经营体系 积极培育种粮大户、家庭农场、农民合作社、农业产业化龙头企业等新型粮食生产经营主体，对其用于晾晒、烘干、仓储、加工等配套设施的建设用地给予支持。加快建立健全承包土地经营权流转市场，鼓励有条件的农户在自愿的前提下，将承包土地经营权流转给新型粮食生产经营主体。在流转过程中，要避免“非粮化”，坚决禁止“非农化”。采取财政扶持、信贷支持等措施，推行合作式、订单式、托管式等粮食生产经营服务模式，积极发展粮食社会化服务。通过政府购买服务等方式，支持具备条件的经营性服务组织承担粮食领域公益性服务。

（五）增强粮食可持续生产能力 发展节水农业和旱作农业，推广节能技术和测土配方施肥，坚决制止过度开发农业资源、过量使用化肥农药农膜和超采地下水等行为。推广循环农业技术，提高粮食生产资源利用效率。大力推进机械化深松整地、保护性耕作、施用有机肥和秸秆还田，加快实施土壤有机质提升补贴项目。鼓励发展木本油料，拓宽粮油供给来源。加强农业气象灾害防御、有害生物和病虫害防控等防灾减灾体系建设。

三、切实保护种粮积极性

（一）落实和完善粮食扶持政策 认真完善和落实粮食补贴政策，提高补贴精准性、指向性。新增粮食补贴要向粮食主产区和主产县倾斜，向新型粮食生产经营主体倾斜。加强补贴资金监管，确保资金及时、足额补贴到粮食生产者手中。引导和支持金融机构为粮食生产者提供信贷等金融服务。完善农业保险制度，对粮食作物保险给予支持。

（二）抓好粮食收购 根据粮食种植布局和交通条件，统筹设立粮食收购网点，方便农民售粮。在继续发挥国有粮食企业主导作用的基础上，鼓励和引导符合条件的多元市场主体参与政策性粮食收购。积极支持农业发展银行等金融机构落实收购资金，加大对符合贷款条件企业自主收购粮食的支持力度。加强粮食收购市场监管，严厉打击"转圈粮""打白条"及压级压价等坑农害农行为。

（三）努力提高种粮比较收益　完善粮食市场价格形成机制，引导粮食价格保持合理水平。鼓励和引导农业产业化龙头企业与粮食生产者建立紧密的利益联结关系，采取保底收购、股份分红、利润返还等方式，让粮食生产者分享加工销售的收益。健全重要农资储备制度，稳定农资价格。

四、管好地方粮食储备

（一）切实落实地方粮食储备　严格按照国家有关部门确定的储备规模和完成时限，抓紧充实地方粮食储备。进一步优化储备布局和品种结构，落实储备费用和利息补贴资金，完善轮换管理和库存监管机制。定期将地方粮食储备品种、数量和布局等信息报送国家有关部门。

（二）创新地方粮食储备机制　探索建立政府储备和社会储备相结合的分梯级粮食储备新机制。通过运用财政、金融、投资等政策手段，建立地方政府掌控的社会粮食周转储备。鼓励符合条件的多元市场主体参与地方粮食储备相关工作。严格执行粮食经营、加工企业最低最高库存制度，鼓励企业保持合理商品库存。建立地方和中央粮食储备协调机制，充分发挥调控市场、稳定粮价的协同效应。

五、增强粮食流通能力

（一）加强粮食仓储物流设施建设和管理　组织实施粮食收储供应安全保障工程，将粮食仓储物流设施作为重要农业基础设施抓紧建设。创新投融资方式，引导社会资本积极参与，尽快建成与本地区粮食收储规模和保障供应要求相匹配，布局合理、功能齐全的仓储物流体系。加快粮食"危仓老库"维修改造。支持种粮大户和农民合作社建设带有烘干设备的储粮设施。建立国有粮食仓储物流设施保护制度。

（二）积极发展粮食物流网络　大力推广散粮、成品粮集装化物流方式，引导购销运企业联合运营，打造跨区域的粮食物流通道。将粮油供应网络建设纳入各地城镇建设规划和商业网点规划。进一步完善粮食交易中心功能，加快联网竞价交易平台建设，推进政策性粮食联网交易。培育一批公益性成品粮批发市场。

（三）加强粮食产销合作　粮食主销区、产销平衡区要按照互惠互利的原则，与主产区建立更加紧密稳定的产销关系，支持企业到主产区投资建设粮源基地和仓储物流设施，建立异地储备。粮食主产区要鼓励企业在主销区建设仓储物流设施和营销网络，主销区要给予必要支持。

六、促进粮食产业健康发展

（一）培育发展新型粮食流通主体　继续深化国有粮食企业改革，推进国有粮食企业兼并重组，妥善解决国有粮食企业欠缴职工社会保障金、历史性亏损挂账等遗留问题。积极发展混合所有制粮食经济，培育国有资本与集体资本、非公有资本交叉持股的新型市场主体。支持民营粮食企业和粮食经纪人发展。鼓励粮食企业利用期货市场规避经营风险。推动粮食企业对外合作，培育具有国际市场竞争力的大型粮食企业集团。

（二）推动粮食产业升级　培育壮大粮食类农业产业化龙头企业，促进生产要素向优势企业集聚。支持粮食企业推广应用先进技术装备，进行技术改造升级。开展现代粮仓科技应用示范。将主食产业化作为保障食品安全的重要民生工程，鼓励企业延伸粮食加工产业链，开发新型优质健康粮食产品。鼓励大中型主食加工企业发展仓储物流冷链设施，向乡镇和农村延伸生产营销网络。

（三）发挥加工转化对粮食供求的调节作用　按照企业自愿参与、政府适当补偿原则，选择一批骨干粮食加工转化企业纳入粮食市场调控体系，当粮食供大于求时，适当增加企业非食品用途的粮食加工转化；当粮食供应紧张时，相应减少或停止企业非食品用途的粮食加工转化。

七、保障区域粮食市场基本稳定

（一）完善粮食调控机制　有效发挥粮食储备吞吐、加工转化的调节作用和财政补贴的导向作用，确保粮食市场基本稳定。认真执行国家粮食进出口政策，积极配合检验检疫等部门加强进口粮食质量安全把关，配合海关等部门严厉打击粮食走私，对边境小额贸易、边民互市贸易实施有效管控。

（二）健全粮食应急供应保障体系　2017年年底前，各地要建成布局合理、设施完备、运转高效、保障有力的粮食应急供应保障体系，确保严重自然灾害或紧急状态时的粮食供应。每个乡镇、街道应至少有1个应急供应网点；直辖市、省会城市和计划单列市人口集中的社区，每3万人应至少有1个应急供应网点，并配套相应的应急加工企业、储备设施和配送中心。大中城市和价格易波动地区的成品粮油储备要达到10～15天市场供应量。采取企业自愿、政府认定、签订合同的方式，选择符合条件的粮食加工和经营企业承担应急供应任务并给予必要支持。

（三）加强粮食监测预警 健全粮食生产、流通、加工和消费调查统计体系，完善产粮大县粮食产量抽样调查制度，确保调查数据及时准确。落实粮食经营信息统计报告制度，督促各类涉粮企业按照国家粮食流通统计制度的规定，建立经营台账，定期向粮食行政管理部门报送统计数据。发挥物联网、大数据信息技术在粮食监测预警中的作用，加强粮食市场监测、分析和信息发布。

（四）维护粮食市场秩序 加快建立粮食经营企业信用体系和粮食市场监管协调机制，坚决打击囤积居奇、哄抬粮价、以次充好、掺杂使假、计量作弊等扰乱粮食市场秩序的行为。接受国家有关部门委托，做好行政区域内中央储备粮等中央事权粮食库存检查工作。

八、强化粮食质量安全治理

（一）加强源头治理 土壤受污染严重地区要采取耕地土壤修复、调整种植结构、划定粮食生产禁止区等措施，从源头上防治粮食污染。健全化肥、农药等农业投入品监督管理制度，大力推广高效肥和低毒低残留农药。建立耕地土壤环境监测网络，加快建成农村垃圾、农药包装废弃物、污水等收集处理系统，有效解决耕地面源污染问题。

（二）健全粮食质量安全保障体系 2018年年底前，在城乡普遍建立“放心粮油”供应网络。完善粮食质量安全标准体系，实行从田间到餐桌的全过程监管制度。加强监测预警，严防发生区域性、系统性粮食质量安全风险。加强对农药残留、重金属、真菌毒素超标粮食的管控，建立超标粮食处置长效机制，禁止不符合食品安全标准的粮食进入口粮市场。健全粮食产地准出制度和质量标识制度。

（三）落实粮食质量安全监管责任 严格实行粮食质量安全监管责任制和责任追究制度，落实地方政府属地管理和生产经营主体责任。加强基层粮食质量安全监管，强化县乡两级监管责任。深入开展粮食质量安全治理整顿，完善不合格粮食处理和有关责任者处罚机制。

九、大力推进节粮减损和健康消费

（一）加强爱粮节粮宣传教育 深入开展爱粮节粮宣传教育，大力普及营养健康知识，引导城乡居民养成讲健康、讲节约的粮食消费习惯，营造厉行节粮的浓厚社会氛围。推行科学文明餐饮消费方式，加强对餐饮业和单位食堂等的引导和监督，大力倡导“光盘行动”，制止粮食浪费行为。各级机关、国有企业和公共机构要率先垂范，杜绝粮食浪费。

（二）全面实施节粮减损 在粮食生产、流通、消费领域全面推广节粮减损新设施、新技术和新装备，大幅度降低粮食损耗。加快现有粮食仓储设施改造，鼓励新增设施使用绿色储粮技术。大力推广农户科学储粮。督促粮食加工企业合理控制加工精度，避免过度加工造成粮食浪费和营养流失，提高成品粮出品率和副产品综合利用率。

十、强化保障措施和监督考核

（一）强化粮食安全保障措施 加强粮食生产指导、重大技术推广、环境监测治理、统计信息服务、行政执法和监督检查、质量安全监管、农业投入品监管等方面的工作力量。各级财政要继续支持保障粮食安全的相关工作。粮食主销区和产销平衡区要及时足额安排粮食风险基金。地方各级人民政府要按照保障粮食安全的要求，落实农业、粮食等相关行政主管部门的职责任务。

（二）建立监督考核机制 发展改革委、粮食局要会同有关部门，根据本意见要求抓紧制定监督考核办法，定期组织对各省（区、市）人民政府落实粮食安全省长责任制情况进行考核，对成绩突出的给予表扬，对不合格的予以通报批评、责令整改并追究责任，重大情况及时向国务院报告。

4 第四部分

国内综合统计资料

国内综合统计资料
简 要 说 明

1. 本部分统计资料主要包括农林牧渔业主要产品产量、农产品加工机械拥有量及农产品加工行业固定资产投资情况、按国民经济行业分类统计有关农产品加工业现状、农产品加工业主要产品产量、农产品加工业主要产品出口创汇情况、农产品加工业部分行业与企业排序，以及我国西部地区综合统计等7部分统计数据。

2. 香港和澳门特别行政区的统计是构成国家统计总体的一部分，但根据中华人民共和国“香港特别行政区基本法”和“澳门特别行政区基本法”的有关原则，香港、澳门与内地是相对独立的统计区域。根据各自不同的统计制度和法律规定，独立进行统计工作。本部分中所涉及的统计数据均未包括香港、澳门特别行政区和台湾省。这三部分相关统计数据，另在本年鉴附录中列出。

3. 本部分统计资料数据，除已注明“资料来源”之外，其余均采用国家统计局公布的数据。

4. 本部分采用的统计数据，基本上以2013年数据为主，为了保持与上卷年鉴提供数据的连续性，有一部分统计数据是在上卷基础上，延续列出。

5. 本部分有关表中所示“规模以上企业”是指年产品销售收入2 000万元以上的企业。

6. 本部分有关表中所示工业产值、工业增加值、工业产品销售产值、利税总额等数据未单独标注者，均按当年价格计算（当年价格即为现行价格）。

7. 本部分统计资料数据所使用的计量单位，均采用国际统一标准计量单位。对有关行业未按国际统一标准计量单位提供的数据，编辑部均按国际统一标准计量单位进行了相应换算。

8. 本部分中同一类、同一行业统计数据，由于管理渠道、统计范围、数据采集方法、时间等略有不同，加之有些行业与相关管理部门交叉较多，因此数据也略有不同。但来自同一系统的数据基本上还是一致的。

9. 本部分统计资料中，依据国家统计局、农业部、国家林业局、中国食品工业协会、中国轻工业联合会、中国纺织工业联合会等部门、行业提供的相关数据，开辟了“我国西部地区综合统计”专栏。

10. 本部分统计资料中符号使用说明：“空格”表示该项统计指标数据不详或无该项数据；“*”或“①”表示本表下有注解。

11. 由于时间短促，难免有误，请给予批评指正。

农林牧渔业主要产品产量统计

表1　我国主要农产品产量（2009—2013年）　　单位：万t

年份	粮食						
	合计	谷物				豆类	薯类
		小计	稻谷	小麦	玉米		
2009	53 082	48 156	19 510	11 512	16 397	1 930	2 996
2010	54 648	49 637	19 576	11 518	17 725	1 897	3 114
2011	57 121	51 939	20 100	11 740	19 278	1 908	3 273
2012	58 958	53 935	20 424	12 102	20 561	1 731	3 293
2013	60 194	55 269	20 361	12 193	21 849	1 595	3 329

年份	棉花	油料				麻类	
		小计	花生	油菜籽	芝麻	小计	黄红麻
2009	637.7	3 154	1 471	1 366	62.2	38.8	7.5
2010	596.1	3 230	1 564	1 308	58.7	31.7	6.9
2011	659.8	3 307	1 605	1 343	60.5	29.6	7.5
2012	683.6	3 437	1 669	1 401	63.9	26.1	6.8
2013	629.9	3 517	1 672	1 446	62.3	22.9	6.1

年份	糖料			茶叶	烟叶	
	小计	甘蔗	甜菜		小计	烤烟
2009	12 777	11 559	718	135.9	306.6	281
2010	12 009	11 079	930	147.5	300.4	273
2011	12 517	11 444	1 073	162.3	313.2	287
2012	13 485	12 311	1 174	179.0	340.7	313
2013	13 746	12 820	926	192.4	337.4	315

年份	水果						蔬菜*
	合计	苹果	柑橘	梨	葡萄	香蕉	
2009	20 396	3 168	2 521	1 426	794	883	61 824
2010	21 401	3 326	2 645	1 506	855	956	65 099
2011	22 768	3 599	2 944	1 580	907	1 040	67 930
2012	24 057	3 849	3 168	1 707	1 054	1 156	70 883
2013	25 093	3 968	3 321	1 730	1 155	1 208	73 512

*　蔬菜产量含菜用瓜。

表 2　各地区主要农产品产量（2013 年）　　单位：万 t

地区	一、粮食								
	总产	其中:夏收粮食	1. 谷物						
			总产	(1) 稻谷				(2) 小麦	
				总产	早稻	中稻	晚稻	总产	其中:春小麦
全国总计	**60 193.8**	**13 184.8**	**55 269.2**	**20361.2**	**3 413.5**	**13 297.6**	**3 650.1**	**12 192.6**	**607.3**
北　京	96.1	18.7	94.4	0.1		0.1		18.7	
天　津	174.7	57.3	173.5	12.9		12.9		57.3	4.8
河　北	3 365.0	1 402.4	3 221.8	58.8		58.8		1 387.2	2.1
山　西	1312.8	231.7	1 246.0	0.7		0.7		230.7	0.2
内蒙古	2 773.0		2 433.6	56.0		56.0		180.4	180.4
辽　宁	2 195.6	31.5	2 122.7	506.9		506.9		2.4	2.7
吉　林	3 551.0		3 443.8	563.3		563.3			
黑龙江	6 004.1		5 495.9	2 220.6		2 220.6		38.9	38.9
上　海	114.2	23.3	112.3	86.8		86.8		17.6	
江　苏	3 423.0	1 195.8	3 313.0	1 922.3		1 922.3		1 101.3	
浙　江	734.0	63.9	647.9	580.2	71.7	439.8	68.7	27.8	
安　徽	3 279.6	1 338.5	3 127.3	1 362.3	130.8	1 101.5	130.0	1 332.0	
福　建	664.4	35.5	523.6	502.0	117.6	193.6	190.9	0.7	
江　西	2 116.1	9.5	2 019.9	2 004.0	828.0	264.3	911.7	2.5	
山　东	4 528.2	2 219.4	4 297.1	103.6		103.6		2 218.8	
河　南	5 713.7	3 235.2	5 522.7	485.8		485.8		3 226.4	
湖　北	2 501.3	501.0	2 373.9	1 676.6	222.8	1 153.6	300.3	416.8	
湖　南	2 925.7	60.1	2 763.5	2 561.5	860.5	770.4	930.7	11.0	
广　东	1 315.9	107.9	1 129.2	1 045.0	521.1		523.9	0.3	
广　西	1 521.8	36.0	1 425.5	1 156.2	555.2	93.0	508.0	0.3	
海　南	190.9	29.8	162.0	149.8	79.7	70.2			
重　庆	1 148.1	153.6	804.7	503.1		503.1		33.7	
四　川	3 387.1	575.5	2 815.3	1 549.5	0.5	1 548.1	0.3	421.3	
贵　州	1 030.0	240.7	740.7	361.3		361.3		51.5	
云　南	1 824.0	240.4	1 485.0	667.9	25.8	626.7	15.4	80.5	
西　藏	96.2		93.5	0.6		0.6		24.1	5.3
陕　西	1 215.1	423.6	1 096.3	91.0		91.0		389.8	
甘　肃	1 138.9	278.4	856.4	3.8		3.8		335.9	88.0
青　海	102.4		60.8					36.0	36.0
宁　夏	373.4	48.1	327.4	68.9		68.9		46.3	32.3
新　疆	1 377.0	627.0	1 339.7	59.8		59.8		602.1	216.6

（续）

地　区	一、粮　　食						
	1. 谷　　物				2. 豆　　类		
	（3）玉米	（4）谷子	（5）高粱	（6）其他谷物	总　产	（1）大豆	（2）杂豆
全国总计	**21 848.9**	**174.60**	**289.15**	**402.69**	**1 595.3**	**1 195.1**	**1 400.2**
北　京	75.2	0.30	0.08	0.03	0.9	0.8	0.1
天　津	102.1	0.03	0.10	0.01	0.9	0.9	
河　北	1 703.9	45.23	4.50	22.13	30.9	24.4	6.5
山　西	955.5	36.76	6.99	15.39	30.8	20.8	10.0
内蒙古	2 069.7	28.85	59.41	39.22	138.3	119.7	18.6
辽　宁	1 563.2	16.54	29.46	3.86	31.3	28.4	2.9
吉　林	2 775.7	19.37	85.43		58.8	45.4	13.4
黑龙江	3 216.4	2.44	16.37	1.23	400.2	386.7	13.5
上　海	2.5			5.28	1.1	0.8	0.3
江　苏	216.4	0.02	0.01	72.94	72.2	47.0	25.2
浙　江	26.8			13.10	33.8	22.6	11.2
安　徽	426.0	0.04	0.24	6.72	114.0	107.0	7.0
福　建	19.3	0.05	0.46	1.15	21.4	16.5	4.9
江　西	12.0	0.12	0.70	0.65	30.7	22.4	8.3
山　东	1 967.1	5.62	1.49	0.45	40.4	35.8	4.6
河　南	1 796.5	4.97	0.26	8.75	78.8	72.9	5.9
湖　北	270.8	0.02	0.78	8.93	31.7	19.6	12.1
湖　南	185.0		1.56	4.49	35.4	20.3	15.1
广　东	81.6	0.11	0.04	2.07	20.9	15.9	5.0
广　西	266.0	0.41	1.09	1.55	23.3	13.5	9.8
海　南	12.1		0.01	0.03	2.3	0.7	1.6
重　庆	258.1		8.45	1.37	46.0	19.6	
四　川	762.4		39.20	42.90	92.1	51.8	
贵　州	298.0	1.97	17.30	10.58	25.9	8.0	
云　南	734.2	0.10	0.30	2.01	131.4	31.8	
西　藏	2.5			66.33	2.2		
陕　西	586.7	9.60	5.30	13.87	32.8	25.0	7.8
甘　肃	571.5	2.05	4.93	38.18	37.9	18.7	19.2
青　海	16.4			8.43	5.7		5.7
宁　夏	206.2			5.95	2.0		2.0
新　疆	669.0		3.70	5.09	21.1	18.0	3.1

(续)

地 区	一、粮 食		二、油 料						三、棉花
	3. 薯 类*		总 产	1. 花生	2. 油菜籽	3. 芝麻	4. 胡麻籽	5. 向日葵	总 产
	总 产	其中:马铃薯							
全国总计	**3 329.3**	**1 918.8**	**3 516.90**	**1 697.2**	**1 445.8**	**62.3**	**39.9**	**242.3**	**629.9**
北 京	0.8		0.98	0.9				0.1	
天 津	0.3		0.58	0.5				0.1	4.8
河 北	112.4	61.8	151.13	130.1	3.5	0.9	3.7	12.2	45.7
山 西	16.0	29.6	19.47	1.8	0.7	0.3	7.0	5.4	3.1
内 蒙 古	201.1	200.4	158.14	3.9	33.7	0.2	4.2	116.0	0.2
辽 宁	41.6	28.6	113.64	111.3	0.1	0.1		1.8	0.1
吉 林	48.4	48.4	84.02	55.8		0.7		25.8	0.6
黑 龙 江	108.0	108.0	19.02	7.2	0.1	0.1		4.3	
上 海	0.7		1.50	0.2	1.3				0.4
江 苏	37.8		150.37	35.3	113.3	1.8			20.9
浙 江	52.3	23.5	37.78	5.2	31.7	0.9			2.8
安 徽	38.3	2.2	225.43	88.7	130.1	6.5			25.1
福 建	119.3	30.9	28.83	26.9	1.8	0.2			
江 西	65.5	6.5	119.29	45.2	70.4	3.7			13.1
山 东	190.6		349.61	345.7	2.4	0.1		0.2	62.1
河 南	112.1		589.08	471.4	89.8	26.9		1.0	19.0
湖 北	95.7	74.1	333.17	68.1	250.5	13.6		1.0	46.0
湖 南	126.8	36.8	224.44	28.3	194.6	1.5			19.8
广 东	165.9	23.5	101.01	99.8	0.8	0.4			
广 西	73.0	26.6	57.21	54.1	1.9	0.7		0.5	0.2
海 南	26.7		10.92	10.7		0.2			
重 庆	297.4	121.7	53.14	11.7	40.1	0.7		0.6	
四 川	479.7	281.0	290.44	65.4	224.0	0.5		0.4	1.3
贵 州	263.4	211.4	91.53	8.3	81.8			1.3	0.1
云 南	207.6	194.5	60.68	8.0	50.7			1.1	
西 藏	0.5	0.5	6.38		6.3				
陕 西	86.8	69.1	59.52	9.6	39.7	2.4	0.4	4.8	5.8
甘 肃	244.6	244.6	69.72	0.4	33.2		15.6	14.9	7.1
青 海	35.9	35.9	32.57		31.9		0.6		
宁 夏	44.0		16.81		0.2		7.0	9.0	
新 疆	16.2	15.3	62.63	2.6	11.3	0.1	1.4	41.9	351.8

* 薯类产量按5：1折粮计算，下同。

（续）

地区	四、麻类					五、糖料		
	总　产	1. 黄红麻	2. 苎麻	3. 大麻	4. 亚麻	总　产	1. 甘蔗	2. 甜菜
全国总计	**22.94**	**6.12**	**11.99**	**1.87**	**2.41**	**13 746.1**	**12 820.10**	**926.0**
北　京								
天　津								
河　北	0.08	0.07				74.2		74.2
山　西						22.5		22.5
内蒙古						181.4		181.4
辽　宁						17.1		17.1
吉　林						6.2		6.2
黑龙江	0.92			0.30	0.62	123.2		123.2
上　海						0.7	0.68	
江　苏	0.20		0.16	0.02		9.6	9.54	
浙　江	0.03	0.02				63.9	63.89	
安　徽	2.66	1.30	0.24	0.63		20.2	20.21	
福　建	0.04	0.03				58.6	58.62	
江　西	0.81	0.07	0.74			64.6	64.60	
山　东								
河　南	3.65	3.65				28.3	28.31	
湖　北	2.61	0.01	2.60			28.7	28.72	
湖　南	1.69	0.06	1.61		0.01	73.7	73.68	
广　东		0.04				1 553.2	1 553.23	
广　西	0.75	0.58	0.17			8 104.3	8 104.26	
海　南	0.12	0.12				440.8	440.80	
重　庆	0.95		0.94			10.9	10.90	
四　川	5.61	0.15	5.44			57.1	56.90	0.2
贵　州	0.10		0.05	0.01	0.04	159.3	159.30	
云　南	0.80			0.50	0.27	2 146.3	2 146.30	
西　藏								
陕　西	0.01		0.02	0.05		0.2	0.16	24.7
甘　肃	0.34			0.34		24.7		
青　海								
宁　夏								
新　疆	1.47				1.45	476.5		476.5

（续）

地区	六、烟叶		七、蔬菜、瓜类			
	总产	其中：烤烟	1. 蔬菜（含菜用瓜）	2. 瓜类		
				总产	(1) 西瓜	(2) 甜瓜
全国总计	**337.37**	**314.85**	**73 512.0**	**9 321.8**	**7 294.4**	**1 433.7**
北京			266.9	29.7	26.8	1.4
天津			455.1	26.6	20.5	2.3
河北	0.72	0.48	7 902.1	560.2	412.9	92.9
山西	0.99	0.99	1 198.5	80.9	65.6	13.4
内蒙古	1.33	1.19	1 421.1	231.3	151.8	75.1
辽宁	2.80	2.69	3 270.9	283.3	136.8	72.9
吉林	6.10	3.01	938.1	173.4	118.8	52.2
黑龙江	8.95	8.13	946.1	225.3	132.4	77.3
上海			398.4	37.7	28.7	6.8
江苏			5 237.8	539.6	404.5	68.7
浙江	0.25		1 764.3	292.5	237.2	26.6
安徽	4.30	4.22	2 418.0	649.2	544.6	51.3
福建	16.26	16.14	1 729.7	85.8	71.0	9.0
江西	5.05	4.76	1 257.6	196.4	166.7	14.4
山东	11.22	11.13	9 658.2	1 427.3	1 109.2	220.2
河南	34.65	34.65	7 112.5	1 711.4	1 508.0	188.5
湖北	12.70	9.46	3 578.3	351.0	303.1	39.6
湖南	26.34	25.30	3 603.5	384.1	341.5	37.9
广东	5.70	5.12	3 144.5	116.7	88.9	10.4
广西	3.80	3.11	2 435.6	310.8	284.1	26.0
海南	0.02	0.02	524.8	96.9	52.1	6.8
重庆	9.66	8.24	1 600.6	42.4	40.4	1.2
四川	25.07	20.56	3 910.7	121.3	107.2	1.8
贵州	43.56	41.79	1 500.4	62.0	51.8	2.4
云南	107.55	103.85	1 625.4	63.1	48.9	1.6
西藏			67.0	0.1	0.1	
陕西	8.66	8.54	1 629.4	277.0	211.7	53.2
甘肃	1.45	1.27	1 578.7	220.1	158.9	26.3
青海	0.05		158.9	1.6	1.5	
宁夏	0.20	0.20	509.0	179.8	165.6	14.1
新疆			1 669.9	544.2	303.4	239.5

表 3 我国玉米主产区生产情况（2012—2013 年） 单位：万 t

地 区	2012 年	2013 年	同比增长（%）
河 北	1 649.5	1 703.9	9.30
山 西	903.9	955.5	5.71
内蒙古	1 784.4	2 069.7	15.99
辽 宁	1 423.5	1 563.2	9.81
吉 林	2 578.8	2 775.7	7.64
黑龙江	2 887.9	3 216.4	11.38
山 东	1 994.5	1 967.1	−1.37
河 南	1 747.8	1 796.5	2.79
陕 西	566.9	586.7	3.49
其 他	5 024.2	5 214.2	3.78
总 计	**20 561.4**	**21 848.9**	**6.26**

表 4 各地区水果产量（2013 年） 单位：t

地 区	水 果	其中					
		苹 果	梨	柑 橘	桃	猕猴桃	葡 萄
全国总计	**157 712 591**	**39 682 618**	**17 300 751**	**33 209 414**	**11 924 085**	**1 765 847**	**11 550 024**
北 京	741 135	87 330	147 628		358 519	74	36 709
天 津	275 807	47 644	36 911		55 207		92 851
河 北	13 030 993	3 201 405	4 455 981		1 661 743	1 238	1 369 938
山 西	6 309 604	3 962 213	587 586		623 579	53	206 787
内蒙古	634 519	151 700	61 285		879		111 882
辽 宁	6 613 757	2 752 280	1 653 343		599 570		816 325
吉 林	612 504	171 467	131 991		1 285		147 787
黑龙江	491 133	140 649	28 238				81 441
上 海	370 113	6	36 454	155 190	71 161	1 234	100 604
江 苏	2 745 801	541 810	694 499	47 340	508 061	6 269	513 516
浙 江	4 231 201		393 006	1 930 268	393 217	30 555	659 478
安 徽	2 558 955	360 488	979 468	35 381	498 366	1 892	358 070
福 建	6 585 444	240	215 290	3 234 653	260 651	4 940	144 366
江 西	4 413 431		141 771	4 072 387	53 750	13 432	48 241
山 东	16 015 350	9 304 735	1 271 992		2 464 826	3 921	1 124 651
河 南	8 882 988	4 431 491	1 077 323	48 093	1 101 169	393 598	556 741
湖 北	5 694 151	10 183	563 121	4 003 942	724 857	20 990	236 845
湖 南	4 953 320		164 504	4 173 169	131 340	61 227	139 381
广 东	13 687 294		80 534	4 548 297	93 410		
广 西	11 226 347		277 292	4 230 414	230 513	3 183	366 987
海 南	3 425 421			62 485			
重 庆	2 768 591	4 900	360 078	1 931 925	106 019	16 573	72 070
四 川	7 187 296	518 661	962 939	3 436 160	499 611	149 348	288 367
贵 州	1 057 386	32 498	240 888	254 817	147 350	22 097	140 549
云 南	5 714 593	336 497	471 721	566 081	231 077	1 070	659 351
西 藏	12 264	5 496	1 367	582	2 741		492
陕 西	14 873 834	9 428 230	972 591	476 854	708 089	1 033 774	606 559
甘 肃	3 913 660	2695 952	362 772	1 376	215 206	378	258 520
青 海	13 519	5 382	4 147		543		99
宁 夏	845 236	510 528	12 974		31 026		172 158
新 疆	7 826 942	980 834	913 058		150 320		2 239 257

（续）

地 区	其		中			
	红 枣	柿 子	香 蕉	菠 萝	荔 枝	龙 眼
全国总计	**6 339 973**	**3 417 586**	**12 075 238**	**1 386 361**	**2 022 505**	**1 555 210**
北 京	9 723	43 036				
天 津	22 828	8 307				
河 北	1 167 677	444 477				
山 西	551 788	167 939				
内蒙古	976					
辽 宁	210 632					
吉 林						
黑龙江						
上 海	1 163	984				
江 苏	10 607	143 057				
浙 江		51 371				
安 徽	16 136	148 551				
福 建	39	206 987	915 058	36 923	151 699	244 446
江 西		20 178				
山 东	910 650	156 978				
河 南	415 495	546 320				
湖 北	33 855	66 092				
湖 南	28 145	20 208				
广 东		142 998	4 202 930	889 469	119 052	701 470
广 西	24 154	797 044	2 476 969	32 716	546 276	515 741
海 南			2 027 519	383 258	170 569	44 330
重 庆	5 970	11 535	1 850		405	12 266
四 川	15 675	48 793	40 307		16 845	25 401
贵 州	2 036	14 582	5 621		513	467
云 南	18 742	80 140	2 404 984	43 995	17 146	11 090
西 藏						
陕 西	675 998	396 380				
甘 肃	147 036	22 867				
青 海						
宁 夏	76 988					
新 疆	1 993 660					

表 5　各地区茶叶产量（2013 年）　　单位：t

地　区	茶　叶	其　中						
		绿　茶	青　茶	红　茶	黑　茶	黄　茶	白　茶	其他茶叶
全国总计	**1 924 457**	**1 313 362**	**236 773**	**159 967**	**91 931**	**200**	**12 002**	**110 223**
北　京								
天　津								
河　北								
山　西	5							5
内蒙古								
辽　宁								
吉　林								
黑龙江								
上　海								
江　苏	13 862	11 905		1 948			5	4
浙　江	168 602	162 711		1 321	3 047			1 523
安　徽	100 949	93 608	220	5 168			78	1 875
福　建	346 989	109 899	188 038	36 866			10 704	1 482
江　西	43 112	34 116	1 366	4 915	30	7	389	2 289
山　东	15 740	15 740						
河　南	55 891	49 063		6 828				
湖　北	221 957	170 408	4 819	23 757	18 343		246	4 384
湖　南	146 031	62 762	3 702	16 849	52 531	12	5	10 170
广　东	69 753	28 422	33 331	2 011		8		5 981
广　西	53 905	35 627	348	11 348	1 178			5 404
海　南	1 028	583		419				26
重　庆	34 221	26 816	35	3 128	1 894			2 348
四　川	219 536	181 391	3 743	3 660	14 428	145	387	15 782
贵　州	89 403	77 736	885	1 472	480	28	188	9 114
云　南	301 736	210 871	786	40 278				49 802
西　藏	40	5						35
陕　西	40 656	40 656						
甘　肃	1 042	1 042						
青　海								
宁　夏								
新　疆								

表 6 我国农垦系统主要农产品产量（2012—2013 年）

项 目	产 量（万 t）		
	2012 年	2013 年	同比增减（%）
一、粮食	2 371.36	3 419.88	1.44
夏收粮食	251.66	270.01	7.29
1. 稻谷	1 819.45	1 855.68	1.99
其中：早稻	524.10	604.65	15.37
2. 小麦	266.43	277.91	4.31
其中：春小麦	106.69	104.92	−1.66
3. 玉米	1 063.83	1 099.56	3.36
4. 谷子	0.75	0.83	10.67
5. 高粱	6.55	7.38	12.67
6. 大豆	121.50	89.52	−26.32
7. 薯类（折粮）	38.50	44.45	15.45
二、棉花	172.27	176.18	2.27
三、油料	78.26	80.42	2.76
其中：花生	11.08	13.45	21.39
油菜籽	42.16	41.08	−2.56
向日葵	22.02	23.31	5.86
四、糖料	850.65	846.16	0.53
其中：甘蔗	534.99	564.41	5.50
甜菜	315.66	281.75	−10.74
五、麻类	1.34	1.11	−17.16
六、烟叶	0.57	0.50	−12.28
七、药材	7.94	14.70	85.14
八、蔬菜、瓜类	1 127.61	1 286.50	14.09
九、其他农作物			
十、水果	409.39	478.03	16.77
十一、茶叶	4.40	4.41	0.23
十二、干胶	33.17	33.14	−0.09
十三、剑麻（折纤维）	3.04	3.05	0.33

表 7　各地区农垦系统主要农产品产量（2013 年）　　单位：万 t

地　区	粮　食	棉　花	油　料	糖　料	大　豆	干胶（t）
全国总计	**3 419.88**	**176.18**	**80.42**	**846.16**	**89.52**	**864 806**
北　京	0.33					
天　津	1.79					
河　北	48.40	2.04	0.19	0.91	0.10	
山　西	3.20	0.02	0.01	0.07	0.03	
内蒙古	187.62		25.54	2.91	14.46	
辽　宁	139.03		1.39	0.01	1.54	
吉　林	85.14		1.68		0.61	
黑龙江	2 120.95		1.05	43.59	62.09	
上　海	33.26		0.06			
江　苏	88.61	0.20	0.10		0.07	
浙　江	1.01		0.03		0.17	
安　徽	31.35	0.25	0.15		3.09	
福　建	6.61		0.43	2.61	0.17	
江　西	68.68	0.83	3.11	0.82	0.45	
山　东	6.59	0.40	0.07		0.13	
河　南	27.58	0.13	2.33		1.51	
湖　北	95.04	6.67	9.36	0.76	0.97	
湖　南	61.99	1.42	6.08	6.19	0.26	
广　东	5.94		0.87	226.52	0.05	17 387
广　西	1.57		0.50	242.19	0.04	999
海　南	17.50		0.58	40.52	0.06	420 816
重　庆	0.34					
四　川	0.43					
贵　州	0.65		0.08			
云　南	5.89		0.01	44.80		425 604
西　藏						
陕　西	5.45	0.16	0.12		0.40	
甘　肃	27.36	0.65	2.24	0.08	0.08	
青　海	3.34		1.33			
宁　夏	35.67		0.42			
新　疆	308.39	163.40	22.70	234.10	3.21	

表 8　我国农垦系统茶、桑、果、林生产情况（2012—2013 年）

指　标	单　位	2010 年	2011 年	同比增长（%）
一、年末实有茶园面积	khm^2	28.9	30.2	4.5
茶叶总产量	万 t	4.4	4.4	
二、年末实有桑园面积	khm^2	1.9	2.0	5.3
三、年末实有果园面积	khm^2	391.5	402.1	2.7
水果总产量	万 t	409.4	484.2	18.3
其中：苹果	万 t	49.9	56.5	13.2
梨	万 t	51.7	51.6	−0.2
柑橘	万 t	31.3	33.3	6.4
四、年末实有橡胶园面积	khm^2	443.0	447.8	1.1
当年橡胶开割面积	khm^2	315.0	318.3	1.0
每公顷产干胶	kg	1 053.1	4 616.0	338.3
全年干胶总产量	万 t	33.2	33.1	−0.3
五、当年造林面积	khm^2	60.2	57.2	−5.0
用材林	khm^2	12.2	11.8	−3.3
经济林	khm^2	13.1	16.5	26.0
防护林	khm^2	33.0	28.2	−14.5
薪炭林	khm^2	0.1	0.1	
特种用材林	khm^2	0.8	0.7	−12.5

表 9　我国热带、亚热带作物产量（2013 年）

项　目	单位	总计	福建	广东	广西	海南	云南
一、橡胶总产量（干胶片）	t	864 806		17 387	999	420 816	425 604
二、咖啡豆总产量（干咖啡豆）	t	116 826				242	116 585
三、椰子（按果实计）	万个	25 462		62		25 359	41
四、腰果总产量（干果）	t	340				290	50
五、香料作物（折香料油计）	t	1 020		3	2	83	932
其中：香茅草（折香料油计）	t	335		3			332
六、剑麻（番麻）（折纤维计）	t	109 704		35 084	70 649	3 971	

表 10　我国棉花主产区生产情况（2012—2013 年）

单位：万 hm^2、万 t

地　区	面　积			产　量		
	2012 年	2013 年	同比增长（%）	2012 年	2013 年	同比增长（%）
新　疆	172.1	171.8	−0.17	353.9	351.8	−0.59
山　东	68.9	67.3	−2.32	69.8	62.1	−11.03
河　南	25.7	18.7	−27.24	25.7	19.0	−26.07
河　北	57.8	48.3	−16.44	56.4	45.7	−18.97
湖　北	47.3	41.6	−12.05	54.5	46.0	−15.60
江　苏	17.1	15.5	−9.36	22.0	20.9	−5.00
安　徽	30.5	28.5	−6.56	29.4	25.1	−14.63
湖　南	17.2	16.0	−6.98	25.1	19.8	−21.12
主产区总计	436.6	407.7	−6.62	636.6	590.4	−7.26
全国总计	**468.8**	**434.6**	**−7.30**	**683.6**	**629.9**	**−7.86**
主产区占全国比重（%）	93.1	93.8	0.7	93.1	93.7	0.66

表 11　各地区蔬菜产量增减情况（2012—2013 年）　单位：万 t

地　区	2012 年	2013 年	同比增长（%）
全国总计	**70 883.1**	**73 512.0**	**3.71**
北　京	279.9	266.9	−4.66
天　津	447.7	455.1	1.64
河　北	7 695.1	7 902.1	2.69
山　西	1 073.3	1 198.5	11.66
内蒙古	1 476.3	1 421.1	−3.74
辽　宁	2 977.6	3 270.9	9.85
吉　林	957.5	938.1	−2.03
黑龙江	866.4	946.1	9.20
上　海	406.9	398.4	−2.09
江　苏	4 984.6	5 237.8	5.08
浙　江	1 819.8	1 764.3	−3.05
安　徽	2 329.5	2 418.0	3.89
福　建	1 673.9	1 729.7	3.33
江　西	1 213.1	1 257.6	3.66
山　东	9 386.0	9 658.2	2.90
河　南	7 011.7	7 112.5	1.44
湖　北	3 506.4	3 578.3	2.05
湖　南	3 480.9	3 603.5	3.52
广　东	2 982.7	3 144.5	5.42
广　西	2 356.7	2 435.6	3.35
海　南	499.0	524.8	5.17
重　庆	1 509.3	1 600.6	6.05
四　川	3 764.7	3 910.7	3.88
贵　州	1 375.6	1 500.4	9.07
云　南	1 472.7	1 625.4	10.38
西　藏	65.6	67.0	2.14
陕　西	1 525.6	1 629.4	6.80
甘　肃	1 460.4	1 578.7	8.10
青　海	158.7	158.9	0.12
宁　夏	471.1	509.0	8.05
新　疆	1 656.0	1 669.9	0.84

表 12　我国主要林产品产量（2009—2013 年）　单位：万 t

年　份	木材(万 m^3)	生　漆	油桐籽	油茶籽	松　脂	核　桃	橡　胶
2009	7 068.3	2.05	36.73	116.93	104.66	97.94	61.89
2010	8 090.0	2.00	43.40	109.20	111.60	128.44	69.10
2011	8 145.9	1.89	43.77	148.00	115.66	165.55	75.08
2012	8 174.9	2.60	42.70	172.77	121.51	204.69	80.23
2013	8 438.5	2.52	41.89	177.65	130.77	232.50	86.48

表13 各地区主要林产品产量（2013年）

单位：t

地区	生漆	油桐籽	油茶籽	乌桕籽	五倍子	棕片	松脂	竹笋干	核桃	板栗	紫胶（原胶）
全国总计	**25 154**	**418 924**	**1 776 506**	**37 003**	**23694**	**54 134**	**1 307 747**	**574 793**	**2 325 010**	**2 132 301**	**4 913**
北　京									18 882	38 969	
天　津									1 102	1 046	
河　北									104 334	284 555	
山　西									58 025	2 605	
内蒙古											
辽　宁									144 070	103 006	
吉　林									29 771	666	
(吉林集团)									(1 424)		
黑龙江									4 236	310	
(龙江集团)									(3 698)	(310)	
上　海								184			
江　苏			62		3			3 200	2 117	26 905	
浙　江	10	87	45 681			462	1 136	140 040	16 333	86 587	
安　徽	410	2 830	63 932	106	83	3 767	11 141	25 661	17 805	24 204	
福　建	178	23 240	97 825	398	107	16 255	100 413	119 159	840	95 545	158
江　西	235	8 012	412 339	184	13	2 170	101 314	18 569	5	25 564	
山　东									100 376	314 753	
河　南	2 209	83 830	17 461	10 825	4 181		3 064	180	83 228	122 288	
湖　北	6 897	25 290	87 483	18 344	3 710	3 656	39 867	8 428	93 987	410 983	
湖　南	610	39 591	725 190	917	1 699	4 936	41 041	32 861	13 479	99 102	2
广　东	6	7650	83 547	576	2	2 714	216 098	38 220		13 274	2 795
广　西	37	77 715	168 544	117	106	2 987	586 484	28 468	1 266	91 604	
海　南			47				14 348	1 369			
重　庆	6 095	13 412	4 520	618	7 074	542	57	38 796	12 215	17 816	
四　川	583	15 276	5 361	1 404	484	1 462	1 987	87 855	245 876	39 189	
贵　州	3 103	75 275	41 430	2 476	1 602	3 596	7 631	15 362	20 790	27 642	5
云　南	271	18 277	15 390	388	220	9 004	182 369	12 544	705 043	128 810	1 953
西　藏									6 482		
陕　西	4 476	28 390	7 694	650	4 222	2 569	797	3 861	159 921	74 116	
甘　肃	34	49			188	14		36	75 913	2 762	
青　海									503		
宁　夏									240		
新　疆									408 171		

表 14 我国主要牲畜饲养情况（2009—2013 年） 单位：万头（只）

年 份	合 计	大牲畜年底存栏头数				
		牛	马	驴	骡	骆 驼
2009	12 358	10 727	679	648	279	24.8
2010	12 239	10 626	677	640	270	25.6
2011	11 966	10 361	671	648	260	27.3
2012	11 892	10 343	634	636	249	29.5
2013	11 853	10 385	603	603	230	31.6

年 份	肉猪出栏头数	牛出栏头数	猪年底存栏头数	羊年底存栏只数			羊出栏只数
				合 计	山 羊	绵 羊	
2009	64 539	4 602	46 996	28 452	15 050	13 402	26 588
2010	66 686	4 717	46 460	28 088	14 204	13 884	27 220
2011	66 326	4 671	46 863	28 236	14 274	13 962	26 662
2012	69 790	4 761	47 592	28 504	14 136	14 368	27 100
2013	71 557	4 828	47 411	29 036	14 035	15 002	27 587

表 15 我国主要畜产品产量（2009—2013 年）

年 份	总产量（万 t）	肉类产量（万 t）				奶类产量（万 t）		禽蛋产量（万 t）
		猪牛羊肉				总产量	其中:牛奶	
		小 计	猪 肉	牛 肉	羊 肉			
2009	7 649.7	5 915.7	4 890.5	635.5	389.4	3 677.7	3 518.8	2 742.5
2010	7 925.8	6 123.1	5 071.2	653.1	398.9	3 748.0	3 575.6	2 763.0
2011	7 965.1	6 101.1	5 060.4	647.5	393.1	3 810.7	3 657.8	2 811.4
2012	8 387.2	6 405.9	5 342.7	662.3	401.0	3 875.4	3 743.6	2 861.2
2013	8 535.0	6 574.4	5 493.0	673.2	408.1	3 649.5	3 531.4	2 876.1

年 份	蜂蜜(万 t)	蚕 茧（万 t）		绵羊毛（万 t）			山羊毛总产（t）	羊绒总产（t）
		总 产	其中:桑蚕茧	总 产	细羊毛	半细羊毛		
2009	40.2	83.2	76.1	36.4	12.7	11.3	49 453	16 964
2010	40.1	87.3	80.0	38.7	12.3	11.5	42 714	18 518
2011	43.1	91.6	83.6	39.3	13.3	12.0	44 047	17 989
2012	44.8	90.6	83.1	40.0	12.6	13.2	43 924	18 021
2013	45.0	89.2	81.7	41.1	13.3	13.5	41 875	18 114

表 16 各地区奶类产量（2012—2013 年） 单位：万 t

地 区	2012 年		2013 年	
	奶类产量	其中：牛奶	奶类产量	其中：牛奶
全国总计	**3 875.4**	**3 743.6**	**3 649.5**	**3 531.4**
北 京	65.1	65.1	61.5	61.5
天 津	68.2	67.9	68.5	68.2
河 北	479.0	470.4	465.7	458.0
山 西	81.0	80.0	87.2	86.2
内 蒙 古	930.7	910.2	778.6	767.3
辽 宁	130.2	124.7	125.7	120.9
吉 林	49.8	49.1	48.3	47.6
黑 龙 江	565.0	559.9	522.5	518.2
上 海	30.2	30.2	26.5	26.5
江 苏	61.3	61.3	59.9	59.9
浙 江	19.3	19.3	18.2	18.2
安 徽	24.1	24.1	25.3	25.3
福 建	15.4	15.0	15.3	14.9
江 西	12.6	12.6	12.2	12.2
山 东	294.1	283.9	281.2	271.4
河 南	330.4	316.1	328.8	316.4
湖 北	15.7	15.3	15.8	15.4
湖 南	8.5	8.5	8.9	8.9
广 东	13.9	13.6	14.1	13.8
广 西	9.4	9.4	9.6	9.6
海 南	0.2	0.2	0.2	0.2
重 庆	7.7	7.7	6.8	6.8
四 川	72.2	71.7	71.1	70.6
贵 州	5.1	5.1	5.5	5.5
云 南	58.0	53.7	59.3	54.5
西 藏	31.6	25.6	33.0	27.0
陕 西	189.1	141.8	188.5	141.1
甘 肃	38.6	38.0	39.1	38.5
青 海	29.4	27.6	28.7	27.6
宁 夏	103.5	103.5	104.2	104.2
新 疆	136.3	132.2	139.2	135.0

表 17 我国农垦系统主要畜产品产量（2012—2013 年） 单位：万 t

项 目	2012 年	2013 年	同比增长（%）
1. 肉类总产量	296.6	286.4	−3.44
其中：猪肉	173.5	165.7	−4.51
牛肉	26.7	27.9	4.49
羊肉	20.1	19.0	−5.61
2. 牛奶	435.0	402.1	−7.58
3. 羊毛	2.8	3.2	0.40
4. 蜂蜜	1.1	1.1	
5. 禽蛋	47.7	47.7	

表 18　我国水产品产量（2009—2013 年）　　单位：kt

年　份	总产量	1. 海水产品	其　中		2. 内陆产品	其　中	
			捕　捞	养　殖		捕　捞	养　殖
2009	51 164	26 816	11 786	15 030	24 349	2 184	22 165
2010	53 730	27 975	12 036	15 939	25 755	2 289	23 465
2011	56 032	29 080	13 281	15 799	26 952	2 232	24 719
2012	59 077	30 333	13 895	16 438	28 743	2 298	26 445
2013	61 720	31 388	13 996	17 392	30 332	2 308	28 024

表 19　各地区水产品产量（2013 年）　　单位：kt

地　区	总产量	1. 海水产品	其　中		2. 内陆产品	其　中	
			捕　捞	养　殖		捕　捞	养　殖
全国总计	**61 720**	**31 388**	**14 665**	**16 723**	**30 332**	**23 08**	**28 024**
北　京	64	7			57	4	53
天　津	399	79	67	12	320	13	307
河　北	1 231	683	231	452	548	98	450
山　西	46				46	2	44
内蒙古	141				141	31	110
辽　宁	5 050	4 111	1 283	2 828	939	54	885
吉　林	186				186	21	165
黑龙江	489				489	52	437
上　海	289	125	125		164	4	160
江　苏	5 094	1 512	1 473	939	35 82	329	3 253
浙　江	5 508	4 432	3 560	872	1 076	95	981
安　徽	2 155				2 155	325	1 830
福　建	6 585	5 717	2 168	3 549	868	85	783
江　西	2 426				2 426	260	2 166
山　东	8 632	6 995	2 429	4 566	1 637	142	1 495
河　南	850				850	47	803
湖　北	4 104				4 104	213	3 891
湖　南	2 341				2 341	105	2 236
广　东	8 161	4 424	1 554	2 870	3 737	130	3 607
广　西	3 193	1 710	654	1 056	1 484	132	1 352
海　南	1 831	1 369	1 121	248	462	21	441
重　庆	385				385	15	370
四　川	1 261				1 261	60	1 201
贵　州	167				167	14	153
云　南	486				486	38	448
西　藏							
陕　西	125				125	5	120
甘　肃	14				14		14
青　海	6				6		6
宁　夏	145				145		145
新　疆	132				132	13	119

表 20 我国沿海地区海洋捕捞水产品产量（按种类分）（2013 年） 单位：kt

地 区	海洋捕捞产量	按水产品种类分					
		1. 鱼类	带 鱼	鳀 鱼	蓝圆鲹	鲐 鱼	鲅 鱼
全国总计	**12 643.8**	**8 717.6**	**1 096.8**	**866.8**	**570.6**	**511.5**	**472.0**
天 津	53.4	49.0	0.2	38.1		4.0	1.7
河 北	230.5	123.6	5.7	38.3		0.1	15.9
辽 宁	1 079.3	658.6	17.1	87.6		54.4	83.4
上 海	19.6	7.8	0.3				0.1
江 苏	553.8	305.6	56.7	2.3	0.1	8.8	8.7
浙 江	3 192.0	2 108.1	440.5	60.9	100.9	183.4	71.6
福 建	1 937.3	1 440.7	166.9	79.7	241.2	123.4	50.0
山 东	2 315.2	1 597.7	90.4	515.7		63.0	173.7
广 东	1 490.8	1 096.9	141.2	30.5	111.5	30.0	27.7
广 西	650.6	370.4	31.0		73.1	13.6	2.2
海 南	1 021.3	959.4	146.8	13.8	43.9	10.9	37.0

地 区	按水产品种类分						
	鲳 鱼	小黄鱼	海 鳗	金线鱼	沙丁鱼	石斑鱼	金枪鱼
全国总计	**326.1**	**364.1**	**370.9**	**331.7**	**141.6**	**102.0**	**43.0**
天 津		3.0					
河 北	2.1	11.2					
辽 宁	5.2	104.4	1.1	0.1	10.6	2.0	
上 海	0.2	0.1	0.2				
江 苏	34.5	30.7	8.0		0.3		
浙 江	85.3	88.2	85.1	4.0	21.5	1.3	4.7
福 建	58.2	9.6	67.8	10.5	12.8	17.6	3.5
山 东	26.1	76.4	23.9		10.0		
广 东	61.6	23.4	81.8	83.2	62.3	35.7	18.1
广 西	12.0		13.8	35.3	12.9	5.9	
海 南	41.0	17.0	89.1	198.6	11.1	39.4	16.8

注：海洋捕捞产量不含远洋。

（续）

地区	按水产品种类分					
	2. 甲壳类	虾	毛 虾	对 虾	鹰爪虾	蟹	其中：梭子蟹
全国总计	**2 285.5**	**1 551.3**	**566.5**	**130.3**	**324.5**	**734.2**	**470.6**
天 津	1.8	1.3	0.2	0.1		0.5	0.3
河 北	56.3	40.4	11.3	1.6	2.6	15.9	10.3
辽 宁	203.6	139.1	38.6	4.0	7.4	64.5	29.6
上 海	11.6	2.4		0.1	1.5	9.2	5.0
江 苏	150.7	47.8	21.7	3.0	10.0	102.9	91.8
浙 江	884.3	672.7	267.6	16.1	201.5	211.5	137.3
福 建	315.0	181.7	58.7	22.2	44.0	133.3	86.7
山 东	266.7	230.6	92.7	4.5	31.7	36.1	24.5
广 东	225.5	146.5	41.7	56.6	13.1	78.9	44.8
广 西	125.5	70.6	28.4	18.5	8.1	54.9	30.6
海 南	44.5	18.1	5.6	3.6	4.5	26.5	9.8

地区	按水产品种类分						
	3. 贝类	4. 藻类	5. 头足类	鱿鱼	章鱼	6. 其他类	海蜇
全国总计	**547.6**	**28.0**	**664.3**	**361.1**	**116.8**	**400.8**	**211.3**
天 津	2.1		0.5	0.3	0.2	0.1	
河 北	20.4		9.5	0.3	5.8	20.8	15.7
辽 宁	90.6	0.2	63.0	37.9	9.5	63.5	27.2
上 海			0.1	0.1	0.1		
江 苏	52.5	1.3	15.2	8.1	4.4	28.5	17.2
浙 江	18.4	2.8	147.2	87.7	27.8	31.2	3.5
福 建	49.0	1.8	114.6	57.0	16.4	16.3	12.6
山 东	176.2	1.7	117.8	71.1	24.5	155.1	75.6
广 东	53.2	6.9	74.6	31.1	16.6	33.8	16.4
广 西	55.9		48.6	24.1	6.7	50.1	42.3
海 南	29.3	13.6	73.0	43.4	5.0	1.5	0.1

表 21　我国沿海地区海水养殖水产品产量（按品种分）（2013 年）　单位：kt

地　区	海水养殖产量	1. 鱼类	鲈　鱼	鲆　鱼	大黄鱼	美国红鱼	石斑鱼
全国总计	**17 392.5**	**1 123.6**	**128.1**	**122.6**	**105.2**	**59.1**	**82.4**
天　津	12.3	3.5	0.1	2.4			0.3
河　北	452.3	11.1	0.4	3.1			
辽　宁	2 827.6	59.0	1.2	35.8			
上　海							
江　苏	938.7	82.4	1.5	4.5			
浙　江	871.7	29.5	8.0	0.3	3.3	7.9	0.2
福　建	3 549.0	244.7	24.4	2.8	92.3	14.1	24.6
山　东	4 566.4	160.0	21.3	72.2	0.1	8.2	0.2
广　东	2 870.0	433.3	60.3	1.5	9.6	21.6	36.5
广　西	1 056.5	42.4	7.4			4.8	1.8
海　南	248.7	57.7	3.5			2.5	18.8

地　区	鲷　鱼	军曹鱼	鰤　鱼	河　鲀	鲽　鱼	2. 甲壳类	虾
全国总计	**57.1**	**39.6**	**36.0**	**14.4**	**5.6**	**1 340.2**	**1 081.3**
天　津				0.1		8.7	8.7
河　北				1.9	0.7	21.2	18.9
辽　宁			0.1	3.5		29.9	28.0
上　海							
江　苏	0.1			0.2	2.1	108.6	73.7
浙　江	2.6	0.2	0.1	0.1	0.1	96.1	48.9
福　建	37.9	0.1	4.9	2.4	0.5	142.4	84.2
山　东	1.0			3.6	2.0	121.0	94.8
广　东	21.6	25.5	29.9	2.6	0.1	437.7	382.5
广　西	5.2	0.1				234.6	219.1
海　南	2.7	13.8	0.9	0.1		140.0	122.4

（续）

地　区	虾				蟹	梭子蟹	青　蟹
	南美对白虾	斑节对虾	中国对虾	日本对虾			
全国总计	**812.5**	**72.0**	**41.9**	**45.9**	**258.9**	**109.6**	**138.1**
天　津	8.7						
河　北	10.8		4.3	3.8	2.4	2.4	
辽　宁	12.7		10.6	2.8	1.9	1.4	
上　海							
江　苏	20.2	2.9	6.5	1.6	34.9	31.2	2.0
浙　江	32.3	0.7	1.2	1.0	47.2	19.5	27.3
福　建	61.1	5.9	3.9	10.8	58.2	25.7	29.7
山　东	63.6	2.5	7.6	19.7	26.1	24.3	1.5
广　东	294.5	46.5	7.8	6.1	55.2	5.0	44.7
广　西	192.2	10.7		0.2	15.5		15.5
海　南	116.4	2.8			17.5	0.1	17.3

地　区	3. 贝类	牡　蛎	蛤	扇　贝	蛏	贻　贝	蚶
全国总计	**12 728.0**	**4 218.6**	**3 853.5**	**1 608.2**	**720.8**	**747.1**	**336.9**
天　津							
河　北	409.8		35.2	338.9		0.6	35.2
辽　宁	2 282.9	201.4	1 170.8	403.1	28.8	35.1	33.6
上　海							
江　苏	708.8	38.8	370.3		87.6	56.3	28.4
浙　江	697.5	154.6	57.4	0.3	223.5	82.4	132.4
福　建	2 361.7	1 521.4	323.6	7.0	213.9	78.2	46.8
山　东	3 547.1	758.2	1 345.0	761.0	145.0	390.3	5.5
广　东	1 916.4	1 069.1	302.5	95.6	20.9	94.0	51.2
广　西	776.6	473.4	236.6	2.2	1.2	10.1	3.1
海　南	27.3	1.7	12.1	0.1			0.8

（续）

地区	螺	蚶	鲍	江珧	4. 藻类	海带	裙带菜
全国总计	**212.8**		**110.4**	**17.3**	**1 856.8**	**1 017.7**	**170.1**
天津							
河北							
辽宁			2.0		319.7	180.2	131.0
上海							
江苏	59.7		0.1		29.6	0.5	
浙江	12.1		0.1		45.2	10.3	
福建	4.4		88.5		774.7	576.6	
山东	17.3		12.0		588.9	246.0	38.7
广东	80.2		7.0	17.3	75.8	4.1	0.4
广西	36.7						
海南	2.4		0.7		22.8		

地区	江蓠	紫菜	5. 其他	海参	海胆	海水珍珠	海蜇
全国总计	**246.1**	**113.9**	**343.8**	**193.7**	**6 427.2**	**8.8**	**66.5**
天津							
河北			10.2	8.0			2.2
辽宁			136.1	70.7	142.2		52.2
上海							
江苏	1.3	27.7	9.3	0.5			5.1
浙江	0.7	19.3	3.4	0.3			0.4
福建	122.6	56.2	25.5	17.6	5.0		3.5
山东	51.2	0.6	149.4	96.5	4 120.0		2.8
广东	57.4	10.1	6.7	0.2	2 159.9	6.1	0.3
广西			2.9			0.6	0.1
海南	12.8		0.4			2.1	

表 22　各地区农垦系统水产品养殖面积与产量（2013 年）　单位：hm^2、t

地　区	水产养殖面积	水产品总产量	其中：养殖产量	对虾养殖面积	对虾产量
全国总计	**318 397**	**1 509 641**	**1 281 262**	**20 106**	**52 149**
北　京					
天　津	604	7 609	7 609		
河　北	18 424	138 419	117 746	9 824	26 593
山　西	8	6	6		
内蒙古	3 856	6 727	1 546		
辽　宁	73 101	488 020	337 538	3 838	3 387
吉　林	1 154	888	730		
黑龙江	24 337	36 663	26 288		
上　海	3 391	38 365	38 365		
江　苏	4 509	48 466	46 653	503	4 559
浙　江	1 047	4 516	2 555	476	987
安　徽	915	4 673	4 025		
福　建	2 100	30 176	22 232	233	743
江　西	19 027	42 223	31 376		
山　东	5 660	8 154	5 250	3 443	1 955
河　南	718	7 860	7 840		
湖　北	47 870	414 460	414 460		
湖　南	50 517	79 615	66 661		
广　东	4 011	35 262	35 262	1 177	11 277
广　西	1 411	17 020	17 020	272	1 792
海　南	4 874	39 207	39 207	334	838
重　庆	2 028	966			
四　川	26	322	322		
贵　州	124	63	63		
云　南	1 409	5 620	5 620		
西　藏					
陕　西	33	42	42		
甘　肃	339	85	85		
青　海					
宁　夏	7 030	11 445	11 445		
新疆(兵团)	36 443	39 334	39 334	6	18
新疆(农业)	3 350	1 856	1 856		
新疆(畜牧)	51	252	127		
热作两院	22	176			
广　州					
南　京	8	11			
昆　明					

表 23 我国按人口平均的主要农畜产品产量（2009—2013 年） 单位：kg/人

年 份	粮 食	棉花	油 料	水 果	茶 叶	猪、牛、羊肉
2009	399	4.8	23.7	153.2	1.02	44.4
2010	409	4.5	24.2	160.0	1.10	45.8
2011	425	4.9	24.6	169.4	1.21	45.4
2012	437	5.1	25.6	178.1	1.33	47.4
2013	443	4.6	25.9	184.4	1.41	48.6
年 份	禽 蛋	牛 奶	水产品	糖 料	烤 烟	黄红麻
2009	20.5	26.4	38.4	92.2	2.10	0.06
2010	20.6	26.7	40.2	89.8	2.04	0.05
2011	20.9	27.1	41.7	93.1	2.13	0.06
2012	21.1	27.6	43.7	99.8	2.23	0.05
2013	21.1	26.1	45.5	101.0	2.31	0.04

表 24 我国城乡居民家庭人均食品消费量比较（2009—2013 年） 单位：kg/人

年 份	粮 食		蔬 菜		食用油(植物油)		猪牛羊肉		家 禽		水产品	
	农村	城市	农村	城市	农村	城市	农村	城市	农村	城市	农村	城市
2009	199.1		99.7	123.2	5.4	10.3	13.9	22.7	4.4	8.0	5.3	7.8
2010	189.3	81.3	98.4	120.5	5.4	9.8	15.3	24.2	4.3	10.5	5.3	7.9
2011	181.4	81.5	93.3	116.1	5.3	8.8	15.8	24.5	4.2	10.2	5.2	15.2
2012	170.7	80.7	89.4	114.6	7.5	9.3	16.3	24.6	4.5	10.6	5.4	14.6
2013	164.3	78.8	84.7	112.3	6.9	9.1	16.4	25.0	4.5	10.8	5.4	15.2

表 25 我国城镇和农村人口人均食品消费支出情况（2009—2013 年） 单位：元/人

项 目	2009	2010	2011	2012	2013
全国人均	**2 960.56**	**3 301.18**	**3 623.91**	**4 104.04**	**4 126.7**
城镇居民	4 478.54	4 804.71	5 506.33	6 040.85	6 311.9
农村居民	1 636.04	1 800.67	1 651.29	1 969.66	2 495.5
人均增长	110.08	340.62	322.73	477.13	21.7
城镇居民增长	218.73	326.17	701.62	534.52	271.0
农村居民增长	37.29	164.53	−149.38	318.37	525.8

资料来源：表中数据出自 2014 年《中国统计年鉴》。

表 26 我国人口增长情况（2009—2013 年） 单位：万人

项 目	2009	2010	2011	2012	2013
人口数	133 450	134 091	133 735	135 404	136 072
增长人数	648	641	644	669	668
其中：城镇人口	64 512	66 978	69 079	71 182	73 111
农村人口	68 938	67 113	65 656	64 222	62 961

农产品加工机械拥有量及农产品加工行业固定资产投资情况

表 27　农业部系统农产品初加工机械年末拥有量（2013 年）

地区	农产品初加工动力机械		初加工作业机械（万台）	畜牧养殖机械（万台）	渔业机械（万台）	林果机械（万台）
	万台	万 kW				
全国总计	**1 467.5**	**8 733.7**	**1 345.8**	**686.5**	**375.4**	**33.6**
北　京	0.5	5.3	0.6	1.7	1.3	0.45
天　津	2.4	8.7	0.7	0.7	6.4	0.02
河　北	98.2	905.0	48.4	14.0	5.9	0.35
山　西	23.5	197.4	18.2	8.8	0.2	0.56
内蒙古	10.6	93.6	6.9	24.4	0.2	0.23
辽　宁	21.9	136.8	15.7	20.4	7.7	0.65
吉　林	15.6	147.6	13.1	16.0	0.7	0.07
黑龙江	12.9	141.4	6.0	12.7	0.3	0.15
上　海	0.3	3.1	0.3	0.2	2.8	0.09
江　苏	25.9	263.9	23.2	14.2	85.9	1.65
浙　江	19.9	135.2	52.5	5.5	24.9	3.09
安　徽	51.4	349.7	53.6	7.6	7.9	2.88
福　建	68.3	214.2	69.8	5.6	19.1	3.14
江　西	32.1	306.6	27.3	4.6	5.3	0.83
山　东	101.0	913.4	50.3	22.1	13.3	1.18
河　南	83.2	598.8	55.7	23.0	4.0	0.31
湖　北	94.7	470.8	94.1	41.6	38.9	5.30
湖　南	138.4	725.7	133.4	26.1	14.0	0.97
广　东	29.1	239.1	24.1	13.4	95.2	1.66
广　西	88.0	465.7	96.3	35.9	7.5	0.68
海　南	2.5	27.9	2.4	0.9	7.4	0.07
重　庆	95.8	328.3	108.7	60.3	6.2	0.69
四　川	152.3	428.7	179.9	61.3	15.6	0.53
贵　州	131.9	542.3	134.6	38.0		0.45
云　南	84.8	448.4	82.4	137.1	1.9	0.34
西　藏	1.4	5.6	1.4	1.4		
陕　西	39.3	198.8	25.0	33.9	1.3	1.96
甘　肃	33.0	137.1	14.6	29.1	0.1	0.01
青　海	1.2	9.2	1.5	1.5		
宁　夏	2.4	25.4	2.1	15.5	0.7	2.22
新　疆	5.0	60.0	3.0	9.3	0.7	3.07

表 28 我国农产品加工行业固定资产投资情况（2013 年） 单位：亿元、%

行业	投资额	新增固定资产	固定资产交付使用率（平均值）
合计	**39 530.8**	**29 266.9**	**73.1**
农副食品加工业	8 580.1	6 315.3	73.6
食品制造业	3 685.9	2 714.6	73.7
饮料制造业	3 386.6	2 292.5	67.7
烟草制品业	303.0	185.1	61.1
纺织业	4 726.0	3 643.0	77.1
纺织服装、鞋、帽制造业	3 114.4	2 413.4	77.5
皮革、毛皮、羽毛（绒）及其制品业	1 715.4	1 309.8	76.4
木材加工及木、竹、藤、棕、草制品业	2 920.5	2 321.3	79.5
家具制造业	1 933.1	1 435.0	74.2
造纸及纸制品业	2 635.8	1 682.2	63.8
印刷业和记录媒介的复制	1 283.2	977.5	76.2
橡胶制品业	5 246.8	3 977.2	75.8

表 29 我国农产品加工行业新增固定资产后主要产品新增生产能力（2012—2013 年）

产品名称	单位	2012 年	2013 年
轮胎外胎	万条/年	12 562	9 118
轮胎内胎	万条/年	2 668	1 796
化学纤维	t/年	4 053 366	4 607 954
棉纺锭	锭	11 616 127	9 970 292
毛纺锭	锭	108 914	183 977
啤酒	万 t/年	379	267
白酒	万 t/年	290	202
其他酒	万 t/年	47	113
卷烟	箱/年	1 320 000	1 630 800
机制纸浆	万 t/年	190	148

表 30 我国农产品加工行业按行业分施工、投产项目（2013 年）

行业	施工项目（个）		全部建成投产项目（个）	项目建成投产率（%）
	总计	其中：新开工		
合计	**74 067**	**54 847**	**50 786**	**67.6**
农副食品加工业	15 995	11 693	10 712	67.0
食品制造业	6 322	4 526	4 189	66.3
饮料制造业	5 498	3 921	3 477	63.2
烟草制品业	283	162	160	56.5
纺织业	9 241	7 026	6 730	72.8
纺织服装、鞋、帽制造业	6 879	5 209	4 891	71.1
皮革、毛皮、羽毛（绒）及其制品业	3 481	2 521	2 364	67.9
木材加工及木、竹、藤、棕草制品业	7 408	5 831	5 256	71.0
家具制造业	3 604	2 672	2 465	68.4
造纸及纸制品业	3 803	2 797	2 602	68.4
印刷业和记录媒介的复制	2 564	1 977	1 790	69.8
橡胶制品业	8 989	6 512	6 150	68.4

表 31　林业系统森工固定资产投资完成情况（2012—2013 年）　单位：万元

项　　目	2012 年	2013 年	同比增长（%）
一、森工固定资产投资完成额（按构成划分）	12 740 068	13 762 091	8.02
1. 基本建设	4 415 770	4 423 686	0.18
2. 更新改造	2 040 190	2 326 206	14.02
3. 其他投资	6 284 108	7 012 199	11.59
二、当年新增固定资产	5 819 057	6 269 738	7.74

表 32　林业系统各地区森工固定资产投资完成情况（2013 年）　单位：万元

地　区	合　计	基本建设	更新改造	其他投资
全国总计	**13 762 091**	**4 423 686**	**2 326 206**	**7 012 199**
北　京	1 054 417	893 739	854	443 459
天　津				
河　北	23 126	12 774	395	20 027
山　西	25 245	6 289	12 471	6 485
内蒙古	352 913	234 152	24 051	68 933
辽　宁	100 714	6 004	21 159	115 314
吉　林	143 423	111 062	269	33 593
黑龙江	584 350	362 753	57 331	169 361
上　海	32 263		258	64 025
江　苏	401 916	11 549	2 915	560 855
浙　江	32 481	13 329	200	28 039
安　徽	198 250	56 114	1 449	275 184
福　建	45 157	26 226	745	26 223
江　西	24 670	6 747	1 560	31 622
山　东	99 514	12 582	11 874	100 167
河　南				10 823
湖　北	122 162	84 618	32 449	75 243
湖　南	290 584	98 380	27 872	213 914
广　东				
广　西	8 325 907	2 065 883	2 067 434	3 961 964
海　南	6 260	1 760		4 500
重　庆	16 564	9 325		10 829
四　川	181 689	48 344	10 184	183 435
贵　州	3 280	1 380	1 900	
云　南	230 122	41 974	33 871	215 813
西　藏				
陕　西	113 470	47 689	525	75 201
甘　肃	162 877	43 167	752	114 350
青　海	60 001	3 805	178	57 306
宁　夏	1 082	1 127		14
新　疆	64 697	2 428	1 009	126 919
局直属单位	294 113	220 486	23 294	18 601
大兴安岭	270 489	181 625	20 768	14 943

表 33 我国农垦系统固定资产投资完成情况（2012—2013 年） 单位：万元

项 目	2012 年	2013 年	同比增长（%）
固定资产投资总额	33 219 135	39 962 837	20.30
当年新增固定资产	24 678 255	24 949 521	1.10

表 34 我国水产行业固定资产投资完成情况（2012—2013 年） 单位：亿元

项 目	2010 年	2011 年	同比增长（%）
一、投资总额	518.0	658.6	27.14
二、本年新增固定资产	375.8	526.1	39.99
三、固定资产交付使用率（%）	72.5	79.9	10.21

资料来源：表中数据出自 2014 年《中国统计年鉴》。

按国民经济行业分类统计
农产品加工业现状

表 35 我国农产品加工业规模以上工业企业主要指标（2013 年）

行 业	单位数（个）	主营业务收入（亿元）	利润总额（亿元）	资产总计（亿元）	负债合计（亿元）	从业人员年平均人数（万人）
合 计	**121 974**	**233 602.7**	**15 614.1**	**141 672.1**	**66 058.7**	
农副食品加工业	23 080	59 497.1	3 105.3	26 676.4	14 249.7	
食品制造业	7 531	18 164.9	1 550.0	11 275.5	5 441.5	
饮料制造业	5 529	15 185.2	1 653.6	12 779.0	5 990.5	
烟草制品业	135	8 292.7	1 222.1	7 976.3	2 012.2	
纺织业	20 776	36 160.6	2 022.7	21 663.8	12 127.5	
纺织服装、鞋、帽制造业	15 212	19 250.9	1 141.1	11 020.6	5 565.5	
皮革、毛皮、羽毛（绒）及其制品业	8 003	12 493.1	818.7	6 094.8	2 923.9	
木材加工及竹、藤、棕、草制品业	8 766	12 021.9	810.7	5 110.5	2 235.6	
家具制造业	4 716	6 462.8	403.9	4 039.1	2 035.5	
造纸及纸制品业	7 213	13 471.6	749.6	12 940.2	7 341.4	
印刷业和记录媒介的复制	4 321	5 291.3	420.1	4 306.5	2 034.2	
橡胶制品业	16 692	27 310.6	1 716.3	17 789.4	9 099.2	

表 36　我国农产品加工业规模以上工业企业主要经济效益指标（2013 年）

行　　业	总资产贡献率（%）	资产负债率（%）	流动资产周转次数（次/年）	工业成本费用利润率（%）	产品销售率（%）
平 均 值	**25.42**	**48.12**	**3.17**	**10.64**	
农副食品加工业	19.88	53.42	4.33	5.56	
食品制造业	23.04	48.26	3.39	9.41	
饮料制造业	24.31	46.88	2.34	12.67	
烟草制品业	86.83	25.23	1.54	45.15	
纺织业	17.33	55.98	3.30	5.97	
纺织服装、鞋、帽制造业	19.04	50.50	3.06	6.36	
皮革、毛皮、羽毛（绒）及其制品业	23.11	47.97	3.55	7.09	
木材加工及竹、藤、棕、草制品业	27.98	43.74	5.50	7.33	
家具制造业	18.50	50.39	3.08	6.74	
造纸及纸制品业	11.50	56.73	2.39	5.93	
印刷业和记录媒介的复制	16.87	47.24	2.51	8.68	
橡胶制品业	16.63	51.15	3.01	6.77	

表 37　我国农产品加工业国有及国有控股工业企业主要指标（2013 年）

行　　业	单位数（个）	主营业务收入（亿元）	利润总额（亿元）	资产总计（亿元）	负债合计（亿元）	从业人员年平均人数（万人）
合　计	**2 612**	**19 745.9**	**2 051.8**	**21 085.1**	**8 880.7**	
农副食品加工业	638	3 360.1	71.3	2 166.6	1 549.9	
食品制造业	296	1 056.8	60.0	1 101.4	613.2	
饮料制造业	282	2 840.2	539.9	3 632.8	1 408.6	
烟草制品业	108	8 228.9	1 206.1	7 899.1	1 975.6	
纺织业	241	880.4	10.6	18 40.8	655.1	
纺织服装、鞋、帽制造业	162	195.8	9.9	229.1	132.0	
皮革、毛皮、羽毛（绒）及其制品业	37	108.7	5.7	65.3	26.7	
木材加工及竹、藤、棕、草制品业	115	193.7	5.8	211.2	148.9	
家具制造业	22	96.4	18.7	92.2	52.6	
造纸及纸制品业	119	966.5	11.2	1 794.7	1 129.1	
印刷业和记录媒介的复制	307	512.0	62.9	566.1	268.0	
橡胶制品业	285	1 306.4	49.7	1 485.8	921.0	

表 38 我国农产品加工业国有及国有控股工业企业主要经济效益指标（2013 年）

行　　业	总资产贡献率（%）	资产负债率（%）	流动资产周转次数（次/年）	工业成本费用利润率（%）	产品销售率（%）
平 均 值	**17.70**	**53.56**	**1.68**	**11.13**	
农副食品加工业	7.62	71.53	2.30	2.16	
食品制造业	10.48	55.67	1.90	5.95	
饮料制造业	25.23	38.77	1.30	24.66	
烟草制品业	84.13	25.01	1.48	45.39	
纺织业	4.50	62.94	1.63	1.20	
纺织服装、鞋、帽制造业	8.60	57.62	1.23	5.29	
皮革、毛皮、羽毛（绒）及其制品业	14.38	40.81	2.33	5.54	
木材加工及竹、藤、棕、草制品业	8.30	70.50	1.91	2.93	
家具制造业	24.8	57.01	1.81	21.56	
造纸及纸制品业	5.09	62.91	1.33	1.15	
印刷业和记录媒介的复制	12.16	34.99	1.27	13.75	
橡胶制品业	7.10	61.99	1.62	3.96	

表 39 我国农产品加工业外商投资和港澳台商投资工业企业主要指标（2013 年）

行　　业	单位数（个）	主营业务收入（亿元）	利润总额（亿元）	资产总计（亿元）	负债合计（亿元）	从业人员年平均人数（万人）
合　计	**20 930**	**51 795.2**	**3 137.6**	**39 607.2**	**21 021.8**	
农副食品加工业	2 000	11 083.6	491.0	6 135.6	3 868.4	
食品制造业	1 224	5 472.4	523.6	4 028.9	1 989.0	
饮料制造业	784	3 932.5	338.3	3 335.8	1 685.1	
烟草制品业						
纺织业	3 152	6 076.3	334.2	4 782.7	2 450.0	
纺织服装、鞋、帽制造业	4 631	6 226.3	325.1	4 158.7	2 057.7	
皮革、毛皮、羽毛（绒）及其制品业	2 330	4 572.4	266.3	2 676.1	1 287.1	
木材加工及竹、藤、棕、草制品业	577	1 030.1	56.8	669.4	327.1	
家具制造业	1 007	1 702.8	90.7	1 325.1	749.5	
造纸及纸制品业	1 105	3 566.1	218.6	5 360.8	2 950.9	
印刷业和记录媒介的复制	641	1 121.1	107.8	1 149.9	517.4	
橡胶制品业	3 479	7 011.6	385.2	6 184.2	3 139.6	

表 40　我国农产品加工业外商投资和港澳台商投资工业企业主要经济效益指标（2013 年）

行　　业	总资产贡献率（%）	资产负债率（%）	流动资产周转次数（次/年）	工业成本费用利润率（%）	产品销售率（%）
平 均 值	**12.70**	**47.34**	**2.01**	**6.41**	
农副食品加工业	12.97	63.05	2.78	4.65	
食品制造业	20.81	49.37	2.34	10.59	
饮料制造业	18.41	50.52	2.58	9.59	
烟草制品业					
纺织业	11.89	51.23	2.20	5.86	
纺织服装、鞋、帽制造业	13.94	49.48	2.20	5.56	
皮革、毛皮、羽毛（绒）及其制品业	16.30	48.10	2.53	6.22	
木材加工及竹、藤、棕、草制品业	14.75	48.96	2.52	5.89	
家具制造业	11.29	56.56	1.93	5.62	
造纸及纸制品业	7.59	55.05	1.48	6.51	
印刷业和记录媒介的复制	14.07	44.99	1.58	10.61	
橡胶制品业	10.35	50.77	2.02	5.83	

表 41　我国农产品加工业私有工业企业主要指标（2013 年）

行　　业	企业数（个）	主营业务收入（亿元）	利润总额（亿元）	资产总计（亿元）	负债合计（亿元）	从业人员年平均人数（万人）
合 计	**72 287**	**104 317.2**	**6 703.3**	**47 273.1**	**23 120.3**	
农副食品加工业	14 255	27 814.3	1 663.0	9 990.8	4 332.1	
食品制造业	3 985	6 432.5	462.6	3 208.9	1 437.5	
饮料制造业	2 839	4 450.4	365.4	2 330.5	1 024.9	
烟草制品业	4	14.0	0.6	21.7	18.3	
纺织业	13 844	18 721.4	1 094.0	9 785.9	5 474.7	
纺织服装、鞋、帽制造业	8 067	8 982.1	554.4	4 247.8	2 150.7	
皮革、毛皮、羽毛（绒）及其制品业	4 359	5 583.7	403.2	2 207.3	1 092.7	
木材加工及竹、藤、棕、草制品业	6 384	8 215.5	587.7	2 843.7	1 156.5	
家具制造业	2 730	3 354.2	224.4	1 840.1	875.1	
造纸及纸制品业	4 229	5 391.9	328.9	2 916.9	1 592.0	
印刷业和记录媒介的复制	2 321	2 421.7	163.6	1 465.7	784.0	
橡胶制品业	9 270	12 935.5	855.5	6 413.8	3 181.8	

表 42 我国农产品加工业私有工业企业主要经济效益指标（2013 年）

行业	总资产贡献率（%）	资产负债率（%）	流动资产周转次数（次/年）	工业成本费用利润率（%）	产品销售率（%）
平均值	**21.87**	**52.38**	**3.94**	**7.11**	
农副食品加工业	25.50	43.36	5.61	6.46	
食品制造业	22.72	44.80	4.27	7.87	
饮料制造业	26.84	43.98	4.17	9.27	
烟草制品业	7.24	84.38	1.26	4.63	
纺织业	19.19	55.94	3.52	6.29	
纺织服装、鞋、帽制造业	21.57	50.63	3.60	6.66	
皮革、毛皮、羽毛（绒）及其制品业	28.57	49.50	4.41	7.89	
木材加工及竹、藤、棕、草制品业	32.50	40.67	6.29	7.84	
家具制造业	20.00	47.56	3.53	7.28	
造纸及纸制品业	19.41	54.58	3.61	6.58	
印刷业和记录媒介的复制	18.03	53.49	3.27	7.33	
橡胶制品业	20.92	49.61	3.72	7.18	

表 43 我国农产品加工业大中型工业企业主要指标（2013 年）

行业	企业数（个）	主营业务收入（亿元）	利润总额（亿元）	资产总计（亿元）	负债合计（亿元）	从业人员年平均人数（万人）
合计	**21 119**	**119 757.8**	**8 823.2**	**87 420.4**	**44 266.6**	
农副食品加工业	2 765	25 698.3	1 271.2	14 399.6	8 484.1	
食品制造业	1 494	10 867.8	1 038.2	7 240.9	3 547.5	
饮料制造业	1 010	9 576.7	1 191.3	9 180.4	4 326.1	
烟草制品业	91	7 948.6	1 168.2	7 568.9	1 921.9	
纺织业	3 780	19 782.8	1 101.0	13 191.3	7 398.8	
纺织服装、鞋、帽制造业	4 001	10 832.0	699.2	7 183.8	3 632.7	
皮革、毛皮、羽毛（绒）及其制品业	2 369	7 570.7	528.4	4 082.6	1 912.2	
木材加工及竹、藤、棕、草制品业	819	3 126.2	212.3	1 763.9	867.0	
家具制造业	914	3 088.7	193.5	2 265.6	1 171.0	
造纸及纸制品业	1 035	6 997.8	378.5	9 005.9	5 194.2	
印刷业和记录媒介的复制	600	1 937.2	188.9	2 083.3	909.4	
橡胶制品业	2 241	12 331.0	852.5	9 454.2	4 901.7	

表 44　我国农产品加工业大中型工业企业主要经济效益指标（2013 年）

行　业	总资产贡献率（%）	资产负债率（%）	流动资产周转次数（次/年）	工业成本费用利润率（%）	产品销售率（%）
平均值	**22.23**	**48.99**	**2.43**	**11.21**	
农副食品加工业	14.50	58.92	3.07	5.23	
食品制造业	12.07	48.99	2.84	10.60	
饮料制造业	22.96	47.12	1.86	14.78	
烟草制品业	84.76	25.39	1.49	45.53	
纺织业	14.99	56.09	2.81	5.91	
纺织服装、鞋、帽制造业	16.16	50.57	2.36	6.95	
皮革、毛皮、羽毛（绒）及其制品业	20.22	46.84	2.85	7.57	
木材加工及竹、藤、棕、草制品业	20.66	49.15	3.51	7.34	
家具制造业	14.16	51.69	2.33	6.70	
造纸及纸制品业	8.53	57.68	1.82	5.71	
印刷业和记录媒介的复制	13.67	43.65	1.73	10.73	
橡胶制品业	14.10	51.85	2.45	7.46	

表 45　制糖期全国制糖行业主要经济技术指标（2013/2014 年度）

行业实现销售收入（亿元）	实现利税总额（亿元）	平均含糖（%）		平均单产（t/hm^2）		平均产糖率（%）	
		甘蔗糖	甜菜糖	甘蔗糖	甜菜糖	甘蔗糖	甜菜糖
589.00	6.95	13.64	15.13	67.20	45.80	11.82	12.05

资料来源：表中数据由中国糖业协会提供。

表 46　我国食品和包装机械经济运行情况（2009—2013 年）

年　份	类　别	年销售情况（亿元）		占食品工业比重（%）	占机械工业比重（%）
		销售收入	同比增长（%）		
2009	**总计**	**1 484.00**	**17.59**	**2.99**	**1.38**
	其中：食品机械	756.80	21.93		
	包装机械	727.20	13.39		
2010	**总计**	**1 825.00**	**22.98**	**2.89**	**1.27**
	其中：食品机械	894.25	18.16		
	包装机械	930.75	27.99		
2011	**总计**	**2 200.00**	**20.55**	**2.82**	**1.30**
	其中：食品机械	990.00	10.71		
	包装机械	1 210.00	30.00		
2012	**总计**	**2 500.00**	**13.64**	**2.81**	**1.39**
	其中：食品机械	1 150.00	16.16		
	包装机械	1 350.00	11.57		
2013	**总计**	**3 000.00**	**20.00**	**2.97**	**1.47**
	其中：食品机械	1 410.00	22.61		
	包装机械	1 590.00	17.78		

表 47　我国机械工业、食品工业、食品与包装机械行业经济增长情况（2009—2013 年）

单位：亿元

类　别	2009 年	2010 年	2011 年	2012 年	2013 年	年均增长（%）
机械工业	107 404.47	143 846.00	168 900.00	179 957.90	204 000.00	
同比增长（%）	18.42	33.93	25.06	9.80	13.36	20.11
食品工业	49 696.78	63 100.00	78 078.32	89 100.57	101 100.00	
同比增长（%）	23.26	26.97	31.60	14.12	13.47	21.88
食品与包装机械	1 423.58	1 825.00	2 200.00	2 500.00	2 950.00	
同比增长（%）	12.80	28.20	20.55	13.64	18.00	18.64

注：表中数据为年销售收入。

表 48　林业系统农产品加工业总产值（2012—2013 年）

行　业	工业总产值（万元）		
	2012 年	2013 年	同比增长（%）
总　计	**202 519 627**	**243 195 037**	**20.08**
1. 非木质林产品加工制造业	22 574 149	34 224 022	51.61
2. 木材加工及竹、藤、棕、草制品业	82 339 457	99 733 250	21.12
锯材、木片加工业	13 227 800	16 530 717	24.97
人造板制造业	45 322 984	51 910 432	14.53
木制品制造业	18 827 474	23 731 634	26.05
竹、藤、棕、草制品制造业	4 961 199	7 560 467	52.39
3. 木、竹、藤家具制造业	27 943 914	37 361 255	33.70
4. 木、竹、苇浆造纸和纸制品业	47 515 221	51 974 253	9.38
5. 林产化学产品制造业	6 340 858	5 990 768	−5.52
6. 木、竹、藤工艺品制造业	4 774 811	5 244 217	9.83
7. 其　他	11 031 217	8 667 272	−21.43

表 49 林业系统各地区农产品加工业总产值（2013 年） 单位：万元

地区	总计	非木质林产品加工制造业	木材加工及竹、藤、棕、草制品业				
			合计	锯材、木片加工业	人造板制造业	木制品制造业	竹、藤、棕、草制品制造业
全国总计	**243 195 037**	**34 224 022**	**99 733 250**	**16 530 717**	**51 910 432**	**23 731 634**	**7 560 467**
北京							
天津	5 000						
河北	5 491 834	1 562 966	3 225 015	398 743	2 574 994	250 197	1 081
山西	598 440	500 200	80 900	33 646	37 404	9 850	
内蒙古	678 792	9 861	565 146	473 248	74 498	17 011	389
辽宁	5 526 381	786 048	2 574 262	681 642	806 097	1 075 663	10 860
吉林	7 575 787	4 159 905	2 400 112	442 864	944 949	1 012 299	
黑龙江	4 414 434	305 363	2 624 345	934 593	729 394	957 596	2 762
上海	3 199 323	416 296	684 170	36 499	154 489	488 859	4 323
江苏	22 357 876	1 780 767	14 463 503	748 024	8 922 100	4 596 517	196 862
浙江	22 886 518	2 195 951	6 888 470	605 211	1 482 992	3 579 111	1 221 156
安徽	11 140 967	1 554 872	7 664 520	951 970	4 249 867	1 117 660	1 345 023
福建	28 362 850	5 162 505	8 861 571	1 172 877	3 049 076	2 778 525	1 861 093
江西	7 669 298	867 265	3 382 832	483 546	969 532	1 002 079	927 675
山东	32 144 940	5 284 008	18 397 866	3 551 197	12 608 704	2 032 890	205 075
河南	5 068 651	917 537	2 535 084	498 249	1 789 327	207 451	40 057
湖北	5 395 032	1 262 839	1 942 553	136 982	940 274	654 520	210 777
湖南	9 028 962	1 380 670	3 348 184	844 548	1 102 547	747 156	653 933
广东	38 601 733	1 806 373	5 799 712	832 128	3 245 566	1 451 178	270 840
广西	17 044 645	1 116 901	9 564 144	2 399 380	5 904 654	948 572	311 538
海南	1 650 155	328 458	141 138	96 289	39 339	4 022	1 428
重庆	1 123 059	141 784	338 508	83 119	127 150	97 845	80 394
四川	6 898 210	535 805	2 221 902	480 025	1 278 049	284 964	178 864
贵州	824 653	152 504	420 287	186 309	131 047	84 283	18 648
云南	3 145 338	945 518	974 089	292 254	477 231	193 883	10 721
西藏	12 569		12 569	12 569			
陕西	886 622	330 531	326 986	71 053	204 567	45 207	6 159
甘肃	112 265	16 694	6 134	2 527	1 600	1 198	809
青海	180		180	180			
宁夏	254 519	252 519	2 000	2 000			
新疆	791 626	397 792	41 378	14 053	17 325	10 000	
大兴安岭	304 378	52 290	195 690	64 992	47 600	83 098	

（续）

地 区	木质、竹、藤家具制造业	林产化学产品制造业	木、竹、苇浆造纸及纸制品业	木、竹、藤工艺品制造业	其 他
全国总计	**37 361 255**	**5 990 768**	**51 974 253**	**5 244 217**	**8 667 272**
北 京					
天 津	5 000				
河 北	269 259	40 779	41 608	4 259	147 948
山 西	13 243	144		16	3 937
内蒙古	1 508	610	19 122	56	82 489
辽 宁	1 448 691	3 754	39 858	43 983	629 785
吉 林	376 363	18 016	411 729	61 786	147 876
黑龙江	433 320	14 334	518 230	48 590	470 252
上 海	797 374	14 761	1 272 348	11 210	3 164
江 苏	685 753	636 918	3 627 744	353 249	809 942
浙 江	3 071 545	188 285	8 761 273	1 768 328	12 666
安 徽	907 524	132 754	245 236	424 663	211 398
福 建	4 875 266	690 927	5 533 975	1 304 428	1 934 178
江 西	1 999 982	625 915	420 387	134 827	238 090
山 东	2 736 359	106 856	4 767 905	353 616	498 330
河 南	702 217	14 444	676 945	44 473	177 951
湖 北	715 319	68 610	972 070	82 098	351 543
湖 南	1 825 397	222 128	1 951 892	156 745	143 946
广 东	12 048 650	1 051 757	17 676 160	205 175	13 906
广 西	1 023 623	1 501 424	2 686 855	47 065	1 104 633
海 南	41 576	858	1 950 000	86 338	1 787
重 庆	260 604	8 650	128 137	68 968	126 408
四 川	2 586 959	39 615	906 226	22 061	585 642
贵 州	97 731	38 739	74 117	7 383	33 892
云 南	168 515	519 407	161 388	12 991	363 430
西 藏					
陕 西	58 347	1 280	31 048	1 586	136 844
甘 肃	7 152	4 410		93	77 982
青 海					
宁 夏					
新 疆	80				352 376
大兴安岭	3 898	45 393		230	6 877

表 50　我国水产品加工业发展情况（2012—2013 年）

项　　目	单　位	2012 年	2013 年	同比增长（%）
一、水产品加工企业	个	9 706.0	9 774.0	0.70
水产品加工能力	万 t/年	2 638.0	2 745.3	4.07
二、水产品冷库	座	8 835.0	9 046.0	2.39
冻结能力	万 t/d	58.9	66.0	12.05
冷藏能力	万 t/次	451.5	488.9	8.28
制冰能力	万 t/d	24.5	23.2	－5.31
三、水产品加工总量	万 t	1 907.4	1 954.0	2.44
其中：淡水加工产品	万 t	343.9	363.0	5.55
海水加工产品	万 t	1 563.4	1 591.0	1.77
（一）水产品冷冻	万 t	1 174.9	1 230.0	4.69
其中：冷冻加工品	万 t	611.6	641.2	4.84
（二）鱼糜制品及干腌制品	万 t	273.4	290.6	6.29
其中：鱼糜制品	万 t	117.2	132.7	13.23
干腌制品	万 t	156.3	158.0	1.09
藻类制品	万 t	101.4	99.0	－2.37
（三）罐制品	万 t	35.5	37.5	5.63
（四）饲料	万 t			
其中：鱼粉	万 t	195.3	99.5	－49.05
（五）鱼油制品	万 t	6.0	7.7	28.33
（六）其他水产加工品	万 t	120.8	189.7	57.04
其中：助剂和添加剂	万 t	7.4	10.4	40.54
珍珠	kg	168 759.0	171 754.0	1.77
四、用于加工的水产品总量	万 t	2 135.8	2 168.7	1.54
其中：淡水产品	万 t	510.8	555.5	8.75
海水产品	万 t	1 625.0	1 613.2	－0.73

资料来源：表中数据出自 2014 年《中国渔业统计年鉴》。

表 51　我国水产品加工业加工能力、产量及产值（2010—2013 年）

年　份	加工企业数（个）	年加工能力（万 t）	水产品加工总产量		折合水产品原料（万 t）	总产值（亿元）	占水产品总产值比率（%）
			总产量（万 t）	同比增长（%）			
2010	9 762	2 388.5	1 633.2	10.55	1 778.3	2 358.6	36.72
2011	9 611	2 429.4	1 782.8	9.16	1 981.0	2 688.1	35.52
2012	9 706	2 638.0	1 907.4	6.99	2 135.8	3 147.7	36.16
2013	9 774	2 745.3	1 954.0	2.44	2 168.7	3 435.6	35.66

表 52 我国沿海省、自治区、直辖市水产品加工业生产情况（2013 年）

单位：万 t

地 区	水产品加工企业		水产品加工品总量	其 中					
	企业数（个）	年加工能力		冷冻水产品	鱼糜及干腌制品	罐制品	鱼粉	鱼油制品	其他
全国总计	**9 774**	**2 745.3**	**1 954.0**	**1 230.0**	**290.6**	**37.5**	**99.5**	**7.7**	**189.7**
天 津	6	0.4	0.1	0.1					
河 北	243	43.6	12.9	6.9	0.8	0.7	4.2	0.1	0.3
辽 宁	909	284.8	223.4	155.6	16.0	2.2	8.7	0.1	15.4
上 海	22	6.5	2.5	2.4					
江 苏	997	153.9	155.3	60.9	7.9	2.0	0.3		82.1
浙 江	2 181	274.9	218.8	164.4	23.6	5.1	20.9	0.6	2.2
福 建	1 189	426.3	290.1	147.9	65.9	6.4	12.3	3.8	16.9
山 东	2 024	876.8	618.8	418.0	69.9	10.0	39.8	2.4	48.0
广 东	1 077	259.4	143.3	91.5	21.9	5.5	8.6		15.5
广 西	188	108.4	72.2	63.1	3.4	0.1	0.6	0.2	4.9
海 南	45	63.5	52.0	44.5	2.9		1.4		2.4
11 省份小计	8 881	2 478.5	1 789.4	1 155.3	212.3	32.0	96.8	7.2	187.7
占全国比率（%）	90.9	90.3	91.6	93.9	73.1	85.2	97.3	93.6	100.0

表 53 我国乡镇企业规模以上农产品加工企业基本情况（2013 年）

项 目	单 位	2013 年
企业个数	个	91 064
从业人员	万人	1 949
工业总产值	万元	1 404 580 254
营业收入	万元	1 327 095 672
利润总额	万元	90 597 744
上交税金	万元	36 100 564

资料来源：表中数据由农业部农产品加工局提供。

表 54 轻工业系统农产品加工业分行业主要经济指标（2012 年）

单位：亿元

行 业	企业单位数（个）		工业总产值	主营业务收入	利税总额	流动资产合计	固定资产合计	出口交货值
	合 计	其中亏损						
轻工业总计	**97 989**	**8 815**	**177 672.8**	**179 438.3**	**19 096.8**	**61 220.8**	**35 105.1**	**22 663.3**
有关农产品加工行业小计	63 077	4 258	112 865.4	114 105.2	12 618.4	37 444.5	23 175.1	8 440.4
1. 农副食品加工业	22 356	1 426	51 601.0	52 145.6	4 499.8	12 832.4	7 947.1	2 602.7
2. 食品制造业	7 306	631	15 573.5	15 834.3	2 088.3	5 102.6	3 487.4	955.8
3. 饮料制造业	5 311	445	13 233.1	13 549.1	2 658.5	5 884.3	3 600.2	243.2
4. 制盐	138	15	313.0	326.3	42.9	304.5	242.6	1.3
5. 皮革、毛皮、羽毛制品业	7 806	616	11 145.8	11 268.7	1 201.9	3 488.1	1 487.7	2 970.5
6. 木、竹、藤、棕草制品业	1 230	57	1 150.3	1 165.8	122.4	231.6	184.5	227.3
7. 家具制造业	2 873	264	5 647.5	5 669.9	588.7	3 545.9	1 098.1	659.1
8. 造纸及纸制品业	7 128	761	12 559.0	12 501.5	1 194.5	5 388.3	4 765.7	589.2
9. 轻工专用设备制造业	8 929	43	1 642.2	1 644.0	221.6	666.8	361.8	191.3

表55 轻工业系统食品工业分行业主要经济指标（2012年） 单位：亿元

行业	企业单位数（个）		工业总产值	主营业务收入	利税总额	流动资产合计	固定资产合计	从业人员（万人）
	合计	其中亏损						
食品工业合计*	**35 111**	**2 517**	**80 720.6**	**81 855.3**	**9 289.5**	**24 121.8**	**15 277.3**	**3 503.0**
一、农副食品加工业	22 356	1 426	51 601.0	52 145.6	4 499.8	12 832.4	7 947.1	2 602.7
谷物磨制	5 708	192	9 845.8	9 972.6	849.1	1 715.5	1 346.9	28.1
饲料加工	3 510	249	8 456.5	8 557.2	678.1	1 470.5	1 006.0	48.7
植物油加工	2 154	171	9 069.2	9 198.7	641.7	3 492.2	1 138.1	60.6
其中：食用植物油加工	2 020	158	8 889.7	9 020.1	629.9	3 436.6	1 114.4	58.1
制糖业	294	85	1 049.2	1 098.1	152.4	844.0	378.5	1.0
屠宰及肉类加工	3 579	300	10 261.0	10 449.4	869.9	2 073.1	1 734.5	227.2
水产品加工	2 017	174	4 502.2	4 426.4	475.9	1 317.9	1 290.1	1 403.9
蔬菜、水果及坚果加工	2 902	114	3 829.4	3 838.1	425.3	867.2	638.6	616.8
其他农副食品加工	2 192	141	4 588.4	4 605.0	407.3	1 051.8	1 101.9	216.3
二、食品制造业	7 306	631	15 573.5	15 834.3	2 088.3	5 102.6	3 487.4	655.8
焙烤食品制造业	1 146	77	1 808.7	1 877.2	242.4	453.7	382.1	34.8
糖果、巧克力及蜜饯制造业	707	25	1 273.5	1 324.9	214.1	441.9	277.9	83.8
方便食品制造业	1 149	80	2 879.6	2 839.8	334.9	748.5	555.6	88.6
液体乳及乳制品制造业	650	106	2 462.2	2 501.9	285.7	935.7	534.4	7.2
罐头制造业	806	91	1 300.2	1 310.2	131.3	389.9	280.4	299.1
调味品、发酵品制造业	1 045	75	2 053.1	1 689.6	263.1	719.6	615.4	114.8
其他食品制造业	1 803	177	3 796.1	3 882.7	616.8	1 413.4	841.4	327.6
三、饮料制造业	5 311	445	13 233.1	13 549.1	2 658.5	5 884.3	3 602.2	243.2
酒精制造业	155	20	757.5	776.6	86.3	274.4	263.9	15.4
酒的制造业	2 474	253	7 482.6	7 752.8	1 918.4	5 884.3	3 600.2	74.9
软饮料制造业	1 525	163	4 119.5	4 175.2	528.2	3 038.1	1 298.9	97.4
精制茶加工业	1 222	18	1 186.9	1 177.1	161.6	339.6	228.9	59.5
四、制盐业	138	15	313.0	326.3	42.9	304.5	242.6	1.3

* 食品工业合计数据中未包括烟草加工业统计数据，表中数据由中国轻工业信息中心提供。

表56 我国食品工业总产值增长情况（2009—2013年） 单位：亿元

类别	2009年	2010年	2011年	2012年	2013年
总计	**49 570.1**	**61 273.84**	**76 813.58**	**89 100.57**	**101 139.98**
农副食品加工业	27 961.0	34 928.07	44 120.10	52 145.58	59 497.12
食品制造业	9 219.2	11 350.64	14 046.96	15 834.33	18 164.99
饮料制造业	7 465.0	9 152.62	11 834.84	13 549.14	15 185.20
烟草加工业	4 924.9	5 842.51	6 805.68	7 571.52	8 292.67

表 57 我国焙烤食品糖制品行业主要产品产销情况（2012 年）

主要经济指标	糖果巧克力	糕点面包	饼 干	冷冻饮品	蜜 饯	方便面及其他方便食品
产量（万 t）	242.1	233.1	617.0	254.3	188.3	946.7
同比增长（%）	4.7			0.9		19.4
销售收入（亿元）	920.3	652.6	1 234.0	356.0	376.5	1 636.3
同比增长（%）	16.7	18.5	18.9	26.2	20.2	17.0
利润总额（万元）	109.4	62.0	97.4	22.6	29.4	174.1
同比增长（%）	2.9	2.7	2.4	5.4	2.8	2.6
销售税金（亿元）	6.4	4.0	8.8	3.0	2.2	7.4
同比增长（%）	9.7	27.5	20.3	44.7	17.7	20.2
出口交货值（亿元）	50.3	11.3	23.0	1.2	34.6	24.7
同比增长（%）	5.0	11.1	12.7	33.7	11.7	21.0

资料来源：表中数据由中国焙烤食品糖制品工业协会提供。

表 58 我国饮料行业主要经济指标（2012—2013 年）

指 标	单 位	2012 年	2013 年	同比增长（%）
企业单位数	个	5 311.0	5 529.0	4.10
总产量	万 t	19 897.0	23 296.0	17.08
工业总产值	亿 元			
主营业务收入	亿 元	13 549.1	15 185.2	12.08
利润总额	亿 元	1 602.4	1 653.6	3.20
职工人数	万人			
资产总计	亿 元	11 176.8	12 779.0	14.34
负债合计	亿 元	5 392.4	5 990.5	11.09

注：表中数据出自 2014 年版《中国统计年鉴》，以上数据为规模以上工业企业的经济指标。

表 59 我国酒精工业主要经济指标（2012—2013 年）

指 标	单 位	2012 年	2013 年	同比增长（%）
企业单位数	个	160.0	155.0	−3.13
产品产量	万 kL	820.6	911.5	11.08
主营业务收入	亿元	693.6	830.4	19.71
利润总额	亿元	38.0	41.6	9.53
行业总资产	亿元	542.1	685.9	26.52

资料来源：表中数据由中国酿酒工业协会酒精分会提供。

表 60　我国乳制品行业主要经济指标（2012—2013 年）

指　　标	单　位	2012 年	2013 年	同比增长（%）
全年奶牛存栏	万头	1 440.2	1 296.2	−10.00
全年奶类总产量	万 t			
其中：牛奶产量	万 t	3 743.6	3 531.0	−5.70
全国乳制品产量	万 t	2 545.2	2 698.0	5.15
其中：液态奶	万 t	2 146.6	2 335.9	7.01
干乳制品	万 t	398.7	362.1	−9.17
乳制品工业总产值	亿元			
主营业务收入	亿元	2 480.4	2 831.6	14.16
乳制品加工利润总额	亿元	159.8	180.1	12.70
城镇居民人均消费	kg	28.6	32.4	13.29
乳制品进口量	万 t	226.2	297.8	31.65
乳制品进口额	万美元	62.7	100.8	60.77
乳制品出口量	万 t	5.4	3.9	−27.78
乳制品出口额	万美元	0.7	0.7	5.80

资料来源：表中数据由中国奶业协会、中国乳制品工业协会提供。

表 61　我国烟草工业主要经济指标（2012—2013 年）

指　　标	单　位	2012 年	2013 年	同比增长（%）
企业数	个	135	135	
工业总产值	亿元			
主营业务收入	亿元	7 571.5	8 292.7	9.53
利润总额	亿元	1 071.5	1 222.1	14.06
职工人数	万人			
资产总计	亿元	7 084.3	7 976.3	12.59
负债合计	亿元	1 770.5	2 012.2	13.65

表 62　我国纺织工业主要经济指标（2012—2013 年）

指　　标	单　位	2012 年	2013 年	同比增长（%）
企业数	个	20 370.0	20 776.0	1.96
工业总产值	亿元			
主营业务收入	亿元	32 173.6	36 160.6	12.39
利润总额	亿元	1 894.3	2 022.7	6.78
职工人数	万人	495.2		
资产总计	亿元	20 479.9	21 663.8	5.78
负债合计	亿元	11 460.8	12 127.5	5.82

表 63　我国纺织服装、鞋、帽制造业主要经济指标（2012—2013 年）

指　　标	单　位	2012 年	2013 年	同比增长（%）
企业数	个	14 788.0	15 212.0	2.87
工业总产值	亿元			
主营业务收入	亿元	17 285.9	19 250.9	11.37
利润总额	亿元	1 143.7	1 141.1	−0.23
职工人数	万人			
资产总计	亿元	9 985.2	11 020.6	10.37
负债合计	亿元	5 137.8	5 565.5	8.32

表 64　我国皮革工业经济运行情况（2012—2013 年）

指　　标	单　位	2012 年	2013 年	同比增长（%）
企业数	个	7 806.0	8 003.0	2.52
工业总产值	亿元			
主营业务收入	亿元	11 268.7	12 493.1	10.87
利润总额	亿元	822.1	818.7	−0.04
职工人数	万人			
资产总计	亿元	5 598.7	6 094.8	8.86
负债合计	亿元	2 709.3	2 923.9	7.92

注：表 61～表 64 中数据出自 2014 年《中国统计年鉴》。

表 65　我国家具行业经济运行情况（2012—2013 年）

指　　标	单　位	2012 年	2013 年	同比增长（%）
企业数	个	4 559.0	4 716.0	3.4
工业总产值	亿元	5 599.8		
主营业务收入	亿元	5 654.2	6 462.8	14.3
利润总额	亿元	354.3	403.9	14.0
资产总计	亿元	3 545.9	4 039.1	13.9
负债合计	亿元	1 869.8	2 035.5	8.9
出口交货值	亿元	1 420.0	1 518.0	6.9

资料来源：表中数据由中国家具工业协会提供。

表 66　我国造纸工业主要经济指标（2012—2013 年）

指　　标	单　位	2012 年	2013 年	同比增长（%）
企业数	个	2 748	2 934	6.77
工业总产值	亿元	7 075		
主营业务收入	亿元	7 152	7 575	5.91
利税总额	亿元	566	617	8.97
利润总额	亿元	350	374	6.95
资产总计	亿元	8 346	9 015	8.02
资产负债率	%	58.82	58.20	−0.62
从业人员平均人数	万人	70.38		

资料来源：表中数据出自《中国造纸工业 2014 年度报告》。

表 67　我国新闻出版产业基本情况（2011—2012 年）

	类　别	单　位	2011 年	2012 年	同比增长（%）
总计	图书、期刊、报纸总印张	亿印张	3 099.2	3 074.0	−0.81
	折合用纸量	万 t	717.0	711.4	−0.78
	其中：书籍用纸量	万 t	84.6	93.1	10.05
	课本用纸量	万 t	64.2	63.7	−0.78
	期刊用纸量	万 t	45.3	46.0	1.55
	报纸用纸量	万 t	522.5	508.6	−2.66
	图片用纸量	万 t	0.4	0.1	−82.50
图书	图书出版总量	种	369 523.0	414 005.0	12.04
	其中：新版图书	种	207 506.0	241 986.0	16.62
	重版重印图书	种	162 017.0	172 019.0	6.17
	总印数	亿册（张）	77.1	79.3	2.85
	总印张	亿印张	634.5	667.0	5.12
	折合用纸量	万 t	149.1	156.8	5.16
	定价金额	亿元	1 063.1	1 183.4	11.32
期刊	期刊出版总数	种	9 849.0	9 867.0	0.18
	平均期印数	万 册	16 880.0	16 767.0	−0.67
	总印数	亿 册	32.9	33.5	1.82
	总印张	亿印张	192.7	196.0	1.71
	折合用纸量	万 t	45.3	46.0	1.55
	定价金额	亿元	238.4	252.7	6.00
报纸	出版种数	种	1 928.0	1 918.0	−0.52
	平均期印数	万 份	21 517.1	22 762.0	5.79
	总印数	亿 份	467.4	482.3	3.19
	总印张	亿印张	2 271.9	2 211.0	−2.68
	折合用纸量	万 t	522.6	508.6	−21.81
	定价金额	亿元	400.4	434.4	8.49
音像制品及电子出版物	出版种数	种	30 652.0	30 307.0	−1.13
	出版数量	亿盒（张）	6.7	6.6	−1.50
	发行数量	亿盒（张）	6.0		
	发行金额	亿 元	24.5	27.8	13.47
出版物进出口	出　口				
	图书、期刊、报纸	种次			
	出口数量	万册（份）	1 949.2	2 061.8	33.09
	出口金额	万美元	5 894.0	7 282.6	23.56
	进　口				
	图书、期刊、报纸	种次			
	进口数量	万册（份）	2 979.9	3 138.1	5.31
	进口金额	万美元	28 373.9	30 121.7	6.16

表 68 我国 62 个印刷机械企业主要经济指标（2012—2013 年）

指标	单位	2012 年	2013 年	同比增长（%）
工业总产值	万元	661 798	628 708	－5.00
工业销售产值	万元	653 560	612 647	－6.26
工业增加值	万元	191 303	164 903	－13.80
产品销售收入	万元	648 295	606 221	－6.49
利润总额	万元	29 891	14 745	－50.67
成本费用总额	万元	595 471	584 693	－1.81
出口交货值	万元	64 085	62 803	－2.00
新产品产值	万元	405 737	389 467	4.01
运行质量综合指数	%	143.25	58.11	－85.14
产品销售率	%	98.74	97.45	－1.29
总资产贡献率	%	5.42	4.28	－1.14
资产保值增值率	%	5.02	2.52	－2.50
资产负债率	%	96.43	98.75	2.32
成本费用利润率	%	47.76	49.84	2.08
流动资金年周转率（次）	次/年	0.82	0.74	－0.08
全员劳动生产率	元/人	115 999	109 461	－5.63

资料来源：表中数据出自 2014 年《印刷工业》第 3 期。

表 69 我国橡胶工业主要经济指标（2012—2013 年）

指标	单位	2012 年	2013 年	同比增长（%）
企业数	个	443.0		
工业总产值	亿元	3 489.0	3 621.6	3.80
工业增加值	亿元			
销售收入	亿元	9 033.4	9 280.0	2.73
实现利润	亿元	145.7	171.9	1.80
实现利税	亿元	224.3	262.4	1.70
出口交货值	亿元	931.3	939.1	0.84
橡胶总消耗量	万 t	730.0	830.0	13.70

资料来源：表中数据出自 2014 年《中国橡胶》第 7 期。

表 70 我国中药行业经济效益情况（2013 年）

行业	主营业务收入（亿元）	产品销售产值（亿元）	实现利润（亿元）	出口总额（亿美元）
全国医药工业合计	**21 681.6**		**2 197.0**	**511.8**
其中：中药工业	6 324.4		632.6	13.6
中成药工业	5 065.0		538.4	1.5
中药饮片工业	1 259.4		94.2	12.1
中药工业占我国医药工业比例（%）	29.17		28.79	2.66

表 71 我国农产品加工业能源消费总量和主要能源品种消费量（2012 年）

行 业	能源消费总量（万 t 标准煤）	煤炭消费量（万 t）	焦炭消费量（万 t）	原油消费量（万 t）	汽油消费量（万 t）	煤油消费量（万 t）	柴油消费量（万 t）	燃料油消费量（万 t）	天然气消费量（亿 m^3）	电力消费量（亿 kW·h）
合 计	**23 086.9**	**12 047.5**	**30.0**	**0.55**	**145.7**	**1.34**	**218.7**	**48.8**	**26.1**	**4 772.9**
农副食品加工业	2 750.6	1 753.3	11.5	0.07	31.1	0.12	50.8	4.7	1.6	526.2
食品制造业	1 621.3	1 296.9	1.9		10.5	0.03	22.6	5.6	6.1	221.0
饮料制造业	1 180.1	736.9	0.9	0.01	8.6	0.01	13.9	3.2	3.4	155.8
烟草加工业	247.4	62.9			0.9		3.4	0.9	1.7	51.2
纺织业	6 357.0	2 065.6	3.1		16.9	0.12	20.2	8.8	2.2	1 448.7
纺织服装、鞋、帽制造业	861.1	228.4	2.7	0.05	17.0	0.41	20.9	2.8	0.9	198.4
皮革、毛皮、羽毛（绒）及其制品业	574.2	79.5	0.8	0.10	7.9	0.21	8.7	3.4	0.2	151.0
木材加工及竹、藤、棕草制品业	1 152.6	421.1	0.4	0.17	7.5	0.08	14.3	0.2	0.4	264.1
家具制造业	199.4	34.1	3.8		5.3	0.05	7.7	0.3	0.7	45.8
造纸及纸制品业	3 846.1	4 523.9	0.5	0.10	9.1	0.09	20.7	7.2	4.1	679.0
印刷业和记录媒介复制	400.0	32.1	0.3	0.01	6.2	0.08	6.2	0.7	1.0	107.1
橡胶制品业	3 897.1	812.8	4.1	0.04	24.7	0.14	29.3	11.0	3.8	1 024.6

农产品加工业主要产品产量

表 72 我国农产品加工业主要产品产量（2012—2013 年）

产品名称	单 位	2012 年	2013 年	同比增长（%）
纱	万 t	2 984.0	3 200.0	7.24
布	亿 m	848.9	882.7	3.98
机制纸及纸板	万 t	10 956.5	11 368.2	3.76
成品糖	万 t	1 409.5	1 589.7	12.78
卷烟	亿支	25 160.9	25 604.0	1.76
罐头	万 t	1 043.0	1 045.2	0.21
啤酒	万 kL	4 778.6	5 061.5	5.92
原盐	万 t	6 911.8	6 460.3	－6.53
精制食用植物油	万 t	5 172.9	6 218.6	20.21
中成药	万 t	313.0	310.6	－0.77
合成橡胶	万 t	397.4	408.8	2.87
橡胶轮胎外胎	万条	89 370.5	96 503.6	7.98

表 73 轻工业系统农产品加工业主要产品产量（2011—2012 年）

产 品	单 位	2011 年	2012 年	同比增长（%）
原盐	万 t	5 993.7	6 215.5	3.7
精制食用植物油	万 t	4 095.1	5 176.2	26.4
糖果	万 t	232.6	242.1	4.7
速冻米面食品	万 t	334.6	410.6	22.7
方便面	万 t	792.9	946.7	19.4
乳制品	万 t	2 354.5	2 545.2	8.1
其中：液体乳	万 t	1 985.8	2 146.6	8.1
乳粉	万 t	133.3	136.5	2.4
罐头	万 t	934.1	971.5	4.0
酱油	万 t	675.4	700.4	3.7
冷冻饮品	万 t	252.0	254.3	0.9
食品添加剂	万 t	276.6	329.2	19.0
发酵酒精（折 96°，商品量）	万 kL	792.9	820.6	3.5
饮料酒	万 kL	6 020.4	6 381.6	6.0
其中：白酒（折 65°）	万 kL	972.3	1 153.2	18.6
啤酒	万 kL	4 754.6	4 902.0	3.1
葡萄酒	万 kL	118.2	138.2	16.9
软饮料	万 t	11 628.6	13 024.0	12.0
其中：碳酸饮料	万 t	1 331.3	1 311.3	−1.5
包装饮用水	万 t	4 666.8	5 562.8	19.2
果汁及蔬菜汁饮料	万 t	1 952.0	2 229.2	14.2
精制茶	万 t	173.9	192.9	10.9
羽绒服	万件	27 614.3	29 685.4	7.5
轻革	亿 m^2	6 0292.1	74 701.9	23.9
皮革服装	万件	5 521.3	5 775.3	4.6
天然毛皮服装	万件	408.5	444.0	8.7
皮革鞋靴	亿双	43.2	45.0	4.2
家具	万件	67 053.6	65 444.3	−2.4
其中：木制家具	万件	24 409.6	23 987.0	−2.1
软体家具	万件	4 034.2	4 215.7	4.5
纸浆	万 t	1 792.1	1 704.3	−4.9
机制纸及纸板	万 t	10 864.7	11 375.3	4.7
其中：新闻纸	万 t	364.5	389.6	6.9
纸制品	万 t	4 210.2	4 843.8	14.1

资料来源：表中数据由中国轻工业协会信息中心提供。

表 74　我国淀粉产量及品种情况（2012—2013 年）　　单位：万 t

品　种	2012 年	2013 年	同比增长（%）	占总淀粉（%）
合　　计	**2 252.59**	**2 305.30**	**2.34**	**100.00**
玉米淀粉	2 122.44	2 196.09	3.47	95.26
木薯淀粉	68.19	47.22	−30.75	5.05
马铃薯淀粉	38.47	34.54	−10.23	1.50
甘薯淀粉	19.64	23.66	20.48	1.03
小麦淀粉	3.94	3.79	−3.66	0.16

资料来源：表中数据由中国淀粉工业协会提供。

表 75　我国淀粉深加工品产量（2012—2013 年）　　单位：万 t

主要品种	2012 年	2013 年	同比增长（%）	占深加工品（%）
合　　计	**1 411.48**	**1 580.33**	**11.95**	**100.00**
变性淀粉	171.56	165.15	−3.74	10.45
结晶葡萄糖	351.96	338.68	−3.77	21.43
液体淀粉糖	794.53	973.65	22.54	61.61
糖　　醇	93.63	102.85	9.85	6.51

资料来源：表中数据由中国淀粉工业协会提供。

表 76　我国淀粉产量分布及生产规模情况（2013 年）

地　区	淀粉产量（万 t）	占淀粉总产量（%）	玉米淀粉生产规模情况	
			年产 10 万 t 企业数（个）	企业最大淀粉年产量（万 t）
合　计	**2 305.30**	**100.00**	**41**	
山　东	1 136.36	51.80	15	304.00
吉　林	425.88	19.40	3	180.00
河　北	262.40	11.90	10	55.70
河　南	131.97	6.00	7	25.45
陕　西	98.24	4.50	2	85.00
其他 16 个省份合计	250.45	6.40	4	41.60

注：其他 16 个省、自治区为山西、内蒙古、辽宁、黑龙江、江苏、江西、湖北、四川、广东、海南、云南、甘肃、宁夏、青海、新疆、贵州。

表 77　我国玉米淀粉生产规模情况（2012—2013 年）

项　　目	单位	2012 年	2013 年	同比增长（%）
年产 100 万 t 以上的企业	个	5	6	20.00
年产 100 万 t 以上的企业总产量	万 t	887.97	1 079.10	21.52
占全国玉米淀粉总产量	%	41.83	49.14	17.47
年产 40 万 t 以上的企业	个	8	9	12.50
年产 40 万 t 以上的企业总产量	万 t	536.03	539.47	0.64
占全国玉米淀粉总产量	%	25.25	24.57	−2.70

资料来源：表中数据由中国淀粉工业协会提供。

表 78　我国部分淀粉深加工品生产规模情况（2012—2013 年）

类别	项　　目	单位	2012 年	2013 年	同比增长（%）
变性淀粉	年产 10 万 t 以上的企业	个	4	5	25.00
	年产 10 万 t 以上的企业总产量	万 t	61.82	77.47	25.31
	占全国总产量	%	36.03	46.90	30.16
	年产 5 万 t 以上的企业	个	5	3	−40.00
	年产 5 万 t 以上的企业总产量	万 t	31.96	21.84	−31.67
	占全国总产量	%	18.63	13.22	−29.04
	年产 3 万 t 以上的企业	个	11	10	−9.00
	年产 3 万 t 以上的企业总产量	万 t	41.59	38.47	−7.51
	占全国总产量	%	24.24	23.30	−3.88
结晶葡萄糖	年产 100 万 t 以上的企业	个	1	1	持平
	年产 100 万 t 以上的企业总产量	万 t	130.30	140.53	7.85
	占全国总产量	%	37.02	41.50	12.01
	年产 20 万 t 以上的企业	个	3	4	33.33
	年产 20 万 t 以上的企业总产量	万 t	96.47	113.85	18.01
	占全国总产量	%	27.41	33.62	22.65
	年产 10 万 t 以上的企业	个	5	2	−60.00
	年产 10 万 t 以上的企业总产量	万 t	70.06	23.74	−66.12
	占全国总产量	%	19.90	7.01	−64.78
液体葡萄糖	年产 100 万 t 以上的企业	个	2	3	50.00
	年产 100 万 t 以上的企业总产量	万 t	348.18	476.64	36.89
	占全国总产量	%	43.82	48.95	11.70
	年产 50 万 t 以上的企业	个	1	3	200.00
	年产 50 万 t 以上的企业总产量	万 t	60.58	178.61	194.83
	占全国总产量	%	7.62	18.34	140.68
	年产 10 万 t 以上的企业	个	12	11	−8.34
	年产 10 万 t 以上的企业总产量	万 t	256.46	219.66	−14.35
	占全国总产量	%	32.28	22.56	−30.12

资料来源：表中数据由中国淀粉工业协会提供。

表 79 我国饮料行业主要产品产量（2012—2013 年）

产品名称	单位	2012 年	2013 年	同比增长（%）
软饮料总产量	万 t	13 024.0	14 926.8	14.61
其中：碳酸饮料	万 t	1 311.3	1 717.8	31.00
果蔬汁饮料	万 t	2 229.2		
包装饮用水	万 t	5 562.8	6 651.1	19.57
其他类型饮料	万 t	3 680.3		
饮料酒总产量（不含果露酒）	万 kL	6 381.6	6 600.3	3.43
其中：白酒	万 kL	1 153.2	1 226.2	6.33
啤酒	万 kL	4 902.0	5 061.5	3.25
葡萄酒	万 kL	138.2	117.8	−14.71
黄酒	万 kL			

资料来源：表中数据出自 2014 年《饮料工业》第 3 期与中国酿酒工业协会。

表 80 我国肉牛产业生产情况（2010—2012 年）

年 份	牛存栏量（万头）	牛出栏量（万头）	肉牛存栏量（万头）	牛肉产量（万 t）
2010	10 626.4	4 716.8	6 738.9	653.1
2011	10 360.5	4 670.7	6 646.4	647.5
2012	10 343.4	4 700.0	6 650.0	662.3

资料来源：表中数据出自 2014 年《农业展望》第 4 期。

表 81 我国烟草工业主要产品产量（2012—2013 年）

年 份	烟叶（万 t）	烤烟（万 t）	卷烟（亿支）
2012	340.65	312.62	25 160.78
2013	337.37	314.85	25 603.84
同比增长（%）	−0.96	0.71	1.76

资料来源：表中数据由农业部、国家烟草专卖局提供。

表 82　我国酒精工业产品产量（2012—2013 年）　单位：万 kL

年　份	2012 年	2013 年	同比增长（%）
产　量	820.62	911.55	11.08

资料来源：表中数据由中国酿酒工业协会提供。

表 83　我国酒精工业各地区产品产量（2012—2013 年）　单位：万 kL

地　区	2012 年	2013 年	同比增长（%）
全国总计	**820.62**	**911.55**	**11.08**
天　津			
河　北	15.03	13.22	−12.04
山　西	6.83	0.28	−95.90
内蒙古	37.58	39.73	5.72
辽　宁	0.74	0.35	−5.27
吉　林	152.31	160.26	5.22
黑龙江	113.70	131.79	15.91
江　苏	108.28	114.81	6.03
浙　江			
安　徽	24.93	23.20	−6.94
山　东	32.87	32.54	−1.00
河　南	186.99	226.16	20.95
湖　北	3.13	3.30	5.43
湖　南	2.93	2.84	−3.07
广　东	10.89	16.53	51.79
广　西	69.25	80.90	16.82
海　南	0.16	0.73	356.25
四　川	27.14	29.22	7.66
贵　州			
云　南	18.26	21.07	15.39
陕　西			
甘　肃	1.91	2.33	21.99
宁　夏			
新　疆	6.97	10.18	46.05

资料来源：表中数据由中国酿酒工业协会酒精分会提供。

表 84　我国各地区啤酒产量（2012—2013 年）　　单位：万 kL

地　区	2012 年	2013 年	同比增长（%）
全国总计	**4 902.0**	**5 061.5**	**3.25**
北　京	166.2	168.3	1.26
天　津	27.1	26.2	−3.32
河　北	157.4	156.6	−0.51
山　西	40.9	43.7	6.85
内蒙古	104.3	109.9	5.37
辽　宁	264.1	271.9	2.95
吉　林	135.1	148.6	9.99
黑龙江	209.1	218.9	4.69
上　海	59.5	49.2	−17.31
江　苏	217.4	219.9	1.15
浙　江	268.2	289.4	7.90
安　徽	149.7	163.6	9.29
福　建	196.1	200.0	1.99
江　西	114.9	124.4	8.27
山　东	665.1	685.8	3.11
河　南	496.1	427.9	−13.75
湖　北	234.6	254.7	8.57
湖　南	79.7	78.7	−1.25
广　东	474.2	480.8	1.39
广　西	169.3	185.1	9.33
海　南	8.8	7.7	−12.50
重　庆	77.2	82.7	7.12
四　川	196.0	238.3	21.58
贵　州	40.2	55.0	36.82
云　南	88.6	95.9	8.24
西　藏	17.5	17.3	−1.14
陕　西	102.1	102.2	0.09
甘　肃	66.8	68.2	2.10
青　海	10.1	11.6	14.85
宁　夏	15.4	25.9	68.18
新　疆	50.2	52.8	5.18

资料来源：表中数据出自 2014 年《啤酒科技》第 2 期。

表 85 我国罐头工业产值与产品产量（2013 年）

总产量（万 t）	同比增长（%）	总产值（亿元）	同比增长（%）
1 045.39	7.61	1 467.7	16.69

资料来源：表中数据由中国罐头工业协会提供。

表 86 我国各地区白酒产量（2012—2013 年）

单位：万 kL

地 区	2012 年	2013 年	同比增长（%）
全国总计	**1 010.06**	**1 085.41**	**7.46**
北 京	21.40	24.99	16.78
天 津	2.48	2.38	−4.03
河 北	23.42	24.31	3.80
山 西	11.78	10.19	−13.50
内蒙古	48.16	59.18	22.88
辽 宁	48.03	49.55	3.16
吉 林	49.54	48.05	−3.01
黑龙江	34.37	41.65	21.19
上 海	0.42	0.60	4.29
江 苏	80.98	84.87	4.81
浙 江	1.99	1.87	−6.30
安 徽	37.23	35.22	−5.39
福 建	3.21	3.42	6.51
江 西	12.62	12.34	−12.19
山 东			
河 南	89.44	96.18	7.54
湖 北	65.81	65.14	−1.02
湖 南	21.97	23.13	5.30
广 东	9.99	10.79	7.98
广 西	5.87	8.12	38.30
海 南			
重 庆	16.73	15.73	−5.98
四 川	257.35	293.95	14.22
贵 州	24.33	29.57	21.53
云 南	6.16	6.73	9.31
陕 西	6.34	9.04	4.26
甘 肃	3.65	3.93	7.61
青 海	1.71	1.78	3.94
宁 夏	1.46	1.18	−18.92
新 疆	5.98	6.02	0.67

资料来源：表中数据由中国酿酒协会提供。

表 87　我国各地区葡萄酒产量（2012—2013 年）　　单位：万 kL

地　区	2012 年	2013 年	同比增长（%）
全国总计	**137.96**	**117.83**	**－14.59**
北　京	0.93	0.83	－10.33
天　津	3.30	2.10	－36.44
河　北	10.95	6.51	－40.53
山　西	0.22	0.24	10.56
内蒙古	0.83	0.38	－54.03
辽　宁	4.13	3.95	－4.34
吉　林	32.06	26.74	－16.59
黑龙江	2.80	4.92	29.63
上　海	0.07	0.06	－17.37
江　苏			
福　建	0.31	0.03	－90.32
江　西	0.66	0.56	－15.30
山　东	47.89	44.50	－17.07
河　南	21.49	13.80	－35.79
湖　北	0.17	0.15	－10.74
湖　南	0.68	0.74	8.82
广　西	0.19	0.23	23.27
重　庆			
四　川	0.08	0.09	7.85
贵　州			
云　南	1.85	2.18	17.84
陕　西	3.02	4.13	36.57
甘　肃	1.10	1.02	－7.36
宁　夏	1.65	1.67	1.18
新　疆	2.57	3.00	16.73

资料来源：表中数据由中国酿酒协会葡萄酒分会提供。

表 88　我国饲料工业产品产量（2010—2013 年）　　单位：万 t

年　份	饲料产量	其中：1. 配（混）合饲料	2. 浓缩饲料	3. 预混合饲料
2010	15 600	12 600	2 450	595
2011	18 063	14 915	2 543	605
2012	19 429	16 000	2 450	619
2013	19 100	16 170	2 300	630

资料来源：表中数据由全国饲料工作办公室提供。

表 89 我国饲料工业各地区产品产量（2013 年） 单位：万 t

地 区	总 产 量	配合饲料总产量	浓缩饲料总产量	预混合饲料总产量
全国总计	**19 340.1**	**16 307.9**	**2 398.5**	**633.7**
北 京	269.4	180.2	39.0	50.1
天 津	260.7	168.6	64.4	27.7
河 北	1 145.3	932.4	198.2	14.8
山 西	287.9	196.7	86.4	4.8
内 蒙 古	295.2	203.1	87.5	4.6
辽 宁	1 285.4	913.6	350.4	21.5
吉 林	465.6	312.2	148.8	4.7
黑 龙 江	677.8	334.7	316.1	27.1
上 海	155.2	117.2	14.7	23.4
江 苏	976.7	913.6	35.2	27.8
浙 江	555.0	533.4	6.4	15.2
安 徽	488.7	453.9	22.6	12.2
福 建	773.1	718.7	24.9	29.4
江 西	665.8	584.8	23.6	57.4
山 东	2 066.8	1 866.5	126.8	73.6
河 南	1 288.3	1 062.9	195.2	30.2
湖 北	631.2	590.7	27.8	12.7
湖 南	1 076.4	948.9	64.4	63.1
广 东	2 250.6	2 160.0	35.5	57.1
广 西	1 015.9	977.7	26.9	11.4
海 南	204.4	201.1	0.3	2.9
重 庆	201.5	175.1	23.9	2.6
四 川	1 027.9	902.2	95.0	30.7
贵 州	84.6	52.5	32.1	0.1
云 南	374.9	273.1	96.8	4.9
西 藏				
陕 西	441.5	259.4	164.3	17.7
甘 肃	135.1	85.5	48.9	0.7
青 海	12.9	12.7	0.1	0.2
宁 夏	70.6	43.0	26.1	1.6
新 疆	155.8	135.9	16.2	3.7

资料来源：表中数据出自 2014 年《中国饲料》第 17 期。

表 90　我国猪饲料生产前十省、自治区情况（2013 年）　　单位：万 t

排位	地区	总产量	猪饲料	所占比重（%）	配合猪饲料	猪浓缩饲料	猪预混饲料
	全　国	**19 340**	**8 411**	**43**	**6 629**	**1 407**	**375**
1	广　东	2 251	1 043	56	671	32	40
2	湖　南	1 076	772	72	651	63	58
3	河　南	1 288	738	57	579	140	18
4	四　川	1 028	632	61	520	92	19
5	山　东	2 067	613	30	482	111	20
6	广　西	1 016	572	56	541	24	8
7	江　西	666	486	73	422	20	45
8	福　建	773	418	54	365	25	28
9	辽　宁	1 285	350	27	203	136	20
10	浙　江	555	287	52	270	6	11

资料来源：以下表中数据出自 2014 年《饲料广角》第 11 期。

表 91　我国蛋禽饲料生产前十省、自治区情况（2013 年）　　单位：万 t

排位	地区	总产量	蛋禽饲料	所占比重（%）	配合蛋禽饲料	浓缩蛋禽饲料	预混蛋禽饲料
	全　国	**19 340**	**3 035**	**16**	**2 425**	**470**	**139**
1	河　北	1 145	572	50	476	90	6
2	辽　宁	1 285	409	32	312	90	7
3	河　南	1 288	186	14	140	38	7
4	山　东	2 067	179	9	131	10	39
5	黑龙江	678	147	22	65	76	6
6	吉　林	466	147	32	121	25	1
7	江　苏	977	133	14	121		11
8	广　东	2 251	124	6	122		2
9	陕　西	441	121	27	54	61	6
10	四　川	1 028	114	11	110	2	2

表 92　我国肉禽饲料生产前十省、自治区情况（2013 年）　单位：万 t

排位	地区	总产量	肉禽饲料	所占比重（%）	配合肉禽饲料	浓缩肉禽饲料	预混合肉禽饲料
	全国	**19 340**	**4 947**	**26**	**4 619**	**282**	**46.4**
1	山东	2 067	1 131	55	1 118	2.7	
2	广东	2 251	670	30	64	1.1	4.6
3	辽宁	1 285	385	30	272	112	1.7
4	广西	1 016	358	35	353	2.8	2.6
5	河南	1 288	296	23	281	12.5	1.9
6	江苏	977	245	25	243	0.2	1.9
7	安徽	489	234	48	233	0.3	0.8
8	福建	773	184	24	184		0.2
9	四川	1 028	183	18	181	0.1	1.6
10	河北	1 145	125	11	107	17.2	1.0

表 93　我国水产饲料生产前十省、自治区情况（2013 年）　单位：万 t

排位	地区	总产量	水产饲料	所占比重（%）	配合水产饲料	浓缩水产饲料	预混合水产饲料
	全国	**19 340**	**1 864**	**10**	**1 833**	**7.2**	**24.3**
1	广东	2 251	391	17	384	0.5	6.3
2	江苏	977	293	30	293		0.6
3	湖北	631	190	30	189	0.3	1.3
4	湖南	1 076	115	11	114		0.4
5	浙江	555	100	18	99	0.5	0.6
6	福建	773	98	13	98		0.7
7	四川	1 028	80	8	73		6.2
8	河北	1 145	63	5	63		0.2
9	辽宁	1 285	59	5	59		0.5
10	江西	666	56	8	55		1.0

表 94　我国反刍饲料生产前十省、自治区、直辖市情况（2013 年）单位：万 t

排位	地　区	总产量	反刍饲料	所占比重（%）	配合反刍饲料	浓缩反刍饲料	预混反刍饲料
	全　国	**19 340**	**795**	**4.1**	**559**	**210**	**26**
1	内蒙古	295	164	55.5	114	67	2
2	黑龙江	678	117	17.2	63	50	3
3	河　北	1 145	89	7.8	69	19	1
4	辽　宁	1 285	50	3.9	40	99	
5	山　东	2 067	48	2.3	43	3	1
6	陕　西	441	46	10.5	17	28	2
7	北　京	269	40	14.8	30	5	4
8	天　津	261	35	13.5	24	8	3
9	新　疆	156	33	21.0	30	1	1
10	宁　夏	71	28	39.0	20	7	1

表 95　2013/2014 年度制糖期糖料与食糖生产情况

地　区	糖料种植面积（khm^2）	糖料入榨量（万 t）	产糖量（万 t）	开工工厂数（个）
全国总计	**1 780.61**		**1 331.80**	**260**
甘蔗糖合计	**1 625.91**		**1 257.17**	**229**
广　东	146.67		118.50	29
其中：湛江	116.67		104.50	22
广　西	1 031.31		855.80	102
云　南	360.13		230.63	73
海　南	67.09		41.65	17
福　建	1.39		0.85	1
其　他	19.33		9.74	7
甜菜糖合计	**154.69**		**74.63**	**31**
黑龙江	33.33		2.89	5
新　疆	62.64		44.91	14
内蒙古	36.67		17.00	5
其　他	22.05		9.73	7

资料来源：表中数据由中国糖业协会提供。

表 96 我国食用菌产量、产值、出口情况（2013 年）

地区	产量（t）	产值（万元）	出口量（t）	创汇（万美元）	主要品种产量（t）		
					香菇	平菇	双孢菇
全国总计	**31 696 850**	**20 179 016**	**1 341 328**	**312 982**	**7 103 175**	**5 948 335**	**2 377 327**
北京	143528	117 880			34 014	42 180	1 956
天津	117 328	101 738			25 000	35 000	300
河北	2 096 994	1 267 964	51 300	5 455	602 790	671 121	44 659
山西	221 014	152 499			19 680	122 770	17 900
内蒙古							
辽宁	1 211 700	779 000	26 400	8 150	551 000	252 000	36 300
吉林	1 311 593	894 710	21 780	1 560	31 500	354 000	260
黑龙江	2 865 106	1 486 163			43 618	82 265	
上海	126 883	99 059	9 000	5 600	4 468		9 363
江苏	2 333 712	1 224 199			100 476	571 515	468 583
浙江	1 341 553	1 025 373	25 371	7 033	535 776	5 500	95 829
安徽	657 600	613 807	160 000	1 000	70 000	250 000	35 000
福建	2 316 010	1 376 025	240 000	69 000	377 492	49 742	322 205
江西	1 000 538	739 000	10 921	2 116	146 237	220 379	93 512
山东	4 125 144	2 471 115			298 628	1 826 229	378 189
河南	4 737 063	2 083 200	89 671	71 065	2 280 053		
湖北	1 355 506	1 084 405	457 500	90 300	960 420	136 226	42 540
湖南	850 000	650 000	19 000	4 000	165 600	189 090	56 400
广东	755 474	775 351	211 968	31 995	28 918	137 614	5 692
广西	1 202 633	1 001 247	6 205	3 276	127 489	116 376	617 774
海南	548	726			200	30	
重庆							
四川	1 600 162	631 002			124 250	418 300	100 200
贵州	69 783	89 641			43 820		13 780
云南	307 600	804 000	12 213	12 432	129 779	37 092	8 875
西藏							
陕西	684 177	535 714			357 564	122 407	3 510
甘肃	200 400	100 200			40 000	100 000	20 000
青海							
宁夏							
新疆	64 800	75 000			4 600	28 500	4 500

（续）

地　区	主　要　品　种　产　量（t）						
	金针菇	草　菇	黑木耳	毛木耳	银　耳	滑　菇	猴头菇
全国总计	**2 729 098**	**275 990**	**5 563 897**	**1 308 741**	**385 213**	**960 295**	**123 448**
北　京	24 349	700	1 355				
天　津	32 000		0.5	0.5			0.2
河　北	138 354	2 280	33 880		2 000	207 895	
山　西	10 800	320	18 200	1 550	11	65	90
内蒙古							
辽　宁	31 500		71 600			245 000	
吉　林	35 800		857 000			17 500	170
黑龙江	3 914		2 471 508			170 481	82 722
上　海	61 598	3 476					
江　苏	645 464	36 187	5 744	39 188	10	298 990	
浙　江	210 539	30	361 507		50		101
安　徽	12 000			20 000			
福　建	81 225	25 922	83 868	228 397	358 671	19 839	31 890
江　西	49 359	13 205	67 312	38 278	126	272	462
山　东	662 074	22 595	161 211	284 212	9 585		3 050
河　南			1 093 390				
湖　北	72 036	300	61 202	2 880	2 810		5
湖　南	137 000	7 150	15 050	24 870	10 350		2 320
广　东	238 069	156 587		8 190			2 226
广　西	34 110	7 208	64 424	67 274			26
海　南	125						
重　庆							
四　川	100 200		79 400	591 100	1600		
贵　州	13 780		1 831				
云　南	8 875		5 201	2 803		150	347
西　藏							
陕　西	3 510	30	104 513			84	38
甘　肃	20 000		4 500				
青　海							
宁　夏							
新　疆	4 500		1 200				

（续）

地　区	主　要　品　种　产　量（t）							
	鸡腿菇	白灵菇	杏鲍菇	茶薪菇	袖珍菇	灰树花	竹　荪	姬松茸
全国总计	**235 424**	**141 580**	**673 211**	**625 976**	**202 138**	**20 957**	**55 162**	**41 025**
北　京	382	2 767	24 486	3 379		1 118		
天　津	0.2	26 500	18 200	15				
河　北	12 649	52 929	68 652	50	28	5 880		
山　西	1 680	5 800	10 900	520	390			
内蒙古								
辽　宁			8 100					
吉　林	2 100	700	770	40		50		40
黑龙江								
上　海			8 355					
江　苏				1 482				
浙　江	56		6 881	803	34 014	9 075	43	0.8
安　徽			20 000					
福　建	25 833		66 995	327 123	80 891	40	44 515	18 008
江　西	24 917	26	56 381	251 357		214	8 703	1 058
山　东	94 311	33 195	195 580	8 905	13 460	215		1 196
河　南								
湖　北	120	850	18 950	360		10	5	1 500
湖　南	6 560	3 000	73 200	9 230	64 000	4 200	705	4 900
广　东	18 125		54 920	11 163	9 280		143	538
广　西	8 342		961	3 575		50	1 048	4 700
海　南				300	75			
重　庆								
四　川	39 650		15 780					
贵　州								
云　南	700	563		7 024				8 784
西　藏								
陕　西		250	16 600	650		150		300
甘　肃		1 000	1 500					
青　海								
宁　夏								
新　疆		10 000	6 000					

（续）

地　区	主要品种产量（t）								
	松茸	牛肝菌	羊肚菌	灵芝	天麻	茯苓	大球盖菇	猪苓	真姬菇
全国总计	**4 004**	**31 032**	**1 726**	**83 449**	**77 725**	**328 329**	**29 300**	**12 777**	**145 931**
北　京				2					
天　津				10					
河　北				96			1 510		
山　西		72	28	322	15	21			2 660
内蒙古									
辽　宁							1 000		
吉　林	150	250	5	2 000	350				
黑龙江									
上　海									20 429
江　苏									
浙　江		100		2 901					1 690
安　徽				600		250 000			
福　建				2 755		5 348	26 790		77 378
江　西				10 616	375	537			5 149
山　东				14 208					
河　南									
湖　北		280	2	4 170	12 800	34 460			1 825
湖　南		140	45	1 420	6 520	27 800			36 800
广　东				38 598					
广　西				4 352		9 563			
海　南				63					
重　庆									
四　川									
贵　州									
云　南	3 854	29 900	1 646		3 041				
西　藏									
陕　西		290		1 393	53 824			12 777	
甘　肃					800	600			
青　海									
宁　夏									
新　疆									

（续）

地区	主要品种产量（t）					
	长根菇	金福菇	大杯蕈	鲍鱼菇	北虫草	其他菇
全国总计	**7 297**	**46 609**	**8 549**	**4 634**	**14 141**	**2 130 354**
北京						6 840
天津					2	300
河北					380	51 841
山西						3 200
内蒙古						
辽宁					6 000	9 200
吉林					45	8 908
黑龙江						10 598
上海						19 192
江苏						166 075
浙江					60	76 596
福建	7 297	3 957	8 549	4 634		36 645
江西					87	11 976
山东					970	117 332
河南						136 362
湖北					185	1 570
湖南					3 650	
广东		42 652			2 759	135 361
广西						10
海南						
重庆						53 950
四川						
贵州						
云南						51 279
西藏						
陕西					3	5 860
甘肃						
青海						
宁夏						
新疆						

资料来源：1. 表中数据由中国食用菌协会提供。

2. 本统计资料不包括内蒙古、重庆、贵州、青海、安徽、宁夏等省、自治区、直辖市的数据。

3. 表中出口创汇全国总计数据为国家海关总署统计，各地出口创汇数据为中国食用菌协会统计。

4. 表中产品数据均按鲜品统计，干品折鲜品比例按 1∶10 计算。

表 97 我国农垦系统农产品加工业主要产品产量（2012—2013 年）

产 品	单 位	2012 年	2013 年	同比增长（%）
粮食商品量	万 t	3 025.2	3 041.6	0.54
粮食商品率	%	89.73	88.94	−0.88
食用植物油	万 t	275.7	343.4	24.56
机制糖	万 t	232.4	250.6	7.83
乳制品	万 t	326.2	348.6	6.87
其中：液体奶	万 t	297.1	301.2	1.03
饮料酒	万 kL	161.2	169.3	5.02
其中：葡萄酒	万 kL	7.4	7.5	1.35
纱	万 t	63.1	67.8	7.45
布	亿 m	5.8	6.3	8.62
配（混）合饲料	万 t	660.2	775.3	17.43
机制纸及纸板	万 t	46.7	45.8	−1.93

表 98 农垦系统各地区农产品加工业主要产品产量（2013 年）

地 区	混配合饲料（t）	机制纸及纸板（t）	纱（万 t）	布（万 m）	机制糖（t）	饮料酒（kL）	乳制品（t）	食用植物油（t）
全国合计	**7 753 217**	**458 194**	**67.81**	**62 955**	**2 506 179**	**1 693 274**	**3 485 594**	**3 433 797**
北 京	64 291					27	496 029	
天 津						21 085	78 296	
河 北	272 778	28 645		9 446		5 321	548 341	875
山 西	14 198					166	280	
内 蒙 古	30 195	1 980				1 555	8 703	88 518
辽 宁	147 333	183			24 815	340 922	139 183	23 972
吉 林		29 512				61		
黑 龙 江	562 482	5 595			18 728	105 993	304 941	1 721 200
上 海	401 088				840 102	100 121	992 447	
江 苏	105 074		2.68	11 346				
浙 江	319 808						5 200	
安 徽	23 200		0.60			5 802	31 171	
福 建	17 206	3 500		2 150		7 084	1 395	2 150
江 西	28 192	76 786	3.06	417		114 416		21 221
山 东	4 009							
河 南	50 766		1.95			3 620	14 191	
湖 北	1 400 803	107 314	29.19	30 557		323 610	206 161	944 568
湖 南	1 127 616	39 632	3.82	3 439	4 436	4 953	5 547	3 991
广 东	3 478	14 730			504 538	2 760	109 617	2 550
广 西	546 371	142 258			831 600	16 943	3 693	625
海 南		200			44 384	115		88
重 庆	422 368						236 121	
四 川						7 422	680	
贵 州	2 410						46 227	
云 南	3 223				59 139	1 139		
西 藏								
陕 西	3 043						3 566	
甘 肃	10 479					178 375		577
青 海								
宁 夏	27 257		24.24	5 600		190 718	26 277	10
新疆（兵团）	2 105 952	7 859	2.28		178 437	256 835	125 909	612 553
新疆（农业）	15 051					4 232	555	10 899
新疆（畜牧）	41 318						65 751	

表 99 我国森林工业主要产品产量（2012—2013 年）

主要产品	单位	2012 年	2013 年	同比增长（%）
锯 材	万 m^3	5 568.2	6 297.6	13.10
木片（实积）	万 m^3	2 906.9	3 935.5	35.38
人造板	万 m^3	22 335.8	25 560.0	14.43
胶合板	万 m^3	10 981.2	13 725.2	24.99
纤维板	万 m^3	6 800.4	6 402.1	−6.22
刨花板	万 m^3	2 349.6	1 885.0	−19.77
其他人造板	万 m^3	3 204.7	3 547.7	10.72
单板	万 m^3	3 491.9		
木竹地板	万 m^2	60 430.5	68 925.7	14.06
人造板表面装饰板	万 m^2	1 9207.0		
强化木	万 m^3	33.1	801.8	262.45
指接材	万 m^3	395.4	440.3	11.36
林产化学产品				
松香类产品	t	1 409 995	1 642 308	16.48
松节油类产品	t	187 393	266 504	42.22
樟 脑	t	11 444	17 704	54.70
冰 片	t	925	1 662	79.68
栲胶类产品	t	6 926	8 403	21.33
紫胶类产品	t	2 494	5 764	131.11
木材热解产品	t	794 023	1 100 279	38.57
其中：木炭	t	360 206	418 767	16.26

表 100　各地区森林工业主要产品产量（2013 年）　　单位：万 m^3

地　区	锯材	木片（实积）	人造板					强化木	指接材
			合计	胶合板	纤维板	刨花板	其他人造板		
全国总计	**6 297.6**	**3 935.0**	**25 560.0**	**13 725.2**	**6 402.1**	**1 885.0**	**3 547.7**	**801.8**	**440.3**
北　京			205		20.5				
天　津			11.3		8.7	2.6			
河　北	172.9	24.2	1 494.6	504.6	435.7	261.5	292.8	10.9	2.0
山　西	4.3	7.7	35.3	1.0	16.4	11.4	6.6	0.5	
内蒙古	641.7	11.6	75.4	29.3	6.4	26.6	13.1		
辽　宁	383.4	107.4	562.5	272.2	131.9	48.2	110.2		13.6
吉　林	140.6	11.0	361.8	155.6	97.8	61.3	47.2		6.7
黑龙江	536.5	86.5	417.6	242.8	68.9	66.3	39.5		7.0
上　海	1.6	1.5	21.4	6.8	14.5				
江　苏	209.3	97.9	4 463.9	2 799.6	936.7	269.6	458.1	2.0	2.0
浙　江	303.1	68.9	676.0	281.5	104.0	13.9	276.6	16.9	95.4
安　徽	437.4	142.3	1 841.7	1 006.1	401.1	65.3	369.2	6.4	8.7
福　建	165.5	103.4	826.1	394.2	135.9	141.2	154.8	1.2	97.3
江　西	164.9	64.6	388.1	138.1	134.9	25.1	90.1	5.1	41.1
山　东	1 289.9	2 181.4	6 422.3	4 412.5	1 097.3	466.6	445.8	739.2	78.4
河　南	200.7	191.8	1 581.2	705.0	386.6	87.5	402.2		20.0
湖　北	88.8	35.1	500.9	117.9	258.2	47.6	77.3	5.9	2.9
湖　南	281.8	42.7	540.5	289.9	53.7	16.3	180.7	0.5	11.9
广　东	136.1	126.6	980.5	248.2	513.7	136.9	81.8		0.2
广　西	542.1	496.5	2 970.2	1 719.9	738.4	102.3	409.6	2.6	18.7
海　南	48.7	26.9	24.6	17.2	2.0	5.0	0.5	2.6	0.6
重　庆	27.7	7.8	83.4	37.1	44.7	0.4	1.2	1.5	8.2
四　川	194.0	39.2	764.7	209.2	481.9	20.4	53.1	2.8	19.9
贵　州	78.9	9.8	76.2	51.3	7.8	0.1	16.9	0.7	2.9
云　南	196.8	23.8	273.9	66.7	186.1	7.7	13.5	2.4	2.9
西　藏	4.8								
陕　西	24.1	14.1	108.3	10.2	97.5	0.3	0.3	0.2	
甘　肃	0.2		0.8	0.8					
青　海	0.1								
宁　夏			1.6		1.6				
新　疆	9.1	2.7	15.4	7.4	8.0				
大兴安岭	12.5	18.2	19.2	0.1	11.3	0.9	6.9		

（续）

地区	木竹地板（万 m^2）	樟脑（t）	冰片（t）	松香类产品（t）	松节油类产品（t）	栲胶类产品（t）	紫胶类产品（t）	木材热解产品（t）	
								合计	其中：木炭
全国总计	**68 725.7**	**17 704**	**1 662**	**1 642 308**	**266 504**	**8 403**	**5 764**	**1 100 279**	**418 767**
北京	127.3								
天津	10.7								
河北	140.0					1 560		26 705	665
山西								480	70
内蒙古	15.1					610			
辽宁	2 952.2							11 420	11 420
吉林	3 574.8							12 675	4 128
黑龙江	528.5							3 765	3 765
上海	3 243.6								
江苏	15 481.9							10 000	10 000
浙江	12 766.5			17 600	10 800			169 421	18 045
安徽	7 394.1			6 547	1 747			60 640	51 444
福建	1 972.2	11 594		123 903	19 336		157	167 445	369
江西	3 541.3	482	2	119 999	52 894			313 627	45 527
山东	8 070.9							77 657	67 157
河南	126.9			2 650				5 000	40 00
湖北	3 099.3			19 784	3 607			320	
湖南	1 216.6		1 050	61 988	2 213			8 5947	63 762
广东	2 884.1			110 334	3 585		3	8 344	7 469
广西	180.9	6		945 722	96 670	6 233	2 783	9 984	9 984
海南	13.8			9 553	223			177	177
重庆	5.0			940				607	472
四川	1 146.6	500		1 689	170		60	17 000	10 700
贵州	57.8			5 459	723			45 622	45 206
云南	350.9	5 122	610	216 140	74 536		1 952	50 438	50 422
西藏									
陕西	5.8								
甘肃									
青海									
宁夏									
新疆									
大兴安岭	18.9							123 005	13 985

表 101　我国水产品加工产品的主要种类与产量（2010—2013 年） 单位：万 t

年　份	冷冻制品	干腌制品	鱼糜制品	鱼　粉	罐制品	鱼油制品	其　他
2010	1 004.9	146.5	96.2	149.3	24.3	3.9	113.6
2011	1 103.7	155.8	104.0	182.2	26.6	4.8	108.8
2012	1 174.9	156.2	117.2	195.3	35.5	6.0	120.8
2013	1 230.0	158.0	132.7	99.5	37.5	7.7	189.7

表 102　纺织工业主要产品产量（规模以上企业）（2012—2013 年）

产 品 名 称	单　位	2012 年	2013 年	同比增长（%）
化学纤维	万 t	3 820.2	4 122.0	7.90
纱	万 t	2 985.0	3 200.0	7.20
布	亿 m	653.0	683.0	4.60
服装	亿件	268.0	271.0	1.30
全行业加工总量	万 t			

资料来源：表中数据由工业和信息化部提供。

表 103　我国皮革行业主要产品产量（2012—2013 年）

主　要　产　品	单　位	2012 年	2013 年	同比增长（%）
轻革	亿 m^2	7.21	5.51	−23.68
皮鞋	亿双	48.05	49.30	2.60
皮革服装	万件	5 775.32	6 229.74	7.87
毛皮服装	万件	444.02	465.42	4.82
皮革皮包、袋	亿只			

资料来源：表中数据由中国皮革工业协会提供。

表 104　我国家具工业主要产品产量（2012—2013 年） 单位：万件

产品名称	2012 年	2013 年	同比增长
总　计	**65 443.1**	**65 161.7**	**−0.43**
木质家具	23 902.1	23 646.3	−1.07
金属家具	31 352.4	32 271.1	2.93
软体家具（含床垫沙发）	3 842.8	4 261.7	1.09

资料来源：表中数据由中国家具工业协会提供。

表 105　我国家具工业分地区主要产品产量（2013 年）　　单位：万件

地　区	家　具	地　区	家　具
全国总计	**65 161.8**	**河　南**	**4 633.9**
北　京	690.5	湖　北	412.5
天　津	940.5	湖　南	695.7
河　北	977.9	广　东	12 330.7
山　西	3.8	广　西	492.8
内蒙古	87.3	海　南	7.5
辽　宁	1 653.7	重　庆	573.4
吉　林	292.1	四　川	1 418.7
黑龙江	307.8	贵　州	83.2
上　海	2 248.1	云　南	6.4
江　苏	1 286.5	西　藏	
浙　江	18 808.6	陕　西	76.0
安　徽	692.8	甘　肃	6.2
福　建	10 876.5	青　海	
江　西	1 194.2	宁　夏	14.8
山　东	4 322.7	新　疆	27.0

资料来源：表中数据由中国家具工业协会提供。

表 106　我国造纸工业纸浆消耗情况（2012—2013 年）　　单位：万 t

品　种	2012 年		2013 年		同比增长（%）
	消　耗	所占比例（%）	消　耗	所占比例（%）	
纸浆消耗量	**9 348**	**100**	**9 147**	**100**	**−2.15**
1. 木浆	2 291	25	2 378	26	3.80
其中：进口木浆	1 489	16	1 505	16	1.07
国产木浆	802	9	873	10	8.85
2. 非木浆	1 074	11	829	9	−22.81
3. 废纸浆	5 983	64	5 940	65	−0.72
其中：进口废纸浆	2 405	26	2 379	26	−1.08
国产废纸浆	3 578	38	3 561	39	−0.48

资料来源：表中数据出自 2014 年《造纸信息》第 6 期。

表 107　我国废纸回收利用情况（2009—2013 年）

年　份	纸和纸板消费量（万 t）	废纸回收量（万 t）	废纸回收率（%）	废纸浆利用率（%）	废纸浆消费量（万 t）
2009	8 569	3 424	40.0	72.3	6 246
2010	9 173	4 016	43.8	71.5	6 631
2011	9 752	4 348	44.6	71.2	7 075
2012	10 048	4 473	44.5	73.0	7 449
2013	9 782	4 451	45.5	73.4	7 425

资料来源：表中数据出自 2014 年《中华纸业》第 21 期；废纸浆＝废纸量×0.8。

表 108　我国各类造纸纤维原料所占比重（2012—2013 年）　单位：万 t

名　　称	木　浆		草类纤维		废纸浆		总　量	
	2012 年	2013 年	2012 年	2013 年	2012 年	2013 年	2012 年	2013 年
我国造纸纤维原料消耗量	2 291	2 378	1 074	829	5 983	5 940	9 348	9 147
造纸纤维原料中所占比重（%）	24.5	26.0	11.5	9.1	64	65.0	100.0	100.0

资料来源：表中数据出自 2014 年《造纸信息》第 6 期。

表 109　我国机制纸及纸板主要品种产量（2012—2013 年）　单位：万 t

品　　种	2012 年	2013 年	同比增长（%）
纸及纸板合计	**10 250**	**10 110**	**−1.37**
一、纸			
1. 新闻纸	380	360	−5.26
2. 未涂布印刷书写纸	1 750	1 520	−1.71
3. 涂布印刷纸	780	770	−1.28
其中：铜版纸	695	685	−1.44
4. 生活用纸	780	795	1.92
5. 包装用纸	640	635	−0.78
二、纸板			
1. 白纸板	1 390	1 360	−2.16
其中：涂布白纸板	1 340	1 310	−2.24
2. 箱纸板	2 080	2 040	−1.92
3. 瓦楞原纸	2 020	2 015	−0.25
三、特种纸及纸板	220	230	4.55
四、其他纸及纸板	210	185	−11.90

资料来源：表中数据出自 2014 年《造纸信息》第 6 期。

表 110　我国纸和纸板消费结构情况（2012—2013 年）　单位：万 t

产品名称	2012 年					2013 年				
	生产量	进口量	出口量	消费量	比重(%)	生产量	进口量	出口量	消费量	比重(%)
机制纸及纸板	10 250	311	513	10 048	100.0	10 110	283	611	9 782	100.0
1. 新闻纸	380	13		393	3.9	360	11	9	362	3.7
2. 未涂布印刷书写纸	1 750	35	101	1 684	16.8	1 720	28	121	1 627	16.6
3. 涂布印刷纸	780	35	177	638	6.3	770	32	179	623	6.4
其中：铜版纸	695	27	141	581	5.9	685	24	132	577	5.9
4. 生活用纸	780	4	53	731	7.3	795	3	64	734	7.5
5. 包装用纸	640	20	5	655	6.5	635	20	5	650	6.6
6. 白纸板	1 390	72	83	1 379	13.7	1 360	66	116	1 310	13.4
其中：涂布白纸板	1 340	72	83	1 329	13.2	1 310	65	116	1 259	12.9
7. 箱纸板	2 080	84	7	2 157	21.5	2 040	83	17	2 106	21.5
8. 瓦楞原纸	2 020	14	7	2 027	10.2	2 015	7	9	2 013	20.6
9. 特种纸和纸板	220	28	65	183	1.8	230	27	69	188	1.9
10. 其他纸和纸板	210	6	15	201	2.0	185	6	22	169	1.7

资料来源：表中数据出自 2014 年《造纸信息》第 6 期。

表 111　我国造纸工业主要产品生产及消费情况（2012—2013 年）　单位：万 t

产品名称	生产量			消费量		
	2012 年	2013 年	同比（%）	2012 年	2013 年	同比（%）
总　量	**10 250**	**10 110**	**−1.37**	**10 048**	**9 782**	**−2.65**
1. 新闻纸	380	360	−5.26	393	362	−7.89
2. 未涂布印刷书写纸	1 750	1 720	−1.71	1 684	1 627	−3.38
3. 涂布印刷纸	780	770	−1.28	638	623	−2.35
其中：铜版纸	695	685	−1.44	581	577	−0.69
4. 生活用纸	780	795	1.92	731	734	0.41
5. 包装用纸	640	635	−0.78	655	650	−0.76
6. 白纸板	1 390	1 360	−2.16	1 379	1 310	−5.00
其中：涂布白纸板	1 340	1 310	−2.24	1 329	1 259	−5.27
7. 箱纸板	2 080	2 040	−1.92	2 157	2 106	−2.36
8. 瓦楞原纸	2 020	2 015	−0.25	2 027	2 013	−0.69
9. 特种纸及纸板	220	230	4.55	183	188	2.73
10. 其他纸及纸板	210	185	−11.90	201	169	−15.92

资料来源：表中数据出自 2014 年《造纸信息》第 6 期。

表 112　我国纸和纸板生产、消费及进口量与人均消费量（2009—2013 年）

年　份	纸和纸板总产量（万 t）	纸和纸板总消费量（万 t）	纸和纸板进口量（万 t）	人均消费量（kg）
2009	8 391	8 331	352	64
2010	9 270	9 173	336	69
2011	9 930	9 752	231	73
2012	10 250	10 048	311	74
2013	10 110	9 782	283	72

资料来源：表中数据出自 2014 年《造纸信息》第 6 期。

表 113　我国纸和纸板人均消费量与美国的比较（2009—2013 年）

单位：kg/（人・年）

年　份	2009 年	2010 年	2011 年	2012 年	2013 年
我国人均消费量	64	69	73	74	76
美国人均消费量	234	240	231	229	

资料来源：表中数据出自 2014 年《纸和造纸》第 12 期。

表 114 我国橡胶工业主要产品产量（2012—2013 年）

产品名称	单位	2012 年	2013 年	同比增长（%）
轮胎	万条	47 000.0	52 900.0	12.50
摩托车胎	万条	17 000.0	18 500.0	8.82
自行车胎	万条	35 000.0	30 000.0	－14.30
电动自行车胎	万条	18 000.0	21 000.0	16.70
输送带	万 m^2	48 000.0	52 000.0	8.30
胶鞋	万双	159 000.0	150 000.0	－5.70
安全套	亿只	70.0	71.3	1.90
助剂	万 t	89.0	100.0	12.36
炭黑	万 t	432.0	470.0	8.85
再生胶	万 t	350.0	380.0	8.57
胶管	亿 Bm	12.0	13.0	8.30

注：表中数据出自 2014 年《中国橡胶》第 7 期。

表 115 我国人均主要工农业产品产量（2009—2013 年）

产品名称	单位	2009 年	2010 年	2011 年	2012 年	2013 年
粮食	kg	399	409	425	437	440
棉花	kg	4.8	4.5	4.9	5.1	4.6
油料	kg	23.7	24.1	24.6	25.4	25.9
糖料	kg	92.2	89.8	93.1	99.8	101.0
茶叶	kg	1.02	1.10	1.21	1.33	1.41
水果	kg	153.20	159.9	169.4	178.1	184.4
猪牛羊肉	kg	44.4	45.8	45.4	47.4	48.6
水产品	kg	38.4	40.2	41.7	43.7	45.5
牛奶	kg	26.4	26.7	27.2	27.7	26.1
布	m	56.6	59.8	60.6	62.9	65.0
机制纸及纸板	kg	67.3	73.5	81.9	81.1	83.8
纱	kg	17.0	19.2	20.2	22.1	23.6

农产品加工业主要产品出口创汇情况

表 116　我国海关出口农产品及加工品数量与金额（2012—2013 年）

单位：万美元

产品名称	单位	2012 年		2013 年	
		数量	金额	数量	金额
活猪	万头	164	46 056	168	45 919
活家禽	万只	736	3 094	717	2 976
牛肉	万 t	1	8 060	1	4 432
猪肉	万 t	7	29 504	7	32 539
冻鸡	万 t	9	22 175	10	24 212
水海产品	万 t	368	1 811 810	384	1 942 923
鲜蛋	百万个	1 230	11 203	1 074	10 688
谷物及谷物粉	万 t	96	59 373	95	66 416
稻谷和大米	万 t	28	27 213	48	41 674
玉米	万 t	26	10 117	8	3 319
蔬菜	万 t	741	755 935	778	900 551
鲜或冷藏蔬菜	万 t	485	317 737	519	340 171
橘、橙	t	942 596	83 932	866 531	99 121
苹果	t	975 878	95 991	994 664	102 987
松子仁	t	11 576	17 459	10 683	21 232
大豆	万 t	32	27 913	21	20 194
花生及花生仁	万 t	15	27 436	13	21 907
食用植物物油（含棕榈油）	t	99 519	18 357	115 491	19 313
食糖	t	47 144	4 349	47 771	4 178
天然蜂蜜	t	110 158	21 505	124 901	24 655
茶叶	t	313 484	104 226	325 806	124 631
辣椒干	t	51 957	13 748	47 168	10 993
猪肉罐头	t	48 109	14 967	48 624	14 944
蘑菇罐头	t	307 841	52 250	275 028	52 716
啤酒	万 L	22 574	14 099	24 944	16 289
肠衣	t	82 809	109 716	79 462	96 164
填充用羽毛、羽绒	t	35 810	75 434	38 673	100 233
中药材及中成药	t	196 660	84 716	197 475	119 797
烤烟	t	100 800	46 326	101 547	45 783

（续）

产品名称	单位	2012年		2013年	
		数量	金额	数量	金额
纸烟	万条	12 172	44 992	10 943	48 892
锯材	万 m^3	47	32 949	45	32 399
生丝	t	7 674	36 845	6 690	37 358
山羊绒	t	2 342	23 354	2 844	28 591
棉花	t	17 558	3 680	6 733	1 517
烟花、爆竹	t	336 051	72 368	325 695	77 127
松香及树脂酸	t	167 814	26 834	133 143	27 219
新的充气橡胶轮胎	万条	41 349	1 588 346	44 003	1 615 291
纸及纸板（未切成型）	万t	471	568 847	565	681 287
棉纱线	t	447 413	218 233	523 286	251 256
丝织物			106 543		96 455
棉机织物			1 327 439		1 550 809
亚麻及苎麻机织物	万m	23 841	71 550	27 758	94 665
合成短纤及棉混纺机织物	万m	218 468	262 398	214 371	272 343
地毯	万 m^2	48 025	240 374	47 817	250 547
塑料编织袋（周转袋除外）	万条	609 141	98 847	629 190	107 482
纺织机械及零件			223 892		251 392
家具及其零件			4 881 712		5 182 283
非针织或钩编织物制服装			5 502 054		6 100 211
针织或钩编织服装			7 795 402		8 689 284
皮鞋	万双	83 644	1 092 544	86 582	1 201 068
橡胶或塑料底布鞋（包括球鞋）	万双	199 268	815 204	222 735	962 956
足球、篮球、排球	万个	20 992	48 001	23 366	53 961
竹编结品	t	31 936	20 403	25 741	17 787
藤编结品	t	12 444	10 069	10 183	9 380
草编结品	t	21 840	14 287	18 979	13 600
柳编结品	t	64 430	46 226	54 063	42 942

表117　我国农产品进出口状况（2012—2013年）　单位：亿美元

项目	2012年	2013年
农产品进出口额	1 756.3	1 866.9
农产品出口额	631.9	678.3
农产品进口额	1 124.4	1 188.7

资料来源：表中数据出自2014年《世界农业》第8期。

表 118 我国主要农产品品种进出口所占比例情况（2012—2013 年） 单位：%

序号	主要品种	出口所占比例		主要品种	进口所占比例	
		2012 年	2013 年		2012 年	2013 年
1	活动物	0.9	0.9	活动物	0.4	0.4
2	畜肉及杂碎	0.9	0.8	畜肉及杂碎	2.7	2.8
3	禽肉及杂碎	0.9	0.8	禽肉及杂碎	0.9	0.9
4	水海产品	18.3	18.1	水海产品	5.9	4.9
5	乳品蛋品等	0.8	1.0	乳品蛋品等	4.2	4.3
6	活植物及花卉	0.4	0.4	活植物及花卉	0.1	0.1
7	食用蔬菜	14.5	11.0	食用蔬菜	1.9	2.2
8	水果及坚果	5.3	6.0	水果及坚果	3.2	3.4
9	咖啡、茶等	3.4	3.1	咖啡、茶等	0.2	0.3
10	谷　物	1.0	0.7	谷　物	2.1	4.3
11	油料及饲料	3.9	4.2	油料及饲料	34.2	34.6
12	肉类制品	3.1	3.4	水产品制品	0.2	0.2
13	水产品制品	10.0	10.9	糖及糖食	2.3	2.3
14	糖及糖食	2.1	2.0	可可及制品	0.6	0.6
15	淀粉制品糕点	2.5	2.3	淀粉制品糕点	0.4	0.4
16	蔬菜水果制品	11.6	12.1	蔬菜水果制品	0.6	0.6
17	饮料、酒及醋	2.0	2.2	饮料、酒及醋	2.7	2.8
18	动物饲料	3.4	4.7	动物饲料	3.3	2.7
19	烟草及制品	1.9	2.0	烟草及制品	1.2	1.2

资料来源：表中数据出自 2013 年《农业展望》第 7 期。

表 119 我国海关进口农产品及加工品数量与金额（2012—2013 年）

单位：万美元

产品名称	单位	2012 年		2013 年	
		数量	金额	数量	金额
谷物及谷物粉	万 t	1 398	478 673	1 458	510 060
小麦	万 t	370	110 863	554	188 056
稻谷和大米	万 t	237	115 335	227	108 303
大豆	万 t	5 838	3 499 017	6 338	3 800 944
食用植物油	万 t	845	969 212	810	807 489
食糖	万 t	375	224 374	455	206 867
天然橡胶（包括乳胶）	万 t	218	681 347	247	639 258
合成橡胶（包括乳胶）	万 t	144	509 697	153	442 836
原木	万 m^3	3 789	725 288	4 516	932 014
锯材	万 m^3	2 063	551 749	2 402	682 629
纸浆	万 t	1 646	1 097 283	1 685	1 137 526
羊毛及毛条	万 t	32	271 002	36	283 983
棉花	万 t	513	1 180 425	415	844 135
纺织用合成纤维	万 t	33	100 866	38	115 442
聚酯纤维	万 t	11	21 121	13	24 157
聚丙烯腈纤维	万 t	19	59 248	21	66 771
纸及纸板（未切成型）	万 t	311	383 539	284	366 027
制冷设备用压缩机	万台	1 196	105 089	1 274	114 978

表 120　我国蔬菜进出口情况（2013—2014 年）

进口						
品种类别	2014 年		2013 年		同比增长（%）	
	数量（万 t）	金额（万美元）	数量（万 t）	金额（万美元）	数　量	金　额
鲜冷冻蔬菜	1.54	1 800	1.46	1 700	5.7	7.3
加工蔬菜	13.37	17 600	10.99	13 400	21.7	30.8
干蔬菜	0.66	4 000	0.45	2 000	49.4	103.3
合　计	16.71	36 800	13.61	27 600	22.8	33.2

出口						
品种类别	2014 年		2013 年		同比增长（%）	
	数量（万 t）	金额（万美元）	数量（万 t）	金额（万美元）	数　量	金　额
鲜冷冻蔬菜	418.08	305 100	390.12	284 200	7.2	7.3
加工蔬菜	186.46	310 400	213.88	291 300	−12.8	6.6
干蔬菜	28.91	182 700	27.12	160 000	6.6	14.2
合　计	633.74	807 700	631.54	741 800	0.3	8.9

资料来源：表中数据出自 2014 年《农业展望》第 10 期。

表 121　我国谷物进出口情况（2013 年）

谷　物	进口量（万 t）	同比（%）	出口量（万 t）	同比（%）	净进口量（万 t）	同比增长（%）
谷　物	1 458.5	4.3	100.1	−1.5	1 358.4	4.8
小　麦	553.5	49.6	27.8	−2.6	525.7	53.9
玉　米	326.6	−37.3	7.8	−69.8	318.8	−35.6
稻谷和大米	227.1	−4.1	47.8	71.4	179.3	−14.2
大　麦	233.5	−7.6	0.1	−76.5	233.4	−7.5

资料来源：表中数据出自 2014 年《农业展望》第 3 期。

表 122　我国分品种粮食进口情况（2009/2010—2013/2014 年度）　单位：kt

年　度	小　麦	大　米	玉　米	大　豆
2009/2010	1 394	366	1 296	42 550
2010/2011	927	575	979	54 800
2011/2012	2 933	2 900	5 231	59 231
2012/2013	2 960	3 200	3 000	59 000
2013/2014	9 500	3 400	7 000	69 000

资料来源：表中数据出自 2014 年《国际贸易》第 6 期。

表 123 我国主要粮食产品进出口情况（2013 年） 单位：万 t

主要粮食产品	进 口	出 口	顺 差
谷 物	1 458.5	100.1	−1 358.4
稻 谷	227.1	47.8	−179.3
小 麦	553.5	27.8	−525.7
玉 米	326.6	7.8	−318.8
大 麦	233.5	0.1	−233.4
大 豆	6 337.5	21.0	−6 316.5

资料来源：表中数据出自 2014 年《世界农业》第 3 期。

表 124 我国油脂油料进口情况（2009—2013 年） 单位：kt

年份	大 豆 进口量	菜 籽 进口量	植物油 进口量	其中： 豆油	棕榈油	菜籽油	其他植物油
2009	42 552	3 286	9 502	2 391	6 441	468	220
2010	54 797	1 600	8 262	1 341	5 696	985	240
2011	52 640	1 262	7 798	1 143	5 912	551	192
2012	58 384	2 930	9 600	1 826	6 341	1 176	257
2013	63 375	3 662	9 221	1 158	5 979	1 527	557

资料来源：表中数据出自 2014 年《粮食与食品工业》第 3 期。

表 125 我国饲料及相关产品进出口情况（2013 年） 单位：t

产品品种	进口量	同比增长（%）	出口量	同比增长（%）
动物饲料	116 436.0	0.4	1 056 026.5	−0.5
宠物饲料	2 101.4	−52.1	103 502.3	−17.2
制成的饲料添加剂	42 206.9	3.7	587 639.8	−15.1
蛋氨酸	120 684.6	−9.7	5 346.7	86.8
赖氨酸	5 966.2	−43.9	191 688.9	11.8
肉骨粉	114 878.1	45.0	18.0	−95.5
菜籽粕	66 369.4	72.3	923.0	−32.9
棉籽粕	0.2	−99.5	91 914.3	19.3
鱼 粉	975 955.4	−21.6	203.8	−38.1
豆 粕	16 681.7	−63.2	1 070 107.4	−13.1
玉 米	3 265 944.7	−37.2	77 640.3	−69.8

资料来源：表中数据出自 2014 年《饲料广角》第 4 期。

表 126　我国林产品进出口数量（2012—2013 年）

产品名称		贸易	单位	2012 年	2013 年
原木	针叶原木	出口	m^3		
		进口		26 769 151	33 163 602
	阔叶原木	出口	m^3	3 569	13 128
		进口		11 123 565	11 995 831
	合　计	出口	m^3	3 569	13 128
		进口		37 890 716	45 159 433
锯　材		出口	m^3	479 847	458 284
		进口		20 669 661	24 042 966
单　板		出口	m^3	205 644	204 347
		进口		342 983	599 518
特型材		出口	t	247 267	225 281
		进口		14 108	11 818
刨花板		出口	m^3	216 685	271 316
		进口		540 749	586 779
纤维板		出口	m^3	3 609 069	3 068 658
		进口		211 524	226 156
胶合板		出口	m^3	10 032 149	10 263 412
		进口		178 781	154 695
木制品		出口	t	1 865 571	1 935 606
		进口		198 006	445 186
家　具		出口	件	286 991 126	287 405 234
		进口		6 368 316	7 384 560
木　片		出口	t	69	69
		进口		7 580 364	9 157 137
木　浆		出口	t	19 504	20 759
		进口		16 380 763	16 781 790
废　纸		出口	t	2 067	923
		进口		30 067 145	29 236 781
纸和纸制品		出口	t	6 444 274	7 622 315
		进口		3 254 368	2 971 246
木　炭		出口	t	64 192	75 550
		进口		167 655	209 273
松　香		出口	t	167 784	133 136
		进口		9 918	30 413

(续)

产品名称		贸易	单位	2012年	2013年
水果	柑橘类	出口	t	1 082 217	1 041 421
		进口		126 154	128 621
	鲜苹果	出口	t	975 878	994 664
		进口		61 505	38 642
	鲜梨	出口	t	409 584	381 374
		进口		2 479	3 122
	鲜葡萄	出口	t	152 292	105 152
		进口		168 409	185 228
	山竹果	出口	t	1	
		进口		101 141	112 945
	鲜榴莲	出口	t		
		进口		286 510	321 950
	鲜龙眼	出口	t	1 894	1 892
		进口		323 328	365 227
	鲜火龙果	出口	t	607	347
		进口		469 245	538 542
坚果	核桃	出口	t	18 024	18 189
		进口		27 801	28 385
	板栗	出口	t	35 081	39 046
		进口		10 666	11 788
	松子仁	出口	t	11 579	10 683
		进口		2 279	1 948
	开心果	出口	t	11 008	5 193
		进口		28 039	13 651
干果	梅干及李干	出口	t	1 522	1 504
		进口		8 269	6 838
	龙眼干、肉	出口	t	248	193
		进口		58 551	64 471
	柿饼	出口	t	6 080	5 036
		进口			
	红枣	出口	t	3 522	7 784
		进口		17	1
	葡萄干	出口	t	30 633	36 005
		进口		22 358	20 073
果汁	柑橘类果汁	出口	t	6 102	5 661
		进口		61 904	70 459
	苹果汁	出口	t	591 633	601 490
		进口		1 034	1 769

表 127　我国林产品进出口金额（2012—2013 年）

单位：千美元

产品名称		贸易	2012 年	2013 年
总计		**出口**	**58 690 787**	**64 454 614**
		进口	**61 948 082**	**64 088 332**
原木	针叶原木	出口	1 724	
		进口	7 250 935	5 114 048
	阔叶原木	出口		6 656
		进口	3 760 576	4 203 304
	合计	**出口**	**1 724**	**6 656**
		进口	**3 490 359**	**9 317 352**
锯材		出口	331 346	325 737
		进口	5 524 195	6 829 924
单板		出口	234 420	235 983
		进口	135 155	142 005
特型材		出口	359 769	334 364
		进口	30 988	28 193
刨花板		出口	66 454	93 181
		进口	116 921	127 891
纤维板		出口	1 613 657	1 523 620
		进口	93 740	100 575
胶合板		出口	4 795 625	5 033 698
		进口	119 546	103 104
木制品		出口	4 854 951	5 160 484
		进口	274 723	500 161
家具		出口	18 331 201	19 440 770
		进口	596 047	707 904
木片		出口	30	57
		进口	1 331 814	1 554 275
木浆		出口	12 694	14 008
		进口	10 904 715	11 316 770
废纸		出口	691	418
		进口	6 275 973	4 930 000
纸和纸制品		出口	11 800 706	14 232 066
		进口	4 600 238	4 373 700
木炭		出口	44 428	64 472
		进口	58 017	62 857
松香		出口	268 287	272 145
		进口	17 549	47 616

（续）

产品名称		贸易	2012 年	2013 年
水果	柑橘类	出口	971 902	1 155 959
		进口	150 776	166 152
	鲜苹果	出口	959 913	1 030 074
		进口	92 578	67 465
	鲜梨	出口	325 154	361 737
		进口	3 793	6 041
	鲜葡萄	出口	336 036	268 561
		进口	425 205	514 608
	山竹果	出口	1	
		进口	196 000	231 455
	鲜榴莲	出口		
		进口	399 762	543 165
	鲜龙眼	出口	2 813	2 158
		进口	395 965	448 088
	鲜火龙果	出口	1 093	736
		进口	326 473	410 163
坚果	核桃	出口	54 660	63 087
		进口	73 373	61 000
	板栗	出口	85 864	84 255
		进口	26 937	24 578
	松子仁	出口	174 671	212 315
		进口	22 467	26 953
	开心果	出口	35 959	28 830
		进口	134 940	80 886
干果	梅干及李干	出口	6 766	6 479
		进口	9 718	9 745
	龙眼干、肉	出口	1 868	1 535
		进口	82 020	86 062
	柿饼	出口	16 040	13 476
		进口		
	红枣	出口	26 808	24 638
		进口	70	8
	葡萄干	出口	73 901	83 392
		进口	41 525	37 881
果汁	柑橘类果汁	出口	11 107	11 209
		进口	153 505	155 367
	苹果汁	出口	1 142 004	906 622
		进口	1 383	2 269
其他		出口	11 746 517	13 455 234
		进口	14 830 100	10 756 768

表 128 轻工业系统农产品加工业主要出口产品情况（2012 年）

主要产品名称	单位	出口产品		同比增长（%）	
		数量	金额	数量	金额
轻工业产品出口总额	**万美元**		**50 751 477**		**13.72**
有关农产品加工业产品合计	**万美元**		**10 921 155**		**−13.77**
纸浆	万 t、万美元	7.98	12 697	−19.45	−44.86
纸张	万 t、万美元	405.43	408 460	4.53	6.29
纸制品	万 t、万美元	223.71	645 550	−4.04	4.32
味精	万 t、万美元	0.24	3 224	22.72	17.80
制盐	万 t、万美元	131.76	9 743	−16.30	−15.01
糖	万 t、万美元	4.71	4 349	−20.60	−15.09
乳品	万 t、万美元	4.49	8 236	3.63	3.38
罐头	万 t、万美元	258.07	317 747	−4.05	1.24
可可制品	万 t、万美元	8.37	33 292	11.21	5.72
调味品、发酵品	万美元		249 471		−3.93
酒精及酒	万美元		72 859		27.22
冷冻饮品	万 t、万美元	0.88	3 153	31.44	13.49
软饮料	万美元		146 763		6.46
茶	万 t、万美元	31.35	104 214	−2.82	7.98
皮革及其制品	万美元		2 868 423		4.92
木制品及其他天然植物制品	万 t、万美元	78.62	196 411	−4.24	7.39
家具	万美元		4 996 014		28.52
轻工机械	万美元		389 494		9.90
羽绒制品	万美元		264 843		0.57
烟花爆竹	万 t、万美元	33.61	72 442	2.70	10.29
天然植物纤维编织工艺品	万 t、万美元	19.23	113 769	−13.30	−4.22

表 129　轻工业系统农产品加工业主要进口产品情况（2012 年）

主要产品名称	单　位	进口产品		同比增长（%）	
		数　量	金　额	数　量	金　额
轻工业产品进口总额	**万美元**		**11 866 680**		**2.44**
有关农产品加工业产品合计	**万美元**		**3 656 041**		**−16.66**
纸　浆	万 t、万美元	1 646.36	1 104 202	13.97	7.52
纸　张	万 t、万美元	282.75	285 580	−4.45	−5.16
纸制品	万 t、万美元	14.83	85 226	−31.87	−22.95
味精	万 t、万美元	0.05	145	42.92	51.31
制　盐	万 t、万美元	526.66	25 793	27.18	30.31
糖	万 t、万美元	374.72	224 382	28.35	15.46
乳　品	万 t、万美元	114.56	321 306	26.44	22.63
罐　头	万 t、万美元	3.66	4 579	20.27	24.10
可可制品	万 t、万美元	9.75	53 446	15.14	11.03
调味品、发酵品	万美元		21 287		12.56
冷冻饮品	万 t、万美元	1.09	4 317	36.82	33.77
酒精及酒	万美元		297 458		20.57
软饮料	万美元		34 002		7.67
茶	万 t、万美元	1.85	7 120	31.91	19.99
皮革及其制品	万美元		598 702		4.14
毛皮及其制品	万美元		29 931		−13.50
木制品及其他天然植物制品	万 t、万美元	2.56	4 228	19.50	17.10
家　具	万美元		233 381		3.19
轻工机械	万美元		406 693		−14.95
羽绒制品	万美元		14 263		9.62

资料来源：表 128、表 129 中数据由中国轻工业信息中心提供。

表 130　我国淀粉及部分深加工品进出口情况（2013 年）

单位：t

主要品种	进口量	同比增长（%）	出口量	同比增长（%）
玉米淀粉	1 531	70	96 992	−8
木薯淀粉	1 420 344	37	1 248	117
马铃薯淀粉	36 989	−2	3 568	−32
小麦淀粉	657	−16	6 082	5
山梨醇	3 735	71	28 611	−13
甘露糖醇	297	−25	8 812	25
肌醇	12	25	3 666	−12
葡萄糖及葡萄糖浆，果糖＜20%	1 427	−12	538 365	9
葡萄糖及葡萄糖浆，20%≤果糖≤50%，转化糖除外	1 054	−89	14 872	68
果糖及果糖浆，果糖＞50%，转化糖除外	3 371	11	121 309	10
糊精及变性淀粉	318 757	6	34 107	−5
未列名淀粉	12 041	20	13 148	−17
化学纯果糖	2 020	−15	186 271	108
合　　计	**1 801 935**	**29**	**1 058 051**	**15**

资料来源：表中数据由中国淀粉工业协会提供。

表 131　我国食糖进出口与贸易方式（2011—2014 年）

单位：万 t

进　口						
年份	合　计	一般贸易	来料加工	进料加工	保税仓库进出境	其他
2011	291.94	276.68	0.97	13.27	0.06	0.96
2012	374.72	360.86	0.99	12.55	0.04	0.28
2013	254.59	234.86	1.30	14.77		3.66
2014	203.91	163.79	0.59	6.96	32.55	0.02
出　口						
年份	合　计	一般贸易	来料加工	进料加工	边　贸	其他
2011	5.94	1.79	0.99	2.17	0.03	0.96
2012	4.71	1.64	0.93	1.87	0.02	0.25
2013	4.78	1.48	1.06	1.71	0.02	0.51
2014	3.22	1.02	0.73	1.39		0.08

资料来源：表中数据由中国糖业协会提供，2014 年数据为截至 8 月底前数据。

表 132　我国罐头产品主要类别及品种出口情况（2012 年）

单位：t、万美元

产品名称	出口量	出口额
肉类罐头合计	122 953	16 231
水产类罐头合计	237 960	139 615
蔬菜类罐头合计	1 974 400	208 151
番茄酱罐头（重量≤5kg）	668 757	49 175
番茄酱罐头（重量>5kg）	398 741	41 866
小白蘑菇罐头	345 055	38 732
芦笋罐头	123 600	15 234
蚕豆罐头	77 748	4 445
其他蘑菇罐头	62 769	13 514
清水马蹄罐头	38 982	3 584
甜玉米罐头	36 578	4 270
其他竹笋罐头	35 155	9 185
脱荚豇豆及菜豆罐头	18 451	1 674
未脱荚豇豆及菜豆罐头	9 843	1 240
其他绞碎番茄	3 661	1 194
藠头罐头	2 901	476
其他蔬菜罐头	152 159	23 562
干果类罐头合计	24 136	9 933
水果类罐头合计	731 911	91 234
柑橘罐头	337 659	44 109
菠萝罐头	25 061	2 249
桃罐头	131 979	17 177
什锦水果罐头	56 908	8 064
梨罐头	50 484	5 405
果酱、果冻、果泥、果膏罐头	39 770	3 338
荔枝罐头	27 332	3 046
菠萝罐头	25 061	2 249
番茄沙司、番茄酱	22 749	2 292
草莓罐头	14 848	2 769
杏罐头	13 581	1 395
樱桃罐头	5 055	1 153
番茄罐头	5 047	438
龙眼罐头	1 438	194
狗猫饲料罐头	11 143	2 014

资料来源：表中数据出自 2013 年《中国轻工业年鉴》。

表 133　我国罐头产品出口情况（2011—2012 年）

年　份	出 口 量（t）	同比增长（%）	出口金额（万美元）	同比增长（%）
2011	3 080 000	17.90	500 000	88.51
2012	2 966 000	−3.94	480 300	5.62

资料来源：表中数据由中国罐头工业协会提供。

表 134　我国蜂蜜生产及出口情况（2010—2013 年）

年　份	世界产量（万 t）	我国产量（万 t）	占世界比例（%）	出口量（万 t）	出口率（%）	出口创汇（万美元）
2010	151.1	18.30	12.11	10.10	55.19	18 252
2011	151.1	43.10	28.52	9.90	22.97	20 147
2012	154.2	44.80	29.05	11.02	24.60	21 505
2013	160.0	45.00	28.00	12.50	27.78	25 000

表 135　我国蜂产品出口情况（2012—2013 年）

主 要 产 品	数量、金额、单价	2012 年	2013 年	同比增长（%）
总　计	**金额（万美元）** **数量（t）**	**110 158**	**125 000**	**13.47**
蜂　蜜	金额（万美元）	21 505	25 000	16.25
	平均单价（美元/kg）	1.95	2.00	2.56
鲜王浆	数量（t）	682	1 620	137.54
	金额（万美元）	1 985	5 182	161.06
	平均单价（美元/kg）	29.0	31.99	10.31
鲜蜂王浆冻干粉	数量（t）	256	264	3.13
	金额（万美元）	2 400	2 431	1.29
	平均单价（美元/kg）	94.0	92.0	−2.13
鲜蜂王浆制剂	数量（t）	641	379	−40.87
	金额（万美元）	792	392	−50.51
	平均单价（美元/kg）	12.0	10.3	−14.17

资料来源：表 134、表 135 中数据由中国农科院蜜蜂研究所提供。

表 136　我国水产品进出口贸易情况（2010—2013 年）

年　　份	出口量（万 t）	出口额（亿美元）	进口量（万 t）	进口额（亿美元）
2010	333.9	138.3	382.2	65.4
2011	391.2	177.9	424.9	80.2
2012	380.1	189.8	412.4	80.0
2013	395.5	202.6	417.0	86.4

注：2013 年我国水产品进出口总量达 812.9 万 t，进出口总额达 289 亿美元，实现贸易顺差 116.3 亿美元，出口额继续位居大宗农产品首位，占全国农产品出口总额的 29.87%，与上年基本持平。

表 137　我国食品和包装机械进出口情况（2009—2013 年） 单位：万美元

项　目	2009 年	2010 年	2011 年	2012 年	2013 年
进出口总额	**417 400**	**603 800**	**728 500**	**682 500**	**739 700**
食品机械进出口	414 500	191 900	225 300	229 400	271 000
食品机械进口	76 000	97 400	118 100	106 300	119 500
食品机械出口	65 500	94 500	107 200	123 100	151 500
包装机械进出口	275 900	411 900	503 200	453 100	468 700
包装机械进口	194 600	296 700	363 000	286 500	274 300
包装机械出口	81 300	115 200	140 200	166 600	194 400

资料来源：表中数据由中国食品和包装机械工业协会提供。

表 138　我国纺织品服装出口情况（2012—2013 年）

产品名称	单　位	2012 年	2013 年	同比增长（%）
纺织品服装出口总额	**亿美元**	**2 549.2**	**2 920.8**	**14.58**
其中：纺织品	亿美元	957.8	1 138.5	18.87
服装	亿美元	1 591.4	1 782.2	11.99

资料来源：表中数据出自国家海关总署。

表 139　我国家具工业主要产品进出口情况（2013 年） 单位：万美元

主要产品	单位	进口			
		数　量	同比（%）	金　额	同比（%）
家具	万美元			256 981.9	10.11
木家具	万　件	585.2	10.95	51 142.2	14.80
金属家具	万　件	57.0	2.22	7 655.2	5.14
塑料家具	万　件	50.9	−9.49	917.4	12.51
竹藤柳条及类似材料制家具	万　件	1.8	110.84	41.1	58.69
其他材料制家具	万美元			26 163.1	33.12
坐具及其零件	万美元			157 440.0	6.10
牙科、理发椅及其零件	万美元			547.5	46.70
医用家具	万　件	8.2	145.37	11 712.5	1.66
弹簧床垫	万　个	30.4	1 315.35	1 362.8	75.73
主要产品	**单位**	**出口**			
		数　量	同比（%）	金　额	同比（%）
家具	万美元			5 310 113.5	6.30
木家具	万　件	19 767.0	−1.06	1 237 962.1	3.93
金属家具	万　件	27 297.5	2.59	841 341.5	5.05
塑料家具	万　件	3 252.0	1.06	79 240.1	7.63
竹藤柳条及类似材料制家具	万　件	378.5	64.22	6 240.5	32.21
其他材料制家具	万美元			753 341.7	14.80
坐具及其零件	万美元			2 295 527.6	5.3
牙科、理发椅及其零件	万美元			12 264.6	24.51
医用家具	万　件	316.4	12.61	47 477.7	9.05
弹簧床垫	万　个	511.3	−6.12	36 717.7	3.69

资料来源：表中数据由中国家具工业协会提供。

表 140 我国皮革工业主要产品进出口情况（2013 年） 单位：万美元

出口					
主要产品	单位	数量	同比（%）	金额	同比（%）
皮面皮鞋	万双	86 567	3.0	12 010 900	10.0
旅行用品及箱包	万个	1 093 413	−3.0	27 588 972	9.0
皮革服装	万件	1 111	−9.0	627 044	−1.0
毛皮服装	万件	275	10.0	2 087 846	28.0
皮革手套	万双	51 931	−7.0	1 060 697	5.0
足球、篮球、排球	万个	23 366	11.0	539 593	12.0
生皮	kt	9	17.0	11 602	30.0
成品及半成品革	kt	39	2.0	454 465	4.0
靴鞋零件及类似品	kt	276	−4.0	2 616 057	7.0
制革、制鞋机械	千台	153	126.0	209 434	24.0
机械零件	t	1 856	109.0	13 936	95.0
总　计	**万美元**			**47 220 546**	**10.0**

进口					
主要产品	单位	数量	同比（%）	金额	同比（%）
皮面皮鞋	万双	2 538	11.0	1 209 339	15.0
旅行用品及箱包	万个	8 727	−10.0	1 562 952	4.0
皮革服装	万件	313	−29.0	122 173	−12.0
毛皮服装	万件	44	44.0	40 706	15.0
皮革手套	万双	3 049	−25.0	12 783	−14.0
足球、篮球、排球	千个	1 227	6.0	6 874	13.0
生　皮	kt	1 400	10.0	3 567 837	18.0
成品及半成品革	kt	1 002	11.0	4 457 410	8.0
靴鞋零件及类似品	kt	15	−6.0	245 573	−7.0
制革、制鞋机械	台	1 582	15.0	42 229	12.0
机械零件	t	152	−10.0	6 369	8.0
总　计	**万美元**			**11 274 246**	**11.0**

资料来源：表中数据由中国皮革协会提供。

表 141　我国纸浆、废纸、纸、纸板、纸制品进出口情况（2012—2013 年）

单位：万 t

产品名称	进口量			出口量		
	2012 年	2013 年	同比（%）	2012 年	2013 年	同比（%）
一、纸浆	1 647	1 685	2.31	7.99	8.31	4.01
二、废纸	3 007	2 924	－2.76	0.24	0.10	－58.33
三、纸及纸板	311	283	－9.00	513	611	19.10
1. 新闻纸	13	11	－15.38		9	
2. 未涂布印刷书写纸	35	28	－20.00	101	121	19.80
3. 涂布印刷纸	35	32	－8.57	177	179	1.13
其中：铜版纸	27	24	－11.11	141	132	－6.38
4. 包装用纸	20	20		5	5	
5. 箱纸板	84	83	－1.19	7	17	142.86
6. 白纸板	72	66	－8.33	83	116	39.76
其中：涂布白纸板	72	65	9.72	83	116	39.76
7. 生活用纸	4	3	－25.00	53	64	20.75
8. 瓦楞原纸	14	7	－50.00	7	9	28.57
9. 特种纸及纸板	28	27	－3.57	65	69	6.15
10. 其他纸及纸板	6	6		15	22	46.67
四、纸制品	14	13	－7.14	245	255	4.08
总　　计	**4 979**	**4 905**	**－1.49**	**766**	**874.41**	**14.12**

资料来源：表中数据出自 2014 年《造纸信息》第 6 期。

表 142　我国印刷机械进出口统计（2012—2013 年）　单位：万美元

产品名称	出口			进口		
	2012 年	2013 年	同比增长（%）	2012 年	2013 年	同比增长（%）
合　计	**154 777**	**167 745**	**8.38**	**263 436**	**251 601**	**−4.49**
印前机械	14 085	13 906	−1.27	7 734	8 097	4.69
印刷机械	96 868	104 386	7.76	174 739	165 809	−5.11
印后机械	20 290	27 061	33.37	24 287	19 821	−18.39
辅机、零件	23 535	22 396	−4.84	56 675	57 874	2.11

资料来源：表中数据出自 2014 年《印刷工业》第 3 期。

表 143　我国机械工业产品进出口情况（2009—2013 年）　单位：亿美元

项　目	2009 年	2010 年	2011 年	2012 年	2013 年
产品进出口总额	**3 767**	**5 138**	**6 312**	**6 472**	**6 713**
产品进口总额	1 958	2 553	3 094	2 966	2 988
产品出口总额	1 809	2 585	3 218	3 506	3 725

表 144　我国中药行业进出口情况（2012—2013 年）　单位：亿美元

年　份	行　业	进出口		出　口		进　口	
		总　额	同比增长（%）	总　额	同比增长（%）	总　额	同比增长（%）
2012	全国医药合计	813.4	10.50	479.0	6.90	334.4	15.90
	中药合计	33.7	10.70	24.9	7.20	8.7	22.00
2013	全国医药合计	896.9	10.27	511.8	6.84	385.1	15.17
	中药合计	42.1	25.06	31.7	27.31	10.4	20.00

表 145　我国天然橡胶、合成橡胶进口情况（2010—2013 年）

产　品	2010 年		2011 年		2012 年		2013 年	
	数量（万 t）	金额（万美元）	数量（万 t）	金额（万美元）	数量（万 t）	金额（万美元）	数量（万 t）	金额（万美元）
天然橡胶	186.0	567 000	210.0	938 000	218.0	681 268	247.0	639 258
合成橡胶	156.5	427 000	144.5	536 000	143.8	509 306	153.0	443 129

农产品加工业部分行业与企业排序

表 146 轻工业系统农产品加工业分行业主要经济指标（2012 年）

序号	按企业单位数排序 行业	绝对数（个）	行业占轻工系统比重（%）
	全国轻工行业合计	**97 989**	**100.00**
1	农副食品加工业	22 356	22.81
2	皮革、毛皮、羽毛（绒）及其制品业	7 806	7.97
3	食品制造业	7 306	7.46
4	造纸及纸制品业	7 128	7.27
5	饮料制造业	5 311	5.42
6	家具制造业	4 559	4.65
7	木竹藤棕草制品业	1 230	1.26
8	制盐	138	0.14

序号	按工业销售产值排序 行业	工业销售产值（亿元）	行业占轻工系统比重（%）
	全国轻工行业合计	**177 672.8**	**100.00**
1	农副食品加工业	51 601.6	29.04
2	食品制造业	15 573.5	8.77
3	饮料制造业	13 233.1	7.45
4	造纸及纸制品业	12 559.0	7.07
5	皮革、毛皮、羽毛（绒）及其制品业	11 145.8	6.27
6	家具制造业	5 647.5	3.18
7	木竹藤棕草制品业	1 150.3	0.65
8	制盐	313.0	0.18

序号	按利税总额排序 行业	利税总额（亿元）	行业占轻工系统比重（%）
	全国轻工行业合计	**19 096.9**	**100.00**
1	农副食品加工业	4 499.8	23.56
2	饮料制造业	2 658.5	13.92
3	食品制造业	2 088.3	10.94
4	皮革、毛皮、羽毛（绒）及其制品业	1 201.9	6.29
5	造纸及纸制品业	1 194.5	6.25
6	家具制造业	588.7	3.08
7	木竹藤棕草制品业	122.4	0.64
8	制盐	43.0	0.23

序号	按利润总额排序 行业	利润总额（亿元）	行业占轻工系统比重（%）
	全国轻工行业合计	**12 776.4**	**100.00**
1	农副食品加工业	3 202.7	25.07
2	饮料制造业	1 602.4	12.54
3	食品制造业	1 423.1	11.14
4	皮革、毛皮、羽毛（绒）及制品业	822.0	6.43
5	造纸及纸制品业	774.2	6.06
6	家具制造业	387.1	3.03
7	木竹藤棕草制品业	81.5	0.64
8	制盐	21.6	0.17

序号	按出口交货值排序 行业	出口交货值（亿元）	行业占轻工系统比重（%）
	全国轻工行业合计	**22 663.3**	**100.00**
1	皮革、毛皮、羽毛（绒）及制品业	2 970.5	13.11
2	农副食品加工业	2 602.7	11.48
3	家具制造业	1 316.8	5.81
4	食品制造业	955.8	4.22
5	造纸及纸制品业	589.2	2.60
6	饮料制造业	243.2	1.07
7	木竹藤棕草制品业	227.3	1.00
8	制盐	1.3	0.01

序号	按主营业务收入排序 行业	主营业务收入（亿元）	行业占轻工系统比重（%）
	全国轻工行业合计	**179 438.3**	**100.00**
1	农副食品加工业	52 145.6	29.06
2	食品制造业	15 834.3	8.82
3	饮料制造业	13 549.1	7.55
4	造纸及纸制品业	12 501.5	6.97
5	皮革、毛皮、羽毛（绒）及制品业	11 268.7	6.28
6	家具制造业	5 669.9	3.16
7	木竹藤棕草制品业	1 165.8	0.65
8	制盐	326.3	0.18

（续）

序号	按负债合计排序			序号	按资产总计排序		
	行　业	负债合计（亿元）	行业占轻工系统比重（%）		行　业	资产总计（亿元）	行业占轻工系统比重（%）
	全国轻工行业合计	**58 377.6**	**100.00**		**全国轻工行业合计**	**110 326.2**	**100.00**
1	农副食品加工业	12 745.3	21.83	1	农副食品加工业	23 454.1	21.26
2	造纸及纸制品业	6 882.3	11.79	2	造纸及纸制品业	11 862.7	10.75
3	饮料制造业	5 392.4	9.24	3	饮料制造业	11 176.8	10.13
4	食品制造业	4 836.1	8.28	4	食品制造业	10 009.7	9.07
5	皮革、毛皮、羽毛（绒）及制品业	2 709.3	4.64	5	皮革、毛皮、羽毛（绒）及制品业	5 598.7	5.07
6	家具制造业	1 869.8	3.20	6	家具制造业	3 545.9	3.21
7	制盐	380.6	0.65	7	制盐	736.3	0.67
8	木竹藤棕草制品业	218.3	0.37	8	木竹藤棕草制品业	465.8	0.42

资料来源：表中数据由中国轻工业信息中心提供。

表 147　轻工系统农产品加工业主要产品进出口总值排序情况（2012 年）

单位：亿美元、%

序号	按出口总值排序			序号	按进口总值排序		
	行　业	出口总值	行业占轻工系统比重		行　业	进口总值	行业占轻工系统比重
	全国轻工行业合计	**5 075.15**	**100.0**		**全国轻工行业合计**	**1 186.67**	**100.0**
1	皮革毛皮羽绒及制品业	785.54	15.48	1	农副食品加工业	298.69	25.17
2	家具	499.60	9.84	2	纸浆纸张及制品	160.37	13.57
3	农副食品加工业	317.30	6.25	3	皮革毛皮羽绒及制品业	80.71	6.80
4	纸浆纸张及制品	123.50	2.43	4	食品制造业	67.72	5.71
5	食品制造业	83.28	1.64	5	轻工机械	40.67	3.43
6	轻工机械	38.95	0.77	6	饮料制造业	34.29	2.89
7	饮料制造业	32.70	0.64	7	家具制造业	23.34	1.97
8	木制品及天然植物制品	19.64	0.39	8	制盐业	2.58	0.22
9	制盐业	0.97	0.02	9	木制品及天然植物制品	0.42	0.04

资料来源：表中数据出自 2013 年《中国轻工业年鉴》。

表 148　我国白酒十大品牌（2013 年度）

序　号	品　牌	生　产　企　业
1	五粮液	四川宜宾五粮液集团有限公司
2	茅　台	贵州茅台酒厂有限责任公司
3	国窖 1573	四川泸州老窖股份有限公司
4	剑南春	四川剑南春股份有限公司
5	汾　酒	山西杏花村汾酒集团有限责任公司
6	水井坊	四川水井坊股份有限公司
7	西凤酒	陕西西凤酒股份有限公司
8	古井贡酒	安徽古井贡酒股份有限公司
9	郎　酒	四川郎酒集团有限责任公司
10	洋河大曲	江苏洋河集团有限公司

注：资料来源于中国酒类流通协会，表中排名不分先后。

表 149　我国酿酒行业十强企业（2013 年度）

序　号	企　业　名　称
1	四川宜宾五粮液集团有限公司
2	中国贵州茅台酒厂有限责任公司
3	泸州老窖集团有限责任公司
4	华润雪花啤酒（中国）有限公司
5	青岛啤酒股份有限公司
6	北京燕京啤酒集团公司
7	湖北劲牌有限公司
8	河南天冠企业集团有限公司
9	烟台张裕集团有限公司
10	中国绍兴黄酒集团有限公司

资料来源：表中信息由中国轻工业联合会信息中心提供。

表 150　我国造纸行业十强企业（2013 年度）

序　号	企　业　名　称
1	玖龙纸业（控股）有限公司
2	华泰集团有限公司
3	山东晨鸣纸业集团股份有限公司
4	山东太阳纸业股份有限公司
5	理文造纸有限公司
6	山东泉林纸业有限责任公司
7	中国纸业投资总公司
8	山东博汇集团有限公司
9	金东纸业（江苏）股份有限公司
10	海南金海浆纸业有限公司

资料来源：表中信息出自 2014 年《中华纸业》第 11 期。

表 151　我国啤酒产量 20 万 kL 以上企业（2013 年）　单位：万 kL

序　号	企业名称	产量
1	华润雪花啤酒（中国）有限公司	11 709 864
2	青岛啤酒集团有限公司	7 832 706
3	百威英博啤酒投资（中国）有限公司	6 552 300
4	北京燕京啤酒集团有限公司	5 712 324
5	广州嘉士伯咨询管理有限公司	2 637 143
6	河南金星啤酒集团有限公司	1 951 076
7	广州珠江啤酒集团有限公司	1 124 425
8	四平金士百啤酒股份有限公司	485 316
9	三得利啤酒（中国）投资有限公司	454 321
10	河北蓝贝酒业集团有限公司	417 763
11	云南澜沧江酒业集团有限公司	398 976
12	重庆啤酒（集团）有限责任公司	344 363
13	江苏大富豪啤酒有限公司	225 545

注：全国 20 万 kL 以上啤酒企业总产量 3 984.6 万 kL，占全国总产量 5 061.5 万 kL 的 78.72%（国家统计局数据）。

资料来源：表中数据出自 2014 年《啤酒科技》第 3 期。

表 152　我国啤酒销售收入 3 亿元以上企业（2013 年）　单位：万元

序号	企业名称	销售收入
1	青岛啤酒集团有限公司	2 776 676
2	华润雪花啤酒（中国）有限公司	2 634 208
3	百威英博啤酒投资（中国）有限公司	2 396 071
4	北京燕京啤酒集团有限公司	1 880 696
5	河南金星啤酒集团有限公司	474 447
6	广州珠江啤酒集团有限公司	338 389
7	河北蓝贝酒业集团有限公司	150 158
8	三得利啤酒（中国）投资有限公司	148 603
9	云南澜沧江酒业（集团）有限公司	108 992
10	四平金士百纯生啤酒股份有限公司	82 752
11	江苏大富豪酿酒科技发展有限公司	45 359
12	山东华狮啤酒有限公司	37 853
13	海南亚洲太平洋酿酒有限公司	35 180
14	辽宁天湖啤酒有限责任公司	30 796
15	安徽华洋啤酒有限责任公司	30 331

资料来源：表中数据出自 2014 年《啤酒科技》第 6 期。

表 153　我国利税总额亿元以上啤酒企业（2013 年）　单位：万元

序号	企业名称	利税总额
1	青岛啤酒集团有限公司	701 880
2	华润雪花啤酒（中国）有限公司	695 978
3	北京燕京啤酒集团公司	262 695
4	河南金星啤酒集团有限公司	125 484
5	广州珠江啤酒集团有限公司	68 767
6	上海亚太酿酒有限公司	25 836
7	云南澜沧江酒业集团有限公司	21 222
8	蓝贝酒业集团有限公司	20 458
9	四平金士百纯啤酒股份有限公司	18 872
10	辽宁天湖啤酒有限责任公司	12 340
11	杭州千岛湖啤酒有限公司	10 872

资料来源：表中数据出自 2014 年《啤酒科技》第 6 期。

表 154　我国葡萄酒产量前 12 省、直辖市主要经济运行情况（2012 年）

地区	产量总计（kL）	同比增长（%）	工业总产值（万元）	同比增长（%）	工业销售产值（万元）	同比增长（%）
山东	467 141.3	6.49	2 127 606.0	13.56	2 108 331.6	13.95
吉林	326 991.7	38.08	243 915.0	24.67	333 677.5	22.76
河南	218 987.8	23.26	168 249.5	18.02	166 938.4	18.02
河北	105 819.6	19.06	279 819.2	7.47	256 561.8	12.84
辽宁	43 042.4	49.43	186 484.8	18.99	176 421.1	21.82
黑龙江	37 942.0	76.56	21 492.2	55.87	20 001.1	44.56
天津	32 269.0	−21.48	75 327.8	−7.9	68 816.6	−33.59
新疆	31 577.3	−27.83	76 589.6	−20.93	77 793.1	−21.48
陕西	30 221.0	97.66	38 217.2	48.05	36 839.9	45.92
云南	18 494.0	124.28	92 225.5	5.18	74 954.8	−12.97
宁夏	16 527.0	−34.43	28 498.4	17.37	26 981.6	33.93
甘肃	11 023.8	−21.68	117 879.4	−34.01	103 431.7	−40.63
合计	**1 340 036.9**		**3 556 304.6**		**3 450 748.2**	
占行业比重（%）	96.99		93.46		93.35	

资料来源：表中数据出自 2013 年《中国轻工业年鉴》。

表 155　我国产量 7 万 kL 以上燃料乙醇生产企业产量（2011—2012 年）

单位：万 t

序号	企业名称	2011 年	2012 年
1	河南天冠企业集团有限公司	59.60	65.0
2	吉林燃料乙醇有限公司	52.00	57.0
3	中粮生物化学（安徽）股份有限公司	47.23	50.0
4	中粮生化能源（肇庆）有限公司	24.33	26.5
5	广西中粮生物质能源有限公司	10.60	7.96
	合计	**193.76**	**206.50**

资料来源：表中数据出自 2013 年《中国轻工业年鉴》。

表 156　我国蜂产品行业第七批信用等级评价结果（2013 年）

序　号	企　业　名　称	信　用　级　别
1	上海冠生园蜂产品有限公司	AAA
2	浙江江山恒亮蜂产品有限公司	AAA
3	北京百花蜂业科技发展股份有限公司	AAA
4	福建省神蜂科技开发有限公司	AAA
5	安徽皖蜂蜂业集团有限公司	AAA
6	江西汪氏蜜蜂园有限公司	AAA
7	湖南省明园蜂业有限公司	AAA
8	汤臣倍健股份有限公司	AAA
9	扬州三邦生物工程有限公司	AAA
10	沈阳王氏天兴蜂蜜有限公司	AAA
11	江苏日高蜂产品有限公司	AAA
12	南京市溧水县常力蜂业有限公司	AAA
13	杭州蜂之语蜂业股份有限公司	AAA
14	忻州市五台山蜂业有限公司	AA
15	四川莲溪附桦蜜蜂园有限公司	AA
16	河南省零都蜂产品有限公司	AA
17	南京老山药业股份有限公司	AA
18	杭州天厨蜜源保健品有限公司	AA
19	武汉名盛生物科技有限公司	AA
20	河南省长兴蜂业有限公司	AA
21	江西华茂保健品开发有限公司	AA
22	江苏江大源生态生物科技有限公司	AA
23	江门市广蜂养蜂专业合作社	AA
24	河南福美生物科技有限公司	AA
25	安徽天新蜂产品有限公司	AA
26	陕西老蜂农生物科技有限责任公司	AA
27	广州市宝山园有限公司	AA
28	颐寿园（北京）蜂产品有限公司	AA
29	蜂乃宝本铺（南京）保健食品有限公司	AA
30	江西老蜂农蜂业有限公司	AA
31	北京市蜂业公司	AA
32	天津市蜂产品公司	A
33	安徽安粮蜂业有限责任公司	A
34	北京中蜜科技发展有限公司	A
35	四川夸克科技发展有限公司	A
36	长兴意蜂蜂业科技有限公司	A
37	绿纯（北京）生物科技发展中心	A
38	南京隆福源农产品发展有限公司	A
39	北京奥金达蜂产品专业合作社	A
40	宁波源彬蜂业发展有限公司	A
41	福建新之源生物制品有限公司	A
42	大连大阁保健品有限公司	A
43	北京乐一生蜂胶生化高新技术有限责任公司	A
44	青海省花宝蜂业股份合作公司	A
45	青州方山养蜂专业合作社	A

资料来源：表中信息由中国蜂产品协会提供，排名不分先后。

表 157　我国家具十大品牌生产企业（2013 年）

序　号	品　牌	生　产　企　业
1	全友家具	成都全友家具有限公司
2	曲美家具	曲美家具集团股份有限公司
3	红苹果家具	中国香港红苹果家具有限公司
4	联　邦	广东联邦家私集团
5	宜家家具	瑞典宜家家具集团公司中国有限公司
6	皇朝家私	香港皇朝家私集团有限公司
7	掌上明珠	成都市明珠家具（集团）有限公司
8	双虎家私	成都市双虎实业有限公司
9	双　叶	双叶家具实业有限公司
10	华　日	廊坊华日家具股份有限公司

资料来源：表中信息由中国家具工业协会提供。

表 158　我国皮革行业十佳企业（2013 年度）

序　号	企　业　名　称
1	甘肃宏良皮业股份有限公司
2	河南三和皮革制品有限公司
3	浙江开元皮革有限公司
4	雪豹集团公司
5	浙江中辉皮革有限公司
6	广东菲安妮皮革股份有限公司
7	四川德赛尔化工实业有限公司
8	银衫皮革有限公司
9	浙江爱美德旅游用品有限公司
10	北京庄子工贸有限责任公司

资料来源：表中信息由中国轻工业联合会提供。

表 159　我国纸及纸板产量 100 万 t 以上的省、自治区、直辖市（2012—2013 年）

单位：万 t

地　区	产　量		
	2012 年	2013 年	同比增长（%）
山　东	1 710	1 730	1.17
广　东	1 579	1 641	3.93
浙　江	1 536	1 561	1.63
江　苏	1 206	1 210	0.33
河　南	780	700	−10.26
福　建	539	525	−2.60
河　北	424	344	−18.87
湖　南	355	320	−9.86
广　西	258	275	6.59
重　庆	171	240	40.35
天　津	196	220	12.24
四　川	232	202	−12.93
安　徽	213	195	−8.45
湖　北	224	190	−15.18
江　西	155	160	3.23
海　南	114	140	22.81
合　计	**9 692**	**9 653**	**−0.40**

资料来源：表中数据出自 2014 年《造纸信息》第 6 期。

表 160　我国纸及纸板产量 100 万 t 以上的生产企业（2013 年）

序号	生 产 企 业	产　量（万 t）
1	玖龙纸业（控股）有限公司	1 109
2	理文造纸有限公司	483
3	山东晨鸣纸业集团股份有限公司	421
4	山东太阳纸业	310
5	华泰集团有限公司	289
6	安徽山鹰纸业股份有限公司	243
7	金东纸业（江苏）股份有限公司	202
8	中国纸业投资总公司	191
9	宁波中华纸业有限公司（含宁波亚洲浆纸业有限公司）	163
10	福建联盛纸业	138
11	荣成纸业（中国）控股有限公司	136
12	东莞建晖纸业有限公司	130
13	山东世纪阳光纸业集团有限公司	109
14	海南金海浆纸业有限公司	108
15	山东博汇纸业股份有限公司	106

资料来源：表中数据出自《中国造纸工业 2013 年度报告》。

表 161 我国重点造纸企业产量排名前 30 名企业（2012—2013 年）

序 号	企 业 名 称	产 量（万 t）		
		2012 年	2013 年	同比增长（%）
1	玖龙纸业（控股）有限公司	1 045.0	1109.0	6.12
2	理文造纸有限公司	414.1	482.7	16.56
3	山东晨鸣纸业集团股份有限公司	397.7	421.2	5.90
4	山东太阳纸业股份有限公司	268.8	309.2	15.31
5	华泰集团有限公司	270.0	288.6	6.89
6	安徽山鹰纸业股份有限公司	230.9	243.0	5.23
7	金东纸业（江苏）有限公司	204.0	201.9	−1.00
8	中国纸业投资总公司	195.0	191.0	−2.05
9	宁波中华纸业有限公司	156.0	163.0	4.49
10	福建联盛纸业有限公司	87.7	138.2	57.53
11	荣成纸业（中国）控股有限公司	111.0	136.0	22.52
12	东莞建晖纸业有限公司	57.9	130.2	124.77
13	山东世纪阳光纸业集团有限公司	106.8	108.6	1.73
14	海南金海浆纸业有限公司	102.3	108.0	5.59
15	山东博汇纸业股份有限公司	109.8	106.3	−3.20
16	浙江景兴纸业股份有限公司	92.6	98.8	6.80
17	芬欧汇川（中国）纸业有限公司	90.0	88.5	−1.67
18	河南漯河银鸽实业集团有限公司	75.9	83.6	10.14
19	山东泉林纸业有限责任公司	73.6	80.8	9.81
20	河南省江河纸业有限公司	64.6	74.9	15.90
21	东莞金洲纸业有限公司	41.5	74.5	79.59
22	山东贵和显星纸业集团有限公司	65.7	68.9	5.00
23	新乡新亚纸业集团股份有限公司	66.2	66.2	0.02
24	金华盛纸业（苏州工业园区）有限公司	64.9	64.0	−1.48
25	山东华金集团有限公司	68.3	61.4	−10.16
26	广州造纸集团有限公司	51.9	60.9	17.47
27	大河纸业有限公司	58.7	60.9	3.87
28	恒安（中国）纸业有限公司	30.9	60.8	96.32
29	金红叶纸业集团有限公司	42.9	54.0	26.02
30	江苏长丰科技集团有限公司	45.8	52.0	13.49

资料来源：表中数据出自《中国造纸工业 2013 年度报告》。

表 162　我国印刷机械企业实现销售收入前 10 名企业（2013 年）

序　号	企　业　名　称	销售收入（万元）
1	北人集团公司	88 833
2	天津长荣印刷设备股份有限公司	63 277
3	上海高斯图文印刷系统（中国）有限公司	42 195
4	陕西北人印刷机械有限责任公司	41 220
5	辽宁大族冠华印刷科技股份有限公司	30 159
6	松德机械股份有限公司	20 153
7	上海光华印刷机械有限公司	18 601
8	广东汕樟轻工机械有限公司	15 735
9	江苏昌昇集团股份有限公司	15 423
10	江西中景集团有限公司	14 587

资料来源：表中信息出自 2014 年《今日印刷》第 4 期。

表 163　我国印刷机械行业出口交货值前 10 名企业（2013 年）

序　号	企　业　名　称	出口交货值（万元）
1	天津长荣印刷设备股份有限公司	9 773
2	高斯图文印刷系统（中国）有限公司	6 428
3	上海亚华印刷机械有限有限公司	4 023
4	河北海贺胜利印刷机械集团有限公司	3 752
5	浙江蓝宝机械有限公司	3 296
6	松德机械股份有限公司	3 277
7	上海德拉根印刷机械有限公司	3 222
8	温州正博印刷机械有限公司	2 987
9	江苏方邦机械有限公司	2 950
10	上海新星印刷器材有限公司	2 740

资料来源：表中数据出自 2014 年《今日印刷》第 4 期。

我国西部地区综合统计

表 164　我国西部地区主要农产品产量（2012—2013 年）　　单位：万 t

主要农产品	2012 年	2013 年	同比增长（%）
一、粮食作物	15 494.7	15 987.6	3.18
（一）谷　物	13 047.5	13 478.8	3.31
稻　谷	4 518.9	4 518.0	
小　麦	2 217.1	2 101.8	−5.20
玉　米	5 908.7	6 440.8	9.01
谷　子	54.1	43.0	−20.52
高　粱	111.7	139.7	25.07
（二）豆　类	593.7	558.7	−5.90
大　豆	317.9	306.1	−3.71
杂　豆	275.8	252.6	−8.41
（三）薯　类	1 853.5	1 950.1	6.21
马铃薯	1 344.6	1 445.0	7.47
二、油料作物	933.6	956.7	2.47
花　生	158.3	164.2	3.73
油菜籽	550.3	554.8	0.82
芝　麻	5.0	4.6	−8.00
胡麻籽	28.7	29.1	1.39
向日葵籽	178.7	190.5	6.60
三、棉　花	370.7	366.4	−1.16
四、麻　类	12.3	10.1	17.89
黄红麻	1.2	0.7	41.67
五、糖　料	10 844.9	11 160.6	2.91
甘　蔗	10 074.9	10 477.8	4.00
甜　菜	770.0	682.8	−11.32
六、烟　叶	207.7	201.3	−3.08
烤　烟	193.0	188.7	−2.23
七、茶　叶	67.3	74.1	10.10
八、水　果	7 186.7	7 661.2	6.60

表 165　我国西部地区主要农产品单位面积产量（2012—2013 年）

单位：kg/hm²

主要农产品	2012 年	2013 年	同比增长（%）
一、粮食作物	4 528.3	4 635.3	2.36
（一）谷　物	5 159.7	5 256.1	1.87
稻　谷	6 567.2	6 530.5	−0.56
小　麦	3 679.2	3 565.3	−3.10
玉　米	5 530.1	5 730.6	3.63
谷　子	2 423.2	2 015.9	−16.81
高　粱	3 153.6	4 340.8	37.65
（二）豆　类	1 891.4	1 843.2	−2.55
大　豆	1 963.2	1 987.4	1.23
杂　豆	1 814.9	1 694.3	−6.64
（三）薯　类	3 200.5	3 353.2	4.77
马铃薯	3 130.8	3 330.6	6.38
二、油料作物	2 051.3	2 069.1	0.87
花　生	2 420.6	2 474.5	2.23
油菜籽	1 913.1	1 906.4	−0.35
芝　麻	1 248.7	1 379.8	10.50
胡麻籽	1 302.8	1 342.3	3.03
向日葵籽	2 689.3	2 752.7	2.36
三、棉　花	2 017.4	2 019.1	0.84
四、麻　类	2 282.0	2 029.3	−11.07
黄红麻	2 300.3	1 562.3	−32.08
五、糖　料	66 489.6	68 507.3	3.03
甘　蔗	67 186.2	69 280.5	3.12
甜　菜	58 547.7	58 488.0	0.10
六、烟　叶	2 009.2	1 927.3	−4.08
烤　烟	1 997.8	1 909.8	−4.40

表 166　我国西部地区茶叶产量（2013 年）　　单位：t

地　区	茶　叶 总产量	其　中						
		绿茶	青茶	红茶	黑茶	黄茶	白茶	其他茶
全国总计	**1 924 457**	**1 313 362**	**236 773**	**159 967**	**91 931**	**200**	**12 002**	**110 223**
地区小计	**740 539**	**574 144**	**5 297**	**59 886**	**17 980**	**173**	**575**	**82 485**
占全国比重（%）	38.48	43.72	2.24	37.44	19.56	86.50	4.79	74.83
内蒙古								
广　西	53 905	35 627	348	11 348	1 178			5 404
重　庆	34 221	26 816	35	3 128	1 894			2 348
四　川	219 536	181 391	3 743	3 660	14 428	145	387	15 782
贵　州	89 403	77 736	385	1 472	480	28	188	9 114
云　南	301 736	210 871	786	40 278				49 802
西　藏	40	5						35
陕　西	40 656	40 656						
甘　肃	1 042	1 042						
青　海								
宁　夏								
新　疆								

表 167　我国西部地区水果产量（2013 年）　　单位：t

地　区	水果 总产量	其　中					
		苹　果	柑　橘	梨	香　蕉	菠　萝	荔　枝
全国总计	**157 712 591**	**39 682 618**	**33 209 414**	**17 300 751**	**12 075 238**	**1 386 361**	**2 022 505**
地区小计	**47 902 095**	**14 670 678**	**10 898 209**	**4 641 112**	**4 929 731**	**76 711**	**581 185**
占全国比重（%）	30.06	36.97	32.82	26.83	40.83	5.53	28.74
内蒙古	634 519	151 700		61 285			
广　西	11 226 347		4 230 414	277 292	2 476 969	32 716	546 276
重　庆	2 768 593	4 900	1 931 925	360 078	1 850		405
四　川	7 187 296	518 661	3 436 160	962 939	40 307		16 845
贵　州	1 057 386	32 498	254 817	240 888	5 621		513
云　南	5 714 593	336 497	566 081	471 721	2 404 984	43 995	17 146
西　藏	12 264	5 496	582	1 367			
陕　西	14 873 834	9 428 230	476 854	972 591			
甘　肃	3 913 660	2 695 952	1 376	362 772			
青　海	13 519	5 382		4 147			
宁　夏	845 236	510 528		12 974			
新　疆	7 826 942	980 834		913 058			

（续）

地 区	其 中					
	龙 眼	桃	猕猴桃	葡萄	红枣	柿子
全国总计	**1 555 210**	**11 924 085**	**1 765 847**	**11 550 024**	**6 339 973**	**3 538 823**
地区小计	**564 965**	**2 186 451**	**1 226 423**	**4 916 291**	**2 961 235**	**1 371 341**
占全国比重（%）	36.33	18.34	69.45	42.57	46.71	38.75
内蒙古		879		111 882	976	
广 西	515 741	93 410	3 183	366 987	24 154	707 044
重 庆	12 266	106 019	16 573	72 070	5 970	11 535
四 川	25 401	499 611	149 348	288 367	15 675	48 793
贵 州	467	147 530	22 097	140 549	2 036	14 582
云 南	11 090	231 077	1 070	659 351	18 742	80 140
西 藏		2 741		492		
陕 西		708 089	1 033 774	606 559	675 998	396 380
甘 肃		215 206	378	258 520	147 036	22 867
青 海		543		99		
宁 夏		31 026		172 158	76 988	
新 疆		150 320		2 239 257	1 993 660	

表 168 我国西部地区主要林产品产量（2013 年）

产 品	单 位	全 国 产 量	地 区 产 量	占全国比重（%）
木 材	万 m^3	8 438.5	3 412.5	40.44
竹 材	万根	187 684.9	56 058.9	29.87
紫胶（原胶）	t	4 913	1 958	39.85
生 漆	t	25 154	14 599	58.04
油桐籽	t	418 924	228 394	54.52
油茶籽	t	1 776 506	242 939	13.68
乌桕籽	t	37 003	5 653	15.28
五倍子	t	23 694	13 896	58.65
棕 片	t	54 134	20 174	37.27
松 脂	t	1 307 747	779 325	59.59
竹笋干	t	574 793	186 922	32.52
核 桃	t	2 325 010	1 643 170	70.67
板 栗	t	2 132 301	381 939	17.91

表 169 我国西部地区主要畜产品产量（2012—2013 年）

产品名称	单位	2012 年	2013 年	同比增长（%）	占全国比重（%）
一、肉类总产量	万 t	2 478.5	2 551.3	2.94	29.89
猪 肉	万 t	1 574.6	1 629.1	3.46	29.66
牛 肉	万 t	239.2	248.2	3.76	36.87
羊 肉	万 t	233.9	238.5	1.97	58.44
禽 肉	万 t	364.4	367.2	1.06	20.42
兔 肉	万 t	35.0	37.5	7.14	47.77
二、其他畜产品产量					
奶 类	万 t	1 611.5	1 463.6	−9.18	40.10
牛 奶	万 t	1 526.3	1 387.5	−9.09	39.29
蜂 蜜	万 t	10.4	10.8	3.85	24.00
禽 蛋	万 t	400.6	411.0	2.60	14.29
山羊毛	t	24 764.5	23 191.4	−6.35	55.38
羊 绒	t	12 859.2	13 111.7	1.96	72.38
绵羊毛	t	273 522.3	282 503.9	3.28	68.72
细羊毛	t	95 042.3	99 401.1	4.59	74.60
半细羊毛	t	56 459.0	59 053.5	4.60	43.64

表 170 我国西部地区水产品产量（2012—2013 年） 单位：kt

产品名称	2012 年	2013 年	同比增长（%）	占全国比重（%）
水产品总产量	5 594.9	6 055.7	8.24	9.81
按海水、内陆分				
海水产品产量	1 647.9	1 709.8	3.76	5.45
内陆水产品产量	3 947.0	4 345.9	10.11	14.33
按生产性质分				
捕捞产量	967.2	962.4	−0.50	5.90
养殖产量	4 627.7	5 093.3	10.06	11.21

表 171　我国西部地区人均主要农产品、畜产品、水产品产量（2012—2013 年）

单位：kg/人

产品名称	2012 年	2013 年	同比增长（%）
一、主要农产品			
（一）粮　食	426.6	437.6	2.58
1. 谷　物	359.2	369.0	2.73
稻　谷	124.4	123.7	−0.56
小　麦	61.0	57.5	−5.74
玉　米	162.7	176.3	8.36
谷　子	1.5	1.2	−20.00
高　粱	3.1	3.8	22.58
2. 豆　类	16.3	15.3	−6.13
大　豆	8.8	8.4	−4.55
杂　豆	7.6	6.9	−9.21
3. 薯　类	51.0	53.4	4.71
马铃薯	37.0	39.6	7.03
（二）油　料	25.7	26.2	1.95
花　生	4.4	4.5	2.27
油菜籽	15.2	15.2	
芝　麻	0.1	0.1	
胡麻籽	0.8	0.8	
向日葵籽	4.9	5.2	6.12
（三）棉　花	10.2	10.0	−1.96
（四）麻　类	0.3	0.3	
黄红麻			
（五）糖　料	298.6	305.5	9.03
甘　蔗	277.4	286.8	3.39
甜　菜	21.2	18.7	−11.79
（六）水　果	197.8	209.7	6.02
（七）烟　叶	5.7	5.5	−3.51
烤　烟	5.3	5.2	−1.89
二、畜产品			
（一）猪牛羊肉	56.4	57.9	2.66
猪　肉	43.3	44.6	3.00
牛　肉	6.6	6.8	3.03
羊　肉	6.4	6.5	1.56
（二）奶　类	44.4	40.1	−9.68
牛　奶	42.0	38.0	−9.52
（三）禽　蛋	11.0	11.3	2.73
三、水产品	16.5	16.6	0.61
鱼　类	12.6	12.8	1.59
虾蟹类	1.1	1.1	

表 172 我国西部地区农林牧渔业总产值、增加值及构成（2012—2013 年）

名 称	总产值		增加值	
	2012 年	2013 年	2012 年	2013 年
一、绝对数（亿元）				
合 计	**23 956.4**	**25 795.2**	**14 332.6**	**15 701.9**
1. 农业	13 362.2	14 736.2	8 731.7	9 627.5
2. 林业	956.5	1 130.8	656.1	774.9
3. 牧业	7 867.5	8 350.8	4 158.2	4 421.7
4. 渔业	703.7	787.3	459.8	513.6
二、构成（%）				
农林牧渔业合计	**100.0**	**100.0**	**100.0**	**100.0**
1. 农业	56.6	57.1	60.9	61.3
2. 林业	4.1	4.4	4.6	4.9
3. 牧业	33.3	32.4	29.0	28.2
4. 渔业	3.0	3.1	3.2	3.3
三、西部占全国的比重（%）				
农林牧渔业总产值合计	**26.4**	**26.6**	**27.4**	**27.6**
1. 农业	28.5	28.6	28.9	29.0
2. 林业	27.7	29.0	28.8	30.2
3. 牧业	28.9	29.4	31.7	32.1
4. 渔业	8.1	8.2	8.7	8.8

表 173 我国西部地区林业产业总产值（2013 年）

单位：万元

地 区	总 计	第一产业	第二产业	第三产业
全国总计	**473 154 396**	**163 737 921**	**249 761 641**	**59 654 834**
地区小计	**85 358 451**	**40 396 490**	**31 869 577**	**13 092 384**
占全国比重（%）	18.04	24.67	12.76	21.95
内蒙古	2 801 456	1 545 569	761 655	494 232
广 西	30 201 223	9 928 226	17 442 590	2 830 407
重 庆	4 494 401	2 416 322	1 169 767	908 322
四 川	20 302 262	7 688 693	7 075 946	5 537 623
贵 州	5 034 591	2 361 398	844 143	1 829 050
云 南	11 704 317	7 773 695	3 240 770	689 852
西 藏	219 427	198 771	12 569	8 087
陕 西	7 125 584	5 641 138	925 481	558 965
甘 肃	2 824 923	2 491 464	141 950	191 509
青 海	356 242	351 207	180	4 855
宁 夏	1 162 137	796 185	254 519	111 433
新 疆	7 066 614	5 852 628	792 199	421 787

表 174 我国西部地区林业系统森林工业固定资产投资情况（2013 年）

单位：万元

地 区	总 计	其中：基本建设	更新改造	其他投资	本年新增固定资产
全国总计	**13 762 091**	**4 423 686**	**2 326 206**	**7 012 199**	**6 269 738**
地区小计	**9 353 942**	**2 499 274**	**2 139 902**	**4 814 764**	**4 312 597**
占全国比重（%）	67.97	56.50	91.99	68.66	68.78
内 蒙 古	327 136	234 152	24 051	68 933	130 591
广 西	8 095 281	2 065 883	2 067 434	3 961 964	3 712 626
重 庆	20 154	9 325		10 829	900
四 川	241 963	48 344	10 184	183 435	23 490
贵 州	3 280	1 380	1 900		3 020
云 南	291 658	41 974	33 871	215 813	102 107
西 藏					
陕 西	123 415	47 689	525	75 201	94 744
甘 肃	158 369	43 167	752	114 350	73 561
青 海	61 289	3 805	178	57 306	51 025
宁 夏	1 141	1 127		14	1 082
新 疆	30 356	2 428	1 009	126 919	119 451

表 175 我国西部地区林业系统农产品加工业总产值（2013 年） 单位：万元

地 区	非木质林产品加工制造业	木材加工及竹、藤、棕、草制品业			
		合 计	锯材木片加工业	人造板制造业	木制品制造业
全国总计	**34 224 022**	**99 733 250**	**16 530 717**	**51 910 432**	**23 731 634**
地区小计	**3 899 709**	**14 473 323**	**4 016 717**	**8 216 121**	**1 682 963**
占全国比重（%）	11.39	14.51	24.30	15.83	7.09
内蒙古	9 861	565 146	473 248	74 498	17 011
广 西	1 116 901	9 564 144	2 399 380	5 904 654	948 572
重 庆	141 784	338 508	83 119	127 150	97 845
四 川	535 805	2 221 902	480 025	1 278 049	284 964
贵 州	152 504	420 287	186 309	131 047	84 281
云 南	945 518	974 089	292 254	477 231	193 883
西 藏		12 569	12 569		
陕 西	330 531	326 986	71 053	204 567	45 207
甘 肃	16 494	6 134	2 527	1 600	1 198
青 海		180	180		
宁 夏	252 519	2 000	2 000		
新 疆	397 792	41 378	14 053	17 325	10 000

地 区	竹、藤、棕、草制品业	木质、竹藤家具制造业	木、竹、苇浆造纸及纸制品业	林产化学产品制造业	木、竹、藤工艺品制造业	其 他
全国总计	**7 560 467**	**37 361 255**	**51 974 253**	**5 990 768**	**5 244 217**	**8 667 272**
地区小计	**607 522**	**4 204 519**	**4 006 893**	**2 114 135**	**160 203**	**2 863 696**
占全国比重（%）	8.04	11.25	6.91	35.29	3.05	33.04
内蒙古	389	1 508	19 122	610	56	82 489
广 西	311 538	1 023 623	2 686 855	1 501 424	47 065	1 104 633
重 庆	80 394	260 604	128 137	8 650	68 968	126 408
四 川	178 864	2 586 959	906 226	39 615	22 061	585 642
贵 州	18 648	97 731	74 117	38 739	7 383	33 892
云 南	10 721	168 515	161 388	519 407	12 991	763 430
西 藏						
陕 西	6 159	58 347	31 048	1 280	1 586	136 844
甘 肃	809	7 152		4 410	93	77 982
青 海						
宁 夏						
新 疆		80				352 376

表 176　我国西部地区森林工业主要产品产量（2013 年）

地　区	锯材（万 m^3）	木片（万实积 m^3）	胶合板（万 m^3）	纤维板（万 m^3）	刨花板（万 m^3）	其他人造板（万 m^3）	强化木	指接材
全国总计	**6 297.6**	**3 935.0**	**13 725.2**	**6 402.1**	**1 885.0**	**3 547.7**	**801.8**	**440.3**
地区小计	**1 719.5**	**605.5**	**2 131.9**	**1 572.4**	**158.7**	**507.7**	**10.2**	**52.6**
占全国比重（%）	27.30	15.39	15.53	24.56	8.42	14.31	1.27	11.95
内蒙古	641.7	11.6	29.3	6.4	26.6	13.1		
广　西	542.1	496.5	1 719.9	738.4	102.3	409.6	2.6	18.7
重　庆	27.7	7.8	37.1	44.7	0.4	1.2	1.5	8.2
四　川	194.0	39.2	209.2	481.9	20.4	53.1	2.8	19.9
贵　州	78.9	9.8	51.3	7.8	0.1	16.9	0.7	2.9
云　南	196.8	23.8	66.7	186.1	7.7	13.5	2.4	2.9
西　藏	4.8							
陕　西	24.1	14.1	10.2	97.5	0.3	0.3	0.2	
甘　肃	0.2		0.8					
青　海	0.1							
宁　夏				1.6				
新　疆	9.1	2.7	7.4	8.0	0.9			

地　区	木竹地板（万 m^2）	松香类产品（t）	松节油类产品（t）	樟脑（t）	冰片（t）	栲胶类产品（t）	紫胶类产品（t）	木材热解产品（t）	
								合计	木炭
全国总计	**68 925.7**	**1 642 308**	**266 504**	**17 704**	**1 662**	**8 403**	**5 764**	**1 100 279**	**418 767**
地区小计	**1 762.1**	**1 169 950**	**172 099**	**5 628**	**610**	**6 843**	**4 795**	**123 651**	**116 784**
占全国比重（%）	2.56	71.24	64.58	31.79	36.70	81.44	83.19	11.24	27.89
内蒙古	15.1					610			
广　西	180.9	945 722	96 670	6		6 233	2 783	9 984	9 984
重　庆	5.0	940						607	472
四　川	1 146.6	1 689	170	500			60	17 000	10 700
贵　州	57.8	5 459	723					45 622	45 206
云　南	350.9	216 140	74 536	5 122	610		1 952	50 438	50 422
西　藏									
陕　西	5.8								
甘　肃									
青　海									
宁　夏									
新　疆									

表 177　我国西部地区农垦系统主要农产品加工企业产品产量（2013 年）

地　区	配混合饲料（t）	机制纸及纸板（t）	纱（万 t）	布（万 m）	机制糖（t）	饮料酒（kL）	乳制品（t）	食用植物油（t）
全国总计	**7 753 217**	**458 194**	**67.81**	**62 955**	**2 506 179**	**1 693 274**	**3 485 594**	**3 433 797**
地区小计	**3 207 667**	**152 097**	**26.52**	**5 600**	**1 069 176**	**657 219**	**517 482**	**713 182**
占全国比重(%)	41.37	33.19	39.11	8.90	42.66	38.81	14.85	20.77
内 蒙 古	30 195	1 980				1 555	8 703	88 518
广　　西	546 371	142 258			831 600	16 943	3 693	625
重　　庆	422 368					7 422	236 121	
四　　川							680	
贵　　州	3 410						46 227	
云　　南	3 223				59 139	1 139		
西　　藏								
陕　　西	3 043						3 566	
甘　　肃	10 479					178 375		577
青　　海								
宁　　夏	27 257					190 718	26 277	10
新疆（兵团）	2 105 952	7 859	24.24	5 600	178 437	256 835	125 909	612 553
新疆（农业）	15 051		2.28			4 232	555	10 899
新疆（畜牧）	41 318						65 751	

表 178　我国西部地区轻工业系统农产品加工业产品产量（2012 年）

地　区	纸浆（万 t）	机制纸、纸板（万 t）	纸制品（万 t）	原盐（万 t）	机制糖（万 t）	糖果（万 t）	方便面（万 t）
全国总计	**1 704.5**	**10 956.5**	**4 810.4**	**6 911.8**	**1 409.5**	**241.9**	**946.7**
地区小计	**330.9**	**950.5**	**514.2**	**1 769.4**	**1 164.8**	**17.0**	**171.7**
占全国比重（%）	19.4	8.7	10.7	25.6	82.6	7.0	18.1
内 蒙 古	4.1	15.0	64.4	253.6	31.1		3.3
广　　西	197.3	297.1	125.3	7.2	861.5	4.4	14.6
重　　庆	12.0	170.6	122.3	233.0	1.2	0.8	7.0
四　　川	36.1	232.4	198.5	477.5	2.6	10.7	62.5
贵　　州	10.2	13.4	17.4		2.9	0.1	2.6
云　　南	29.8	51.5	10.2	118.1	207.9	0.6	2.5
西　　藏			1.9				
陕　　西		80.3	50.2	104.8		0.3	71.0
甘　　肃	0.6	4.9	31.2	20.3	4.0		2.1
青　　海			0.1	253.5			
宁　　夏	20.3	52.9	2.2				
新　　疆	20.5	32.4	12.8	301.4	53.6	0.1	6.1

（续）

地区	乳制品（万 t）	液体乳（万 t）	罐头（万 t）	小麦粉（万 t）	冷冻饮品（万 t）	饮料酒（万 kL）	软饮料（万 t）	大米（万 t）
全国总计	**2 537.9**	**2 280.5**	**1 043.0**	**11 404.0**	**254.3**	**6 239.4**	**13 024.0**	**10 777.5**
地区小计	**792.2**	**720.2**	**179.1**	**1 079.4**	**69.1**	**1 392.8**	**2 995.1**	**1 048.5**
占全国比重(%)	31.2	31.6	17.2	9.5	27.2	22.3	22.9	9.7
内蒙古	325.7	295.2	0.4	112.9	27.4	162.1	200.2	67.7
广　西	15.7	13.8	51.6	24.2	11.5	183.3	675.5	206.8
重　庆	11.2	11.2	6.2	7.3	1.8	95.6	261.3	109.9
四　川	77.2	66.3	42.2	178.5	20.9	694.3	745.4	504.6
贵　州	5.9	5.9	1.5	2.1	0.2	67.1	137.8	44.9
云　南	47.0	46.0	3.1	4.9		97.6	262.6	12.9
西　藏	0.5	0.3		1.1		18.3	13.2	
陕　西	172.1	155.9	1.7	419.9	4.1	115.3	419.8	44.5
甘　肃	24.0	22.7	3.0	162.6	0.4	68.0	110.1	
青　海	15.8	15.6		7.5		12.0	22.7	
宁　夏	56.6	53.6		35.5		19.6	11.7	45.4
新　疆	40.5	33.7	69.4	122.9	2.8	59.6	134.8	11.8

地区	鲜冷藏肉（万 t）	冷冻水产品（万 t）	精制植物油（万 t）	羽绒服装（万件）	轻革（万 m^2）	皮革鞋靴（万双）	皮革服装（万件）	家具（万件）
全国总计	**3 128.2**	**677.4**	**5 173.0**	**29 685.4**	**70 833.5**	**449 662.5**	**5 775.4**	**65 444.3**
地区小计	**654.6**	**24.5**	**745.2**	**529.3**	**5 492.9**	**19 533.5**	**137.5**	**2 248.4**
占全国比重(%)	20.9	3.6	14.4	1.8	7.8	4.3	2.4	3.4
内蒙古	109.2		63.6					95.8
广　西	45.2	22.9	198.3		2 037.1	2 635.4		444.1
重　庆	63.9		63.1	87.5		6 056.3		388.9
四　川	349.7		139.0	262.6	2 254.2	10 665.4	131.7	1 041.4
贵　州	8.9		23.1	136.1				27.6
云　南	14.4	1.6	13.6					12.7
西　藏			0.1					
陕　西	36.8		121.9	43.1		173.4	0.3	165.5
甘　肃	7.6		9.6		551.0		5.5	5.1
青　海	2.1		11.3			3.0		
宁　夏	8.2		6.0		151.7			9.2
新　疆	8.6		95.6		498.9			58.1

资料来源：表中数据由中国轻工业信息中心提供。

其　　他

表 179　我国农产品质量安全例行监测情况（2012—2013 年）

单位：%

监测产品种类	2012 年	2013 年	同比增长
	合格率	合格率	
蔬　　菜	97.9	98.0	0.10
畜禽产品	99.7	100.0	0.30
水 产 品	96.9	100.0	3.20
水　　果	97.1	98.6	1.54
茶　　叶	93.0	98.0	5.38

资料来源：表中数据由农业部办公厅提供。

表 180　我国淀粉行业企业信用等级评价结果名单（2013 年度）

序号	企　业　名　称	信用等级	证书编号
1	泰安弘兴玉米开发有限公司	AAA	201307111100001
2	呼和浩特华欧淀粉制品有限公司	AAA	201307111100002
3	河南鑫源食品有限公司	AAA	201307111100003
4	中粮生化能源（榆树）有限公司	AAA	201307111100004

资料来源：表中信息由中国淀粉工业协会提供。

表 181　我国大米加工 50 强企业（2013 年度）

序号	企　业　名　称	序号	企　业　名　称
1	中粮集团有限公司	26	江西奉新天工米业有限公司
2	湖北国宝桥米集团	27	重庆粮食集团有限责任公司
3	益海嘉里投资有限公司	28	新余市百乐工贸有限公司
4	湖北梅园米业有限公司	29	江西金土地粮油股份有限公司
5	北镇市五峰米业加工有限公司	30	河南山信粮业有限公司
6	福娃集团有限公司	31	黑龙江省万源粮油食品有限公司
7	吉林省德春农业集团股份有限公司	32	湖南省集团有限责任公司
8	江苏省农垦米业有限公司	33	北京古船米业有限公司
9	绿都集团股份有限公司	34	盘锦鼎翔米业有限公司
10	江西金佳谷物股份有限公司	35	合肥金润米业有限公司
11	吉林梅河大米有限公司	36	江苏双兔食品股份有限公司
12	湖北洪森粮油集团	37	福建泉州市金穗米业有限公司
13	吉林裕丰米业股份有限公司	38	安徽省桐城青草香米业集团有限公司
14	洪湖市洪湖浪米业有限责任公司	39	黑龙江省北大荒米业集团有限公司
15	华润五丰有限公司	40	黑龙江省人和米业有限公司
16	湖北禾丰粮油集团有限公司	41	南京远望富硒农产品有限责任公司
17	江西万年贡米集团	42	安徽稼仙金佳粮集团股份有限公司
18	山东美晶集团有限公司	43	东莞市大粮米业有限公司
19	安徽槐祥工贸集团有限公司	44	上海良友（集团）有限公司
20	湖南金键米业股份有限公司	45	宜兴市粮油集团大米有限公司
21	湖北省粮油（集团）有限责任公司	46	黑龙江省泰丰粮油食品有限公司
22	庆安鑫利达米业有限公司	47	湖南天下洞庭粮油实业有限公司
23	南京沙塘庵粮油实业有限公司	48	上海垠海贸易有限公司
24	湖北宏法米业公司	49	深圳市中泰米业有限公司
25	安徽省阜阳市海泉粮油工业有限公司	50	桂林绿苑米业有限公司

表 182　我国小麦粉加工 50 强企业（2013 年度）

序号	企业名称	序号	企业名称
1	五得利面粉集团有限公司	26	杭州恒天面粉集团有限公司
2	益海嘉里投资有限公司	27	司河北凯发面业集团有限公司
3	中粮集团小麦加工事业部	28	郑州金苑面业有限公司
4	今麦郎日清食品有限公司	29	江苏淮安新丰面粉有限公司
5	南顺（香港）集团	30	安徽正宇面粉有限公司
6	东莞市穗丰食品有限公司	31	陕西老牛面粉有限公司
7	新疆天山面粉集团有限责任公司	32	甘肃红太阳面业集团有限责任公司
8	北京古船食品有限公司	33	山东峰宇面粉有限公司
9	河北金沙河面业有限责任公司	34	西安市群众面粉厂
10	河南省大程粮油集团股份有限公司	35	河南莲花面粉有限公司
11	天津市利金粮油股份有限公司	36	潍坊风筝面粉有限责任公司
12	陕西陕富面业有限责任公司	37	潜江同光面粉有限公司
13	发达面粉集团有限公司	38	济南民天面粉有限责任公司
14	山东永乐食品有限公司	39	新乡市新良粮油加工有限责任公司
15	湖北三杰粮油食品集团	40	安徽天麟面粉有限公司
16	滨州泰裕麦业有限公司	41	广东白燕粮油实业有限公司
17	山东半球面粉有限公司	42	惠民宇东面粉有限任公司
18	山东利生面业（集团）有限公司	43	遂平益康面粉有限公司
19	安徽皖王面粉集团有限公司	44	河南天香面业有限公司
20	江苏江南面粉集团	45	河南一加一天然面粉有限公司
21	江苏三零面粉有限公司	46	上海福新面粉有限公司
22	四川仁吉粉业集团有限公司	47	内蒙古恒丰食品工业集团股份有限公司
23	江苏省银河面粉有限公司	48	陕西西瑞（集团）有限责任公司
24	丹阳市同乐面粉有限公司	49	开封市天丰面业有限责任公司
25	山东富世康制粉有限公司	50	河南实佳面粉有限公司

表 183 我国植物油加工 50 强企业（2013 年度）

序号	企 业 名 称	序号	企 业 名 称
1	益海嘉里投资有限公司	26	九江市嘉盛粮油工业有限公司
2	中粮集团有限公司	27	天津龙威粮油工业有限公司
3	山东鲁花集团有限公司	28	南通家惠油脂发展有限公司
4	九三粮油工业集团有限公司	29	浙江新市油脂股份有限公司
5	中国中纺集团公司	30	福建元成豆业有限公司
6	中储粮油脂有限公司	31	江苏金太阳油脂有限责任公司
7	山东渤海油脂工业有限公司	32	山西忠民集团有限公司
8	西王集团有限公司	33	山西永济普美油脂有限公司
9	山东三星集团有限公司	34	河南爱厨植物油有限公司
10	重庆红蜻蜓油脂有限责任公司	35	河南阳光油脂集团有限公司
11	奥星粮油工业有限公司	36	大丰市佳丰油脂有限责任公司
12	邦基正大（天津）粮油有限公司	37	河南懿丰油脂有限公司
13	京粮（天津）粮油工业有限公司	38	随县天星粮油科技有限公司
14	厦门中盛粮油集团有限公司	39	山东嘉厨粮油工业集团有限公司
15	广州东凌粮油股份有限公司	40	莒南县金胜粮油实业有限公司
16	三河汇福粮油集团有限公司	41	广东鹰唛食品有限公司
17	上海良友海狮油脂有限公司	42	山东光大明油脂股份有限公司
18	青岛长生集团股份有限公司	43	安徽大平油脂有限公司
19	山东香驰粮油有限公司	44	湖北省粮油（集团）有限责任公司
20	洪湖市洪湖浪米业有限责任公司	45	湖北宏凯工贸发展有限公司
21	山东龙大植物油有限公司	46	湖南盈成油脂工业有限公司
22	仪征方顺粮油工业有限公司	47	山东三维油脂集团股份有限公司
23	湖南巴陵油脂有限公司	48	福建华仁油脂有限公司
24	万宝粮油有限公司	49	金利油脂（苏州）有限公司
25	上海佳格食品有限公司	50	福建康宏股份有限公司

资料来源：表 181 至表 186 的信息来自中粮协［2014］11 号文《关于发布〈2013 年度重点粮油企业专项调查位居各行业前列企业名单〉的通知》。

表 184　我国挂面加工十强企业（2013 年）

序　号	企　业　名　称
1	克明面业股份有限公司
2	河北金沙河面业有限责任公司
3	今麦郎日清食品有限公司
4	中粮集团小麦加工事业部
5	湖南粮食集团有限责任公司
6	郑州博大面业有限公司
7	河南省大程粮油集团股份有限公司
8	四川省若男食品有限公司
9	江西省春丝食品有限公司
10	宁夏塞北雪面粉有限公司

表 185　我国杂粮加工十强企业（2013 年）

序　号	企　业　名　称
1	安徽燕之坊食品有限公司
2	同福碗粥股份有限公司
3	内蒙古正隆谷物食品有限公司
4	吉林市永鹏农副产品开发有限公司
5	益海嘉里投资有限公司
6	辽宁红旭现代农业有限公司
7	山西东方物华农业科技有限责任公司
8	赤峰市蒙天粮油购销有限责任公司
9	河南邦太食品有限公司
10	内蒙古谷道粮源农产品有限责任公司

表 186　我国粮油机械制造十强企业（2013 年）

序　号	企　业　名　称
1	牧羊有限公司
2	江苏正昌集团有限公司
3	开封市茂盛机械有限公司
4	江苏迈安德食品机械有限公司
5	合肥美亚光电技术股份有限公司
6	无锡布勒机械制造有限公司
7	中粮工程设备（张家口）有限公司
8	河北苹乐面粉机械集团有限公司
9	湖北永祥粮食机械股份公司
10	浙江齐鲤机械有限公司

表 187　我国轻工业系统列入国家 500 强农产品加工企业（2012 年）

序　号	500 强企业中名次	企　业　名　称	地　区	营业收入（万元）
农副食品加工业				
1	66	新希望集团有限公司	四　川	7 538 106
2	131	通威集团有限公司	四　川	3 525 196
3	197	西王集团有限公司	山　东	2 489 802
4	240	正邦集团有限公司	江　西	2 018 954
5	257	三河汇福粮油集团有限公司	河　北	1 835 019
6	273	山东渤海实业股份有限公司	山　东	1 728 834
7	307	双胞胎集团股份有限公司	江　西	1 487 749
8	312	广西农垦集团有限责任公司	广　西	1 451 211
9	361	天津农垦集团有限公司	天　津	1 201 139
10	384	五得利面粉集团有限公司	河　北	1 115 955
11	406	山东鲁花集团有限公司	山　东	1 023 267
12	470	辽宁禾丰牧业股份有限公司	辽　宁	723 401
13	494	青岛九联集团股份有限公司	山　东	652 518
14	498	福娃集团有限公司	湖　北	645 534
食品加工制造业				
1	32	光明食品（集团）有限公司	上　海	12 455 402
2	159	中国盐业总公司	北　京	2 990 465
3	162	天津天狮集团有限公司	天　津	2 890 657
4	281	上海良友（集团）有限责任公司	上　海	1 672 855
5	284	北京二商集团有限责任公司	北　京	1 657 379
6	371	广西洋浦南华糖业集团股份有限公司	广　西	1 175 197
7	402	佑康食品集团有限公司	浙　江	1 032 830
8	430	厦门银鹭集团有限公司	福　建	908 463
9	465	龙大食品集团有限公司	山　东	751 878

（续）

序 号	500强企业中名次	企 业 名 称	地 区	营业收入（万元）
		酿 酒 工 业		
1	103	四川省宜宾五粮液集团有限公司	四 川	4 872 960
2	199	泸州老窖集团有限责任公司	四 川	2 462 383
3	201	中国贵州茅台酒厂有限责任公司	贵 州	2 429 810
4	205	青岛啤酒股份有限公司	山 东	2 315 805
5	276	北京燕京啤酒集团公司	北 京	1 716 231
6	344	江苏洋河酒厂股份有限公司	江 苏	1 274 092
7	367	湖北稻花香集团公司	湖 北	1 188 564
8	405	四川郎酒集团有限责任公司	四 川	1 030 000
9	479	湖北枝江酒业集团公司	湖 北	701 040
		肉 食 品 加 工 业		
1	46	江苏雨润控股有限公司	江 苏	9 074 651
2	98	河南省漯河市双汇实业集团有限责任公司	河 南	5 032 467
3	123	临沂新程金锣肉制品有限公司	山 东	3 982 268
4	385	诸城外贸有限责任公司	山 东	1 108 606
5	401	唐人神集团股份有限公司	湖 南	1 041 771
6	463	北京顺鑫农业股份有限公司	北 京	758 020
		烟 草 加 工 业		
1	45	上海烟草（集团）有限责任公司	上 海	9 110 435
2	64	红塔烟草（集团）有限责任公司	云 南	7 726 123
3	68	湖南中烟工业有限责任公司	湖 南	7 251 504
4	74	红云红河烟草（集团）有限责任公司	云 南	6 605 405
5	100	湖北中烟工业有限责任公司	湖 北	4 950 378
6	112	浙江中烟工业有限责任公司	浙 江	4 315 413
7	190	山东中烟工业有限责任公司	山 东	2 521 379
8	196	贵州中烟工业有限责任公司	贵 州	2 496 829
9	320	广西中烟工业有限责任公司	广 西	1 411 888
10	376	龙岩烟草工业有限责任公司	福 建	1 148 302
11	380	江西中烟工业有限责任公司	江 西	1 122 744
12	382	重庆烟草工业有限责任公司	重 庆	1 118 712
13	425	厦门烟草工业有限责任公司	福 建	932 447
14	468	黑龙江烟草工业有限责任公司	黑龙江	735 000

（续）

序号	500强企业中名次	企业名称	地区	营业收入（万元）
纺织品、服装、鞋帽（含皮草、毛、绒等）加工业				
1	128	雅戈尔集团股份有限公司	浙江	3 603 107
2	133	红豆集团有限公司	江苏	3 517 139
3	166	海澜集团有限公司	江苏	2 801 268
4	244	内蒙古鄂尔多斯羊绒集团有限责任公司	内蒙古	1 958 837
5	252	杉杉投资控股有限公司	上海	1 892 041
6	261	波司登股份有限公司	江苏	1 821 341
7	293	维科控股集团股份有限公司	浙江	1 608 204
8	306	上海美特斯邦服饰股份有限公司	上海	1 502 262
9	326	奥康集团有限公司	浙江	1 372 982
10	429	森马集团有限公司	浙江	912 800
11	431	宁波申洲针织有限公司	浙江	904 344
12	443	青岛即发集团控股有限公司	山东	862 249
13	445	宁波博洋纺织有限公司	浙江	860 150
14	459	鲁泰集团公司	山东	779 323
造纸及纸制品业				
1	73	山东大王集团有限公司	山东	6 605 515
2	170	华泰集团有限公司	山东	2 720 066
3	173	山东晨鸣纸业集团股份有限公司	山东	2 688 961
4	187	山东太阳纸业股份有限公司	山东	2 585 783
5	220	山东博汇集团有限公司	山东	2 123 890
6	399	山东泉林纸业有限责任公司	山东	1 046 014
7	435	胜达集团有限公司	浙江	880 287
生活消费品、家具等轻工产品加工业				
1	81	天津市一轻集团（控股）有限公司	天津	6 015 152
2	191	重庆轻纺控股（集团）公司	重庆	2 520 496
3	203	天津二轻集团（股份）有限公司	天津	2 412 039
4	222	老凤祥股份有限公司	上海	2 112 640

资料来源：表中信息由中国轻工业信息中心提供。

5

第五部分

标准、专利

农产品加工业部分国家标准（2014 年）

标 准 号	标 准 名 称	代替标准
GB/T 6435—2014	饲料中水分的测定	GB/T 6435—2006
GB/T 18397—2014	预混合饲料中泛酸的测定 高效液相色谱法	GB/T 18397—2001
GB/T 18916.15—2014	取水定额 第 15 部分：白酒制造	
GB/T 30945—2014	饲料中泰乐菌素的测定 高效液相色谱法	
GB/T 31215—2014	混合型饲料添加剂 甜味剂通用要求	
GB/T 31216—2014	全价宠物食品 犬粮	
GB/T 31217—2014	全价宠物食品 猫粮	
GB/T 30637—2014	食用葛根粉	
GB/T 30645—2014	糕点分类	
GB/T 30755—2014	碾米机 耗电量指标及测量方法	
GB/T 30765—2014	粮油名词术语 原粮油料形态学和结构学	
GB/T 31056—2014	大米去石筛板	
GB/T 31055—2014	谷糙分离筛板	
GB/T 31059—2014	裱花蛋糕	
GB/T 31115—2014	豆制品生产 HACCP 应用规范	
GB/T 31116—2014	八宝粥罐头	
GB/T 31323—2014	方便米饭	
GB/T 13210—2014	柑橘罐头	GB/T 13210—1991
GB/T 13516—2014	桃罐头	GB/T 13516—1992
GB/T 18672—2014	枸杞	GB/T 18672—2002
GB/T 30761—2014	扁桃仁	
GB/T 30762—2014	主要竹笋质量分级	
GB/T 30884—2014	苹果醋饮料	
GB/T 31121—2014	果蔬汁类及其饮料	
GB/T 31273—2014	速冻水果和速冻蔬菜生产管理规范	
GB/T 31318—2014	蜜饯 山楂制品	
GB/T 30590—2014	冷冻饮品分类	
GB/T 30764—2014	雄蜂蛹	
GB/T 30766—2014	茶叶分类	
GB/T 30767—2014	咖啡类饮料	
GB/T 30800—2014	冷冻饮品生产管理要求	
GB/T 30885—2014	植物蛋白饮料 豆奶和豆奶饮料	
GB/T 31114—2014	冷冻饮品 冰淇淋	
GB/T 31119—2014	冷冻饮品 雪糕	
GB/T 31321—2014	冷冻饮品检验方法	
GB/T 31324—2014	植物蛋白饮料 杏仁露	
GB/T 31325—2014	植物蛋白饮料 核桃露（乳）	
GB/T 31326—2014	植物饮料	
GB/T 9694—2014	皮蛋	GB/T 9694—1988
GB/T 20799—2014	鲜、冻肉运输条件	GB/T 20799—2006
GB/T 21672—2014	冻裹面包屑虾	GB/T 21672—2008
GB/T 22180—2014	冻裹面包屑鱼	GB/T 22180—2008
GB/T 30891—2014	水产品抽样规范	

（续）

标准号	标准名称	代替标准
GB/T 30889—2014	冻虾	
GB/T 30947—2014	罐装冷藏蟹肉	
GB/T 30958—2014	生猪屠宰成套设备技术条件	
GB/T 31080—2014	水产品冷链物流服务规范	
GB/T 31319—2014	风干禽肉制品	
GB/T 10499—2014	糖料甘蔗试验方法	GB/T 10499—1989
GB/T 31120—2014	糖果术语	
GB/T 31320—2014	流质糖果	
GB 22570—2014	辅食营养补充品	
GB 30616—2014	食品用香精	
GB/T 30636—2014	燕窝及其制品中唾液酸的测定　液相色谱法	
GB/T 30642—2014	食品抽样检验通用导则	
GB/T 30643—2014	食品接触材料及制品标签通则	
GB/T 30644—2014	食品生产加工企业电子记录通用要求	
GB/T 30763—2014	农产品质量分级导则	
GB/T 30638—2014	杯装果冻包装机	
GB/T 30641—2014	食品机械　多功能电动压面机	
GB/T 30769—2014	不锈钢水果刀	
GB/T 30780—2014	食品加工机械　面包切片机	
GB/T 30781—2014	食品加工机械　切碎机	
GB/T 30782—2014	食品加工机械　生面和面团辊轧机	
GB/T 30783—2014	食品加工机械　果馅糕点机	
GB/T 30784—2014	食品加工机械　行星式搅拌机	
GB/T 30785—2014	食品加工设备　术语	
GB/T 30639—2014	全自动金属罐浓酱（浆）灌装封罐机通用技术条件	
GB/T 30640—2014	全自动电子数粒瓶装线通用技术条件	
GB/T 31322—2014	多功能切菜机试验方法	
GB 1888—2014	食品添加剂　碳酸氢铵	
GB 30601—2014	食品添加剂　对羟基苯甲酸甲酯钠	
GB 30602—2014	食品添加剂　对羟基苯甲酸乙酯钠	
GB 30603—2014	食品添加剂　乙酸钠	
GB 30605—2014	食品添加剂　甘氨酸钙	
GB 30606—2014	食品添加剂　甘氨酸亚铁	
GB 30607—2014	食品添加剂　酶解大豆磷脂	
GB 30608—2014	食品添加剂　DL-苹果酸钠	
GB 30609—2014	食品添加剂　聚氧乙烯聚氧丙烯季戊四醇醚	
GB 30610—2014	食品添加剂　乙醇	
GB 30611—2014	食品添加剂　异丙醇	
GB 30612—2014	食品添加剂　聚二甲基硅氧烷及其乳液	
GB 30613—2014	食品添加剂　磷酸氢二铵	
GB 30614—2014	食品添加剂　氧化钙	
GB 30615—2014	食品添加剂　竹叶抗氧化物	
GB/T 30795—2014	食品用洗涤剂试验方法　甲醇的测定	

（续）

标 准 号	标 准 名 称	代替标准
GB/T 30796—2014	食品用洗涤剂试验方法　甲醛的测定	
GB/T 30797—2014	食品用洗涤剂试验方法　总砷的测定	
GB/T 30798—2014	食品用洗涤剂试验方法　荧光增白剂的测定	
GB/T 30799—2014	食品用洗涤剂试验方法　重金属的测定	
GB 2711—2014	食品安全国家标准　面筋制品	
GB 2712—2014	食品安全国家标准　豆制品	
GB 2718—2014	食品安全国家标准　酿造酱	
GB 2760—2014	食品安全国家标准　食品添加剂使用标准	
GB 2763—2014	食品安全国家标准　食品中农药最大残留限量	
GB 4789.9—2014	食品安全国家标准　食品微生物学检验　空肠弯曲菌检验	
GB 4789.14—2014	食品安全国家标准　食品微生物学检验　蜡样芽孢杆菌检验	
GB 5009.15—2014	食品安全国家标准　食品中镉的测定	
GB 5009.16—2014	食品安全国家标准　食品中锡的测定	
GB 5009.123—2014	食品安全国家标准　食品中铬的测定	
GB 5009.139—2014	食品安全国家标准　饮料中咖啡因的测定	
GB 5009.148—2014	食品安全国家标准　植物性食品中游离棉酚的测定	
GB 5009.190—2014	食品安全国家标准　食品中指示性多氯联苯含量的测定	
GB 5009.204—2014	食品安全国家标准　食品中丙烯酰胺的测定	
GB 5009.223—2014	食品安全国家标准　食品中氨基甲酸乙酯的测定	
GB 7096—2014	食品安全国家标准　食用菌及其制品	
GB 8270—2014	食品安全国家标准　食品添加剂　甜菊糖苷	
GB 9678.2—2014	食品安全国家标准　巧克力、代可可脂巧克力及其制品	
GB 10133—2014	食品安全国家标准　水产调味品	
GB 13104—2014	食品安全国家标准　食糖	
GB 15193.1—2014	食品安全国家标准　食品安全性毒理学评价程序	
GB 15193.2—2014	食品安全国家标准　食品毒理学实验室操作规范	
GB 15193.3—2014	食品安全国家标准　急性经口毒性试验	
GB 15193.4—2014	食品安全国家标准　细菌回复突变试验	
GB 15193.5—2014	食品安全国家标准　哺乳动物红细胞微核试验	
GB 15193.6—2014	食品安全国家标准　哺乳动物骨髓细胞染色体畸变试验	
GB 15193.9—2014	食品安全国家标准　啮齿类动物显性致死试验	
GB 15193.12—2014	食品安全国家标准　体外哺乳类细胞 HGPRT 基因突变试验	
GB 15193.16—2014	食品安全国家标准　毒物动力学试验	
GB 15193.20—2014	食品安全国家标准　体外哺乳类细胞 TK 基因突变试验	
GB 15193.21—2014	食品安全国家标准　受试物试验前处理方法	
GB 15193.22—2014	食品安全国家标准　28 天经口毒性试验	
GB 15193.23—2014	食品安全国家标准　体外哺乳类细胞染色体畸变试验	
GB 15193.25—2014	食品安全国家标准　生殖发育毒性试验	
GB 15203—2014	食品安全国家标准　淀粉糖	
GB 16740—2014	食品安全国家标准　保健食品	
GB 17401—2014	食品安全国家标准　膨化食品	
GB 19298—2014	食品安全国家标准　包装饮用水	
GB 19300—2014	食品安全国家标准　坚果与籽类食品	

（续）

标准号	标准名称	代替标准
GB 22255—2014	食品安全国家标准　食品中三氯蔗糖（蔗糖素）的测定	
GB 29987—2014	食品安全国家标准　食品添加剂胶基及其配料	
GB 31617—2014	食品安全国家标准　食品营养强化剂　酪蛋白磷酸肽	
GB 31618—2014	食品安全国家标准　食品营养强化剂　棉子糖	
GB 31619—2014	食品安全国家标准　食品添加剂　决明胶	
GB 31621—2014	食品安全国家标准　食品经营过程卫生规范	
GB 31622—2014	食品安全国家标准　食品添加剂　杨梅红	
GB 31623—2014	食品安全国家标准　食品添加剂　硬脂酸钾	
GB 31624—2014	食品安全国家标准　食品添加剂　天然胡萝卜素	
GB 31625—2014	食品安全国家标准　食品添加剂　二氢茉莉酮酸甲酯	
GB 31626—2014	食品安全国家标准　食品添加剂　水杨酸苄酯（柳酸苄酯）	
GB 31627—2014	食品安全国家标准　食品添加剂　香芹酚	
GB 31628—2014	食品安全国家标准　食品添加剂　高岭土	
GB 31629—2014	食品安全国家标准　食品添加剂　聚丙烯酰胺	
GB 31630—2014	食品安全国家标准　食品添加剂　聚乙烯醇	
GB 31631—2014	食品安全国家标准　食品添加剂　氯化铵	
GB 31632—2014	食品安全国家标准　食品添加剂　镍	
GB 31633—2014	食品安全国家标准　食品添加剂　氢气	
GB 31634—2014	食品安全国家标准　食品添加剂　珍珠岩	
GB 31635—2014	食品安全国家标准　食品添加剂　聚苯乙烯	
GB/T 31045—2014	品牌价值评价　农产品	
GB/T 31047—2014	品牌价值评价　食品加工、制造业	
GB/T 31278—2014	品牌价值评价　纺织服装、鞋、帽业	
GB/T 31280—2014	品牌价值评价　酒、饮料和精制茶制造业	
GB/T 31285—2014	品牌价值评价　餐饮业	
GB/T 30768—2014	食品包装用纸与塑料复合膜、袋	
GB/T 31122—2014	液体食品包装用纸板	
GB/T 31123—2014	固体食品包装用纸板	
GB/T 31268—2014	限制商品过度包装　通则	
GB/T 31269—2014	蜂窝纸板箱	
GB/T 31271—2014	包装　循环再生率　计算规则和方法	
GB/T 31272—2014	包装　能量回收率　计算规则和方法	
GB/T 31354—2014	包装件和容器氧气透过性测试方法　库仑计检测法	
GB/T 31355—2014	包装件和容器水蒸气透过性测试方法　红外传感器法	
GB/T 12490—2014	纺织品　色牢度试验　耐家庭和商业洗涤色牢度	GB/T 12490—2007
GB/T 14644—2014	纺织品　燃烧性能 45°方向燃烧速率的测定	GB/T 14644—1993
GB/T 14645—2014	纺织品　燃烧性能 45°方向损毁面积和接焰次数的测定	GB/T 14645—1993
GB/T 19977—2014	纺织品　拒油性　抗碳氢化合物试验	GB/T 19977—2005
GB/T 30666—2014	纺织品　涂层鉴别试验方法	
GB/T 30669—2014	纺织品　色牢度试验　耐光黄变色牢度	
GB/T 31126—2014	纺织品　全氟辛烷磺酰基化合物和全氟羧酸的测定	
GB/T 31127—2014	纺织品　色牢度试验　拼接互染色牢度	
GB/T 30888—2014	纺织废水膜法处理与回用技术规范	

（续）

标 准 号	标 准 名 称	代替标准
GB/T 31007.1—2014	纺织面料编码　第1部分：棉	
GB/T 31007.2—2014	纺织面料编码　第2部分：麻	
GB/T 31007.4—2014	纺织面料编码　第4部分：毛	
GB/T 8878—2014	棉针织内衣	GB/T 8878—2009
GB/T 22849—2014	针织T恤衫	GB/T 22849—2009
GB/T 31104—2014	造纸机械用钢制烘缸（筒）技术条件	
GB/T 31110—2014	纸和纸板　Z向抗张强度的测定	

农产品加工业农业行业标准（2014年）

标 准 号	标 准 名 称	代替标准
NY/T 120—2014	饲料用木薯干	NY/T 120—1989
NY/T 1432—2014	玉米品种鉴定技术规程　SSR标记法	NY/T 1432—2007
NY/T 1433—2014	水稻品种鉴定技术规程　SSR标记法	NY/T 1433—2007
NY/T 2548—2014	饲料中黄曲霉毒素B_1的测定　时间分辨荧光免疫层析法	
NY/T 2549—2014	饲料中黄曲霉毒素B_1的测定　免疫亲和荧光光度法	
NY/T 2550—2014	饲料中黄曲霉毒素B_1的测定　胶体金法	
NY/T 2552—2014	能源木薯等级规格　鲜木薯	
NY/T 2595—2014	大豆品种鉴定技术规程　SSR分子标记法	
NY/T 2605—2014	饲料配方师	
NY/T 2638—2014	稻米及制品中抗性淀粉的测定　分光光度法	
NY/T 2639—2014	稻米直链淀粉的测定　分光光度法	
NY/T 2642—2014	甘薯等级规格	
NY/T 2656—2014	饲料中罗丹明B和罗丹明6G的测定　高效液相色谱法	
NY/T 2554—2014	生咖啡　贮存和运输导则	
NY/T 2604—2014	啤酒花生产工	
NY/T 2606—2014	果类产品加工工	
NY/T 2616—2014	水果清洗打蜡机质量评价技术规范	
NY/T 2617—2014	水果分级机质量评价技术规范	
NY 2619—2014	瓜菜作物种子　豆类（菜豆、长豇豆、豌豆）	
NY 2620—2014	瓜菜作物种子　萝卜和胡萝卜	
NY/T 2636—2014	温带水果分类和编码	
NY/T 2637—2014	水果和蔬菜可溶性固形物含量的测定　折射仪法	
NY/T 2643—2014	大蒜及制品中蒜素的测定　高效液相色谱法	
NY/T 2650—2014	泡椒类食品辐照杀菌技术规范	
NY/T 2655—2014	加工用宽皮柑橘	
NY/T 2547—2014	生鲜乳中黄曲霉毒素M_1筛查技术规程	
NY/T 2649—2014	蜂王幼虫和蜂王幼虫冻干粉	
NY/T 2653—2014	骨素加工技术规范	
NY/T 2659—2014	牛乳脂肪、蛋白质、乳糖、总固体的快速测定　红外光谱法	
NY/T 2660—2014	肉牛生产性能测定技术规范	
NY/T 274—2014	绿色食品　葡萄酒	NY/T 274—2004
NY/T 418—2014	绿色食品　玉米及玉米粉	NY/T 418—2007
NY/T 419—2014	绿色食品　稻米	NY/T 419—2007

（续）

标准号	标准名称	代替标准
NY/T 432—2014	绿色食品　白酒	NY/T 432—2000
NY/T 433—2014	绿色食品　植物蛋白饮料	NY/T 433—2000
NY/T 891—2014	绿色食品　大麦及大麦粉	NY/T 891—2004
NY/T 892—2014	绿色食品　燕麦及燕麦粉	NY/T 892—2004
NY/T 893—2014	绿色食品　粟米及粟米粉	NY/T 893—2004
NY/T 894—2014	绿色食品　荞麦及荞麦粉	NY/T 894—2004
NY/T 1039—2014	绿色食品　淀粉及淀粉制品	NY/T 1039—2006
NY/T 1042—2014	绿色食品　坚果	NY/T 1042—2006
NY/T 1045—2014	绿色食品　脱水蔬菜	NY/T 1045—2006
NY/T 1047—2014	绿色食品　水果、蔬菜罐头	NY/T 1047—2006
NY/T 1051—2014	绿色食品　枸杞及枸杞制品	NY/T 1051—2006
NY/T 1052—2014	绿色食品　豆制品	NY/T 1052—2006
NY/T 1512—2014	绿色食品　生面食、米粉制品	NY/T 1512—2007
NY/T 2654—2014	软罐头电子束辐照加工工艺规范	
NY/T 2667.1—2014	热带作物品种审定规范　第1部分：橡胶树	
NY/T 2667.2—2014	热带作物品种审定规范　第2部分：香蕉	
NY/T 2667.3—2014	热带作物品种审定规范　第3部分：荔枝	
NY/T 2667.4—2014	热带作物品种审定规范　第4部分：龙眼	
NY/T 2668.1—2014	热带作物品种试验技术规程　第1部分：橡胶树	
NY/T 2668.2—2014	热带作物品种试验技术规程　第2部分：香蕉	
NY/T 2668.3—2014	热带作物品种试验技术规程　第3部分：荔枝	
NY/T 2668.4—2014	热带作物品种试验技术规程　第4部分：龙眼	
NY/T 2669—2014	热带作物品种审定规范　木薯	
NY/T 2555—2014	植物新品种特异性、一致性和稳定性测试指南　秋海棠属	
NY/T 2556—2014	植物新品种特异性、一致性和稳定性测试指南　果子蔓属	
NY/T 2557—2014	植物新品种特异性、一致性和稳定性测试指南　花烛属	
NY/T 2558—2014	植物新品种特异性、一致性和稳定性测试指南　唐菖蒲属	
NY/T 2559—2014	植物新品种特异性、一致性和稳定性测试指南　莴苣	
NY/T 2560—2014	植物新品种特异性、一致性和稳定性测试指南　香菇	
NY/T 2561—2014	植物新品种特异性、一致性和稳定性测试指南　胡萝卜	
NY/T 2562—2014	植物新品种特异性、一致性和稳定性测试指南　亚麻	
NY/T 2563—2014	植物新品种特异性、一致性和稳定性测试指南　葡萄	
NY/T 2564—2014	植物新品种特异性、一致性和稳定性测试指南　荔枝	
NY/T 2565—2014	植物新品种特异性、一致性和稳定性测试指南　白三叶	
NY/T 2566—2014	植物新品种特异性、一致性和稳定性测试指南　稗	
NY/T 2567—2014	植物新品种特异性、一致性和稳定性测试指南　荸荠	
NY/T 2568—2014	植物新品种特异性、一致性和稳定性测试指南　蓖麻	
NY/T 2569—2014	植物新品种特异性、一致性和稳定性测试指南　大麻	
NY/T 2570—2014	植物新品种特异性、一致性和稳定性测试指南　酸模属	
NY/T 2571—2014	植物新品种特异性、一致性和稳定性测试指南　小黑麦	
NY/T 2572—2014	植物新品种特异性、一致性和稳定性测试指南　薏苡	
NY/T 2574—2014	植物新品种特异性、一致性和稳定性测试指南　菜薹	
NY/T 2575—2014	植物新品种特异性、一致性和稳定性测试指南　芦荟	

（续）

标 准 号	标 准 名 称	代替标准
NY/T 2577—2014	植物新品种特异性、一致性和稳定性测试指南 灯盏花	
NY/T 2578—2014	植物新品种特异性、一致性和稳定性测试指南 凤仙花	
NY/T 2579—2014	植物新品种特异性、一致性和稳定性测试指南 花毛茛	
NY/T 2580—2014	植物新品种特异性、一致性和稳定性测试指南 马蹄莲属	
NY/T 2581—2014	植物新品种特异性、一致性和稳定性测试指南 水仙属	
NY/T 2582—2014	植物新品种特异性、一致性和稳定性测试指南 丝石竹	
NY/T 2583—2014	植物新品种特异性、一致性和稳定性测试指南 铁线莲属	
NY/T 2584—2014	植物新品种特异性、一致性和稳定性测试指南 萱草属	
NY/T 2585—2014	植物新品种特异性、一致性和稳定性测试指南 薰衣草属	
NY/T 2586—2014	植物新品种特异性、一致性和稳定性测试指南 洋桔梗	
NY/T 2587—2014	植物新品种特异性、一致性和稳定性测试指南 无花果	
NY/T 2588—2014	植物新品种特异性、一致性和稳定性测试指南 黑木耳	
NY/T 2590—2014	植物新品种特异性、一致性和稳定性测试指南 穿心莲	
NY/T 2591—2014	植物新品种特异性、一致性和稳定性测试指南 何首乌	
NY/T 2592—2014	植物新品种特异性、一致性和稳定性测试指南 黄芪	
NY/T 2593—2014	植物新品种特异性、一致性和稳定性测试指南 天麻	
NY/T 2640—2014	植物源性食品中花青素的测定 高效液相色谱法	
NY/T 2651—2014	香辛料辐照质量控制技术规范	
NY/T 2652—2014	农产品中 137Cs 的测定 无源效率刻度 γ 能谱分析法	
NY/T 233—2014	龙舌兰麻纤维及制品 术语	NY/T 233—1994
NY/T 339—2014	天然橡胶初加工机械 手摇压片机	NY/T 339—1998
NY/T 2635—2014	苎麻纤维拉伸断裂强度试验方法	
NY/T 2647—2014	剑麻加工机械手喂式刮麻机质量评价技术规范	
NY/T 2648—2014	剑麻纤维加工技术规程	

农产品加工业水产行业标准（2014 年）

标 准 号	标 准 名 称	代替标准
SC/T 1114—2014	大鲵	
SC/T 1117—2014	施氏鲟	
SC/T 1118—2014	广东鲂	
SC/T 1119—2014	乌鳢 亲鱼和苗种	
SC/T 2004—2014	皱纹盘鲍 亲鲍和苗种	SC/T 2004.1—2000 等
SC/T 2044—2014	卵形鲳鲹 亲鱼和苗种	
SC/T 2045—2014	许氏平鲉 亲鱼和苗种	
SC/T 2046—2014	石鲽 亲鱼和苗种	
SC/T 2057—2014	青蛤 亲贝和苗种	
SC/T 2058—2014	菲律宾蛤仔 亲贝和苗种	
SC/T 2060—2014	花鲈 亲鱼和苗种	
SC/T 2061—2014	裙带菜 种藻和苗种	
SC/T 2062—2014	魁蚶 亲贝	
SC/T 2063—2014	条斑紫菜 种藻和苗种	
SC/T 2064—2014	坛紫菜 种藻和苗种	
SC/T 2065—2014	缢蛏	

（续）

标准号	标准名称	代替标准
SC/T 2066—2014	缢蛏　亲贝和苗种	
SC/T 2067—2014	许氏平鲉	
SC/T 2071—2014	马氏珠母贝	
SC/T 3043—2014	养殖水产品可追溯标签规程	
SC/T 3044—2014	养殖水产品可追溯编码规程	
SC/T 3045—2014	养殖水产品可追溯信息采集规程	
SC/T 3048—2014	鱼类鲜度指标K值的测定　高效液相色谱法	
SC/T 3122—2014	冻鱿鱼	
SC/T 3215—2014	盐渍海参	SC/T 3215—2007
SC/T 3307—2014	冻干海参	
SC/T 3308—2014	即食海参	
SC/T 3702—2014	冷冻鱼糜	
SC/T 5703—2014	锦鲤分级　红白类	

农产品加工业林业行业标准（2014年）

标准号	标准名称	代替标准
LY/T 1065—2014	精制浅色松香	LY/T 1065—1992
LY/T 1331—2014	净水载银活性炭	LY/T 1331—1999
LY/T 1323—2014	紫胶虫种胶	LY/T 1323—2010
LY/T 1358—2014	歧化松香钾皂	LY/T 1358—1999
LY/T 1394—2014	木焦油抗聚剂	LY/T 1394—1999
LY/T 1393—2014	松焦油	LY/T 1393—1999
LY/T 1678—2014	食用林产品产地环境通用要求	LY/T 1678—2006
LY/T 2258—2014	立木生物量建模方法技术规程	
LY/T 2259—2014	立木生物量建模样本采集技术规程	
LY/T 2260—2014	立木生物量模型及碳计量参数　油松	
LY/T 2261—2014	立木生物量模型及碳计量参数　湿地松	
LY/T 2262—2014	立木生物量模型及碳计量参数　云南松	
LY/T 2263—2014	立木生物量模型及碳计量参数　马尾松	
LY/T 2264—2014	立木生物量模型及碳计量参数　杉木	
LY/T 2283—2014	植物新品种特异性、一致性、稳定性测试指南　栾树属	
LY/T 2284—2014	植物新品种特异性、一致性、稳定性测试指南　桦木属	
LY/T 2285—2014	植物新品种特异性、一致性和稳定性测试指南　槐属	
LY/T 2286—2014	植物新品种特异性、一致性、稳定性测试指南　梓树属	
LY/T 2287—2014	植物新品种特异性、一致性、稳定性测试指南　沙棘	
LY/T 2324—2014	梅花切花设施生产技术规程	
LY/T 2325—2014	芍药切花露地生产技术规程	
LY/T 2340—2014	西伯利亚杏杏仁质量等级	
LY/T 2341—2014	干果生产现场检测技术	
LY/T 2342—2014	苦竹鲜笋	
LY/T 2354—2014	花木展览会检疫规范	
LY/T 2371—2014	木材工业用复合改性玉米淀粉基-异氰酸酯胶粘剂	
LY/T 2372—2014	活动地板基材用石膏纤维板	

（续）

标 准 号	标 准 名 称	代替标准
LY/T 2373—2014	木材工业用豆基蛋白胶粘剂	
LY/T 2374—2014	防腐木材和阻燃木材中有效药剂透入度测试方法	
LY/T 2375—2014	托盘用木材质量分级	
LY/T 2376—2014	户外景观用木材与木质材料一般要求	
LY/T 2377—2014	木质结构材料用销类连接件连接性能试验方法	
LY/T 2378—2014	林业生物质固体成型燃料生产技术规范	
LY/T 2379—2014	林业生物质固体成型燃料	
LY/T 2381—2014	结构用木质材料基本要求	
LY/T 2382—2014	应力波无损测试锯材动态弹性模量方法	
LY/T 2383—2014	结构用木材强度等级	
LY/T 2385—2014	预油漆装饰单板	
LY/T 2386—2014	室内木质门用纤维板	
LY/T 2387—2014	室内木质门安装与验收规范	
LY/T 2388—2014	轻型木结构连接件通用技术条件	
LY/T 2389—2014	轻型木结构建筑覆面板用定向刨花板	
LY/T 2391—2014	电工层压木板生产综合能耗	
LY/T 2392—2014	饰面用浸渍胶膜纸生产综合能耗	
LY/T 2393—2014	紫胶生产综合能耗	
LY/T 2394—2014	林业企业能源计量器具管理规范	
LY/T 2395—2014	竹材刨花板生产综合能耗	
LY/T 2396—2014	竹木复合板生产综合能耗	
LY/T 5004—2014	竹材胶合板工程设计规范	

农产品加工业内贸行业标准（2013—2014 年）

标 准 号	标 准 名 称	代替标准
SB/T 222—2013	食品机械通用技术条件　基本技术要求	
SB/T 223—2013	食品机械通用技术条件　机械加工技术要求	
SB/T 224—2013	食品机械通用技术条件　装配技术要求	
SB/T 229—2013	食品机械通用技术条件　产品包装技术要求	
SB/T 230—2013	食品机械通用技术条件　产品检验规则	
SB/T 231—2013	食品机械通用技术条件　产品的标志、运输与储存	
SB/T 10408—2013	中央储备肉冻肉储存冷库资质条件	
SB/T 10348—2013	中央储备肉活畜储备基地场资质条件	
SB/T 11043—2013	餐饮企业质量评估体系	
SB/T 11046—2013	建设节约型餐饮企业规范	
SB/T 11047—2013	餐饮服务突发事件应急处置规范	
SB/T 11048—2013	快速冷却柜和快速冻结柜	
SB/T 11050—2013	商场食品零售关键控制点及评价方法	
SB/T 11059—2013	肉类蔬菜流通追溯体系城市管理平台技术要求	
SB/T 11060—2013	基于二维条码的瓶装酒追溯与防伪应用规范	
SB/T 11061—2013	茶叶交易市场建设和经营管理规范	
SB/T 11062—2013	花卉交易市场建设和经营管理规范	
SB/T 11065—2013	农产品市场突发事件应急供应管理规范	

（续）

标 准 号	标 准 名 称	代替标准
SB/T 11066—2013	农产品市场交易行为规范	
SB/T 11070—2013	餐饮服务企业打包服务管理要求	
SB/T 11071—2013	咖啡厅经营服务规范	
SB/T 11072—2013	茶馆等级划分与评定	
SB/T 11073—2013	速冻食品　术语	
SB/T 11074—2013	糖果巧克力及其制品二维条码识别追溯技术要求	
SB/T 11077—2013	肉制品加工设备技术要求　斩拌机	
SB/T 11078—2013	猪胴体自动劈半机	
SB/T 11079—2013	生猪屠宰猪皮与猪蹄脱毛设备	
SB/T 11091—2014	冷库节能运行技术规范	
SB/T 11092—2014	多温冷藏运输装备技术要求及测试方法	
SB/T 11093—2014	中央储备　冻卷羊肉	
SB/T 11094—2014	中药材仓储管理规范	
SB/T 11095—2014	中药材仓库技术规范	
SB/T 11096—2014	农产品批发市场信用评价规范	
SB/T 11097—2014	农产品批发市场信息中心建设与管理技术规范	
SB/T 11098.1—2014	鲜切花拍卖产品质量等级　第1部分：通用要求	
SB/T 11098.2—2014	鲜切花拍卖产品质量等级　第2部分：单头月季	
SB/T 11098.3—2014	鲜切花拍卖产品质量等级　第3部分：非洲菊	
SB/T 11098.4—2014	鲜切花拍卖产品质量等级　第4部分：单头香石竹	
SB/T 11099—2014	食用菌流通规范	
SB/T 11100—2014	仁果类果品流通规范	
SB/T 11101—2014	荔果类果品流通规范	

农产品加工业粮食行业标准（2014年）

标 准 号	标 准 名 称	代替标准
LS/T 1533—2014	大米颜色黄度指数标准样品	
LS/T 3212—2014	挂面	
LS/T 3302—2014	方便杂粮粉	
LS/T 3303—2014	方便玉米粉	
LS/T 6108—2014	粮油检验　谷物中黄曲霉毒素 B_1 的快速测定　免疫层析法	
LS/T 6109—2014	粮油检验　谷物中玉米赤霉烯酮测定　胶体金快速测试卡法	
LS/T 15111.1—2014	南方小麦粉加工精度标准样品　特制一等	
LS/T 15111.2—2014	南方小麦粉加工精度标准样品　特制二等	
LS/T 15111.3—2014	南方小麦粉加工精度标准样品　标准粉	
LS/T 15112.1—2014	北方小麦粉加工精度标准样品　特制一等	
LS/T 15112.2—2014	北方小麦粉加工精度标准样品　特制二等	
LS/T 15112.3—2014	北方小麦粉加工精度标准样品　标准粉	
LS/T 15121.1—2014	早籼米加工精度标准样品　一级	
LS/T 15121.2—2014	早籼米加工精度标准样品　二级	
LS/T 15121.3—2014	早籼米加工精度标准样品　三级	
LS/T 15121.4—2014	早籼米加工精度标准样品　四级	
LS/T 15122.1—2014	晚籼米加工精度标准样品　一级	

（续）

标 准 号	标 准 名 称	代替标准
LS/T 15122.2—2014	晚籼米加工精度标准样品　二级	
LS/T 15122.3—2014	晚籼米加工精度标准样品　三级	
LS/T 15122.4—2014	晚籼米加工精度标准样品　四级	
LS/T 15123.1—2014	粳米加工精度标准样品　一级	
LS/T 15123.2—2014	粳米加工精度标准样品　二级	
LS/T 15123.3—2014	粳米加工精度标准样品　三级	
LS/T 15123.4—2014	粳米加工精度标准样品　四级	
LS/T 15321—2014	稻谷整精米率（籼稻）标准样品	
LS/T 15322—2014	稻谷整精米率（粳稻）标准样品	

农产品加工业机械行业标准（2014 年）

标 准 号	标 准 名 称	代替标准
JB/T 5680—2014	小型辊式磨粉机	JB/T 5680—2000 等
JB/T 6285—2014	大豆磨浆机　试验方法	JB/T 6285—1992
JB/T 6944.3—2014	颗粒饲料压制机　第 3 部分：压模安装型式与尺寸	JB/T 6944—1993
JB/T 7548—2014	单面瓦楞纸板生产线	JB/T 7548—1994
JB/T 7883—2014	稻壳膨化机	JB/T 7883.1—2000 等
JB/T 8403—2014	牧草种子加工成套设备　技术条件	JB/T 8403—1996
JB/T 8838—2014	小型面粉加工成套设备	JB/T 8838.1—2000 等
JB/T 9085—2014	碳酸饮料、啤酒灌装压盖机技术条件	JB/T 9085—1999
JB/T 9819—2014	砂轮磨浆机	JB/T 9819—1999
JB/T 9825—2014	小型小麦清理设备	JB/T 9825.1—1999 等
JB/T 10169—2014	泡罩包装机	JB/T 10169—2000
JB/T 11906—2014	板栗脱蓬机	
JB/T 11919—2014	太阳能草捆干燥成套设备	
JB/T 11920—2014	太阳能牧草种子干燥设备	
JB/T 11922—2014	智能化奶牛个体精料变量补饲机	
JB/T 11925—2014	辊式颗粒饲料破碎机	
JB/T 11928—2014	连续式桨叶糖蜜混合机	
JB/T 11930—2014	饲料环模制粒机　环模　精度	
JB/T 11931—2014	饲料机械　斗式提升机	
JB/T 11932—2014	饲料机械　螺旋输送机	
JB/T 11933—2014	饲料机械　螺旋喂料器	
JB/T 11934—2014	饲料机械　埋刮板输送机	
JB/T 11935—2014	饲料机械　叶轮喂料器	
JB/T 11936—2014	添加剂预混合饲料成套设备技术规范	
JB/T 11957—2014	食品制药机械用机械密封	
JB/T 12027—2014	核桃青皮脱皮机	
JB/T 12058—2014	圆盘式单轴干燥机	
JB/T 12059—2014	闭路循环溶媒回收立式沸腾干燥机	
JB/T 12061—2014	过滤洗涤真空干燥机	
JB/T 12062—2014	双锥回转低沸溶媒回收真空干燥机	
JB/T 12063—2014	闭路循环喷雾干燥机	

（续）

标准号	标准名称	代替标准
JB/T 12081—2014	纸浆（植物纤维）模塑一次性餐饮具生产线	
JB/T 12082—2014	纸浆模塑工业包装制品生产线	
JB/T 12106—2014	内筒膜多层袋制袋机	
JB/T 20019—2014	药品电子计数装瓶机	JB 20019—2004
JB/T 20044—2014	回流式提取浓缩机组	JB/T 20044—2005
JB/T 20049—2014	药用真空上料机	JB/T 20049—2005
JB/T 20059—2014	药瓶旋盖机	JB/T 20059—2005
JB/T 20065.1—2014	塑料药瓶瓶装联动线	JB/T 20065.1—2005
JB/T 20065.2—2014	塑料药瓶理瓶机	JB/T 20065.2—2005
JB/T 20065.4—2014	模具式计数装瓶机	JB/T 20065.4—2005
JB/T 20065.5—2014	塑料药瓶铝箔封口机	JB/T 20065.5—2005
JB/T 20066—2014	易折塑料瓶口服液剂灌封机	JB/T 20066—2005
JB/T 20081—2014	药用真空乳化机	JB/T 20081—2006
JB/T 20085—2014	隧道式微波干燥机	JB/T 20085—2006
JB/T 20094—2014	非 PVC 膜单室袋大容量注射剂制袋灌封机	JB/T 20094—2007
JB/T 20095—2014	塑料瓶大容量注射剂洗灌封一体机	JB/T 20095—2007
JB/T 20101—2014	药用铝盖清洗机	JB/T 20101—2007
JB/T 20161—2014	抗生素玻璃瓶气流式分装机	
JB/T 20162—2014	药瓶干燥剂包塞入机	
JB/T 20163—2014	药用干热灭菌器	
JB/T 20164—2014	药丸整形抛光机	
JB/T 20165—2014	药用齿式粉碎机	
JB/T 20166—2014	药用螺旋管式换热器	
JB/T 20167—2014	硬胶囊开囊取粉机	

农产品加工业轻工行业标准（2014 年）

标准号	标准名称	代替标准
QB/T 1006—2014	罐头食品检验规则	QB/T 1006—1990
QB/T 1117—2014	混合水果罐头	QB/T 1117—1991
QB/T 1170—2014	真空乳化机	QB/T 1170—1997
QB/T 1354—2014	卤猪杂罐头	QB/T 1354—1991
QB/T 1355—2014	回锅肉罐头	QB/T 1355—1991
QB/T 1356—2014	猪肉蛋卷罐头	QB/T 1356—1991
QB/T 1359—2014	五香肉丁罐头	QB/T 1359—1991
QB/T 1360—2014	排骨罐头	QB/T 1360—1991 等
QB/T 1361—2014	红烧猪肉类罐头	QB/T 1361—1991 等
QB/T 1364—2014	禽类罐头	QB/T 1364—1991 等
QB/T 1379—2014	梨罐头	QB/T 1379—1991
QB/T 1380—2014	热带、亚热带水果罐头	QB/T 1380—1991 等
QB/T 1381—2014	山楂罐头	QB/T 1381—1991
QB/T 1382—2014	葡萄罐头	QB/T 1382—1991
QB/T 1392—2014	苹果罐头	QB/T 1392—1991 等
QB/T 1394—2014	番茄罐头	QB/T 1394—1991

（续）

标 准 号	标 准 名 称	代替标准
QB/T 1395—2014	什锦蔬菜罐头	QB/T 1395—1991
QB/T 1405—2014	绿豆芽罐头	QB/T 1405—1991
QB/T 1406—2014	竹笋罐头	QB/T 1406—1991 等
QB/T 1611—2014	杏罐头	QB/T 1611—1992
QB/T 1688—2014	樱桃罐头	QB/T 1688—1993
QB/T 2681—2014	食品工业用不锈钢薄壁容器	QB/T 2681—2004
QB/T 4625—2014	黄瓜罐头	QB/T 3618—1999
QB/T 4626—2014	香菜心罐头	QB/T 3617—1999
QB/T 4627—2014	玉米笋罐头	QB/T 3616—1999
QB/T 4628—2014	海棠罐头	QB/T 3613—1999
QB/T 4629—2014	猕猴桃罐头	QB/T 3614—1999
QB/T 4630—2014	香菇肉酱罐头	QB/T 3601—1999
QB/T 4631—2014	罐头食品包装、标志、运输和贮存	QB/T 3600—1999
QB/T 4632—2014	草莓罐头	
QB/T 4656—2014	小茴香（精）油	
QB/T 4706—2014	调味食用菌类罐头	
QB/T 4707—2014	玉米低聚肽粉	
QB/T 4708—2014	黄酒中挥发性醇类的测定方法　静态顶空　气相色谱法	
QB/T 4709—2014	黄酒中挥发性酯类的测定方法　静态顶空　气相色谱法	
QB/T 4710—2014	发酵酒中尿素的测定方法　高效液相色谱法	
QB/T 4716—2014	冰鲜鱼切粒机	
QB/T 4759—2014	灰纸板	
QB/T 4760—2014	阔叶木碱性过氧化氢机械浆	
QB/T 4761—2014	工业擦拭纸	
QB/T 4762—2014	铅酸蓄电池护板用纸	
QB/T 4763—2014	纸浆模塑餐具	

农产品加工业出入境检验检疫行业标准（2014 年）

标 准 号	标 准 名 称	代替标准
SN/T 0152—2014	出口水果中 2，4-滴残留量检验方法	SN/T 0152—1992
SN/T 0212.1—2014	出口动物源食品中二氯二甲吡啶酚残留量的测定	SN/T 0212.1—93
SN/T 0400.13—2014	进出口罐头食品检验规程　第 13 部分：热渗透测试	
SN/T 0604—2014	出口蔬菜中杜烯残留量的检测　气相色谱-质谱法	SN 0604—1996
SN/T 0627—2014	出口莼菜检验规程	SN/T 0627—1997
SN/T 0645—2014	出口肉及肉制品中敌草隆残留量的测定　液相色谱法	SN 0645—1997
SN/T 0663—2014	出口肉及肉制品中七氯和环氧七氯残留量测定	SN 0663—1997
SN/T 0683—2014	出口粮谷中三环唑残留量的测定　液相色谱-质谱/质谱法	SN 0683—1997
SN/T 0697—2014	出口肉及肉制品中杀线威残留量的测定	SN 0697—1997
SN/T 0707—2014	出口食品中二硝甲酚残留量的测定　液相色谱-质谱/质谱法	SN 0707—1997
SN/T 0710—2014	出口粮谷中嗪草酮残留量检验方法	SN 0710—1997
SN/T 1050—2014	出口油脂中抗氧化剂的测定　高效液相色谱法	
SN/T 1071—2014	出口食品中厌氧亚硫酸盐还原梭状芽孢杆菌检测方法	SN/T 1071—2002
SN/T 1151.5—2014	对虾杆状病毒病检疫技术规范	SN/T 1151.5—2003

（续）

标准号	标准名称	代替标准
SN/T 1201—2014	饲料中转基因植物成分PCR检测方法	SN/T 1201—2003
SN/T 1590—2014	进出口食品中苏丹Ⅰ、Ⅱ、Ⅲ、Ⅳ的测定	SN/T 1590—2005
SN/T 1738—2014	出口食品中虫酰肼残留量的测定	SN/T 1738—2006等
SN/T 2014—2014	番茄黑环病毒检疫鉴定方法	SN/T 2014—2007
SN/T 2344—2014	黄瓜绿斑驳花叶病毒检疫鉴定方法	SN/T 2344—2009
SN/T 3772—2014	进境宠物食品检验检疫监管规程	
SN/T 3774—2014	牛的饲养、运输、屠宰动物福利规范	
SN/T 3842—2014	出口食品中桂醛的液相色谱法	
SN/T 3843—2014	出口食品中红曲色素的测定	
SN/T 3844—2014	出口果汁中熊果苷的测定	
SN/T 3845—2014	出口火锅底料中多种合成色素的测定	
SN/T 3846—2014	出口苹果和浓缩苹果汁中碳同位素比值的测定	
SN/T 3847—2014	出口食品中苯二氮卓类药物的测定　液相色谱-质谱/质谱法	
SN/T 3848—2014	出口食品中茶多酚的检测方法　高效液相色谱法	
SN/T 3849—2014	出口食品中多种抗氧化剂的测定	
SN/T 3850.2—2014	出口食品中多种糖醇类甜味剂的测定　第2部分：气相色谱法	
SN/T 3851—2014	出口食品中磷脂的测定　比色法	
SN/T 3852—2014	出口食品中氰氟虫腙残留量的测定　液相色谱-质谱/质谱法	
SN/T 3853—2014	出口食品中曲酸的测定　液相色谱-质谱/质谱法	
SN/T 3855—2014	出口食品中乙二胺四乙酸二钠的测定	
SN/T 3856—2014	出口食品中乙氧基喹残留量的测定	
SN/T 3858—2014	出口食品中异抗坏血酸的测定	
SN/T 3859—2014	出口食品中仲丁灵农药残留量的测定	
SN/T 3860—2014	出口食品中吡蚜酮残留量的测定　液相色谱-质谱/质谱法	
SN/T 3861—2014	出口食品中六氯对二甲苯残留量的检测方法	
SN/T 3862—2014	出口食品中沙蚕毒素类农药残留量的筛查测定　气相色谱法	
SN/T 3864—2014	出口保健食品中二甲双胍、苯乙双胍的测定	
SN/T 3865—2014	出口保健食品中番茄红素的测定　液相色谱-质谱/质谱法	
SN/T 3867—2014	出口保健食品中利莫那班的测定　液相色谱-质谱/质谱法	
SN/T 3869—2014	出口水产品中雪卡毒素的测定	
SN/T 3870—2014	出口饮料和酒中一氯乙酸含量的测定　气相色谱法	
SN/T 3871—2014	出口紫菜、海带、羊栖菜中六溴环十二烷含量的测定	
SN/T 3872—2014	出口食品中四种致病菌检测方法　MALDI-TOF-MS法	
SN/T 3903—2014	进境牛、羊包虫病检疫技术规范	
SN/T 3904—2014	进境食用牛蛙检验检疫监管规程	
SN/T 3924—2014	出口贝类中大肠菌群、粪大肠菌群检测方法	
SN/T 3926—2014	出口乳、蛋、豆类食品中蛋白质含量的测定　考马斯亮蓝法	
SN/T 3927—2014	出口乳制品中硫氰酸钠含量的测定	
SN/T 3928—2014	出口食品中7种磺脲类降血糖药物的测定	
SN/T 3929—2014	出口食品中L-羟脯氨酸的测定　液相色谱-质谱/质谱法	
SN/T 3931—2014	出口食品中甲酸及其盐类的测定　离子色谱法	
SN/T 3932—2014	出口食品中蜡样芽孢杆菌快速检测方法　实时荧光定量PCR法	
SN/T 3934—2014	出口食品中霉菌的霍华德计数方法	

（续）

标准号	标准名称	代替标准
SN/T 3936—2014	出口味精中硫化钠含量的测定	
SN/T 3937—2014	出口饮料中磷酸胆碱的测定 液相色谱-质谱/质谱法	
SN/T 3959—2014	甜菜中转基因成分检测 普通 PCR 方法和实时荧光 PCR 方法	
SN/T 3970—2014	出口食品中白色念珠菌检测方法	
SN/T 3979—2014	乳及乳制品中 β-内酰胺酶的测定方法 杯碟法	
SN/T 4000—2014	出口食品中多环芳烃类污染物检测方法 气相色谱-质谱法	
SN/T 4002—2014	出口保健食品中水飞蓟宾的测定 高效液相色谱法	
SN/T 4018—2014	出口食品中非可培养状态细菌的检验	
SN/T 4021—2014	出口鱼油和鱼饲料中毒杀芬残留量的检测方法	
SN/T 4041—2014	出口食品中氟化物、溴化物含量的测定 离子色谱法	
SN/T 4042—2014	出口酒中叠氮化钠的测定方法	
SN/T 4044—2014	出口肉及肉制品中假单孢菌属的计数方法	
SN/T 4045—2014	出口食品中硝磺草酮残留量的测定 液相色谱-质谱/质谱法	
SN/T 4046—2014	出口食品中噻虫啉残留量的测定	
SN/T 4047—2014	出口食品中对羟基苯甲酸酯的测定	
SN/T 4048—2014	出口食品中季铵盐的测定 液相色谱-质谱/质谱法	
SN/T 4049—2014	出口食品中氯酸盐的测定离子色谱法	
SN/T 4050—2014	鲍鱼疱疹病毒感染检疫技术规范	
SN/T 4051—2014	出口保健食品中奥利斯他的测定 液相色谱-质谱/质谱法	
SN/T 4052—2014	出口保健食品中荷叶碱的测定	
SN/T 4056—2014	蜂蜜中烟曲霉素残留量的测定 液相色谱-串联质谱法	
SN/T 4059—2014	出口辣椒调味品中磁性金属颗粒物的测定	
SN/T 4060—2014	出口保健品中硒酸和亚硒酸含量的测定	
SN/T 4069—2014	输华水果检疫风险考察评估指南	
SN/T 4070—2014	芒果、荔枝中桔小实蝇检疫辐照处理最低剂量	
SN/T 4071—2014	莲雾、木瓜中桔小实蝇检疫辐照处理技术要求	
SN/T 4073—2014	芒果细菌性黑斑病菌快速检测方法	
SN/T 4074—2014	燕麦全蚀病菌检疫鉴定方法	
SN/T 4076—2014	百合无症病毒检疫鉴定方法	
SN/T 4080—2014	鳄梨蓟马检疫鉴定方法	
SN/T 2558.7—2014	进出口功能性纺织品检验方法 第 7 部分：夜光纤维发光性能	
SN/T 2988.2—2014	进出口纺织专业通用技术要求 第 2 部分：实验室技术规范	
SN/T 3702.1—2014	进出口纺织品质量符合性评价 抽样方法 第 1 部分：通则	
SN/T 3704.1—2014	进出口纺织服装检验规程 第 1 部分：梭织服装	
SN/T 3704.2—2014	进出口纺织服装检验规程 第 2 部分：针织服装	
SN/T 3775.2—2014	（进）出口纺织品质量符合性验证规范 第 2 部分：纱线	
SN/T 3775.3—2014	（进）出口纺织品质量符合性验证规范 第 3 部分：纺织织物	
SN/T 3775.4—2014	（进）出口纺织品质量符合性验证规范 第 4 部分：纺织制品	
SN/T 3775.5—2014	进出口纺织品质量符合性验证规范 第 5 部分：纺织服装	
SN/T 3777.2—2014	纺织产品出口企业分类规范 第 2 部分：纱线	
SN/T 3777.3—2014	纺织产品出口企业分类规范 第 3 部分：纺织织物	
SN/T 3777.5—2014	纺织产品出口企业分类规范 第 5 部分：服装	SN/T 1932.4—2008
SN/T 3778—2014	纺织品 挥发性有机化合物释放量试验方法 小型释放舱法	

（续）

标 准 号	标 准 名 称	代替标准
SN/T 3779—2014	纺织品在低温下手感变化程度的测定	
SN/T 3781—2014	进出口纺织品 α-溴代肉桂醛测定　气相色谱-质谱法	
SN/T 3782—2014	进出口纺织品生产企业实验室检测能力验证规范	
SN/T 3783—2014	进出口纺织品质量符合性评价方法　纺织织物　机织物	
SN/T 3784—2014	进出口纺织品中 2，4-二硝基甲苯的测定　气相色谱-质谱法	
SN/T 3785—2014	进出口纺织品中 4，4’-二氨基二苯甲烷的测定	
SN/T 3905—2014	进出口纺织品　纤维鉴别及定量分析方法　聚烯烃弹性纤维	
SN/T 3906—2014	进出口纺织品中 Kelevan 的检测方法　液相色谱-串联质谱法	
SN/T 3980—2014	进出口纺织品质量符合性评价方法　通则	SN/T 1930.1—2007 等
SN/T 3995—2014	进出口纺织品　邻苯二甲酸酯的定量分析方法	
SN/T 4083—2014	进出口纺织品　短链氯化石蜡的测定	

农产品加工业烟草行业标准（2014 年）

标 准 号	标 准 名 称	代替标准
YC/T 16—2014	再造烟叶	YC/T 16.1—2002 等
YC/T 137—2014	复烤片烟包装　瓦楞纸箱包装	YC/T 137.1—2004
YC 171—2014	烟用接装纸	YC 171—2009
YC/T 207—2014	烟用纸张中溶剂残留的测定　顶空-气相色谱/质谱联用法	YC/T 207—2006
YC/T 223.1—2014	特种滤棒　第 1 部分：醋纤沟槽滤棒	YC/T 223.1—2007
YC/T 223.2—2014	特种滤棒　第 2 部分：复合滤棒　活性炭-醋纤二元复合滤棒	YC/T 223.2—2007
YC/T 223.3—2014	特种滤棒　第 3 部分：复合滤棒　纸-醋纤二元复合滤棒	YC/T 223.3—2007
YC 264—2014	烟用内衬纸	YC 264—2008
YC/T 273—2014	卷烟包装设计要求	YC/T 273—2008
YC/T 330—2014	卷烟条与盒包装纸印刷品	YC/T 330—2009
YC/T 325—2014	烟草商业企业卷烟零售终端订货管理信息系统规范	YC/T 325—2009
YC/T 485—2014	卷烟工厂可视化管理要求与评价	
YC/T 486—2014	烟草商业企业车辆安全管理规范	
YC/T 487—2014	自动导引车（AGV）存取烟丝箱式自动化物流系统设计规范	
YC/T 488—2014	打叶复烤、制丝生产线　电控系统现场安装设计、施工导则	
YC/T 489—2014	片烟异物剔除装置异物剔除率的测定方法	
YC/T 490—2014	烟草机械　操作指示形象化符号	
YC/T 491—2014	复烤产品包装　内衬聚乙烯薄膜袋	
YC/T 492.1—2014	烟叶包装标签标识　第 1 部分：标识编码	
YC/T 493.1—2014	烟草行业企业应用集成技术规范　第 1 部分：门户集成	
YC/T 493.2—2014	烟草行业企业应用集成技术规范　第 2 部分：服务总线	
YC/T 494—2014	烟草工业企业生产网与管理网网络互联安全规范	
YC/T 495—2014	烟草行业信息系统安全等级保护实施规范	
YC/T 496—2014	卷烟　感官舒适性评价方法	
YC/T 497—2014	卷烟　中式卷烟风格感官评价方法	
YC/T 498—2014	再造烟叶（造纸法）感官评价方法	
YC/T 499—2014	烟草及烟草制品　硫的测定　离子色谱法	
YC/T 502—2014	卷烟制丝过程数据采集与处理指南	
YC/T 503—2014	烟草商业企业标准化建设指南	

（续）

标准号	标准名称	代替标准
YC/T 504—2014	卷烟零售终端订货业务规范	
YC/T 505—2014	打叶复烤生产车间现场管理规范	
YC/T 506—2014	烟叶基地单元工作规范	
YC/T 508—2014	烟草霜霉病检疫规程　负压温室隔离试种	
YC/T 509—2014	烟草品种抗虫性评价技术规程	
YC/T 510—2014	烟草分子生物学检测　烟叶样品的制备　液氮法	
YC/T 511—2014	烟草工业企业物流综合管理平台功能规范	
YC/T 512—2014	卷烟工业企业物流中心非法人实体化运行规范	
YC/T 513—2014	烟草行业地理信息系统基础数据的标注与交换规范	
YC/T 514—2014	烟草商业企业卷烟物流配送中心卷烟物流质量管理规范	
YC/T 515—2014	烟草工业企业卷烟数字化仓库管理规范	
YC/T 516—2014	烟草商业企业卷烟仓储管理货位编码规则	
YC/T 517—2014	卷烟密集式仓储系统技术规范	
YC/T 518—2014	工商卷烟物流同城共库管理规范	
YC/T 519—2014	烟草行业卷烟纸箱循环利用规范	
YC/T 520—2014	烟草商业企业卷烟物流配送中转站管理规范	
YC/T 521—2014	雪茄烟名称编制规则	
YC/T 522—2014	雪茄烟鉴别检验规则	

农产品加工业纺织行业标准（2014年）

标准号	标准名称	代替标准
FZ/T 01035—2014	纺织品　标示线密度的通用制（特克斯制）	FZ/T 01035—1993
FZ/T 01040—2014	纺织品　特克斯（Tex）制捻系数	FZ/T 01040—1995
FZ/T 01041—2014	绒毛织物　绒毛长度和绒毛高度的测定	FZ/T 01041—1995
FZ/T 01059—2014	织物摩擦静电吸附性能试验方法	FZ/T 01059—1999
FZ/T 01121—2014	纺织品　耐磨性能试验　平磨法	
FZ/T 01122—2014	纺织品　耐磨性能试验　曲磨法	
FZ/T 01123—2014	纺织品　耐磨性能试验　折边磨法	
FZ/T 01124—2014	纺织品　抗酸碱溶液渗透性能试验方法	
FZ/T 01126—2014	纺织品　定量化学分析　金属纤维与某些其他纤维的混合物	
FZ/T 01127—2014	纺织品　定量化学分析　聚乳酸纤维与某些其他纤维的混合物	
FZ/T 01128—2014	纺织品　耐磨性的测定　双轮磨法	
FZ/T 12003—2014	粘胶纤维本色纱线	FZ/T 12003—2006
FZ/T 12007—2014	普梳棉维混纺本色纱线	FZ/T 12007—2005
FZ/T 12011—2014	棉腈混纺本色纱线	FZ/T 12011—2005
FZ/T 12013—2014	莱赛尔纤维本色纱线	FZ/T 12013—2005
FZ/T 12014—2014	针织用棉色纺纱	FZ/T 12014—2006
FZ/T 12045—2014	喷气涡流纺粘胶纤维色纺纱	
FZ/T 12046—2014	喷气涡流纺涤粘混纺色纺纱	
FZ/T 12048—2014	棉与羊毛混纺本色纱	
FZ/T 13002—2014	棉本色帆布	FZ/T 13002—2005
FZ/T 13018—2014	莱赛尔纤维本色布	FZ/T 13018—2005
FZ/T 13014—2014	棉维混纺本色布	FZ/T 13014—2005

（续）

标 准 号	标 准 名 称	代替标准
FZ/T 13029—2014	棉竹节本色布	
FZ/T 13030—2014	粘胶纤维纱线与涤纶长丝交织本色布	
FZ/T 14027—2014	棉竹节印染布	
FZ/T 14028—2014	棉与羊毛混纺印染布	
FZ/T 14029—2014	棉磨毛印染布	
FZ/T 20027—2014	羊绒制品异味测定方法	
FZ/T 22008—2014	赛络纺机织毛纱	
FZ/T 22009—2014	赛络菲尔机织毛纱	
FZ/T 22010—2014	粗梳羊绒机织纱	
FZ/T 22011—2014	精梳羊绒机织纱	
FZ/T 32002—2014	苎麻本色纱	FZ/T 32002—2003
FZ/T 32016—2014	竹麻棉混纺本色纱线	
FZ/T 32017—2014	精梳亚麻棉混纺本色纱	
FZ/T 32018—2014	精梳大麻棉混纺本色纱	
FZ/T 33002—2014	苎麻本色布	FZ/T 33002—2003
FZ/T 33015—2014	竹麻棉混纺本色布	
FZ/T 33016—2014	苎麻针织坯布	
FZ/T 34010—2014	亚麻装饰织物	
FZ/T 40007—2014	丝织物包装和标志	
FZ/T 41001—2014	桑蚕绢纺原料	FZ/T 41001—1994
FZ/T 42012—2014	桑蚕丝/羊毛混纺绢丝	
FZ/T 43010—2014	桑蚕绢丝织物	FZ/T 43010—2006
FZ/T 43019—2014	蚕丝装饰织物	FZ/T 43019—2007
FZ/T 43029—2014	高弹桑蚕丝针织绸	
FZ/T 43030—2014	桑蚕丝经编针织绸	
FZ/T 43033—2014	丝绸眼罩	
FZ/T 52037—2014	海岛涤锦复合短纤维	
FZ/T 60044—2014	毛巾产品毛圈高度测试方法	
FZ/T 63001—2014	缝纫用涤纶本色纱线	FZ/T 63001—2006
FZ/T 64043—2014	擦拭用高吸水纤维织物	
FZ/T 64044—2014	护理垫用机织物	
FZ/T 64039—2014	机织复膜粘合衬	
FZ/T 64040—2014	缝编非织造粘合衬	
FZ/T 71005—2014	针织用棉本色纱	FZ/T 71005—2006
FZ/T 72020—2014	针织横机领	
FZ/T 73017—2014	针织家居服	FZ/T 73017—2008
FZ/T 73024—2014	化纤针织内衣	FZ/T 73024—2006
FZ/T 73026—2014	针织裙、裙套	FZ/T 73026—2006
FZ/T 73049—2014	针织口罩	
FZ/T 73050—2014	针织泳帽	
FZ/T 75004—2014	涂层织物　拉伸伸长和永久变形试验方法	FZ/T 75004—1993
FZ/T 80004—2014	服装成品出厂检验规则	FZ/T 80004—2006
FZ/T 81009—2014	人造毛皮服装	FZ/T 81009—1994

（续）

标准号	标准名称	代替标准
FZ/T 81019—2014	灯芯绒服装	
FZ/T 81021—2014	机织泳装	
FZ/T 90072—2014	纺织机械电气设备　控制柜尺寸系列	FZ/T 90072—1995
FZ/T 92069—2014	纬编机用输纱器	FZ/T 92069—2000
FZ/T 93027—2014	棉纺环锭细纱机	FZ/T 93027—2004
FZ/T 93033—2014	梳棉机	FZ/T 93033—2004
FZ/T 93088—2014	棉纺悬锭自动落纱粗纱机	
FZ/T 93089—2014	喂棉箱	
FZ/T 93092—2014	纺织机械　高速绕线机	
FZ/T 93093—2014	纺织机械　毛条复洗机	
FZ/T 97009—2014	纬编机　双面提花圆型纬编机	FZ/T 97009—1992
FZ/T 97031—2014	织领机	
FZ/T 97032—2014	高速丝袜机	
FZ/T 97033—2014	针织圆机针筒	
FZ/T 97034—2014	针织横机针床座通用技术条件	
FZ/T 98013—2014	耐洗色牢度试验仪	
FZ/T 99007—2014	储纬器	FZ/T 99007—2000
FZ/T 99011—2014	纺织用电机产品型号的编制方法	FZ/T 99011—1993
FZ/T 99014—2014	纺织机械电气设备　通用技术条件	FZ/T 99014—1995

农产品加工业发明专利（2013 年）

［2013 年农产品加工业（含加工制品、加工技术与设备）部分专利选摘］

申请或批准号	发明名称	申请人	通信地址	发明人
2013103177704	一种虾青素小麦面粉制品的制作方法	李树森	（250000）山东省济南市天桥区边庄小区 23 号楼 2 单元 403 号	李树森
2013104321308	营养强化专用面粉的生产方法	王金华	（212300）江苏省镇江市丹阳市姜家园 205 号	王金华
2013106216611	一种蔬菜面粉的制作方法	张　杨	（110001）辽宁省沈阳市和平区北九马路 57－153 号	张　杨
2013106281343	一种淡竹面粉的制备方法	吕定泓	（541004）广西壮族自治区桂林市七星区骖鸾 5 号桂林市第一中学	吕定泓
2013106616262	一种防霉变面粉及其制备方法	熊德明	（410000）湖南省沅江市琼湖路 128 号	熊德明
2013103542924	一种膨化玉米降血脂保健面粉及其制作方法	陈　瑞	（233400）安徽省蚌埠市怀远县城关镇南大街	陈　瑞
201310017790X	牛奶鸡蛋营养馒头	冒理雄	（734100）甘肃省张掖市山丹县公安局刑警大队	冒理雄
201310052283X	槐花馒头及其制造方法	时闻讯	（116001）辽宁省大连庄河市黄海大街 1 段 58 号 2－2－1	时闻讯
2013102885486	一种助消化方便炸馒头片及其制备方法	葛亚飞	（233200）安徽省滁州市定远县永康镇胡吕村塘面组 27 号	葛亚飞

（续）

申请或批准号	发明名称	申请人	通信地址	发明人
2013105863258	一种补气补血玉米小馒头及其制备方法	汤俊杰	(432000) 湖北省孝感市开发区槐荫办事处五龙村 9 号	汤俊杰
201310015867X	抗癌方便面及制备工艺	邬德明	(310014) 浙江省杭州市下城区三塘沁园 15 幢 2 单元 403 室	邬德明
2013100624636	刺梨营养面条的加工方法	李保生	(561000) 贵州省安顺市西秀区平坝路 41 号 9 栋 29 号	李保生
2013106778835	一种杂粮保健面条及其制备方法	丁于萍	(239400) 安徽省滁州市明光市搬运东村 13 号	丁于萍
2013100635787	紫薯烙饼及其制作方法	孙丽君	(264000) 山东省烟台市芝罘区世回尧路 265 号	孙丽君
2013103379462	一种水果煎饼	韩玲玲	(032200) 山西省吕梁市汾阳市二道涧河木材宿舍 3 号院	韩玲玲
2013105702701	一种水果纤维饼	刘　聪	(110167) 辽宁省沈阳市东陵区上深沟村 860 - 2 号 B426 室	刘　聪
2013106353604	一种水果馅油炸酥饼	李宝军	(239400) 安徽省滁州市明光市胜利巷 17 - 9 号	李宝军
2013103385232	一种馅饼的加工方法及装置	杨　斌	(100085) 北京市海淀区上地西路 38 号 5 楼焊开 6 部	杨　斌
2013104294230	水果馅饼的制法	王　爽	(110164) 辽宁省沈阳市沈北新区辉山大街 123 - 7 号 211 室	王　爽
2013102525442	一种混合面糕点的制作方法	吴祥忠	(243100) 安徽省马鞍山市当涂县护河镇园艺村燕窝自然村 26 号	吴祥忠
201310255692X	一种热带水果风味炸糕及其制备方法	姜　磊	(233600) 安徽省亳州市涡阳县城关镇雉河路 1 号	姜　磊
2013102645143	一种老年人益气健脾的糕点及制备方法	叶建斌	(523000) 广东省东莞市东城区国泰大厦 15 楼 1501 室	叶建斌
201310354291X	一种海带降血压糕点及其生产方法	鲁　杨	(233300) 安徽省蚌埠市五河县城关镇国防路 80 号 2 栋中单元 204 室	鲁　杨
2013103772150	一种糕点的制备方法	张释文	(541002) 广西壮族自治区桂林市民主路 45 号逸仙中学	张释文
2013104667170	一种健胃糕点及其制作方法	徐　辉	(116200) 辽宁省大连市普兰店市商业大街 76 号 2 - 3 - 1	徐　辉
2013104973797	一种冰淇淋水果蛋糕	林贤文	(515000) 广东省汕头市珠池街道朝阳庄中区 11 栋 A 座 406	林贤文
2013105088461	一种酸梅粉口味糕点	李秉强	(036800) 山西省朔州市平鲁区高石庄乡草场村	李秉强
2013107122217	一种蔬菜蛋糕及其制作方法	王玉霞	(110003) 辽宁省沈阳市平区泰安路163 - 13 单元 502 室	王玉霞

（续）

申请或批准号	发　明　名　称	申请人	通　信　地　址	发明人
2013107195720	一种辅助治疗胃炎的糕点及其制作方法	韦克康	（530022）广西壮族自治区南宁市青秀区康乐路	韦克康
2013102011792	一种月饼	刘　慧	（510530）广东省广州市萝岗区萝岗街政园路9号	刘　慧
2013102506704	一种有降血糖作用的保健月饼及其制作方法	王忠保	（236800）安徽省亳州市利辛县展沟镇南圩村南王庄第73户	王忠保
2013102506865	一种大蓟猪肉馅月饼及其制作方法	胡宗亮	（236800）安徽省亳州市利辛县展沟镇南圩村圩北庄第7户	胡宗亮
2013102506973	一种含三七的保健月饼及其制作方法	蔡　岩	（236800）安徽省亳州市利辛县展沟镇苏桥村蔡楼庄72-1户	蔡　岩
2013102506992	一种含核桃粉的健脑月饼及其制作方法	郭　伟	（236800）安徽省亳州市利辛县展沟镇展沟村集东581-3户	郭　伟
2013103246102	一种新型月饼面皮	李学禹	（033302）山西省吕梁市柳林县成家庄镇双窊村45号	李学禹
2013103399447	一种双层皮的莲蓉月饼及其制作方法	马文化	（236800）安徽省亳州市谯城区花戏楼办事处新华社区人民路569号	马文化
2013103613050	一种粗粮月饼	董　海	（036100）山西省忻州市神池县龙泉镇崞水东街173号	董之靖、董　海
2013104054608	一种牛奶巧克力夹心月饼及其制作方法	张梅霞	（231200）安徽省合肥市肥西县丰乐镇新仓街道	张梅霞
2013104056586	一种调理肠胃的红豆沙月饼及其制作方法	张梅霞	（231200）安徽省合肥市肥西县丰乐镇新仓街道	张梅霞
2013104169419	半自动旋转式月饼整型机	沈传良	（318020）浙江省台州市路桥区金清镇金港东路37号	沈传良
2013104180085	一种香芋板栗月饼及其制作方法	吴淑芬	（541002）广西壮族自治区桂林市象山区瓦窑西路一巷3号	吴淑芬
2013104263444	一种月饼及其制作方法	谭光耀	（510450）广东省广州市白云区江高镇江石路333号	谭光耀、谭宇翔等
2013104370018	无糖保健型甜月饼	张雨生	（541800）广西壮族自治区桂林市永福县永福镇连江路75号	张雨生
2013104500897	一种奶黄抹茶冰皮月饼及其制备方法	罗　成	（541002）广西壮族自治区桂林市象山区东安路世纪花园1单元6-1号	罗　成
2013106252459	一种新型月饼	罗忠发	（537719）广西壮族自治区玉林市陆川县古城镇古城街25号	罗忠发
2013106352476	一种小米养胃月饼	李宝军	（239400）安徽省滁州市明光市胜利巷17-9号	李宝军
2013106352654	一种无糖水果月饼	李宝军	（239400）安徽省滁州市明光市胜利巷17-9号	李宝军

（续）

申请或批准号	发 明 名 称	申请人	通 信 地 址	发明人
2013101071635	一种蒲公英鱼骨保健饼干及其制备方法	薛朝贵	（243100）安徽省马鞍山市当涂县太白镇龙山村下埠自然村19号	薛朝贵
2013101071669	一种鸡骨马齿苋党参饼干及其制备方法	薛朝贵	（243100）安徽省马鞍山市当涂县太白镇龙山村下埠自然村19号	薛朝贵
2013101190136	一种玫瑰味美容饼干	朱 红	（242800）安徽省池州市青阳县庙前镇慕善南路29号	朱 红
2013101504133	坚果饼干	赵 锋	（215300）江苏省苏州市昆山市城北水岸花园13幢304室	赵 锋
2013101636857	一种小杂粮粒瓣饼干的制作方法	张建旺、吕 彪	（036002）山西省朔州市朔州职业技术学院家属南楼3单元102	张建旺、吕 彪
201310177151X	一种杂粮竹炭饼干	洪圣娟	（241200）安徽省芜湖市繁昌县繁瑞星城20栋604室	洪圣娟
2013101776941	用于慢性鼻炎的保健用食疗饼干	王永琪	（251200）山东省德州市禹城市房寺镇房寺街1排1009号	王永琪
2013101986102	一种桑椹枸杞保健饼干及其制备方法	陈翠林	（233000）安徽省蚌埠市淮上区曹老集镇张陈村	陈翠林
2013102096733	一种产后体虚加餐饼干	胡和秀	（241200）安徽省芜湖市繁阳镇蔡家塘4号楼2单元102室	胡和秀
2013102404293	一种纯燕麦饱胃饼干	丁素珍	（241200）安徽省芜湖市繁阳镇蔡家塘4号楼2单元102室	丁素珍
2013102506988	一种豆渣饼干	梁 伟	（236800）安徽省亳州市利辛县展沟镇展沟村集南花园341-1户	梁 伟
2013102507001	一种核桃有馅饼干	李庆冬	（236800）安徽省亳州市利辛县展沟镇黄庄村李桥77户	李庆冬
2013102507069	一种桂花饼干	王 伟	（236800）安徽省亳州市利辛县展沟镇镇政府院内545户	王 伟
2013102522478	一种降压腐竹饼干的制备方法	吴祥忠	（243100）安徽省马鞍山市当涂县护河镇园艺村燕窝自然村26号	吴祥忠
201310259457X	一种高纤维饼干	丁邦友	（246121）安徽省怀宁县高河镇孔雀路宁兴花园	丁邦友
2013102623271	一种芝麻绿豆饼干及其生产方法	冯耀荣	（529353）广东省江门市开平马冈镇湾琴山工业区	冯耀荣
2013102632463	一种消食化积的饼干及制备方法	叶建斌	（523000）广东省东莞市东城区国泰大厦15楼1501室	叶建斌
2013102815430	一种孕妇加餐饼干	杨小龙	（221100）江苏省徐州市铜山区张集镇后杨村7队57号	杨小龙
2013103157908	一种降血脂壮骨饼干的制作方法	柳培健	（233100）安徽省滁州市凤阳县府城镇楼西街1000号	柳培健

（续）

申请或批准号	发　明　名　称	申请人	通　信　地　址	发明人
2013103159176	一种豆渣促消化饼干及其生产方法	柳培健	（233100）安徽省滁州市凤阳县府城镇楼西街 1000 号	柳培健
2013103752797	绿色保健苏打饼干	李先兰	（542800）广西壮族自治区贺州市八步区向阳路 1 号	李先兰
201310375280X	艾橘杏仁保健饼干	李先兰	（542800）广西壮族自治区贺州市八步区向阳路 1 号	张　健、张雅静
2013103935251	银杏果饼干	周爱平	（226400）江苏省南通市如东县掘港镇新丰村 25 组 25 号	周爱平
2013103958272	一种薄荷味的酸奶夹心饼干	郑瑞敏	（236800）安徽省亳州市利辛县展沟镇苏郢小院内 556 户	郑瑞敏
2013104177218	一种红米高钙营养饼干	陶　峰	（241300）安徽省芜湖市南陵县经济开发区食品工业园区 11 号	陶　峰、张秀秀
2013104283490	一种红薯香芋饼干及其制备方法	吴淑芬	（541002）广西壮族自治区桂林市象山区瓦窑西路一巷 3 号	吴淑芬
2013104339320	一种玫瑰养颜饼干	尹腾飞	（234000）安徽省宿州市埇桥区南关办事处淮河西路 19 号	尹腾飞
2013104370003	保健型无糖甜饼干	张雨生	（541800）广西壮族自治区桂林市永福县永福镇连江路 75 号	张雨生
2013104608191	一种营养饼干及其加工方法	曹　石	（241300）安徽省芜湖市南陵县古亭路 31 号	曹　石、彭　聪
2013104639611	一种泥螺饼干及其制作方法	陆思烨	（315326）浙江省慈溪市宁波拓邦电线电缆有限公司	陆思烨
2013104740369	一种牛肉干饼干配方	陈友望	（515000）广东省汕头市澄海区凤翔街道东湖益华园 1 幢 305 房	陈友望
2013104807706	一种菊花北风草饼干	鲁　杨	（233300）安徽省蚌埠市五河县城关镇国防路 80 号 2 栋中单元 204 室	鲁　杨
201310493636X	一种氧化淀粉玉米饼干	张爱标	（537000）广西壮族自治区玉林市广场东路金吉街 28 号玉州区第三实验小学	张爱标
2013105085887	一种薄荷饼干	张亚丽	（266071）山东省青岛市市南区宁夏路 116 号 10 楼 1 单元 202 户	张亚丽
2013105094867	一种西红柿风味饼干	李本明	（266071）山东省青岛市古田路 16 号 1 号楼 4 单元 303	李本明
2013105510453	一种紫薯饼干的加工方法	胡本奎	（241300）安徽省芜湖市南陵县经济开发区纬二路 16－3 号	胡本奎
2013105849246	一种香蕉饼干及其制备方法	黄永成	（541001）广西壮族自治区桂林市中山北路 81 号桂林市第十四中学	黄永成
2013105932845	一种低脂肪营养饼干的制作方法	简玉君	（211600）江苏省淮安市金湖县西苑新村 11 幢 3 单元 405 室	简玉君

（续）

申请或批准号	发明名称	申请人	通信地址	发明人
2013106135830	一种板栗饼干	刘培洲	(242353) 安徽省宁国市竹峰办事处瓦窑村后坑坞组 25 号	刘培洲
2013106353680	一种裙带菜陈皮饼干	王新新	(233200) 安徽省滁州市定远县三和集镇三和回民村南东组 658 号	王新新
201310647236X	芹菜饼干	林学荣	(116000) 辽宁省大连市西岗区八一路 206 号少年宫	林学荣
2013106953143	一种保健饼干	张圣坤	(516000) 广东省惠州市仲恺高新区惠澳大道惠南高新科技产业园	张圣坤
2013106987883	儿童黄豆饼干的制备方法	杨明志	(242200) 安徽省宣城市广德县誓节镇茆林村大茆林 88 号	杨明志
2013107505356	一种芋头奶酪饼干及其制备方法	胡楚阳	(541004) 广西壮族自治区桂林市七星区骖鸾 5 号桂林第一中学	胡楚阳
2013107506679	一种板栗奶酪饼干及其制备方法	韦　卫	(541004) 广西壮族自治区桂林市七星区骖鸾 5 号桂林第一中学	韦　卫
2013102356213	一种新型营养保健食用油的生产工艺	李卫旗	(310058) 浙江省杭州市西湖区余杭塘路 388 号浙江大学生命科学	李卫旗
2013102944395	一种营养健康的食用油配方	何晓宏	(226400) 江苏省南通市如东县岔河镇交通东路 33 号	何晓宏
2013103819405	一种清热利湿保健食用油的制备方法	潘逸东	(233400) 安徽省蚌埠市怀远县城关镇乳泉路 85 号	潘逸东
201310401712X	一种营养食用油的制备方法	朱　军	(116200) 辽宁省大连市普兰店市古城镇古城路 76 号	朱　军
2013107222658	一种保健食用油及其制备方法	张月婵	(516000) 广东省惠州市仲恺高新区惠澳大道华泰路 1 号	张月婵
2013100022186	一种具有预防和缓解癌症的功能性食品	盛欢明、林　洁	(200080) 上海市虹口区余杭路 79 号	盛欢明、林　洁
2013100054168	一种保健食品及其生产工艺	零　鸿	(650000) 云南省昆明市五华区凤翥街 35 号 2 栋 1 单元 405	零　鸿
2013100087710	一种快速复鲜方便食品的加工方法及装置	赵景志、赵洁等	(550000) 贵州省贵阳市航空工业集团公司	赵景志、赵洁等
2013100335782	一种蚕豆休闲食品制作方法	徐　静	(233000) 安徽省蚌埠市延安路财富广场 B 区（市体育场东）1－601 室	徐　静
2013100623900	菌味营养面及其方便食品	王彩红	(450000) 河南省郑州市金水区金水河路 16 号院 7 号楼 23 号	王彩红
2013100867036	一种适合糖尿病人食用的食品	杨　红	(414000) 湖南省岳阳市枫树村易家组 22 号	杨　红
2013101128582	一种防治糖尿病高血压病症的强化食品	曾晓飞、殷秉青	(511430) 广东省广州市番禺区迎宾路 521 号星河湾怡心园六幢二座 203 房	曾晓飞、殷秉青等

（续）

申请或批准号	发 明 名 称	申请人	通 信 地 址	发明人
2013101175780	一种预防糖尿病的保健食品	杨林仙	(212300) 江苏省镇江市丹阳市东河路11号	杨林仙
2013101251093	一种复方减肥保健食品的制备	赵金召	(215634) 江苏省张家港市保税区广东路7号D栋	赵金召
2013101323918	一种猪皮膨化食品的生产方法	田贵俊	(427000) 湖南省张家界市永定区鼎泰路天门聚景苑E栋8楼804房	田贵俊
2013101351674	治疗口腔溃疡的果蔬食品及其制备方法	肖天存	(510663) 广东省广州市萝岗区科学城掬泉路3号国际企业孵化器D-102	肖天存
201310159163X	一种祛斑美容功能的保健食品及其制备方法	高益槐	(352000) 福建省宁德市东侨区塔南工业园区国宝路36号	高益槐
2013101705679	一种黑色食品的加工方法	樊国民	(210000) 江苏省南京市玄武区成贤街119号	樊国民
2013101736643	一种治疗脱发的保健食品及其制备方法	于贺贺	(210000) 江苏省南京市江宁区横溪街道横云东路51号	于贺贺
2013101760017	一种迅速恢复男性体能复方保健食品的制备	赵金召	(215634) 江苏省张家港市保税区广东路7号D栋	赵金召
2013101818554	一种用于病毒性腹泻的药用食品	黎秋萍	(528300) 广东省佛山市顺德区大良环市东路富民楼A座505号	黎秋萍
2013101841118	一种含活性地龙蛋白的多肽食品	胡 凯	(530219) 广西壮族自治区南宁市良庆区金沙大道104号	胡 凯
2013102235702	一种辅助治疗癌症的药膳食品	林树芳	(024076) 内蒙古自治区赤峰市元宝山区平庄村128号研究室	林树芳
2013102459968	一种营养速食方便食品及其制备方法	于才民	(264000) 山东省烟台市芝罘区洪玉里6号内9号	于才民
2013102619187	一种减肥膳食纤维食品	郭红居	(221144) 江苏省徐州市铜山区马坡镇王大楼村5队111号	郭红居
201310263814X	一种疏散风寒的健康食品及制备方法	叶建斌	(523000) 广东省东莞市东城区国泰大厦15楼1501室	叶建斌
2013102650692	一种具有消食祛火的固体食品	秦 杰	(221144) 江苏省徐州市铜山区马坡镇秦庄村1队193号	秦 杰
2013102823615	一种食品烘烤烘干方法及其装置	姜云宝	(265202) 山东省莱阳市古柳办事处姜家庄村183号	姜岩林、姜云宝
2013102962904	一种滋养五脏的甜蜜食品	沈道金	(414000) 湖南省岳阳市云溪区民政局机关院内	沈道金
2013103245519	全葛根方便食品及其制作工艺	唐赞民	(400010) 重庆市渝中区建设路45号9-2	唐赞民
201310349007X	多功能绿色杂粮食品	王 奇	(101101) 北京市通州区桥庄东区69号楼464门	王 奇

（续）

申请或批准号	发明名称	申请人	通信地址	发明人
2013103606201	一种高产环保循环式线型食品自动化生产线	王甲录	(710086) 陕西省西安市大庆路3号	王甲录、乔养正等
2013103944053	一种柚皮加工食品	戴志刚	(362331) 福建省泉州市南安市洪濑镇谯琉村尾厝2号	戴志刚
2013103954892	一种杨梅加工食品	黄月红	(362321) 福建省泉州市南安市梅山镇光前东街21号	黄月红
201310403156X	一种荞麦茶食品及其制备方法	潘凤芝	(236000) 安徽省阜阳市颍泉区周棚办事处潘寨居委会梁寨52号	潘凤芝
2013104378382	一种冷冻食品的加工工艺	张继军	(044201) 山西省运城市万荣县王显乡年村第四组	张继军
2013104633441	一种河蚌调理食品的制作方法	武　杰	(233030) 安徽省蚌埠市曹山路1866号蚌埠学院行政办公楼207室	武　杰
2013104659456	一种儿童健齿食品及其制备方法	徐　辉	(116200) 辽宁省大连市普兰店市商业大街76号2-3-1	徐　辉
2013104669439	一种含活性益生菌的保健食品的制备方法	李雅君	(100006) 北京市东城区灯市东口大街27号1楼1门113号	李雅君
2013104920198	一种小麦胚芽球蛋白膨化食品的制作方法	王　娟	(510641) 广东省广州市五山区华南理工大学轻工与食品学院	王　娟
2013105107087	保健银鱼食品	毛献萍	(542800) 广西壮族自治区贺州市八步区芳林路147号	毛献萍
2013105172457	羊头保健食品的制作方法	段俊青	(456383) 河南省安阳市内黄县东庄镇东街村	段俊青
2013105173604	鱼羊肉保健食品的制作方法	段俊青	(456383) 河南省安阳市内黄县东庄镇东街村	段俊青
2013105186125	一种保健米制食品及其制作方法	曹文荟	(510530) 广东省广州市萝岗区科学城创新大厦C2-303	曹文荟
2013105313614	多味鱼仔系列食品制作工艺	陈学军	(410600) 湖南省长沙市宁乡县白马大道凤形街35号	陈学军
2013105469355	清咽除霾保健食品	李智祥	(100101) 北京市朝阳区安立路80号马哥孛罗大厦写字楼702房	李智祥
2013105617107	一种抗疲劳的保健食品及其制备工艺	王玉清	(525121) 广东省茂名市化州市东山街道办河东橘城中路172号	王玉清
2013105620260	一种降血脂食品及其制备方法	王玉清	(525121) 广东省茂名市化州市东山街道办河东橘城中路172号	王玉清
2013106094845	一种女性补血补气的食品的制备方法	梁凤锦	(116001) 辽宁省大连市西岗区长春路250号7-1	梁凤锦
2013106094898	用西瓜皮加工儿童食品的方法	梁凤锦	(116001) 辽宁省大连市西岗区长春路250号7-1	梁凤锦

（续）

申请或批准号	发明名称	申请人	通信地址	发明人
2013106277649	一种增进食欲的冲调食品及其制备方法	廖乐隽	(541004) 广西壮族自治区桂林市七星区横塘路17号桂林市第十八中学	廖乐隽
2013106620770	减肥食品	王鹏宇	(116000) 辽宁省大连市西岗区八一路206号市民文化馆	王鹏宇
2013106821375	一种乳化食品及其制作方法	付春宇	(110003) 辽宁省沈阳市和平区文体西路100-241	付春宇
2013107169533	一种土豆方便食品的加工工艺	万　彬	(311202) 浙江省杭州市萧山区北干街道城中花园13幢2单元201室	万　彬
2013107171340	玛咖即食食品的加工方法	程晓航	(518000) 广东省深圳市福田区下梅林高达苑2栋308房	程晓航
2013107293723	一种中老年抗衰老保健食品	林元藻	(510240) 广东省广州市海珠区光汉直街58号802房	林元藻、辛洪波
201310120877X	一种活鱼筒及使用活鱼筒储运活鱼的方法	林衍峰	(245400) 安徽省黄山市休宁县海阳镇柏树路34号三单元101室	林衍峰
2013101430106	水禽抽集血生产系统及工艺	庞作仁	(276700) 山东省临沂市临沭县大兴镇食品工业园	庞作仁、杨贵修
2013106201029	农产品的窖藏方法	黄晓磊	(116000) 辽宁省大连市西岗区兴旺街62号7-1	黄晓磊
2013101370482	一种保健荔枝罐头及其制作方法	张丽香	(535015) 广西壮族自治区钦州市钦南区那彭镇那彭中学	张丽香
2013101803987	一种固肾涩精山楂罐头及其制备方法	孙学舟	(233200) 安徽省滁州市定远县二龙回族乡三苏村孙西组24号	孙学舟
2013101804689	一种健胃消食番茄罐头及其制备方法	孙学舟	(233200) 安徽省滁州市定远县二龙回族乡三苏村孙西组24号	孙学舟
2013101835672	一种桂圆罐头及其制备方法	李翠花	(538029) 广西壮族自治区防城港市防城区那良镇大坪村	李翠花
2013103384244	一种韭菜绿豆芽罐头制备方法	于露华	(221000) 江苏省徐州市丰县大沙河镇驻地	于露华
2013104352518	保健马蹄罐头及其加工方法	李　燕	(541002) 广西壮族自治区桂林市象山区凯风路22号	李　燕
2013105150000	一种糖水李子罐头加工工艺	胡本奎	(241300) 安徽省芜湖市南陵县经济开发区纬二路16-3号	胡本奎
2013105631072	一种青梅罐头的加工方法	程龙凤	(241300) 安徽省芜湖市南陵县三里镇街道121号	程龙凤
2013105704321	一种葡萄罐头的加工方法	陶　峰	(241300) 安徽省芜湖市南陵县经济开发区食品工业园区11号	陶　峰、徐　鑫
2013106137179	糖水梨罐头的加工方法	陈园园	(315100) 浙江省宁波市鄞州区古林镇施家村陶家11号	陈园园

（续）

申请或批准号	发明名称	申请人	通信地址	发明人
2013106213844	一种鳗鲡罐头的制备方法	朱春梅	（116013）辽宁省大连市西岗区曙光巷19号楼2楼01号	朱春梅
2013106227902	一种菱角罐头的加工方法	周瑞保	（241300）安徽省芜湖市南陵县籍山镇蔬菜村直属队362号	周瑞保
2013106637076	一种梨罐头	杜国霞	（110164）辽宁省沈阳市沈北新区辉山大街123-7号211室	杜国霞
2013106738024	一种苦菜罐头的制作方法	魏　春	（221300）江苏省徐州市邳州市建设南路同盛国际广场北8楼1-201室	魏　春、周　俏
201310712473X	一种菠萝罐头	王玉霞	（110003）辽宁省沈阳市和平区泰安路163-13单元502室	王玉霞
2013100019747	一种银杏虎杖果汁饮料及其制备方法	蒋　勇	（408100）重庆市涪陵区李渡聚龙大道98号长江师范学院化学化工学院	蒋　勇、谢兵等
2013100137616	一种植物饮料及其制备方法	贾明跃	（274200）山东省菏泽市成武县文亭街东段物价局检验所对过路北	贾明跃、沙启国
2013100654044	刺槐花饮料及其制作方法	张达燕	（535000）广西壮族自治区钦州市三马路55号	张达燕
2013100852721	一种糖尿病人可食用的饮料及其制备方法	王凯莹	（301700）天津市武清区杨村镇育才路文化巷15号楼4门402	王凯莹
2013101257691	添加胱氨酸的刺梨汁饮料	刘　涛	（550003）贵州省贵阳市云岩区云丰小区3桥南路1号	刘　涛
2013101336956	一种果醋型原花青素饮料及其制作方法	林广章	（528300）广东省佛山市顺德区勒流街道勒流居委东华大街七巷3号	林广章
2013101407434	马铃薯桃杏水果发酵饮料	杨学青	（810800）青海省民和县川口镇南大街338号华寓楼	杨学青
2013101515956	一种提神醒脑植物饮料及其生产方法	杨　璐	（100810）北京市西城区北礼士路甲38号国家药品监督管理局	杨　璐
2013101560307	紫马铃薯保健饮料的制备方法	王惠莹	（538018）广西壮族自治区防城港市港口区公车工业园A区	王惠莹
201310203615X	一种灵芝饮料制作方法	胡素芳	（241200）安徽省芜湖市繁昌县荻港镇庆大村东埂自然村28号	胡素芳
2013102159107	蝇蛆肽饮料及其生产工艺	陈道才	（315700）浙江省宁波市象山县丹西街道城西路29弄19幢306室	陈道才、陈　秉
2013102455577	一种甘草复合植物饮料及其制备方法	赵　亮	（730000）甘肃省兰州市七里河区龚家湾路18号702	赵　亮
2013102493390	一种富硒杞子饮料	庞朝成	（537600）广西壮族自治区玉林市博白县顿谷镇利罗村老村队	庞朝成
2013102544250	一种山药黄精饮料的加工方法	刘　永	（241000）安徽省芜湖市康复路111号12栋1单元501户	刘　永、明毅强

（续）

申请或批准号	发明名称	申请人	通信地址	发明人
2013102587400	一种美容当归饮料及其制备方法	张　静	(241081) 安徽省芜湖市三山区龙湖大道41号	张　静
2013102750686	一种高营养纯天然谷物饮料制备方法	何秀丽	(710075) 陕西省渭南市合阳县城关镇黄河路东雷抽黄单元楼	何秀丽
2013102761623	决明子固体速溶饮料的配方	葛宏天	(753000) 宁夏回族自治区石嘴山市大武口太西花园2-2-101	葛宏天
2013102894521	一种葛根解酒饮料的配方	冯素明	(050000) 河北省石家庄市新华区联盟路柏林北小区52栋5单元403号	冯素明
2013102973364	亚健康人养生保健饮料及其制备方法	李兰英	(450000) 河南省郑州市新郑市城关镇新华路西段282号	李兰英
2013103010369	一种明月草饮料的制作方法	黄景希、夏忠新	(350800) 福建省福州市闽清县梅城镇过垅山新村79号	黄景希、夏忠新
2013103051123	一种雪梨饮料	王光荣	(036599) 山西省忻州市河曲县文笔镇海红路118号	王光荣、秦锦春
2013103167806	一种健脾益气枣饮料及其制备方法	张　雯	(241081) 安徽省芜湖市三山区龙湖大道41号	张　雯
2013103258932	一种复合型果醋饮料	赵国华	(516001) 广东省惠州市博罗县城大桥路北博罗试验中学	赵国华
2013103286720	一种保健龙眼饮料	张释文	(541002) 广西壮族自治区桂林市民主路45号逸仙中学	张释文
2013103413459	一种柿子醋饮料及其制备方法	黄馨莹	(541001) 广西壮族自治区桂林市中山北路15号宝贤中学	黄馨莹
2013103725906	大蒜保健饮料及制备方法	崔贵男	(133000) 吉林省延边朝鲜族自治州延吉市公园街园林委六组	崔贵男
2013103784694	一种罗汉果金钱草饮料制备方法	杨昌标	(547500) 广西壮族自治区河池市巴马瑶族自治县巴马镇新建路368号	杨昌标
2013104046527	芦笋发酵饮料及其制备方法	韩　琼	(274419) 山东省菏泽市曹县青岗集乡丁庄行政村丁庄21号	韩　琼、韩　振
2013104177222	一种洛神花果粒饮料的制作方法	彭常安	(241000) 安徽省芜湖市弋江区文津西路2号	彭常安、余芳等
201310422395X	一种蚕豆饮料的加工方法	曹　石	(241300) 安徽省芜湖市南陵县古亭路31号	曹　石、吴义顺
2013104336303	一种葡萄奇异果复合健身饮料	李　浩	(221000) 江苏省徐州市丰县凤城镇农府四巷10号	李　浩、李　珂
2013104358213	一种无糖保健型甜果汁饮料	张雨生	(541800) 广西壮族自治区桂林市永福县永福镇连江路75号	张雨生
2013104395208	一种海产贝类饮料的制备方法	兰　欣	(266000) 山东省青岛市市南区汕头路1号四号楼3单元201室	兰　欣

（续）

申请或批准号	发明名称	申请人	通信地址	发明人
2013104677098	一种蒲公英植物饮料的制备方法	周　鑫	(100029) 北京市朝阳区北三环东路15号北京化工大学	周　鑫、孙文龙等
2013104768561	一种香梨汁饮料及其制作方法	彭常龙	(241300) 安徽省芜湖市南陵县籍山镇食品工业园区75-2号	彭常龙、江春芳
2013105435062	一种补血保健饮料及制备方法	刘凤琪	(241300) 安徽省芜湖市南陵县经济开发区秋浦大道127号	刘凤琪
2013103247995	土豆南瓜膨化片	李学禹	(033302) 山西省吕梁市柳林县成家庄镇双窊村45号	李学禹
2013103226537	功能性压缩乳制品及其制备方法	李卫平	(050021) 河北省石家庄市裕华区体育南大街262号富金大厦B-1-1101	李卫平
2013105968090	富含纳豆激酶的乳制品及其制作方法	沈振东	(214432) 江苏省江阴市立新路8号江阴市板桥诊所	陆锦仪
2013106147715	添加花生杂果的乳制品制造方法	刘秉顺	(116001) 辽宁省大连市西岗区长春路250号7-1	刘秉顺
2013100622753	一种山药芦荟酸奶的加工方法	彭常钧	(242200) 安徽省宣城市广德县桃州镇红旗社区5组	彭常钧
2013100652829	一种刺槐花酸奶及其制备方法	张达燕	(535000) 广西壮族自治区钦州市三马路55号	张达燕
2013100854568	一种水芹保健酸奶	林　宁	(242800) 安徽省池州市青阳县蓉城镇九华西路461号	林　宁
2013101442264	现酿酸奶配方及其制作工艺	芮寅生	(100078) 北京市丰台区万芳园一区5号楼1层06单元	芮寅生
2013103283614	含有酪蛋白磷酸肽的酸奶及其制备方法	马　健	(541004) 广西壮族自治区桂林市七星区毅峰路18号10栋1单元602	马　健
2013103283775	含有果蔬颗粒的酸奶及其制备方法	佘延英	(541001) 广西壮族自治区桂林市叠彩区胜利路西二里4栋2单元102室	佘延英
2013103344548	含有大豆肽的酸奶及其制备方法	张释文	(541002) 广西壮族自治区桂林市民主路45号逸仙中学	张释文
2013103364378	一种胶原蛋白水牛酸奶的生产方法	农天懂	(530012) 广西壮族自治区南宁市西乡塘区衡阳东路71号4-411号	农天懂
2013103465504	含有活性多糖的酸奶及其制备方法	张松波	(541004) 广西壮族自治区桂林市七星区环城北二路16号2栋1-2-1	张松波
201310348243X	一种益气补血红豆瓜子奶	杨如义	(233300) 安徽省蚌埠市五河县城关镇青年路城南巷27号	杨如义
2013103542820	一种健胃玉米酸奶及其制作方法	陈　瑞	(233400) 安徽省蚌埠市怀远县城关镇南大街	陈　瑞
2013103753785	一种营养酸奶及其制备方法	任丽君	(116200) 辽宁省大连市普兰店市商业大街12号2-6-42	任丽君

（续）

申请或批准号	发明名称	申请人	通信地址	发明人
2013103785254	一种治疗肺结核的酸奶的制作方法	杨昌标	(547500) 广西壮族自治区河池市巴马瑶族自治县巴马镇新建路368号	杨昌标
2013103970823	一种添加益生元的适合孕妇饮用的液态奶	黄馨莹	(541001) 广西壮族自治区桂林市中山北路15号宝贤中学	黄馨莹
2013104209897	一种菠萝蜜酸奶	吴淑芬	(541002) 广西壮族自治区桂林市象山区瓦窑西路一巷3号	吴淑芬
2013104328824	一种苦瓜大豆酸奶的制备方法	高　磊	(241300) 安徽省芜湖市南陵县籍山镇籍山路6号	高　磊、张文娟
201310482234X	一种燕麦椰奶	杨茹芹	(233000) 安徽省蚌埠市五河县城关镇国防路79号3幢1单元302室	杨茹芹
201310514231X	一种茯砖茶酸奶及其制备方法	刘　冬	(246003) 安徽省安庆市经济技术开发区天柱山东路99号	刘　冬
2013105617164	一种茯苓保健酸奶及其制作方法	王玉清	(525121) 广东省茂名市化州市东山街道办河东橘城中路172号	王玉清
2013105631710	一种青梅果奶及其制作方法	程龙凤	(241300) 安徽省芜湖市南陵县三里镇街道121号	程龙凤
2013105704285	一种杨梅果奶及其制作方法	陶　峰	(241300) 安徽省芜湖市南陵县经济开发区食品工业园区11号	陶　峰、徐　鑫
2013105761216	一种火龙果酸奶	曾圆圆	(541001) 广西壮族自治区桂林市中山北路81号桂林市第十四中学	曾圆圆
201310593133X	一种益智核桃奶	龚翻应	(409000) 重庆市黔江区新华大道西段790号全峰快递	龚翻应
2013106112294	一种西红柿解酒酸奶的快速制备方法	成冠辉	(541001) 广西壮族自治区桂林市中山北路81号桂林市第十四中学	成冠辉
2013106113704	一种橄榄解酒酸奶的快速制备方法	牙政鹏	(541001) 广西壮族自治区桂林市中山北路81号桂林市第十四中学	牙政鹏
2013106114020	一种柚子解酒酸奶的快速制备方法	唐蒙齐	(541001) 广西壮族自治区桂林市中山北路81号桂林市第十四中学	唐蒙齐
2013106114393	一种葡萄解酒酸奶的快速制备方法	王炳广	(541001) 广西壮族自治区桂林市中山北路81号桂林市第十四中学	王炳广
201310615511X	一种杨桃解酒酸奶的快速制备方法	成冠辉	(541001) 广西壮族自治区桂林市中山北路81号桂林市第十四中学	成冠辉
201310622242X	一种具有降血脂功能的酸奶饮料及其加工工艺	倪晓旺	(116011) 辽宁省大连市西岗区纪念街50号6-6-1	倪晓旺
2013106413249	一种营养酸奶的制备方法	余任展	(530228) 广西壮族自治区南宁市江南区苏圩镇团结路8号3栋106室	余任展
2013106509260	一种无糖酸奶的制作方法	王　爽	(110164) 辽宁省沈阳市沈北新区辉山大街123-7号211室	王　爽

（续）

申请或批准号	发明名称	申请人	通信地址	发明人
2013107378149	一种牦牛酸奶及其制备方法	李跃东、陆勇	（623000）四川省阿坝藏族羌族自治州汶川县威州镇园林路 34 号	李跃东、陆勇
2013107419577	一种酸奶的制备方法	邵素英	（100079）北京市丰台区横七条 44 号 9 号 1603 室	邵素英、孔日祥
201310007473X	一种哺乳兔饲料及其制备方法	李峰	（236400）安徽省阜阳市临泉县张营乡李桥行政村 62 号	李峰
2013100131094	一种用于提高猪肉品质的营养饲料	王达文	（635000）四川省达州市达县万家镇保卫村 7 组	王达文
2013100780352	百香果猪饲料及其生产方法	韦桂深	（537505）广西壮族自治区玉林市容县六王镇古泉村	韦桂深
2013100836339	田螺饲料及配制方法	杨成胜	（277600）山东省济宁市微山县夏镇街道戚城街 158 号 3 号楼东单元 301 室	杨成胜
201310085396X	一种螺旋藻蛋鹅饲料	方遒	（242800）安徽省池州市青阳县蓉城镇庙前街 95 号	方遒
201310096886X	一种鹅的发酵菌糠饲料	邹知明	（530004）广西壮族自治区南宁市西乡塘区大学东路 100 号	邹知明
201310108552X	一种具有保健促长功能的饲料的制备方法	宋生	（252000）山东省聊城市东昌府区振兴东路新建胡同 145 号	宋生
2013101306560	土鸡全价饲料及其配方	郑晓华	（272000）山东省济宁市任城区金城镇夏桥百货批发市场 14 号楼 4 号	郑晓华、林海鸥
2013101312260	一种白草莓鸡饲料	高绍彬	（243100）安徽省马鞍山市当涂县塘南镇大高村 8 号	高绍彬
2013101312330	一种膨化玉米鸡饲料	高绍彬	（243100）安徽省马鞍山市当涂县塘南镇大高村 8 号	高绍彬
2013101312415	一种花生壳鸡饲料	高绍彬	（243100）安徽省马鞍山市当涂县塘南镇大高村 8 号	高绍彬
201310131299X	一种有机草鱼饲料及配制方法	杨成胜	（277600）山东省济宁市微山县夏镇街道戚城街 158 号 3 号楼东单元 301 室	杨成胜
201310150869X	膨化颗粒饲料粮及其制备方法	彭少雨	（457300）河南省濮阳市清丰县防疫站北 500 米路西远大牧业服务中心	彭少雨、刘青敏等
2013101521266	健康型小龙虾饲料及配制方法	杨成胜	（277600）山东省济宁市微山县夏镇街道戚城街 158 号 3 号楼东单元 301 室	杨成胜
2013101551083	圆尾斗鱼饲料	王桂红	（277600）山东省济宁市微山县夏镇街道戚城街 158 号 3 号楼东单元 301 室	王桂红
2013101560699	一种草鱼饲料及其制备方法	马瑞	（538001）广西壮族自治区防城港市港口区车辽小区 4 栋 404	马瑞
2013101742409	一种中药复合营养猪饲料	丁俊主	（246700）安徽省安庆市枞阳县白梅乡岩前村李庄组 18 号	丁俊主

（续）

申请或批准号	发 明 名 称	申请人	通 信 地 址	发明人
2013102043952	一种鹅饲料及其制备方法	张 立	(537600) 广西壮族自治区博白县顿谷镇新街 020 号	张 立
2013102494834	一种育肥猪饲料	李其珍	(537628) 广西壮族自治区玉林市博白县顿谷镇顿谷村梁屋队 025 号	李其珍
2013102520631	一种肉鸭饲料配方及其制备方法	金为强	(233200) 安徽省滁州市定远县蒋集乡金巷村金东组 48 号	金为强
2013102839613	一种家猫饲料的制备方法	汪永辉	(241300) 安徽省芜湖市南陵县籍山镇水岸兰庭 12 幢 2 单元 602 室	汪永辉
2013102999078	一种促进消化的宠物饲料及其制备方法	李正全	(221600) 江苏省徐州市沛县安国镇刘码头 49 号	李正全
2013103012010	一种生物饲料及其制备方法	刘淑丽	(273500) 山东省邹城市平阳东路 589 号邹城第二中学	刘淑丽
2013103048046	一种生物鸡饲料	江春德	(110000) 辽宁省沈阳市皇姑区昆山东路 43 号楼 1－5－1	时圣运
2013103287225	荔枝壳核发酵饲料的加工方法	郭心仪	(541004) 广西壮族自治区桂林市骖鸾 5 号桂林市第一中学	郭心仪
2013103405537	羊饲料	段海莉	(735000) 甘肃省酒泉市肃州区西环北路 29 号楼 2 单元 502	段海莉
201310356429X	一种鸡饲料及其制备方法	刘友涛	(476700) 河南省宁陵县程楼乡大吴庄村 10 号	刘友涛
2013103626811	一种饲料烘干设备	毛颖艳	(226100) 江苏省南通市海门市三厂镇为民新村 803 幢 203 室	毛颖艳
2013103691793	玉米秆制作成商品饲料的新方法	李先强	(535000) 广西壮族自治区钦州市百利华庭二区 C2bB402 号	李先强
2013103934850	一种幼虾饲料	孙文秀	(226400) 江苏省南通市如东县掘港镇银杏村 35 组 3 号	孙文秀
2013103935552	一种幼蟹饲料	陈秀苓	(226400) 江苏省南通市如东县掘港镇江海中路 28 号 4 号楼 2 单元 202 室	陈秀苓
2013103949841	一种洋三元仔猪饲料的配制方法	郭兴儒	(221400) 江苏省徐州市新沂市新安镇四华里西 14 巷 5 号	郭兴儒
2013104131074	一种膨化血粉的生产工艺	夏歌骏	(620500) 四川省眉山市仁寿县古佛乡利群村 5 组	夏歌骏、李德成
2013104371650	生猪液体饲料及其制备工艺	冯万松	(637200) 四川省南充市西充县晋城镇建设路 99 号 2 幢 2 楼 1 号	冯万松
2013104447768	一种酵母生物饲料及其制备方法	卞佳林	(212100) 江苏省镇江市丹徒新区恒基太平洋商业中心 4 幢 54 号	卞佳林
201310448664X	一种肉鸭育肥期饲料	周克萍	(234000) 安徽省宿州市埇桥区三八街道办事处周尚村周尚组 39 号	周克萍

（续）

申请或批准号	发明名称	申请人	通信地址	发明人
2013104663127	一种宠物鸡饲料配方	李民庆	(515000) 广东省汕头市澄海区凤翔街道环东衙前市场顶C幢212房	李民庆
2013104790851	一种锦鲤饲料	高　雷	(243100) 安徽省马鞍山市当涂县姑孰镇大成坊四村16栋406室	高　雷
2013104805109	玉米饲料	叶　新	(541002) 广西壮族自治区桂林市象山区凯风路15号	叶　新
2013104876941	一种低蛋白生物饲料及其制备方法	丁玉华	(100193) 北京海淀区马连洼百旺家苑东区1号楼1门903	丁玉华
2013104925331	一种家禽饲料	张　佳	(235200) 安徽省宿州市砀山县城关镇西关北小寨12号1B-54	张　佳
2013105071526	一种土鸡饲料	周爱新	(242200) 安徽省宣城市广德县四合乡徐村村泉水13号	周爱新
2013105292181	一种肉鹅饲料的配方	罗新平	(242200) 安徽省宣城市广德县桃州镇凤井社区清溪街道	罗新平
201310529934X	一种宠物猪饲料	彭典宏	(242200) 安徽省宣城市广德县桃州镇荷花村独山3组	彭典宏
2013105299528	一种宠物饲料	陈雪松	(242200) 安徽省宣城市广德县桃州镇景贤街141号	陈雪松
201310530568X	一种动物饲料	陈雪松	(242200) 安徽省宣城市广德县桃州镇景贤街141号	陈雪松
2013105376952	一种牛羊颗粒饲料及其制备方法	刘运宁、刘　沛	(530022) 广西壮族自治区南宁市青秀区金州路17号世纪家园A座1003号	刘运宁、刘　沛
2013105865056	一种富营养泌乳母猪饲料及其制备方法	汤俊杰	(432000) 湖北省孝感市开发区槐荫办事处五龙村9号	汤俊杰
2013105887500	一种三元杂交牛的饲养方法及其专用饲料	刘国庆	(266000) 山东省青岛市黄岛区团结路1482号世纪新村34号楼	刘国庆
2013105946674	绿色高密度能量动物饲料	韦富林	(542700) 广西壮族自治区贺州市平桂区黄田镇建设路7号	张爱萍、韦富林
2013105973667	颗粒蛋鸡饲料制造方法	陆培举	(266000) 山东省青岛市即墨市金口镇府前街38号	陆培举
2013106071862	一种动物饲料的组成及其制造方法	唐秀庭	(530700) 广西壮族自治区河池市都安县保安乡古良村拉才屯	唐秀庭
2013106075647	一种配用猪饲料及其制备方法	乔生良	(042600) 山西省临汾市浮山县尧山东路	乔生良
2013106394290	一种鱼饲料干燥及喷涂装置	龙文凯	(650200) 云南省昆明市官渡区关上东路66号	龙文凯
2013106581808	一种猎犬饲料	王春艳	(110164) 辽宁省沈阳市沈北新区辉山大街123-7号211室	王春艳

（续）

申请或批准号	发 明 名 称	申请人	通 信 地 址	发明人
2013106620465	饲料	王鹏宇	(116000) 辽宁省大连市西岗区八一路206号市民文化馆	王鹏宇
2013106920366	用于提高仔猪免疫机能的饲料	郝智慧	(266109) 山东省青岛市城阳区长城路700号	郝智慧
2013107046868	一种香猪饲料	郑晓锋	(525300) 广东省茂名市信宜市东镇镇凤岗平田村16号	郑晓锋
2013107093286	一种原生态猪用饲料	曾昭才	(236200) 安徽省阜阳市颍上县黄桥镇曾庙村	曾昭才
2013107186064	一种治疗猪肺炎的饲料	杨 伟	(315400) 浙江省宁波市余姚市低塘工业园区	杨 伟
2013107186312	一种提高羊精液品质的饲料	王波兰	(315400) 浙江省宁波市余姚市低塘工业园区	王波兰
2013107259258	一种全价配合猪饲料及制备方法和应用	乐建来	(331800) 江西省抚州市东乡县杨桥殿镇礼坊村东乡县新同信牧业有限公司	乐建来
201310729193X	一种猪用饲料	朱健花	(226251) 江苏省南通市启东市和合镇农武村八组17号	朱健花
2013107334776	一种龟饲料及其制备方法	靳职雄	(530028) 广西壮族自治区南宁市青秀区迎宾路	靳职雄
2013107466489	一种用于三黄鸡的中草药饲料	何贻峰	(251700) 山东省滨州市惠民县武德道街5号党校	何贻峰
2013100173646	微型有馅面条机	吴结华	(210037) 江苏省南京市鼓楼区和燕路58号14-208	吴结华、吴 澎
2013100944210	一种自动擀饼机	宋彬山	(261103) 山东省潍坊市寒亭区高里镇巩家庄子村81号	宋彬山
2013102163850	一种全自动刀削面机	黄付良	(458030) 河南省鹤壁市淇滨区淮河路东段美景绿城小区国成第一刀削面馆	黄付良
201310225799X	一种面条机手动简便式调节旋钮机构	管加进	(325000) 浙江省温州市瓯海区梧田街道林村村下林路23弄12号	管加进
201310343358X	面条切面叠花设备	刘晓真	(450001) 河南省郑州市高新技术产业开发区银屏路22号	刘晓真、杨业栋
2013103845293	自动压面机	赵云孝	(037000) 山西省大同市御河西路良梓温泉宾馆	赵云孝
2013104633244	一种摔面机	王忠财	(456400) 河南省安阳市滑县慈周寨乡王娘寨村	王忠财
2013104816832	一种面条加工设备	王玉霞	(528400) 广东省中山市黄圃镇兴圃大道116号	王玉霞
2013104822299	一种加工面条机器	王玉霞	(528400) 广东省中山市黄圃镇兴圃大道116号	王玉霞

（续）

申请或批准号	发 明 名 称	申请人	通 信 地 址	发明人
2013100040447	饺子机	王振援	(157000) 黑龙江省牡丹江市爱民区新苑小区2号楼1单元162号	王振援
201310023591X	馒头机	马荣昌	(264006) 山东省烟台市开发区华山路2号澳斯邦大厦	马荣昌、马兴东
2013100524962	一种全自动摊方形煎饼机	时培峰	(112000) 辽宁省铁岭市柴河街南段（八里）方正小区4栋2单元302室	时培峰
2013100596000	淋油式油条、油饼机	叶羽纺	(351200) 福建省莆田市仙游县鲤城镇南大路555号	叶益霖、叶大卫
2013100753143	可用于饺子机的注馅机构及方法	司军伟	(610000) 四川省成都市温江区公平花都大道西段588号5栋1单元7号	司军伟
2013100824810	全自动炸油条机	丁怀坤	(271200) 山东省泰安市新泰市翟镇前羊村中心路622号	丁怀坤、丁 乾
2013101792554	蛋卷加工机	江国泰	(523000) 广东省东莞市道滘镇兴隆街22巷44号	江国泰
2013102307289	一种高效能煎饼机	郑宗标	(276000) 山东省临沂市郯城县高峰头镇胡井村390号	郑宗标
2013102603795	一种自动油条机	薛韶烨	(467000) 河南省平顶山市新华区四站街2号院2号楼7号	薛韶烨
2013103749262	全自动仿手工煎饼机	王同成	(273200) 山东省济宁市泗水区发源建筑公司家属院	王同成
2013104169419	半自动旋转式月饼整型机	沈传良	(318020) 浙江省台州市路桥区金清镇金港东路37号	沈传良
2013105046346	数控高效节能烙饼机	胡达广	(523051) 广东省东莞市万江区流涌尾汾溪三路南一巷6号	胡达广
2013107476550	面片厚薄平衡压片切丝机	冯星愿	(510880) 广东省广州市花都区花山镇华侨科技工业园尧先机械有限公司	冯星愿
2013103892862	一种食品真空冷冻干燥脱水系统及其使用方法	付郝军、尉安国	(044500) 山西省运城市永济市中山东街20号	付郝军、尉安国
201310535478X	一种揉捻黏性食品原料的捣捻机	徐 李	(610000) 四川省成都市都江堰市幸福镇中山路68号	徐 李
2013100088200	一种动物肠自动清理剖切机	尹振军	(262100) 山东省潍坊市安丘市新安街办汶北花园2号楼505室	尹振军
2013100556323	小鱼休闲食品生产线	顾炎林	(433000) 湖北省仙桃市干河办事处高新技术产业园	顾炎林
2013101425220	一种扇贝开壳装置	刘振东	(261419) 山东省烟台市莱州市朱桥镇盛王村440号	刘振东
2013101642966	鱼类宰杀清洗机	张春平	(232001) 安徽省淮南市田家庵区舜耕汇丽花园学府春天26-806	张春平

（续）

申请或批准号	发明名称	申请人	通信地址	发明人
2013102055663	非浸泡式无余油食品生产机	宋永久	(214181) 江苏省无锡市惠山区前洲街道经贸站	宋永久
2013102454466	一体式自动禽胗脱油分离设备	朱忠毅	(116300) 辽宁省大连市瓦房店市水果街东山南园 148 号	朱忠毅、朱存治
2013103103397	快速杀鱼机	黄绍忠	(350711) 福建省福州市永泰县霞拔乡锦安村长万 18 号	黄绍忠
2013103076366	一种作业台开放型骨切机	柳京河	(110003) 辽宁省沈阳市于洪区大兴街道吴家荒村	柳京河
2013103398976	动物畜禽肠衣刮油冲破机	殷允楼	(277100) 山东省枣庄市市中区青檀南路 69 号枣庄市市中区畜牧兽医局	殷允楼、殷琪萌
2013106001569	肉食品切骨机	张少辉	(235001) 安徽省淮北市濉溪县濉溪镇岱河路 59 院 1 栋 205 号	张少辉
2013106693589	禽类带骨一次切块机	郑保君	(253000) 山东省德州市经济开发区康博大道 287 号	郑保君、赵辉颖
2013107311308	全自动鱼除鳞剖肚加工机	张文艳	(536000) 广西壮族自治区北海市海城区东二巷 2 号 11 幢 302 号	张文艳
2013101303810	一种实用快干式小型粮食烘干机	孙成璋	(215000) 江苏省苏州市高新区科灵路 78 号苏高新软件园 8 号楼 2 层	孙成璋
2013101319452	谷物烘干机	殷梓铬	(224100) 江苏省盐城市大丰市安置小区 8 号楼 208 室	殷梓铬
2013101933374	一种最新型节能减排的粮食风力干燥机	徐福贵	(158400) 黑龙江省虎林镇红旗街道中心委铁路俱乐部综合楼 3 单元 502 室	徐福贵
2013103626811	一种饲料烘干设备	毛颖艳	(226100) 江苏省南通市海门市三厂镇为民新村 803 幢 203 室	毛颖艳
2013103706445	豆腐皮自动烘干成型机	徐晟伟	(233000) 安徽省蚌埠市蚌山区华利街 9 号楼 5 号	沈金永、吴小琴等
2013103754330	一种逆流式粮食烘干机	孙玉学	(122400) 辽宁省建平县叶柏寿街道万寿路 48B 号楼 4 单元 501 室	孙玉学
2013105774856	粮食保质节能烘干机	杨庆询	(236057) 安徽省阜阳市颍东区阜胡路 17 号中央储备粮阜阳直属库	杨庆询
2013106640524	粉条烘干机	姚海娟	(452370) 河南省新密市牛店镇打虎亭村打后 61 号	姚海娟
2013106747856	一种薯类清洗机	刘继顺	(236200) 安徽省颍上县新集镇曹元村桥口队 16 号	刘继顺
2013100097163	一种粉皮生产工艺及其设备	陈千顺	(262100) 山东省潍坊市安丘市王家庄镇小赵家庄村 86 号	陈千顺
201310087837X	一种全自动化豆浆机	张圣恩	(337051) 江西省萍乡市芦溪县银河镇银河二中	张圣恩

（续）

申请或批准号	发明名称	申请人	通信地址	发明人
2013101117183	一种高效豆浆机	梁　翠	(538001) 广西壮族自治区防城港市防城区金花茶大道荣和苑小区2栋	梁　翠
2013102173176	一种大豆脱皮机	王　龙	(274400) 山东省菏泽市曹县郑庄镇孔庄北路西鲁曹高新机械制造有限公司	王　龙、王永福
2013104241888	一种新型豆浆机	代　龙	(250002) 山东省济南市市中区阳光舜城中六区2－903室	代方舟、王　冬
2013101076624	食品炒制机的炒制方法	程健光	(528300) 广东省佛山市顺德区大良街道东头街七巷3号	程健光
2013101624506	一种新式破碎粉磨工艺及其设备	杨建勋、杨东明	(110023) 辽宁省沈阳市铁西区兴华南街都城大厦48号518室	杨建勋、高　岗
2013102462922	滚筒式花生清洗机械	雍自威	(239001) 安徽省滁州市来安县新安镇南大街744号75室	雍自威
2013107295150	多功能食品安全清洗消毒机	邓　斌	(510620) 广东省广州市天河区黄埔大道西668号	邓　斌
2013107536195	新型多功能蛋卷机	慕偎叶	(201100) 上海市闵行区沪闵路7580弄111支弄5号102室	慕偎叶
2013106619519	果蔬去皮机	吴宗祥	(116000) 辽宁省大连市西岗区三元街42－4－1	吴宗祥
2013100205280	一种自动果蔬削皮机	徐晓东	(226600) 江苏省南通市海安县中坝中路109号4幢301室	徐晓东、赵良忠等
2013106618906	果蔬擦皮机	吴宗祥	(116000) 辽宁省大连市西岗区三元街42－4－1	吴宗祥
2013100898566	一种果蔬农药去除机	李　杰	(528000) 广东省佛山市禅城区南浦村12座704房	李　杰
2013106133089	辣椒烘干机	柴彦龙	(831700) 新疆维吾尔自治区吉木萨尔县新城区21小区	柴彦龙、李　伟
2013101371358	一种果蔬消毒洗菜机	焦　娇	(036002) 山西省朔州市朔城区沙塄河乡上沙塄河村	焦　娇
2013103399165	一种香菇剪脚机	叶礼奎	(323700) 浙江省丽水市龙泉市西街街道西街570号	叶礼奎
2013102044885	香椿加工方法和香椿加工设备	王春霖	(635000) 四川省达州市渠县李渡乡新渡村4组140号	王春霖
2013100680640	一种马蹄去皮机	丁年生	(238300) 安徽省芜湖市无为县蜀山镇白湖行政村郑滩自然村06号	丁年生
2013102954503	马蹄削皮机	李品祥	(542800) 广西壮族自治区贺州市八步区莲塘镇新燕村838号	李品祥
2013100892150	坚果脱壳分选机	苏有良	(239000) 安徽省滁州市丰乐大道2188号滁州职业技术学院新校区机电系	苏有良、苏景浩

（续）

申请或批准号	发明名称	申请人	通信地址	发明人
2013101167572	一种水果冰淇淋机	马剑峰	（317500）浙江省台州市温岭市城北街道中大街56号	马剑峰
2013101239477	杏核破壳机	陈 皓	（100096）北京市海淀区圆明园3号院绿苑小区204楼506号	陈 皓
2013101437853	一种倾斜式青核桃剥皮机	郑 湘、郑光辉	（056003）河北省邯郸市复兴区西大屯村工字路6排4号	郑 湘
2013101844101	一种罗汉果的干燥工艺和设备	梁光庆	（541002）广西壮族自治区桂林市环城西二路335号4-3	梁光庆
201310405308X	榛子脱皮机	佟成伟	（112412）辽宁省铁岭市西丰县成平满族乡东城村四组305号	佟成伟
2013105998166	一种水果干燥设备	刘成涛	（266000）山东省青岛市即墨市大信镇信华街178号	刘成涛
2013106473150	杏仁脱皮机	吴宗祥	（116000）辽宁省大连市西岗区三元街42-4-1	吴宗祥
2013106625030	一种荔枝去核机	李小华	（116000）辽宁省大连市西岗区博爱街30号-3-7-1	李小华
201310662505X	一种葡萄破碎除梗机	李小华	（116000）辽宁省大连市西岗区博爱街30号-3-7-1	李小华
201310672237X	坚果破壳机	林学荣	（116000）辽宁省大连市西岗区八一路206号少年宫	林学荣
201310726636X	一种高压电场杀菌设备	宋 昊	（102208）北京市昌平区东小口镇华龙苑南里10号楼2单元401	宋 昊
2013101036186	一种简易花生去壳机	任赛楠	（226200）江苏省南通市启东市东元镇三圩村13组9号	任赛楠
2013101503376	水循环式甘蔗自动清洗机	吴林翰	（325215）浙江省瑞安市陶山镇碧山航浦村	吴林翰、吴文庆
2013100720224	高效节能型乌龙茶精焙提香机	李祥龙	（354300）福建省南平市武夷山市城东路91号武夷山市科技局	李祥龙、江 南
2013100735484	一种茶叶成型机	许葆青	（245700）安徽省黄山市黄山区龙井东路龙北47栋101室	许葆青
2013102524454	一种新型防震冰激凌机	祖庆光	（221136）江苏省徐州市铜山县柳泉镇祖套村2队11号	祖庆光
201310255702X	条型茶自动成型机	劳长旺	（535400）广西壮族自治区钦州市灵山县檀圩镇沙井村	劳长旺
201310295151X	使用清洁能源的新型滚筒式茶叶杀青机	李祥龙	（354300）福建省南平市武夷山市城东路91号武夷山市科技局	李祥龙
2013103465133	复式茶叶自动理条机	路宏添	（530308）广西壮族自治区南宁市横县校椅镇石井村委新街15号	路宏添

（续）

申请或批准号	发明名称	申请人	通信地址	发明人
2013106953177	一种茶叶回潮机	段永春	(276800) 山东省日照市东港区日照北路日照市茶叶科学研究所	段永春
2013107295150	多功能食品安全清洗消毒机	邓 斌	(510620) 广东省广州市天河区黄埔大道西668号	邓 斌

6

第六部分

大 事 记

1　月

9日　“全国农产品加工业工作会议”在北京召开，农业部党组成员杨绍品出席会议并讲话。他指出，农产品加工业是现代农业的重要组成部分和重要的标志，是现代农业建设的关键环节。无论是种植业还是养殖业，也无论是哪一个农产品，如果没有加工环节的引领和带动，要想大发展、可持续发展都是不可能的。各级农业部门要切实担当起推进农产品加工业持续健康发展的职责任务。预计2013年规模以上农产品加工业企业达到7.0万多个，实现主营业务收入17.0万亿元，利润超过1.2万亿元，同比分别增长14.0%和16.0%，农产品加工业处于新的发展起点上。会议强调，发展农产品加工业是现代农业的重要内容，是农民就业增收的重要渠道，是农村经济的重要支柱，是推进“四化同步”和城乡一体化的重要途径，2014年和今后一个时期，促进农产品加工业发展，要协调发展农产品初加工、精深加工和综合利用加工“三个领域”，坚持市场决定、政府调控，因地制宜、分类指导，改革创新、完善机制，重点突破、协调发展“四个原则”。加快实现由总量扩张向转型升级、由资源消耗向创新驱动、由分散无序向集聚发展的“三个转变”。要围绕重点问题和关键环节主攻“六个重大提升”，即：着眼于产后减损，在农产品初加工能力上实现重大提升；着眼于提档增值，在农产品精深加工能力上实现重大提升；着眼于节能减排，在副产物综合利用能力上实现重大提升；着眼于技术创新，在重大关键共性技术创新能力上实现重大提升；着眼于产业集聚，在农产品加工集中区辐射带动能力上实现重大提升；着眼于品牌培育，在农产品加工业市场竞争能力上实现重大提升。会议要求，要采取多种手段和措施，构建支撑农产品加工业发展的“五大体系”，即：多种政策工具并用，大力推进建立农产品加工业政策扶持体系；多层技术平台并用，大力推进建立农产品加工业科技创新体系；多元人力资源并用，大力推进建立农产品加工业人才支撑体系；多种方式方法并用，大力推进建立农产品加工业公共服务体系；多种治理措施并用，大力推进建立农产品加工业组织管理体系。农业部农产品加工局（乡镇企业局）局长宗锦耀主持会议并讲话。农业部有关单位负责人以及各省、自治区、直辖市农产品加工业主管部门负责人参加会议。

16日　“2014年全国烟草工作会议”在北京召开，这次会议的任务是总结2013年工作，分析形势，部署2014年任务。工业和信息化部党组书记、部长苗圩出席会议并讲话。他强调，2014年烟草行业工作一要着力深化行业改革。坚持市场化改革方向，积极探索市场资源配置的新途径和新举措，加快建设统一开放、竞争有序的市场体系，不断增强行业发展的动力和活力。二要着力促进行业可持续发展。加快形成品牌竞争发展的市场格局，扎实推进烟叶生产可持续发展，继续强化卷烟市场监管和打假打私，加快实施“走出去”发展战略。三要着力推进控烟履约工作。从党和国家大局出发，积极履行社会责任，认真落实《中国烟草控制规划（2012—2015年）》，扎实抓好控烟履约各项工作。四要着力加强干部队伍建设和作风建设。进一步加强干部队伍特别是直属单位领导班子建设，着力构建有效管用、简便易行的选人用人机制；进一步改进工作作风，坚持不懈地抓好反腐倡廉建设，加强对行业内部生产经营行为的规范管理。国家烟草专卖局局长、党组书记凌成兴在工作报告中强调，2014年重点任务是，围绕“五个千方百计”、做到“三个坚定不移”。“五个千方百计”，一是千方百计落实“卷烟上水平”总体规划目标任务，加快形成品牌竞争发展的市场格局，建立完善品牌规格创新淘汰机制，大力支持云南中烟“两统一、两整合”工作。二是千方百计落实烟叶生产总体思路，坚持把烟叶生产作为行业“三件大事”的首要任务来抓，坚持做到控制总量、稳定政策、优化结构、提升水平、严格考核。三是千方百计推进市场化取向改革，改革卷烟交易管理方式，改革卷烟订单采集方式，完善卷烟货源供应规则。四是千方百计实现货币资金保值增值和降低营销费用，切实加强存量资金管理，稳步提升行业资金运营水平，着力强化费用节流工作。五是千方百计拓展国际市场，加快打造境外卷烟产销基地，加快推进境外烟叶实体运作，加快烟机工业“请进来”“走出去”步伐，大胆探索跨国并购海外烟草企业。“三个坚定不移”，一是坚定不移抓好烟草专卖，理直气壮地宣传烟草专卖制度，自觉维护烟草专卖法律法规，始终保持打假高压态势，模范遵守专卖法规。二是坚定不移抓好规范管理，坚决执行中央八项规定，规范工程招标、物资（服务）采购工作，严格规范投资项目管理，切实加强审计监督，继续强化安全生产。三是坚定不移抓好领导班子和干部队伍建设，着力构建有效管用、简便易行的选人用人机制，大力加强行业党风廉政建设和反腐败工作，不断巩固党的群众路线教育实践活动成果。

16～17日　“全国粮食流通工作会议”在北京召开。会议指出，2014年是贯彻实施中央确立的国家粮食安全战略的第一年，全国粮食系统要以全面深化改革总揽粮食流通工作全局，认真贯彻国家粮食安全战略，进一步做好“广积粮、积好粮、好积粮”三篇文章，稳中求进、改革创新，守住底线、加快发展，切实保障国家粮食安全。2014年粮食流通工作的重点是：认真贯彻“一大战略”，着力深化“五项改革”，继续实施“两项工程”。要认真贯彻国家粮食安全战略，切实履行好粮食部门抓收购、保供给、稳粮价的行业职责。抓收购，就是要做到对农民的余粮应收尽收，兜住“种粮卖得出”的底线，保护农民利益和种粮积极性；保供给，就是要组织配置粮食资源，保证正常供应，守住“吃粮买得到”的底线，确保谷物基本自给、口粮绝对安全；稳粮价，就是要在掌握粮源、保证供应的前提下，用好两个市场、两种资源调节国内粮食供求，确保市场粮价稳定在合理的波动区间。要着力深化粮食流通管理体制改革，进一步明确中央和地方的粮食安全责任与分工，推动粮食安全省长负责制的全面落实；要着力深化粮食储备管理机制改革，科学界定中央和地方两级储备的功能定位、调控责任，强化储备粮监管，提升服务宏观调控和保障粮食安全的能力；要着力深化国有粮食企业改革，加快推进“一县一企、一企多点”模式，积极发展混合所有制粮食经济，构建国有企业和其他市场主体共同发展的新格局；要着力深化粮食行政管理机制改革，坚决做到政企分开，切实转变粮食行政管理职能；要着力深化粮食流通统计制度改革，构建统一、精简、准确、管用的粮食流通统计体系，为政府决策和宏观调控提供可靠依据。要全面实施“粮安工程”，把“粮安工程”放到农业现代化建设大局中统筹规划、协调推进。管好用好中央的补助资金，积极争取地方政府加大投入，鼓励、引导粮食企业和社会资本共同投入“粮安工程”建设，提升粮食收储供应安全保障能力。要大力实施科技、人才兴粮工程，加强“国家工程实验室”等创新平台建设，攻克制约行业发展的科技瓶颈，加快科研成果转化应用；继续实施“百千万”创新人才工程，大力推进粮食文化建设，提升保障国家粮食安全的软实力。会上，黑龙江、山东、湖北、贵州、江苏、上海、安徽等7省（直辖市）粮食局和四川省成都市粮食局作了典型经验交流。各省、自治区、直辖市、计划单列市及新疆生产建设兵团粮食局主要负责人和分管纪检监察工作的负责人，黑龙江农垦总局、部分涉粮院校的负责人和大型中央粮食企业的有关负责人，以及国家粮食局各司室和直属联系单位的主要负责人参加了会议。中央、国务院有关部门和单位的有关负责人应邀出席了会议。

2 月

18日 “全国食品安全监管工作会议”在北京召开。国家食品药品监管总局滕佳材副局长出席会议并讲话。他强调，各级食品药品监管部门要以深化食品安全监管体制改革为切入点，进一步转变监管理念、创新监管方式、提升监管效能，突出监管重点、深化专项整治、强化日常监管，着力构建最严格的覆盖全过程的监管制度，全面提升食品安全总体水平，努力开创食品安全工作新局面。滕佳材指出，2013年全国食品药品监管部门适应机构改革新形势，按照国务院的总体部署，一手抓体制机构改革，一手抓食品安全监管，推动食品安全工作取得了显著成效。全系统严格市场准入和退出，全年共注销生产许可证10 332个、吊销流通许可证1 559个；严格监督检查和监督抽检，全年共监督检查生产企业52万余个次、检查经营者2 061.5万个；严格查处违法违规行为，严查重处了一批食品违法案件，震慑了违法犯罪分子。2014年是新体制下食品安全监管工作打基础谋发展的关键一年，做好今年食品安全工作意义重大。滕佳材要求，全系统必须以更加坚定的信心、更加务实的作风，勇于抓落实、善于抓落实，以改革精神和创新方法推进各项任务落到实处、抓出实效。要突出监管重点，抓好综合治理和专项整治，要坚持标本兼治、综合治理，抓好重点食品、重点区域和重点问题的整治；要完善监管链条，构建科学有效的监管工作体系，抓住源头，控制过程，相互衔接，覆盖全程，着力构建从生产到消费、从田间到餐桌的全过程监管体系；要夯实监管基础，提升食品安全监管工作总体水平，完善监管制度，落实监管责任，提升监管能力；要推进社会共治，营造良好食品安全工作环境，加强部门协调配合，推动企业诚信自律，引导社会共同参与，努力开创食品安全工作新局面。会上，国家食品药品监管总局总结了2013年生产加工和流通餐饮环节的食品安全监管工作，并对2014年相关工作做了具体安排。

20～21日 “全国食品药品稽查与投诉举报工作会议”在北京召开。会议总结2013年食品药品稽查与投诉举报工作，分析面临的形势和任务，研究部署2014年食品药品稽查与投诉举报工作。国家食品药品监管总局副局长刘佩智出席会议并讲话。刘佩智充分肯定了2013年稽查和投诉举报工作取得的突出成绩，客观分析了食品药品安全面临的新形势。总体来看，食品药品安全形势正在好转，但问题依然不少；虽然取得了成绩，但基础依然薄弱，面临的矛盾很多，困难很大，食品药品安全工作仍任重道远。刘佩智指出，稽查部门在监管体制改革影响下呈现出新的特征：监管机构多样化，工作进展不平衡，基层执法力量薄弱等。随着监管形势的发展，食品药品违法犯罪行为呈现出新的特点："黑窝点"制假售假与有证企业主观故意违法并存，传统的制假售假向新兴的网络犯罪转变，制假售假违法犯罪手段日趋复杂隐蔽等。2014 年是食品药品监管部门打基础、谋发展、上台阶的关键一年。稽查工作任务量大面广、任务繁重，全国稽查系统要敢于和善于创新工作思维，积极谋划稽查工作的新思路，准确把握稽查工作的职能定位；着重理清行政执法和刑事司法的关系、"治标"和"治本"的关系；要严格办案制度、严守办案程序、严肃办案纪律；转变传统稽查工作思路和方法，引导企业承担首负责任等。刘佩智对进一步做好稽查和投诉举报工作提出四点明确要求：一是要依靠法律武器，严惩重处违法犯罪行为；二是要推进社会共治，形成稽查办案工作合力；三是要运用科技手段，不断创新稽查办案方式；四是要强化队伍建设，提高稽查办案和投诉举报工作水平等。北京、江苏、河南、浙江、山东、广东、湖北、上海、广西等 9 省、自治区、直辖市局做了大会交流。

25～26 日 "全国食品安全风险监测暨保健食品监管工作会议"在天津召开。国家食品药品监管总局党组成员边振甲出席会议并讲话。他指出，食品安全关系公众健康和生命安全，关系产业发展和经济贸易，关系社会稳定和政府形象。党中央、国务院高度重视食品安全工作，与时俱进地提出了加强食品安全监管新的战略思想，党的十八届三中全会进行了重大部署。他指出，食品安全监管工作最重要的目的之一就是控制和减少风险，避免风险演变为实际危害，食品安全风险监测、预警交流与统计分析是体制改革后赋予食药系统的全新职责，是食品安全监督管理的重要内容，也是国际公认的食品安全有效管理手段，这些工作在全系统刚刚起步，基础非常薄弱，相关制度、机制和体系尚不健全，各地要把风险监测、预警交流和统计分析工作放在整个食品安全工作的重要位置，实现相关工作从无到有、从有到强。保健食品监管仍然是当前工作的重点和难点，全系统在监管体系、制度框架和监管手段方面具备较好工作基础，但也面临新的困难挑战，保健食品违法添加、制假售假、套用批号、夸大宣传等问题仍较突出，各地要再接再厉，继续加大专项治理和监管力度。2014 年是新组建的食品药品监管系统全面运行的第一年，是地方各级食品药品监管部门全面开展风险监测、预警交流和统计分析工作的第一年，也是深入推进保健食品许可制度改革和保持高压打击态势的关键一年。各地要抓住改革机遇，增强责任感和紧迫感，推动今年各项工作上新台阶。要抓体系建设，在抽检监测、预警交流和统计分析工作方面，要尽快建立一支从上到下、从行政部门到技术支撑机构等人员队伍，进一步加强保健食品监管队伍建设，全面加强制度机制建设，建立系统内外运转高效的工作机制。要抓能力建设，抓住体制改革和"十二五"规划实施契机，争取项目支持，加大人员培训力度，提高素质和意识。要抓重点工作，统筹部署监督抽检和风险监测，深化保健食品许可制度改革，继续严厉打击违法违规行为，探索推进风险预警交流，稳步开展统计分析。他强调，食品安全抽检监测模式需要磨合完善，预警交流、统计分析工作刚刚起步，保健食品监管工作面临新的形势，各级食品药品监管部门要加强领导，强化保障，狠抓落实，严肃作风，切实抓好 2014 年各项工作。会上，国家食品药品监管总局总结了 2013 年食品安全风险监测、预警交流、统计分析和保健食品监管工作，并对 2014 年工作做了具体安排，部分省级局和总局相关直属单位交流了相应工作经验和做法。

3 月

3 日 农业部办公厅印发《关于开展全国农产品加工合作社示范社创建活动的通知》（农办加［2014］2 号）。根据《通知》安排，计划从 2014 年至 2016 年，在全国择优创建 1 000 个农产品加工合作社示范社，引导农产品加工合作社科学化、制度化、规范化发展，促进产加销、贸工农一体化经营，扶持新型农业经营主体，创新利益联结机制，推动农产品加工业持续健康发展。《通知》显示，创建农产品加工合作社示范社实行部省共建、地方主抓、协同推进的工作机制。农业部农产品加工局负责总体规划及指导服务，认定并公布示范社名单，颁发"全国农产品加工合作社示范社"牌匾。各省、自治区、直辖市农产品加工业主管部门负责组织和指导，县（市、区）农产品加工业主管部门负责具体实施。坚持政府引导、市场决定、项目带动、规范管理的原则，将示范社建设与农产品加工业各项工作结合起来，在政策扶持体系、科技创新体系、人才支撑体系、公共服务体系、组织管理体系建设方面，充分发挥示范社的积极作用。《通知》要求，开展全国农产品加工合作社示范社创建活动，是贯彻落实中央 1 号文件精神和全国农产品加工业工作会议要求的具体行动，是扶持农产品加工合作社做大做强的重要举措。各级农产品加工业主管部门要进一步提高认识，加强沟通协调，争取各方面支持，制定具体创建方案，抓好工作部署落实。各级农产品加工业主管部门要将产地初加工设施补助、技术研发与推广、技能培训等项目、资金向示范社倾斜，整合资源、集中力量推进示范社建设。要努力争取发展改革、财政、金融等部门支持，合力促进示范社创建活动顺利开展。要积极搭建农产品加工业投资贸易、科企合作、产销对接平台，为示范社发展创造条件。要鼓励引导企业、行业组织、合作社成员和广大农民积极参与示范社建设。各地要加强创建活动的指导和服务，深入示范社调研，发现典型，总结经验，探索路子；要采取实地考察、专家指导、理论研讨等多种方式，加强交流学习，取长补短，引导示范社共同发展；要加强对示范社创建活动做法及成效的宣传推广，营造良好氛围。

19日 农业部办公厅印发《关于深入开展主食加工业提升行动的通知》（农办加［2014］7号），《通知》指出，要充分认识提升行动的目的意义。主食加工业是农产品加工业的重要内容，发展主食加工业，对于满足城乡居民日益增长的多样化、方便化、营养化消费需求，促进农产品加工增值和农民就业增收，提升食品质量和保障食物安全具有重要意义。深入开展主食加工业提升行动，有利于营造良好发展环境，加快提升我国主食加工业发展水平，为农产品加工业持续健康发展注入新动力。《通知》强调，要正确把握提升行动总体要求，重点落实“四个一批”主要任务。要以科学发展观为指导，认真贯彻习近平总书记系列重要讲话精神，进一步解放思想、开拓创新，以促进农产品加工增值和农民持续增收、满足城乡居民日益增长的消费需求和营养均衡为目标，坚持政府引导、企业主体，强化科技支撑、品牌带动，加快推进主食加工业发展，努力构建现代主食加工业产业体系。要通过深入开展主食加工业提升行动，切实形成有效载体和有力抓手，推动我国主食加工业发展水平实现新提高。一是组织开展一批有影响力的主题活动。组织开展交流对接、展示推介等主题突出、特色鲜明的活动，提升层次，扩大影响，营造主食加工业良好发展氛围。2014年重点以“主食引领膳食 加工提升农业”为主题，办好两个全国性和三个区域性提升行动系列活动。二是树立支持一批带动力强的示范企业。在全国范围内组织开展示范企业申报认定，加快主食加工业主体培育，加强示范引领带动。组织示范企业积极参加各类展示推介、交流对接活动，举办示范企业负责人培训班，开阔视野，提升素质能力。推动实施开发性金融支持主食加工业发展等项目，为示范企业进一步做大做强提供有力支撑。三是宣传推介一批主食加工知名品牌。开展“食品老字号传承与创新之星”推荐活动，树立一批既传承文化又不固守传统，既创新产品又不改变经典，实现传统工艺与现代工业有机融合的食品老字号典型。组织开展食品老字号专题宣传推介活动，传递“创新带发展、传承促保护”理念。继续丰富完善“主食加工精品之窗”网站内容，进一步扩大影响力。四是推广应用一批先进的技术和装备。积极推动实施农产品加工技术集成基地建设，建立主食加工业技术研发公共服务平台，加快推进主食加工业共性技术、装备的研发和集成。组织开展全国农产品加工业技术创新与推广活动，分领域或专题开展主食加工业技术、装备交流对接，大力推广应用先进适用技术和装备。《通知》要求，要切实加强提升行动组织保障。一是加强组织领导。各级农产品加工业管理部门要高度重视，加强领导，精心组织，周密部署，切实增强工作主动性，认真落实有关任务要求，并结合实际丰富行动内涵，创造性开展工作。二是加强扶持引导。各地要将主食加工业作为扶持重点，加强规划引导和政策扶持；要积极整合农产品加工、农业产业化等涉农项目资金，争取向主食加工业倾斜；要积极协调各级有关部门，认真落实国家有关农产品初加工税收优惠等政策，支持主食加工企业参与政府“早餐工程”“主食厨房工程”等项目实施。三是加强宣传推动。要通过多种形式，大力宣传主食加工业的重要地位和作用、现代主食消费理念、深入开展提升行动的重要意义、提升行动实施过程中各项活动以及示范企业、食品老字号传承与创新发展典型，切实营造全社会关心关注和共同推动支持主食加工业发展的良好氛围。

27～28日 “全国食品药品监管法制工作会议”在武汉市召开。会议总结了2013年工作，分析了当前监管形势，部署了2014年重点任务。会议要求，食品药品监管法制工作要围绕食品药品监管大局，以加快建立完备的法律体系为中心，加快立法进程，强化执法监督，加强系统指导，推进审批改革，努力开创食品药品监管法制工作新局面。国家食品药品监督管理总局副局长滕佳材出席会议并讲话。他指出，要深刻认识食品药品法制工作面临的新形势，把握当前食品药品法制工作面临的发展机遇，认真学习党中央、国务院有关加强食品药品监管和社会主义法治建设的重要精神，全面落实总局党组的各项要求，以更加奋发昂扬的精神，更加求真务实的作风，努力开创食品药品监管法制工作的新局面。他强调，要突出重点、破解难点，全力推进食品药品法制建设。要大力推进立法进程，加快完善法律体系。加快立法进程，着力抓好《食品安全法》《药品管理法》《化妆品监督管理条例》等法律法规的制修订；要切实提高立法立规质量，加强理论研究，深入基层和监管一线，使立法工作既能胸怀全局，又能贴近实际。要提高立法技术，注重实效立法评估，注重调动社会资源，共同推进食品药品法制建设进程。推进地方立法与规章制度的制定完善，鼓励各地先行先试，创新监管机制。要切实加强执法监督，努力提升监管水平。要稳步推进行政审批制度改革，确保监管工作运行科学高效。要加强执法人员法律培训，为规范执法提供保障。会议强调，全面建设食品药品监管法治政府部门，必须打造一支信念坚定、素质优良、业务精湛、作风过硬的食品药品法制工作队伍。要加强法制机构建设，夯实法制基础。要强化法治思维，运用法治方式，进一步增强责任意识、程序意识、证据意识、时效意识，提高行政效率。要拓宽治理视野，提高前瞻能力，认真研究国际社会食品药品安全趋势、食品药品监管改革的方向以及食品药品监管制度的创新，增强食品药品监管法律制度设计的前瞻性和预见性，推动我国食品药品监管法治建设不断跨上新台阶。各省、自治区、直辖市及新疆生产建设兵团食品药品监管部门相关负责人参加了会议。湖北、北京、吉林、上海、江西、广东省（直辖市）局在会上交流了开展食品药品监管法制工作建设经验。

4 月

16 日 “国家农产品加工技术研发体系建设工作会议”在北京召开。会议总结了近几年农产品加工技术研发体系取得的成绩，提出了今后一个时期农产品加工科技创新思路，部署了农产品加工技术研发体系建设工作。会议指出，随着新一轮科技革命和产业变革，我国农产品加工业进入了转型升级的关键时期，为实施科技创新驱动战略提供了难得的历史机遇。要树立大农业、大资源、大生态、大食物理念，坚持科技是第一生产力、人才是第一资源、创新是第一竞争力理念，充分认识农产品加工业科技创新的公共性、基础性、社会性，大力实施科技创新驱动战略，将农产品加工业发展转移到主要依靠科技创新和人才支撑的轨道上来。会议强调，科技创新事关产业安全，是农产品加工业发展的决定力量。只有创新驱动，才能不断提升产业层次，向技术研发和品牌创建拓展，才能取得价格谈判权、规则制定权、利润索取权，才能打破国际贸易关税壁垒，防止核心技术装备受制于人，摆脱一些产业被外商控制的局面。科技创新事关生态安全，是突破农产品加工业资源环境约束的必然选择。要通过创新驱动，“吃干榨尽”农产品资源，变废为宝，化害为利，实现资源利用高质化、生产过程洁净化、产业链条生态化、废物循环再生化和产品消费绿色化，促进资源节约和环境友好型社会建设，推进生态文明建设，实现永续发展。科技创新事关食物安全，是保障农产品加工品有效供给的基础支撑。要通过创新驱动，采用先进的加工工艺、先进的技术装备，从量上和质上不断满足人民日益增长的需求，从空间和时间上拓展人们的消费领域，推进农产品加工向纵深发展，拓宽食物来源，利用农产品功能成分，提取研制人体所需的营养保健食品，形成温饱型、风味型、营养型、便捷型、功能型等多元化食物体系。科技创新事关质量安全，是构建农产品加工全过程标准控制体系的重要保障。要通过创新驱动，推广一批高新技术，促进加工装备向新型、高效、节能、环保方向发展，促进加工原料生产向专用化发展，实现标准化生产，推进加工过程实施 HACCP 规范及 ISO9000 族标准，实现全面质量管理，创建加工品牌，让农产品及其制品“产”得安全，“管”得严格，“吃”得放心。会议要求，在当前和今后一个时期，我国农产品加工技术研发体系建设要认真贯彻实施科教兴国、人才强国和创新驱动战略，发挥市场配置资源决定作用和更好发挥政府引导作用，推进技术创新与体制机制创新，落实完善扶持措施，发挥优势，整合资源，强化协作，构建“产学研推用”有机融合的农产品加工业创新体系，促进队伍能力素质加快提高，关键技术装备研发加快突破，先进适用技术加快推广，全面提升农产品加工业技术装备水平。要坚持科技服务经济发展、推动“产学研推用”有机结合、同步推进技术集成创新与人才培养。要加快推进科技创新能力建设，完善农产品加工业标准化体系，建设一批技术集成基地，加大成熟技术示范与推广力度，加强研发体系自身建设，努力建设一支靠得住、用得上、可依托的技术创新骨干力量，推动农产品加工技术研发体系建设再上新台阶，为我国农产品加工业持续健康发展提供有力支撑、做出更大贡献。会议指出，经过多年的努力，国家农产品加工技术研发体系建设已经初步实现了由建向用的转变。国家中心和 261 个专业分中心聚集了国内一批农产品加工领域有实力、有影响的科研院所、高校和领军企业，初步构建了涉及粮油、果蔬、畜产品、特色农产品、水产品以及加工机械等领域的技术研发体系，在推动农产品加工行业技术进步、科技成果转化以及标准化工作方面取得了积极成效。承担的农产品加工行业科技专项达到 21 项，制修订标准近 70 项，筛选推广先进适用技术 100 多项，已经成为农产品加工科技创新的重要力量，为推动农产品加工业持续健康发展发挥着重要的支撑作用。

22～23 日 “2014 年食品安全监督抽检和风险监测工作部署会议”在重庆市召开。会议深入贯彻落实党中央、国务院关于食品安全工作的决策部署，研究分析当前食品安全形势，从立足新的监管体制、统筹提高食品安全监管水平的角度出发，进一步加强食品安全抽检和监测工作措施，部署2014年的抽检监测任务。食品药品监管总局局长张勇出席会议并讲话，副局长滕佳材主持会议。张勇在讲话中深刻分析了当前面临的食品安全形势，突出强调了抽检监测工作在食品安全全局工作的重要意义，明确要求各地提高对抽检监测工作的认识水平和重视程度，切实将其抓紧抓好抓实。他指出，食品安全是重大的基本民生问题，党中央、国务院高度重视，全社会高度关切。面对中央要求和公众期盼，面临当前严峻复杂的食品安全形势，各级食品药品监管部门落实党中央、国务院要求，围绕食品安全科学严格监管，研究出台了一系列政策措施，其中抽检监测是国际公认、普遍采用的食品安全基本管理措施，是从整体上统筹提高食品安全管理水平的重要一环，也是监管工作由事后查处为主向关口前移、预防为主转变的重要举措，更是在新的监管体制下更多依靠科技支撑、提高监管效能的创新性工作。他强调，各地必须把抽检监测工作进一步突出出来，摆到食品安全全局工作的重要位置，将其作为应对当前我国食品安全隐患点多面广严峻形势的重要监管手段，作为不断巩固食品安全基础的一项重要的治本之策，作为开创监管工作新局面、引导社会共治的强有力推手，通过全系统的努力，把这项工作摆好布局、建好机制、落实好任务。张勇深入分析了当前抽检监测工作存在的问题和挑战，对统筹推进工作、狠抓任务落实、提高能力水平、充分发挥效益等进行了全面部署，提出了明确要求。他要求，抽检监测工作要以问题导向统领，以求真务实的作风积极主动发现风险隐患，要完善抽检监测的配套机制和后续执法措施，切实将发现的问题核查处置到位，要立足新的监管体制，从统筹提高食品安全管理能力的角度搞好抽检监测工作，相应计划制定、组织实施、数据分析、结果利用等要统一归口，要加强数据精细化管理，更好地运用抽检监测结果探索监管规律、提升监管水平。张勇还对2014年抽检监测计划组织实施工作提出了具体要求，要求各地加强领导、严格管理、落实责任、稳妥推进，特别要注重全过程监控、规范资金使用和承检机构从业行为、加强系统内外协调配合，为抽检监测工作把好关，为今后工作积累经验、夯实基础。同时，张勇还对近期全系统食品药品监管工作亟须加强和推进的一些重点工作进行了部署，要求以时不我待的紧迫感，全面做好当前工作。一是要加快推进基层监管体制改革，加快形成统一完善的监管体系；二是要以改革的精神、创新的思维，强化食品药品治理体系和治理能力；三是要严格各级责任，狠抓工作落实；四是要在政府职能转变中实现对食品药品安全的最严格监管；五是要倍加珍惜当前来之不易的良好开局，努力维护和继续提升食品药品监管部门的形象；六是要加强部门间协商合作和相互支持。

25日 农业部农产品加工局“主食加工业提升行动暨黑龙江主食及特色农产品加工科企对接主题活动”在哈尔滨市举行，来自17个省、自治区、直辖市的主食加工领域专家、学者、企业家以及管理部门人员参加了活动。活动期间，围绕主食及特色农产品加工技术需求组织开展了科企对接，发布推介最新科研技术成果76项，征集企业技术和项目需求40项，19个主食加工产业项目达成意向协议，涉及投资约15.0亿元；组织开展了调理米饭、面制品、杂粮、预制菜肴等主食领域产品、技术、装备展示推介。同时，现场发放了《主食加工知识问答》手册，引起了消费者极大兴趣。自2012年农业部实施主食加工业提升行动以来，主食加工业发展的良好氛围正在形成，工商资本进军主食加工业趋势越加明显，全国主食加工业呈现出良好发展态势，2013年涉及主食加工的米、面制品、速冻食品等行业主营业务收入增速分别达到17.7%、18.0%，普遍高于农产品加工业13.8%的平均增速。2014年，农业部在总结试点情况的基础上，部署在全国开展主食加工业提升行动，力争通过打造一批高效务实的载体和平台，推动主食加工业发展再上新台阶。一是组织开展一批有影响力的主题活动。包括黑龙江主食及特色农产品加工科企对接主题活动、全国大中城市郊区推进主食加工业现场交流、全国主食加工技术装备和产品展示推介、江苏食品老字号推介、湖南主食加工产品推介等，营造氛围，扩大影响。二是树立支持一批带动力强的示范企业。开展示范企业申报认定，组织展示推介、交流对接和企业负责人培训，推动实施开发性金融支持主食加工业发展等项目，加快主食加工业主体培育，加强示范引领带动。三是宣传推介一批主食加工知名品牌。开展“食品老字号传承与创新之星”推荐，丰富完善“主食加工精品之窗”平台，加强宣传推介，树立一批食品老字号典型。四是推广应用一批先进的技术和装备。加快推动实施农产品加工技术集成基地建设，开展技术创新与推广对接活动，建立主食加工业技术研发、推广应用公共服务平台。

5 月

7～8日 国家食品药品监督管理总局在广州市召开“婴幼儿配方乳粉换证审查和再审核工作推进

会”。内蒙古、黑龙江、上海、福建、江西、广东、陕西等省、自治区、直辖市食品药品监管局有关负责人和行业专家参加了会议。国家食品药品监督管理总局滕佳材副局长出席会议并讲话。会议听取了各省婴幼儿配方乳粉生产许可换证审查和再审核工作进展情况，以及审查工作中发现的问题及意见建议；对前一阶段的换证审查和再审核工作进行了小结，对工作中的主要问题进行了认真研究。会议代表还现场检查了广州市婴幼儿配方乳粉生产企业的产品配方研发、产品检验和原辅料采购、生产过程控制、产品销售记录等质量安全追溯体系等情况。会议对前一阶段各地婴幼儿配方乳粉生产许可换证审查和再审核工作取得的阶段性进展给予充分肯定。各地对此次的婴幼儿配方乳粉换证审查和再审核工作高度重视，组织严密，审核严格，并对婴幼儿配方乳粉监管进行了最新的制度探索，深化了对婴幼儿配方乳粉监管工作的认识，拓宽了食品安全监管思路，锤炼了监管队伍，提高了整体监管水平。滕佳材要求各地要本着对人民、对社会、对整个婴幼儿配方乳粉产业负责的态度，在保证审核质量的前提下，加快工作进度，确保阶段性工作的圆满收尾。同时，要确保审核、监管工作两不误，确保新制度的落实。要把好的创新探索经验尽快转化为制度，进一步加强对基层监管人员和企业相关人员的培训，细化完善日常监管，督促企业落实执行，体现监管效能。

15～16日 由国家食品药品监管总局举办的“食品药品广告监管工作座谈会”在南宁市召开，国务院食品安全办公室副主任、食品药品监管总局副局长刘佩智出席会议并讲话。各省、自治区、直辖市局分管负责人出席会议。会议分析研究了食品药品广告监管工作的发展现状和存在的问题，就新形势下如何推进食品药品广告监管工作，提出了目标任务和工作要求。刘佩智充分肯定了广告监管工作所取得的成效。一年来，各级食品药品监督管理部门共审批药品、医疗器械和保健食品广告1.9万余个，监测发现严重违法广告149.0万余条次，移送工商查处136.0万余条次；发布违法广告公告774期；撤销或收回广告批准文号152个；采取暂停产品销售限期整改措施700次，严厉整治了一批违法广告企业和产品，有效维护了食品药品市场秩序。刘佩智指出，食品药品广告监管是总局整体监管的重要组成部分，也是我们义不容辞的责任。一是要充分认识加强广告监管工作的迫切性。在当前食品药品监管体制改革向市、县延伸的关键时刻，做好食品药品广告监管工作更具现实意义。二是要充分认识加强广告监管工作的必要性。加强广告监管是保护群众身体健康和生命安全的重要手段，是维护市场秩序、促进食品药品产业健康发展的有力举措，是构建社会诚信体系、提升政府公信力的有效途径。刘佩智强调，食品药品广告监管工作形势依然严峻，面临的困难和问题仍然比较突出，一些违法广告久治不愈、乱象丛生。从发展阶段看，目前仍处于问题易发多发期；从食品药品广告特点看，违法形式和手段多变难控；从自身监管能力看，仍然存在重视不够、力量分散等一些薄弱环节。做好食品药品广告监管工作，一是坚持正本清源，把好广告审查准入关口。生产经营企业发布广告要承担第一责任。二是坚持问题导向，深入开展整治违法广告专项行动。三是坚持与时俱进，加强对新媒体违法广告的监测。目前，网络制假售假违法案件呈逐年上升趋势。食品药品监管部门要切实增强敏感性，善于从蛛丝马迹中发现违法信息和案件线索。四是坚持标本兼治，不断健全法律法规体系。在法律法规修订中，要重视强化生产经营者虚假宣传的法律责任。五是坚持科技引领，提升监管工作现代化和信息化水平。树立“大数据”和“精细化”监管的理念，加强信息监管平台建设，提升监管能力和水平。刘佩智还就加快推进基层监管体制改革提出要求，一是要保证基层监管力量得到充实；二是要保证技术支撑体系得到加强；三是要保证改革任务按时完成。

25～26日 农业部在北京举办了“农产品产地初加工补助政策培训会”。培训会由农业部农产品加工局副巡视员杨泽钊主持，农产品加工局局长宗锦耀出席会议并讲话。会议指出，农产品产地初加工补助政策实施两年来，中央财政共安排10.0亿元资金，带动地方和农民投资23.0亿元，补助农民专业合作社和农户建设5.0万座初加工设施，新增马铃薯贮藏能力86.0万t、果蔬贮藏能力67.0万t、果蔬烘干能力43.0万t，成效明显。一是减损增供、促进增收。农民建设贮藏、烘干设施后，马铃薯、水果、蔬菜产后损失率分别从15.0%～20.0%、15.0%～20.0%、20.0%～25.0%降低到6.0%、4.0%和6.0%以下，相当于每年多增加27.5万t产量，错季销售还提高售价30.0%～50.0%，农民由此多增收18.0亿元。设施使用寿命按20年计算，可为农民带来360亿元的收益。二是提高质量、促进加工。实施科学贮藏后，马铃薯存放3～4月不长芽、不皱缩，苹果、胡萝卜等果蔬存放5～6月不腐烂、不萎蔫，保持了入库（窖）时的品质和外观。同时，延长了原料供应期，拉长了加工企业生产周期，减少了加工企业建设数量，节约了社会资源，提高了加工企业生产效率和经济效益。三是均衡上市、促进销售。西北、华北、东北等马铃薯主产区，马铃薯销售期从不到半个月延长到了7个月，实现错季择机销售，调节了市场供求。果蔬经预冷后运输，市场销售范围从邻近地区扩大到全国各地或周边国家。四是增强预期、引导生产。农民有了贮藏、保鲜、烘干等初加工设施，种植鲜活农产品不再担心卖难、价格不好等问题。宗锦耀指出，农产品产地初加工补助政策是党中央、国务院强农惠农富农政策的重要内容，实施好这项政策是各级农产品加工管理部门一项政治任务，也是一种政治责任。他强调，各级农产品加工管理部门要站在政治和全局高度，把实施好补助政策作为当前农产品加工工作的重中之重，不断增强使命感和责任感，加强组织领导，狠抓工作落实。一要精心组织实施。各级农产品加工业管理部门要高度重视，周密部署，精心组织，将组织实施工作纳入部门的中心工作，并逐步上升为地方政府的重点工作，确保补助政策顺利实施，努力实现补助设施当年建设，当年使用，当年见效。二要加强规划引导。要树立长期发展理念，加强调查研究，认真总结经验，摸清实际需求，加快编制中长期农产品产地初加工补助规划，作为测算资金和指导实施的依据。要通过规划引领，进一步明确工作目标，突出支持重点，提高补助政策的精准性和指向性。项目实施要与现代农业示范区、产业园相结合，围绕主导产业和主产区域逐步推进、集中建设，加快推进特色优势产业发展。三要积极改革创新。按照“稳中求进、改革创新”的原则，不断加大农产品产地初加工补助政策的改革创新力度。要创新运行机制，最大限度地简政放权，最大限度地满足群众的需要，让政府放心、让群众满意。要加强技术创新，进一步细化和完善技术方案，健全技术依托队伍，促进技术和设施本地化、科学化。四要严格落实责任。各省、自治区、直辖市要尽快建立一级抓一级、层层抓落实的工作责任制，明确工作要求，落实管理责任。同时要建立完善廉政风险防控机制，针对可能发生的风险点，采取防范措施，确保规范阳光操作。县级农业部门要会同财政部门抓紧组织项目审批、技术指导、项目验收、资金拨付等工作，加强项目申请、审核、结算等档案的信息化管理，提高工作效率和操作过程的透明度。五要加强监督管理。各省、自治区、直辖市农业部门要会同财政部门认真制定监管督查方案，加强对补助政策实施情况的督导检查，组织开展专项检查和重点抽查，严查套取补贴资金、乱收费等违规行为。补助资金必须专款专用，不得截留、挤占和挪用。各地应安排必要的工作经费，以保证政策宣传、本地化设计、技术指导与培训、检查验收等工作的顺利开展。严禁将中央补助资金用于工作经费，农业部也将会同财政部不定期开展专项检查和重点抽查，严肃查处违规违纪行为。

6 月

12日 由国家食品药品监督管理总局组织的“2014年保健食品安全监督抽检监测工作部署会议”在银川市召开。会议深入贯彻落实国家食品药品监督管理总局关于加强食品安全监督抽检监测工作的决策部署，研究分析当前保健食品安全形势，进一步强化工作措施，部署2014年的全国保健食品监督抽检监测和专项监督抽检监测任务。会议传达学习了张勇局长在2014年食品安全抽检监测工作部署会议上的讲话精神，分析了当前面临的保健食品安全形势，突出强调了抽检监测工作的重要作用，明确要求各地提高对保健食品抽检监测工作的认识水平和重视程度，真正把这项工作摆上重要位置抓紧抓实抓好。会议指出，各地各有关部门要充分认识保健食品监督抽检监测工作的重要意义。监督抽检和风险监测工作是应对保健食品安全严峻形势的重要监管手段，是实施保健食品科学监管的重要举措，是夯实保健食品安全监管基础的重要方式。各地要切实提高认识，进一步重视和强化这项工作，充分发挥其在加强保健食品监管、保障公众消费安全中的重要基础性作用。会议介绍了2014年全国保健食品监督抽检和风险监测实施方案以及专项监督抽检监测实施方案的工作任务和有关要求，2014年重点要针对减肥、增强免疫力、缓解体力疲劳、辅助降血糖等15类保健食品及营养素补充剂开展抽检监测工作。会议强调，各地要以问题导向统领保健食品监督抽检监测工作，以发现保健食品安全问题、排查安全风险为目的，合理确定抽检监测的对象范围，提高发现问题的能力和概率。要以科学严谨的态度统筹做好抽检监测工作，科学制定具体实施方案，严格按照抽检监测的程序和规范，明确各项工作的进度安排，落实好各项工作的质量要求和时间节点。要以求真务实的作风将发现的问题核查处置到位，围绕发现和解决问题，完善配套机制和后续执法措施，对发现的每一件问题样品都要跟踪到底、核查处置到底。会议要求，各地各有关部门要对保健食品抽检监测工作加强组织领导，落实工作责任，严肃工作纪律，严格资金使用，加强质控考核，提高工作质量。要强化全局意识，互相支持配合，按时保质完成2014年保健食品监督抽检监测工作。

14日 “婴幼儿配方乳粉企业质量安全追溯体系建设试点工作现场交流会”在呼和浩特市召开。这次会议的目的是，交流婴幼儿配方乳粉企业质量安全追溯体系建设试点经验，开通并运行食品工业企业质量安全追溯平台。工业和信息化部党组成员、总工程师朱宏任出席会议并讲话。工业和信息化部消费品工业司王黎明司长主持会议。朱宏任指出，为了进一步推动食品质量安全追溯体系建设工作，促进食品工业科学发展，要做好四方面的工作：一是要坚持以企业为主体，完善企业两化融合组织体系，实现信息综合集成创新和应用，不断提高食品企业两化深度融合水平。二是要加强食品追溯体系建设的中长期研究，制定年度实施方案，推进食品工业各细分行业产品质量安全追溯体系标准的立项、研究制定和贯标工作。三是要最大程度地让消费者积极参与建设、充分使用平台，最广泛地吸纳婴幼儿配方乳粉等食品生产企业和相关 IT 企业参与追溯平台建设和标准制定，积极提升食品安全治理能力。四是要在食品追溯平台应用、数据库共享、信息查询、快速反馈、增值服务、信息安全等方面提供及时快捷低成本的服务。会议介绍，工业和信息化部在国家食品工业企业诚信体系平台基础上拓展了食品工业企业质量安全追溯平台功能，目前食品追溯平台已经初步建成并在内蒙古伊利实业集团股份有限公司、蒙牛-雅士利乳业（集团）股份有限公司、黑龙江省完达山乳业股份有限公司、北京三元食品股份有限公司、福建明一国际营养品集团有限公司和辽宁辉山乳业集团有限公司等 6 个婴幼儿配方乳粉试点企业成功试运行。平台已正式开通并对全社会开放。会议由工业和信息化部消费品工业司主办，由内蒙古自治区经济和信息化委员会协办，内蒙古伊利实业集团股份有限公司承办。来自工业和信息化部、国家质检总局、国家食品药品监管总局有关司局相关负责人，部分省、自治区、直辖市、相关协会、技术支撑单位、重点婴幼儿配方乳粉企业和新闻媒体的代表参加了会议。

19 日 公安部在北京举办“食品药品安全刑事保护论坛”。公安部副部长黄明要求，要积极适应推进国家治理体系和治理能力现代化的要求，紧紧盯住关系民生的食品药品犯罪，牢固树立法治思维，进一步加强刑事司法部门和行政执法部门衔接配合，全面提升打击能力，着力推进源头治理，为百姓“舌尖上的安全”提供强有力的刑事保护，为依法严惩和防范食药犯罪营造浓厚的社会氛围。近年来，全国公安机关按照党中央、国务院的部署要求，积极会同检法机关和农业、食药监等有关部门，深入组织开展“打四黑除四害”“打击食品犯罪保卫餐桌安全”，以及打击瘦肉精、地沟油、病死猪、肉制品、乳制品、毒胶囊犯罪等一系列专项打击整治行动，侦破各类食品安全犯罪案件 5.2 万起、制售假药犯罪案件 2.8 万起，捣毁了一大批制售有毒有害食品、假冒伪劣药品的黑作坊、黑工厂、黑窝点，严惩了一大批制假售假犯罪分子，形成了对食品药品犯罪的高压震慑态势，发挥了刑事司法保护的强大作用，彰显了法律的权威和尊严。黄明要求，公安机关打击食药犯罪、强化刑事保护责无旁贷。要针对食药领域突出犯罪问题，始终坚持严打方针不动摇，进一步加大打击整治力度，坚决把犯罪分子的嚣张气焰打下去；要进一步提升打击的质量，既要坚持主动打击、精确打击，确保打得稳、打得准、打得狠，又要追根溯源、查漏补缺，推进源头治理、完善政策制度、强化日常管理，把刑事保护措施往前端延伸；要进一步探索专门工作与群众路线相结合的新途径，在大力加强食药专门侦查力量建设的同时，广泛发动群众举报揭发身边的食药违法犯罪线索，充分运用法律手段维护合法权益。黄明强调，当前一些食药领域的违法犯罪仍较突出，一些地方认识不够、执法不力的问题仍然存在，执法衔接过程中还有一些迫切需要解决的问题，标准不一、同案不同判的情况也有发生。要积极适应推进国家治理体系和治理能力现代化的要求，既立足当前，解决突出问题，又着眼长远，标本兼治；要善于运用法治思维和法治方式，着力解决相关法律适用及行政执法与刑事司法衔接中存在的问题，形成打击食药犯罪的整体合力，同时切实加强全社会法制教育，让法治理念深植于每一个人心中。理论界和实务界要密切合作，从安全发展理念、法律政策制度、社会治理机制等方面，积极探索研究食品药品安全领域出现的新情况、新问题，更好地指导食品药品安全刑事保护实践。国家食品药品监督管理总局副局长焦红出席论坛并致辞。最高人民法院、最高人民检察院和国务院食品安全办公室、农业部等有关部门负责人出席会议。

7 月

3 日 农业部在天津举办“全国主食加工业提升行动暨大中城市郊区推进主食加工业现场交流活动”，总结交流主食加工业发展成效经验，分析当前形势任务，部署今后重点工作。此次活动，来自主食加工领域的专家、学者、企业家以及管理部门人员进行了集中交流，汇编发布了主食加工最新技术和装备成果 38 项，现场观摩了天津利金粮油、狗不理 2 个主食加工企业，邀请中国工程院院士孙宝国就我国主食加工业发展趋势做了专题报告，公布了第三批 100 个全国主食加工业示范企业名单。农业部农产品加工局局长宗锦耀在活动讲话中指出，主食是满足人体基本能量和营养摄入需求的主要食品，是保证国民身体健康的基本食物。主食加工业一头连农民、一头连市民，一头连农业、一头连服务业，是联结工农城乡关系的特殊产业。深入开展主食加工业提升行动，加快推进主食加工业发展，是促进农产品加工业持续健康发展的重要任务，满足城乡居民日益增长的消费需求的必然选择，带动农民就业增收的有效途径，保障食物质量安全的重要措施，对稳增长、调结构、促改革、惠民生具有重要意义。主食加工业是真正的战略产业、朝阳产业、民生产业、强农产业、富民产业，各级农产品加工业管理部门要守土有责、守土负责、守土尽责，加强职能和机构队伍建设，切实提高认识，不断增强紧迫感、责任感和使命感。宗锦耀强调，各级农产品加工业管理部门要抓住机遇、迎接挑战，统一思想、坚定信心，理清思路、明确目标，找准方向、突出重点，改革创新、真抓实干，深入推进主食加工业提升行动，努力推动我国主食加工业再上新台阶。要准确把握发展原则，坚持政府引导、企业主体，为民服务、健康先行，科学规划、集聚发展，因地制宜、发挥优势四个原则。要准确把握重点任务，着力培育“五化”即“产权清晰化、生产标准化、技术集成化、管理科学化、经营品牌化”的主食加工领军企业，全面提升行业整体发展水平。要努力提高服务能力和水平，重点做到五个立足提升、五个下功夫，即立足于提升行业发展环境、科技水平、队伍素质、发展活力、管理水平，在政策扶持、创新驱动、人才培养、完善机制、公共服务五个方面下功夫。各示范企业要诚实守信、依法经营，完善机制、科学管理，自主创新、科技强企，注重品牌、开拓市场，珍惜荣誉、再接再厉，切实发挥示范引领作用。据了解，近年来在政策、市场双重利好作用以及全国主食加工业提升行动的推动下，我国主食加工业呈现出良好发展态势。2013 年，全国从事面米制造、速冻食品制造的规模以上主食加工企业主营业务收入达到 1 363 亿元，比 2012 年增长 18%；利润总额 94 亿元，同比增长 19.7%。通过此次现场交流活动，各方代表一致认为，在大中城市郊区推进主食加工业前景广阔、大有可为，主食加工企业开展全面质量管理、加快工业化与信息化深度融合、推进主食加工业发展与观光体验紧密结合等，对于提高主食加工业发展水平、提振消费者对食品安全的信心均具有重要意义。

7日 “2015 年国家食品安全风险监测计划制定暨 2014 年风险监测工作会商会”在北京召开。教育部、工业和信息化部、公安部、农业部、国家质量监督检验检疫总局、国家食品药品监管总局、国家粮食局、解放军总后卫生部等多部门，中国疾控中心、食品风险评估中心、中国标准化研究院、全军卫生监督中心等技术机构和中国食品工业协会、中国卫生信息学会等行业组织参加了会议。会议指出，食品安全风险监测是《食品安全法》规定我委牵头会同相关部门共同履行的一项重要职责。要围绕认真履职，依法制定好 2015 年国家食品安全风险监测计划，进一步强化风险监测的科学性，更加注重样品的代表性，提高发现隐患的敏感性；要统筹资源、突出重点、落实责任、形成合力。会议强调，要继续抓好 2014 年风险监测计划的实施，加强工作指导和督导，做好数据汇总分析和结果通报工作，并注意加强交流，全面提升风险监测专业技术水平。会议讨论研究了《2015 年国家食品安全风险监测计划》制定工作，并通报会商 2014 年国家食品安全风险监测阶段性结果。会议议定，食品风险评估中心牵头成立国家食品安全风险监测计划制定专家工作组，请相关部门和技术机构以及地方专家共同参与，根据会议要求，研究制定 2015 年风险监测计划具体内容。

8日 农业部印发了《关于加强粮食加工减损工作的通知》，要求各级农产品加工业管理部门牢固树立“减损就是增产、减损就是增收、减损就是增供、减损就是增效”的理念，不断增强工作责任感和紧迫感，全面推进粮食加工减损工作。《通知》指出，进入 21 世纪以来，我国农业综合生产能力稳步提升，粮食产量实现“十一连增”，用世界约 9% 的耕地养活了近 21% 的人口，为世界粮食安全做出了重大贡献。但因为设施设备缺乏、技术工艺落后、过度加工和副产物综合利用率低等问题，我国粮食干燥、储藏、加工等环节浪费严重。因产后处置不当，农户每年损失粮食 7.0%～11.0%，过度加工导致每年损失粮食 75.0 亿 kg 以上，成为影响国家粮食安全和制约农业增效、农民增收的重要因素。《通知》强调，要紧紧抓住烘干、储藏等初加工环节，结合农产品产地初加工补助政策实施，积极开展粮食产地烘储设施建设试点工作。充分利用农机购置补贴政策，支持农民合作社、家庭农场、专业大户等新型经营主体建设自然通风仓、烘干设备、烘储仓等初加工设施；支持农民建设小型粮食仓储设施，购置新型储粮装具；鼓励农民专业合作社等经营主体建设“粮食银行”，探索粮食统一烘干、统一加工、统一储存、统一销售的经营模式。要防止过度加工造成的粮食、营养和能源的浪费，科学开展粮食精深加工，减少精米、精面等重外观、轻营养的产品开发，大力发展专用米、糙米、米糠食品、专用粉、全麦粉、小麦麸皮制品等新型营养健康食品及系列化、优质化、方便化主食食品，正确引导科学健康消费理念。积极鼓励粮食加工副产物综合利用，延长粮食加工产业链，拓宽粮食加工转化增值空间，提高资源综合效益。积极发展稻壳生物质能源产业化开发，加强玉米皮、玉米黄粉、玉米胚芽、玉米芯和碎米、麸皮、次粉、胚芽、秸秆等副产物综合利用。推进清洁生产，减少污染物排放，推进资源节约型和环境友好型现代粮食加工业发展。《通知》要求，要积极整合科研力量，加强粮食产后环节基础性、关键性重大科学技术研究；加快建设一批粮食产后烘干、仓储、加工等技术研发、集成平台，突破一批关键共性技术；推进传统主食品和粮食加工品科技创新，促进科研成果产业化；大力开发和推广节能节水节粮技术设备，加快淘汰高能耗、高粮耗、高污染的工艺装备，提高关键设备、大型设备生产能力；引导加工企业向园区集聚，促进上、下游关联企业专业化协作配套，培育产业集群，推进集约化经营、规模化发展。《通知》进一步强调，粮食加工减损事关国家粮食安全，事关农业增效和农民增收，事关经济社会发展全局。各级农产品加工业管理部门要切实加强粮食加工减损工作组织领导，将其纳入重点工作议程，深入调查研究，明确工作目标，完善工作制度，采取积极措施，加快推进各项工作。要加强与相关部门沟通协调合作，形成政府统筹、部门联动、上下协同的工作格局。要加大宣传力度，普及科学用粮和节约粮食知识，宣传推广一批成功经验和先进典型，不断提高我国粮食储藏加工水平。

8 月

20 日 国家食品药品监管总局召开“食品安全抽检监测工作视频会议”。滕佳材副局长出席会议并讲话，会议由总局党组成员、食品安全总监郭文奇主持。各省级食品药品监督管理局分管抽检监测工作负责人及有关处室人员、抽检监测承检机构主要负责人在分会场参加会议。会上，通报了近期食品安全抽检监测及总局本级专项抽检监测工作情况，河北省、吉林省食品药品监管局分别就加强抽检监测发现问题处置及完善抽检监测工作协作机制等内容作了交流发言。滕佳材指出，全国食品安全抽检监测工作部署会议以来，各地按照“统一制定计划、统一组织实施、统一数据汇总分析、统一结果利用”四统一原则，克服基层食品安全监管体制改革不到位等原因造成的种种困难，抽检监测工作稳步推进。在充分肯定成绩的同时，提出了目前抽检监测工作在机制制度完善、组织实施、问题处置、承检机构管理、数据分析研判等方面存在的问题和不足。他强调，各地要加强组织领导，尽快理顺工作机制，进一步突出问题导向，针对食品质量安全易发、多发问题，突出重点环节、品种和指标项目进一步加大抽检监测力度，强化抽检监测的靶向性。针对发现的问题和隐患，认真分析研判，及时采取有效措施，规范企业生产经营行为，严肃查处违法违规案件，坚决控制问题产品流向，积极主动化解食品安全风险。同时，要严格工作程序，加大对承检机构的管理考核力度，提升大数据信息化运用和分析研判能力，充分发挥好抽检监测在食品安全监管工作中的技术支撑作用。

22～24 日 “中国乳制品工业协会第二十次年会暨第十四次乳品技术精品展示会”在上海召开。来自中外乳业及相关行业的企业家、专家、经济学家以及参展商和代表约 4 000 人参加了会议。会议以“聚焦全球乳业创新发展”为主题，为全球乳业精英搭建了高端交流平台，全面深入分析了国内外乳制品行业的发展形势以及面临的机遇和挑战，探讨了进一步提高乳品质量安全、增强我国乳业的国际竞争力，交流了各地行业发展情况，研讨促进我国乳业振兴发展的措施，总结、巩固和扩大行业发展的经验及成果等。会议期间，召开了中国乳制品工业协会第五届理事会第三次会议，举办了第十四次乳品技术精品展示会，举行了第二十次年会开幕式并成功组织了《全球乳业CEO论坛》《知识经济时代乳业技术发展论坛》《国际婴幼儿营养与食品科技论坛》《奶源基地建设专题论坛》。在开幕式上，工业和信息化部党组成员、总工程师朱宏任做了题为《调结构保质量重安全促进乳制品行业健康发展》的报告。报告指出，近年来，在党中央、国务院的正确领导和社会各界的关心支持下，在全行业的共同努力下，我国乳制品行业排除了诸多困难和障碍，乳制品的质量安全状况有了明显改善，稳定可控奶源的比例有了很大提高，产业结构不断优化，产业素质持续提升，没有发生大的食品安全事故，消费者信心和市场发展得到了显著恢复，整个行业呈现出良好的发展态势。目前我国乳制品行业的整体发展还存在不少障碍和差距。比较突出的有：一是奶源基地建设有待加快；二是科技创新有待加强；三是品牌创建有待加速；四是产业集中度有待提升；五是管理创新有待加快。在“十三五”期间，我们的目标是要更快地促进乳制品行业“做优、做强、做大”，真正成为民生基础行业、百姓放心行业和品牌标杆行业。为了这个目标，今后要着重做好以下三项工作：一是坚定不移地构筑行业发展基石；二是坚定不移地推动行业转型升级；三是坚定不移地大力构建安全长效机制。中国乳制品工业协会名誉理事长宋昆冈在大会上作了题为《新形势下的中国乳业》的报告。他在报告中分析了乳业新形势，近几年来，乳制品行业以产品质量与安全为重心的整顿提升取得了显著成绩，同时指出，生产发展与奶源基地建设滞后的矛盾，产品结构与消费市场的矛盾渐渐显现出来，开始影响到了行业持续稳定发展。主要表现在四个方面：一是奶源紧张，价格趋高；二是国内生产和市场消费受国际市场的影响越来越明显；三是高成本高价格已成为制约行业发展的突出矛盾；四是乳制品生产增速放缓。他在报告中对乳业发展新思路提出要着手做好以下四方面工作：第一，做好奶源基地建设工作；第二，加速产品结构调整的步伐；第三，加快走出去发展的步伐；第四，实施低成本战略，让乳制品回归大众化的基本生活品的本位。此次展示会共吸引200多个国内外知名企业参加展出，其中内资企业177个，外资企业47个，展出面积1.5万 m^2，展出展位600多个，创行业展会新高。本次展会也是外国相关行业参展最多的一次，来自法国、美国、英国、澳大利亚、新西兰、爱尔兰、芬兰、日本等国家和地区参展团出席精品展示专业交流会，是一次名副其实的国际乳品技术展示会。本次展会展示了乳品加工机械、灌装包装机械、运输设备、流体设备（阀门、管件、泵）、生产用水及污水处理设备、喷码机、打码机、检测仪器、包装材料与印刷、乳品添加剂（包括：酶制剂、发酵剂、糖醇类）、乳品生产主料及配料、乳品技术图书及牧场设施等。本次参展的企业在国内外都具有较高知名度。

29日 国务院食品安全办、国家食品药品监管总局、国家工商行政管理总局联合召开视频会议，决定自2014年9月1日起，在全国范围内集中开展为期三个月的农村食品市场“四打击四规范”专项整治行动。国务院食品安全办副主任、食品药品监管总局副局长滕佳材，工商总局副局长马正其出席会议。会议由食品药品监管总局党组成员、食品安全总监郭文奇主持。近年来，农村食品市场专项整治力度不断加大，在规范农村食品市场秩序方面取得了一定工作成效。然而，由于农村地区地域广大、人口众多，在基层监管力量严重不足的情况下，目前农村食品市场突出问题多发、高发的态势仍未得到有效遏制。主要表现为制售假冒伪劣食品行为和“五无”食品（无生产厂家、无生产日期、无保质期、无食品生产许可、无食品标签的食品）在农村食品市场屡打不绝，非法添加非食用物质、经营过期变质食品、经营条件不符合要求、食品及原料来源不合法、消费者食品安全意识淡薄等问题依然存在。2014年年初，国务院食品安全办、食品药品监管总局和工商总局联合发文对农村食品市场整治工作进行了部署。为解决农村食品市场存在的共性、突出、亟须解决的问题，在前期工作成果基础上，三部门决定集中时间、集中力量联合开展为期三个月的“四打击四规范”专项整治行动。专项整治行动内容包括：严厉打击无证无照行为，规范食品生产经营者的主体资格，严厉打击销售、使用无合法来源食品和原料违法行为，规范食品生产经营者的采购活动；严厉打击生产经营侵权仿冒和“五无”食品违法行为，规范食品包装标签标识管理；严厉打击生产经营“两超一非”等伪劣食品行为，规范食品生产经营过程。在食品生产环节，专项整治将突出重点品种、高风险食品品种生产加工主体；在食品流通和餐饮环节，将突出对经营高风险和重点食品，以及问题多发的经营者开展全覆盖的监督检查。在整治行动中，各级食品安全办将发挥组织协调作用，细化部门工作任务，明确监管责任，提出整治措施和目标任务，协调并督促相关部门组织开展联合执法行动。食品药品监管部门将集中开展食品生产经营许可证清理规范、经营者进货查验和查验记录落实情况整治以及生产经营劣质食品等违法行为整治。工商行政管理部门将集中力量规范农村食品市场经营秩序，组织开展农村食品市场久治不愈的“傍名牌”“山寨食品”等侵权仿冒、虚假广告违法行为专项治理行动。此外，各地还将通过新闻媒体、乡镇文化站、学校等进行广泛宣传。将通过“四打击四规范”专项整治行动，严打重惩，形成震慑，营造氛围，进一步提升整个农村地区的食品安全意识、法律责任意识、诚信自律意识和理性维权意识，构建安全有序的农村食品市场环境。专项整治期间，国务院食品安全办还将牵头组织对各地专项整治工作情况开展督查和考核，各级食品安全办和各相关部门也将开展地方督查工作，确保各项工作落到实处。对责任不落实、监管不作为、情况不报告、问题不解决的单位和工作人员，将严肃追究相关责任。

28～29日 国家卫生和计划生育委员会组织召开了“全国食品安全风险监测工作经验交流会”。会上，国家卫生和计划生育委员会食品司苏志司长讲话，充分肯定了五年来我国食品安全风险监测工作所取得的成效，并就下一步工作重点提出要求。国家食品安全风险评估中心主任刘金锋对风险监测技术工作进行全面总结，提出下一步工作设想。国家食品安全风险评估中心陈君石院士作了专题讲座，重点介绍了国外食品安全风险监测开展情况，对我国风险监测进一步提高科学水平提出了建议。浙江、广东、山东、江苏、陕西等省卫生计生委，安徽省合肥市、江苏省常熟市、辽宁省大连市西岗区计生委等分别介绍了推进食品安全风险监测工作的主要经验。会议还就下一步如何推动风险监测工作进行了讨论。会议认为，五年来我国食品安全风险监测体系逐步健全，工作机制不断完善，各级风险监测技术机构能力不断提高，共对30类近600余种食品开展风险监测，获得547万余个监测数据，为食品安全风险评估和标准制定修订、食品安全事件应对、打击非法添加和制假造假等违法犯罪行为、加强食品安全监管提供了有力的科学技术支撑，为保护群众身体健康和饮食安全发挥了重要作用。会议指出，当前我国食品安全风险监测工作处在重要发展阶段，要充分利用卫生计生部门在健康风险管理方面的专业优势，加强食品安全风险监测工作，切实发挥好卫生计生部门在维护食品安全和百姓健康方面的积极作用。针对工作中存在的困难和问题，要在发展中逐步解决。会议明确下一步工作重点：一是抓好2014年监测计划的落实，及时做好工作督导检查。二是加强风险监测数据分析研判，注重通过监测了解标准执行情况，追踪评价标准执行效果。三是加强风险监测结果应用，及时向监管部门通报信息。四是抓住改革和发展机遇，继续加强能力建设。

9　月

2日　"第十四届中国方便食品大会暨方便食品展示会"在北京国家会议中心开幕。方便食品行业是我国食品行业的重要组成部分。近年来，我国方便食品行业快速成长，不断创新，产品结构向多元化、优质化和功能化方向发展，丰富了市场供应。2013年我国方便食品行业主营业务收入约1747.0亿元，行业保持了快速的增长势头。看到成绩的同时，我们也要深刻认识到目前方便食品行业的形势。目前我国方便面行业整体依然下跌，竞争由上向下挤压，中小企业的生存空间日益狭小，而来自日本的容器面的竞争压力也日趋增大，行业急需做出调整。挂面行业市场处于快速扩张中，但行业增速已明显下跌，产品同质化严重。冷冻食品行业仍处于充分竞争期，但市场增速开始明显放缓。值得欣慰的是我国挂面自动化装备创新的实现，已使挂面从小麦入库到挂面出厂全部实现了自动化生产，体现了行业集成创新的成果。会上，与会专家就方便食品营养安全、行业转型与自主创新、方便面行业下一个增长点的拓展与配套、挂面产能过剩中的突围与定位、冷冻与冷藏食品如何把握消费需求的新机遇、调味料行业从产品安全到企业安全的主题进行了交流探讨，提出未来在实现方便主食工业化的同时，逐步将科技向行业融合和渗透，通过现代加工技术的创新，赋予产品更为自然、纯正的风味，保留了产品的天然属性和厨房化烹调特征，为消费者提供更加健康选择。国家发展和改革委员会产业协调司巡视员贺燕丽参加会议并致辞。

4日　科学技术部农村科技司围绕现代农业和食品产业科技发展的战略需求，组织召开了"十三五"食品产业科技发展战略研究启动会。来自食品科学技术学会、北京工商大学、中国农业大学、南京农业大学、安徽农业大学、天津科技大学、南昌大学、江南大学、浙江大学、中国海洋大学，广东省农业科学院、湖南省农业科学院以及中粮集团等产学研单位的专家参加了本次会议，中国农村技术开发中心有关同志参加了会议。会上，科学技术部农村科技司王喆副司长首先就创新驱动顶层设计、科技计划管理改革以及今后科技项目的管理重点向与会专家进行了简要通报，并指出食品产业战略研究工作的总体思路。本次战略研究以中央对科技工作的要求和期望为指导，以理清食品产业存在的问题、重点解决食品产业卡脖子的瓶颈问题、凝练未来食品产业科技创新要点为工作重点。会议在简要介绍食品产业科技发展战略研究撰写背景、要求和前期工作、时间节点以及整体的方案框架等基本情况基础上，由战略研究专家就前期工作基础、产业背景、主要构想、存在的问题、目前进展情况等进行了详细汇报。与会专家就如何更好地开展食品产业科技发展战略研究进行了热烈讨论，并就战略研究的基本思路、重点内容、任务分工和时间进度等达成了共识。

6～8日　由农业部支持、河南省人民政府主办的"2014年中国农产品加工业投资贸易洽谈会"在河南省驻马店市举行。农业部总农艺师孙中华、全国政协委员马有礼、农业部农产品加工局局长宗锦耀、河南省委副书记邓凯、河南省副省长王铁出席开幕式。孙中华总农艺师指出，2014年以来，各级农产品加工业管理部门深入贯彻中央的决策部署，按照"稳增长、调结构、促改革、惠民生"总要求，保持了农产品加工业持续稳定发展的好势头。本届洽谈会"投资贸易洽谈、科技成果发布、技术装备展示、科企银企对接、产品展销推介、国际交流合作、专题聚焦研讨"七位一体，在组织过程中更加注重勤俭办会，更加注重科企对接、银企对接、产销对接和技术装备展示推广，更加注重国际交流合作，更加注重发挥行业和社会力量的组织作用，市场化、专业化、品牌化、国际化、信息化迈向新的台阶，为全国农产品加工业发展搭建了合作交流的重要平台。王铁指出，河南省农产品加工业的快速发展，实现了由"国人粮仓"向"国人厨房"，由农业大省向农产品加工业大省的历史性转变。河南将牢牢把握国家促进中部崛起和国内外产业向中西部地区转移的宝贵机遇，加快推进区域合作交流，实现优势互补、互惠互利、合作共赢，为推进全国农产品加工业持续健康发展发挥更大的作用。据了解，本届洽谈会认真落实中央八项规定要求，坚持政府搭台、企业唱戏、广泛参与、市场化运作的基本思路，不给各地下达任何指标，自愿参加；不要求各地领导带队，注重以企业为主体，不收取任何展示费用；精简办会、勤俭办会、务实办会，省去了一些不必要的形式；注重从生产加工的需求出发，真正解决实际问题。全国共有 30 个省、自治区、直辖市组团，参会代表团 190 多个，参会企业 5 000 多个，客商近 20 000 人。其中，境外企业 150 多个，客商近 300 人，展出总面积近 30 000m^2。会议期间，举行了重点项目发布和签约，产品展示和贸易，主食加工业特装展，农产品加工业机械展，科研成果展示和转化项目发布、签约，投融资交流暨银企洽谈活动，以及中国东盟农产品加工业项目推介、休闲农业展示活动、农产品产销对接及采购等专题活动。会议共签约投资项目 187 个，其中亿元以上项目 150 个，投资总额 530 亿元。中国科学院、中国农业科学院、中国农业大学、华中农业大学等 60 多所科研院校参加会议，其中 46 所科研院所和高新企业与 79 个农产品加工企业共达成科研成果转化协议 110 项。

10 月

17～19 日 “第十二届中国食品安全年会”在北京召开。本届中国食品安全年会由国家海关总署、国家工商行政管理总局、国家质量监督检验检疫总局、国家粮食局和中国食品工业协会联合主办，国家发展和改革委员会、工业和信息化部、环境保护部、农业部、国家卫生和计划生育委员会及国家食品药品监督管理总局共同支持，国家食品安全风险评估中心和国家食物与营养咨询委员会学术支持，中国食品安全报社承办。18 日上午，全国人大常务委员会副委员长陈竺宣布大会开幕。全国政协副主席齐续春，十届全国人大常务委员会副委员长、中国食品安全年会组委会名誉主任顾秀莲到会并讲话。中国食品工业协会会长石秀诗致开幕词，国家食品药品监督管理总局副局长滕佳材、环境保护部副部长李干杰、农业部副部长陈晓华致辞，国家工商总局消保局局长杨红灿、国家发展和改革委员会产业司巡视员贺燕丽、海关总署监管司副司长李伟发言。顾秀莲指出，食品安全是长期的、复杂的、艰巨的综合性社会问题。食品安全人人有责，食品安全更是食品企业履行社会责任的首要任务。中国食品安全年会是中国食品行业的年度盛会，是食品产业的品牌活动，是食品安全领域的高端平台。本届年会以“加强监管、社会共治；尚德守法、保障安全”为主题，以“沟通、认同、协作、共享”为主要方式，围绕食品安全生产、流通、消费等环节体系完善，行业标准和法律法规管理体系建设，科技支撑和成果转化、教育培训和常态监督体系设立等内容展开研讨。18 日下午，专家学者围绕食品安全法规、监控、标准、管理、农产品质量安全、流通监管食品安全等议题同与会代表展开深入的交流与探讨。19 日，中共中央政策研究室原副主任郑新立就宏观经济问题做了专题报告。此外，以“农业产业与农产品质量安全”和“生产流通领域食品安全”为主题进行对话交流。

29～30 日 “2014 年全国卫生计生系统食品安全工作推进会”在湖北武汉召开。会议认真贯彻落实中央关于食品安全工作重大决策部署，按照政府转变职能的要求，提出进一步加强卫生计生系统食品安全体系建设，狠抓落实，转变作风，依法履职，全面完成 2014 年食品安全重点工作。国家卫生和计划生育委员会副主任陈啸宏出席会议并讲话。陈啸宏指出，保障食品安全是改善民生的重要内容，是惠民生、促和谐、创造良好改革发展环境的重要抓手，是卫生计生部门的重要职责。十八大以来，党中央、国务院做出了一系列重要部署和工作要求。全国卫生计生系统要切实增强依法履职的紧迫感和责任感，把做好食品安全作为服务百姓健康的重要内容。陈啸宏强调，扎实推进卫生计生系统食品安全工作，需要上下联动，协调发展，落实关键在基层。各地卫生计生部门要建立健全工作体系，确保基层的食品安全工作机构、体系和专业队伍得到加强，要依法规范履职，全面提高卫生计生系统食品安全工作能力。要加强人才队伍建设，要以建立食品安全首席专家和首席卫生监督员制度为推动力，全面提升卫生计生系统食品安全人才队伍的工作水平。要切实转变工作作风，针对人民群众关心的问题和履职中存在的薄弱环节，创新工作思路和工作机制，扎扎实实推进食品安全各项工作。各省、自治区、直辖市、新疆生产建设兵团卫生计生委（卫生局）分管食品安全工作负责人，食品安全相关处负责人，省级监督机构、疾控机构负责人，国家卫生和计划生育委员会相关司局负责人，国家食品安全风险评估中心、中国疾病预防控制中心、卫生和计划生育监督中心负责人参加了会议。

29～31 日 “全国食品药品安全应急管理工作座谈暨培训会”在广西南宁召开。会议深入贯彻落实全国食品药品监管系统省局局长培训班暨年中工作座谈会要求，总结 2013 年以来工作成效，部署下一阶段全系统食品药品应急管理任务。国家食品药品监管总局党组成员、药品安全总监孙咸泽出席会议并讲话。孙咸泽指出，一年多来，各级食品药品监管部门认真贯彻落实总局党组决策部署，牢固树立全程防范、全员应急的理念，把突发事件防范和应对作为食品药品监管的重中之重，上下联动，协同配合，积极搭建应急体系框架、强化信息监测预警、妥善处置突发事件，应急管理各项工作取得良好开局，为保障食品药品安全发挥了重要作用。孙咸泽强调，当前我国食品药品安全形势依然复杂严峻，要把2015年作为全系统应急管理“体系建设推进年”，牢固树立底线思维和全程预防、全员应急的理念，狠抓应急管理工作指导意见、应急管理三年规划、突发事件应对规程、重大信息报告等规定的贯彻落实，坚持问题导向，及时发现和预警区域性、系统性风险，依法依规做好突发事件应对处置。要加快完善应急队伍，改进应急装备，加强应急检验检测，夯实应急管理基础，提升综合应急能力，建立健全覆盖省、市、县各级食品药品监管部门，上下贯通、运转高效的应急管理体系，为人民群众饮食用药安全提供有力保障。会议期间进行了突发事件应对能力的系统培训，选取了国内外食品药品生产、经营、流通、消费等不同环节的多个典型案例，通过专家点评、交流研讨、桌面推演等形式，对参会代表进行培训。国务院应急管理办公室派员到会指导。

11 月

3～5日 “全国食品药品监管统计工作暨培训会议”在北京召开。会议深入贯彻落实党的十八大、十八届三中、四中全会精神，总结了2014年度食品药品监管统计工作，分析了统计工作面临的形势和任务，研究部署了2015年度统计工作。国家食品药品监管总局党组成员、药品安全总监孙咸泽出席会议并讲话。国家食品药品监管总局统计办公室通报了2014年度食品药品监管统计工作。广西、辽宁、湖南、河北等省局和中国食品药品检定研究院负责人作了经验交流发言。孙咸泽指出，统计是一项重要的基础性工作，食品药品监管统计工作是监管工作的重要组成部分，是制定监管政策措施和法规制度的重要依据。一年来，全系统统计工作者爱岗敬业、勤奋务实，任劳任怨、甘于奉献，在建章立制、部门协调、完善统计报表、提高数据质量、加强统计分析、改善统计服务、强化统计培训、推进统计信息化等方面取得了很好的成绩，有力地助推了监管工作的起步、爬坡、迈坎。孙咸泽强调，面对食品药品统一监管的新体制、大数据时代的新特点和社会公众的新期待，各级食品药品监管部门必须进一步提高对统计工作重要性的认识，不断强基固本，开拓前行，切实发挥好统计工作“千里眼”和“顺风耳”的作用。下一步要重点做好三方面工作：一是加强领导。各级食品药品监管部门要继续贯彻落实国家食品药品监管总局《关于加强食品药品监督管理统计工作的指导意见》，确保有足够资源开展统计工作。二是依法统计。要严格按照《统计法》等有关法律法规的要求开展统计工作，确保统计资料的真实性、准确性、完整性和及时性。三是与时俱进。要树立大数据的理念和思维，逐步构建反映食品药品监管现状的大数据平台。会议期间还进行了统计业务培训。国家统计局多位专家就大数据与统计工作、统计学原理等知识进行了授课。国家食品药品监管总局统计办公室对《食品药品监督管理2014年年报及2015年定期统计报表制度》进行了讲解。各省、自治区、直辖市和新疆生产建设兵团食品药品监管局相关负责人、统计处室负责人和统计工作人员，以及总局有关司局、直属单位负责人和统计工作人员参加了会议。

12～13日 国务院食品安全委员会在福建厦门召开“全国治理餐桌污染现场会”，推广福建“治理餐桌污染、建设食品放心工程”经验，交流农产品质量和食品安全监管创新举措，启动农产品质量安全县和食品安全城市创建试点活动。受国务院副总理、国务院食品安全委员会主任张高丽委托，国务院副总理汪洋出席会议并讲话。汪洋强调，要认真贯彻落实党中央、国务院关于加强食品安全工作的部署和习近平总书记、李克强总理等中央领导同志的重要指示精神，总结推广福建治理“餐桌污染”的成功经验，全面提升食品安全治理能力。汪洋指出，福建自2001年率先在全国开展“餐桌污染”治理以来，取得了显著成效，有不少好的探索可借鉴、好的做法可复制、好的经验可推广。各地要结合实际认真学习，加强“从农田到餐桌”全过程的食品安全风险管理，严格落实食品安全政府属地管理责任，完善相关法律法规和技术标准，强化督查考核评价，努力形成社会共治合力，不断把食品安全工作推向深入。汪洋强调，要加快推进地方食品药品安全监管体制改革，保持监管体系的专业性、技术性、系统性，力争年底前基本完成改革任务。加强农产品质量安全监管体系建设。启动农产品质量安全县和食品安全城市创建活动，带动更多的地区以至全国提高食品安全保障水平。会议对近年来农产品质量和食品安全工作进行了总结，对下一步工作提出了要求。国家食品药品监管总局和农业部在会上签署了合作协议，双方将建立“从农田到餐桌”衔接顺畅、良性互补的协作制度。会议要求，各地要以党的十八届三中、四中全会精神为指引，学习借鉴福建的好做法、好经验，用改革的思维、法治的精神，认真履行职责，不断探索管理模式，全面提升农产品质量和食品安全治理能力和水平。一要以深化改革为契机，加快健全监管体系。坚定不移推进食品安全监管体制改革，抓紧把市县两级监管机构组建到位，把监管触角延伸到乡村（社区），加快生猪屠宰监管职能划转到位。二要以基层基础为重点，系统推进能力建设。加大投入支持力度，强化风险监测、检验检测、追溯管理等技术手段，充实基层监管执法力量和执法装备。加强干部队伍培训，增强依法行政能力，建设一支秉公执法、权威高效的监管队伍，为治理农产品质量和食品安全问题打下坚实基础。三要以法治建设为要务，依法履行监管职责。加快建立最严格的覆盖种植养殖、生产加工到流通消费全过程的监管制度，抓紧弥补法律法规缺失，不断健全新的规章制度，让各项监管工作有良法可依、有善政可循。严格监管、严惩重处违法违规行为，让生产经营者自觉履行主体责任，不敢、不能、不想以身试法。领会好、落实好四中全会《决定》关于食品安全领域内综合执法的要求，加强基层执法力量和执法规范化建设，为治理农产品质量和食品安全问题构建良好的法治秩序。四要以问题导向为常态，着力加强风险防范。坚持把查找问题作为监管工作的常态，努力排查化解各种风险隐患，同时在解决问题中查缺补漏、强化管理、完善机制，倒逼生产经营主体落实质量安全管理措施。五要以钉钉子精神抓落实，齐抓共管保安全。加快建立企业首负责任制，把农产品质量和食品安全与企业发展牢牢捆绑。进一步完善督查考核制度，落实将农产品质量和食品安全纳入地方政府绩效考核、社会管理综治考核的要求。发挥好食品安全办综合协调作用，为社会共治搭建平台，凝聚齐抓共管的合力。六要以创建活动为抓手，发挥示范带动作用。通过农产品质量安全县和食品安全城市创建试点，以点带面，激励各级政府更加重视和加强农产品质量和食品安全工作。与会代表现场考察了福建“治理餐桌污染、建设食品放心工程”的重要环节和典型成果。山东省、河南省及福建省厦门市、陕西省西安市、四川省金堂县政府围绕农产品质量和食品安全监管创新举措做了大会交流。

16～17日 “全国粮食科技创新大会”在北京召开。会议研究部署了今后一个时期的粮食科技改革创新工作，发布了一批粮食科研重大成果和前沿技术，总结交流了粮食科技工作的典型经验。国家粮食局局长任正晓出席会议并讲话，副局长徐鸣主持会议并作会议总结，副局长吴子丹作工作报告。中国工程院院士孙宝国出席会议并致辞，科技部陈传宏司长到会并介绍了农业科技体制改革情况。各省、自治区、直辖市及新疆生产建设兵团粮食局负责人，部分粮食企业、粮食科研院所院校、科技创新平台单位的代表，以及部分粮食科技行业资深专家共商粮食科技改革创新大计。国家粮食局局长任正晓指出，当前正值新一轮国家科技体制改革即将启动的关键时期，全国粮食系统要从保障国家粮食安全的战略高度和粮食流通事业科学发展的全局高度，深刻认识实施科技兴粮工程，促进粮食科技创新发展的重要性、紧迫性，增强切实抓好粮食科技工作的责任感、使命感。任正晓强调，要确保谷物基本自给、口粮绝对安全，把13亿中国人的饭碗牢牢端在自己手中，最大潜力在科技，根本出路在科技。实施科技兴粮工程、促进粮食科技创新发展是贯彻国家粮食安全战略的根本要求，是粮食行业落实创新驱动发展战略的迫切需要，是实现粮食流通科学发展的根本途径。任正晓要求，粮食科技工作既要“上天”，把保障和支撑国家粮食安全作为“天大的责任”和“天高的使命”；又要“落地”，科学研究要紧密结合国情、粮情，技术创新要紧贴行业需求、公众需要，突出解决最急需、最关键的科技难题。要紧密结合粮食流通实际，科学把握方向，着力破解难题，积极稳妥推进粮食科技体制改革，把全面实施科技兴粮工程、促进粮食科技创新发展作为粮食行政管理部门的重要职责落实好。近年来，国家粮食局牵头组织实施“十一五”“十二五”粮食科技发展指导意见和规划，提前布局、优化设计，粮食科技发展顶层设计持续优化，体制改革不断深化，创新平台建设成效显著；粮食科技成果丰硕，创新能力明显提高，成果应用转化效益明显；行业科技人才队伍不断壮大，经费投入渠道和总额不断增多，粮食科技发展环境持续向好。全行业共有559项科技成果通过验收评审鉴定，有16项粮食科技成果获得国家科学技术进步奖和发明奖，其中《粮食储备“四合一”新技术研究开发与集成创新》项目获国家科技进步一等奖。横向通风、分体负压式谷物冷却机等粮食储藏成套新工艺、新技术将在新建500.0亿kg仓容项目中推广应用。充氮气调储粮技术已在130.0亿kg仓容推广使用。农户储粮新装具已在26个省、自治区、直辖市推广817.0万套，每年为农民减少粮食产后损失90.0万t，增收20.0多亿元。小麦呕吐毒素生物降解技术取得突破。组建5个粮食产后领域国家工程实验室、14个局工程技术研究中心、3个局重点实验室和36个省级质检中心等一批全新科技创新平台，有效加快了相关科学理论、技术和装备的突破步伐。会议明确，至2020年，粮食科技创新发展的主要任务是“围绕一个中心、构建两个体系、实施三大工程”，即：以“科技兴粮”为中心目标，深入推进粮食科技体制改革，提升行业自主创新能力，加快构建开放、科学、高效、实用的粮食科技创新平台体系和成果推广体系，大力实施“科技创新工程”、“科技示范工程”和“智慧粮食工程”，为确保国家粮食安全、提升粮食流通产业现代化水平提供强大动力和有力支撑。

12 月

11～12日 为总结食品安全风险监测和食品安全事故流行病学调查工作经验，不断提高国家食品安全风险监测的科学水平，国家卫生和计划生育委员会食品司组织召开了“全国食品安全风险监测技术交流暨食品安全事故流行病学调查座谈会”。中国疾控中心、国家食品安全风险评估中心，各省、自治区、直辖市疾控中心主管主任、食品污染物监测和食源性疾病监测技术负责人，以及部分食品安全风险监测论文投稿作者参加了会议。会议充分肯定了我国食品安全风险监测工作取得的成效，强调了做好食品安全风险监测的重要意义，并对下一步工作提出要求。会议邀请国家食品安全风险评估中心和中国疾控中心的有关专家作专题报告，邀请湖南、山西、江西、上海、云南、广东、浙江等省专家作技术报告交流；会议还就食品污染物及有害因素风险监测、食源性疾病风险监测和食品安全事故流行病学调查进行了专场讨论。会议认为，5年来通过国家食品安全风险评估中心和各级疾控、医疗机构的共同努力，食品安全风险监测体系逐步健全，监测工作水平和分析报告质量逐年提高，发现食品安全风险隐患的能力不断增强，为食品安全风险评估和标准制定修订、食品安全事件应对、加强食品安全监管等提供了有力的科学技术支撑，为保护群众食品安全和身体健康发挥了重要作用。会议强调，风险监测是食品安全监管的重要基础性工作，具有科学性、专业性、政策性和前瞻性强的特点。卫生计生部门要充分发挥健康风险管理方面的专业资源和技术优势，在技术领域发挥一锤定音的作用，体现对执法监管的科学支撑。针对工作中存在的困难和问题，要坚持边工作边探索，边建设边完善的原则，积极工作，全力推进风险监测各项工作。会议明确下一步工作重点：一是把握职责定位，做好长期规划，力求“十三五”期间，风险监测工作更加合理、科学、有序开展；二是加强质量管理，提高工作水平，按照统一的技术工作要求，确保监测结果准确可靠；三是加强食品安全隐患通报与报告，进一步提高政治敏锐性和专业敏感性，切实发挥风险监测工作实效。

12日 国家食品药品监管总局在北京召开“大型食品生产企业食品安全风险信息交流工作座谈会”，研究推进食品安全风险信息交流工作。国务院食品安全办副主任、食品药品监管总局副局长滕佳材出席会议并讲话。滕佳材指出，国家食品药品监管总局高度重视食品安全风险监测、研判、预警和处置工作，目前正在研究制定相应的工作制度和措施。开展大型食品生产企业食品安全风险信息交流工作是食品安全监管的应有之义，是服务企业发展的现实需要，也是推动社会共治的重要抓手。这有利于整合利用社会检验检测资源，有利于及时发现、预警处置和科学防范食品安全风险，有利于推动食品安全标准制修订和监管方式创新，促进食品安全社会共治。滕佳材强调，各级食品药品监管部门、相关食品检测技术机构和大型食品生产企业，要切实增强责任意识，按照“建好用好一个平台，建立完善一项制度，推动落实四个层面工作”的总体思路，推动风险信息交流工作落到实处、取得实效。一要建好用好一个平台。以乳制品、肉制品、白酒、植物油等四类食品为重点，按照分类建设、分别管理的原则，委托有关食品检测技术机构加快建立风险信息交流平台，尽快启动这项工作，尽快开展风险信息收集、分析、研判和报告等工作。坚持边建设边完善，先行试点开展、逐步推广实施。二要建立完善一项制度。重点是建立完善企业食品安全问题和风险信息报告制度，抓紧出台“大型食品生产企业食品安全风险信息交流工作暂行办法”。三要推动落实四个层面工作。重点是加强风险信息交流工作的组织领导和业务指导，推动生产企业、技术机构、各地省局和总局相关司局等四个层面，按照相关规定的目标任务和责任要求，共同抓好食品安全风险信息交流工作落实。中粮集团有限公司、伊利实业集团股份有限公司、贵州茅台酒股份有限公司、河南双汇集团和中国食品发酵工业研究院的负责同志在会上作了交流发言，充分肯定了食品药品监管部门组织食品生产企业开展食品安全问题和风险信息交流工作的重要性。会议还对《大型食品生产企业食品安全风险信息交流工作暂行办法（征求意见稿）》进行了研讨。国家食品药品监管总局综合司、法制司、食监一司、食监二司、食监三司负责人，部分省、自治区、直辖市食品药品监管局食品生产监管处的负责人，以及来自乳制品、肉制品、白酒和食用油行业的33家大型生产企业食品安全负责人，承担风险信息交流工作的食品检测技术机构负责人等相关人员参加了会议。

19日 农业部农产品加工局在北京召开了“农产品初加工设施补助政策实施工作座谈会”，总结交流了2014年各地实施农产品初加工设施补助政策的成效经验，对2015年补助政策实施工作做出了部署，提出了明确要求。会议认为，补助政策实施3年来，在财政部和农业部财务司的大力支持下，经过各级农产品加工管理部门的共同努力，取得了显著成效。2014年，中央财政安排6.0亿元资金，比上年增加了20.0%，扶持10 525个农户和1 504个农民专业合作社建设1.8万座农产品储藏、保鲜、烘干等初加工设施，新增马铃薯贮藏能力30.0万t、果蔬贮藏能力49.0万t、果蔬烘干能力35.0万t。政策实施地区各级政府和农民群众普遍反映，项目选得对、选得准、作用大、效果好。一是促进了农产品提质增效。新型贮藏窖、冷藏库改善了马铃薯、果蔬的贮藏条件，马铃薯可存放半年以上不长芽、不皱缩，苹果、胡萝卜等果蔬可存放5～6月不腐烂、不萎蔫，保持了入库（窖）时的品质和外观，提高了贮藏产品质量。初步测算，补贴建设的标准化设施建成投入使用后，马铃薯、水果、蔬菜产后损失率从15.0%以上降低至6.0%以下，相当于3年累计增加66.0万t产量。二是促进了农民就业增收。补助政策实施3年来，累计为农民减损增收8.9亿元，错季销售增收42.3亿元，极大地调动了农民的生产积极性。补助政策实施还给农民提供了更多的创业就业机会，培育了一批优秀农村职业经纪人，壮大了一批农民专业合作社，吸纳更多的农民就地就业，走出了一条以创业带就业的致富路。三是促进了优势产业发展。补助政策精准度高，导向性强，有效解决了实施地区农产品产后损失大、质量安全隐患突出以及卖难、价低等问题，增强了农民的市场预期，提高了发展特色种植业积极性。新型贮藏、烘干设施延长了农产品贮藏、加工期，实现了加工原料均衡供应，延长了企业生产周期，提升了企业经济效益，促进了种植、贮藏、加工、销售各环节有机结合。四是促进了市场稳定供应。西北、华北、东北等马铃薯主产区，从马铃薯收获到出现霜冻天气，仅有7～15d时间，地头销售时间不超过半个月，低价、卖难、冻害等问题年年发生。新型马铃薯设施建设后，马铃薯销售期延长到7个月，不仅实现了农产品错季销售和均衡供应，而且通过设施集中建设，带动了专业市场发展和市场信息服务体系建设，为增加供给、稳定市场发挥了积极作用。一年来，各地在补助政策实施过程中，创新了许多好的做法。一是注重顶层设计。各实施省、自治区政府和农业部门对补助政策重视程度越来越高，把实施补助政策作为促进农业提质增效、农民就业增收和促进农产品加工业发展的重要工作，为补助政策的实施提供了有力的组织保障和资金支持。二是注重优化布局。各地在确定项目实施范围和实施区域时，坚持围绕促进主导产业发展，向优势产区集中，向种植大户和农民合作社倾斜，最大程度地发挥了补助政策的引领、示范、带动作用。三是创新工作机制。各级农财部门加强工作沟通协调，建立重大问题共同研究、共同决策、共同推动机制。四是加强监督管理。进一步完善先建后补、两级审核、两次公示、技术培训等工作制度，严格按照申请、审核、审批、公示、施工、验收、公示、兑付奖补资金等程序进行。五是加强宣传培训。举办所有实施省区、县相关人员政策技术培训，并且通过电视、广播、网络以及印发明白纸、宣传页等多种方式解读补助政策实施要点和实施办法，做到了政策到位、技术到位、服务到位，极大地调动了农民的积极性。

第七部分

附　录

附录简要说明

1. 本部分统计资料数据主要包括：香港、澳门特别行政区和台湾省相关统计数据；世界和部分国家主要农产品收获面积、单产和总产量，禽畜产品产量；主要国家农业与农产品加工业生产指数、农产品加工业主要经济指标；世界主要国家农、林、畜、禽产品进出口情况；按营业额排序的世界最大500个企业中农产品加工业企业。

2. 本部分统计资料数据主要来源于国家统计局、农业部、2013年联合国粮农组织数据库、2013年联合国工发组织出版的《国际工业统计年鉴》、2014年《国际统计年鉴》、世界银行统计数据。未注明“资料来源”的数据，均采用国家统计局公布的数据。

3. 本部分统计资料中符号使用说明：“空格”表示该项统计指标数据不详或无该项数据；“*”“①”“△”表示本表下面有注解。

表 1　部分国家（地区）农业生产指数（2012 年）

（2004—2006 年=100）　　单位：%

国家或地区	农业	食品
世界总计	**116.9**	**117.2**
埃　及	108.0	108.4
南　非	120.3	120.9
加拿大	103.3	103.8
美　国	101.6	102.6
巴　西	126.6	127.0
中　国	126.8	127.3
印　度	129.9	129.2
日　本	112.5	112.7
韩　国	102.6	102.7
法　国	98.3	98.4
德　国	104.6	104.6
意大利	86.6	86.7
俄罗斯	108.5	108.3
英　国	98.6	98.5
澳大利亚	117.2	116.5

资料来源：表中数据出自 2014 年《国际统计年鉴》。

表 2　中国台湾省农业生产指数（2010—2012 年）

（2011 年=100）

年　份	总指数	种植业	林　业	畜牧业	渔　业
2010	96.4	94.2	101.3	96.8	101.4
2011	100.0	100.0	100.0	100.0	100.0
2012	98.3	95.9	103.6	98.6	102.7

资料来源：表中数据出自 2014 年《中国统计年鉴》。

表 3　部分国家（地区）主要粮食作物总产量（2013 年）

单位：kt

国家或地区	谷物	其中				
		小麦	稻谷	玉米	谷子	高粱
世界总计	**2 545 000**	**670 880**	**719 740**	**872 070**		
埃　及	23 760	8 800	43 660	8 090		
南　非	14 270	1 920		11 830		
加拿大	50 070	27 010		11 700		
美　国	356 960	61 760	9 050	273 830		
巴　西	89 910	4 420	11 550	71 070		
中　国	552 692	121 926	203 612	218 489		
印　度	286 500	94 880	152 600	21 060		
日　本	11 730	860	10 650			
韩　国	6 620	40	6 420	80		
法　国	70 980	40 300	120	15 610		
德　国	44 940	22 430		4 990		
意大利	19 050	7 770	1 580	8 190		
俄罗斯	68 770	37 720	1 050	8 210		
英　国	19 520	13 260				
澳大利亚	43 370	29 910	920	450		

资料来源：表中数据出自 2014 年《国际统计年鉴》。

表 4　国际粮食供求概况（2009/2010—2013/2014 年度）

单位：百万 t

项　目	品　种	2009/2010	2010/2011	2011/2012	2012/2013	2013/2014
产　量	小　麦	686.7	652.3	697.2	655.3	697.8
	大　米	440.6	449.3	465.8	469.8	478.7
	玉　米	824.2	831.7	883.3	855.0	959.8
	大　豆	260.4	263.9	239.2	268.0	285.9
	总　计	2 211.9	2 197.2	2 285.5	2 248.1	2 422.2
消费量	小　麦	653.7	654.8	696.9	680.3	699.9
	大　米	438.1	445.5	459.7	469.3	476.1
	玉　米	825.9	849.5	879.1	863.9	932.4
	大　豆	237.8	251.7	256.1	258.9	270.5
	总　计	2 155.5	2 201.5	2 291.8	2 272.4	2 378.9
期末库存	小　麦	201.7	199.2	199.5	174.5	172.4
	大　米	94.9	98.7	104.8	105.4	108.0
	玉　米	146.1	128.3	132.4	123.6	151.0
	大　豆	61.4	70.7	55.0	61.5	74.1
	总　计	504.1	496.9	491.7	465.0	505.5

资料来源：表中数据出自 2014 年《国际贸易》第 6 期。

表 5　国际粮食贸易概况（2009/2010—2013/2014 年度）

单位：百万 t

主要品种	2009/2010	2010/2011	2011/2012	2012/2013	2013/2014
小　麦	135.4	134.0	153.8	146.3	148.2
大　米	31.6	36.2	39.1	37.6	38.0
玉　米	92.7	91.8	103.8	97.7	102.4
大　豆	91.4	91.6	92.0	96.4	107.2
总　计	351.1	353.6	388.7	378.0	395.8

资料来源：表中数据出自 2014 年《国际贸易》第 6 期。

表 6　世界主要粮食（分品种）进出口国家或地区情况（2013 年）

单位：kt

进出口		小　麦		大　米		玉　米		大　豆	
		国家（地区）	数 量	国 家（地区）	数 量	国 家（地区）	数 量	国 家（地区）	数 量
进口	1	埃　及	8 500	中 国	3 200	日　本	14 500	中　国	59 231
	2	巴　西	7 500	尼日利亚	2 300	欧　盟	10 500	日　本	2 750
	3	印度尼西亚	6 900	伊　朗	1 500	韩　国	8 000	中国台湾	2 400
	4	日本	6 600	菲律宾	1 500	墨西哥	6 500	墨西哥	3 350
	5	阿尔及利亚	6 200	伊拉克	1 400	中国台湾	4 300	泰　国	925
出口	1	美　国	27 400	印　度	9 000	巴　西	27 000	巴　西	37 900
	2	欧　盟	22 000	越　南	7 400	阿根廷	22 000	美　国	36 196
	3	澳大利亚	21 300	泰　国	7 000	美　国	17 500	阿根廷	7 800
	4	加拿大	18 800	美　国	3 400	乌克兰	13 500	巴拉圭	5 500
	5	俄罗斯	11 200	巴基斯坦	3 000	印　度	4 200	加拿大	3 500

资料来源：表中数据出自 2014 年《国际贸易》第 6 期。

表 7 部分国家（地区）主要油料作物总产量（2013 年）

单位：kt

国家或地区	大 豆	油 菜 籽	花 生	芝 麻
世界总计	**23 600**	**65 058**	**41 190**	
埃 及	70		210	
南 非	50	79	60	
加拿大	270	15 410		
美 国	1 450	1 112	3 060	
巴 西	2 790	61	330	
中 国	11 951	14 458	16 972	
印 度	3 630	6 776	5 780	
日 本	90	350		
韩 国	10	18		
法 国	10	1 186		
德 国		1 078		
意大利	10	36		
俄罗斯	10	172		
英 国		402		
澳大利亚	50	1 459	20	

资料来源：表中数据出自 2014 年《国际统计年鉴》。

表 8 中国主要油料生产情况（2009—2013 年）

单位：kt

年份	油 料 总产量	其中：棉籽	大豆	油料	其中：菜籽	花生	葵花籽	芝麻	胡麻籽	油菜籽
2009	58 003	11 479	14 981	31 543	13 657	14 708	1 956	622	318	1 169
2010	58 114	10 730	15 083	32 301	13 082	15 644	2 298	587	324	1 092
2011	59 413	11 860	14 485	33 068	13 426	16 046	2 313	606	359	1 480
2012	59 723	12 305	13 050	34 368	14 007	16 692	2 323	639	391	1 728
2013	58 468	11 358	11 800	35 310	14 400	17 000	2 323	635	385	1 900

资料来源：表中数据出自 2014 年《粮食与食品工业》第 3 期。

表 9 世界主要国家或地区食用谷物消费结构情况（2013 年）

单位：kg/（人・年）

品 类	世 界	中 国	印 度	美 国	欧 盟
谷 物	153.3	151.4	158.2	108.5	137.3
小 麦	67.1	63.5	61.8	79.5	112.4
玉 米	17.9	8.3	7.6	15.9	9.5
大 麦	1.1	0.1	1.2	0.5	0.8
高 粱	4.0	0.4	4.2		0.4
大 米	56.8	76.5	72.4	10.6	5.5

资料来源：表中数据出自 2014 年《饲料广角》第 11 期。

表 10 世界主要国家或地区动物蛋白消费结构情况（2013 年）

单位：kg/（人·年）

品类	世界	中国	印度	美国	欧盟
肉	43.1	64.6	4.6	116.9	84.0
蛋	9.8	20.7	2.8	17.2	13.5
奶	108.7	39.6	114.5	278.6	289.0
水产品	18.4	31.9	15.4	24.1	22.0

资料来源：表中数据出自 2014 年《饲料广角》第 11 期。

表 11 世界主要国家或地区肉制品生产与消费概况（2013 年）

单位：万 t、kg/（人·年）

排名	生产量		进口量		出口量		总消耗		人均消费量	
	世界	30 817	世界	2 959	世界	3 020	世界	30 755	世界	43.1
1	中国	8 526	中国	388	美国	746	中国	8 744	美国	116.9
2	欧盟	4 470	日本	313	巴西	641	欧盟	4 223	巴西	93.7
3	美国	4 258	俄罗斯	276	欧盟	386	美国	3 684	欧盟	84.0
4	巴西	2 458	中国香港	201	澳大利亚	180	巴西	1 818	中国	64.6
5	俄罗斯	795	墨西哥	176	加拿大	172	俄罗斯	1 068	印度	4.6

资料来源：表中数据出自 2014 年《饲料广角》第 11 期。

表 12 世界主要国家或地区奶制品生产与消费概况（2013 年）

单位：万 t、kg/（人·年）

排名	生产量		进口量		出口量		人均消费量	
	世界	78 443	世界	5 959	世界	5 468	世界	108.7
1	欧盟	15 655	中国	708	新西兰	1 832	欧盟	289
2	印度	13 900	俄罗斯	412	欧盟	1 226	美国	279
3	美国	9 154	沙特	320	美国	511	巴西	179.8
4	中国	4 675	墨西哥	265	澳大利亚	345	印度	114.5
5	巴基斯坦	3 912	阿尔及利亚	246	白俄罗斯	262	中国	39.6

资料来源：表中数据出自 2014 年《饲料广角》第 11 期。

表 13 世界主要国家或地区肉制品消费结构情况（2013 年）

单位：kg/（人·年）

品类	世界	中国	印度	美国	欧盟
肉	43.1	64.6	4.6	116.9	84.0
猪肉	16.2	41.4	0.3	28.3	40.5
禽肉	15.1	14.1	2.2	51.2	24.2
牛肉	9.6	5.2	1.2	36.4	15.1
羊肉	2.0	3.0	0.8	0.5	2.2

资料来源：表中数据出自 2014 年《饲料广角》第 11 期。

表 14 世界主要国家或地区食品消费结构情况（2013 年）

单位：kg/（人·年）、%

品 类	世 界		中 国		印 度		美 国		欧 盟	
	占比	数量	占比	数量	占比	数量	占比	数量	占比	数量
谷 物	46.0	153.3	49.1	151.4	53.5	158.2	19.9	108.5	25.2	137.3
肉	12.9	43.1	21.0	64.6	1.6	4.6	21.4	116.9	15.4	84.0
蛋	2.9	9.8	6.7	20.7	0.9	0.8	3.2	17.2	2.5	13.5
奶	32.6	108.7	12.8	39.6	38.7	114.5	51.1	278.6	52.9	289.0
水产品	5.5	18.4	10.4	31.9	5.2	15.4	4.4	34.1	4.0	22.0
合 计		333.3		308.2		295.5		545.3		545.8

资料来源：表中数据出自 2014 年《饲料广角》第 11 期。

表 15 世界大豆贸易情况（2010/2011—2012/2013 年度）

单位：万 t、%

年 度	产 量	消费量	进口量	出口量	期末库存量	库存/消费比例
2010/2011	26 470	25 130	8 890	9 260	7 010	27.90
2011/2012	23 950	25 620	9 320	9 190	5 470	21.40
2012/2013	26 800	25 830	9 520	9 990	6 020	23.30

资料来源：表中数据出自 2014 年《世界农业》第 9 期。

表 16 世界三大大豆主产国产量情况（2011—2013 年）

单位：万 t、%

国 别	2011 年	2012 年	2013 年	同比增产	同比增长
合 计	**20 849**	**18 916**	**21 996**	**3 080**	**16.28**
巴 西	7 530	6 650	8 200	1 550	23.31
阿根廷	4 900	4 010	4 930	920	22.94
美 国	8 419	8 256	8 866	610	7.39

资料来源：表中数据出自 2014 年《世界农业》第 9 期。

表 17 世界大豆主要贸易国进出口情况（2012/2013 年度）

单位：万 t、%

国 别	产 量	进口量	出口量	贸易量占本国产量比例	占全球贸易比例
世界总计	**26 802**	**9 518**	**9 986**	**37.3**	**100.0**
中 国	1 280	5 987		467.7	62.9
欧 盟	100	1 240		1 240.0	13.0
日 本	22	287		1 304.5	3.0
巴 西	8 200		4 190	51.1	42.0
美 国	8 256		3 591	43.5	36.0
阿根廷	4 930		774	15.7	7.8

资料来源：表中数据出自 2014 年《世界农业》第 9 期。

表 18 美国玉米生产情况（2009—2013 年）

年 份	单 产 (t/hm²)	种植面积 (万 hm²)	产 量 (万 t)	世界总产量 (万 t)	所占比重 (%)
2009	10.34	3 219	33 284	81 890	40.64
2010	9.59	3 296	31 609	82 002	38.55
2011	9.60	3 294	31 615	87 610	36.09
2012	9.23	3 399	31 389	91 700	34.23
2013	10.42	3 606	37 567	94 240	39.86

资料来源：表中数据出自 2014 年《世界农业》第 11 期。

表 19 世界、美国、中国玉米生产和消费情况（2013 年）

单位：万 t

项 目	世 界	美 国	中 国
总产量	97 390	35 372	21 773
饲料消费量	57 615	13 463	15 600
深加工消费量	36 814	16 257	6 000
总消费量	94 429	29 719	21 600

资料来源：表中数据出自 2014 年《世界农业》第 10 期。

表 20 中美水产品和农产品贸易情况（2009—2013 年）

单位：亿美元

年 份	水 产 品			农 产 品		
	进口额	出口额	顺 差	进口额	出口额	顺 差
2009	6.7	20.6	14.0	140.3	47.1	93.2
2010	8.5	26.0	17.5	186.5	58.2	128.3
2011	13.6	29.1	15.5	233.4	67.6	165.8
2012	13.8	29.5	15.7	287.7	72.5	215.2
2013	12.0	28.2	16.2	220.7	65.9	154.7

资料来源：表中数据出自 2014 年《世界农业》第 4 期。

表 21 中国水产品主要进口国家和地区（2013 年）

国家或地区	占进口总额比例（%）	数量（万 t）	金额（亿美元）	数量增减（%）	金额增减（%）
俄罗斯	17.21	100.09	14.87	4.40	3.76
美 国	14.95	57.09	12.92	−5.90	−6.49
秘 鲁	11.78	58.43	10.18	−31.08	−13.29
东 盟	11.09	52.93	9.58	28.54	28.93
智 利	6.73	21.87	5.82	3.52	12.05
挪 威	5.01	18.17	4.32	8.05	6.71
加拿大	4.70	8.15	4.06	21.30	17.28
印度尼西亚	4.24	23.22	3.67	25.36	35.25
新西兰	4.00	7.72	3.45	4.50	25.13
泰 国	2.96	9.31	2.56	17.92	23.01

资料来源：表中数据出自 2014 年《饲料广角》第 5 期。

表 22 中国水产品出口的主要国家和地区（2013 年）

国家或地区	数量（万 t）	同比增长（%）	金额（亿美元）	同比增长（%）
日 本	63.71	−6.21	39.09	−7.26
美 国	57.04	5.95	31.95	8.43
中国香港	23.62	17.25	23.82	15.72
东 盟	48.86	−0.87	23.78	11.83
欧 盟	55.94	9.15	22.79	3.13
韩 国	41.60	−6.29	14.08	−5.08
中国台湾	12.58	3.91	12.54	16.75

资料来源：表中数据出自 2014 年《饲料广角》第 5 期。

表 23 中国农产品主要进口来源地（2013 年）

类 别	进口量（万 t）	主要进口来源地	占比（%）
谷 物	1 458.5	美国、澳大利亚、东盟、加拿大	92.0
大 米	227.1	东盟、巴基斯坦	100.0
玉 米	326.6	美国	90.9
小 麦	553.5	美国、加拿大、澳大利亚	95.8
大 麦	233.5	澳大利亚、加拿大	91.5
猪 肉	58.4	欧盟、美国、加拿大	96.3
羊 肉	25.9	新西兰、欧盟、美国	93.0
牛 肉	29.4	澳大利亚、乌拉圭、新西兰、加拿大	96.8
奶 粉	86.4	新西兰、欧盟、美国	93.0
棉 花	450.0	印度、美国、澳大利亚、乌兹别克斯坦等	83.0
大 豆	6 337.5	巴西、美国、阿根廷	94.9
植物油	1 020.1	东盟、加拿大、阿根廷、巴西等	89.8
食 糖	454.6	巴西、古巴、危地马拉、韩国	94.5

资料来源：表中数据出自 2014 年《农业展望》第 3 期。

表 24 中国农产品对外贸易变化情况（2011—2013 年）

年 份	贸易总额（亿美元）	同比增长（%）	出口额（亿美元）	同比增长（%）	进口额（亿美元）	同比增长（%）	贸易逆差（亿美元）
2011	1 555.9	27.6	607.2	23.0	948.7	30.8	341.5
2012	1 757.3	12.9	632.5	4.2	1 124.8	18.6	492.3
2013	1 866.9	6.2	678.3	7.2	1 188.7	5.7	510.4

资料来源：表中数据出自 2014 年《农业展望》第 3 期。

表 25　中国肉类产品分品种进口情况（2013 年）

单位：万 t、%

种　类	进口量	同比增长	所占份额
肉类杂碎	83.62	−1.36	32.69
禽　肉	58.42	11.97	22.83
猪　肉	58.35	11.71	22.81
牛　肉	29.42	791.20	11.50
羊　肉	25.87	108.75	10.11
马驴骡肉	0.16	672.13	0.06

资料来源：表中数据出自 2014 年《饲料广角》第 11 期。

表 26　中国肉类产品分国别进口情况（2013 年）

单位：万 t、%

国　别	进口量	同比增长	所占份额
美　国	71.26	−5.97	27.86
澳大利亚	27.76	471.19	10.85
丹　麦	23.39	12.61	9.14
德　国	22.58	51.63	8.83
巴　西	19.35	2.00	7.56
加拿大	18.89	205.55	7.38
新西兰	17.69	11 611.22	6.91
西班牙	12.58	21.66	4.92
其　他	213.51	1 546.24	83.47

资料来源：表中数据出自 2014 年《饲料广角》第 11 期。

表 27　俄罗斯主要农产品产量（2012—2013 年）

单位：万 t

品　种	2012 年	2013 年	同比增长（%）
谷物总产量	**7 089**	**9 130**	**28.8**
小　麦	3 773	5 207	38.0
大　麦	1 400	1 536	9.1
燕　麦	401	490	22.2
玉　米	820	1 067	30.1
马铃薯	2 955	3 020	2.2
甜　菜	4 499	3 770	−16.2
蔬　菜	1 466	1 470	0.3
稻　谷	105	92.6	−11.8

表 28　巴西主要农产品产量（2009—2012 年）

单位：万 t

品　种	2009 年	2010 年	2011 年	2012 年
稻　谷	1 153.2	1 262.8	1 390.0	1 205.1
大　豆	6 516.0	6 855.0	7 360.0	7 610.2
小　麦	214.2	502.6	560.0	446.0
玉　米	5 743.0	5 272.3	5 600.0	6 154.4
杂　豆	315.8	364.6	380.0	466.3
棉　花	157.8	121.5	196.0	200.0

资料来源：表中数据由中国驻巴西大使馆经商处、巴西农业供给公司、巴西农牧协会提供。

表 29 越南主要农产品产量（2008—2012 年）

单位：万 t

农产品	2008 年	2009 年	2010 年	2011 年	2012 年
香 蕉	140.0	140.0	148.1	174.8	180.0
木 薯	939.6	855.7	852.2	990.0	940.0
咖 啡	105.6	105.8	110.6	127.7	129.2
玉 米	457.3	437.2	460.7	476.8	480.0
天然橡胶	66.0	71.1	75.4	81.2	95.5
稻 谷	3 872.9	3 895.0	3 998.9	4 244.0	4 370.0
甘 蔗	1 614.6	1 560.8	1 594.7	1 750.0	1 905.0
甘 薯	132.6	120.8	131.7	130.0	
蔬 菜	775.0	796.3	832.6		

表 30 部分国家（地区）籽棉、麻类生产情况（2013 年）

国家或地区	籽 棉			麻 类		
	收获面积（khm^2）	单 产（kg/hm^2）	总产量（kt）	收获面积（khm^2）	单 产（kg/hm^2）	总产量（kt）
世界总计	**34 700**	**2 206**	**76 530**	**38 018**	**812**	**30 861**
埃 及	142	2 901	410	153	821	126
南 非	9	3 623	30			
孟加拉国	16	3 519	60	781	1 887	1 473
美 国	3 829	2 349	8 910	3 793	949	3 598
巴 西	1 405	3 596	4 970	1 638	1 116	1 828
中 国	4 346	1 449	6 299	92	2 507	229
印 度	11 700	1 419	16 600	12 592	584	7 351
缅 甸	300	1 350	410	317	477	152
巴基斯坦	2 879	2 306	6 640	2 880	769	2 215
土库曼斯坦	525	1 143	600	525	377	198
土耳其	489	4 708	2 300	489	1 742	851
哈萨克斯坦	152	2 620	400	152	864	131
乌兹别克斯坦	1 350	2 362	3 190	1 352	793	1 072
伊 朗	110	1 818	200			
澳大利亚	596	4 812	2 870	596	1 632	973

表31 部分国家（地区）烟叶、茶叶生产情况（2013年）

国家或地区	烟叶			茶叶		
	收获面积（khm^2）	单产（kg/hm^2）	总产量（kt）	收获面积（khm^2）	单产（kg/hm^2）	总产量（kt）
世界总计	**4 291**	**1 746**	**7 491**	**3 276**	**1 471**	**4 818**
印度尼西亚	250	908	227	123	1 225	150
南非	5	3 310	17	0.6	1 450	0.9
加拿大	15	2 300	35			
美国	136	2 542	346			
巴西	410	1 976	811	0.9	1 726	1.5
中国	1 623	2 079	3 374	1 857	1 036	1 924
印度	495	1 768	875	605	1 653	1 000
日本	9	2 189	20	46	1 872	86
韩国	15	2 483	36	2.4	1 250	8
法国	5	2 511	13			
德国						
意大利	29	2 897	84			
土耳其	108	694	75	76	2 966	225
伊朗	13	1 680	21	24	6 583	158
巴基斯坦	46	2 130	98			

表32 部分国家（地区）甘蔗、甜菜生产情况（2013年）

国家或地区	甘蔗			甜菜		
	收获面积（khm^2）	单产（kg/hm^2）	总产量（kt）	收获面积（khm^2）	单产（kg/hm^2）	总产量（kt）
世界总计	**26 089**	**70 243**	**1 832 540**	**4 901**	**55 065**	**269 870**
埃及	144	114 983	16 500	178	51 276	9 130
南非	320	53 994	17 280			
加拿大				10	65 509	660
美国	370	75 405	27 900			
巴西	9 705	74 297	721 080			
中国	1 817	70 576	128 201	182	50 922	9 260
印度	5 090	68 344	347 870			
日本				59	63 373	3 760
韩国						
法国				390	86 479	33 690
德国				487	65 593	31 970
意大利				46	54 971	2 500
俄罗斯				1 102	40 887	45 060
英国				120	60 758	7 290
澳大利亚	339	76 654	25 960			

资料来源：表中数据出自2014年《国际统计年鉴》。

表 33 世界啤酒产销量排名前 25 位国家情况（2013 年）

排 名	国 家	产量（万 kL）	同比增长（%）	占全球市场份额（%）
1	中 国	4 654.4	4.9	24.1
2	美 国	2 243.0	−0.5	11.6
3	巴 西	1 346.0	−2.0	7.0
4	德 国	943.7	−0.3	4.9
5	俄罗斯	891.2	−8.5	4.6
6	墨西哥	825.0		4.3
7	日 本	553.2	−1.0	2.9
8	英 国	419.6	−0.2	2.2
9	坡 兰	395.6	0.7	2.1
10	西班牙	327.0	−1.0	1.7
11	南 非	315.0		1.6
12	越 南	313.0	5.0	1.6
13	乌克兰	276.0	−8.2	1.4
14	尼日利亚	265.0	10.4	1.4
15	荷 兰	240.0	−1.1	1.2
16	哥伦比亚	233.0	3.3	1.2
17	泰 国	231.0	−2.5	1.2
18	委内瑞拉	224.2	4.4	1.2
19	韩 国	209.2	3.0	1.1
20	印 度	199.0	2.1	1.0
21	加拿大	191.7	−2.0	1.0
22	捷 克	186.0	−0.1	1.0
23	阿根廷	186.0	11.4	1.0
24	法 国	185.0	−6.2	1.0
25	比利时	180.7	−3.6	0.9
合 计		19 293.9	0.7	100.0

资料来源：表中数据出自 2014 年《啤酒科技》第 11 期。

表 34 世界主要国家啤酒产量（2013 年）

单位：万 kL

排序	国 家	产 量	同比增长（%）
1	中 国	4 654	4.9
2	美 国	2 243	−2.5
3	巴 西	1 346	−2.0
4	德 国	943	−0.3
5	俄罗斯	891	−8.5
6	墨西哥	825	
7	日 本	553	−1.0
8	英 国	419	−0.2
9	波 兰	395	0.7
10	西班牙	327	−1.0

资料来源：表中数据出自 2014 年《啤酒科技》第 11 期。

表 35　世界葡萄酒主产国前 10 位国家（2013 年）

国家	产量（亿 L）	占世界葡萄酒产量的比例（%）
意大利	44.9	15.98
法　国	44.1	15.69
西班牙	40.0	14.23
美　国	22.0	7.83
阿根廷	14.9	5.30
澳大利亚	13.5	4.80
智　利	12.8	4.56
南　非	10.9	3.88
德　国	9.0	3.20
葡萄牙	6.7	2.38
世界总计	**281.0**	**100.00**

资料来源：表中数据出自 2014 年《中外葡萄与葡萄酒》第 1 期。

表 36　欧盟 28 国葡萄酒生产、供应和需求状况（2011/2012—2013/2014 年度）

单位：万 t

项　目	2011/2012	2012/2013	2013/2014
初始库存	1 649.21	1 604.83	1 419.44
生　产	1 585.27	1 411.35	1 675.53
进口量	137.40	133.60	128.00
总供应量	3 371.88	3 149.78	3 222.97
出口量	222.93	187.99	226.00
国内消费	1 544.12	1 542.35	1 531.60
年末库存	1 604.83	1 419.44	1 465.37
总分销	3 371.88	3 149.78	3 222.97

资料来源：表中数据出自 2014 年《中外葡萄与葡萄酒》第 3 期。

表 37　欧盟 28 国及主产国葡萄酒产量（2011/2012—2013/2014 年度）

单位：万 t

国家或地区	2011/2012	2012/2013	2013/2014
意大利	430.72	400.57	449.00
西班牙	333.97	311.23	446.00
法　国	508.90	406.90	441.00
德　国	92.58	90.00	85.00
葡萄牙	56.09	61.40	67.40
罗马尼亚	47.00	41.00	54.00
希　腊	27.50	31.50	37.00
匈牙利	28.22	22.43	24.50
奥地利	28.14	21.55	22.52
其他欧盟国家	32.14	25.58	49.11
欧盟 28 国	1 585.27	1 411.35	1 675.53

资料来源：表中数据出自 2014 年《中外葡萄与葡萄酒》第 3 期。

表 38 欧盟 28 国不同种类葡萄酒的进出口情况（2012—2013 年）

单位：万 t、亿美元

酒 种	出口量		出口值		进口量		进口值	
	2012 年	2013 年	2012 年	2013 年	2012 年	2013 年	2012 年	2013 年
瓶装酒	157.66	139.96	85.61	81.94	1.17	0.80	0.64	0.49
起泡酒	21.39	21.27	23.11	22.47	51.03	46.51	21.30	20.03
散装酒	43.88	26.76	4.67	4.01	85.20	86.29	10.14	9.58
总 计	222.93	187.99	113.55	109.06	137.40	133.60	32.08	30.10

资料来源：表中数据出自 2014 年《中外葡萄与葡萄酒》第 3 期。

表 39 中国葡萄酒进口量前 5 位国家分布情况（2012 年）

规 格	国 家	进口量（kL）
2L 以下包装的	法 国	127 449.36
	澳大利亚	33 886.33
	西班牙	26 678.69
	智 利	20 830.13
	意大利	19 372.82
2L 以上包装的	西班牙	44 148.03
	智 利	40 129.97
	意大利	11 152.07
	法 国	10 290.67
	澳大利亚	8 181.62

资料来源：表中数据出自中国酿酒工业协会葡萄酒分会。

表 40 中国台湾省主要农产品产量（2010—2012 年）

单位：万 t

年 份	稻 米	槟 榔	菠 萝	芒 果	甘 蔗	茶叶	花 生	香 蕉
2010	145.1	13.2	42.0	13.5	66.5	1.7	6.5	28.8
2011	166.6	12.9	40.1	16.9	65.4	1.7	6.8	30.6
2012	170.0	12.4	39.2	16.7	54.8	1.5	5.7	29.5

资料来源：表中数据出自 2014 年《中国统计年鉴》。

表 41 中国各类木质林产品进口份额（2009—2013 年）

单位：%

年 份	原 木	锯 材	人造板	其他原材	木 浆	纸及纸制品	木制品	木家具
2009	17.67	10.07	1.63	1.62	29.60	11.55	0.38	1.29
2010	19.17	12.24	1.46	2.21	27.85	8.43	0.38	1.22
2011	19.80	13.70	1.19	2.89	28.58	6.39	0.37	1.31
2012	18.64	14.20	1.28	3.58	28.20	6.86	0.70	1.53
2013	21.65	15.86	1.17	3.76	26.42	6.20	1.15	1.64

资料来源：表中数据出自 2014 年《世界农业》第 8 期。

表 42 中国各类木质林产品出口份额（2009—2013 年）

单位：%

年 份	原 木	锯 材	人造板	其他原材	木 浆	纸及纸制品	木制品	木家具
2009	0.02	1.29	17.85	0.14	0.39	15.85	13.34	51.05
2010	0.03	0.99	17.83	0.15	0.44	15.15	12.52	52.82
2011	0.02	0.89	19.31	0.12	0.65	17.30	12.10	49.37
2012	0.01	0.85	19.03	0.14	0.33	20.90	11.63	47.11
2013	0.02	0.76	17.50	0.18	0.25	24.80	11.15	45.15

资料来源：表中数据出自 2014 年《世界农业》第 8 期。

表 43 部分国家（地区）肉类产量（2012—2013 年）

单位：kt

国家或地区	2012 年	2013 年	同比增长（%）
世界总计	**295 462**	**302 390**	**2.34**
埃 及	1 812	2 031	12.09
南 非	2 859	2 776	2.90
加拿大	4 450	4 483	0.74
美 国	41 643	42 548	2.17
巴 西	23 468	24 961	6.36
中 国	80 748	85 350	5.70
印 度	6 190	6 292	1.65
日 本	3 215	3 268	1.65
韩 国	2 018	1 984	−1.68
法 国	5 839	5 690	−2.55
德 国	8 224	8 194	−0.36
意大利	4 285	4 250	−0.82
俄罗斯	7 214	8 137	12.79
英 国	3 524	3 606	2.33
澳大利亚	3 973	4 161	4.73

资料来源：表中数据出自 2014 年《国际统计年鉴》。

表 44 部分国家（地区）猪肉产量（2009—2013 年）

单位：kt

国家或地区	2009 年	2010 年	2011 年	2012 年	2013 年
世界总计	**100 547**	**102 902**	**101 662**	**103 433**	
中 国	48 905	51 070	49 500	53 427	55 620
欧盟 27 国	22 434	22 571	22 938	22 630	22 550
美 国	10 442	10 186	10 331	10 555	10 530
巴 西	3 130	3 195	3 227	3 330	3 280
俄罗斯	1 844	1 920	2 000	2 175	2 400
越 南	1 910	1 930	1 960	2 175	2 220
加拿大	1 788	1 771	1 797	1 840	1 820
日 本	1 310	1 292	1 267	1 297	1 309
菲律宾	1 234	1 247	1 250	1 310	1 350
墨西哥	1 162	1 175	1 202	1 239	1 281
韩 国	1 062	1 100	837	1 010	

表 45 部分国家（地区）猪肉消费量（2009—2013 年）

单位：kt

国家或地区	2009 年	2010 年	2011 年	2012 年	2013 年
世界总计	**100 398**	**102 684**	**101 286**	**102 898**	
中 国	48 823	51 157	50 004	53 802	56 096
欧盟 27 国	21 057	20 841	20 753	20 423	20 310
美 国	9 013	8 653	8 339	8 441	8 668
俄罗斯	2 719	2 835	2 971	3 208	3 267
巴 西	2 423	2 577	2 644	2 670	2 696
日 本	2 467	2 488	2 522	2 557	2 549
越 南	1 891	1 912	1 940	2 160	2 205
墨西哥	1 770	1 784	1 710	1 850	1 953
韩 国					
菲律宾	1 344	1 405	1 394	1 446	1 521
加拿大	853	802	785	834	810

表 46 世界肉类产品供需情况（2011—2013 年）

单位：百万 t、kg/人

产品分类	2011 年	2012 年	2013 年
产 量	298.1	304.1	308.3
牛 肉	67.3	67.4	67.5
禽 肉	102.6	104.9	106.8
猪 肉	109.2	112.7	114.6
羊 肉	13.4	13.4	13.7
贸易量	29.0	29.7	30.1
牛 肉	7.9	8.1	8.4
禽 肉	12.8	13.1	13.0
猪 肉	7.3	7.5	7.4
羊 肉	0.8	0.8	1.0
消费量	296.1	303.2	307.5
牛 肉	66.0	66.9	67.4
禽 肉	102.1	104.6	106.7
猪 肉	108.5	112.3	114.2
羊 肉	13.8	13.4	13.6
年人均食用消费量			
世 界	42.5	43.0	43.1
发达国家	78.8	79.0	78.8
发展中国家	32.5	33.1	33.5

资料来源：表中数据出自 2014 年《农业展望》第 4 期。

表 47　世界奶类产品供需情况（2011—2013 年）

单位：百万 t、kg/人

产品类别	2011 年	2012 年	2013 年
鲜奶产量合计	742.2	765.6	780.3
贸易量合计	49.7	53.4	53.0
年人均食用消费量			
世界	105.2	107.3	108.2
发达国家	234.6	237.0	236.2
发展中国家	71.7	74.0	75.6
贸易量占产量的比重（%）	6.7	7.0	6.8

资料来源：表中数据出自 2014 年《农业展望》第 4 期。

表 48　俄罗斯主要畜牧业产品产量（2012—2013 年）

单位：万 t

品　种	2012 年	2003 年	同比增长（%）
牛　肉	135.0	134.5	−0.4
猪　肉	204.5	220.0	7.6
鸡　肉	350.0	295.5	−15.6
牛　奶	3 360.0	3 260.0	−3.0
鸡　蛋（亿个）	420.6	413.0	−1.8

资料来源：表中数据出自 2014 年《世界农业》第 4 期。

表 49　部分国家（地区）鱼类产量（2012 年）

单位：万 t

国家或地区	鱼类产品产量	其中	
		海　域	内陆水域
世界总计			
埃　及	137.2	11.4	125.8
南　非	72.2	72.0	0.2
加拿大	100.2	96.6	3.7
美　国	555.8	530.8	25.0
巴　西	155.1	67.2	87.9
中　国	6 172.0	3 139.0	3 033.0
印　度	907.7	370.8	530.8
日　本	481.7	475.0	6.7
韩　国	318.7	315.9	2.8
法　国	67.3	63.2	4.1
德　国	23.4	20.5	2.8
意大利	36.5	32.2	4.3
俄罗斯	448.4	408.7	39.8
英　国	83.4	82.1	1.3
澳大利亚			

资料来源：表中数据出自 2014 年《国际统计年鉴》。

表 50 世界主要国家（地区）奶牛存栏数（2011—2012 年）

单位：万头

国家或地区	2011 年	2012 年	同比增长（%）
世界总计	**26 436.7**	**26 682.0**	**0.9**
欧盟 27 国	2 271.7	2 262.2	－0.2
中　国	1 440.2	1 440.0	
印　度	4 371.7	4 500.0	2.9
日　本	93.3	94.3	1.0
韩　国	22.9	24.9	8.7
美　国	919.4	923.3	0.4
加拿大	96.6	96.0	－0.6
墨西哥	237.4	238.2	0.3
巴　西	2 351.3	2 373.0	0.9
阿根廷	188.4	174.8	－7.2
法　国	366.0	364.0	－0.6
德　国	419.0	419.0	
荷　兰	147.0	148.4	1.0
意大利	175.5	185.7	5.8
俄罗斯	894.8	889.5	－0.6
乌克兰	266.3	263.2	－1.2
新西兰	455.0	465.0	2.2
澳大利亚	163.0	161.0	－1.2

资料来源：表中数据出自 2013 年《中国奶业年鉴》。

表 51 美国奶牛总数、单产和牛奶总产情况（2009—2011 年）

单位：头、kg/头、万 t

年　份	奶牛总数	奶牛单产	牛奶总产量
2009	9 201 000	9 333	8 587
2010	9 119 000	8 593	8 747
2011	9 194 000	9 682	8 902

资料来源：表中数据出自 2014 年《中国乳品工业》第 4 期。

表 52 德国奶牛养殖、生产情况（2008—2012 年）

项　目	2008 年	2009 年	2010 年	2011 年	2012 年
牛奶产量（万 t）	2 865.7	2 919.9	2 962.9	3 034.0	3 050.0
奶牛存栏量（万头）	422.9	416.9	418.2	419.0	419.1
奶牛牧场数量（万个）	10.1	9.7	9.3	8.9	8.5
奶牛场平均规模（头）	42.0	43.0	45.0	47.0	49.0
50 头（含）以上奶牛牧场比例（%）	25.9	27.2	28.8	30.6	32.3

资料来源：表中数据出自 2014 年《世界农业》第 5 期。

表 53 法国奶牛养殖、生产情况（2011—2012 年）

项 目	2011 年	2012 年
牛奶产量（万 t）	2 511.6	
奶牛存栏量（万头）	380.8	374.3
奶牛牧场数量（万个）	7.8	
牧场平均规模（头）	47.0	

资料来源：表中数据出自 2014 年《世界农业》第 5 期。

表 54 荷兰奶牛养殖、生产情况（2011—2012 年）

项 目	2011 年	2012 年
牛奶产量（万 t）	1 273.0	1 287.0
奶牛存栏量（万头）	147.0	148.4
奶牛牧场数量（万个）	2.0	2.0
牧场平均规模（头）	80.0	87.0
奶牛单产（t/头）	8.7	8.5

资料来源：表中数据出自 2014 年《世界农业》第 5 期。

表 55 世界各大洲牛奶产量（2011—2012 年）

单位：万 t

地 区	2011 年	2012 年	同比增长（%）
世界总计	**62 416.5**	**63 728.8**	**2.10**
亚 洲	16 958.8	17 704.7	4.40
欧盟 27 国	15 191.0	15 195.6	
北美和中美洲	11 379.6	11 625.7	2.20
南美洲	6 737.9	6 784.6	0.70
其他欧洲国家	5 973.3	6 055.1	1.40
非 洲	3 295.7	3 351.0	1.70
大洋洲	2 880.2	3 012.0	4.60

资料来源：表中数据出自 2013 年《中国奶业年鉴》。

表 56 欧盟 28 国乳制品产量（2012—2013 年）

单位：万 t

品 类	2012 年	同比增长（%）	2013 年 1～11 月	同比增长（%）
商品牛奶量	13 970.3	0.60	12 901.6	0.30
液态奶	3 127.3	0.30	2 830.4	−1.10
发酵奶	788.9	−2.70	732.4	−1.90
奶 酪	866.1	2.20	784.2	−1.90
黄 油	194.0	2.40	177.7	−0.20
脱脂奶粉	114.4	2.90	98.8	−6.30
全脂奶粉	57.5	−2.20	54.0	2.90

资料来源：表中数据出自 2014 年《中国奶牛》第 5 期。

表 57 部分国家（地区）牛奶产量（2012—2013 年）

单位：kt

国家或地区	2012 年	2013 年	同比增长（%）
世界总计	**620 655**	**637 288**	**2.68**
埃 及	2 902	2 668	−8.06
南 非	3 233	2 814	−12.96
加拿大	8 546	8 770	2.62
美 国	89 015	90 865	2.08
巴 西	32 900	33 705	2.45
中 国	36 560	37 440	2.41
印 度	57 700	60 100	4.16
日 本	7 474	7 630	2.09
韩 国	1 889	2 111	11.75
法 国	25 116	24 682	−1.73
德 国	30 340	30 506	0.55
意大利	11 093	11 150	0.51
俄罗斯	31 646	31 917	0.86
英 国	14 081	13 849	−1.65
澳大利亚	9 734	9 476	−2.65

资料来源：表中数据出自 2013 年《中国奶业年鉴》。

表 58 世界主要国家奶业生产和加工情况（2012 年）

单位：万 t

国家或地区	生 奶	液态奶	脱脂奶粉	全脂和半脱脂奶粉	奶 酪	奶 油	炼 乳
印 度	6 010.0	890.3	45.0	9.9	1.0	452.5	
中 国	3 743.6	2 146.6	2.1	109.9	3.0	5.5	16.5
日 本	763.0	369.4	13.9	1.3	4.7	6.9	4.3
巴 西	3 370.5	1 171.5	11.4	53.1	70.0	8.1	32.5
阿根廷	1 167.9	186.1	3.2	27.8	53.8	5.3	0.7
欧盟 27 国	15 195.6	3 287.5	121.1	72.2	878.5	205.8	120.2
德 国	3 050.6	525.4	31.4	17.9	224.0	48.6	44.4
法 国	2 468.2	357.9	35.3	11.3	176.5	40.2	1.1
波 兰	1 266.0	282.4	11.6	3.8	71.0	17.7	5.8
英 国	1 384.9	694.3	5.2	3.6	35.5	14.5	10.4
意大利	1 115.0	275.8			109.5	9.0	
荷 兰	1 188.1	52.4	6.6	12.1	76.4	20.9	37.1
西班牙	650.2	349.2	1.2	0.1	11.3	3.7	3.4
爱尔兰	549.0	50.2	5.2	2.6	18.5	14.9	
美 国	9 086.5	2 397.2	97.8	2.6	494.0	84.4	105.8
墨西哥	1 127.4	384.7	6.0	12.4	29.2	1.9	16.5
加拿大	877.0	277.4	8.5		34.1	9.9	3.0
俄罗斯	3 191.7	486.0	5.7	6.7	44.6	21.6	34.1
乌克兰	1 108.2	90.9	4.4	1.6	24.4	8.8	6.5
新西兰	2 057.2	35.2	38.6	125.0	31.0	49.9	
澳大利亚	947.6	251.4	25.1	14.0	33.9	11.8	1.9

资料来源：表中数据出自 2014 年《中国乳业》第 7 期。

表 59　世界牛奶主要生产国主要奶制品人均消费情况（2012 年）

单位：kg/人

国家或地区	液态奶	奶　酪	奶　油
印　度	41.3		3.6
中　国	15.9	0.1	0.1
日　本	31.6	1.9	0.6
巴　西	59.0	3.6	0.4
阿根廷	42.4	11.2	1.4
欧盟 27 国	64.0	17.2	3.7
德　国	55.0	24.3	6.2
法　国	54.3	26.2	7.4
波　兰	42.2	11.4	4.1
英　国	106.2	11.2	3.4
意大利	54.4	20.9	2.3
荷　兰	49.0	19.4	3.3
西班牙	83.2	9.3	0.6
爱尔兰	139.9	6.7	2.4
美　国	76.4	15.2	2.5
墨西哥	35.9	3.1	0.3
加拿大	79.5	12.1	2.8
俄罗斯	37.3	6.6	2.8
乌克兰	19.9	4.2	2.1
新西兰	67.3	6.7	4.7
澳大利亚	109.3	11.8	4.0

资料来源：表中数据出自 2014 年《中国乳业》第 7 期。

表 60　欧盟乳制品生产情况（2012 年）

单位：万 t

品　种	2011 年	2012 年	同比增长（%）
液态奶	3 085.3	3 090.1	0.20
酸　奶	802.8	784.2	−2.30
奶　酪	847.2	837.5	−1.10
黄　油	188.9	193.6	2.50
脱脂奶粉	112.2	114.8	3.30
全脂奶粉	58.8	57.6	−2.10
炼　乳	101.4	124.0	22.30

资料来源：表中数据出自 2013 年《中国奶业年鉴》。

表 61　世界乳品工业排名前 20 强企业进入中国市场情况（2013 年）

排名	公　司	国　别	是否进入	排名	公　司	国　别	是否进入
1	雀　巢	瑞　士	是	11	联合利华	荷兰/英国	是
2	达　能	法　国	是	12	明治乳业	日　本	是
3	拉克塔里斯	法　国	是	13	诺德胡马纳	德　国	是
4	恒天然	新西兰	是	14	蒙　牛	中　国	是
5	菲仕兰	荷　兰	是	15	索迪亚	法　国	是
6	美国奶农	美　国	是	16	保健然	法　国	是
7	阿拉食品	丹　麦	是	17	卡夫食品	美　国	是
8	萨普托	加拿大	是	18	谬　勒	德　国	否
9	迪斯食品	美　国	否	19	施雷伯食品	美　国	否
10	伊　利	中　国	是	20	森　勇	日　本	是

资料来源：表中信息出自 2014 年《中国乳业》第 8 期。

表 62 中国奶粉进出口情况（2012—2013 年）

年 份	全国进口奶粉		从新西兰进口奶粉	
	数量（万 t）	金额（万美元）	数量（万 t）	金额（万美元）
2012	57.3	192 918.7	49.6	166 985.6
2013	85.4	358 472.8	68.7	286 914.2
同比增长（%）	49.1	85.8	38.6	71.8

资料来源：表中数据出自 2014 年《农业展望》第 9 期。

表 63 中国乳制品进出口情况（2012—2013 年）

年 份	进 口		出 口	
	数 量（万 t）	金 额（万美元）	数量（万 t）	金额（万美元）
2012	114.58	321 583.1	4.5	8 307.9
2013	159.22	518 779.9	3.6	5 821.3
同比增长（%）	39.00	61.3	−19.6	−29.9

资料来源：表中数据出自 2014 年《农业展望》第 9 期。

表 64 世界乳品工业排名前 20 强企业（2013 年）

单位：亿美元

排序	企 业 名 称	国 别	年度销售额
1	雀巢（Nestie）	瑞 士	301
2	达能（Danone）	法 国	194
3	拉克塔利斯（Lactalis）	法 国	180
4	恒天然（Fonterra）	新西兰	160
5	富仕兰康（Royal Friesland Campina）	荷 兰	135
6	美国奶农（Dairy Farmers of America）	美 国	121
7	阿拉乳品公司（Ay/a Foods）	丹麦/瑞典	108
8	迪恩食品（Dean Foods）	美 国	88
9	萨普托公司（Saputto）	加拿大	84
10	明治食品（Meiji）	日 本	77
11	联合利华（Unilever）	荷兰/英国	75
12	伊利（Yili）	中 国	65
13	索迪雅爱特索（Sodiaal）	法 国	58
14	森永（Morlanga）	日 本	58
15	卡夫食品（Krafe Foods）	美 国	57
16	诺德胡与纳（DMK）	德 国	57
17	蒙牛（Mengniu）	中 国	57
18	保健然（Bongrain）	法 国	53
19	施雷伯食品（Sahreider Foods）	美 国	45
20	缪勒（Muiier）	德 国	42

资料来源：表中信息由荷兰合作银行发布。

表 65　部分国家（地区）乳饮料、酸奶和其他发酵乳产量（2010—2012 年）

单位：kt

国家或地区	2010 年	2011 年	2012 年
欧盟 27 国	9 417	9 430	9 290
瑞　士	262	258	262
乌克兰	479	469	486
美　国	1 896	1 938	2 003
加拿大	312	327	325
墨西哥	532	603	711
阿根廷	490	517	503
智　利	210	236	244
以色列	180	181	185
中　国	3 600	3 924	4 076
日　本	862	923	1 017
韩　国	503	522	558

资料来源：表 65 至表 73 中数据出自 2014 年《中国乳品工业》第 11 期、12 期；2013 年《中国奶业年鉴》。

表 66　部分国家（地区）奶油产量（2010—2012 年）

单位：kt

国家或地区	2010 年	2011 年	2012 年
欧盟 27 国	1 980	2 038	2 058
瑞　士	49	49	49
白俄罗斯	99	104	113
俄罗斯	207	217	216
乌克兰	80	77	88
新西兰	441	472	499
澳大利亚	122	120	118
美　国	709	821	844
加拿大	83	90	99
巴　西	78	79	81
阿根廷	49	54	53
中　国	50	59	55
印　度	4 162	4 330	4 525
日　本	74	63	69

表 67 部分国家（地区）干酪产量（2010—2012 年）

单位：kt

国家或地区	2010 年	2011 年	2012 年
欧盟 27 国	8 302	8 534	8 634
挪　威	82	84	84
瑞　士	178	181	182
俄罗斯	430	433	425
乌克兰	312	286	255
美　国	4 570	4 737	4 807
加拿大	336	344	330
墨西哥	193	211	275
巴　西	614	648	675
阿根廷	496	506	521
中　国	17	20	30
日　本	46	45	47
以色列	122	125	128
澳大利亚	339	343	339
新西兰	268	270	310

表 68 部分国家（地区）炼乳产量（2010—2012 年）

单位：kt

国家或地区	2010 年	2011 年	2012 年
欧盟 27 国	1 153	1 109	1 202
俄罗斯	332	341	341
白俄罗斯	120	124	125
乌克兰	96	62	65
美　国	1 037	1 034	1 058
加拿大	33	36	30
秘　鲁	409	418	441
巴　西	330	325	325
智　利	37	35	40
阿根廷	7	6	7
中　国	165	165	165
日　本	42	42	43
韩　国	4	3	4
南　非	54	54	38

表 69 部分国家（地区）全脂和半脱脂奶粉产量（2010—2012 年）

单位：kt

国家或地区	2010 年	2011 年	2012 年
欧盟 27 国	753	743	722
瑞士	15	21	21
白俄罗斯	45	33	40
俄罗斯	47	76	67
墨西哥	134	128	124
美国	32	30	26
巴西	500	515	531
阿根廷	205	280	278
新西兰	947	1 141	1 250
澳大利亚	151	140	140
中国	1 000	1 045	1 099
印度	98	99	99
日本	13	14	13
南非	16	17	18

表 70 部分国家（地区）脱脂奶粉产量（2010—2012 年）

单位：kt

国家或地区	2010 年	2011 年	2012 年
欧盟 27 国	1 078	1 212	1 211
瑞士	33	29	30
白俄罗斯	61	56	77
俄罗斯	63	55	57
乌克兰	53	36	44
美国	828	886	978
加拿大	72	76	85
巴西	130	132	141
阿根廷	34	39	32
新西兰	344	366	386
澳大利亚	222	230	251
印度	380	430	450
日本	156	137	139

表 71 部分国家（地区）液体乳消费量（2010—2012 年）

国家或地区	消费总量（kt）			人均消费量（kg）		
	2010 年	2011 年	2012 年	2010 年	2011 年	2012 年
欧盟 27 国	32 419	32 133	32 107	64.9	64.3	64.0
丹 麦	501	495	504	91.1	88.4	90.0
德 国	4 377	4 396	4 431	53.5	54.7	55.0
法 国	3 503	3 445	3 454	55.6	54.4	54.3
意大利	3 439	3 398	3 315	56.8	55.9	54.4
爱尔兰	637	644	644	141.5	139.9	139.9
荷 兰	831	818	818	50.0	49.0	49.0
西班牙	3 876	3 906	3 889	84.1	84.1	83.2
英 国	6 701	6 706	6 667	108.0	107.4	106.2
挪 威	414	409	433	84.5	81.8	86.6
瑞 士	563	548	536	72.2	69.3	67.0
美 国	24 798	24 376	23 972	80.1	78.2	76.4
墨西哥	4 405	4 357	4 168	39.8	38.0	35.9
加拿大	2 737	2 770	2 774	80.2	80.3	79.5
巴 西	11 278	11 429	11 715	57.8	58.0	59.0
阿根廷	1 647	1 729	1 729	40.7	42.7	42.4
澳大利亚	2 385	2 461	2 514	106.5	108.4	109.3
新西兰	300	300	300	68.7	68.0	67.3
中 国	14 842	16 689	21 519	11.1	12.4	15.9
日 本	4 066	4 040	4 040	31.8	31.6	31.6
韩 国	1 641	1 624	1 685	33.6	33.1	34.5
埃 及	1 763	1 869	1 975	22.6	23.5	24.5
南 非	1 297	1 564	1 248	25.2	30.1	23.8

表 72 部分国家（地区）奶油消费量（2010—2012 年）

国家或地区	消费总量（kt）		
	2010 年	2011 年	2012 年
欧盟 27 国	2 465	2 440	2 544
丹 麦	58	57	54
德 国	556	547	542
法 国	342	362	380
爱尔兰	21	21	21
意大利	124	126	126
荷 兰	16	7	9
西班牙	118	112	153
英 国	260	248	250
挪 威	46	48	49
瑞 士	68	70	70
俄罗斯	79	80	80
加拿大	289	311	347
美 国	1 694	1 687	1 638
阿根廷	40	43	38
智 利	30	31	35
日 本	107	112	113
韩 国	21	19	31
伊 朗	85	110	110

表 73　部分国家（地区）干酪消费量（2010—2012 年）

国家或地区	消 费 总 量（kt）			人 均 消 费 量（kg）		
	2010 年	2011 年	2012 年	2010 年	2011 年	2012 年
欧盟 27 国	8 603	8 653	8 649	17.2	17.3	17.2
德　国	1 919	1 947	1 952	23.5	24.2	24.3
法　国	1 674	1 665	1 664	26.6	26.3	26.2
意大利	1 279	1 327	1 274	21.1	21.8	20.9
爱尔兰	33	31	31	7.3	6.7	6.7
英　国	699	685	703	11.3	11.0	11.2
西班牙	436	440	436	9.5	9.5	9.3
波　兰	430	434	434	11.3	11.4	11.4
荷　兰	324	324	324	19.5	19.4	19.4
希　腊	279	284	254	24.7	25.1	23.4
瑞　典	177	180	187	18.9	19.0	19.7
瑞　士	172	172	168	22.0	21.8	21.1
俄罗斯	834	831	952	5.9	5.8	6.6
美　国	4 635	4 718	4 774	15.0	15.1	15.2
加拿大	428	419	422	12.6	12.2	12.1
墨西哥	311	354	356	2.8	3.1	3.1
中　国	39	49	68			0.1
澳大利亚	269	266	271	12.0	11.7	11.8
埃　及	684	835	759	8.8	10.5	9.4
日　本	245	267	267	1.9	2.1	2.1
韩　国	89	100	99	1.8	2.0	2.0

表 74　澳大利亚各州奶牛存栏数（2007/2008—2011/2012 年度）

单位：千头

年　度	新南威尔士州	维多利亚州	昆士兰州	南澳大利亚州	西澳大利亚州	塔斯马尼亚州	澳大利亚合计
2007/2008	195	1 055	100	103	54	134	1 641
2008/2009	201	1 061	107	106	52	149	1 676
2009/2010	203	1 014	98	92	55	134	1 596
2010/2011	195	1 010	97	90	59	138	1 589
2011/2012	198	1 059	96	77	55	146	1 630

资料来源：表中数据出自 2014 年《中国奶牛》第 6 期。

表 75　澳大利亚奶牛场数量、奶牛头数和产奶量（2012 年）

项　目	2012 年	年均增长率（%）
产奶量（百万 L）	9 480	−1.1
奶牛头数（千头）	1 630	−2.4
农场数量（个）	6 770	−5.2
农场产品价值（百万澳元）	3 981	
人均牛奶消费（L）	301	0.8
出口金额（百万澳元）	2 757	−2.2
出口份额（%）	38	

资料来源：表中数据出自 2014 年《中国奶牛》第 6 期。

表 76 澳大利亚主要乳制品人均消费量（2008/2009—2012/2013 年度）

年 度	牛奶（L）	奶酪（kg）	黄油（kg）	酸奶（kg）
2008/2009	103.8	13.0	4.1	6.8
2009/2010	103.8	13.3	3.9	7.2
2010/2011	104.5	13.7	3.9	7.3
2011/2012	106.1	13.5	3.9	7.4
2012/2013	107.0	13.5	3.7	7.6

资料来源：表中数据出自 2014 年《中国奶牛》第 2 期。

表 77 2012 年澳大利亚乳制品出口前 10 位国家或地区

单位：t、百万澳元、%

国家或地区	出口量	所占比例	国家或地区	出口额	所占比例
日 本	114 709	15	日 本	518	19
中 国	108 895	14	中 国	389	14
新加坡	89 710	12	新加坡	241	9
印度尼西亚	47 849	6	印度尼西亚	176	6
马来西亚	46 189	6	马来西亚	163	6
泰 国	34 307	4	新西兰	127	5
新西兰	33 197	4	泰 国	124	4
菲律宾	32 552	4	韩 国	116	4
韩 国	27 349	4	阿联酋	102	4
阿联酋	26 763	3	菲律宾	96	3

资料来源：表中数据出自 2014 年《中国奶牛》第 6 期。

表 78 澳大利亚主要乳制品产量（2008/2009—2012/2013 年度）

单位：t

年 度	黄油及混合物	奶 酪	脱脂奶粉	全脂奶粉	乳清制品
2008/2009	109 753	342 603	212 030	147 544	81 136
2009/2010	100 134	349 639	190 233	126 024	79 094
2010/2011	96 326	338 657	222 484	151 269	61 488
2011/2012	100 551	346 530	230 286	140 424	64 645
2012/2013	99 035	338 312	224 061	108 838	63 440

资料来源：表中数据出自 2014 年《中国奶牛》第 2 期。

表 79　中澳农产品贸易的主要产品（2012—2013 年）

单位：%

中国从澳大利亚进口			澳大利亚从中国进口		
产品名称	2012 年	2013 年	产品名称	2012 年	2013 年
棉　花	25.86	20.47	蔬菜水果	16.99	14.04
羊毛等动物毛	25.84	22.11	肉鱼制品	14.22	15.90
谷　物	18.07	12.87	鱼及其他水生无脊椎动物	12.26	13.20
肉及食用杂碎	4.07	13.17	谷物粉、淀粉等	9.50	8.88
饮料、酒、醋	3.11	2.79	肉及食用杂碎	8.77	10.25
谷物粉、淀粉等	2.89	2.48	糖及糖食	6.82	6.72
活动物	2.47	2.09	食用蔬菜、根、块茎	6.63	5.42
动植物油脂	2.00	1.15	食用水果、坚果	4.57	5.30
乳、蛋、蜂蜜	1.91	2.69	咖啡、茶、马黛茶	2.23	2.18
油　籽	1.74	7.48	烟草及代用制品	2.19	1.78

资料来源：表中数据出自 2014 年《世界农业》第 9 期。

表 80　部分国家（地区）蛋类产品产量（2013 年）

单位：万 t

国家或地区	蛋类产量		其中：鸡蛋产量	
	产　量	占世界比重（%）	产　量	占世界比重（%）
世界总计	**7 191.9**	**100.0**	**6 637.3**	**100.00**
中　国	2 876.1	39.99	2 700.0	40.68
美　国	543.5	7.56	543.5	8.19
日　本	250.7	3.49	250.7	3.78
墨西哥	231.8	3.22	231.8	3.49
俄罗斯	236.5	3.29	233.4	3.52
印　度	360.0	5.01	360.0	5.42
巴　西	224.4	3.12	208.4	3.14
印度尼西亚	133.5	1.86	105.9	1.60
法　国	85.4	1.19	85.4	1.29
德　国	83.2	1.16	83.2	1.25
意大利	76.5	1.06	76.5	1.15
荷　兰	67.2	0.93	67.2	1.01
土耳其	93.2	1.30	93.2	1.40
乌克兰	111.7	1.55	109.3	1.65
英　国	64.5	0.90	63.0	0.95
泰　国	105.1	1.46	65.6	0.99
伊　朗	62.5	0.87	62.5	0.94

资料来源：表中数据出自 2014 年《国际统计年鉴》。

表81 部分国家（地区）羊毛产量（2012—2013年）

单位：kt、%

国家或地区	2012年	2013年	同比增减（%）
世界总计	**2 043.0**	**2 067.0**	**1.17**
埃　及	12.0	12.5	4.17
南　非	41.0	39.9	−2.68
加拿大	1.0		
美　国	14.0	14.0	
巴　西	10.0	12.0	20.00
中　国	387.0	411.1	6.23
印　度	43.0	45.5	5.81
日　本			
韩　国			
法　国	14.0	14.5	3.57
德　国	13.0	13.5	3.85
意大利	9.0	8.4	−6.67
俄罗斯	53.0		
英　国	163.7	165.0	0.79
澳大利亚	382.0	362.1	−5.21

资料来源：表中数据出自2014年《国际统计年鉴》。

表82 中国主要农产品产量居世界位次（1978—2012年）

项　目	1978年	2010年	2011年	2012年
谷　物	2	1	1	1
小　麦	2	1	1	1
稻　谷	1	1	1	1
玉　米	2	2	2	2
大　豆	3	4	4	4
油菜籽	2	1	2	2
花　生	2	1	1	1
棉　花	2	1	1	1
甘　蔗	7	3	3	3
茶　叶	2	1	1	1
水　果①	9	1	1	1
肉　类	3	1	1	1
牛　奶	34	3	3	3
羊　毛	5	1	1	1

① 不包括瓜类。

资料来源：表中数据出自2014年《国际统计年鉴》。

表 83　中国主要农产品进出口金额情况（2013 年）

单位：亿美元

出　口	金　额	同比增长（%）	进　口	金　额	同比增长（%）
水产品	202.6	6.7	食　糖	20.7	7.8
蔬　菜	115.8	16.2	棉　花	87.2	27.3
畜产品	65.2	1.3	食用油籽	414.0	9.7
水　果	63.2	2.3	食用植物油	89.4	−17.4
饼　粕	7.2	−6.2	水　果	41.6	10.5
食用油籽	15.7	−7.8	畜产品	195.1	30.9
食用植物油	1.9	5.3	水产品	86.4	8.0

资料来源：表中数据出自 2014 年《世界农业》第 6 期。

表 84　中国主要粮食产品进出口情况（2009—2013 年）

单位：万 t

年　份	玉　米		小　麦		大　米		大　豆	
	出 口	进 口	出 口	进 口	出 口	进 口	出 口	进 口
2009	13.0	8.4	24.5	90.4	78.6	35.7	35.6	4 255.2
2010	12.7	157.3		123.1	62.2	38.8	48.4	5 480.0
2011	13.6	175.4	3.9	125.8	51.6	59.8	20.9	5 264.0
2012	25.7	520.8	28.6	370.1	0.5	236.9	28.7	5 838.5
2013	7.8	326.6	27.8	553.5	47.8	227.1	21.0	6 337.5

资料来源：表中数据出自 2014 年《世界农业》杂志第 3 期。

表 85　世界主要饲料生产国（地区）饲料产量（2012—2013 年）

单位：kt

国家或地区	2012 年	2013 年	同比增长（%）
世界总计	**95 400**	**96 300**	**0.94**
非　洲	3 031	3 100	2.29
亚　洲	35 654	34 800	−2.4
欧　洲	20 840	22 700	8.93
拉美地区	13 705	14 200	3.61
中东地区	2 541	2 600	2.32
北美洲	18 810	18 900	0.48
中　国	19 834	18 900	−4.94
美　国	16 846	16 900	0.32
巴　西	6 629	6 700	1.06
墨西哥	2 854	2 900	1.59
西班牙	2 823	2 900	2.66
印　度	2 684	2 600	−3.23
日　本	2 522	2 500	−0.88
俄罗斯	2 335	2 400	2.71
德　国	2 025	2 300	3.26
法　国	2 161	2 100	−2.90

表 86 世界饲料加工企业排行榜（2013 年）

单位：万 t

排 名	企 业 名 称	国 别	产 量
1	正大集团 Charoen Pokphand (Cp Group)	泰 国	2 650
2	嘉吉/农标 Cargill/Agribrands	美 国	1 880
3	新希望（New Hope Group）	中 国	1 650
4	普瑞纳	美 国	1 200
5	巴西食品（Brasil Foods）	巴 西	1 060
6	广东温氏（Guangdong Wen's Group）	中 国	1 020
7	泰森食品（Tyson Foods）	美 国	1 010
8	NUtreco	荷 兰	1 000
9	中粮集团	中 国	830
10	东方新希望（East Hope Group）	中 国	830
11	Zen - noh	日 本	750
12	双胞胎集团	中 国	690
13	For Famers BV	荷 兰	640
14	大成/东亚集团	中 国	500
15	InVivoNSA	法 国	500
16	湖南唐人神（Hunan Tangrenshan Group）	中 国	500
17	正邦	中 国	500
18	Agrifirm Feed	荷 兰	420
19	DLG 集团	丹 麦	420

表 87 世界排名前十五位国家配合饲料产量（2012—2013 年）

单位：万 t

排 名	国 家	2012 年	2013 年
1	美 国	15 765	15 960
2	中 国	14 230	14 051
3	巴 西	6 076	5 828
4	墨西哥	2 760	2 876
5	日 本	2 369	2 374
6	德 国	2 308	2 298
7	俄罗斯	2 005	2 186
8	法 国	2 121	2 091
9	西班牙	2 128	2 091
10	加拿大	1 965	2 015
11	印 度	1 989	1 896
12	韩 国	1 743	1 848
13	泰 国	1 550	1 647
14	英 国	1 515	1 595
15	印度尼西亚	1 409	1 553

资料来源：表中数据出自 2014 年《饲料广角》第 8 期。

表 88 世界主要农畜产品三大生产国（2013 年）

农畜产品	第一位国家	产量（kt）	第二位国家	产量（kt）	第三位国家	产量（kt）
谷 物	中 国	552 692	美 国	356 960	印 度	286 500
小 麦	中 国	121 926	印 度	94 880	俄罗斯	37 720
稻 谷	中 国	203 612	印 度	152 600	印度尼西亚	69 050
玉 米	美 国	273 830	中 国	218 489	巴 西	71 070
大 豆	美 国	82 560	巴 西	74 600	阿根廷	53 000
甘 蔗	巴 西	721 080	印 度	347 870	中 国	128 201
甜 菜	俄罗斯	45 060	法 国	33 690	美 国	31 970
油菜籽	加拿大	15 410	中 国	14 458	印 度	6 776
棉 花	印 度	16 600	美 国	8 910	中 国	6 299
茶 叶	中 国	1 924	印 度	1 000	肯尼亚	369
烟 叶	中 国	3 374	印 度	875	巴 西	811
麻 类	印 度	7 351	美 国	3 598	巴基斯坦	2 215
薯 类	尼日利亚	100 000	印 度	54 220	中 国	33 293
水 果	中 国	157 713	印 度	71 070	巴 西	38 370
花 生	中 国	16 972	印 度	6 780	尼日利亚	3 070
肉 类	中 国	85 350	美 国	42 548	巴 西	24 961
蛋 类	中 国	28 761	美 国	5 435	印 度	3 600
奶 类	印 度	124 850	美 国	90 870	中 国	36 495
鱼 类	中 国	61 720	印度尼西亚	15 420	印 度	9 077
蜂 蜜	中 国	450	土耳其	81	美 国	80

资料来源：表中数据出自 2014 年《中国农村统计年鉴》与《国际统计年鉴》。

表 89 香港特别行政区工业生产指数（2010—2013 年） （2008 年＝100）

工业组别	2010 年	2011 年	2012 年	2013 年
所有制造行业	**95.0**	**95.7**	**94.9**	**95.0**
其中：食品、饮品及烟草制品业	105.3	112.8	118.4	122.8
纺织制品业	71.3	61.9	58.8	54.2
成 衣	61.6	55.3	43.8	38.9
纸制品及印刷业	93.3	94.6	91.0	88.0

资料来源：表中数据出自 2014 年《中国统计年鉴》。

表 90 香港特别行政区食品、饮品、烟草制品业与纸制品、印刷业基本情况（2012 年）

行　业	企业数（个）	就业人数（人）	销售及其他收益（万港元）	盈余总额（万港元）	增加值（万港元）
食品、饮品及烟草制品业	796	29 190	3 656 100	465 700	935 800
纸制品、印刷业及记录媒体复制	2 689	18 407	1 842 300	229 100	540 700

资料来源：表中数据由中国轻工业协会信息中心提供。

表 91 澳门特别行政区食品及饮食业与出版印刷业基本情况（2012 年）

单位：万澳元

行　业	企业数（个）	员工人数（人）	工业产值	增加值	固定资本总额
食品及饮食业	267	3 934	132 000	51 800	3 200
出版及印刷业	166	1 704	60 900	25 000	80
制衣业	175	3 213	126 000	22 300	1 800

资料来源：表中数据由中国轻工业协会信息中心提供。

表 92 中国台湾省主要轻工业产品产量（2011—2012 年）

主要产品	单　位	2011 年	2012 年	同比增长（%）
鲜　乳	万 t	31.4	31.1	−0.96
方便面	万箱	4 677.1	4 830.6	3.30
饼　干	万 t	4.3	3.8	−11.60
糖　果	万 t	2.8	3.1	10.70
精制茶	万 t	0.5	0.5	−3.80
食　盐	万 t	26.5	26.8	1.10
罐　头	万标准箱	1 183.8	1 198.5	1.20
碳酸饮料	万 L	31 010.1	29 240.0	−5.70
矿泉水	万 L	44 242.8	41 743.2	−5.60
酒类（不含啤酒）	万 L	1 007.6	1 011.0	0.30
文化用纸	万 t	69.1	67.1	−2.90
家庭用纸	万 t	20.5	20.1	−1.90
纸　板	万 t	293.1	307.4	4.90
瓦楞纸箱（板）	万亿 m^2	28.2	28.2	持平
皮制鞋靴	万双	670.7	671.9	0.2
木制家具	亿元（新台币）	72.0	70.6	−1.9
金属家具	亿元（新台币）	208.9	220.4	5.5

资料来源：表中数据出自 2013 年《中国轻工业年鉴》。

表 93　中国台湾省农产品加工业主要产品产量（2009—2013 年）

年　份	食　品（万 t）	饮　料（万 L）	饲　料（万 t）	各种成衣（万打）	纸　板（万 t）	合成纤维（万 t）
2009	46.8	30 752.1	515.9	633.3	277.5	83.7
2010	47.0	29 323.8	518.1	702.2	285.0	91.2
2011	49.0	30 607.3	525.6	583.4	293.1	86.5
2012	50.0	28 860.9	525.1	549.7	307.4	83.1
2013		27 635.3	509.8	498.0	305.5	85.4

资料来源：表中数据出自 2014 年《中国统计年鉴》。

表 94　中国台湾省出口与进口商品情况（2010—2013 年）

单位：亿美元

年　份	出　口				进　口			
	出口额	农产品	农产加工品	工业产品	进口额	资本设备	原材料	消费品
2010	2 746.0	7.5	21.6	2 716.9	2 512.4	385.8	1 902.0	203.6
2011	3 082.6	9.0	26.6	3 047.0	2 814.4	364.2	2 184.3	242.1
2012	3 011.8	8.9	30.6	2 972.3	2 704.7	340.0	2 090.8	252.8
2013	5 054.4	8.7	30.6	3 015.1	2 699.0	357.6	2 041.4	268.3

资料来源：表中数据出自 2014 年《中国统计年鉴》。

表 95　世界大米主产国大米产量（2009—2013 年）

单位：万 t

年　份	印　度	越　南	泰　国
2009	8 909	2 597	2 119
2010	9 598	2 667	2 375
2011	10 431	2 823	2 284
2012	10 524	2 894	2 383
2013	10 629	2 767	2 588

资料来源：表中数据出自 2014 年《世界农业》第 6 期。

表 96　世界大米生产消费情况（2009/2010—2013/2014 年度）

单位：万 t、%

年　度	产　量	贸易量	消费量	期末库存量	库存消费比
2009/2010	44 269	3 137	44 907	9 432	21.43
2010/2011	44 909	3 490	44 561	9 868	22.14
2011/2012	46 647	3 979	45 935	10 670	23.32
2012/2013	47 147	3 906	46 718	11 098	23.76
2013/2014	47 476	4 093	47 403	11 171	23.57

资料来源：表中数据出自 2014 年《农业展望》第 4 期。

表 97 世界大米主要进口国进口情况（2009/2010—2013/2014 年度）

单位：万 t、%

国家或地区	2009/2010	2010/2011	2011/2012	2012/2013	2013/2014
世界总计	**31 535**	**36 241**	**39 161**	**38 315**	**40 227**
菲律宾	2 400	1 200	1 500	1 100	1 400
尼日利亚	2 000	2 550	3 400	2 600	3 000
伊　朗	1 520	1 870	1 550	1 900	1 650
欧　盟	1 235	1 496	1 313	1 300	1 350
中　国	366	575	2 900	3 200	3 400

资料来源：表中数据出自 2014 年《农业展望》第 4 期。

表 98 中国大陆对台湾省农产品贸易情况（2009—2013 年）

年　份	出口额（万美元）	同比增长（%）	贸易额比重（%）
2009	79 750	8.3	2.00
2010	115 894	45.3	2.40
2011	150 710	30.0	2.50
2012	184 569	22.5	2.95
2013（1～6 月）	10 097.3	27.1	
平　均		21.2	

资料来源：表中数据出自 2014 年《世界农业》第 4 期。

表 99 韩国农产品对世界主要国家（地区）进出口情况（2012 年）

单位：亿美元、%

主要进口国家和地区	进口额	贸易比例	主要出口国家和地区	出口额	贸易比例
美　国	65.95	23.83	日　本	22.99	32.26
东　盟	35.47	12.81	中　国	10.91	15.30
中　国	35.26	12.74	东　盟	10.82	15.18
澳大利亚	27.94	10.10	美　国	6.03	8.46
欧　盟	25.12	9.07	中国香港	2.75	3.86
巴　西	20.51	7.41	俄罗斯	2.35	3.30

资料来源：表中数据出自 2014 年《世界农业》第 3 期。

表 100　中国主要食品出口国（地区）出口额占出口总额的比重（2008—2012 年）

单位：亿美元、%

国家和地区	2008 年		2009 年		2010 年		2011 年		2012 年	
	金额	占比	金额	占比	金额	占比	金额	占比	金额	占比
总 计	**245.04**	**68.28**	**238.35**	**67.47**	**294.71**	**66.98**	**357.71**	**66.04**	**366.04**	**65.00**
日本	70.57	19.66	70.47	19.95	84.13	19.05	100.56	18.57	109.76	19.49
欧盟	57.50	16.02	49.84	14.11	56.88	12.88	56.18	12.22	65.32	11.60
美国	47.16	13.14	43.73	12.38	53.57	12.13	61.78	11.40	60.51	10.74
韩国	28.98	8.08	25.66	7.26	31.73	7.19	37.78	6.97	37.08	6.58
东盟	40.83	13.38	48.65	13.77	68.40	15.73	91.41	16.88	93.38	16.58

资料来源：表中数据 出自 2014 年《世界农业》第 4 期。

表 101　中国对斯里兰卡农产品贸易情况（2009—2013 年）

单位：万美元、%

年 份	进 口		出 口		进出口贸易		顺差	同比
	进口额	同比	出口额	同比	贸易额	同比		
2009	2 830.1	81.3	6 020.1	21.1	8 850.2	35.5	3 189.9	−6.5
2010	4 809.4	69.9	8 729.0	45.0	13 538.4	53.0	3 919.6	22.9
2011	5 610.6	16.7	10 624.2	21.7	16 234.8	18.9	5 013.6	27.9
2012	6 320.8	12.7	11 459.0	7.9	17 779.9	9.5	5 138.2	2.5
2013	6 540.4	3.5	12 761.0	11.4	19 301.4	8.6	6 220.6	21.1

资料来源：表中数据出自 2014 年《世界农业》第 7 期。

表 102　金砖国家粮食进出口情况（2008—2012 年）

单位：亿美元

年 份	巴 西		俄罗斯		印 度		中 国		南 非	
	出口额	进口额	出口额	进口额	出口额	进口额	出口额	进口额	出口额	进口额
2008	19.31	23.68	32.55	4.68	39.12	2.75	6.73	6.99	6.78	9.54
2009	16.35	17.68	34.44	2.27	29.87	0.13	6.18	8.76	4.97	7.55
2010	26.01	20.62	23.96	2.17	29.24	1.16	5.39	15.01	3.31	7.25
2011	40.33	23.73	44.39	3.71	53.71	0.13	6.09	20.16	8.43	11.90
2012	65.52	23.74	62.47	4.79	87.29	0.19	4.43	47.51	4.38	12.88

资料来源：表中数据出自 2014 年《世界农业》第 6 期。

表 103 金砖国家粮食贸易情况（2008—2012 年）

单位：亿美元

国别	巴西		俄罗斯		印度		中国		南非	
年份	出口额	进口额	出口额	进口额	出口额	进口额	出口额	进口额	出口额	进口额
2008	19.31	23.68	32.55	4.68	39.12	2.75	6.73	6.99	6.78	9.54
2009	16.35	17.68	34.44	2.27	29.87	0.13	6.18	8.76	4.97	7.55
2010	26.01	20.62	23.96	2.17	29.24	1.16	5.39	15.01	3.31	7.25
2011	40.33	23.73	44.39	3.71	53.71	0.13	6.09	20.16	8.43	11.90
2012	65.52	23.74	62.47	4.79	87.29	0.19	4.43	47.51	4.38	12.88

资料来源：表中数据出自 2014 年《世界农业》第 6 期。

表 104 金砖国家农产品贸易情况（2013 年）

金砖国家	出口农产品	进口农产品	出口市场	进口来源地
巴西	畜产品、食用油籽及糖料	粮食谷物类水产品	较分散，欧美及东亚国家	较稳定，南美洲
俄罗斯	小麦、水产品	畜产品水果	集中度不高，与金砖国家出口往来密切，欧美及东亚	较稳定，欧洲、美洲
印度	稻米畜产品及饼粕类	食用油、豆类及坚果	集中度低，西亚、东南亚及欧洲	较稳定，东南亚及美洲
南非	水果、饮品类及畜产品	畜产品、谷物类（稻米、小麦）	较稳定，欧洲	较稳定，欧洲、拉丁美洲及东南亚

资料来源：表中数据出自 2014 年《世界农业》第 8 期。

表 105 巴西农产品主要进出口市场情况（2013 年）

单位：亿美元、%

巴西农产品主要进口市场			
序号	国家或地区	进口额	占比
1	阿根廷	28.1	21.4
2	美国	20.1	15.3
3	乌拉圭	19.1	14.6
4	智利	9.7	7.4
5	中国	5.4	4.1
小计		542.8	62.8
巴西农产品主要出口市场			
序号	国家或地区	出口额	占比
1	欧盟	205.3	23.8
2	中国	171.9	19.9
3	美国	45.9	5.3
4	日本	33.8	3.9
5	俄罗斯	28.7	3.3
6	印度	9.1	1.1
7	南非	5.5	0.6
8	墨西哥	1.7	0.2
小计		501.8	58.1

资料来源：表中数据出自 2014 年《世界农业》第 8 期。

表 106　俄罗斯主要农产品进出口情况（2013 年）

单位：亿美元、%

产品大类	出口额	比重	产品大类	进口额	比重
小　麦	45.9	14.5	畜产品	114.4	27.2
水产品	26.6	8.4	水　果	46.4	11.0
植物油	20.6	6.5	蔬　菜	32.0	7.6
畜产品	7.4	2.3	饮品类	30.8	7.3
饮品类	4.9	1.5	水产品	28.5	6.8

资料来源：表中数据出自 2014 年《世界农业》第 8 期。

表 107　俄罗斯主要农产品出口市场情况（2013 年）

单位：亿美元、%

序　号	国家或地区	出口额	占　比
1	欧　盟	80.1	25.1
2	中　国	17.9	5.7
3	日　本	13.2	4.2
4	美　国	3.7	1.2
5	印　度	2.0	0.6
6	南　非	0.5	0.1
7	巴　西	0.4	0.1
8	墨西哥	0.2	0.1
小　计		117.9	37.3

资料来源：表中数据出自 2014 年《世界农业》第 8 期。

表 108　印度农产品主要进出口情况（2013 年）

单位：亿美元、%

产品大类	出口额	比　重	产品大类	进口额	比　重
稻　米	61.4	14.5	食用油	107.3	41.8
畜产品	34.8	8.2	豆　类	29.8	11.6
水产品	34.4	8.1	腰　果	15.9	6.2
饼　粕	24.6	5.8	其他坚果	14.6	5.7
食　糖	20.0	4.7	畜产品	5.4	2.1
食用油	15.1	3.6	食　糖	4.1	1.6

资料来源：表中数据出自 2014 年《世界农业》第 8 期。

表 109 南非农产品主要进出口情况（2013 年）

单位：亿美元、%

产品大类	出口额	比 重	产品大类	进口额	比 重
水 果	23.0	27.7	畜产品	9.4	12.8
饮品类	9.5	11.5	稻 米	6.9	9.3
畜产品	6.9	8.4	小 麦	4.9	6.6
水产品	6.0	7.3	饮品类	4.8	6.5
粮 食	5.6	6.7	饼 粕	4.1	5.6
玉 米	4.6	5.5	水产品	4.0	5.4
植物油	2.1	2.6	烟 草	1.9	2.6
食 糖	2.0	2.4	蔬 菜	1.6	2.2
坚 果	1.7	2.1	水 果	1.4	2.0
蔬 菜	1.5	1.8	食 糖	1.2	1.7

资料来源：表中数据出自 2014 年《世界农业》第 8 期。

表 110 中国与巴西农产品进出口情况（2010—2013 年）

单位：亿美元

年 份	进 口 额	出 口 额	逆 差
2010	124.49	5.39	119.10
2011	174.60	6.89	167.71
2012	203.44	7.47	195.97
2013	243.22	9.08	234.15

资料来源：表中数据出自 2014 年《世界农业》第 9 期。

表 111 中国与美国农产品进出口情况（2008—2012 年）

单位：亿美元、%

年 份	进出口额	出口	同比增长	进口	同比增长	差 额
2008	195.14	51.17	16.7	143.97	57.8	−92.80
2009	186.96	47.00	−8.2	139.96	−2.8	−92.96
2010	243.92	57.80	23.0	186.12	33.0	−128.32
2011	299.57	66.99	15.9	232.58	25.0	−165.59
2012	359.10	71.76	7.1	287.34	23.5	−215.58

资料来源：表中数据出自 2014 年《世界农业》第 7 期。

表 112　中国与美国农产品进出口额占我国的比重（2008—2012 年）

单位：亿美元、%

年　份	中美农产品进出口额	中国农产品进出口总额	所占比重
2008	195.14	985.5	19.8
2009	186.96	913.8	20.5
2010	243.92	1 207.9	20.2
2011	299.57	1 556.2	19.3
2012	359.10	1 757.7	20.4

资料来源：表中数据出自 2014 年《世界农业》第 7 期。

表 113　中国对东盟 10 国食品出口情况（2008—2012 年）

单位：亿美元

国　家	2008 年	2009 年	2010 年	2011 年	2012 年
10 国合计	**40.83**	**48.65**	**68.40**	**91.41**	**93.38**
马来西亚	11.29	11.77	16.11	20.43	20.73
泰　国	6.43	7.58	10.78	15.97	18.70
印度尼西亚	7.28	9.76	16.24	19.97	17.45
越　南	6.08	8.22	11.98	18.75	17.16
菲律宾	4.91	6.59	7.23	8.93	11.55
新加坡	3.93	3.92	4.85	5.83	6.02
缅　甸	0.58	0.55	0.76	1.05	1.15
柬埔寨	0.23	0.13	0.21	0.27	0.30
文　莱	0.07	0.07	0.10	0.13	0.12
老　挝	0.02	0.06	0.15	0.10	0.19

资料来源：表中数据出自 2014 年《世界农业》第 4 期。

表 114　中国水果出口量和出口额（2009—2013 年）

单位：万 t、亿美元

年　份	出　口　量	出　口　额
2009	525.5	38.3
2010	508.0	43.6
2011	479.5	55.2
2012	426.6	54.5
2013	318.7	63.2

资料来源：表中数据出自 2014 年《世界农业》第 8 期。

表 115 国际市场鲜食苹果消费情况（2008/2009—2012/2013 年度）

单位：万 t

国家或地区	2008/2009	2009/2010	2010/2011	2011/2012	2012/2013
中 国	2 388	2 494	2 652	3 065	3 219
欧 盟	830	807	746	769	688
中 东	277	288	262	283	310
美 国	221	228	218	218	228
印 度	201	204	203	193	193
俄罗斯	135	144	153	156	160
日 本	75	73	66	71	83
东南亚	64	68	66	65	64

资料来源：表中数据出自 2014 年《世界农业》第 6 期。

表 116 世界苹果生产及出口情况（2008—2012 年）

项 目	2008 年	2009 年	2010 年	2011 年	2012 年
苹果园面积（khm^2）	4 620	4736	4 751	4 782	4 843
苹果产量（万 t）	6 905	7 100	7 058	7 613	7 638
苹果单产（t/hm^2）	15	15	14.9	15.9	15.8
鲜苹果出口量（万 t）	518	537	518	548	553
苹果汁出口量（万 t）	205	218	231	209	218

资料来源：表中 数据出自 2014 年《世界农业》第 6 期。

表 117 中国鲜苹果主要出口国家和地区出口额（2009—2013 年）

单位：万美元

年 份	孟加拉国	印 度	印度尼西亚	马来西亚	菲律宾	泰 国	阿拉伯联合酋长国	越 南	哈萨克斯坦	俄罗斯
2009	5 018	3 239	7 823	2 905	5 928	7 257	3 030	5 795	4 423	10 306
2010	6 450	5 529	13 217	3 357	5 705	8 312	3 276	5 015	4 978	11 564
2011	7 501	7 508	14 912	3 043	6 589	9 611	3 101	5 246	5 759	11 863
2012	6 143	8 055	14 290	3 596	7 811	9 732	3 603	6 939	6 760	10 609
2013	6 630	10 209	9 822	4 678	11 011	11 220	3 899	9 466	6 705	9 842

资料来源：表中数据出自 2014 年《世界农业》第 6 期。

表 118　中国苹果生产及出口情况（2008—2012 年）

项　　目	2008 年	2009 年	2010 年	2011 年	2012 年
苹果园面积（khm^2）	1 992.0	2 049.0	2 140.0	2 177.0	
占世界苹果园面积比重（%）	43.1	43.3	45.0	45.5	39.6
苹果产量（万 t）	2 985.0	3 168.0	3 326.0	3 598.0	3 849.0
占世界苹果产量比重（%）	43.2	44.6	47.1	47.3	50.4
苹果单产（t/hm^2）	15.0	15.5	15.6	16.5	
鲜苹果出口量（万 t）	115.0	117.0	112.0	103.0	98.0
占世界鲜苹果出口量比重（%）	22.2	21.8	21.6	18.8	17.7
苹果汁出口量（万 t）	69.0	80.0	79.0	61.0	59.0
占世界苹果汁出口量比重（%）	33.7	36.7	34.2	29.2	27.1

资料来源：表中数据出自 2014 年《世界农业》第 6 期。

表 119　中国苹果汁主要出口国家和地区出口额（2009—2013 年）

单位：万美元

年份	日　本	德　国	荷　兰	加拿大	美　国	澳大利亚	印　度	沙特阿拉伯	南　非	俄罗斯
2009	6 873	5 085	3 717	3 508	31 870	2 763	262	274	2 899	3 983
2010	5 848	3 998	5 331	3 753	37 119	3 138	337	382	2 712	6 690
2011	10 003	6 064	9 126	4 325	49 050	5 357	553	1 091	4 684	10 215
2012	12 418	3 237	1 356	10 665	57 364	4 842	1 083	676	3 669	10 432
2013	11 415	1 245	1 049	4 758	47 890	3 896	747	707	5 179	7 072

资料来源：表中数据出自 2014 年《世界农业》第 6 期。

表 120　世界西瓜产量在水果生产中的地位（2008—2012 年）

单位：万 t、%

年份	水　果	香　蕉	西　瓜	苹　果	柑　橘	葡　萄	西瓜占水果比重
2008	74 142.0	9 524.9	9 466.1	6 881.3	6 967.2	6 745.2	12.77
2009	75 501.5	9 976.5	9 867.8	7 062.8	6 772.5	6 786.4	13.07
2010	76 507.3	10 521.3	10 039.2	7 003.6	6 846.9	6 701.7	13.12
2011	80 196.8	10 605.9	10 331.0	7 613.1	6 975.9	6 999.2	12.88
2012	80 437.2	10 199.3	10 537.2	7 637.9	68 223.8	6 706.7	13.10

资料来源：表中数据出自 2014 年《世界农业》第 7 期。

表 121 世界西瓜主要生产国演变情况（1980—2012 年）

单位：万 t

排名	1980 年		1990 年		2000 年		2010 年		2012 年	
	国家	产量	国家	产量	国家	产量	国家	产量	国家	产量
1	中国	547	中国	1 096	中国	5 182	中国	6 841	中国	7 024
2	苏联	379	苏联	500	土耳其	390	土耳其	368	土耳其	404
3	土耳其	300	土耳其	330	埃及	179	伊朗	347	伊朗	380
4	伊朗	170	伊朗	265	美国	169	巴西	205	巴西	208
5	埃及	116	美国	114	伊朗	165	美国	189	埃及	187
6	美国	103	埃及	101	墨西哥	105	埃及	164	美国	177
7	日本	98	西班牙	82	韩国	92	阿尔及利亚	122	阿尔及利亚	150
8	叙利亚	91	日本	75	西班牙	72	乌兹别克斯坦	118	俄罗斯	145
9	意大利	71	意大利	66	巴西	68	俄罗斯	115	乌兹别克斯坦	135
10	泰国	63	希腊	63	希腊	66	墨西哥	104	哈萨克斯坦	115

资料来源：表中数据出自 2014 年《世界农业》第 7 期。

表 122 世界主要国家（地区）棉花产量（2012—2013 年）

单位：万 t、%

年份	全球	中国	美国	印度	巴基斯坦	巴西	乌兹别克斯坦	其他	中国占比
2012	2 635.9	762.0	377.0	577.0	202.5	126.3	98.0	393.0	28.91
2013	2 534.0	718.5	284.2	609.6	211.2	152.4	92.5	367.5	28.35

表 123 世界和中国纺织纤维产量（2010—2012 年）

单位：万 t

年份	世界纤维产量				中国纤维产量			
	总计	天然纤维	化学纤维		总计	天然纤维	化学纤维	
			小计	合成纤维			小计	合成纤维
2010	8 018.1	2 787.1	5 231.0	4 902.6	3 645.7	689.3	2 956.4	2 781.7
2011	8 093.4	2 484.0	5 609.4	5 206.7	4 176.2	791.5	3 384.7	3 161.7
2012	8 501.2	2 554.9	5 946.3	5 501.5	4 462.7	744.3	3 718.4	3 448.7

表 124 世界主要国家（地区）化纤产量（2010—2012 年）

单位：万 t、%

年份	全 球	中 国	美 国	西 欧	中国台湾	韩 国	日 本	印 度	中国占比
2010	5 231.0	2 956.4	284.4	311.3	250.1	168.7	85.4	357.7	56.5
2011	5 609.4	3384.7	371.1	266.4	224.3	173.0	90.3	404.9	60.3
2012	5 946.3	3 718.4	394.7	258.5	211.8	167.5	87.1	417.9	62.5

表 125 世界主要国家（地区）合成纤维产量（2010—2012 年）

单位：万 t、%

年份	全 球	中 国	美 国	西 欧	中国台湾	韩 国	日 本	印 度	中国占比
2010	4 902.5	2 781.1	281.9	269.0	240.4	168.7	79.1	322.7	66.7
2011	5 206.7	3 151.7	368.7	220.9	224.3	173.0	81.8	362.6	60.5
2012	5 501.5	3 448.7	393.3	212.8	211.8	167.5	78.7	373.6	62.7

表 126 世界棉花供求情况（2012/2013—2013/2014 年度）

单位：万 t

年 度	总产量	进口量	出口量	消费量	期末库存
2012/2013	2 514.8	783.8	720.0	2 180.0	1 924.7
2013/2014	2 584.4	787.4	915.9	2 351.2	2 183.8

表 127 世界主要国家棉花耗用量（2010—2012 年）

单位：万 t

国 家	棉花	2010 年	2011 年	2012 年
全 球	**耗用量**	**1 462.9**	**2 277.5**	**2 354.4**
	占总（%）	**100.0**	**100.0**	**100.0**
中 国	耗用量	1 002.3	1 029.9	1 042.9
	占总（%）	40.7	45.2	44.3
美 国	耗用量	73.8	71.8	74.0
	占总（%）	3.0	3.2	3.1
印 度	耗用量	456.0	442.0	455.6
	占总（%）	18.5	19.4	20.3
巴基斯坦	耗用量	220.0	216.3	233.6
	占总（%）	9.0	9.5	9.9
土耳其	耗用量	125.0	125.0	132.5
	占总（%）	5.1	5.5	5.6
日 本	耗用量	8.1	6.3	5.7
	占总（%）	0.3	0.3	0.2
巴 西	耗用量	99.0	88.8	89.7
	占总（%）	4.0	3.9	3.8

表 128　中国纺织品、成衣出口额占全球份额（2010—2012 年）

单位：亿美元

年　份	纺织品出口			成衣出口		
	全球	中国	中国占（%）	全球	中国	中国占（%）
2010	2 515.3	768.7	30.6	3 514.2	1 298.2	36.9
2011	2 949.5	944.1	22.0	4 165.2	1 537.7	36.9
2012	2 856.7	954.5	33.4	4 226.9	1 596.1	37.8

表 129　世界纺织品、成衣出口国（地区）前 10 强（2012 年）

单位：亿美元

排序	国家或地区	合　计	纺织品	成衣	占世界（%）
	世界总计	**7 083.6**	**2 856.7**	**4 226.9**	**100.0**
1	中　国	2 550.6	954.5	1 596.1	36.0
2	欧盟 27 国	509.1	203.7	285.4	7.2
3	中国香港	331.2	105.5	225.7	4.7
4	印　度	291.7	153.4	138.3	4.1
5	土耳其	253.4	110.5	142.9	3.6
6	孟加拉国	215.8	16.3	199.5	3.0
7	美　国	191.0	134.9	56.1	2.7
8	越　南	181.9	41.2	140.7	2.6
9	韩　国	138.8	119.7	19.1	1.9
10	巴基斯坦	129.2	87.1	42.1	1.8

表 130　世界纺织品、成衣进口国（地区）前 10 强（2012 年）

单位：亿美元

排序	国家或地区	合计	纺织品	成衣	占世界（%）
	世界总计	**7 430.9**	**3 020.3**	**4 410.6**	**100.0**
1	欧盟 27 国	1 168.3	271.3	897.0	15.7
2	美　国	1 139.2	259.6	879.6	15.3
3	日　本	429.5	90.1	339.4	5.8
4	中国香港	267.0	103.6	163.4	3.6
5	中　国	243.3	198.1	45.2	3.3
6	加拿大	139.6	45.9	93.7	1.9
7	韩　国	111.5	48.8	62.7	1.5
8	俄罗斯	138.8	46.6	92.2	1.9
9	土耳其	91.2	64.4	26.8	1.2
10	墨西哥	89.7	60.0	29.7	1.2

表 131 进口纺织品、成衣前 5 名供应国（地区）（2012 年）

单位：亿美元

美国进口纺织品、成衣前 5 名供应国（地区）

	纺织品进口			成衣进口		
	国家（地区）	金额	占总（%）	国家（地区）	金额	占总（%）
	总　额	259.6	100.0	总　额	879.6	100.0
1	中　国	100.0	38.5	中　国	346.8	39.4
2	印　度	32.0	12.3	越　南	74.5	8.5
3	欧盟 27 国	26.3	10.1	印度尼西亚	52.8	6.0
4	巴基斯坦	16.2	6.2	孟加拉	46.4	5.3
5	墨西哥	15.7	6.1	墨西哥	39.7	4.5
合计		**190.2**	**73.3**	合计	**560.2**	**63.7**

欧盟（27 国）进口纺织品、成衣前 5 名供应国（地区）

	纺织品进口			成衣进口		
	国家（地区）	金额	占总（%）	国家（地区）	金额	占总（%）
	总　额	271.3	100.0	总　额	897.0	100.0
1	中　国	91.5	33.7	中　国	376.1	41.9
2	土耳其	45.7	16.8	土耳其	107.5	12.0
3	印　度	27.2	10.0	孟加拉	106.1	11.8
4	巴基斯坦	19.6	7.2	印　度	57.4	6.4
5	美　国	11.9	4.4	突尼斯	27.4	3.1
合计		**195.9**	**72.2**	合计	**674.5**	**75.2**

日本进口纺织品、成衣前 5 名供应国（地区）

	纺织品进口			成衣进口		
	国家（地区）	金额	占总（%）	国家（地区）	金额	占总（%）
	总　额	90.1	100.0	总　额	339.4	100.0
1	中　国	52.7	58.4	中　国	262.1	77.2
2	欧盟 27 国	6.5	7.2	越　南	21.6	6.4
3	印度尼西亚	5.7	6.4	欧盟 27 国	15.4	4.5
4	中国台湾	4.7	5.2	印度尼西亚	6.6	1.9
5	韩　国	4.2	4.7	泰　国	5.3	1.6
合计		**73.7**	**81.8**	合计	**311**	**91.6**

表 132 中国纺织品、成衣在三大进口市场中所占份额（2012 年）

单位：亿美元、%

国别（地区）	总进口额			从中国进口额			中国占比
	总　计	纺织品	成　衣	总计	纺织品	成衣	
美　国	1 139.2	259.6	879.6	446.8	100.0	346.8	39.2
欧盟 27 国	1 168.3	271.3	897.0	457.6	91.5	376.1	40.0
日　本	429.5	90.1	339.4	314.8	52.7	262.1	73.3

资料来源：表中数据出自 2014 年《纺织导报》第 2 期。

表 133 中国纺织品、成衣进出口情况（2010—2012 年）

单位：亿美元

年 份	出口额			进口额		
	合 计	纺织品	成 衣	合 计	纺织品	成 衣
2010	2 066.9	768.7	1 298.2	202.0	176.8	25.2
2011	2 481.8	844.1	1 537.7	229.1	189.0	40.1
2012	2 550.6	954.5	1 596.1	243.3	198.1	45.2

资料来源：表 122 至表 133 中数据出自 2013 年《中国纺织工业发展报告》。

表 134 世界 20 大纸与纸板生产公司（2013 年）

单位：亿美元

名次	生产公司	所在国家（地区）	主营业务收入
1	International Paper	美 国	290.80
2	Procter Gambie（Cineinnati，Oh）	美 国	167.90
3	UPM（Heisinki，芬兰）	芬 兰	131.01
4	Stora Enso（Heisinki，芬兰）	芬 兰	127.69
5	Smurhtkappa Group（DubIin，爱尔兰）	爱尔兰	105.63
6	OjiPaper（Tokyo，日本）	日 本	101.90
7	KimperlyCiark（Taiias，TX，美国）	美 国	99.60
8	Marubeni（Tokyo，日本）	日 本	98.27
9	Svenska Cellulosa Akeiupoiaget（SCA）（stookhoim，瑞典）	瑞 典	95.90
10	Rock Tenn（Norcress，GA，美国）	美 国	90.77
11	Nippon Paper（Jokyo，日本）	日 本	86.89
12	Mondi（Addestone，英国；Johannesburg，南非）	英国/南非	85.97
13	Sappi（Johannesburg，南非）	南 非	59.25
14	Metsa Group（Espoo，芬兰）	芬 兰	57.39
15	Domtar（Montreai，QE，加拿大）	加拿大	53.91
16	MWV（Richmond，VA，美国）	美 国	52.87
17	Dssmith（Maidenhead，Bekshire，英国）	英 国	52.59
18	EmpresasCMPC（Santiago，智利）	智 利	47.79
19	Rengo（OsaKa，日本）	日 本	47.68
20	玖龙纸业有限公司	中国香港	46.37

资料来源：表中信息出自 2014 年《造纸信息》第 11 期。

表 135 世界与中国纸浆、纸及纸板生产与消费情况（2011—2012 年）

单位：万 t

项 目		2011 年	2012 年	同比增长（%）
世 界	纸浆总产量	18 380		
	纸浆总消费量	18 380		
	纸和纸板总产量	39 898		
	纸和纸板总消费量	39 900		
	纸和纸板人均年消费量（kg）	56.8		
中 国	纸浆总产量	7 723	7 867	1.86
	纸浆总消费量	9 044	9 348	3.36
	纸和纸板总产量	9 930	10 250	3.22
	纸和纸板总消费量	9 752	10 048	3.04
	纸和纸板人均年消费量（kg）	73	74	1.37

资料来源：表中数据出自 2013 年《中国造纸年鉴》。

表 136 世界纸和纸板产量排名前 10 位的国家（2012 年）

排　序	国　家	产量（万 t）	同比增长（%）
1	中　国	10 250	3.2
2	美　国	7 438	−0.9
3	日　本	2 608	−2.0
4	德　国	2 263	−0.3
5	瑞　典	1 142	0.8
6	韩　国	1 133	−1.3
7	加拿大	1 075	−11.1
8	芬　兰	1 069	−5.6
9	巴　西	1 026	1.0
10	印度尼西亚	1 025	2.6

资料来源：表中数据出自 2013 年《纸和造纸》第 12 期。

表 137 世界纸浆产量排名前 10 位的国家（2012 年）

排　序	国　家	产量（万 t）	同比增长（%）
1	美　国	5 035	0.7
2	中　国	1 884	−8.7
3	加拿大	1 707	−6.7
4	巴　西	1 408	1.4
5	瑞　典	1 167	−1.6
6	芬　兰	1 024	−1.2
7	日　本	864	−4.2
8	俄罗斯	752	0.9
9	印度尼西亚	671	1.1
10	智　利	516	5.7

资料来源：表中数据出自 2013 年《纸和造纸》第 12 期。

表 138 世界纸浆主要净进口和净出口前 5 位的国家（2012 年）

单位：万 t

纸浆主要净进口国			纸浆主要净出口国		
排　序	国　家	净进口量	排　序	国　家	净出口量
1	中　国	1 639	1	加拿大	897
2	德　国	354	2	巴　西	809
3	意大利	307	3	智　利	430
4	韩　国	236	4	瑞　典	258
5	日　本	335	5	印度尼西亚	223

资料来源：表中数据出自 2013 年《纸和造纸》第 12 期。

表 139 世界纸和纸板消费量与人均消费量前 5 位的国家（2012 年）

纸和纸板消费量（万 t）			纸和纸板人均消费量（kg/人）		
排　序	国　家	消费量	排　序	国　家	人均消费量
1	中　国	10 048	1	比利时	318
2	美　国	7 182	2	奥地利	252
3	日　本	2 778	3	德　国	243
4	德　国	1 972	4	美　国	229
5	印　度	1 176	5	阿联酋	218

资料来源：表中数据出自 2013 年《纸和造纸》第 12 期。

表 140 世界部分国家废纸回收量及进出口量（2012 年）

单位：万 t

国 家	回收量	回收率（%）	利用率（%）	出口量	进口量	废纸用量
美 国	4 626	64.4	35.4	2 005	99	2 630
日 本	2 167	78.0	64.3	493	3	1 677
德 国	1 529	77.6	71.6	309	400	1 620
英 国	816	80.8	86.6	449	16	382
法 国	733	78.7	62.2	305	76	504
意大利	623	62.8	53.7	193	35	465
中 国	4 473	44.5	73.0	0.24	3 007	7 479

资料来源：表中数据出自 2013 年《纸和造纸》第 12 期。

表 141 世界部分国家或地区纸和纸板净出口量和净进口量（2012 年）

单位：万 t

纸和纸板净出口量			纸和纸板净进口量		
排 序	国家或地区	净出口量	排 序	国家或地区	净进口量
1	芬 兰	960	1	英 国	568
2	瑞 典	952	2	墨西哥	268
3	加拿大	477	3	土耳其	240
4	印度尼西亚	340	4	印 度	152
5	奥地利	293	5	比利时	131
6	德 国	291	6	意大利	126
7	韩 国	218	7	中国香港	102
8	俄罗斯	100			

资料来源：表中数据出自 2013 年《纸和造纸》第 12 期。

表 142 中国台湾省主要纸品产销情况（2013 年）

单位：万 t、%

主要产品	产量	同比	总销量	同比	内销量	同比	外销量	同比
1. 印刷书写纸合计	54.78	9.3	54.87	−8.7	38.97	−11.4	15.90	−1.2
印刷铜版纸	17.94	−12.2	17.70	−13.5	10.45	−13.6	7.26	−13.4
书写道林纸	29.56	−6.4	30.02	−4.3	23.06	−6.8	6.96	5.2
纸模造纸	3.53	−23.1	3.40	−24.8	2.90	−22.4	0.50	−36.2
2. 生活用纸	20.57	2.6	20.21	−0.1	18.03	−1.2	2.17	10.4
3. 纸箱用纸合计	222.17	0.2	222.55	1.6	151.06	3.1	71.49	−1.6
牛皮纸板	118.73	1.4	118.62	2.5	77.49	1.4	41.13	4.7
瓦楞原纸	94.21	−1.7	94.61	0.1	67.52	5.5	27.09	−11.3
4. 白纸板合计	57.97	−3.7	58.18	−2.7	24.66	−3.0	33.52	−2.5
5. 纸张合计	110.09	−4.8	109.87	−4.7	82.52	−6.7	27.34	1.8
6. 纸板合计	305.49	−0.6	306.11	0.7	197.65	1.8	108.46	−1.4
7. 纸及纸板合计	415.58	−1.7	415.98	−0.8	280.18	−0.8	135.80	−0.8

资料来源：表中数据出自 2014 年《中华纸业》第 9 期。

表 143 世界主要国家天然橡胶产量（2011—2013 年）

单位：万 t

国家或地区	2011 年	2012 年	2013 年
世界合计	**1 026.2**	**1 064.9**	**1 115.0**
泰国	344.0	374.0	401.4
印度尼西亚	308.0	326.1	318.0
马来西亚	99.6	92.0	82.0
印度	89.9	90.8	84.2
中国	68.7	79.5	85.6
越南	84.2	95.5	96.0
菲律宾	10.6	11.3	11.8
柬埔寨	5.1	6.2	8.5
斯里兰卡	14.8	15.1	12.8
欧洲			42.0

资料来源：表中数据出自 2014 年《中国橡胶》第 6 期。

表 144 世界天然橡胶产量与消费量情况（2009—2013 年）

单位：万 t

年份	产量	消费量
2009	969	933
2010	1 039	1 077
2011	1026	1 101
2012	1 065	1 103
2013	1 115	1 132

资料来源：表中数据出自 2014 年《中国橡胶》第 19 期。

表 145 世界橡胶机械生产厂商前 10 名排序（2013 年）

单位：百万美元

排序	企业名称	国别	销售收入	增长率（%）
1	H-F 公司	德国	502.4	7.35
2	青岛软控	中国	405.0	30.81
3	飞迈	荷兰	344.8	32.62
4	神户制钢	日本	247.0	3.78
5	大连橡塑	中国	193.4	−7.02
6	益阳橡机	中国	134.9	38.22
7	天津赛象	中国	127.9	49.24
8	LWB 公司	德国	110.4	28.97
9	德斯玛	德国	110.3	14.18
10	特罗埃斯特	德国	102.1	32.60

资料来源：表中数据出自 2014 年《中国橡胶》第 12 期。

表 146 按营业额排序的世界最强 500 个企业中相关农产品加工企业（2013 年）

企 业 名 称	国家或地区	营业额位次	营业额（百万美元）
一、食品业			
CVSCarermarK 公司	美 国	40	123 133
乐 购	英 国	63	104 425
雀巢公司	瑞 士	69	98 484
克罗格	美 国	72	96 751
阿彻丹尼尔斯米德兰公司	美 国	82	89 038
麦德龙	德 国	87	85 768
沃尔格林公司	美 国	120	71 633
日本永旺集	日 本	127	69 323
邦基公司	美 国	143	63 494
西农公司（Wesfarmers）	澳大利亚	153	59 902
沃尔沃斯公司	澳大利亚	159	58 622
华润总公司	中 国	187	52 448
丰益国际	新加坡	224	45 463
西夫韦	美 国	232	44 207
西斯科公司（Svsco）	美 国	247	42 381
CHS 公司	美 国	259	40 599
JBS 公司	巴 西	275	38 748
皇家阿藿德集团	荷 兰	249	42 205
森宝利（JsAinsbury）	英 国	300	36 800
联合博姿	瑞 士	309	35 384
卡夫食品	美 国	313	35 015
Super Valu 公司	美 国	323	34 327
泰森食品	美 国	338	33 278
艾德卡	德 国	339	33 196
乔治威斯顿	加拿大	344	32 764
中粮集团有限公司	中 国	357	31 752
德尔海兹集团	比利时	391	29 247
威廉莫里斯超市	英 国	397	28 779
Publix. Supermarkees	美 国	418	27 707
麦当劳	美 国	423	27 567
达能集团	法 国	433	26 819
MIGROS GRovp 集团	瑞 士	438	26 667
来德爱	美 国	461	25 392

（续）

企 业 名 称	国家或地区	营业额位次	营业额（百万美元）
二、饮食服务			
金帕斯集团	英 国	439	26 647
索迪斯集团	法 国	487	23 781
三、饮料业			
百事公司	美 国	137	65 492
可口可乐公司	美 国	208	48 017
安海斯-布希英博	比利时	264	39 758
喜力控股公司	荷 兰	458	25 565
麒麟控股株式会社	日 本	496	23 442
四、纺织、服装业			
克里斯叮迪奥	法 国	288	37 656
山东魏桥创业集团有限公司	中 国	388	29 562
TJX 公司	美 国	453	25 878
耐克公司	美 国	484	24 128
五、造纸、纸制品、印刷出版业			
国际纸业	美 国	416	27 833
六、橡胶和塑料制品业			
普利司通	日 本	283	38 092
米其林	法 国	421	27 597
七、烟草业			
日本烟草	日 本	459	25 532
英美烟草	英 国	485	24 072
八、肥皂与化妆品业			
宝洁公司	美 国	89	85 120
欧莱雅	法 国	396	28 867
九、综合			
沃尔玛公司	美 国	2	469 162
家乐福	法 国	59	105 996
联合利华	英国/荷兰	135	65 958
欧尚集团	法 国	152	60 312

资料来源：表中数据出自 2014 年《国际统计年鉴》。